U0530085

A New Theory
of
Ethics

伦理学
新说

李泽厚 著

人民文学出版社

图书在版编目(CIP)数据

伦理学新说/李泽厚著.—北京：人民文学出版社，2021
ISBN 978-7-02-015940-6

Ⅰ.①伦… Ⅱ.①李… Ⅲ.①伦理学 Ⅳ.①B82

中国版本图书馆 CIP 数据核字(2021)第 204160 号

责任编辑　李　磊
装帧设计　刘　静
责任印制　任　祎

出版发行　人民文学出版社
社　　址　北京市朝内大街 166 号
邮政编码　100705

印　　刷　北京盛通印刷股份有限公司
经　　销　全国新华书店等

字　　数　538 千字
开　　本　710 毫米×1000 毫米　1/16
印　　张　40.75　插页 4
版　　次　2021 年 10 月北京第 1 版
印　　次　2021 年 10 月第 1 次印刷

书　　号　978-7-02-015940-6
定　　价　98.00 元

如有印装质量问题，请与本社图书销售中心调换。电话:010-65233595

李泽厚已出版的伦理学论著

目　录

序 ·· 001

伦理学新说述要（2019、2021）

岳麓版序 ·· 003

导　论　从 Kant "绝对律令" 新释说起
　一　人是目的 ·· 004
　二　普遍立法 ·· 006
　三　自由意志 ·· 007
　四　绝对伦理主义与相对伦理主义 ······························· 009
　五　人性与先验心理学 ··· 012

第一章　伦理、道德外内二分和"由外而内"说
　一　动物有否道德 ·· 017
　二　由外而内 ·· 020
　三　否定形式与自我克制 ··· 022
　四　Kant 与 Hegel ·· 024

第二章　道德三要素（意志、观念、情感）说
　一　"自由意志"与意志 ··· 029
　二　观念 ··· 035
　三　情感 ··· 042
　四　直觉问题 ·· 044

五　孟子的伟大贡献 ………………………………………… 047
　　六　孔、孟还是周、孔 ……………………………………… 052
　　七　不同层次 ………………………………………………… 054
　　八　道德与超道德 …………………………………………… 058
第三章　两德（传统宗教性道德与现代社会性道德）说
　　一　两德不分 ………………………………………………… 063
　　二　两德分离 ………………………………………………… 066
　　三　与Rawls的"重叠共识"的异同 ……………………… 071
　　四　过犹不及 ………………………………………………… 081
　　五　权利与善谁优先 ………………………………………… 084
　　六　和谐高于公正 …………………………………………… 088
结　语 ……………………………………………………………… 095

附录一　伦理学杂谈（2018）
　　（一）伦理学的基本架构 …………………………………… 096
　　（二）"情本体"其实仍是理性的 ………………………… 097
　　（三）王阳明强调"自由意志" …………………………… 100
　　（四）每个时代儒学吸收不同 ……………………………… 103
　　（五）由外而内的历史"积淀" …………………………… 105
　　（六）"文化心理结构"不是"心理文化结构" ………… 108
　　（七）解说王阳明"四句教" ……………………………… 110
　　（八）孟荀强调"动物本能"的两个方面 ………………… 113
　　（九）未来有赖于广义的教育 ……………………………… 116
　　（十）越来越不喜欢Heidegger …………………………… 120
　　（十一）动物性的"情绪"与人类性的"情感"之分 …… 122
附录二　历史、伦理与形而上学（2019）
　　（一）历史有三性 …………………………………………… 128

（二）历史的天道与人道 … 131
（三）从前习俗、习俗到后习俗 … 135
（四）良知不只是知 … 142
（五）"自由意志"问题 … 144
（六）伦理道德的三条基本来路 … 147
（七）中国是"有情宇宙观" … 152
（八）"有人哲学"与"无人哲学" … 157
（九）走向"美学是第一哲学" … 161
［附文一］旧文一段 … 166
［附文二］《康德新探》（《批判哲学的批判》）英译本序 … 168
［附　表］中国历史主义与西方自由主义的差异 … 173

伦理学（2010、2019）

序 … 177

内在自然人化说 (1999)
自由意志的绝对性 … 179
相对伦理塑建绝对 … 184

两种道德论 (2001)
经验变先验 … 187
现代社会性道德 … 196
西体中用 … 205

关于情本体 (2004)
心、性为本还是情为本 … 215
什么样的情 … 227

情本体、两种道德与"立命"(2006)

- 人性能力 ··· 242
- 权利与善谁优先 ································· 248
- "道始于情" ····································· 254
- 立命：上帝拯救还是自己拯救 ················· 261

谈"恻隐之心"(2007)

- 道德心理与社会生物学 ························ 269
- "共同人性"的三方面 ·························· 278

再谈理性与本能 (2008)

- 动物本能与人类理性 ··························· 285
- 能力、情感与观念 ······························ 288
- 幸福是否伦理学命题？ ························ 295

新一轮"儒法互用"(2009)

- 善是什么 ··· 302
- 和谐高于公正 ···································· 306

伦理学答问补（2012、2016）

- 要点在三个区分 ································· 313
- 自由意志乃人性能力 ··························· 318
- 接着 Wittgenstein 走 ··························· 325
- 情本体与女性主义伦理学 ······················ 327

为什么说孔夫子加 Kant (2014)

- "学而第一"与"不知的共同根源" ············ 331
- "尔安乎"与绝对律令 ·························· 333
- 意志、观念、情感和"最高境界" ············· 336
- 人是目的与关系主义 ··························· 341
- 事实、价值不二分 ······························ 348
- 历史进入形上 ···································· 352

"上帝死了"之后……………………………………… 357

关于"伦理学总览表"的说明（2018）
　　情境、情绪和情感……………………………………… 363
　　关于"两德论"………………………………………… 375
　　自由意志和孟子的伟大贡献…………………………… 381
　　尾声……………………………………………………… 392

回应桑德尔及其他（2014）

一　理性与情理
　　从头讲起………………………………………………… 401
　　什么是哲学……………………………………………… 404
　　中国哲学………………………………………………… 406
　　情、欲、钱……………………………………………… 407

二　个体主义与关系主义
　　公正何来………………………………………………… 410
　　总览表…………………………………………………… 413
　　功利主义………………………………………………… 415
　　自由主义………………………………………………… 419
　　反自由主义……………………………………………… 421
　　历史与道德的张力……………………………………… 422
　　类似却不相同…………………………………………… 425
　　荀子……………………………………………………… 427
　　情感和谐高于理性公正………………………………… 431
　　为时过早………………………………………………… 434

三　从 Kant 谈人性与善恶
　　人是目的………………………………………………… 437

普遍立法 ································· 438
　　自由意志 ································· 440
　　伦理与道德 ······························· 441
　　四个箭头 ································· 443
　　人性情感 ································· 445
　　孟荀统一于孔子 ··························· 446
　　不能倒过来 ······························· 450
　　善恶观念 ································· 454
　　蔡元培的话 ······························· 456
　　至善 ····································· 457
　　《三字经》与公民课 ······················· 460
　　价值中立 ································· 462
　　权利优先于善 ····························· 467
　　内圣外王之道 ····························· 471
　　孔夫子加 Kant ····························· 474

四　余　论

　　儒教 ····································· 478
　　孔颜乐处 ································· 481
　　新的解说 ································· 484
　　全文结语 ································· 488

什么是道德？
——李泽厚伦理学讨论班实录（2015）

第一课　从与桑德尔的异同谈起

　　开场 ····································· 493
　　justice：译为"公正"还是"正义"？ ········ 495

异与同（一）：市场与道德 ················· 496
异与同（二）：对自由主义、功利主义的批判 ········· 500
疯狂的电车：旁观者与司机Ⅰ ················ 501
疯狂的电车：法律与道德、伦理 ··············· 503
疯狂的电车：历史的具体的情境 ··············· 505
疯狂的电车：旁观者与司机Ⅱ ················ 507
船上杀人案：法律与道德 ·················· 510
船上杀人案：经验与先验之争 ················ 515
结语 ····························· 516

第二课　道德心理结构：意志、观念、情感

开场 ····························· 520
构成道德心理冲突的因素 ·················· 522
动物有没有道德？ ····················· 531
结语 ····························· 547

第三课　宗教性道德与现代社会性道德

伦理学作为学科是否存在？ ················· 549
讨论"动物是否有道德"有无必要？ ············· 551
恐怖分子与救火队员到底有什么不同？ ············ 553
行为的道德判断：对错还是善恶？ ·············· 559
结语 ····························· 566

第四课　道德与伦理的区分和联系

开场 ····························· 569
我为什么要道德？（Why should I be moral？） ······· 570
道德是由外而内还是由内而外？ ··············· 574
相对主义伦理和绝对主义伦理 ················ 576
至善问题 ··························· 583
结语 ····························· 591

整理后记 ·· 597

附录一　伦理学补注（2016）
　　（一）科学＋诗 ·· 599
　　（二）词语与方法 ·· 601
　　（三）"伦理"与"道德"两词语的区分 ······················ 602
　　（四）由外而内 ·· 604
　　（五）直觉、性善与孟、荀 ································ 608
　　（六）Kant、伦理相对主义和美德伦理 ······················ 613
　　（七）儒学深层结构 ······································ 618
　　（八）自我 ·· 624

附录二　举孟旗行荀学（2017）　·························· 628

序

蒙人民文学出版社允诺，同意我将有关伦理学的拙作四种合成一卷出版。其中《述要》一书乃核心所在，因此我未按时间顺序，将其置诸卷首，该《述要》本从其他三书中或摘抄或改写而成，从而全书重复甚至词语雷同可能不少。这些重复雷同展现出自己的思路过程，例如，自己如何处理Kant（理性主义）与Hume（情感主义）的某些动荡、取舍、摇摆，便涉及有关伦理学关键问题的探索、困惑与艰难，因此未予删削，即使重叠唠叨，似不足惜。

多年来我被戴上所谓"美学家"的称号或"帽子"，虽然我提出"美学是第一哲学"迄今未变，但好些朋友却以为拙作伦理学比美学更重要更有现实性，如Roger Ames教授和国内好些学者对我提出的"两德论"的重视或批评。我认为，今日伦理学应既承续传统又突破之，可言前人之所未言，可有异于古今中外之诸多论著，而对现实及未来或具有重要意义。慨夫知音者少，识货者稀，九十残年之孤独老朽只好作此自我吹嘘谬称"新说"的广告了。

悲夫哉，不悲也。

再次感谢臧永清先生。

是为序。

2021年4月波斋

又记：有多处被删削，当以原书为准。夜正深，人已睡，不尽欲言。
2021.6.15夜

伦理学新说述要(2019、2021)
An Outline of Ethics

岳麓版序

承家乡学人盛情雅意，乃将敝帚自珍之近作一种略加增补并添附录长文一篇奉献"文库"。近日偶读 J.Rawls 生前未发表的《On My Religion》短文，深有感触，在失去信仰上帝之后，如何寄托此生？自由主义的政治哲学能替代或作为情感性的宗教信仰吗？Habermas 2015 年在美国接受 John W.Kluge Prize 奖答谢词中也仍然显示出知识（启蒙）与信仰（宗教）在西方现代的纠缠难解，人"如何活"和"活的意义"的命运问题仍然是哲学难题，令人彷徨困惑，无所适从。这也似乎更使人感到有"情本体"（情理结构）特色的中国哲学可以登场了。斯事体大，而伦理学和政治哲学均庞大无边，论著千万，自己才疏学浅，衰龄颓笔，更不及细说，只好如此献丑学界，愧对家乡了。

春风三月，凭窗远眺，但见白雪罩顶的洛基山脉，再也看不到那满山红艳的杜鹃花和金黄色的遍野油菜花了。怅何如之。

李泽厚　2020 年 3 月异域波斋

导　论　从 Kant"绝对律令"新释说起

问：为什么要以 Kant 作导论，开始讲你的伦理学？

答：因为在中外哲学中，我认为 Kant 最为准确和鲜明地把握了道德行为和心理的主要特征，并将之推至与宇宙同光的存在本体的高度，"位我上者，灿烂星空；道德律令，在我心中"，与中国儒学颇有相似之处，今天应吸收消化之以弘扬自家传统。而且，几乎任何伦理学论著，总要讲 Kant，绕不过他。所以我干脆从他讲起，作为导论。

问：为何用答问对话体裁？不像学术论著。

答：我素来不管这些。我想学《朱子语类》《传习录》的答问体裁，简洁、真诚、直率、易懂，比起长篇大论，更是走在追寻和履行真理的道路上，这不更好吗？老祖宗孔、孟，西方的 Plato 不都如此么？"自问自答"已成为我多年学术论议的方式和体裁，不想多作改变了。

一　人是目的

问：你开始讲吧。

答：Kant 是伦理学义务论的最大代表，此论是伦理学主要理论之一。但问题复杂，我也有些很特殊的看法。

问：是些什么特殊看法？

答：我将 Kant "绝对律令"(Categorical Imperative)的第二原则"人

是目的"与第一原则("不论做什么人,应该做到使你的意志所遵循的准则永远同时成为一条普遍的立法原理")、第三原则("每个有理性的存在者的意志当作普遍立法的意志")彻底区分开来,认为"人是目的"是具有现代现实内容的时代产物:每个人都是目的而非工具,不能把任何人作为工具对待、使用、相处等等。这是社会历史发展到一定时期所产生的社会理想。正如"天赋人权""人生而平等"一样,"人是目的"并不是自古就有的先验原理,也并不是能够普遍立法的自由意志。在希腊奴隶制时代,人只是会说话的工具,并非目的;战争时期,士兵只是统帅的博弈棋卒,并非目的;革命年月,人们被要求作"驯服工具"和"螺丝钉",也不是目的。迄至今日,即使大部分地区已没有奴隶制、战争和革命,但"人非目的"的情况仍然大量存在。人是机器的附件、生产的工具、驯服的奴仆便随处可见。但第一,这不会永久,而只是历史行程不可避免的阶段。科技的发达将使许多单调的、肮脏的、繁重体力的、机械的而非创造性的"劳动"逐渐由机器人(robot)来替代,而且会使整个社会中人作为工具的各种现象逐渐减轻。第二,毕竟今天人格独立,人们可以较为自主作出工作选择,不必再是永远被动的"驯服工具"和"螺丝钉"。但也因为历史尚在进行中,人类还远未得到个人真正独立和自由,Kant 把本是近代资本社会时代的观念意识提升为绝对律令,为现代自由主义提供了最为崇高的理论基础,将"整体应为个体而存在"这一现代人权宣言最突出、最鲜明地揭示出来,从而颠覆了过往的历史。每个人可以追求真正成为"自我"的权利,不再是任何权威、集体、他人的工具,不再是任何神学、制度、风习、意识形态的奴仆。人是自由、平等、独立的个体,有自主选择和决定的权利。尽管这一观点和理论有其非历史的弱点,但它喊出了现代社会的心音。它作为今天和今后的现实和理想,将无可回避、无法否认和不可抗拒。Kant 这种启蒙时代的伟大理想和伦理标准、道德理念至今光焰长存。它承前启后,也正是我所说的"现代社会性道德"的核心部分。"现代社会性道德"并不能也没有完全实现

"人是目的",但它是实现这一理想的历史中的一大进步。

二 普遍立法

问：那么另两条原则呢？

答：对这两条我作了前人包括中西似乎少有的解说。Kant "三大《批判》"我以为都是为了解决"人之所以为人"的"人性能力"问题。伦理学的"普遍立法"和"意志自律"（或称"自由意志"）这两条实际可归结为一条，即人有能"普遍立法"的"自由意志"："你的行动，应该把行为准则通过你的意志变为普遍的自然规律。"（苗力田译文）它实际揭示的是人的道德行为的形式结构，指的是人的内在心理的强制机制，而并非具体社会时代内容。它们与第二条"人是目的"尽管在 Kant 那里保有着内在的联系，即作为自由、平等、独立的人应具有"普遍立法"的"自由意志"，显示了个体人格的尊严和威力，但实际上并不相同。因为这个能"普遍立法"的"自由意志"只是人的某种心理结构或心理定势，很难具有实质内容从而非常空泛。当年 Hegel 严厉批评 Kant 是形式主义，也以此故。Hegel 以具有特定历史内容的伦理学代替 Kant 的道德律令，也就在否定现实生活中这种能抽象"普遍立法"的"自由意志"。实际上，"人是目的"属于外在人文的政治哲学，这两条（"普遍立法"、"自由意志"）属于内在人性的道德心理学。我以为，Kant 从内外即人性和人文两个方面树立起了"大写的人"。

问：Kant 不是举出"不自杀"、"不说谎"、"发展自己"、"帮助他人"作为完全义务和不完全义务，即你说的"强""弱"两类四项的具体内容吗？

答：Kant 认为这四例之所以能"普遍立法"，是因为否则便违反自然律而自相矛盾。我以为，实际上是因为这四项可说是任何群体赖以生存延续从而个体应该服从遵行的义务原则。人如自杀、说谎、不发展自己、不帮助他人，各群体（从而人类）也就不复存在。所以各宗教都将"不自杀""不说谎"等（包括出世的佛家也有"不打诳语"）作为基本教义而要求个体忠诚遵行。但是，在复杂的现实生活中，它们却很难甚至不可能彻底兑现。在敌人面前，不说谎而使同伴遭难，道德吗？壮士自裁，烈女自经，屈原投江，陆秀夫蹈海，不道德吗？今日如安乐死，医生辅助自杀等等，是否道德，争议仍然很大。可见，Kant 所称能"普遍立法"的逻辑在现实中并不适用。其具体执行或实现，仍然依存于具体的时空情境。

三　自由意志

问：那么，Kant 大讲"普遍立法"又有什么意义？

答：我以为其意义在于突出了人们履行道德义务所展示的伟大心理形式，即展示了"人之所以为人"所独有的"人性能力"，展示了"自由意志"作为"人性"的核心地位和人类所独有的情理结构。

问：如何讲？

答：它指出每个人作出道德行为时所认定的信念：我这样做是应当适用于所有人的规则、律令，所有人均应效法于我，我的行为是可以"普遍立法"的行为。按中国说法,我这种行为就是"为天地立心,为生民立命"的行为，是一种不考虑、不顾及我个人的苦乐、祸福、安危、利害以及因果，而必须服从、遵循的理性的"绝对律令"。它突显的是人作为理性存在者的无比力量和光辉，并由此激发出远远超出动物族类的人的巨大生命力量。人不再只是吃喝玩乐、感性享受和感性存在的动物，而是可以由理性主宰自己，置苦乐、幸福、生命、经验、感性存在于不顾的"自由意志"，这就构成了"人之所以为人"的本体存在。这其实也就是孔老夫子讲的"克己复礼为仁"；孟夫子讲的"浩然之气"和"富贵不能淫，贫贱不能移，威武不能屈"。这种行为活动的心理特征,我称之为"理性凝聚"。我以为这才是 Kant 第一（"普遍立法"）、第三（"自由意志"）原则的真正内涵所在。Kant赞赏普通老百姓能遵循道德而行事,也指的是这种"立法"心理,是指它的心理结构、形式、定势、框架,而并非指具体社会人文内容。Kant对法国大革命的民众赞叹不已,也是对其不惜牺牲自己的道德心理形式,而非对其伦理具体内容(过激的革命行动)。伦理道德中的特定社会内容随时空而有变迁,但这个心理结构形式由于积淀却是永远常青的。

问:这也就是你在《伦理学纲要》中强调作为道德的"人性能力"?

答:它是"人性能力"的一个部分。"人性能力"还有不同于动物的人的认知能力和审美能力。但"自由意志"是"人性能力"的核心,Kant尊之为本体。我也说过伦理道德在逻辑上和现实上优先于认知。但与Kant不同的是,我强调所有人性能力都不是先验或天赐,而是要经过历史的洗礼和教育的培训才能为人所拥有。《批判哲学的批判》(以下简称《批判》)一书就强调教育是未来各学科的核心,即培育人性。

问:你在《伦理学纲要》一书中常用的是"人性能力、人性情感、善恶观念",在后来的论著中你却常用"意志、情感、观念",有无异同?

答:没有,因为人性能力不止于伦理道德,我反复讲过,在认识、审美方面也有"人性能力",在伦理道德方面的"人性能力"主要就是"意志"。所以后来我就用"意志"替代了"人性能力",这完全是词语变动,与所指内容无关,一个重要的涉及内容的词语改动,是最初我将"情感"也作为道德的"冲力""动力",后来一律改为"助力",认为只有理性才是"动力",情感是重要(但非必要)的"助力",这把我承传Kant的关键处更突出了,它与"情本体"的关系也就远为深刻复杂了。我说情感不是必要的"助力",并非说道德行为和心理中没有任何情感,那人就等于机器了,而是说道德行为和心理不是由情感主宰和决定的,特别在Kant看来,由情感出发或主宰、决定而形成的道德行为不能称道德,我同意这一观念。以为讲"情本体"就是以情感作为道德的动力,是非常浅薄幼稚的理解。

问：为何是浅薄幼稚？

答：我一开头便说过"情本体"是一种理性结构，不仅情中有理，而且人类的生存延续是建立在理性基础之上，才不同于其他动物族类，个体也如此。理性是人类百万年历史的建构成果，为什么我把自己的哲学称为"历史本体论"，一直强调教育，并以经验积淀说区别于 Kant 的先验论，强调不同于 Hume，都在于此。

问：你在《批判》书中便强调认识论中的逻辑同一律（不矛盾律）来自实践操作的"这样做就不能不这样做"，后来又强调这首先是人群活动中所必须遵守的行动命令、律则，从而由实践而伦理（道德）而认识，认识次于（地位）和晚于（时间）伦理道德，伦理优先成了本体。对吗？

答：非常正确，即使用—制造工具的群体生产实践→伦理命令、律则→认识思维。我还强调巫术、礼仪等原始人群非生产性活动在这转换中极为重要的作用。

四　绝对伦理主义与相对伦理主义

问：请你将上面对 Kant 绝对律令的解说概括一下。

答：Kant 的 categorical imperative 中的"人是目的"是现代社会性道德，是现代社会的伦理理想，以前并没有，是具有特定时代内容（即现代社会）的。其他两条（"普遍立法""自由意志"）是一种普遍性（古今中外都有）的人类独有的文化心理结构、形式、定势、框架，是任何道德（无论是传统的宗教性道德还是现代社会性道德）都必须具有的心理形式，与道德内容无关。Kant 提出这三条都极为重要，非常了不起，是对人性（内）和人文（外）两方面的重要建设，但 Kant 把内（道德心理，即"普遍立法""自由意志"）外（社会伦理，即"人是目的"）混在一起讲，便使人弄不明白了。这是我对 Kant 的独特解释。当然，"人是目的"要联系 Kant 的法权理论、政治历史观点才能充分阐述 Kant 把它与心理形式混在一起的原因和理由，展示 Kant 对现代社会性道德的高调提出的重大意义，这在下面章节中将谈到。

问：把 Kant 伦理学看作伦理绝对主义，与视伦理道德随时代、社会变迁而变易的伦理相对主义，就由此而来？

答：其实应是道德绝对主义，Kant 强调的是道德行为和心理形式是从不变易的，而并非各种具体的社会伦理内容。

问：请再说说。

答：实践理性之所以高于思辨理性，如我的认识论所说，就在于前者使实践中的理性变为人所独有的实践理性，它以符合人类生存延续的合目的性为表征，首先正是指这种伦理命令在实践活动中呈现理性的特殊重要性，以后才呈现为认识论的合规律性。认识论的合规律性在根本上也脱离不了有益于人类的生存延续的目的性。如果要把 Kant 列入伦理绝对主义，就主要是指这一点。因为 Kant 指出了每个人作出道德行为时所应抱定的信念：我这样做，应当适用于所有人的规则、律令，所有人均应效法于我，我的行为是可以"普遍立法"的行为。从人类学的历史源起看，这大概就是制造、使用工具的实践活动中所最先出现和存留的经验、语义和理性。它以"绝对律令"的形式塑建人的内心，由强迫服从到自觉选择，这也就是 Kant 所说的"善良意志"（GoodWill）。可见"善良意志"主要指的，便是这样一种能"普遍立法"的个体的道德心理。它大概是人类语言中首要的语义，"鼓天下之动者存乎辞"，它由远古巫师借"天命"咒语、巫术、礼仪，将保存着一系列制造、使用工具的实践中的要求、规则、规律作为不可抗拒的神圣命令发布出来，以指挥、组织和控管群体和个体的行为活动。巫术礼仪使人类彻底脱离动物族类，产生了社会，其中，语言和理性（秩序和规则）是核心，基础仍然是以猎取食物（获得对外界事物的把握和认知即"主体性"和主观性）、分享食物（群体个体间的生存关系和秩序即"主体间性"）的种种经验。这使语言远不止于沟通，而是以声音（以及之后的文字）的轻质外壳,负载着厚重的历史,来维护人类的生存延续。"语言是存在之家"只有从这个角度去解说,才有深刻的意义,这意义是建筑在人类制造、使用工具不断进步、不断创新的百万年生产—生活的历史经验之上的。所以,不是语言而是历史进入形上,因为它才必要而充分地具有人类生存延续的本体意义。

问:可见,绝对性只是指 Kant 的第一、第三这两条律令,第二条并不包括在内。

答:对。"人是目的"如前所说,只是现代社会所要求的个体的行为规范。文化人类学的大量材料证实,"人是目的"并非普遍存在,无论中外,古代并无此"绝对律令",它是现代社会的产物。作为现代性道德的根基,它在某些地区和国家已经在制度和法律上有所落实,以平等的个人为本位和价值根源,也已成为自由主义政治哲学的总纲领。但对全球来说,远未如此。文化人类学说明,不同时代、不同社会、不同文化、不同传统,存在着很不相同的伦理规范,很不相同的宗教教义、生活习惯、制度和礼仪,其中充满着差异、冲突,同一文化中伦理规范的矛盾冲突也很常见,特别是在近现代。从不允许离婚,到允许同性婚恋,从禁欲主义到性放纵,以及在这两端之间的各种理论和实践,"此亦一是非,彼亦一是非"。或并行不悖,或激烈冲突,至今如此。"人是目的"远未成为全球的伦理道德。由自由主义引申出来的文化多元主义、伦理相对主义,倒是今日主流。可见,"人是目的"并非普遍必然的"绝对律令",而是具有某种普遍性并兼理想性的现代社会性道德。但"普遍立法"和"自由意志"则是自古至今的人性塑建中普遍必然的道德心理结构、形式、定势、框架。所谓"绝对律令"(categorical imperative)就是指建立内心的这种结构、形式、定势、框架,从而使人成为人,这框架、定势也就是以意志为特征的与观念、情感的三合一(详后)。框架和意志是不变的,但观念、情感却随时代、社会、文化而差异而不同而变迁。所以,人类学历史本体论在一定限度内认同伦理相对主义,因为如前所说,它们都是历史具体性的合理产物，各种时期个体遵循的社会群体规范 [拙文《关于"伦理学总览表"的说明》（2018）的由"礼"到"理"的实践了]，以及对此规范的背离和反叛（由"理"到"礼"的虚线）是历史行程中的常规。不能拿今日之我去衡量昨日之我，这几乎是不必再作讨论的问题。

问：但在今天欧美文化主流中有一种所谓"无限制的伦理相对主义"（unrestricted moral relativism），即认为各种伦理规范完全等价同质，不可通约，因此也就不能去做优劣长短高下和进步落后之分，否则就是政治不正确。

答：这以后还要说到，其特点，简单说来，便是否定历史的积累性。历史积累性也就是肯定历史有进步性，包括伦理道德。这在妇女问题上非常突出。妇女有否受教育的权利，妇女能否外出工作，妇女能否自由婚恋，妇女能否自己决定堕胎，就是例子。现在视为"当然"的，以前视为"不然"，这不是进步是什么？中外好些学人只承认物质生产和生活有进步，而文化、价值观等方面并无进步可言，所以无限制的文化相对主义非常流行，这从一开始我便明确反对的。

五　人性与先验心理学

问：看来你更重视 Kant 讲的"绝对律令"的绝对性在于培育和突显人的道德心理，你大赞人性能力、人性心理，也就是人性问题。

答：关于人性（human nature），古今中外都讲了不少，但什么是人性却仍然并不清楚。我把它看成是由人所造成的心理结构，既不是动物性，也不是神性，而是在动物性基础上所培养出来的人的心理能力和人的心理感情和观念。也就是"文化心理结构"（就人类、群体说）或"情理结构"（就个体心理说）。我讲"积淀"，也是指人形成了自己所独有的这种文化心理结构或情理结构。这是一个非常重要的问题。将来如果脑科学（神经生理学）进一步发展，希望在自然科学上会出现对人性、对文化心理结构的支持性的实证论据。二十世纪就是被语言哲学控制了，它几乎统治了一切。怎么样能"走出语言"，又走到哪里去？我想提出这个历史性的心理学的方向。

问：你重视的道德心理学（moral psychology）是否从某种意义上可以说从 moral 的水平又回到了 psychology？

答：是的，但我所说的 psychology 不是从经验水平上讲的，而恰恰是先验的，是人类的，是形式的。今天的经验心理学整体水平还处在刚刚起步的阶段（baby stage）。现在研究最多的还是感知觉之类。对于什么是想象，什么是情感，什么是理智、理性、理解还不可能有很好的解释，更不要说道德判断了。在脑科学尚且不发达的情况下，心理学顶多是描述现象。二十一世纪来不及了，可能是下个世纪或者更晚。讲哲学可以看得远一些，我把它称为先验心理学（即从哲学角度提出经验的伦理心理之所以可能，而非研究心理经验本身。所以本书的"文化心理结构"等概念，便都是哲学命题，它只是揭示伦理学的心理含义，而并非心理科学本身）。实际上 Kant 就是先验心理学，强调心理形式和结构，他在哲学上给我们指出了这个方向。所以我所谓的 moral psychology 并不是回到心理主义上去，可以说它是更高一级的心理主义，超越了经验心理主义和逻辑主义。当然，现在很大部分的道德心理学是描述的经验心理学。

问：但是接下来又有了一个问题，心理主义受到攻击，很大程度上是因为它是以个体和经验作为基础的，而像道德这种东西是不能用个体来解释的。

答：我觉得 Kant 强调它是一种人类特有的心理形式，尽管必须落实到个体上，但并非个人的经验所创造的，这就是 Kant "先验"一词的本意。Kant 厉害之处在于他把这些总结为理性命令，形式是空的，但不断有外在的伦理规范去形成内容。比如，"9·11"恐怖袭击中，救火队员不怕牺牲，恐怖分子也不怕，从心理形式上讲，从其结构、定势、框架上讲，是一样的，是可以等同看待的（这以后还要讲到），这就是我讲的先验性。

问：有一种说法，说 Kant 是动机论，动机好就是道德的。

答：这是一种肤浅庸俗的误解。认为 Kant 是讲要从好的动机出发，这恰恰是 Kant 所坚决排斥的"实质"原理；康德讲的只是普遍立法的动机形式。即只要你相信你的行为准则能普遍立法（有普遍的客观有效性），那就是道德的。道德既不在于任何实际的功用效果，也不在于是否从"爱人"（如"恻隐之心"）、"敬神"等等"好"动机出发。从这里出发，恰恰是服从经验的他律，即非道德的自律。

问：何谓"自律"与"他律"？

答：所谓"自律"，是相对"他律"而言。"他律"是指意志由其他因素决定，这些因素也就是 Kant 所列举的那些"实质动机"，即：环境、幸福、良心（内在感官）、神意等等。这些在 Kant 看来统统都是把意志行为服从于外在因素的"他律"，而不是法由己出的"自律"，因而不是道德的。就拿所谓"道德良心"来说吧，如先从某种特殊道德感情出发如同情心、恻隐之心、怜悯心，就还是用感性来分辨、判断和规定道德，结果仍然会把全部道德归结到满足、快乐和幸福上去，从而便不是"自律"，仍然是"他律"了，尽管这个"他律"是"神赐"或"天生"的"良心"。Kant 认为，人的自律意志则既不是情欲（动物性）的奴隶，也不是神的工具，既不受快乐、幸福、欲望的驱使，也不受神意、天命、良心的支配。人不是物（只知服从），也不是神（只知立法），而是服从自己立法而行动的主人。道德律令是绝对服从又法由己立；它以人为目的而普遍有效。这就是"意志自律"，也就是自由。Kant 认为，道德律令这三条公式是相同的。它们是从不同角度指向着一个中心。这个中心便是"自由"。Kant 对道德律令有许多分析、论证，最后集中到"自由"这个概念上。Kant 伦理学的自由与其认识论的必然是正相对峙的两方，理性给自然立法就是自然的必然，理性给自己立法就是人的自由。自由是纯粹理性在伦理道德上的表现。"只有道德才给我们初次发现出自由概念来"（《实践理性批判》)。

Kant 的道德律令作为超感性经验的理性力量，是普遍必然的绝对命令（第一条），它的本质是自由。意志自律（第三条）则是这种自由的直接表现。"自由这个概念是解释意志自律的关键。"《道德形而上学基础》一书通过所谓分析的方法，由日常道德经验最终归结为第三章"自由"概念。《实践理性批判》是用所谓综合法写的，从抽象基本原理出发更开门见山在序言和引论中便提出：自由是纯粹理性体系的"整个建筑的拱心石"，是灵魂不朽、上帝存在等"其他一切概念"的依据。关于这里更详细的讨论，可参阅拙作《批判》，此处不再赘言了。此外，在本书第二章讲道德心理时，一开头也要回到自由意志的问题。

问："自由意志"当然出自"我"，什么是"我"，都是问题，Kant 的认识论以"我思"为核心，Foucault 则讲"我"与身体的不可分和分的乌托邦种种。

答：这确是一大问题。不知儿童心理学已研究出儿童何时出现"我"的意识没有？动物并无"我"，只是个体的生物学反应。人类有"我"的意识以后，就把意识与身体的二元关系突显出来了。因之而产生将"我"实体化、对象化以至出现独立的心灵、灵魂等的认识和理论，在道德中，牺牲身体以拯救灵魂或完成"自我"，实现了"自我"，也成为自由意志的选择运用。

问：所以道德是以身心二元论为基础？

答：我不认为如此，没有离开身体的灵魂、心理和"自我"，只是可以用精神的"自我"来消灭肉体的"自我"，以显出"文化—道德的人"而超出自然和动物界。这也就是 Kant 的本体（noumenon）高于现象界的道德哲学。

问：在这以 Kant 作启迪的"导论"后，你准备如何展开？

答：由此"导论"讲 Kant 绝对律令混淆伦理内容与道德形式开始，主张将二者作外（外在规范）内（内在心理）二分的必要，并提出"由外而内"讲道德的源起，是为第一章。第二章讲道德三要素，调和 Kant 与 Hume，认为理性为主，辅以情感。第三章讲传统宗教性道德与现代社会性道德的区分和相互关系，主张"情本体"的中国哲学来解决当代既人欲横流又理性跋扈。但所有这些都只是概括性的哲学提出，具体探讨仍留待有关学科。

第一章　伦理、道德外内二分和"由外而内"说

一　动物有否道德

问：你上文对 Kant 绝对律令（categorical imperatives）的区分，看来是为你这个区分作前驱和铺垫。

答：对，所以前面是"导论"。因为我首先要探求个体行为中的"道德从哪里来"？我以为人的道德行为和心理，都从社会伦理规范而来。从而，我严格区分伦理（ethics，外在制度、风俗、规约、习惯……）与道德（morality，内在心理，即意志、观念、情感），并认为由前者构建后者，后者反馈作用于前者。这也就是人文（文明）与人性（心理）的辩证关系。历史本体论视人类总体的生存延续为最高的善或"至善"，它既是群体伦理应有的最高规范，也是个体道德追求的最高指向。这些都是非常重要却相当复杂的哲学问题。简单一句话，伦理是外在的规范和风（俗）习（惯），道德是个体的行为和心理。

问：伦理与道德两词语的区分相当麻烦。

答：伦理（ethikos）与道德（moralis）两词在中外古今一般都是同义使用，不做或极少区分。而且常常是约定俗成，不作区分。在中文，两词含义和感受倒并不尽相同，"伦"乃外序，"德"乃内心，伦理指外，道德向内。但无论中西，伦理作为群体规范与道德作为个体行为，的确紧密联系，群体规范应表现在个体道德行为和心理上，个体道德行为和

心理一般正是群体规范的呈现。虽然有些时候又恰恰是对其背离和反抗，如中国现代"五四"时期的"提倡新道德、反对旧道德"，就是针对当时位居统治地位的传统伦理规范和风习而言的，但也仍然是两种伦理规范内化为人的观念、情感的冲突。

问：你如此强调两者区分，有必要吗？

答：我以为在理论上有此必要。第一，这个区分有利于澄清好些说不明白的伦理学问题。上文谈 Kant，就是想举出一个例子，即"人是目的"（伦理）与"普遍立法"（道德）的不同。第二，明晰表达我的伦理学的一个基本看法，即由外而内、由伦理而道德，这也可称为历史—教育路线。这是我的历史主义人性积淀说哲学的重要部分。外在风习、环境（伦理）对内在心理和行为（道德）的巨大作用，中国传统中早就有关于教育问题的"孟母三迁"的著名故事。

问：那首先得非常明确地规定两词的含义。

答：上面已经讲过。我所用的"伦理"一词包含很广，指的是人类群体或社会，从狭小的原始人群到今天的全人类的公共规范，先后包括了原始的图腾、禁忌、巫术礼仪、迷信律令、宗教教义，一直到后代的法规法律、政治宗教，也包括了各种风俗习惯、常规惯例。它们都属于我所使用的"伦理规范"这个词的范围。总之，伦理规范是群体对个体行为的要求、命令、约束、控制和管辖以及正面提倡，多种多样，繁多复杂。

我所用的"道德"一词，则指个体的自觉行为和心理，从自觉意识一直到无意识的直觉。而且道德不能只是观念，道德不能只是"善念"，而必须还是"善行"，即实践、履行、落实这种善念（观念）。

问：道德这词含义也很广。

答：这是一个值得注意的问题，即我提出的"泛化"。在现实生活中各种层次、意义、内容大不相同的道德行为和心理，都被一视同仁地称为道德。"杀身成仁、舍生取义"是道德，不闯红灯、按序排队是道德，宁死不屈是道德，富人捐款是道德，不乱扔垃圾、不随地吐痰也是道德，等等。虽然这些行为和心理都或多或少有某种道德属性（即为他人或公众有某种自我约束、克制或付出），但毕竟差异太大。道德作为可达到牺牲自我生命的主要标志，在这"泛化"用语中被完全掩盖掉了，这使"什么是道德"的讨论变得更加混乱。所以我觉得要特别注意使用日常语言的这一现象。这方面分析哲学可以给我们很多帮助，即注意"道德"这个词语在具体应用上有很不相同的内容和涵义。不能在同一个"道德"的词汇下，把许许多多完全不同的道德行为和心理不加区别地混为一谈。

问：这会有什么后果？

答：例如从猴子也有"要求公正"的情绪证明猴子也有道德，以及其他动物的一些包括牺牲个体以维护群体的行为，如此等等。在2014年华东师大讨论班上，我作了"动物有否道德"的专题辩论，虽未展开，但主题很清楚，就是反对当今非常流行的社会生物学。社会生物学认为道德源于生物族类生存竞争所产生的自然本能，并以某些动物存在着个体牺牲以维护群体而使该族类在生存竞争中取胜来作为论证。但我以为如果道德是动物族类自然演化而成的本能和欲望，那就应对该动物族类所有个体具有普遍必然的绝对性，而无个体的选择自由。人类的道德却恰恰是在个体有自觉的选择，保存生命是任何生物族类个体均具有的强大的本能和欲望，人类并不例外。人之所以如此敬重、尊仰、崇拜那些杀身成仁、舍生取义的仁人志士、英杰男女，正是由于他（她）们自觉做到了大多数人做不到的道德行为。自觉地选择牺牲自我，为什么大多数人做不到？因为个体有求生的动物性的强大本能。为什么少数人又做到了？因为他（她）们用更强大的理性观念和意志压倒了这种强大的本能。可见，道德在这里表现为"自由意志"，自己选择、决定、不顾个体生存和其他利益而认为"就应该这样做"而行事。也正由于这少数人物逆生物本能、自然欲望而行，并以此为榜样引领着群体开辟未来，这使得人类的生存延续区别于其他动物。我以为这是中国传统宣扬的伦理学，也是 kant 宣扬的伦理学。这种伦理学才真正抓住了人类道德行为和心理的要害，所谓"太上立德"，就是立的这个"德"。因此应该和上面提到的那种泛化的道德区别开来。

所以，我多次提出为什么有时会钦佩甚至赞赏某些宁死不屈的敌人？是钦佩赞赏他们所信奉的观念、规范、命令、信仰吗？不是，因为那些正是我们所反对的。那是什么呢？是那坚持到底的意志，因为这正是人类历史—教育培养而成为他们所自觉选择的"自由意志"。我们钦佩赞赏的是"自由意志"，这也就是中国人所说的"太上立德"。

当然，有人会说，你怎么能肯定动物就没有这种自觉选择的能力，没有"自由意志"？我非专家，我只是就自然演化的生物本能应该适用于该族类的全部成员来提出质疑。我也不懂为什么社会生物学理论有大量论据，却极少甚至没有谈及这个问题。

二　由外而内

问：那么这种自觉选择的自由性从何而来呢？

答：这就复杂了。这里首先得讲人的一般道德行为和心理，包括那些泛化的在内，从何而来了。

问：请说。

答：不久前，我读到一本有趣的书《道德的起源：美德、利他、羞耻的演化》(*Moral origins : the evolutiong of virtue, altruism, and shame*，贾拥民、傅瑞荣译，浙江大学出版社，2015)。作者 Christopher Boehm 是资深教授，数十年观察、研究灵长类动物和人类原始群体的活动,该书采取自然演化的社会生物学视角。但极有意思的是，他的论证研究可以概括为：道德起源于外在群体（包括灵长类动物和原始人类）在生存延续和族类竞争中要求个体的"自我克制"从而产生了道德，道德是个体自我克制的生物机制。

作者一再说,"自我克制的良心是道德起源的第一个里程碑"(p.204),"早在共同祖先(按指人类与某些灵长类)时代就已经出现了一些群体强加给个体的'规则'了,而在作为共同祖先的后代的人属祖先那里,这种趋势就更加明显了"(p.124)。

尽管书中好些假说如反等级制的平等情感是自然演化而来、平等地分享猎物有助于种族的生存延续而产生道德、脸红表示内在羞愧等基本论点,我以为论据不足并不赞成,当然更不同意作者将"更加明显"的人类道德与灵长类其他动物的所谓"道德"完全混为一谈、毫不区别。但我以为重要的是,作者以大量材料论证了作为道德特征的"自我克制"的内在心理机制是来自外在群体规则,亦即个体道德心理和行为来自外在群体的强迫规范。其中叙述了个体如不遵守群体规则即被杀戮、惩罚、驱逐(等于死亡)等事例,多次谈论了动物界的"死刑"。同时也强调产生道德是一个漫长的历史过程,"道德的起源本身就是一个缓慢的渐变的过程"(p.362)。

问:你强调道德乃内在心理,该书论及否?

答:该书着重讨论了"良心"问题,认为动物也有"基于恐惧的自我控制",但"真正强大的良心开始于距今二十五万年前"(p.358),即原始人类群体开始合作捕杀有蹄类大型动物如斑马、羚羊的时期。

作者说,"我将聚焦于良心问题,探讨良心这种独特的自我意识是如何作为惩罚性社会环境导致的结果而出现的"(p.20),作者认为惩罚性的社会选择过程中创造了羞耻的良心,而此"良心内化了那些有利于合作规则……"(p.235),所有这些,不正是我所强调的由伦理而道德、由群体外在规范和要求产生个体内在的道德心理,即人的"内在自然的人化"么?

问:中国儒学倒是最强调人兽之分、人禽之别。

答:这与将人兽道德等同的当今西方伦理学主流的社会生物学恰好背道而驰。我愿意承续传统儒学这一要点。因之尽管我并不同意该书的许多论点、论断和看法，但上述这些材料却很有意义，这些材料的意义，对我来说，即在于它强调从动物界开始直到原始人类，个体"道德"行为也是受群体"规则"所产生的"自我克制"，其中讲分享食物是这些群体外在规则的源头，与荀子讲"礼"起源于分享（食物）很近似，这点非常有趣和重要。

当然，动物也有并非群体规范而内化的族类本能，如潜伏忍耐以伺机捕取猎物，也是一种"自我克制"，但它只联系着个体或子女的生存，可与群体无关，它是动物界更原始的生理本能。

三 否定形式与自我克制

问：这种"自我克制"表现为一种对自身欲求的否定方式，成了道德的标准形态，对否？

答：对。我在《批判》一书和此后的论著都多次提到，人的个体道德是从幼儿时的"不"字（不许抢别人的食品，不许打骂别人……）开始的，中国《礼记·曲礼》也记载了那么多的"不……"和"毋……"，将从儿童到成人的行为、活动、言语、举止、容貌等日常生活规范以否定方式规定得如此之细密严格，显示出"礼"作为伦理规范，对个体行为和心理的道德塑造，使之成为人（"立于礼"）。也就由外而内，由伦理而道德。

我以为这位洋人作者所指出的其他灵长类动物的类似行为，只是说明了这一由外而内的人类道德行为有其动物祖先的潜在的生物可能性，但正是人类才将其转化性地创造为具有现实性的"礼"（伦理）和"德"（道德）。所谓25万年前猎取大型动物的时期，不正是原始人群大规模地制造、使用工具而需要紧密地分工合作产生社会和理性的时期么？正是从这异常远古的时期开始，产生了人类主体的实践理性，并通过语言中的语义，传递和保存下来，代代相传。群体要求和实践经验成了社会的外在规范，个体内在的道德和认识也由此而萌芽、建立、巩固和发展。

问：好，回到主题。道德最高境界不是牺牲么？与"自我克制"有何关系？

答：那不正是"自我克制"人的最强烈的生存欲望么？

问：但"自我克制"是强迫性的"由外而内"，而牺牲自我却恰恰是非强迫的自觉选择，这不矛盾么？

答：这是因为这种"自我克制"达到某种高度的内化境地，即某些人已将它达到无意识地忘我弃生的程度，甚至达到欣欣然地"毋意、毋必、毋固、毋我"的美学境界。杀身成仁，舍生取义，"虽千万人，吾往矣"，毫无被迫强制的感受，觉得理应如此（"应该"），就这么做了（自觉选择），这就需要依靠长期的培育锻炼，绝非自发生出，所以远非每个人都能做到。圣贤豪杰英雄之所以区别于常人，也在于此。但即使圣贤豪杰，当他（她）们作出这种自我选择的"自由意志"时，也还是有这种强迫自己服从理性律令的心理活动，只是表现为"自觉自愿"的"定势"，有的甚至达到高于意识水平的直觉性的所谓"良知""良能"。

问：你为什么要以这本讲生物的书来谈专属于人的道德问题？

答：因为这本书强调论证良心（conscience）、自觉意识（self-conciousness）、羞耻（shame）等，都源自群体规范，这就以生物科学的实证例证，堵塞住道德作为良心、良知、良能，来自天授、天理、天命，来自先验理性这一至今占据统治地位的中外各种理论，从基督教的神定论、Kant 的纯粹实践理性到中国的宋明理学和当代各派儒学理论。社会生物学和先验人性论一拍即合，是当今伦理学的特色和主流。

问：为何提及儒学？

答：我愿特别提出的一点是，这个由外到内、由伦理到道德，都有一个严厉强迫的过程和性质。就自然生物说，有如这位作者论证，个体的"自我克制"得来并不容易，需要群体的严厉惩罚和杀戮，并经由极其漫长的时期才逐渐形成。就中国传统说，被学人忽视的是，远古的巫术礼仪到三代特别是周代的礼仪规范，也是与严厉的惩罚直接相连接的。

"不孝""不友"都将以严刑峻法处置,所谓德治、礼治,在开始时期是建立在习惯法的严厉惩罚之上的。后世特别是今人误以为"礼"就是温情脉脉的揖让进退,其实恰好相反。

问:《论语·八佾》中说:"周人以栗,曰:使民战栗。"

答:这一直要到礼坏乐崩,孔子释礼归仁之后,礼出自内心仁爱的理论和面貌才被塑造出来。孔子回答"使民战栗"问题时说,"成事不说,遂事不谏,既往不咎",过去的事就不要再提了,这正是孔子释礼归仁的贡献。我有过一个也许很不恰当的比拟,有如《圣经·旧约》显示对耶和华的"畏",而《圣经·新约》却突出耶稣的"爱",周、孔亦有此类似处。但孟子把它发展成伦理道德都由"恻隐之心"生发出来,就过头了。伦理道德变为由内向外途径,特别到了宋明理学将之形上化之后,完成了先验人性论就完全不对了,这后面可能还要讲到。

总之,我以为,内在道德的良知良能,归根到底是来自外在群体的严格和严厉的伦理命令。至今对儿童的道德教育,从家庭到学校,仍然免不了一定的强迫因素。我以为这是必要的和重要的。所以重视"由外而内"有其现实意义。我记得我也引用过人类学家 C.Geertz 的话:"文化最好不要被看作就是那些具体行为模式,如风俗习惯、传统等等,而要看作是一套统治行为的控制机制。人正是这套人身之外的控制机制指挥其行为的动物"(《文化的解释》第 2 章)。Kant 将"文化—道德的人"作为整个自然的最终目的,不正是讲这个"由外而内",由伦理机制所指向的人的道德行为么?!

四　Kant 与 Hegel

问:你这伦理道德两词语的区分及其意义,倒也简明扼要。

答:以前和今日也一直有人做区分,例如认为共同而非自觉的风俗习惯属于道德,伦理则是自觉的制度性的理性约束;伦理是社会性的习俗，道德是个体的义务、责任；以及区分为前理性、理性、后理性等等。实际上仍然是将二者混为一谈。

又如，我在《回应桑德尔及其他》一书指出 M.Sandel 所举的许多事例，就没有清楚区分何者是与制度相关的政府行为、方案、决策的伦理，何者为涉及个人行为、心理的道德。将政府行为与个人行为混在一起，便很难讲清楚。再重复一次，伦理是外在的制度、风习、秩序、规范、准则，道德一般是个体遵循、履行这些制度、习俗、秩序、规范、准则的行为，亦即义务和责任。但义务或责任并非道德行为的心理特征。包括 Hegel 也区分了伦理与道德，但他把道德看作只是抽象的普遍原则，而根本没注意和重视道德作为非常具体的个体心理结构形式的重要性，从而这区分与我也根本不同。

问：你引用了上述达尔文主义作者的看法，是否完全同意 Darwin 的理论呢？

答：否。Darwin 没有重视人类不只是自然进化的动物，更是制造、使用工具而生存从而产生理性和社会的动物。

因之，Darwin 的许多论断，如 Christopher Boehm 所引用的话："动物不管是什么，都与人类一样，……只要它的智力能够得到良好的发展，或接近良好的发展，就不可避免地产生道德的言行。"（《人类的由来》）数百万年的历史证明并非如此。所谓"智力""良好的发展"等词语，便非常含混模糊，许多灵长类动物自然进化已数百万年，至今也没有什么父慈子孝、兄友弟恭、自由平等、个体人权等等道德行为和心理。

问：你为什么提及 Hegel？

答：因为我的区分，也可以说来自哲学史上 Kant 与 Hegel 的区别。他们都是从人类讲说，Hegel 是从宏观历史学（历史哲学）的角度讲伦理道德，讲了家庭、市民社会、国家等等，即各种变易着的社会伦理的群体规范，但完全不谈并忽视个体道德行为所必须具备的心理形式；相反，Kant 则是从道德行为的心理特征（心理哲学）的角度讲伦理道德，强调实践理性的意志（详见后节）即"绝对律令"作为道德心理的特征，而未深入论及它们来自外在群体的根源。我认为这倒恰好可以作为伦理与道德的区分。于是便出现两者关系的问题，也就是这道德由内向外产生伦理呢，还是伦理由外向内形成了道德？从而，是人生下来就有普遍的、先验的"善端"道德呢，还是这所谓"善端"也主要靠后天培育而成呢？先秦孟、荀性善性恶之争，就与此相关。

问：但伦理学一般都是把规范、风习等作为伦理，指外在社会的要求、约束等等，而义务、责任等则归于道德。

答：对。但这些义务、责任等等个体的行为，是随着社会的规范、风习的变迁改易而变迁改易的，个体这些行为的心理也如此，表现为遵循或反抗这些规范及风习，例如在美国个体没有养老的义务和责任，养老的责任主要由政府从每个人工作时必须征纳款项来承担，中国依从传统，有法律规定子女有一定的养老义务。现在一些学人也强调养老应学西方。那么对个体来说，什么是道德，在这一具体的义务、责任上便会有极不相同的心理感受和行为，因而从义务、责任来确定道德，仍然只是一种伦理规范的确认，而不是个体内在心理这一重要方面。

问：伦理学一般要讲到所谓公共领域与私人领域，这与你两分有否关系？

答：这与伦理道德二分无关。因为不管私人领域（如个人信仰等等）或公共领域（如不闯红灯、遵守秩序等等），都有外在教义、规约（伦理）与内在心理（道德），并且都是由外而内、由强迫强制而自觉自愿直到直觉的"习惯"过程。

问：好些学人认为"公共领域"直接涉及政治、法律，不算道德。

答：不对。恰恰那是现代社会性道德，即所谓"公德"。不遵守公共规约闯红灯、插队等等，即使没人阻止或指责，也常有自我愧疚的感觉，这难道不是道德心理么？与私人领域中违反宗教教义或某种习俗感到的羞愧心，可能有各种程度的不同，但基本心理定势、框架是一样的。例如，多次提到的妇女贞操问题，义务和责任古今就很不一样，甚至同一时代，各地区各文化也很不相同，如果不对道德心理中各要素的关系、结构、定势、框架及其中的协同、离异、矛盾和剧烈冲突即外在伦理规范和内在道德心理的复杂关系进行深入探求，就会严重掩蔽和忽视人文和人性中的深刻内涵；如果不能作出理论上的重要论证，不能解释和解决现实生活道德行为中许多难题，包括到底是情感还是理性作为道德行为的动力，什么是道德行为中的自由特征等问题仍束之高阁，留下的就只是一大堆文学艺术中的细致描述罢了。

问：那么你的伦理学新说讲道德是否还要讲义务、责任呢？

答：最多提及，不会多讲。因为什么是这些道德中的义务、责任，正如什么是伦理中的规范、准则一样，都应由各种不同的规范伦理学来谈。在这一方面，我非常赞同 Hegel、Marx 和文化人类学的伦理相对主义的观点，有如 Hegel 所强调，具体的意志自由必须与特定历史时期的家庭、国家、市民社会的个体道义、责任相联系。但如上所再三提及，其缺点在于忽视了道德心理形式即由积淀而来的"自由意志"的心理结构的绝对性，所以才做此伦理与道德的二分并从 Kant 讲起。

问：一般伦理学也总要讲到如"己所不欲，勿施于人"的"黄金定律"，讨论它与"己之所欲，便施于人""己欲立而立人，己欲达而达人"的差异等，更具体的就要涉及家庭、婚姻、国家、政治（如"消极自由"与"积极自由"）等，你却一字未谈。

答：上面已讲明白了。它们在两德论中也许有所涉及，但仍然只是指出它们均为历史的产物，有的变化很大，如婚姻、女权等，有的变迁较小，如黄金定律，但并不讨论它们的来源、理由和各种具体落实。仍然只是指出它们由外而内，而非由内而外。

问：你在华东师大讨论班上谈到著名教育心理学家 L.Kohlberg 的儿童道德发展三水平说，即首先是怕罚，其次是自觉遵守规范，最后才是直觉或"普遍立法"的"自由意志"。

答：我当时便说，不仅儿童而且成人也有此三水平，这位心理学家的经验研究的实证谈论，恰恰与本章开头引用的灵长类和原始人类的材料相呼应，一再证实着我的论点。

问：你所重视的仍然是"内在自然的人化"，即动物心理如何人化亦即人性问题。

答：对。人是动物又不是动物，这是我的哲学，所以重视人性问题，这并不是把伦理归结心理，更不是把伦理学归结为心理学，伦理学有其外在方面，即政治哲学、规范伦理学，这里不过是强调伦理学还有内在心理方面的形式结构，以及谁主谁从，社会伦理如何成为个体道德等重要问题。这也就是下章展开的三要素问题。

第二章　道德三要素（意志、观念、情感）说

一　"自由意志"与意志

问：为何从意志开始谈道德心理？

答：因为它最重要，本书一开头就从 Kant 的自由意志谈起。

问：仍然先要明确这两个词的异同？

答：这本身就是个问题。

问：为什么？

答：一个（"自由意志"）是哲学词汇，一个（意志）是日常用语和经验心理学词汇。

问：但"自由意志"也是日常词汇呀，特别是人工智能近年突显后，争论人工智能能否会有"自由意志"已成为热门话题。

答：也正因为此，首先得要厘清词语的含义。自由是什么？何谓自由，这问题就不清楚。"自由"一词，在日常语言和生活中，在经济、政治、科技、哲学各领域中，其含义都不尽同，它们只是家族类似，不能等同使用。大多数科学家反对人工智能会有"自由意志"，他们认为人的一切行为包括道德行为在内，都是脑神经元和突触事先决定了的，人的一抬手一举足，也并非自觉的"自由意志"。二十世纪八十年代早期，Benjamin Libet 便证明人想挥手腕前半秒钟便有神经活动，看来是"自由意志"（自己决定），其实自己却已是被决定了的（已先有神经活动）。

我不是科学家，没资格参与这种讨论。但我以为，"自由意志"作为个体事实属于社会价值，与脑神经的科学研究无直接关系。"自由意志"不是一个自然科学问题，而主要是一个哲学伦理学问题。

问：如何讲？

答：两百年前 Kant 已讲得相当准确。Kant 认为，如同上帝存在、灵魂不朽一样，"自由意志"是一个有关"本体"（noumenon）的先验幻相，而并不与人和世界的经验存在即现象界相关。现象界是因果律支配一切，即一切现象均有因果，包括人的任何意志也脱离不了因果律的支配。只有在迥然不同于现象界的本体中，人才有自由。"本体"在 Kant 那里，就是超人类的实践理性。这里摘抄《批判》：

> 要注意的是，Kant 所谓自由，并非说在现实世界中有超出自然因果关系的自由。任何行为作为理论理性的对象，即作为思维、认识的对象，是探求其因果性的问题，即探求这件事发生的原因和规律，是对事实的表达或预测，受着严格的因果律的规定和支配，这里丝毫没有自由可言。这一方面也正好是法国唯物主义强调的方面。法国唯物主义认为，人的一切行为都是机械必然地受因果规律所制约，根本没有什么自由。Holbach 认为，一个人被人从窗口抛下与自己跳下去完全一样，都是必然的。所谓意志，受同样必然的因果规律所制约。Kant 认为，如根据这种观点，便可以得出一切道德、法律等等都无意义的结论。因为责备一件不道德的行为就等于责备一块石头为何落地伤人一样。Kant 曾举例说，如果这样，那任何犯罪的人都可以用他的行为是受因果律支配，即他的行为有客观原因来为自己辩护。一切不道德或犯罪都是由环境、条件、个性、习惯……所必然决定，自己并无责任，那么一切刑罚责难便没有必要存在了。Kant 的自由论就是为了与这种机械唯物主义相斗争。在 Kant 看来，作为认识的客观对象，一切行为的确均有原因，是在时间中运行从

而受因果律支配。但作为有理性的主体，Kant 强调，这同一件行为就有很大不同，存在着是否服从道德律令的问题。人在做任何一件行为时，只要不是精神失常，都是在具有自觉意识的意志支配下去做的，这里便面临着"意志自律"，具有决定和选择的自由。可以做也可以不做，可以这样做也可以那样做。尽管最终怎样做了是可以从因果律中找到原因，但在当时决定和选择，却是自由的，是可以决定和选择遵循或不遵循道德律令的。因此他对自己的这个行为便负有道德上的责任。因为他可以不管情况如何，不管任何内在或外在的条件制约和压迫，而决心按道德律令行事，"他由于觉得自己应行某事，就能够实行某事，并且亲身体会到自己原是自由的"。人不同于机器，不同于自然界，不同于动物，不是盲目地或机械地受因果律支配，全在于他的行为是经过自己自觉意志来选择决定的。意志也就是对自己行为的抉择，自由选择便成了问题要害所在。这也就是自由。Kant 强调，人作为感性现象界的存在，从属于时间条件，他的任何行为、活动和意志不过是自然机械系统的一个部分，遵循着严格的因果规律；但人作为本体的理性存在，可意识到自己是不属于时间条件的，他的这同一行为、活动和意志只服从于理性的自我立法。而道德优于认识，本体高于现象，自由可以作为原因干预自然，所以 Kant 强调，我"能做"是因为我"应做"。"能做"属于自然因果，"应做"就属于自由。（第八章）

问：这强调作为意志自律的"自由意志"是一个伦理学问题。即在群体生存延续中的个体行为的价值问题，与自然科学研究的脑神经元和突触导致的身体活动属于不同的领域。

答：如我以前所指出，一个人杀人和自杀或任何善恶行为，包括属于法律范畴的各种犯罪，都有其原因，都由因果律所支配。当然，因果律并不能等同于决定论，其中包含着更多的偶然性、几率性、循环性等等，在现象上则呈现为"选择性"。尽管人的行为的各种不同和对立的选择都可以找出其先天或后天的原因，但在当时，这个"选择"却具有重大的伦理学的意义，即必须厘定这个行为对社会群体的生存延续所带来的或产生的正负面价值的效应，这些效应是由不同的自觉选择所作出的，从而"自觉选择"便成了意志自律，即"自由意志"的核心。是选择死还是活，是选择服从道德律令（一般都是当时社会的伦理规范）还是相反，所以，Kant 认为"自由离开了道德就远远不能被人感到"，"只有道德才给我们初次发现出自由意志概念来"（《实践理性批判》）。

再引一段《批判》：

> Kant《道德形而上学》中曾明确指出意志的两个含义。一个是 Wille，指实践理性自身。一个是 Willkür，指行为的自觉意识。前一个是普遍立法的意志，后一个是个体执行的意志。前一个无后一个，等于只有立法而无执行，便是空洞的；后一个无前一个，便失去其道德意义而不能成立。只有 Willkür 将 Wille 当作法令接受而执行时，意志才成立。（第八章）

所谓 Wille，所谓自己立法的意志也就是可"普遍立法"的"实践理性自身"，我认为它主要是指道德心理第一要素意志以及其中含有的观念。这观念在履行者或执行者看来，是可"普遍立法"的原理原则，虽然实际并不如此，因为它是随时代社会以及文化传统的不同而不同而变异，因为并没有超越具体时空的可普遍立法的绝对性的观念，我在《批判》中把 Kant 的"普遍必然性"改称为"客观社会性"就由于此。但 Willkür 则大不相同，它突出的是三要素中的意志本身，它执行观念，古今同一，并无变化，因为它是人类百万年积淀下来的心理形式（结构、定势、框架），不管人类任何时代、文化所作的伦理规范，都需要这个不变的意志力量才可能去履行，所以我认为它是三要素中的主要角色。所以要首先明确提出。

问：也如你所说，它不是自然本能，生来就有，虽有时似乎是直觉行动，但也并非天赐的先验动力，它仍然是广义教育的成果，而且绝大多数是需要长期的艰苦锻炼才能获有。

答：这些以后还要讲到。此外，以后还要讲，观念是变化的，但某些观念它们正是随同这种意志力量并作为其内容而积淀下来。例如，"忠"这个观念和与之相连的情感，其具体对象可以变，由忠于友、忠于君、忠于国到忠于人民；"信"这个观念和与之相连的情感，由过去的"与朋友交，而不信乎"，变而为后代商务贸易往来中的诚信如"童叟不欺"，再变而为如今的遵守契约，作为内容的观念虽变了，这个情理结构的心理形式却与意志力量粘连一起积淀下来而仍然保存，成为定势、框架，超越了特定时空。这不是什么"绝对伦理"，而是绝对的道德形式中所积累所积淀的观念与情感，这种观念和情感是依附在道德心理形式的这些定势、框架、结构之上并与此形成结构并存的"抽象的"理性，而非具有特定时代、社会内容的具体观念和情感，如忠于首领，忠于人民，忠于圣战，信守誓言，保守契约，信守友谊等等，这个"忠""信"好像只是理性的观念，其实它们已融化为一种感性的心理定势或框架了，它们与忠于"谁"相结合，才成为真正现实的观念内容。"忠""信"在这里只是一种绝对性的道德结构和形式，这也就是 Kant 所说的可"普遍立法"的"自由意志"。意志也因为有这些近似的虽大有变易却又有共同处的观念内容，永不割离的不断积淀，才使那"普遍立法"的"自由意志"的理性形式建构不至空洞而成为虚无。文化人类学的大量材料证明，不同地区、不同文化、不同宗教等等，各有其巨大的差异甚至冲突的道德观念，但同时又仍有许多的共同点，即维持作为人类所共同拥有的群体生存延续的同样要求。例如，Kant 伦理学那著名的"不说谎"，虽然并不具有无往不适的、绝对的普遍必然性，但一般说来，却又仍然为不同宗教、文化、民族的人类群体内部生存延续所必需，从普遍地教育儿童不说谎到各种宗教不打诳语的严格教义，都证明如此。诚恳、诚实、诚信，成了各不同文化、宗教、传统所公认的美德观念，而且经常加以神圣化。这也就是相对逐渐形成绝对，变中有不变者在的历史的内在积累性。这也是我很早便开始讲的社会的变为个体的，历史的变为心理的，理性的变为感性的，这也就是经验变先验，历史建理性，心理成本体。

问：回到开头提出的"自由意志"与"意志"两词的含义。你似乎是以经验心理来解说 Kant 的先验理性，以实用理性来替代 Kant 的先验理性。

答：自由意志是哲学、伦理学的问题，意志则是日常经验的问题。只有这样，哲学也才不虚玄化。体育锻炼、各种学习中也需要意志力量与坚持，但它们与伦理学自由意志、自觉选择无关。而这些其他领域中的意志培育却又可以有助于道德中自由意志的实现。总之，说它是一种人性能力，这能力不是天生或天分，而是教育、培养的成果。

问：你不是说 Kant 和你自己讲的是哲学伦理学么，怎么又扯到经验心理和日常生活用词？

答：先验必须落实到经验，自觉选择性的道德自律或"自由意志"的实现，仍然需要日常生活中意志这种人性能力的培育和教养。Kant 认为现象界的认识因果不能上升为本体，但本体可以干预现象。上节已讲，道德是做不做的行为，认识"应做"而不做，不能构成道德。Kant 和当今好些学者，把"应该"（ought to）和"能够"（can）混同，或认为应该做就能够做，这些都是不符合实际情况的。这也就是我要提出和强调日常生活中的意志力量在道德心理中位居首要的原因。

问：这点很重要，请再重复一下。

答：Kant 认为"应做"就一定"能做"，有 Wille 就有 Willkür，但实际上在道德领域，人们经常知道"应该"去做却"不能"去做，自古至今，比比皆然，特别是在生死关头的自觉选择，"千古艰难惟一死，伤心岂独息夫人"。Augustinus 也早就指出了这一点，认为只有请求上帝来帮助自己，才能够去做。

问：但日常生活中讲的道德并不一定如此。如你上面讲过的"泛化"的道德观念：不乱扔垃圾、富人捐善款等等。

答：这些在 Kant 看来，也许只能算依据外在他律行事，谈不上可与宇宙争光的"绝对律令"。

问：你的看法呢？

答：我承认它们仍可算道德，虽然是遵守外在的规范、秩序、要求行事，但其中总有"自我克制"的内在自觉的心理选择的特征，虽然不是 Kant 和中国儒学所追求的那种人格理想和人生境界。

问：总之，你强调道德是一种行为和这种行为的心理，它们靠意志而培育养成，以至变为直觉。

答：对。

问：所以用 Gilbert Ryle 的 "Knowing that" 与 "knowing hou" 来讲后者乃道德，是将认识论关于知的理论加于伦理学，并不合适。

答：对。前面已讲，道德必需是行，而非会、想、知，道德主要是"做不做"的问题，而不是"知不知"的问题，也不是"想不想""会不会""愿不愿"的问题。

二　观念

问：总之，你认为作为日常语言和经验心理的意志是哲学伦理学的自由意志的实在根基，对吧？

答：也可以这么说。

问：你这经验的意志当然是"认识到而决心如此做（或不做）"，是理性而非本能，是知道如何做（knowing how）而且去做。但既有"认知"（knowing）在内，"认知"总是认知某种具体行动，有具体内容，为何说它只是形式？

答：所谓"形式"除其中含有Aristotle的"形式因"的造形含义外，主要是指它只是一种人为的或人化的心理结构，是决定去做而且做了的行动力量，它的内容是观念，这刚才讲过了。

问：这"内容方面"是观念，当然也属于理性。

答：观念就是你所认同或服从的伦理规范、教义、法律、秩序、风俗、习惯等以及由它们产生或形成的善恶是非的标准，它们一般以概念形态出现的思想、意见、学说、道理呈现和存留在人们的头脑中，有些可以变成某种非概念的潜意识，但仍然是理性的产物，虽然经常与情感紧相联结渗透在一起。

问：这就要涉及善恶、是非等大问题了。

答：它们都属于我所说三要素的"观念"要素。

问：你把意志和观念分开，一是理性形式，一是理性内容，内容（观念）有各种变化迁移，却始终依存此形式（意志）而实现。前述"9·11"例子，救火队员与恐怖分子观念敌对，意志却相同，对吗？

答：对。已说过很多次了。

问：绝大部分地区的人民都斥责恐怖分子和拉登，极少数地区却尊之为英雄，可见，证明善恶、是非的观念有巨大差异。

答：这就是现代社会性道德的观念与传统宗教性道德观念的差异和严重冲突。

问：前者对，后者错。所以你认为人类的共同观念是有进步的，即你说的历史的积累性。历史经验亦即人类生存生活使人们的观念在变迁在进步，如你举过的女权问题。

答：对。上面也讲过了，恐怖分子与救火队员的观念中又有某种共同的成分，如"忠"：救火队员忠诚于现代社会性的职业道德，恐怖分子也忠诚于他们所信奉的被歪曲了的伊斯兰圣战观念。

问：所以你才说不变的意志形式总与某种变迁或不变的观念内容在一起，才具体地不断构建着人类心理的形式、结构、定势、框架。

答：所以，意志才不是空洞的，不变的观念是变迁的观念依附在意志中而存留下来，这形式和定势才可以避免 Hegel 对 Kant 的批评。Kant 提出的是"自由意志"的"普遍立法"的心理特征，但未注意观念内容，他所提出的"不说谎"等观念内容却又恰恰并不能无往不适、普遍立法。

问：你说 Hegel 注意到了这点，他提出家庭、社会、国家等具体且变迁着的社会情况和观念，但又没注意到道德行为的意志形式的心理，Hegel 的伦理学属于历史，没讲心理，Marx 也如此。

答：所以我提出伦理学应分成两大部分，一是规范伦理学，包括政治哲学，讲求探究社会规范（伦理）和个体的义务、责任（道德），二是道德心理学，讲求探究个体道德行为心理，即我提出的道德三要素的意志、观念和情感以及它们如何履行伦理规范要求的个人义务、责任等等，把这三者（意志、观念和情感）混同一气，讲不清楚。将伦理与道德混同一气，更讲不清楚。好些人经常把这五者（伦理、道德、意志、观念、情感）混同一起，就更是一塌糊涂了。

问：现在政治哲学和规范伦理学是伦理学主流，讨论、研究的是道德准则、规范如何得来，有何特征和效用，从而个体或群体、理性与非理性、自由与平等、多元与一元、合理性、透明性，什么是"好生活""共同善""什么是幸福"等等，以及这些概念的厘定和内容。

答：可惜这都不属于本书范围，它们非常复杂，需要专门的仔细的具体研究，远非我这里所能和所应谈及，这里只能用一句话来表达，即是反复提过的"历史主义"，一切道德规范、准则以及其各种理念、思想、学说，都是历史地形成，从而必须历史地考察和研究讨论。它们统统都属于我提出的三要素的"观念"要素，它的确是所有道德行为和道德心理的内容，都不在我现在的讨论范围，我提出的是更基础的心理框架、形式问题，尽量避免把这些基础问题与各种规范由来、效应问题混在一起。在后面讲两德论，也只能触及边缘，也不能作具体研讨。

问：但你总得谈谈善恶问题吧，即使不提各种具体伦理规范、准则如何谈论善恶，善恶都总是伦理学包括道德心理的首要课题之一，属于你讲的"观念"要素，而性善性恶这始终是伦理学和道德心理的一大难题，善恶既是"观念"要素，就从此谈开吧。

答：可以。人性善是中国传统，孟子倡之，后儒和之，启蒙读物《三字经》传播之，当代西方社会生物学更以动物也有道德发扬之（可参阅 Edwavd.o.Wilson 的著作以及 Donald J.Munro，*A Chinese Ethics for the New Century*，香港中文大学出版社，2005），形成了今日伦理学的主流。当然其中仍有自然人性论和先验人性论的分别。

问：何谓也？

答：动物本就有互相抚育、亲爱、合作、互助等族类本能，表现在行动上，也就有与人类相似甚或"相同"的"道德"现象。所以上节我谈过"动物有否道德"的讨论，参与讨论的大多数不同意动物有道德，认为那只是某种与人类道德行为相似的本能活动，并非有意识的自觉的理性主宰的行为。因为动物没有理性的观念，没有概念和语言。

问：你上面讲中国儒学中从一开始就从道德上强调人兽之分、人禽之别。

答：所以与 Donald J.Munro 不同，中国哲学讲人性善、讲"恻隐之心"，并非动物本能，而认为这是上天赐予人的一种先于经验的"德性"。宋明儒学更是大讲特讲这一点，认为人性善的性即是"理"，是"天地之性""义理之性"，而区别于"气质之性""食色性也"的"性"，虽然属于同一个心，但前面是"道心"，后面是"人心"，"道心"必须主宰"人心"，才能实现这个"人性善"。也就是"天理"必须主宰管控"人欲"，才能性善。因之所谓"天命之谓性"便被宋明理学说成是上天神明特别赐予人类的这个"善"性。当今港台新儒家，更用西方哲学方式突出论证了这一点，这就是先验人性（善）论。

问：你说过，群居动物族类既有所谓"性善"的一面，但也有"性恶"

的一面，如相互争夺、抢劫、厮咬、杀戮这些凶残本能，这也就是荀子要强调"性恶"，认为其善者，人为也（"伪也"）。

答：我以为孟、荀对立的实际依据就是动物本能的这两个不同的方面，孟子特别是宋儒把它提升到天命之类的高度，使之甩开了动物性。因之所谓以"性善"或宋儒所谓"天地之性""义理之性"，由此成了远远高于人类的天的赐予、旨意或命令了。

问：荀子没有这样。没有把动物的恶提到先验的高度。

答：西方基督教倒这样做了，如包括 Kant 也相信的所谓"绝对恶"就如此。这也不是指动物凶残而是指甚至上帝便有的恶，指"自由意志"（自觉选择吃了不应吃的伊甸园的苹果），以及"原罪"（人生下来便有原罪）等等，也与动物本性无关，而是不可避免甚至不可理解的神意、天赐。

问：这是些说理盈筐的玄奥神秘的神学课题。

答：所以这里也无法详加评说。有趣的是这种种中西传统的先验人性善恶论与当今社会生物学的动物道德说、自然人性说相当一致，可说殊途同归。

问：同归于什么？

答：同归于脱离人类的历史进程，忽视或否定人是历史的产物，否定历史在内外的积累性。

问：你的看法是什么？

答：我主张的是人类学历史本体论，强调人性善恶的历史性，即具体性和积累性，以及偶然性。

问：何谓也？

答：善恶首先是一种具体的历史观念，它通由社会伦理规范而进入个体心理，形成了一定时空条件下的善恶观念。我多次举过杀老弃老与养老敬老的不同善恶观念。在粮食不足以维持群体生存的时代，弃老杀老是请老人早日进入天国的"善"；在今日就不如此。妇女自焚（殉夫）、溺杀女婴等等在男权至上的地区和文化中并不被视为"恶"，平等、自由、博爱也不被视为"善",如此等等。总之,善恶作为观念,是变迁的,是有具体历史性的。

问:但道德沦丧是今天的共识。

答:这倒是老生常谈。第一,人类道德是否在整体倒退?不然。"人心不古,道德沦丧"其实已经喊了几千年,先秦韩非便尖锐驳斥过这一论调。我也引用过唐朝魏徵说的,如真是如此,人早变成鬼了。就总体说,人类的社会伦理和个体道德都在进步。主要是因为人的观念及与之紧相联系的情感有变化、有进步,例如自由主义倡导突显的个体自由、人格尊严、独立自主,包括妇女的人权平等,便极大地推进了社会生活的改善和发展,使整体社会道德水平也远超以往年代。第二,在社会前进的转型时期,"道德沦丧"之所以突出,是因为这种现代新秩序新道德尚未真正建立,而旧秩序旧道德却日益崩毁,人们行为活动失去了可遵循的规范准则而花样百出、美丑并行,特别是陈腐的旧观念旧秩序却通过新形式造成了各种日常行为、活动中的扭曲和丑陋,更使人难以接受、不可相信和无所适从,以致造成道德虚空。第三,今天人们对权钱交易、贪污腐败和官本位特别愤恨,就不是 M.Sandell 讲的等价交换的市场对道德一般侵害的问题,而是传统体制中的"封建"特权霸占市场、垄断交易进行"超经济剥削"(Marx)即前市场行为的问题,但它们可以通过市场交易的形式畅行无阻地出现。而这主要就是因为现代社会性道德尚未能落实在法律上,特权行为可以任意作为。无法可循、有法不依和执法不严,才是今天面临的问题。由于中国是第二、第三混在一起,情况便更为复杂、严重。前现代与现代交错,使道德标准混乱、败坏分外突显。

问:Hannah Arendt 提出"平庸之恶",你如何理解?

答:我以为所谓"平庸之恶"就是愚昧地、盲目地遵循某种社会的、宗教的、政治的旧有伦理规范或准则,甚至明知不对而接受、顺从、服务和履行其"绝对命令",亦即中国儒家所讲的"愚忠愚孝",所以我在那张"伦理学总览表"（见下图）中特地画了由"理"到"礼"的虚线，即肯定、赞同、表扬反抗这种"平庸之恶"的行为和思想意识，其实也就是Kant所说的，应该发扬用自己的理性来判断、不盲从、不迷信的启蒙主义，我之所以肯定和赞扬五四，也如此。如陈独秀所言，用新道德反抗旧道德，抵制已经泛滥数百年被视为理所当然的"平庸之恶"。

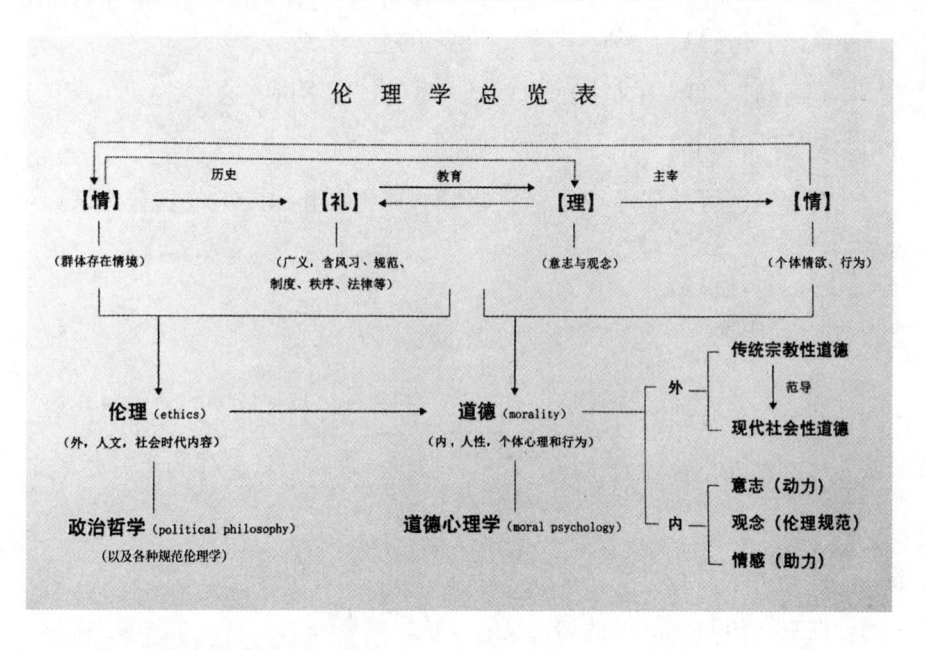

伦 理 学 总 览 表

```
         历史            教育           主宰
【情】 ────────→ 【礼】 ────────→ 【理】 ────────→ 【情】
(群体存在情境)   (广义，含风习、规范、   (意志与观念)    (个体情欲、行为)
                制度、秩序、法律等)
                                              ┌ 外 ┬ 传统宗教性道德
                                              │    │    ↓ 范导
   ↓                    ↓                     │    └ 现代社会性道德
  伦理 (ethics)        道德 (morality)          │
  (外，人文，社会        (内，人性，个体心理和行为) │    ┌ 意志（动力）
   时代内容)                                   └ 内 ┼ 观念（伦理规范）
                                                   └ 情感（助力）
  政治哲学 (political philosophy)   道德心理学 (moral psychology)
  (以及各种规范伦理学)
```

问：你将人类的生存进展作为"至善"？

答：对，这一点很重要，"至善"或"善"的来源、本质，不再是上帝、神明、圣人、超人类的纯粹理性，而是非常具体的人类作为动物族类的感性生命总体。它使价值的根源不再是上帝或理性，从而伦理道德上的"应该"（ought to）和事实（is，历史进程）在源头上不再分割。这样，善恶观念的历史具体性和积累性（进步性）就非常清楚。人类学历史本体论强调is与ought to在本源上的一致，亦即事实与价值在人类生存延续这一本体论上的同源和一致。

问：但你又讲历史与伦理的矛盾、二律背反。

答：历史是复杂的，进步也是曲折迂回的，上面是就人类百万年的历史总体说，就群体说，历史进程高于个体道德；就个体说，太上立德高于立功立言，这里面便有许多复杂而深刻的矛盾，我以前在讲历史人物评论时讲过这点。

问：你如何说的？

答："歌其功而不颂其德"（参阅拙作《"美育代宗教"答问》文），理知认识、情感赋予都应作某种"度"的把握分合。

问：这种"度"的把握，也就是中国传统儒学讲究的"私德"（修身）和"公德"（处世）吧？

答：这也可说是将"做人"（立德）与"做事"（立功）区分开来。

三　情感

问：道德心理你已讲了意志和观念，一是理性形式，一是理性内容，认为这两种要素都含有认识、意识、自觉，现在该谈到作为第三要素的情感了。

答：于是我们便终于碰到了道德心理的难题和核心了，也就是 Kant 的理性主义和 Hume 的情感主义的分歧。

问：与 Kant 的理性主义相反，Hume 是情感主义，理性是情感的奴仆乃 Hume 名言。孟子的"恻隐之心"也将情感（同情）作为道德出发点，社会生物学家从动物出发，当然更如此。

答：2007 年 1 月 29 日 TIME 杂志有一篇题为《我们如何做出生死抉择》的短文，也很有意思。该文说，根据近来脑科学大脑扫描研究，是情感决定了人的一般行为选择。只有在脑内与抽象思维和认识控制相连区域的活动水平加强并占优势时，才做出相反决定。该文配图以一列火车开来，如不转闸换轨即将撞死五人，而换轨则将撞死自己所爱的一人或某一无辜的人作例，除非功利主义伦理学（亦即理性的社会认识或法则）告知和命令死五不如死一，人们一般不会去转闸换轨而宁肯袖手旁观。可见人的行为、道德的根基是情感而非理性，还是 Hume 正确。

问：这是那著名的有轨电车案例的复述。照这种说法，人的行为和道德完全是本能性或非意识性的了，根本无需人性能力、道德良心、自由意志了。

答：这与我所说 Kant 强调人性能力完全相反。我以为刚才讲的那个例子倒恰好说明，即使并不一定是"善"或"对"，但决定改闸换轨，这一坚决执行理性命令不顾感情私利的抉择，正是"自由意志"和人性能力的展示，而为动物所不能。在战争中为掩护集体安全而闷杀啼哭的亲生婴儿，不被谴责而受赞扬，也以此故。中国传统讲的"大义灭亲""毁家纾难"等等也如此。这都属于特殊或极端的情况。社会性的理性命令高于个体的经验感情，只有这样，群体才能存在，群体中的个体也才能存在，即使牺牲某个个体也必须如此，这就是伦理道德。当然在一般和更多的情况中，是履行道德的义务常常以某种积极的、肯定性的情感，如同情、爱、怜惜等等来作为帮助力量，特别在"泛化"了的道德观念中。在这一点上，Hume 是有道理的。在这里，情感与理性便合二而一，而理性似乎只是情感的奴隶了。

问：所以你以 Kant 为主，辅以 Hume，理性为主（理主宰情），情感为辅，既强调情感并非道德的必要条件，也非充分条件，并以"9·11"为证，又说那是特殊情况，一般则两者同行，如所说的"泛化"中。

答：由于特殊情况的生死关头最能体现道德的本质特征，即理（礼）主宰情而灭欲，消灭生存这个生物体的最大本能和欲望。在"泛化"中不大容易看到，最多只是刚才说过的"自我克制"而已。所以反而这种"特殊"情况显示道德的心理特征。

问：你讲的情感要素是否即道德情感？

答：非也。道德情感是一个非常复杂而多歧义的问题，有道德行为前的感情（如同情心）、道德行为中的情感（如自豪感）、道德行为后自己和他人以及后人的情感（如敬重感）。我这里讲的情感要素当然主要指同情心、恻隐之心、博爱等正面感情，但也不排斥并且还包括许多负面的情感如仇恨、愤怒、憎恶（如对坏人坏事）的情感；道德情感多种多样，交错繁复，所有这些都需要道德心理学作专门的研究说明，不在本书范围内。

问：关于 Kant 的道德情感有许多讨论。

答：Kant 在前后著作中讲了不少有关道德情感，其中不免有出入、差异甚至矛盾之处，但总的看来仍很清楚。Kant 特别重视的道德情感主要是"敬重"，并认为"敬重"是一种智性的愉快，可见其中理知（认识、观念）因素和意志自豪起了决定性作用，它与其他愉快（包括其他的智性愉快）有所不同，更不是道德情感之前，动物也可能有的"恻隐之心""同情"等等。

四　直觉问题

问：除了理、情外，道德行为有时还表现为一种直觉性的行为，即根本没有去考虑（理），也不显现情感的冲动。直觉说是中外著名的伦理学说。

答：我认为除某种生物族类的本能，如母鸡保护小鸡的母爱等外，就人类说这仍然是长期受环境影响、受各种教育的成果。我也说过，二十世纪五十年代讨论美学，便碰到这个问题，美感的直觉性比道德感更为突出，似乎根本没有理性参与，便直接地感到对象的美或不美，等等。

问：那你们如何解释的？

答：当时我提出了美感两重性，即显现形态的主观直接性和社会实质的客观功利性，前者包括生物的感受本能。如红绿不同色彩对生物感官的不同刺激和反应，但主要是后者，当时还引用了 Hegel 的《小逻辑》，讲直接性由间接性所形成的哲学论点。

问：道德的直觉性，如 G.E.Moore 提出的不可解析等理论，影响极大，开创了语言分析的元伦理学。你就这样轻易解决了？

答：我并非轻易解决，而且至今也未解决，这需要脑科学即神经生理学的未来研究，我只是从伦理学角度强调这种直觉性是需要意志、观念、情感三要素的长期培育。这三要素本就是混在一起难以分割的，理论上予以分解，只是为了突出三者之间的关系、结构、反馈，非常多样、复杂。直觉性只是一种表现形态。

问：你曾指出，中国传统讲求理性的观念、意志与情感的同时培育，使是非（观念）与好恶（情感）合为一体，对吗？

答：对。而且仍然是需要经过长期、艰苦的自我锻炼才能成为意志的行动力量，亦即成为直觉，我曾以此来解说孟子和王阳明。这样才使"应该"（ought to）成为"能够"（can），使"理主宰情"最终成为"理""情"均不见的"直觉"，王阳明所谓即知即行，也就是孟子说的"不虑而知，不学而能"，其实并非"不虑""不学"，而是这种"虑""学"为时已久，是经过长期苦修、锻炼意志的结果。所以我不赞同孟子这句话，但承认有这种现象，而这现象仍然是"学""虑"的成果。总之，我认为除动物性的生理反应外，一切直觉都是后天环境、习惯、制度所造成和产生出来的。

问：当然，实际情况非常复杂，情理冲突在道德行为中经常出现，便说明道德并非来源于直觉，重大或严重的如"大义灭亲"，轻一点的如"忠孝不能两全"，更一般的如夫妻吵架以至离婚，忘恩负义而感自愧，等等。人们可以产生那么多复杂情感，如羞愧、自豪、忧虑、焦急、烦闷、敬重、嫉妒、仰慕……种种心理，便相当程度或实质上都与道德中的情理冲突或和谐有关。它们也都可以表现在直觉中，所以直觉并不可靠，而直觉和情感总含有潜在或非自觉的认知因素。

又如，你在讨论班提出的母杀父二十年后，孩子发现了应否告母而依法执行死刑的问题。大多数学生说不告，似乎是一种直觉，却说不出理由。因为这个情理冲突中，本应该是理（杀人者死）主宰情（亲情）呀。

答：其实理由可以是：维持和培育亲情本身就是维护人类生存延续的一种巨大的理性价值，所以舜父犯罪，皋陶执法，舜弃位"窃负而逃"，"亲亲相隐"自古至今也相当普遍地在不同地区、文化、国家中或多或少地接受和容忍。直觉经常与情感连在一起，但要注意，人情本身具有理性价值，这是中国传统的一个重点。

问：有些具体问题的确麻烦。如溺水是先救八岁幼女还是先救八十岁的老母，美术馆失火是先抢救珍贵文物还是先抢救人员等等，牵涉到这个意志、观念、情感的道德心理结构的个体特征。

答：后者或有博物馆守则的明文规定，前者或有传统差异，如中国强调"孝"，可能以救母为先；西方功利主义和自由主义则可能以救女为先。但都很难作出统一规定。仍得由当时各种具体情况（如救出的可能性等等）来定，其中偶然性也很突出。这仍然需要"具体情况具体解决"的历史主义，而不是先验的理性主义、公式主义，不是僵硬执行某种规则、主义。其中的情理关系特别是直觉问题当然更为复杂多样。

问：你书中和讨论班上还论到著名的海上杀人案和电车等。

答：这里就不重复。电车案例中又有换轨（司机）和推胖人下桥（旁观者），死一与死五和死一与死百千的种种不同，如此等等。有兴趣可以找些书来看看。

问：与你许多看法截然相反，当今研究儒学的学者教授们多数都在论证、强调先验的良知、直觉、心体等等，张扬的是从孟子到王阳明直到牟宗三的先验人性论，强调的是由内而外，由内在的道德"心体"而外在的伦理规范（或"性体"），所以天授天赐的直觉特别重要。

答：对。我恰恰是反对他们和针对他们这些而强调荀子、董仲舒甚至朱熹所重视的"礼""理"，论证由外而内，由伦理而道德，由社会（群体）而个体，并且反复地不断地质问他们这个"先验"的"良知""本心""一念生处"等等由何而来或如何得来，为什么其他动物都没有。如果是天赐或本有，是婴儿就有还是几岁被赐，婴儿、幼儿能有道德本能吗？这种常识性的询问，却始终没有一个学人肯回答或作出任何解答。

问：这倒的确有点奇怪。

答：我以为他（她）们旋转和迷失在自己所制造的哲学语言的迷宫里，论辩不休却对整个文化人类学和当今神经生理学即脑科学和心理学的大量材料视而不见，不闻不问，不知不晓，死抱着孟子先验四端说等章句作几乎无穷尽的表面的"细致"实际是空洞的研讨，从虚假的大小前提得出完全不符合经验实际的虚假结论。一讲到道德动力是理性的或具有认知内容的便斥责为"他律"，不仅完全误读 Kant，实际不过是在宣扬神秘主义，即所谓没有来由、不可知晓的"天心""本心""本性"之类等等。

问：你经常讲这种先验人性与社会生物学强调的动物本能表面相反，一个好像是至高无比的形上，一个是至低无比的形下，实际却殊途同归完全一致，即认为道德动力均由"天"赐，这"天"，一个说成是"上帝""天命"，一个说成是动物的本性、本能，如此而已。难怪外国学者们如 Donald J. Munro 要将两者混在一起讲了。中国学者倒似乎没人说动物本能，他们的儒学先验人性论一般都大谈孟子，并以之作为最强有力的传统依据和出发点。

答：好，那我们也来谈点孟子吧。

五 孟子的伟大贡献

问：你是反对孟子的"四端说"的。

答：孟子和宋明儒学以天赐（先验理性）的"四端"来讲道德的渊源，以"不忍人之心"来推出"不忍人之政"，我以为是错误的。特别是宋明理学和当代港台新儒家将之抬入云霄，大讲先验或超验的天命、天理、良心、良知等等，斥责和贬低荀子、董仲舒、王充、叶适等人，我特别地不赞成，因之才充分肯定荀子以及后来的"外王"路线。

问：那你今天如何来肯定孟子？

答：讲伦理学特别是道德心理学，必须突出孟子。孟子的伟大贡献，我以为并不在提出这先验或先天的"四端"，而在于他继承和极大地发扬了孔子的"三军可夺帅也，匹夫不可夺志也""岁寒，然后知松柏之后凋也"（《论语·子罕》），亦即孔学"仁"的结构中的个体人格力量。孟子提出了具有"浩然之气""至大至刚"（《孟子·公孙丑上》）、"上下与天地同流"（《孟子·尽心上》）的大丈夫伟大品德，"富贵不能淫，贫贱不能移，威武不能屈"（《孟子·滕文公下》）。它本源出于远古巫师所夸扬的内在心灵能上天通神的巨大神秘力量，孟子把它理性化和世俗化了，说成是凡人均可具有的个体的独立人格。这一说确实空前绝后，无人能比，也非荀子所能比，对中国后世影响极大，成了中国历代士大夫和现代知识人的伟大传统和心魂骄傲，一直有着极为巨大的影响和现实意义。而这恰好是伦理学的要害所在。

问：孟子就这一点贡献么？

答：其实有这一点就足够了。当然孟子还有"民贵君轻"的重要宣说。这种观念在原典儒学中本已有之，孟子将之发扬光大，其中仍然与普通人的个体人格的独立、自由相联系，"说大人，则藐之勿视其巍巍然"（《孟子·尽心下》），今天不仍然实用么？！可见，孟子所培育的"浩然之气"的"自由意志"仍然有其观念内容，这内容不是上天通神，而是与民同乐，民贵君轻。所以朱元璋要把孟子赶出孔庙。

问：鲁迅也说过，"我们从古以来，就有埋头苦干的人，有拼命硬干的人，有为民请命的人，有舍身求法的人，……虽是等于为帝王将相作家谱的所谓'正史'，也往往掩不住他们的光耀，这就是中国的脊梁"。（《且介亭杂文·中国人失掉自信力了吗》）可说是承续了这一光辉。

答：尽管鲁迅骂孔子、批国粹，是反传统的急先锋。但鲁迅死后，灵柩上盖着的仍然是"民族魂"的旗帜。可见，这"民族魂"正是关怀国事民瘼、坚韧奋斗、决不屈从的知识人独立的伟大个体人格和"自由意志"。这也就是对孟子的真正继承，包括在理论上和在实践中。这才是传统的力量所在。

问：这也才是中国传统强调"人之所以为人"的哲学伦理学。顾准、林昭、陈寅恪、梁漱溟……便在不同程度以不同方式体现了这种精神，而颇不同于 Heidegger 那种空洞的"敢死"（只有人能去死以体认存在，结果却鼓动人去为纳粹卖命）。因为中国这种道德精神是恰恰具有其具体观念内容的自觉选择和以坚韧意志去真实履行的。

答：正是。看当今学者们的心性论议，其思辨何其抽象乃尔。这些"恻隐之心"是由天赐良知所自动生发出来的吗？当然不是。所以孟子才大讲"苦其心志，劳其筋骨，饿其体肤，空乏其身，行拂乱其所为，所以动心忍性，曾益其所不能"（《孟子·告子下》）等等，说的正是这种人格塑造、这种意志力量是由理性主宰情欲不断锤炼的结果。这就是我讲的理性凝聚。王阳明也讲"凝聚"，说是"结圣胎"（见《传习录·中》）。王阳明讲的"下学"并非学知识，而正是讲这种锻炼凝聚意志，合是非（认知）好恶于一体的行动即良知良能。

问：有趣的是，人们把恻隐、同情的本能情感放在道德首位。你却把自由意志、理性凝聚放在首位，而都说是承续孟子。

答：上面已说我的确不赞同孟子讲的"不学而能""不虑而知"的先天的"良知""良能"（《孟子·尽心上》）。就个体道德说，我高扬孟子的"自由意志"，但就伦理学总体来说，我主张由外而内、由伦理而道德的荀子路线。

问：你今天讲的，过去都讲过。你的《伦理学纲要续篇》（三联版）一书中的那张"伦理学总览表"，交代得比较清楚。

答：这里不做说明了，请读者参看该书，特别是拙文《关于"伦理学总览表"的说明》（2018）。这里要说清楚的是，所有内外、道德与伦理、道德心理学和政治哲学，虽有区分或侧重的不同，但无论在现实生活和理论论说中，又经常是联在一起，彼此交错渗透的。

问：今日学界主流，如你所说，是德性论的先验人性论。

答：我一直反对此说，学者们现在都大讲"仁"，好像"仁"就是"爱"而从不仔细分析。我却以为孔子的"仁"是紧相联结、交叉错综的四个方面有机构成的中华文化心理结构体（参阅《孔子再评价》1980年），第四方面就是这种"岁寒，然后知松柏之后凋也""三军可夺帅也，匹夫不可夺志也""有杀身以成仁，无求生以害仁"的个体自由、独立的人格，孟子发扬的正是这个方面，因为巫史传统，孟子把它描绘为可"塞于天地之间"的"浩然之气"，它是以志帅气，集义而成，该文"附论孟子"节曾特别地指出孟子有一"奇特的养气说"：

夫志，气之帅也；气，体之充也。……持其志，无暴其气。……我善养吾浩然之气……其为气也，至大至刚，以直养而无害，则塞于天地之间。其为气也，配义与道；无是，馁也。是集义所生者，非义袭而取之也。行有不慊于心，则馁矣。我故曰，告子未尝知义，以其外之也。（《孟子·公孙丑上》）

这似乎相当神秘。两千年来，对此也有种种解释。我以为除去其中可能涉及养生学说的生理理论外，它主要讲的是伦理学中理性凝聚的问题，即理性凝聚为意志，使感性行动成为一种由理性支配、主宰的力量，所以感到自己是充实的。作为伦理实践必要条件的意志力量之所以不同于一般的感性，便正由于其中已凝聚有理性，这就是所谓"集义"。它是自己有意识有目的地培育发扬出来的，这就是"养气"。

"集义"既作为"理性的凝聚"，这"凝聚"就并非仅是认识，而必须通过行为、活动（"必有事焉"）才能培育。所以它包括知、行二者在内。正由于人的意志力中有理性的凝聚，从而就不是外在的"义"（告子）所能替代。至于这种由"集义"所生的"气"与"四端"如"不忍人之心"（"恻隐之心"）等等又有何关系，是何种关系，孟子并没交代清楚。但很明显的是，孟子强调的正是凝聚了理性的感性力量。人是凭着这种"集义而生"的感性（"气"）而与宇宙天地相交通。这也就是孟子所再三讲的，"存其心，养其性，所以事天也"（《孟子·尽心上》）"夫君子所过者化，所存者神，上下与天地同流"（《孟子·尽心上》）等等。它就是为孟子所首倡而后到《中庸》再到宋明理学的儒学"内圣"之道（文天祥的《正气歌》把孟子讲的"浩然之气"可说作了实用伦理学上的充分发挥）。它与由荀子、《易传》到董仲舒再到后世的"经世致用"的"外王"之道，恰好成为儒学中的两个并行的车轮和两条不同的路线。有时它们相互补充，交融统一；有时又互相对峙，分头发展。它们从不同方面把孔子仁学结构不断丰富化，而成为中国文化心理结构的主体部分。

我也一直与牟宗三辩论，强调即使孟子的"四端"也没有脱离感性经验，从而不是先验或超验的，而仍然是通天人的中国巫史传统的巫师品德和能力的理性表述，个人的"浩然之气"能"塞于天地之间"不就是"天人合一"型的巫师神力存留吗？在这里，神秘性和神圣性并存，它高出于日常生活和常人品行，但又可为常人所追求、所达到，"人皆可以为尧舜"。

问：你不是尊荀贬孟吗？

答：完全不对，我只是一直为荀子鸣不平，他自宋明理学以来，一直被压低，遭贬责，章太炎等人曾一度尊荀，后又没消息了。港台新儒学兴起后，便更如此了。

问：你尊荀学，却又"扬孟旗"，使一些学人迷惑不解。

答：可能。其实我对孟评价很高，大家没十分留意罢了。

问：请说说道理。

答：上面所引八十年代的论述应该很清楚了。将个体"自由意志"提到与天地相通的神秘又神圣的高度，便抓住了哲学伦理学的核心，荀子所树立和突出的"类"（人类）主要不属于道德心理学的范围，"大我"（类）由"小我"（个体）组成，而且高于"小我"，但"小我"这种"浩然之气"正是使"大我"生存延续的重要条件。所以"太上立德"在"立功""立言"之上。"举孟旗"，就是要在各种艰难处境中坚持孟子的"三不"（"富贵不能淫，贫贱不能移，威武不能屈"）精神，至今仍然如此，这就是自由意志。

六　孔、孟还是周、孔

问：但你还是以周（公）、孔（子）替代孔、孟（子）？

答：周是外王，孔是内圣，孔并未能做成外王，秦皇汉武倒做到了，其实一部中国史主要就是"孔夫子＋秦始皇"，孟、荀不过是各自发展孔的一个方面。荀子本人也未能开外王，他的学生倒是帮助秦始皇做成了。所以我重视陈寅恪讲李斯"佐成秦治"的儒学路线。周公的材料太少，只好代之以秦始皇，孔子在汉代也被称为"为汉创制"的素王。周以封建制维持800年（至少在名义上），秦汉（汉承秦制）以郡县制和文官制维持至今二千余年。周与秦汉当然大不相同，但在统一"天下"，并维持、延续这个巨大时空实体以成为中国，是相承续的。所以在思想史，我以孔—荀—董—朱为正统。周、孔之道是就整个中国历史行进道路而言。而孔、孟相连，只是突出了个体精神，周、孔相连才显示历史的真实存在，前面已讲，就人类说，历史进程高于个体道德，就个体说，后者又高于前者。

问：你多次强调周公，都讲得太少，应再讲几句。

答：我以为周公制礼作乐，将"情本体"化为一整套异常严酷强制性的规范制度，的确如王国维所说，定后世"亲亲尊尊"的社会根基，所以我一再提及祭——"丧服"为礼之首的巨大意义和作用，到1949年前，所谓"五服"内外的差别，"五服"之内的等差级别仍广泛在社会中保持和延续。"亲亲"正是以血缘远近规定关系以建构个体的不同行为、态度、语言，而且同时也以外在规范和丧服的级别严格的服饰，作为由伦理（外）到道德（内）的通道，这通道又正是以自然情感的不同哀伤的级别化序列化的理性表达，愈亲则丧服愈粗劣，以表达愈哀痛的感情，如此等等。这是一种极为伟大的创造。我所以一再讲孔子回答宰我三年之丧疑问的阐释，是内在化地实现了周公礼乐制度的精髓。周孔并称就远比孔孟并称，以孟子恻隐之心来谈情本体，要深刻多了，也说明"情本体"是有理性渗入的情理结构，既非自然本能，也非上天赐予。正是周公开创了政治、伦理、宗教三合一的礼教（名教），外来宗教多次光临，也未能动摇有"情本体"支撑着的这个"教"。今日拈出这个"教"的根基（"情理结构"），作为"范导"便有助于中国现代性的道德建构。

问：《论语》《孟子》都偏于内圣，讲求个体修养，数百年来约定俗成，无可厚非。

答：也不必"非"它，仍可继续使用。康有为叹惜《论语》一书乃曾子门徒编写，如果由好谈政治的子张门徒编撰，将孔子的政治、社会主张突显出来，孔子的面貌会有很大不同。

问：这只是一种假设罢了。

答：这假设倒不无道理，但孔子的社会政治主张也就是继承周公"一统"天下那一套仪典和制度，但也一定会有所发展和改变，所以我说荀子、《礼记》是孔门主流、正统。

问：所以你要以周、孔替代孔、孟。

答：其实宋代以前均周、孔并称，宋后开始孔、孟并称，这与理学兴起颇为攸关。但汉、唐才是中华盛世，宋以来却国势日衰，理学家们高谈道德心性，对李斯、桑弘羊、李泌、刘晏、杨炎，以至王安石、张居正诸多具有外王功业的著名人物，常加贬抑鄙视。有如那句有名的批评话语："平日袖手谈心性，临危一死报君王。"刘蕺山以"君心安则天下安矣"不着边际、毫无效用的"退贼"建言和以绝粒殉国的道德行动，相当典型地披露了如何玄妙高贵的道德修养行为和形而上学也挽救不了也复兴不了中国的。有如 Kant 所言,"良好的国家体制并不能期待于道德,相反,一个民族良好道德的形成,首先就要期待于良好的国家体制"(《论永久和平》)。以周(由巫到礼,建构情理)、孔(释礼归仁,突出情本)代孔、孟,其意亦在此处。现代梁漱溟、钱穆等人倒是周、孔并称的。

这里再添几段,将宋明理学和港台新儒家所抬捧的颜回、曾子的传统对比一下:

牟宗三《心体与性体·综论》:"故真正轻忽孔子而与孔子传统为敌者,叶水心也……吾读其书极不怿"。

《宋元学案·水心学案》(宋):"曾子之学,以身为本……于大道多遗略,未可谓至。"

陈亮(宋)《龙川文集·送吴允成运干序》:"自道德性命之说一兴,……为士者耻言文章行义,而曰尽心知性,居官者耻言政事言判,面曰学道爱人;相蒙相欺,以尽废天下之实,则亦终于百事不理而已"。

颜元(清)《存学编》卷二:"吾读甲申殉难录至'愧无半策匡时难,惟余一死报君恩',未尝不凄然泣下也;至览和靖祭伊川'不背于师有之,有益于世则未'之语,又不觉废卷浩叹,为生民怆惶久之"。

七 不同层次

问:还回到人性善恶问题吧,孟子道性善,你不也认为"人性善"是一种设定,可与基督教原罪说相比拟,你需要再澄清一下。

答:讨论人性善恶要有两个层次,一个层次是孟、荀由两种动物本能上升为人性善恶问题,另一层次是两种不同的形上设定问题。所以,孟、荀等讨论的性善性恶与基督教讲的原罪以及"绝对恶"实际上是根本不同的层次,是完全不同的也不能比较的概念。"生下来就有罪"来自"两个世界",人必须下罚人间经历劳苦而死亡。这与动物凶杀等本能毫无关系。而中国"人生下来性善性恶",实际是指在"一个世界"中人有动物本能的两个不同方面，这是我所理解的"生之谓性"，若硬要把它们说成先验或超验，便等于认同有另一个世界而接近或类似基督教、伊斯兰或佛家的"彼岸"了。因之，以人类生存延续为"至善"而推论出个体的"性善"，是一种在一个世界观内的情感的信仰设定，即认为也相信我生下来是好事，在这不可知晓而足可敬畏的物自体苍茫宇宙中，我这偶然性的渺小生命生下来就应该是善良的。这才与基督教的设定处于同一层次而可相互比较。中国这一设定可以让人对此世生存和生活有一种积极的、乐观的情感，展示出中国传统无人格神却有以"天地国亲师"（"师"者，历史以及"至圣先师"也）为归依对象而具备深刻的准宗教性的信仰特色。这也就是情本体的"有情宇宙观"的意义所在，它可以与上帝—基督情感、信仰和原罪论的**设定**并驾齐驱。中国的巫史传统以人的乐生的积极情感赋予宇宙自然，如"天行健""天地之大德曰生""天道无亲，常与善人""生生之谓易"等等，我称之为"有情宇宙观"（参阅《中国古代思想史论》）。它作为宇宙观，从而也就**设定**了人性善，人生并无罪，相反，人的出生、生命、生存本身是好的、善的，恶恰恰是破坏这生存、生命。由己及人，由人及物。由于没有人格神的上帝，人只能依靠这个具有"生生之德"的宇宙实乃人的爱的情感来帮助"应该"成为"能够"，情感成为道德行为的重要助力，极大地帮助理性来完成行动。从而追求理知锻炼出的人性能力（意志）、理知判断得出的是非善恶（观念）和情感的三合一。

问：那你就认同宋明理学和港台新儒家的内圣开外王的先验的良知德性？

答：恰恰相反，我一直反对由内而外的先验心性论，所有这些意志、观念和情感都是历史—教育的成果。前面已讲，我不赞同孟子由"不忍人之心"开出"不忍人之政"，更不赞成牟宗三的道德坎陷开出现代政治的民主人权等等理论，以及由"大丈夫"而尽心通天的工夫论。

问：你如何评论当代流行的儒学工夫论。

答：孟子说"大丈夫"时很明确地指明"得志与民由之，不得志独行其道"（《孟子·滕文公下》），他那大丈夫的意志锻炼和巨大成就，是和"与民由之""民贵君轻"观念紧密连在一起的，他那"不忍人之心"虽然开不出"不忍人之政"，但两者也是紧密连在一起的，即个体的道德行为是为了群体的生存和生活，"心"之为了"政"，因之根本不是什么脱离社会政治的个体静坐修炼通体光明之类，根本不是为了寻求个体的通神上天。工夫论是受与世事无关的佛家道路的影响，汉唐并无此说。所以我以为工夫论应以自由意志锻炼说替代之，才能恢复孟子的原意。它是积极入世的，而非消极出世的，孟子也不是避世的庄子。孟子、荀子与孔子一样，都是积极投身政治活动的人物，他们都强调教育，强调学习，这学习不是静坐修炼，为了超凡入圣，而是精通"六艺"（礼、乐、射、御、书、数），为了在人间干番事业。

问：孟子与你讲的"有情宇宙观"没有关系？能否把人们讲的很多的"恻隐之心""不忍人之心"，纳入所说的"有情宇宙观"之内？

答：不仅可以，而且很好。孟子的"四端"说是对中国"有情宇宙观"的重要贡献，即将"天行健""人性善"这个假设、设定具体贯彻到"人皆有之"这个经验层面。应注意的，是孟子是将"是非之心""恭敬之心""辞让之心"等含有明显的理性因素的"心"与情感性偏重的"恻隐之心"同时并举混合提出的，由于孟子突出了"恻隐之心"如"以羊易牛""不忍人之心"等等，便使"有情宇宙观"的设定层面，落实在经验性的日常心理层面，这样，孟、荀之分即动物性两面性的分歧争论的原意依然保存而更为突出，孟子把两个不同层次的善恶观念**合成一体**，使"有情宇宙观"因有动物性本能正面情感的支持，更近人情、接地气，它不是上帝命令亚拉伯罕杀子以显示威权，也不是将"恻隐之心"抬入先验形上。"恻隐之心"本就是动物也可能具有的同情心、怜悯心、爱护心，却可以作为形上设定的"有情宇宙观"的世间现实基础。其实孟子就讲过许多"闻其声而不忍食其肉""君子远庖厨"等非常具体"恻隐之心"的经验心理，却被牟宗三等人硬抬入先验，成为形上的"不安不忍"，但"不安不忍"不正是一种心理经验么？拙作《中国古代思想史论》（1985）指出，孟子特别是其后的宋明理学的绝对主义伦理学，即使把道德作为本体抬到超验高度，却又仍然不能脱开其感性特色。该书讲述孟子时，有如下说法：

> 把这种"绝对命令"的先验普遍性与经验世界的人的情感（主要是所谓"恻隐之心"实即同情心）直接联系起来，并以它（心理情感）为基础。从而人性善的先验道德本体便是通过现实人世的心理情感被确认和证实的。超感性的先验本体混同在感性心理之中。从而普遍的道德理性不离开感性而又超越于感性，它既是先验本体同时又是经验现象。孟子说，"礼义之悦我心犹刍豢之悦我口"，"仁义礼智根于心。其生色也，睟然见于面，盎于背，施于四体，四体不言而喻。"（《孟子·尽心上》）先验道德本体竟然可以与感觉、生理、身体、生命相直接沟通联系，从而它似乎本身也是感性的或具有感性的成分、性质了。这便是中国哲学"体用不二""天人合一"特征在伦理学上的早期表现。

这是二十世纪八十年代写的，这里所说的心理情感为"基础"，就是指即使讲伦理学，也仍然不能脱离人以动物族类存在这一"基础"。这正是巫史传统的一个世界说，而非天人隔绝的两个世界，所以我有宋儒受佛教影响追求超验世界的失败的看法（见拙文《论实用理性与乐感文化》2004）。孟子的"恻隐之心"可以看作是形上设定"有情宇宙观"的乐感文化的展现，虽然不能把它当作道德的特征和起源，特别是不能如宋儒和港台新儒家那样把它说是非心理、超经验的先验缘由。

问：宋儒追求超验而失败？

答：原典儒学以孝悌为"仁"之本，程朱理学以"仁"为孝悌之本，把原典完全颠倒了，于是"仁"变成天理、良知等超经验的所谓"道心""天命"的形上，但又说"道心"不能脱离"人心"，与 Kant 和西方神学、哲学的本体（noumenon）与现象界可以截然二分，前者并不依靠后者而存在大不相同，所以我说宋明理学追求超验（超越感性经验的天理、良知）作为本体（noumenon）是失败了。中国没有那种超验的"本体"，原典儒学的巫史传统的一个世界观难以动摇。

问：讲了这许多，人性到底是善还是恶？

答：人性并无善恶，但你可以选择相信人性善（儒家）或相信人性恶（基督教），这是一个情感—信仰问题。

八　道德与超道德

问：你在《关于"伦理学总览表"的说明》（2018）文中说：认同钱穆"中国儒学思想则更着重此心的情感部分，尤胜于其看重理智部分。我们只能说，自理知来完成性情，不能说由性情来完成理知"，然而在后面又说"在伦理学中，是理性凝聚，从而这就不是'理知去完成性情'（本文开始所引钱穆语），而是'情感去完成理智'"，岂不矛盾？

答：不矛盾，这里不但有群体个体问题，而且是个体在道德行为的心理（理性凝聚，即情感来完成理知）与整个人生境界和本体建构（理知来完成性情）的不同，这也就涉及道德与超道德的问题。

问：Kant 以"文化—道德的人"作为大自然的最终目的，宋明理学以及许多古代、现代学说也以道德为人生最高境界，Levinas 提出"伦理学是第一哲学"，这与你以美学为第一哲学颇为不同。

答：这是另一题目，这里不能详说，因为涉及以美育代宗教这个大问题。简单说来，道德心理的最高点是即知即行动的直觉性的生活境界和人生态度，即视死如归的平常心，并且将它视作一种快乐，从而由道德而超道德，西方归结于宗教，进入上帝怀抱的天国世界，中国则归于一个世界的历史洪流，这个洪流也就是人类生存延续的本体世界，此"本体"非 noumenon。正因为此，美育才可能和可以替代宗教。

问：你的《美学四讲》(1989)把审美分为悦耳悦目（以感官愉快突出为特征）、悦心悦意（以心意愉快为特征）、悦志悦神三种类和三层次，而且悦神还高于悦志，现在你还如此认为吗？

答：当然。"悦志悦神"作为审美状态，远不仅指欣赏和创作艺术，而且更指生活和人生，并以此达到和创造现实生活中的人生最高境界，即所谓"悦神"的天地境界。这境界仍然不脱离人生感性世界和人间生活。神圣性的"有情宇宙观"，使美学可以成为人生归依和生活最高境界，而替代宗教，这亦即是将自己融入"参天地赞化育"使后人永恒记忆的历史洪流中，它与回归上帝怀抱相比，并不逊色。道德与超道德的不同在这里，孔、孟之不同也在这里。在宋明理学的程、朱眼里，孟子大概是道德的顶峰，孔子则是道德而又超道德了，当然，这也只是我的解说。

问：孔、孟不同？

答：有如程、朱所言，"仲尼，元气也；颜子，春气也，孟子并秋气尽见""孟子有些英气，才有英气便有圭角，英气甚害事"（《二程遗书》卷18），"孟子则攘臂扼腕，尽发于外。……孔子则浑然无迹，……孟子其迹尽见"（《朱子语类》卷52），说的便是孟子高扬大丈夫刚正不屈的自由意志的"英气"，仍在道德范围内。

问：这应该是至高无上了。

答：不然。这只是在伦理学上的至高至上。在追求超验、构建形上哲理的程、朱看来，这还不够顶峰，顶峰是这种"浩然之气"的自由意志已经变成一种平平常常的生活态度、人生境界，变成"从心所欲不逾矩"的"平常心"，包括杀身成仁，舍生取义都是自自然然，"浑然无迹"，根本不需要这种自由意志的"英气"外露了。这当然是品级极高了。在他们看来，也许孟子还只是道德，而孔子则是达到超道德的形而上学天地境界了。所以提出"孔颜乐处"而非"孔孟乐处"。所以孔子才是"至圣先师"。这"师"仍是人，不是神，所以审美（天地境界）才代宗教（上帝天国）。

其实，各宗教均有之，Kierkegaard 也是由伦理进入最高境界的宗教，宋儒追求超验的天理是失败了，但他们提出这一由道德而超道德的人生境界却是哲理上一大贡献。中国缺乏人格神的宗教信仰，实际是以宇宙自然为上帝、为依托、为归宿，既超道德而又不脱离感性世界，可"视死如归"而又"托体同山阿"（陶潜诗），所以美学能成为最高的人生境界，美学是第一哲学亦就此而言。

问：你翻译的 Kant "恒思二者，畏敬日增：位我上者，灿烂星空；道德律令，在我心中"，这是道德还是超道德？

答：包括 Kant 本人也许都把它看作是道德境界，我却认为它已超道德，进入天地境界，"灿烂星空"那种崇高感在中国传统中恰恰是"悦志悦神"的美感最上层，"灿烂星空"不就是"天地"吗？你夏夜仰望天空所产生的那种与心中道德律令同在，亦即与个人作为本体与宇宙协同共在的崇高、美丽而神秘的直观感受，不就是这种美感吗？它是"以美储善"的感受，已超出慷慨悲歌从容就义的道德感了。Kierkegaard 伦理之上是宗教，Kant 也说过"道德不可避免地走向宗教"（《理性限度内的宗教》序），提出"道德的神学"，却认为"道德律令并不需要宗教和上帝来保证，但宗教和上帝都必须依靠道德律令而存在。中世纪认为善就是上帝的意志，要求相信和服从一个在道德意识之上甚或与道德无关的外在权威（上帝），这正是康德伦理学所反对的"（《批判》p.334—335）。但 Kant 同时"深知宗教并不能完全等同于道德。它有另一种并非道德所能具有的特殊的情感特征和力量"（同上）。这种超道德的情感特征和力量，就是我以"理性的神秘"和"以美储善"来重新解说中国传统"孔颜乐处"的审美生活态度和人生境界，亦即仍具有感性要素的"天地境界"。这里的关键也仍在两个世界和一个世界，Kierkegaard 认为这个世界不值得活，所以审美（感性）最低，宗教（灵魂）最高，Kant 未必如此。他那"灿烂星空"便正可以解释为具有物质性的宇宙天地。

问：这也就是你常讲的"与宇宙协同共在"的感受。

答：Kant 这话语中还有"恒思二者，畏敬日增"，我解释为是指那个不可知为何存在的宇宙物质总体即"物自体"，这里要说明一点的是，在写《批判》一书的七十年代，我并不认同这个不可知的"物自体"，当年认为没有什么不可知，到后来我否定了自己的这个观点，相反我特别强调了这个只能敬畏却不可认知的"物自体"，在《论实用理性与乐感文化》（2004）一文中明确表达了这一看法，强调了敬畏或畏敬，这是以前所未表达的，并且把它与"美学是第一哲学"的论证联结在一起了，同时指出"美学是第一哲学"乃未来式，现在走红和应该走红的"第一哲学"是政治哲学（包括各种规范伦理学）。这也仍然是在贯彻我的历史主义，"美学是第一哲学"是就个体而言，古今皆然，政治哲学都是就个体与群体关系而言，是当今至少几十年甚或百年最需要讨论、研究和解决的重大问题，但我无法在本书中研讨说明了。它的详细研讨越出了我的领域和范围。

问：但就这方面而言，你指责过宋明理学轻视"外王"、事功，脱离了巫史传统。

答：这一批评并未改变，特别还要加上已经说过的以静坐修炼而追求超验是错误的宗教道路。美学作为超道德的人生最高境界倒可以与讲求事功、外王的汉代欢快的宴会总以挽歌、哀乐作结相承续，使"有限的人生感伤总富有无垠宇宙的含义，它变成了一种本体的感受"（《华夏美学》1988）。在这感伤中去体验那并不专属于自己的存在，那滚滚的历史洪流成为自己有限性确认后的意义的寻求，此非本真中的本真，乃是情的珍惜而非理的晓谕。但我仍无法在此讨论庞大复杂的政治哲学。

问：那就回到更现实的日常生活吧，前面你引述 TIME 那个事例。说宁死五个不相干的人，也不死个亲爱或熟悉的人，不是理性而是情感作主宰，也不能算不道德，正如你不是消防队员，不去救火也不算不道德，如你以前所说过那样，对吧？

答：这已是对"泛化"了的道德不道德的标准来说，但也仍然是理性在作主宰或决定，虽然这些与道德心理的主要特征的理论探讨有所不同。

问：理论学说应该联系实际呀。

答：任何理论到具体事例，不能生搬硬套，其间有许多中介环节，当年我对 M.Sander 救灾应该用市场原则还是道德原则即涨价与否要学生表态表示反对，便是如此。

问：这章主要讲道德行为的心理世界，你的理论归结说来是如何？

答：有如《道德心理学手册》一书详细介绍评说了当今英美意识/认知（consciousness/cognition）和直觉/情感（intuitive/affect）两大派后所说："直觉/情感和意识/认识诸系统之间相互作用如何产生道德判断现在知之甚少"（*The Moral Psychology Handbook*，Oxford，2013，p.67），但仍然认为"现涌现的共识核心是承认道德判断是在不同心理系统相互作用和竞争的产物"（p.47）。该书讲直觉也有与我相同和类似的说法。总之，道德判断是多种心理系统作用的结果。在我看来主要也就是上述三要素系统之间的关系，并重视其中理性为主、情感辅之。人是动物，但人是政治（城邦）的亦即理性的动物。

问：包括最后涉及的超伦理的审美，也仍是内在心理，但现实的日常生活中的道德如义务、责任等等，则必然涉及外部世界，这是否要谈到你的两德论了？

答：然也，请听下回分解。

第三章　两德（传统宗教性道德与现代社会性道德）说

一　两德不分

问：1994年你提出这个"两德论"，陆续发表了不少文章，想请你先概说一下。

答：好，就先说三点：

一、社会性道德前有"现代"两字，这非常重要。它指出这种道德以前没有，是近现代（modern）产物，它的哲学代表是Hobbes、Locke、Rousseau、Kant一直到John Rawls，这种道德基本上是一种理性的建构。

二、一般说来，在传统社会中，没有两德的区分，两者是混合在一起不作区分的，如基督教伦理、儒家伦理（"礼"），也如今天某些伊斯兰国家的伦理，其中情感因素很重，因为宗教信仰的缘故，例如儒家的"礼"，便有对天地祖先的浓厚的宗教情感。

三、两种道德都是历史的产物，并适应于一定的时代。现代社会性道德是以现代市场经济、契约原则、个人本位等为基础，适应于现代人的生活。它已经与传统的宗教性道德分离和区别开，所以我才提出两种道德，虽然它经常受传统的宗教性道德的制约和范导，这制约与范导有好处有坏处。

问：既都是历史的产物，便从第二点说起，如何？

答:好。在现代社会以前,道德就是道德,不分两种。但是何谓"现代",从何时算起,却争论极多,这里无法涉及,便暂从工业革命时代开始算起吧。

问:你已说过,任何动物群体的生存延续都要有一套规矩,猴群就如此,但人类把这套规矩通过语言,理性化地大大提高了,成了自觉意识。

答:从个体说,这是如前所说,由外而内,由强迫、教育而自觉履行。

问:就群体或社会说,这就是你所说的"礼源于俗"。

答:至少在中国,这"俗"一开始就被笼罩在"巫"的阴影下,新石器时代考古证明了这一点(可参阅郭大顺等人著作),到了"礼"以后便更如此。"礼"来自"巫"。也就是说,当时人的一切行为活动都必须依据或按照巫→礼的要求进行。巫就是神秘仪式和人物,也就是具有所谓"宗教性"的。

问:就是说,从一开始,社会性与宗教性便不可分开。

答:是。"宗教性道德"实质上本是一种"社会性道德"。它本是一定时代、地域、民族、集团,即一定时空条件环境下的或大或小的人类群体为维持、保护、延续其生存、生活所要求的共同行为方式、准则或标准。由于当时的环境和主客观条件,这种"社会性道德"必须也必然以一种超社会超人世的形态出现。从图腾时代的动物崇拜到宗法社会的祖先崇拜,从多神到一神,从巫术到宗教,包括后世抽象到哲学理论上,都如此。即世上人间的各种道德准则、人的行为规范、心性修养,本源于超越此有限人际、生活世俗的"天理""良心""上帝""理性",正因为这样,人群才慑服,万众才信从。

问:它的确如此,Kant 的"理性"便是超人类的,与你讲的理性颇不相同。

答:个体道德来自群体伦理,伦理本是不断演化、微调以适应不断变化着的生存环境的,却以某种传奇性的伟大人物的行为、言语使之变为超越这个世界并具有严重的神圣性质,经验便由此变成了先验,世间的制度、要求、法规包括远非人为设计的长久习俗，都或多或少或远或近或直接或间接地披戴上神秘光环，成了神圣习俗和不可触犯的教规教义。神圣性使它获有了普遍必然性的语言权信仰、敬畏、崇拜的对象。各宗教教主如耶稣、释迦牟尼、穆罕默德，中国的周公、孔子，以及某些近代领袖，都如此。"宗力，具有非个体甚至非人群集体所能比拟、所可抵御的巨大力量，而成为服从、教性道德"本来源于一定时空内的某种"社会性道德"，被提升为"普遍必然性"的信仰、情感的最终依托后，便成为敬畏崇拜的神圣对象。Einstein 说，"道德不是什么神圣的东西；它纯粹是人的事情"。（《科学的宗教精神》），但由于各种主客观需要，人的事情变成了神意或神谕、天理或良知。

问：你最后这两句的确十分切要。

答：在古代各文化传统中，伦理、政治、道德，包括上面已提到的似与宗教无关的风俗习惯，实际上都具有来自巫术或宗教、或多或少程度不一地具有神圣或神秘的宗教性能，从而"社会性道德"与"宗教性道德"便混而不分。中国两千年来传统的"三纲五伦"具有"天理""良知"的至上神圣性和"普遍必然性"，从而也才使人间生活具有神圣性，即"礼"的神圣性。"礼"却包括了人的一切行为举止和语言、活动。（可参阅《仪礼》等）西方的基督教义（《圣经》）、阿拉伯世界的《古兰经》，更直接以神的旨意来宣讲伦理道德和根据这些道德的政治、法律的普遍必然的绝对性，政教不分。实际上，这种"先验"或"超验"的普遍必然只是一定历史时期的客观社会性的经验产物，但"给经验以权威"，便成了原始的神圣。（参阅 Hume《人性论》第三卷）

问：中国又如何呢？

答：上面已经讲过了。例如，作为中国"礼教"的轴心和中国古代诸道德根基的"孝悌"，本是氏族群体为维护、巩固、发展其生存延续而要求个体履行的一种社会性的道德义务。它是以家庭为单位、以宗族为支柱的小生产的农耕经济的时代产物。其中氏族血缘关系至为重要，在中国延续至今。"孝"经由上古和古代巫术礼仪到礼制化和心灵化之后，便成为"天之经，地之义"，成为先验或超验的"天理"和"良知"，即某种具有超越此世间人际的神圣性的绝对律令。"不孝"不只是违反人际规则，而更是触犯天条，当遭天谴。从汉代《孝经》宣告"孝"是天经地义，到历代小传统中关于孝受天福、不孝遭天谴的传奇故事，都说明"孝"长久既是中国人的"宗教性道德"，也是中国人的"社会性道德"，两德并不分离，只是在各种具体行为中，两者的同一性有或浓或淡的差异而已。

问：你讲的这些，根据上节的说法，都是有关观念的道德内容，如"孝"，那应该是宗教性"伦理"和社会性"伦理"的不可分割，为什么说是两种道德呢？

答：这是一开始便有人提出的质疑。问题是：因为这里并不讨论外在伦理规范如"孝"的种种内容、方式和问题，而只是指社会伦理进入个体行为和心理的不同性质。有的宗教性极浓厚，如基督教七天去教堂、伊斯兰麦加朝圣、中国人的拜祭祖先等等，有的略淡如每饭谢恩（天主教）、日有五拜（伊斯兰）、晨昏叩安（中国），有的似无却有，如敬长尊老（中国）、一般的祝福（基督教）等等，它指向和落实在个体道德行为及心理中，所以不能称伦理而只是个体行为和心理的道德。这也说明，内心的道德不能脱离外在的伦理，伦理在理论和具体实践中又不能绝对地离开政治，道德心理中的"观念"，前面已说，便是伦理—政治规范。所以伦理学实际包含了政治哲学和道德心理学，如我那一张"总览表"所展示。

二 两德分离

问：那么，两德如何会分离呢？

答：外在伦理规范既是维护社会群体的生存延续，由于环境的差异和变迁，这些规范也随之变迁改易，当然任何文化、宗教以及巫术都有它们的相对独立性即习惯性，即使在地区和环境等外在情况极大变迁改易，有些规范却仍然可以"我自岿然不动"。

问：你不是主张历史具体性，认为社会变化中有先进与落后、正确与错误之分吗？

答：但有些文化传统、宗教传统所带来的风俗习惯（外，社会）、行为心理（内，个体）上的种种差别歧异，因与当下的经济、政治变迁距离甚远甚至少有关系却可定势常存，习俗不改，完全可以并存，各是其所是，各非其所非，丝毫不必强求一致，一统江山。

问：但总有个共同的道理吧，毕竟都是人，都属于人类。

答：宗教是具有强烈情感的信仰，产生的原因和道理也许已变迁，但既成信仰的情感却不容易改变，特别是世代相传，不断巩固之后。例如，即使 Kant 早已论证上帝存在不能证明，非理性所可认知，但二百年后人们包括科学家们仍然相信上帝存在，这就是一种无理可说也不必说的情感信仰。许多人生活和生存有时非常需要有这种信仰，才觉得安心和幸福，人生才有意义和快乐，生存才有目标和保障。中国也如此，即使不去求神拜佛，却仍然相信天意、天命和各种神明。现代也有以某种世俗性的政治宗教来吸引、鼓动人们去信仰、去追求某种理性目标而贡献终身，与"传统宗教性道德"相当一致。

问：你只是强调了"宗教性道德"的传统力量如此相对独立和强大有力，并没回答我的问题，即外在伦理规范既随时代、社会有变迁，如何影响或改变个体的道德行为和心理，并产生与"传统宗教性道德"不同的"现代社会性道德"？

答：如一开头所说："社会性道德"前冠以"现代"两字的重要。这里首先需要说一下"传统宗教性道德"和"现代社会性道德"的相同点。其相同点是，两者都是自己给行为立法，都是理性对自己的感性活动和感性存在的命令和规定，甚至都表现为某种"良知良能"的心理主动形式：不容分说，不能逃避，或见义勇为，或见危授命。其区别在于，"传统宗教性道德"是自己选择的终极关怀和安身立命，它是个体追求的最高价值，常与信仰、情感相关联，好像是执行"神"的意志。"现代社会性道德"则是某一时代社会中群体（民族、国家、集团、党派）的客观要求，而为个体所必须履行的责任、义务，常与法律、政治紧密关联。前者似绝对，却未必每一个人都能履行，它有关个人修养水平。后者似相对，却要求该群体每个成员的坚决履行，而无关个体状况。对个体可以有"传统宗教性道德"的期待，却不可强求；对个体必须有"现代社会性道德"的规约，而不能例外。一个最高纲领，一个最低要求；借用Kant认识论的术语，一个是范导原理（regulatve principle），一个是构造原理（constitutive principle）。

问：那么，这个"构造原理"从哪里来？

答：一个世纪以前，梁启超在其《新民说》一文中提出了"私德"与"公德"，开始区分两德并以提倡"公德"为主，不久他从美国回来后，却来了个几乎是180度的转弯，即仍然合并两德，并以"私德"为主。有意思的是，一百年以后，又有好些当代学人如同梁一样，八十年代倡导"公德"，现如今却又以"私德"为主了。所谓"私德"，就是中国传统道德，"公德"是指西方现代社会性道德。当然，在传统道德中，由于伦理道德混为一谈等等原因，也可分出"公"、"私"即"公德"（如前面讲过的"处世"）和"私德"（"做人"）两个方面，与梁启超和我们这里讲的"两德"并不相同。

问：公德、私德仍需要略加说明才清楚。

答："私德"是指从《三字经》《四书五经》到各种传统典籍中所讲的"三纲"、"五伦"、"六纪"、忠孝仁爱信义和平和妇女的"三从四德"等以及各种相关的风俗习惯，"公德"则是梁所推荐介绍由西方传来的自由、平等、人权、法治等等，其中核心是强调个人独立的自由主义的观念系统。

问：当然，这些现代"公德"与传统的"私德"有一定的距离、差异甚至矛盾、冲突。在中国，如你在《中国古代思想史论》中说，我是什么？我是父之子，子之父，妻之夫等等，在西方现代，我就是我，即我的身体和心灵。

答：这也就是说，我（个体）是组成社会（群体）的基本单位，社会应为个体生存服务，而非相反。中国传统确乎相反，个体是为群体（社会）的生存延续服务，个体必须处在群体社会的一个特定的位置和秩序上，没有独立的个体，社会单位也不能是个体。

问：那么，为什么今天需要"公德"呢？

答：我认为，所谓"现代社会性道德"或所谓"公德"有其食衣住行等日常经济生活的来源，并以之为理由、为基础的。工业化使个体劳动力可以自由买卖，即人身不再依附在家庭农业小生产或农奴制的规范秩序下，个体从家庭、家族、地区（如农村）解脱或解放出来，如近四十年来大量农民进城打工，在各种双方必须遵守和履行的协定下工作和生活，在貌似自由平等的根基上，宣告了个人的独立，其实这也就是在资本主义的契约的原则和市场竞争的根基上所产生的新的道德观念，即"现代社会性道德"观念，它与天、与神、与上帝无关。

问：这些道德观念、规约却与现代的政治、法律直接相关。

答：甚至可以上升到哲学的理论高度，产生了如本文一开头所举出的许多哲学家和哲学理论。总之，由个体为社会存在，变化为社会为个体存在。Kant"人是目的"成为总纲领。

问：它也就是所谓"普世价值"。

答：但这"普世价值"仍是历史产物，所以我一再申言，"天赋人权""人生而平等"并非自古就有、远近咸宜的"普世价值"，它最多也只有五百年的历史，而且至今也远未"普世"。它远远滞后于经济的全球一体化。全球经济一体化有时尚可倒退，何况这些道德观念。梁启超的转弯倒退便正是如此，他看到欧美社会"公德"即自由、平等、人权、独立等等所带来的许多缺憾、祸害和灾难，认为不如回到传统中国道德的怀抱。由此可见，两德的分离有重要的意义。但更要看到，它是一桩艰难而漫长的工作。特别是历史经验说明，具有根深蒂固传统的宗教性道德，可以以原教旨主义或强势意识形态等形式，与一定社会、集团的实际力量相结合，常常蛊惑、控制或发动某种"群众运动"，使很不容易争取得来的个人自由一夜之间便"改变颜色"，踪迹全无。

问：既然人们说全球经济一体化迟早不可避免，因之现代社会性道德也将如此。

答：也因此便发生了两德各种严重矛盾和冲突。

问：你提出两德区分，似乎非常重视由于差别分歧和矛盾冲突，从而两德的关系十分重要。

答：对。所以我提出了"范导和适当构建"，但未充分展开。

问：为什么？

答：什么是"范导和适当构建"，如何能"适当"，各不同宗教、文化、传统又有何差别，都异常复杂多样，我以为它们都属于各种政治哲学和规范伦理学的范围，规范伦理学又有各种应用的、职业的伦理学，以及环境伦理学、描述伦理学等等。我的哲学伦理学只需提出两德说这一点就可以了，更具体的分析和论证应由政治哲学、规范伦理学等来承担，有如我上章说道德心理三要素，提出谁主谁从就可以了，许多具体结构、定势、框架等应由道德心理学去探究。

问：刚才你提到许多具体问题应属"政治哲学"，但你大讲"吃饭哲学"和"现代社会性道德"，是否也包含了一个政治哲学系统？

答：不敢这么说，因为我没专门研究过政治学。但我提出的"历史与伦理的二律背反"（1980），"历史在悲剧中前行"（1999），"两德论"（1994）和"经济发展→个人自由→社会公正→政治民主"四顺序论（1995、1999），"要社会理想，不要理想社会"（1994），以及"欧盟是走向世界大同之道"（1992、2002）等，可以在我的人类学历史本体论基础上展开政治哲学系统。但我没能力做了。

看来，还会有一个世界性的各种民族主义（包括打着"天下"旗号的）甚至种族主义的汹涌浪潮，即我所谓的倒退时期，总之世界大同还早得很。

但正如"人是目的"一样，大同世界应该作为一种人类理想来探索和追求。

三　与 Rawls 的"重叠共识"的异同

问：这里可以谈谈 Rawls 了。因为有些人认为，你的"两德论"是受 John Rawls《政治自由主义》(1993) 一书的影响而提出的。

答：否。实际情况是，我最初提出"两德论"是《哲学探寻录》，该文作于 1991 年春，1994 年春改毕，刊出于同年香港《明报月刊》（第 7—10 期）。我一直认为，中国传统自古迄今，始终有一个中国式的"政教合一"即宗教、伦理、政治三合一的问题，经常表现为一种泛道德主义，影响甚大，严重阻碍现代生活和现代道德观念的建立和传布，应予以解构，解构之后再重建。而解构途径似应就是区分两德。Rawls 该书出版，当时我并不知道，也未看过。之后，我读到该书中提出可与传统脱钩的"重叠共识"（overlapping consensus），觉得与我讲的"两德论"的"现代社会性道德"颇有相似之处。在我今天的记忆中，Rawls 论说的是当今的社会政治原则与自由、平等、人权、独立等等制度、观念不必强调其来自某种特定的传统或文化，不必去追溯、探寻、论证或归结于某种文化传统，如一般追溯或归结为古希腊平等的自由民，或基督教的上帝面前人人平等；Rawls 认为只要证明这些规范是当今人们达成的"重叠共识"就可以了，便可避免很多无谓的争论和剧烈的冲突。这种看法似乎以前没人提出过，受到了学界的重视，被称之为"脱钩论"。"重叠共识"成了常见的术语，我也非常赞同。

问：你为什么赞同他的"脱钩论"？

答：这很简单。因为脱钩，才能把"两德"分开。不脱钩，不就变成"一德论"了？

问：那你的"两德论"与 Rawls 的"重叠共识"就完全一样？

答：否。尽管赞同，但我的"两德论"与之却仍有两大差异。

第一个差异是，我认为 Rawls 没有交代这种"重叠共识"有何基础、如何可能和有何来由，"两德论"对此却有所阐释。华东师大童世骏教授曾送我国外刊物上发表的他的一篇英文文章，题目是《关于"重叠共识"的"重叠共识"》，其中提及关于"重叠共识"有 C.Taylor、Habermas 以及我的三种不同说法，指出我认为"重叠共识"的基础和来由是因为现代大工业生产、商品经济发展至今，日益全球一体化，从而以个体为单位、以契约为原则便成了各个地区各种社会结构和制度体系的共同的走势和"重叠"的"共识"。童称我为一种"马克思主义的解说"，但这又仍然不过是那张"伦理学总览表"中的那条第一个"情"（生产—生活情境，如英国中世纪晚期的羊毛贸易、开始机器生产等等）到"礼"（英国大宪章以来的政治走势和制度）和"理"（自由、平等、独立、人权等伦理意识和政治观念和理论，如 Locke 的《政府论》等等）的实线所表示的。"总览表"中的实线表示某种必然性的建构，虚线则是或然性的解构。例如在传统的宋明理学中，朱熹是实线，朱学以"理一分殊"作出乡规、族约、里规、祠议等等伦理道德的建构性的制度安排和观念体系，统治中国数百年之久，王阳明则只能是由理到礼的虚线，阳明学以强有力的自由意志对旧有秩序作解构性的挑战、破坏和颠覆，如大讲"端茶童子即是圣人"、"满街都是圣人"等等，对旧有的礼法制度和观念、情感产生了重要的冲击，但并未能作出建构性的秩序安排和制度设计，从而始终未能成为统治社会的正统学说，明代中晚盛极一时后在清代便消歇。但阳明学在鼓励人们独立自主的意志方面却对后世起了巨大影响。

问：还是回到现代社会性道德这个问题吧。

答：中国在清末遇到了李鸿章所说的"三千年未有之大变局"，这其实也就是西方以大工业商品生产对以家庭小农制生产—生活方式为基础的传统社会的入侵，特别加上中国在"船坚炮利"的外国侵略下不断失败，西方以空前的巨大物质力量在严重地解构传统的伦理—政治—宗教体系，给人们特别是士大夫知识人的思想、观念和情感上带来了空前的震撼和剧变。"传统宗教性道德"本身和统摄其下的社会性道德，完全不能适用和应对这个变局，"三纲六纪"、"三从四德"等等在日常生活中均开始动摇。敏感的梁启超便提出要分辨"私德"和"公德"。在他很快退缩回去的十几年后，却在陈独秀发出"伦理的觉悟是最后的觉悟"和"五四"运动"提倡新道德、反对旧道德"的高昂呐喊中，追求"公德"即个人自由、独立、平等、人权的思想、行动，便狂潮似的风靡一时，席卷当代，而直接与传统的礼教道德相冲突起来。当年清末立法论争中并非急进青年而是著名官僚、学者间的新旧两派关于"无夫奸"的激烈争辩，便是如此，其中极端的例子，是父亲杀死有男朋友（未婚）的女儿，因为女儿未守男女有别的传统道德竟私相交往，法庭判决竟是父无罪而男友处死。这似乎很符合礼教原则，但这在今天看来却是极度荒唐。这种"道德"观念，近百年前是真正的现实。我多次讲过，在三合一的礼教族权统治下，甚至1949年以前偏僻地区男女通奸便不论是非双方沉塘溺死的处置仍所在多有，今天即使在山区农村也可看到高高耸立的清代"贞节牌坊"以表彰夫死不嫁抚子成名的老年妇女。

　　"现代社会性道德"与现代理性启蒙紧相联系，它在思想、观念和情感上用理性论证了原有传统的宗教性道德的残忍和伪善，揭露了旧道德对人的全面性的束缚、损害和凶残，所以"五四"启蒙时期，婚姻自主、女孩剪发、男女同校等等竟也成了新旧道德尖锐矛盾的启蒙主题，新旧双方争斗激烈（参见拙文《启蒙与救亡的双重变奏》1986）。可见，提出和普及"现代社会性道德"的理性启蒙使西方从圣经—神学、中国从"四书五经"的礼教中解放出来。于是，什么是我？我不再只是父之子、子之父，妻之夫、夫之妻……个体有了"自我"的觉醒。从现实根源看，其社会基础仍然是劳动力的自由买卖冲破了传统的角色定位，"家和万事兴"不再是决定性的了，只留下了具有重要价值的情感意义和内涵。总之"齐家"与"治国"已无甚干系，角色伦理已失去社会基石，即使在不够充分具备这个经济基础的地区、国家，这种现代观念也会吸引人们特别是年轻一代而广泛传播。鲁迅曾提出"娜拉走后怎样"的问题,因当时妇女在社会中找到合适的职业和工作仍相当艰难。这个似已相当古老的启蒙故事,实在不必再说。之所以再说,正是因为这个故事并未在实践中讲完,无论是中国还是世界。传统宗教性道德至今仍以各种变化了的方式在顽强地反对、抗拒、阻挠现代社会性道德的实现。包括近年"塔利班"政权、"基地组织"、"伊斯兰国"以歪曲《可兰经》的方式在作殊死斗争,由于社会公正远未解决,政教分离不能一蹴而就,"阿拉伯之春"的失败,便迅速蔓延起一股反动浪潮,造成了世界历史的可悲倒退。某些伊斯兰地区不许儿童接受现代学校教育,只读《可兰经》,与十多年前一些中国学人倡导不上学校只读经书、我当时称之为"蒙启"活动何其相似乃尔!历史具有各种偶然性,有曲折,有倒退,倒退可以十几年、几十年甚至更长,但对人类总体来说却不过一瞬,或迟或早,人们会回到"经济发展→个人自由→社会公正→政治民主"的正轨上来。我仍愿重复多年前的话语,来说明区分两德的重要性。总之,与"传统宗教性道德"和某种宗教信仰紧相联系不同,"现代社会性道德"是由公共理性所规范所建构(本文中,"构建"与"建构"二词一义),而可以与宗教信仰等等传统道德"脱钩"。

问:就是说,"两德论"与Rawls不同,是认为"现代社会性道德"有其经济基础的根源和不可阻挡性。那么,第二点差别呢?

答:第二点不同在于,Rawls在脱钩后,避而未谈"传统宗教性道德"与"现代社会性道德"的关系,似乎要将政治与道德完全割开,以至有人讥之为无道德的政治。其实,我认为Rawls讲的那些公共理性等规范就正是今日的现代社会性道德,问题在于这种新道德与传统道德二者之间有何或应有何种关系。Rawls没谈,而我的"两德论"则恰恰非常重视,认为二者可以"脱钩"即区分,但不能完全脱离,并提出传统道德对现代社会性道德的某些部分(主要是情感部分)可以起某种"范导"(regulative principle)和"适当构建"(properly constitutive principle）的作用。其中如象征性的，美国总统就职宣誓时以手按《圣经》的仪式，英国、瑞典等国人民对保留至今的皇室仍有仰慕爱戴的情感；但也有负面而且实质性的，如前述美国激烈的反堕胎运动，等等，情感、信仰在这里的作用都非常之重要。它们与理性认知及其规范的"公德"有时有巨大差异而直至激烈冲突。

所以，最重要的是"适当构建"中的"适当"，这很难掌握，而必须根据各种具体"情境"，作出"度"的把握，其中特别是不能全面或过分构建，让情感替代了公共理性。上述十年读经运动的彻底失败，便是如此，它说明想以传统宗教性的礼教教育来替代或全面构建现代社会性道德之路，如某些学人所设想，是行不通的。这种"适当构建"需要长期的经验积累，因此现在只能做一种比较抽象的、原则性的提示。具体言之，例如今日必须是"以法治国"（rule of law），不能再是以首领的道德或世人的道德来治国，不能再是"其身正，不令而行；其身不正，虽令不从"的"以人治国"，但是己身的正不正，又可以起到某种范导作用，具有教育下级、感染同僚，使百姓敬佩、人们亲近。又如，尽管外在传统的"角色"伦理关系已难保存，"天下无不是的父母"、"父母在不远游"等角色具体规范已不可能再有，但亿万人次的春节返乡却依然可存。本来，人生下来就成长在一定的人际关系中，从来没有什么"原子个人"的自我，如前所述，我也从来不认同所谓"天赋人权"、"人生而平等"以及"无知之幕"等等理论，因为它们都是非历史的。但我又一直认为这些并不正确的理论在历史上起了构建现代社会性道德和现代政经体制的伟大进步作用。今天它们虽然产生了许多重大失误而应加以修正或纠偏，但修正或纠偏的方向不应是仍以个人为本位的社群主义，而应是重情感的角色关系的传统儒学之路。所以，我先后提出了"和谐高于公正""新一轮儒法互用""历史与伦理二律背反中的度"以及将汉代以来的"原心论罪"、"屈法伸情"、"重视行权"、"必也无讼"等作历史经验的参考。甚至主张承续"将功折罪""戴罪立功"等传统经验使极有才能的官员犯罪判刑后仍能感恩戴德地继续工作和服务，不简单地就是"法律面前一律平等"，"公正"地一刀切。当然，这也属于较特殊的情况，仍然需要有特定、明确的法规来遵守执行。但它是传统道德对现代道德的范导和"适当"构建。这也就是我所主张的以"情本体（情理结构）"对"公共理性"的"外王"（体现现代社会性道德）作"范导和适当构建"之路。从而，儒学道德远不止于个体的"践仁尽性""知天成圣"的"内圣"宗教之学，明矣。港台新儒家将儒学概括为"心性之学"，仅张扬其宗教导向，其误也明矣。

问：你认为"现代社会性道德"以劳动力自由买卖为特征的现代工业经济为基础，这是否经济决定论？

答：可是从一开始，我便说过，经济决定论只是从人类长期历史来看的观点，决不是某种具体规律或"必然"，好些文化、文明的消失或毁灭并非经济衰退所致，如被外来武力征服，如宗教崇拜过甚，有学者便认为中国良渚文化、拉美玛雅文化是由过度宗教崇拜而导致经济衰颓、种族灭绝、文化消失。二十世纪六七十年代的经济落后停滞甚至倒退，是政治统帅的结果，当年数千万人的死亡也不是水旱灾难所致……所有这些都没有什么"经济决定"，而是宗教、政治、武力（军事）决定了社会的状态和走向。正如我多次所讲，经济只是前提，并非决定，不能直接决定其他一切，但可以也必然迟早会影响其他。无论就来源或现实说，法治、民主特别是自由、平等等观念、意识并不一定要社会生产力、生产关系变化而来，后者也不一定带来前者，前者如英国，后者如沙特阿拉伯，所以不是经济决定论。但法治、民主、人权、自由、平等等体制、结构和思想意识，之所以能在现代有全球性的展开，则与以劳动力自由买卖为标志的商品—市场经济发达到一定程度为其前提，不然就会出现鲁迅所说的"娜拉走后怎样"的巨大社会问题，传统的观念意识和体制结构便会作出严重反弹，"阿拉伯之春"中的好些国家便如此。

问：也有人认为，你这"两德论"，是否仍然是经济基础决定上层建筑的理论？

答：我二十世纪五十年代就怀疑这一理论，当年文章中虽不敢讲也不否定，但曾经提出"上层建筑相对独立性的强度"这一迄今未被人注意的观点，它认为所谓"上层建筑"有其"相对"独立性，而且在具体时日和不同情况下有"强度"的不同，并认为在前资本主义社会"强度"大，皇帝一个想法或命令如开战，就会在根本上影响和改变整个社会生态，资本社会的经济倒具有更强的制约能力，例如美国总统四年一度的选举，很重要的因素便是看经济情况如何，如此等等。由于我强调历史有积累性，某些传统并不因经济基础的改变而改变，不仅可以而且需要保存和承续。我后来不赞同也从不使用这两个概念了。

问：与此相联系的就是你这"现代社会性道德"与自由主义、与启蒙理性的关系问题了。

答：我从不否认它与自由主义、启蒙理性密切相连，一直认为自由、平等、人权、自我以及科学、进步等等这些启蒙理性和自由主义的基本观念在当代的普适性。我这里愿提供一些2018年美国华人超市所赠发的月份牌，因为其中保留了过去"黄历"（亦即"皇历"）即传统日历中每天"宜""忌"作什么的具体规定（见下图），中国现在当然没有任何人会遵守了，但好些人至今也喜说哪天是"黄道吉日"可举办婚礼喜事等等，这日历表明，在传统社会中，几乎所有人所有行为、活动都应遵循的时日规范，这是"皇历"的重要内容。今日看来如此荒谬的规定，在百年前仍被视为不可更易，均应该执行的伦理道德。启蒙就是"启"的这个"蒙"——蒙昧、愚蠢、平庸之恶。

问：反启蒙、反理性是后现代主义的基础主调，你从二十世纪八十年代也一直表示反所谓"后现代"，与大多数当时年轻学人很不一致，你还写过救亡压倒启蒙的文章，是否在此再谈谈。

答：问题太大，非本书所能和所应谈。所谓"启蒙"，是一个极为复

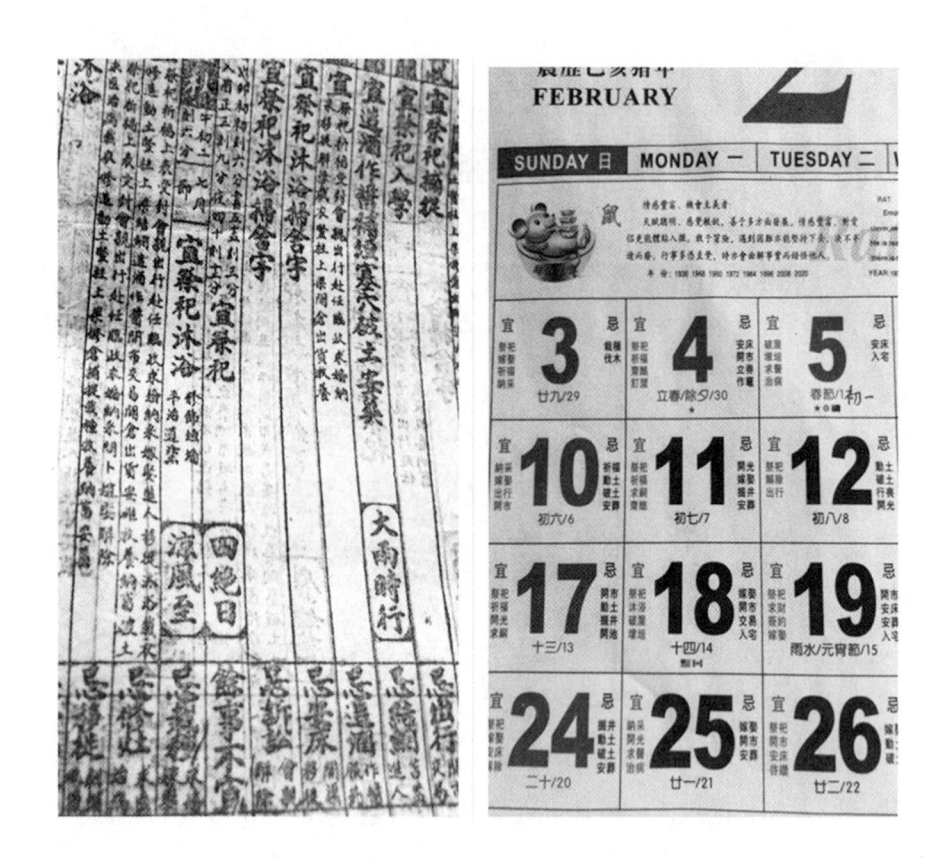

1950年国内黄历（左图）和2018年美国华人超市赠日历（右图）

杂的问题，历史上不同国家的启蒙也多种多样，其中的差异、矛盾、冲突和各种不同面相，异常明显。我仍分其为苏格兰的改良路线如 Adam Smith、Hume 等与法国 Rousseau 的激进路线，赞前而贬后。当然各种启蒙也都带有自身的许多弱点和缺陷。所有这些都给自 Nietzsche 始的后现代主义反启蒙者带来了攻击、污蔑和摧毁启蒙的借口，许多中国学人东施效颦，邯郸学步，跟着这股时髦潮流喊叫，却非常现实地损害着中国现代化和现代性的进程。以致反启蒙成了学术主题，反理性成了主调，后现代与前现代便合流一致，有如我二十多年前所言（见1995年在中山大学的座谈会），真不幸而言中。

问："那"自由主义"呢？

答：启蒙与以个人为本位的自由主义的关系密切，所谓"自由主义"也是多种多样，花色极多，有关书籍，汗牛充栋。这里只简单重复的是，我一直认为，从来没有与群体毫无关系的"原子个人"，没有所谓"无负荷的自我"，所谓"天赋人权"与"王权神授"便同属荒谬，它们都只是一定历史时期的合理产物，只适用于一定的历史时期，启蒙理性张扬个性，崇尚自我，反对盲从、迷信，也是历史产物，但在当时以至今日都有非常积极的效用，它使科学、人本（以个体的人为本）、进步（包括物质生活和精神生活）大踏步地发展，造成空前的伟大功勋，不仅需要继承，而且应予发扬。启蒙理性和自由主义本身的缺陷、弱点以及留下来和种下的后世灾难，属于次要地位，但也应予重视和努力解决。在这基本观点上，我非常赞同并多次提过 Steven Pinker，我完全不同意他的语言本能的看法，但在痛斥后现代反启蒙这个问题上，我与他的许多论点包括对 Nietzsche 等人的责难贬斥，却非常一致。我所持仍一种历史主义的立场、观点和方法，而我之提出情本体（情理结构）和中国现代性（现代性≠现代化）也正是为此而发。我是一直反对许多后现代主义的观点，如否认精神、道德领域中的进步，反对科学，责斥理性，否定人本，等等，也如此。自由主义曾多次被宣告死亡，但至今并未被消灭，相反，想取缔它们而以"传统宗教性道德"，如当今所大鼓吹的传统儒学来作为"现代社会性道德"和政治体制，却无疑将被否定，多少年后，时间会作出证实。

问：由于以启蒙理性个人主义为基础的功利主义、自由主义（以 Kant 义务论为主要代表）多年统治引起的缺失，兴起了呼喊回归 Aristotle 的美德伦理学（《尼各马可伦理学》）的巨大思潮，使伦理学理论领域成为功利论、义务论与美德论的鼎足三分。中国学者竞起而效尤，对美德伦理讨论得相当热闹，其中主要是以儒家传统的伦理来排斥、批驳和反对自由主义，在根本观点上反对两德区分，与你恰好相反。

答：对。他（她）们认为我提出"现代社会性道德"脱离了两德合一的传统儒学，是以"公德"破坏了从修身（传统私德）到治国平天下（传统公德），导致当今各种道德败坏。

问：你如何回答这种批驳和责难？

答：第一是方法问题。这些儒学者大多是抽象立论，例如他（她）们大讲由"私"到"公"（"迩之事父，远之事君"）的"孝"的美德。却避而不谈"孝"的具体内容。所以我一再提出，传统儒学的"孝"是有许多具体内容的，如"不孝有三，无后为大""天下无不是的父母""父母在不远游"等等，今天还能作为"美德"不应违背吗？例如，他（她）们大讲"妇道"如何重要，那"三从四德""烈女不嫁二夫""笑莫露齿，语不高声"等等，还能是今天的"美德"吗？却一直没人回答。

第二，有些学者认为政治公德毁坏了传统的个人私德。的确，在革命和革命后的许多年代，政治标准第一取消、批判和舍弃许多传统伦常道德，极大地伤害了中国人的心灵和生活，但是，这种所谓政治公德恰恰是以"灵魂深处爆发革命""斗私批修"的个人修养为出发点，要求个体情感信仰具备一种宗教性的神圣性的"大公"精神来实现治国平天下，实际上正是一种政治宗教，也是传统道德的政治延续，即所谓"有治人无治法""闻修身未闻为国也"，首要的仍是个体的"修身"，"自天子以至庶人，一是以修身为本"不正是现在这些学者们所要求的以"私德"统率"公德"么？

问：还有，中国传统儒学的美德伦理与 Aristotle 的美德伦理并不相同。

答：对。还有一些学者指出了，我也再三讲过，Aristotle 的美德建立在平等的个体基础上，兄弟亦朋友，家国颇有区分。中国是家国相联，朋友居五伦之末，兄弟高于朋友，并不完全平等，讲的是兄友（宽容、护卫）弟恭（尊敬、跟随），想以这种美德来取代市场经济、契约原则、个人本位为基础的现代社会性道德是不可能的。我说过现在已不是"家和万事兴"的时代了，完全脱离具体社会性、时代来谈道德，如本书"观念"一节所强调是行不通的。至于由今日欧美以市场经济为基础的"现代社会性道德"所带来的种种恶果，我以在《回应桑德尔及其他》等著作中作了分析和解答，我提出以传统宗教性道德（在中国即儒学伦理）来"范导和适当建构"，走出一条中国现代性之路，便是对此而言，也正是两德论的重要主题。可说的话甚多，暂时到此为止吧。

四　过犹不及

问：也就是说，因为文化、传统、宗教、社会发展程度，特别是"传统宗教性道德"在人们心理所占地位、程度不同，两种道德的关系，其范导和适当构建又会有不同？

答：对，过犹不及。全球老百姓都要求生存、生活、生命的改善，经济生活的进步无可阻挡，资本主义带来了前所未有的人类生活的进步，尽管也带来了许多灾难祸害，包括核泄漏、地球升温、环境污染、自然破坏以及大规模的屠杀、吸毒等等，但毕竟就整体来说，仍然是利大于弊，除极少数地区和国家外，人们的寿命有极大延长，家家有电视、洗衣机，夏有空调，冬有暖气，比传统社会的生活生存状态大有进步。中国不就如此？但当今学人都故意轻视漠视这些，只大讲传统社会如何之好。

问：这正是在以个体为单位的现代政治、法律保护下取得的。

答：对，但也不尽然，经济生活的进步和改善，并不能直接促进或改变原有的道德观念，沙特阿拉伯富得流油，却仍然是王位继承君主统治，也仍然是严厉打压女权，观念十分落后。所谓"上层建筑"并不会由于生产力或生产关系的经济基础的改变而自动改变、消亡，相反，传统观念、习俗、体制等等势力不可轻视和低估，所以也不可能把传统一概称作"私德"，在那里，它还是占据统治地位的"公德"，只是这"公德"是在"传统宗教性道德"管辖下的社会性道德罢了，即仍然是传统的两德不分，传统的道德观念在人们心中仍然占居极重要的甚至统治的地位。例如，如前所多次提到，即使人在巴黎，某些女士们也仍然要自觉自愿地不露面孔。现代社会性道德在未全面落实和体现在制度、法律上，就没有完全实现。因之有意思的是，在这种情况下，为实现现代社会性道德而终身奋斗，便可以成为个体本身安身立命、终极关怀的"宗教性"道德。在那里，传统性宗教是"公德"，而现代社会性道德成了一部分人寻觅和追随的"私德"了。实际上，当前世界各处正进行着一场倒退与反倒退、启蒙与反启蒙的各种较量。在中国，九十年代开始的反启蒙，来自硬搬进来的西方后现代主义思潮，今日则主要是本土旧沉渣的重新泛起。看来启蒙落实在制度、规范、法律上，还有相当长的路要走，因之这些"各种较量"也就会更为复杂、艰难、曲折和长久。

问：所以有"阿拉伯之春"的掀起。

答：也如前所提及，"阿拉伯之春"我认为是失败了，把发达国家的"现代社会性道德"及其民主政治、法律观念强加于"传统宗教性道德"仍然占据统治地位的国家肯定失败。这也就是现代社会性道德之"过"。伊朗 Khomeini 革命正是我为何要将"社会公正"放在"政治民主"之前的"四顺序"（经济发展→个人自由→社会公正→政治民主）的和提出两德说的起因。

问：你将此作为"教训"。

答：它使社会停滞、倒退几十年，许多革命也如此。所以我一直主张改良、渐进。认炳厅的是自由，而非平等（实际是平均）。历史不断证明，追求平等的各种暴力革命所造成的灾祸不小。这离题已远，不多讲了。

问：传统的确强大，难以动摇。

答：又不尽然。但需要争取、斗争，如我所述，改良并不排除斗争，只是非大规模的流血暴力活动。如美国反"反堕胎"的运动，争取平等对待黑人的运动，争取同性恋合法的运动等等，它们有时也号称"革命"实际乃是改良。由于不断斗争，取得了巨大成就，虽然也还有遥远的路要走。

问：难道"过"除了向外，还有向内的么？

答："过"除了向政教合一或两德尚未有分离条件（这条件不仅指经济基础，而且也包括文化传统坚韧性的强弱等等）的地区、国家输出以所谓"普世价值"名义特别是政治民主等"现代社会性道德"观念，反而会引起动乱、战争之外，的确还有"内"的方面。

问：这方面指什么？

答：我一直认为，现代人文学院内反理性、反启蒙、反自由主义的巨大思潮，其实正是现代自由主义的弑父情结的亲生子，导致对非理性的崇拜和追随，所谓"后现代"只不过是现代主义的直线演绎的"极端现代"（见拙作《美学四讲》1989）。在社会现实状态中，自由、平等、人权、独立的现代社会性道德也催生出各种激进主义和无限制的相对主义等等。以美国为例，各种异常激进的女权主义者，激进的同性恋和激进的反同性恋者，各种种族、宗教的原教旨主义者，反拥枪和主拥枪者，"自由"地结成各种不同的"独立"的群体组织，"平等"地互相对骂，加上各种政治党派、经济利益集团和各种不同媒体的介入和兴风作浪，使现代社会性道德逐渐陷入崩毁离析，争斗不休，尖锐分裂，以致严重影响和破坏了社会稳定、人心安宁、秩序维护、人际和谐，也是"过"的一面。

问：中国又如何？

答：中国当然不存在"过"的问题，自晚清、民国特别自二十世纪九十年代以来，在经济、文化、思想意义上已作了不少积累。有名言道，妇女解放水平（如平等权利）是衡量人类解放水平的标志，所以我在伦理学总要提及女权。就中国说，"妇女能顶半边天"在1949年以后确已在中国的思想意识和现实状况上达到相当高的水平。当然，现在学术界出现了以维护发扬传统为旗号的全面复古思潮，呼应着反启蒙反理性反进步反个体价值的西方后现代思潮，要以前现代的传统伦理道德作为今日社会生活、政教体制的规范、准则和法则，大讲"弟子规"之类的陈规陋习，甚至倡三纲，行跪拜，讲迷信，灭自我……实际上是前现代的沉渣泛起,所以我一直提倡重读鲁迅,这些就都属于"不及"。但在现实日常生活中,随着劳动力自由买卖、商品经济、契约原则和市场化的扩展,中国社会并没有在这些学者和"学说"面前低头或让步,而是仍然向前迈进,现代社会性道德在社会各阶层中日益扎根,维权意识日益普及,从城市到农村,从普通干部到打工仔,特别是在青年一代中,尽管曲折艰难,有各种严重的干扰和打压,却阻挡不住这股改良、渐进、自我解放和觉醒的历史洪流。"现代社会性道德"迟早将在中国全面贯彻和实现。当代学人似乎喜欢论证 Hegel 所说"现实的都是合理的",却漠视 Engels 在批评这句话所说,Hegel 还说过,"合理的"会一定成为现实的。

问:似乎太乐观了吧?

答:当然一切都不会坐等而至。所以我才不断强调儿童教育,强调上"公民课"比读《三字经》重要,正如比读《可兰经》《圣经》重要一样。公民课是灌输现代社会所必须遵循的个体道德的行为规范,树立起相应的观念与情感,培养孩子从小便讲理性、守秩序、护公物、明权界、别公私,以及自由、平等、独立、人权等等观念。然后再加上《三字经》等传统典籍宣讲的孝亲敬师、长幼有序、勤奋好学、尊老扶幼、阅读历史、重视经验等等即以传统"传统宗教性道德"实乃儒学道德来范导和适当构建"现代社会性道德",使二者交融汇合,情理和谐。并指出如果不以现代生活为基础和依据,不通过现代法治和现代社会性道德,而想以某种宗教性道德来全面整顿人心、安邦定国,甚至构建政治,认为这是中国模式,那就无论学什么人物,提倡什么道德,我看都不能解决问题。

五 权利与善谁优先

问:《历史本体论》(2001)曾提出"善恶与对错分家",明确对错与善恶有别便是对两德论来说的吧?

答:对。总之,不能用儒家的性善论或基督教的性恶论来构建现代法律、政治和道德。"作为现代社会性道德体现的法律精神和观念信仰，不应涉及人性善恶、人生意义、终极价值之类的宗教性课题。现代社会性道德不应以任何教义、主义为依据，而只是宣告保证每个个体有在不违反公共基本生活规范下去选择、追求信仰任何一种价值、意义、主义、教义的自由，亦即个体在现代社会生活中的基本权利。"（《历史本体论》）其特征也就是"权利（对错）优先于善（善恶）"。

问：但当前时髦的潮流是反对权利优先于善而主张善优先于权利，如社群主义和 Leo Strauss 等人的理论。

答：社群主义其实如前所说，是现代社会性道德所生发出来的"过"，它们与自由主义一样，都仍然是提倡以个人为单位的"美德"，例如回归 Aristotle。我已在《回应桑德尔及其他》等论著中明确指出，即使 Aristotle 讲过人是政治（城邦）动物，个体并不脱离群体，但它还是建筑在希腊自由民的个体之上的，与中国由家及国、家国相连迥然不同，强调的是家国不同，公私分明。这种 Aristotle 的美德伦理，仍然是以平等的个人为基础的"美德"，兄弟亦朋友，恰恰与中国传统美德，即有角色定位大不相同。如中国传统中，好朋友才称兄弟，以前还要以仪式来正式"结拜"为兄弟，而且是"长幼有序""兄友弟恭"，兄弟也并不平等，而有观念和情感上从而相互关系的行为上的差异，等等。也正因为"善恶"的传统价值观念对人们现代行为的"对错"准则仍大有关联和影响，"现代社会性道德以理性的、有条件的、相互报偿的个人权利为基础，传统的宗教性道德则经常以情感的、无条件的、非互相报偿的责任义务为特征。人不是机器，在现实中即使循理而行，按社会性道德的公共理性规范而生存而生活，但毕竟有各种情感渗透、影响于其中，人际关系不可能纯理性，而总具有情感方面。两种道德的纠缠渗透，于群体于个人都是非常自然甚至必然的事情。"（《历史本体论》）以中国情本体的道德传统的善恶观念来范导而非构建现代社会性道德，从而仍然承认权利（the right，对错）优先于善（the good）。

问：当代社群主义和美德伦理学都以追求"好生活"（good life）即"善"（the good）来取代各为自己的现代"权利"（the right），并从而反对或否定启蒙思潮。中国现在学人们大肆鼓吹的传统道德就如此。那有什么不对？

答：各种宗教、文化对"善""好生活""幸福"（happiness）有各种不同的理论、学说和思想，而且每个个体对"好生活""善""幸福"的认识和体验也各有不同选择、差异，甚至对立、冲突，特别涉及精神方面。这里很难有共同一致或"重叠共识"的"好生活"或"善"，而只有各自不同的宗教、文化的传统标准，因之，强调"善优先"反而会引起不同群体、不同宗教、不同文化、不同国家的矛盾和冲突。而"现代社会性道德"却以近现代经济物质生活为根基，即以保证人的物质性生存延续即"吃饭哲学"（食衣住行性健寿娱）的基本满足和不断改进，以"世俗性"的"幸福"为目标。这方面是可以有共同的标准、尺度和重叠共识的。正如今天世界上的人们大都弃油灯而用电灯，舍马车而坐汽车一样。这是人类生存生活即"人活着"非常基本的方面，现代社会正是通过强调"人是目的"和人的权利而不断实现和扩大这一"人活着"即生存生活的"幸福"的。"现代社会性道德"正是为了从个人内在心理树立起这一"公共理性"的公德规范，来帮助实现现代化的外在伦理、政治、制度、秩序的构建。这制度和秩序甩开精神上的信仰（价值中立）而使权利优先。只有肯定这一经济发展的同一趋向的基础，才能脱开对这种"权利优先"的"公共理性""现代社会性道德"种种宗教、文化、道德的质疑和反对。所以，我一再说明现代社会性道德并不以"原子个人""社会契约"等自由主义理念为真实根基，而是以现代人的生存、生活（"人活着"的现代经济—生活存在）为根基。而这种"公共理性"，当作为理性凝聚和心理形式的具体内容，成为人的自觉意识和自由意志时，它本身即是道德，即"现代社会性道德"（公德）。

问：所以善优先还是权利优先实质上是两德关系问题？

答：权利优先还是善优先？也就是做公民优先还是做基督徒（或穆斯林、印度教徒、佛教徒、儒生）优先？也就是生活优先还是灵魂优先？有人选择灵魂优先、做宗教徒优先，追求拯救心灵、超越世俗而舍弃世间一切幸福，作为个人和某些群体的自由选择，只要不严重干扰或危害社会或社会性公德，没有什么不可以。如美国 Amish 拒绝现代文明，不用任何电器和汽车；某些宗教或政治团体反对自由平等，实行严格的等级、独裁制度，并没人去反对干涉。但不能使之成为社会的统治秩序和造成世界的"文明冲突"。爱子女还是爱父母或爱上帝优先，哪一些私德能"范导和适当构建"，都不是"现代社会性道德"所能决定的，而会因各种文化传统、宗教传统的不同而有差异。权利优先的公共理性所应保障的只是精神领域内的价值多元和自由选择的开放性，亦即我多年所说物质一元和精神多元。即使各种宗教性道德和不同的文明对社会性道德有所影响、范导和构建，但"现代社会性道德"由于有物质生活基础的公共理性作为准则，便可以求同存异，和而不同，并行不悖，以实现国内安宁和世界和平。Kant 的永久和平论便是建立在诸共和国家基础之上，而不是建立在有某种宗教性道德或某种政治意识形态的大帝国基础之上。

问：你主张什么优先？

答：上面已表达得很明白了。在现代社会，我主张由现代经济生活所决定的权利优先，也就是现代社会性道德优先。正因为此，我主张政教分离，反对由各种宗教和传统文化来构建现代政治和现代伦理道德。但同时清醒意识到，各种宗教和文化传统仍将以各种方式作用于社会性道德，这不可避免而且可以予以适当认同。权利优先，贯彻着"人是目的"。善优先，则活生生有血有肉的人可以不是目的，灵魂、上帝、集体才是目的。权利（对错）优先于善，因之，"9·11"恐怖分子就应当遭到谴责，他们是彻底"错了"，因为滥杀无辜，践踏人权，是"反人类罪"，上面已多次说过了。

六　和谐高于公正

问：但你又提倡"和谐高于公正"，它与"权利优先于善"不矛盾吗？

答：前者只是范导和适当构建，后者是全面构建，两者可能发生矛盾，如前述的两德可能发生冲突，但也可能相辅相成，关键就在掌握这个"适当"，这个"适当"也就是"度"。我的哲学认识论的第一范畴就是"度"。"度"也并不是中间、平衡、不偏不倚，它是一种变化的动态的把握，矫枉必须过正，但又不是处处矫枉必过正，这仍然由各种具体时空条件和情况才能确定。前面讲了不少"过犹不及"便是例证。"度"是实现在实践活动中，但当然有其思考、认识上的准备，所谓"审时度势"，就是如此，要思考、忖度各种情景、状况、尺度。所以才成为认识论的第一范畴。

问：在这个问题上中国如何？

答：中国问题，学者谈论甚多，我不必插嘴了。中国传统的礼教和其他宗教不同，适应"现代社会性道德"容易得多。坚持法治，辅以人情，以"现代社会性道德"为基础，中国礼教的德治、人治，可以是"情本体"传统的辅助力量，这个相辅相成的历史过程需要时间和积累大量的具体经验，但应该问题不大，也绝不会一帆风顺，仍然要经过长期的艰难的努力和斗争。

问：你讲的孟子的大丈夫的"自由意志"是否也可以辅助？

答：上面一节已讲，要承继大丈夫这种"自由意志"去开拓世界，但注意千万不要把这种"自由意志"的个体精神与现实物质上的个体利益混同起来。传统的"自由意志"是服务于"君""国""民"的。现代自由首先是服务和保护自己的生命财产等物质利益的，经济上的自由主义是政治、法律上的自由主义的前提，更是"人是目的"的观念意识上的自由主义的基础。它属于政治哲学范围，道德"自由意志"是道德心理学，两者不要混同。

问：那两者之间就没有积极方面的联系吗？

答：一开头不就说过吗。"现代社会性道德"基本上是一种理性建构，市场经济、法治规约、契约原则、保护私有财产等等，它们作为现代法律、政治的核心，再转而成为人们自觉执行的自由、平等的道德律令，还是谭嗣同说的透，"君臣朋友也"，"父子朋友也"，"兄弟朋友也"，"夫妇朋友也"，双方独立、平等、自由，这与中国"君不君，臣不可以不臣"，甚至"君要臣死，臣不得不死；父要子亡，子不得不亡"的绝对服从和人身依附等传统观念是大相径庭的。但在情感上，谭嗣同五伦皆朋友，又说不通，情感上允许和提倡非朋友的不平等，在伦理体制上则不能，这正是两德的差异。在破坏现有自由、平等的伦理体制时，挺身而出，仗义而为，不就是继承大丈夫的"自由意志"吗？那意志是具有情感和观念的。

问：所以，传统主要在"人情"上，在"情本体"上范导和适当构建？

答：对。如前所说，今天尽管基本上已是夫妻子女的小家庭，但"常回家去看看"、以及三代同堂、祖孙同乐，也仍然是今天的部分现实。经济分离独立，但中国现有法律仍规定子女有适当的养老义务。至今子呼父名，中国人仍不习惯，便可见一斑：情感上接受不了。至于社会上员工对待老板说话，虽訚訚如也，但上级可以"炒鱿鱼"，下级也可以独立自主，拂袖而去。今天不已经开始如此么，这恐怕是退不回去了。

自希腊以来，西方法庭高悬"公正"（justice）的理性规约作为判决的最高标准；从而也成为现代社会性道德的最高准则。中国传统的"范导和适当构建"是在现代"公正"的基础上，加上情本体的和谐（harmony）。孔子说，"听讼，吾犹人也，必也使无讼乎"（《论语·颜渊》），诉讼当然以"公正"为准，但如果没有诉讼的人际关系不更好吗？所以非常重视"和谐"，并以之为最高目标。人际关系的和谐、身心关系的和谐、人与自然环境的和谐，以及"天人合一"的和谐，从而行为中重协商、调解、合作，以之渗入、指引即"范导"理性至上、原子个人、绝对竞争、价值中立；另一方面，应明确，所谓"和谐高于公正"，是就人类未来远景、是就中国对未来世界的贡献来说的，作为它的哲学基础的"情本体"是我在二十世纪就提出的，但从当时至今，如上所说，我又坚决反对以"情本体"来取消、替代"现代社会性道德"。

问：你这两德说的"范导与适当构建"应能普遍适用，中西方有什么差别没有？

答：有。我以为"孝—仁"与"博爱"，"大同理想"与"千年王国"，可能是中西宗教性道德对现代社会性道德"范导和适当构建"的主要差异。这也就是中国更讲究"由近及远""已立立人"，一直到"仁民爱物""民吾同胞，物吾与也"的"孝—仁"，不同于远近如一、一视同仁的"博爱"；追求世间生活及其细节（如中国人很爱看、西方人不屑一顾的《红楼梦》）中人际情理的和谐均衡，不同于在人人平等对个体的最后审判中使灵魂永生进入天堂。

问：这也就是你所强调的情——人情、亲情、爱情、友情、乡园情、家国情……本身具有价值。

答："情"本身具有巨大价值，不仅不应为理性排斥，而且位居理性之上。心、性、理、道均为理性概念，只有"情"既有理性内涵，又是感性实在，且属价值源头，因为它正是人类生存延续和具体呈现。历史不只是事件、人物、数字，而是亿万人无数代的充满悲欢离合的生活本身，所以，我讲"情理结构"、讲"历史进入形上"。

问：你以"和谐"高于"公正"，在伦理—道德理论上区别中西，是你讲"情本体"的应有之意？

答：《圣经》和希腊哲学实质上都以"理"胜。在西方，logos是逻辑、理性、语言，强调的是理性对感情的主宰和统治。中国传统虽也强调"理"，但认为"理"由"情"（人情）生，"理"是"情"的外在形式，这就是"称情而节文"的"礼"。孔、孟不说了，郭店竹简（属原典儒学）也一再说，

"道始于情"，"礼生于情"，"苟以其情，虽过不恶"，等等。特别值得注意的是，即使同样讲情（或爱），也仍有不同。基督教讲的是理性主宰感情的情爱，人之所以爱人是因为人应当听从上帝的旨意而爱。从而这"爱"便是一种理性的命令和要求。中国讲的是理性融入感情，人之所以爱人（首先是爱父母子女）是由生物性自然情感提升而来，是一种理性化了的自然情感。所以说，前者是"道始于理"，后者是"道始于情"。尽管基督徒不赞成甚至反对 Kant 那种"无情才道德"的理性主义，强调上帝的爱、基督的爱（情感）才是道德的基础和动力，但这种爱却恰好是理性（通由上帝这一观念）来主宰和决定的。所以，在根本上人所以爱和所以能爱都不由于人自己，更与人的自然情欲无关，它是因为上帝命令人如此。此爱非来自世间，它来自实乃理性的"圣爱"，从而它远远高出于任何世间人际的关系、律令、规则，所以也才能无远弗届。这才是"真理、道路和生命"。从而，真正的爱完全不能起因于或归结为任何世间人际的某种原因，更不能是动物性的血缘亲情所能生发。

如前所说，与此相反，儒家所倡导的伦常道德和人际感情却都与群居动物的自然本能有关：夫妻之于性爱，亲子、兄弟之有血缘，朋友之与群居动物社交本性。从而儒家的情爱，可说是由动物本能情欲即自然情感所提升（社会化）的理性情感。虽然最初阶段（无论是原始民族或儿童教育）都有理性的强制和主宰，但最终却是以理性融化在感性中为特色，与始终以理性（实际是知性特定观念）绝对主宰控制有所不同。中国文化传统对经由内心情理分裂、灵肉受虐、惨厉苦痛即由理性在残酷冲突中绝对主宰感性而取得净化升华，是比较陌生的。三十余年前我说，中国人崇拜的菩萨或肃穆庄严或慈眉善目，甚或威猛狰狞，但都不会是血淋淋的十字架或 Abraham 奉命杀子的恐惧、战栗的痛苦（参见拙作《中国思想史杂谈》1985）。总之，上帝（基督教）是一种理性的信仰，"天、地、国、亲、师"是一种人情的信仰。这种不同也就是我所讲的两个世界（基督教、Plato）和一个世界（中国），宗教传统（西）和巫史传统（中）

的不同：后者是一个世界（人生）中对自然生物情感做理性化提升，所以讲身心合一、天人合一、物质生活精神生命的合一；前者是两个世界中上帝旨意的绝对性，所以讲原罪、讲拯救、讲灵魂对身体的绝对超越。在后者（巫史传统），理性只是工具，世俗人情才是根本；在前者（宗教传统），理性就是上帝本身，世俗人情远为次要。当然，我讲"情本体"并非专指中国传统，它有人类普遍性。但如上述什么样的情仍有区别，所以才提出上述"始于理"与"始于情"。

问：为什么有此不同？

答：这就涉及历史了。这种差别，我以为有社会历史的基础背景。中国文化传统成熟巩固在新石器漫长时期，它以定居农业和血缘氏族制度为基础。希伯来人和希腊人则游牧、航海、商业和奴隶制占了更大比例。

问：上章中谈善恶观念时，你说这是两种不同的形上"设定"，这个语词易生误解，其实是由不同环境、条件下的历史不同产物？

答：对。所谓"设定"并非某人或某群人的有意识的理性假设，而是指因为在不同环境条件下的自然形成，也就是已经讲过的"礼源于俗"，极端困苦艰难的背景下产生了严厉、苛刻具有绝对主宰的唯一人格神，如犹太教（基督教和伊斯兰是它的后续）；相对和谐稳定、异常久远漫长的农耕的环境产生可以"怨天""咒天""制天命"，"天"并无绝对主宰，自然界山水花鸟倒可以"四时佳兴与人同"，产生"有情宇宙观"的儒学。这也就是以和平的"人文教化"的儒学而非罗马帝国以强大武力一统和维系庞大的"天下"帝国。这点钱穆也讲过。

问：所以氏族成员温情脉脉的关系感情（中）与奴隶只是会说话工具的社会理性（西）迥然不同了。

答：记得我以前说过，像罗马斗兽场"率兽以食人"的表演观赏便将为儒家所排斥。在中国，"义"作为道德义务、责任（duty, obligation），虽与公正、正义（justice）相连，但它不是理性的绝对命令，而是综合、平衡和剪裁了各种人情所得到的最终结果。"义"当然以"公正"为主，但仍有"情"的渗入，如中国人的报恩的观念，情感便更为浓厚，正如梁漱溟所说"其情愈厚，其义愈重"，与二千多年前郭店竹简说的"始者近情,终者近义"竟完全一致。所以中国人总爱说"理无可恕，情有可原""合情合理""通情达理"等等。在这里，不但（人）"情"冲淡、缓和了"公正"（理），而且"情"的和谐常常也高于"理"。所以才说"和为贵"，而并不去追求一个是非、公正的绝对标准。这也是实用理性不同于先验理性的地方。

问：实际上乃是上章所说两种不同的善恶设定，不同的形上观点或理论。

答：对。"有情的宇宙观"是人类学历史本体所承续的中国形上理论，希腊的 Cosmos 是理性的秩序，中国古代的 Cosmos 是具有情感的宇宙，西方追求的是自然之上或高于自然的基础，中国追求的是在自然本身的社会人文的基础，所以说"天地之大德曰生"，即赋予宇宙自然的天地本身以人的情感。德与生、价值与事实便从而同源于人类的生存延续，是人与宇宙自然的协同共在,这是一个世界的巫史传统，而非两个世界的"超验"与"世俗"。中国的"天"不只是 heaven，而且也是 sky，王国维说"天"是"苍苍之物质具有天帝之精神者也"。这里不是灵肉两分，而是身心合一。宋明儒学在思辨上已触及这个问题，也许是西方乐土的佛学影响而未能解决吧？！我认为最近河南"河洛古国"七斗星的考古发现可以说明我所强调的天人相通而合一的巫术礼仪的巫史传统。所以宋明理学追求超验的"天"是不能成功的。

问：你讲了许多情本体，却仍然在伦理学上是"理主宰情"。

答：这也就是"新一轮儒法互用"，转换性地创造传统的现代荀学，是"孔—荀—董—朱"在新基础上（亦即现代社会生活和现代社会性道德的基础上）的承续、扬弃和发展，"情本体"是情理结构的文化心理的形成和发展，情有生物基础，理乃工具促成，人性乃两者的交相构造。没有情，人等于机器；没有理，人等于动物。这似太平常却非常简明的说法，不必扔弃，并且，让一切高妙的理论回到这个"平凡的真理"中来吧。总之，现代性不等于现代化，但现代性必须建立在现代化之上。寻求中国现代性之路，其中要害之一便是如何能以"传统宗教性道德"范导和适当（而非决定）建构"现代社会性道德"。

问："权利优先于善"显然是"现代社会性道德"，"和谐高于公正"便是"传统宗教性道德"，这样理解对否？

答：对。这也就是我以"情本体"所寻求的中国现代性的特征之一。它是中国的，对世界特别是未来世界具有普适性。在今日现实生活中，如我以前所再三点明，众多民事纠纷以及刑事诉讼中，重调解、协商，不伤感情，讲将功折罪，戴罪立功等等，而不用法庭的"公正"一刀切，也就是指这种"范导和适当构建"，但它们又必须是建立在"公正"这个基础上，而不是以"人情"了断一切。凡此种种，繁多博杂，就不是这个"述要"所能多说的了。以此作结，如何？

结　语

问：该结束了，能否再概括一下？

答：简单说来即是：承继中国传统，在人类学历史本体论哲学视角下，从"人之所以为人"出发，突出三个要点，即标题所展示的。概括说来，其"新"有三：第一，主张在学术概念中，伦理与道德两词严格区分并强调由外而内说。第二，承续并发展中国传统的心理主义的哲学特色，重视各心理因素的复杂关系，特别是塑造建设"人性"的重要，提出自由意志论。第三，提出情本体（情理结构）外推的政治哲学即两德论。

问：还想说点什么？

答：那就说几句"述要"这个小册子本身吧。

问：说说它的来由。

答：也没什么来由，就是近些年来我陆续发表了一些有关伦理学的文章、自拟的答问、对谈，绝大部分都收入青岛出版社、人民文学出版社出版的《人类学历史本体论》一书"伦理学纲要"和北京三联书店出版的《伦理学纲要续篇》，因系不同年月的写作和论议，繁复有余，重叠屡见，有点散漫无章，早想规整一下，今经马群林先生大力协作、不断鼓励，遂拆散旧著，摘要组接，剪贴裁拼，再加补益，新意无多，新貌或显，似略成统系，乃谬称新说，其详，仍请参阅拙作旧著并望指教是幸。总之，"新说述要"实旧作剪贴也，见笑了，仍乞谅之。

2018 年 11 月波斋

附录一　伦理学杂谈（2018）

（一）伦理学的基本架构

刘悦笛（简称"刘"）：您的伦理学，您自认为最重要之处在哪里？

李泽厚（简称"李"）：有三点：第一，从伦理到道德……

刘：对，您着力区分出伦理与道德。

李：我是从伦理到道德，牟宗三、杜维明他们则是从道德到伦理。

刘：哦？这等会再问。

李：第二，"两德论"。

刘："现代社会性道德"与"传统宗教性道德"之分。

李：这个与现实相关，所以讲得较多。

刘：与现代社会形成"重叠共识"。那第三呢？

李：观念、意志和……

刘：和情感。

李：这是道德要素。

刘：道德要素三分说！

李：我的伦理学，比我的美学可能更简明清晰。

刘：看来您是更看重您的伦理学喽。

李：伦理学的现实性很强，对社会直接影响大。

刘：伦理学高于美学？

李：你这"高"是什么意思？不清楚。你说自己受分析哲学影响很深，我不这样看，我觉得你常常用的概念便不很清楚，不是高不高的问题，伦理学的著作之所以远超美学著作，因为与人类现实关系太密切了。

刘：从学科看是如此，但广义的美学在中国很特殊，美学是未来的伦理学，我说的是价值论上，美学高于伦理学。

李：总之，伦理学与人类现实生存，关系更密切。

刘：吃饭哲学！

李：但我的伦理学主要是讲形式结构……

刘：对呀，我觉得是 Kant 化。

李：不对。

刘：那是什么？

李：Kant 加 Hegel。

刘：Kant 是"形式"伦理，Hegel 则是"内容"伦理。

李：两种道德论，现在越来越被人注意，就因此故。

刘：回到开头您说那句：从道德到伦理，从伦理到道德。

李：从道德到伦理，就是牟宗三、杜维明路线，就是由内而外嘛。

刘：明白了！从伦理到道德，乃是由外而内；从道德到伦理，则是由内而外，也就是心性化的路子。

（二）"情本体"其实仍是理性的

李：所以我讲，你要讲先验的恻隐之心，又要讲我这个，总想折衷调和，那是不可能的。

刘：讲以情为本。

李：与讲情有关，也可无关，但二者不可能调和的。

刘：折衷之路不可行。

李：所以，我很明确讲：我就反对孟子讲的不学而能，不虑而知。

刘："人之所不学而能者，其良能也；所不虑而知者，其良知也"！

李：我在这篇文章，最近在《中国文化》发表的那篇文章（《由巫到礼》2001、2014），就讲……

刘：主要讲什么？

李：我明确指出，这已经偏离了孔子。

刘：颜渊更接近孔子，内圣而外王，绝不偏废，而非子思和孟子，这就是我最新提出的——回到颜子去！

李：颜渊材料不足，我不能讲。孔子就没有讲过性善性恶，孔子强调的是学。我说过基督教的第一个字是信，儒学第一个字是学。

刘：以学为首，也是后世编《论语》所为吧。

李：孔子自己讲不是生而知之者，连孔子都不是生而知之者，那谁还是生而知之者？！哈哈哈……虽然也说过有生而知之者，那只是一句空话。

刘：哈哈，对呀！

李：这不很清楚吗！

刘：清楚。您是讲从伦理到道德……

李：所以，从伦理到道德，就是重视历史，重视教育。

刘：怎么讲？

李：从个体来说，重视教育；从人类来说，重视历史！

刘：说得好！

李：什么是伦理呢？就是三要素中的观念嘛！

刘：嗯嗯。

李：人类观念随着历史的变化而变化。伦理规范正是如此。伦理规范构成了人们心理内容，它是理性的概念和判断等等，没错吧？

刘：没错。

李：所以，它不是以情感为本体的，它还是理性的。

刘：情本体，仍是理性的？

李：你以为从道德到伦理就贯彻了情本体，恻隐之心作起点就彻底贯彻了情本体，这恰恰错了。

刘：为什么呢？

李：你说，情是唯一的，那就错了！

刘：我是说，情理合一，贯彻到底！

李：但情理如何合一、如何贯彻？你并没讲。刘绪源讲了，所以我推重他。我讲，孟子的最大贡献，恰恰强调的是理性作主的自由意志。

刘：自由意志就是理性的。

李：自由意志是伦理学的核心。

刘：那不成意志伦理学了？

李：对。伦理学的核心就是自由意志，这是 Kant 最了不起的地方。它是道德行为的理性形式和行动力量。

刘：说 Kant 也对！

李：我举的例子不是很多嘛！我讲，"9·11"救火的时候，那些救火队员……

刘：往前冲！

李：不是由于爱去救，而是我的义务嘛！

刘：那是！

李：道德义务就是自由意志：我选择这个行业，我是已准备在需要时去牺牲的嘛。

刘：对！

李：不是由爱救人。那些恐怖分子，不是因为恨这两个楼里的人，而是为了"圣战"献身。

刘：这关乎宗教与文明冲突。

李：概念又不清楚。宗教也是一种文明，动物有宗教？这是两种道德观念冲突的突出表现，传统的错误宗教观念与现代社会性正确道德观念的严重冲突。

刘：关键在哪里？

李：Kant 把自由意志、实践理性，同经验划分开来，不是出自经验，是履行理性命令，非常了不起，但完全脱离经验，也不能具体实行，理性意志必须以理性观念为内容，我所以讲 Kant 加 Hegel，它也最好有强烈感情作助动，所以加上 Hume，正好三要素。

刘：Kant 反 Hume，趋于理性建构。

李：所以自由意志不是什么恻隐之心，不是什么同情，不是什么爱！

刘：嗯。

李：以为到处强调爱，就是情本体，情本体恰恰不是这个意思，情本体强调的是情理结构。

刘：讲情本，不讲爱？

李：我没说不讲爱，你又不遵守逻辑，我这篇文章把这又讲了一下……

刘：讲了什么？

李：有的时候，情感必须服从理智的支配。

刘：嗯。

李：这才是贯彻自由意志，这才是真正的情本体。

刘：明白了，情本体实乃理性主导的。

李：什么叫主导？不清楚。

刘：您的以理导情的情本体，这还不清楚？难道情理平衡，也是调和论？

李：什么叫平衡？更不清楚了，说主导还可以，但不能这样笼统概括。

（三）王阳明强调"自由意志"

李：我强调自由意志的出现，有时会有强烈的经验情感作重要助力。虽然这种情感并非道德情感，而是一般的爱憎情感、恻隐之心等等。我重视这个助力，这与 Kant 不同。

刘：您还是以 Kant 为主，以 Hume 为辅，或以 Hume 的情感助力来补充 Kant 的理性主导，再将 Hegel 的内容注入到 Kant 的形式之内。

李：不完全对。是以中国传统为主，吸收 Kant、Hume 和 Hegel。中国传统强调是非之心与好恶之心同时培育，王阳明不说是非终究是好恶吗。

刘：是非比好恶之心理性多一些吧。

李：是非之心要变成好恶之心，要持久锻炼，才能成功，即变成了直觉，变成如味觉嗅觉视觉似的恶恶臭好好色一样，即所谓一念生处，即是良知。

刘：良知翻译成英文有一种就是 intuitive knowledge。

李：就变成一种直觉性的，即知即行。

刘：一念发动处，即是知，亦是行也！

李：王阳明最重要的，恰恰强调的是这个自由意志，即力行。力行也就是我讲的道德是做不做的问题，不是知不知的问题。王可说是承续了孟子的集义、持志、养气，加上佛教禅宗的某些东西。

刘：这是他的伦理学——致良知。

李：所以，王阳明不能成为一种统治哲学，但是它有一种反抗精神，为后人所继承。

刘：反抗哲学，呵呵。

李：这种精神在明末和近代起了很大的作用。阳明说"求之于心而非也，虽其言出自孔子，不敢以为是也"（《传习录·中》），孔子的话都不一定是句句真理，何况其他。所以有一种思想解放和反抗权威、打破陈规的行动力量。

刘：您对阳明身后五百年的理解有新意，反抗精神！

李：也并非新意，以前也有人讲过。总之，要立志嘛。

刘：立志与自由意志！

李：立志，这不是生下来就有的，要自己去立。阳明强调下学，其实指的就是要培养意志，不是指学知识。

刘：嗯。

李：有大环境和小环境。

刘：对。

李：自觉与不自觉地形成，好像是自然形成的东西，实际上不是的。

刘：这是我最近才转过的弯子。

李：我很早便讲过，几乎没人理睬，你愿意接受？

刘：我刚接受。

李：你愿意接受？

刘：这我接受了。

李：只有这样才能有创造性的发展。但第一，这来自我的自然人化的基本哲学观点，你尚未接受。你基本上还是西方流行的情感主义，人兽不分，还是几年前带来给我的那一大堆英文文献如基本情感研究等等。因此第二，当一直占主流地位的先验人性论一进攻，你又会回到讲恻隐之心是道德本源的所谓情本上去。你现在不是还讲动物也有情感，反对区分情绪与情感吗？

刘：确有分歧，您一直强调创造。

李：我以为牟宗三他们走的都是老路，所以我说他们在基本理论贡献上并未超过宋明，只是引进西方哲学，分析梳理得精细确当许多。

刘：追阳明。

李：我这一套，那些搞儒学的丝毫不感兴趣，他们认为根本不是儒学，其实只有不断吸取特别是消化非儒学的外来学说，儒学才能发展，儒学二、三期均如此。死抱硬抠儒学旧有章句，是不会有大出息好前景的。

刘：是呀。

李：就继承了古代的一些典籍，加些现代名词和词语的解释和附会，就算是搞儒学，就算是发展儒学……

刘：这还是主流做法吧。

李：哈哈哈………

（四）每个时代儒学吸收不同

李：汉代儒学，恰恰是董仲舒这些人，在根本上吸收消化了道家、法家、墨家特别是阴阳家……

刘：不是儒学的……

李：阴阳实际上是阴阳家的，但把它们拉进来甚至成了建构新儒学即汉代天人论儒学的骨架，把墨家拿进来，成为汉代以来的著名的孝悌力田传统等等。

刘：对，政治儒学是阴阳化的。

李：宋明儒学，宋明理学，也是受到佛教的影响。

刘：没错。

李：董仲舒讲的是"天人感应"，讲天谴，讲灾异。

刘：对。

李：宋儒讲的不是这些，讲的是"理"、"气"、"心"、"性"这些……

刘：嗯，那启示是……

李：要吸收和消化外来的东西才能有创新和发展。中国文明素来如此。

刘：同意！

李：我是吸收了Kant、Marx，特别是加上现代科学，哈哈哈……

刘：打通中西马！

李：还有现代科学。对我的东西的将来，我非常放心。

刘：呵呵。

李：暂时没有人注意没有关系。我就笑，朱熹死的时候，他还是"伪学"，不让人去告别嘛；王阳明死去四十年以后，他的书才让出版。

刘：是吧。

李：死后四十年！成为禁书。大概这些你都不熟悉。

刘：我倒对阳明生平很了解，不知身后境遇……

李：一切都不是那么简单。

刘：嗯，感叹。

李：王船山更是埋没了几百年。

刘：生前名和身后名。

李：倒不是名利问题，那是次要的，重要的是许多时候真理不大容易被人们接受，或害怕接受。我多次说过，包括 Einstein 的相对论，一开始也受到当时的大物理学家的反对和指责。Kant 也如此。我坚持我的哲学，倒也从不怕任何挑战，哈哈哈……

刘：哈哈哈。

李：正好像"实践美学"，我现在一点都没有改，从五十年代到现在。

刘：也是，也倒是。

李：我看你那篇英文文章（指拙文 From "Practice" to "Living": Main Trends of Chinese Aesthetics in the Past 40 Years），后来，什么后实践美学，新实践美学，生命美学！还有你的生活美学呀……

刘：在您看来……

李：我讲都是倒退！在根本理论倒退到 Feuerbach，好像现在也没多大声息了？也许你那现在西方流行的生活美学要红火一点？

刘：哈哈，"生活美学"绝不是倒退，乃是新世纪国际美学的最新主潮。

李：最新主潮可以是时髦，而不是什么前进。2004 年你开始大搞生活美学时，我就问过你：什么是生活？你一直没回答。

刘：哈。

李：又多少年了！生活首先是人的食衣住行嘛，衣食住行是建立在生产实践基础上的嘛，所以我坚持狭义的实践概念不改，广义的实践、人的生命、生活必须以此为根本，生活美学也必须在这基础上展开，如《美学四讲》中社会美所讲。

刘：还真是时光太快，但"生活美学"并不限于社会那部分，并可以由此来看艺术和观自然。

李：艺术和观赏自然也是从社会发展中生长出来的嘛，这我已在《美学四讲》中交代清楚了。

（五）由外而内的历史"积淀"

刘：再重复一遍，您是从道德到伦理，对不对？

李：从伦理到道德！怎么是从道德到伦理？你说接受我，却基本观点都未弄清楚。

刘：我问错了。

李：由外而内嘛。

刘：没错！

李：你继续问。

刘：那这是不是就是"经验变先验"呢？

李："经验变先验"，比这范围广阔得多。

刘：哦，要更广……

李：包括认识论上也是这样。

刘：认识论！

李：因为你现在的一些观念，教你的那些基本概念，也是学来的嘛。

刘：这很荀子嘛！

李：概念怎么来的？

刘：怎么来的？

李：它经过历史、长期历史出来的嘛！

刘：对，经过历史"积淀"而来。

李：《批判哲学的批判》便讲过，几何学的点线面怎么来的？它是测量土地当中出来的嘛。

刘：哈哈，来自实践！

李：原来就是实用的技术，后来才抽象出来。

刘：从实用到抽象。

李：伦理学更是这样。

刘：怎样？

李：原来都是群体生存所要求的社会规范嘛。它们总常以宗教形式出现。各种宗教都有人人必须服从和遵守的规范性的诫律，"摩西十诫"这些东西……我在《孔子再评价》就引过刘师培讲的"礼出于俗"。

刘：一共基本的十条。

李：不能杀人，不能偷盗……后来就成为一些先验原则、上帝律令、神的旨意……

刘：对对对。

李：因为任何一个群体社会，为了生存，就需要一些规则规范，并且必须把它们说成是上述的上帝律令、天的旨意、天理、良知。人们才服从遵守。

刘：这就是由"礼"变成"仁"吧。

李：这就是由伦理到道德，由社会规范进入个体心理。

刘：嗯。

李：某些动物也有这个，人类把它大大地提高了、深化了，也就是理性化了，而且成为历史的东西，通过语言，一代一代传下来。

刘：代代相传！

李：对个体来说，就是先验的东西。

刘：嗯。

李：它是人类历史积累……

刘："积淀"的结果！

李：对，积累沉淀。

刘：您的"积淀"，这是您上个世纪手稿里面首提的。

李：积累沉淀，就是"积淀"。

刘："积淀"，乃是积累沉淀的缩写。

李：积累沉淀就是"积淀"，这是我的创造的词汇。现在很多人不知道，以为以前就有这词。

刘：哈哈。

李：我喜欢我创造的新词，看起来就像是旧有的，如"儒道互补"就是我创造的。

刘：对。

李：这种看法，早就有了，但没有人用过这词语，台湾一位学者写了一本书，其中他考证出这词是我新造的。其实当时也并未被普遍接受，一位宗教所的老学者曾大怒说，儒道素来对立怎能说互补？但不久就被广泛使用和流行，却不知是我造的词语。

刘：从日版汉学到民国时期都曾有这个思想意味。

李：但是，这个词，是我创造的。

刘：是吧。

李：我造的词，恰恰好像是有过的，"积淀"也是这样。今天的"情理结构"也如此，英文中没有，当然还未被大家接受，你是用得较早的一位，如同"巫史传统"一样。实用理性、乐感文化现在也有些人在用了，虽然还不多，九十年代初被张岱年大骂为"胡说八道"。

刘：好像当初就有争论。

李：例如积淀。那时候，赵宋光说他要用"淀积"，争了半天，他用他的，我用我的。

刘：哈哈哈，结果……

李：我的这个流行，他的那个没流行。

刘：进入《现代汉语词典》了。

李：2004年，他还是用"淀积"嘛。

刘：记得，我们一起在北京第二外国语学院开的会。

李：所以，积累就是历史，沉淀就是进入心理。

刘：这个说得好，很明确！

（六）"文化心理结构"不是"心理文化结构"

李：我的概念都很明确。上个世纪五十年代我读过一些分析哲学，当时如日中天，但我不认为它是哲学，而是很重要的、非常必要的现代思辨工具。中国学人不重视它，所以老是概念不清说理不明，甚至自相矛盾也不觉察。至于你提及的"文化心理结构"这个词汇也是有很多背景，不是突然提出来的。

刘：对，进入心理，然后就是"心理文化结构"。

李："文化心理结构"，不是"心理文化结构"。这在一篇答问中强调说过。

刘：为何不可互换？

李：所以那个时候，邹谠，那位死的时候芝加哥大学降半旗志哀的华裔学者……

刘：他说什么？

李：他说，我们西方都是"心理文化结构"，你的这个"文化心理结构"哪里来的？

刘：来自哪里？

李：我说是我自己造的。

刘：哈哈，西方是心理学的，没错。

李：因为习惯于从个体出发，西方一般都是"心理文化结构"，但是我后来发现美国人也用过"文化心理结构"。

刘：哦？

李：但是没有像我这样——提高到这么重要的角度来用。

刘：对，哲学高度。

李：大家习惯上用心理到文化，我是文化到心理。

刘：从文化到心理，深意何在？

李：出发点不同，我是从群体出发。人的心理之所以不同于动物性，就是因为有群体社会的"文化积淀"，这也就是由伦理到道德嘛，然后积淀到先天不同的个体而又有差异。你始终似乎并不了解我在讲什么。

刘：还原主义的简单化！

李：怎么是还原主义呢，你特别喜欢用一些并不清楚的大词汇来概括、判断或述说。我当年不赞成你跟随西方来搞情感哲学，把动物的情感与人的情感等同视之，把人情等同于动物的情，那才是还原主义！

刘：动物情绪与人情不可等同。

李：你带来的那些文章，尽管有一些很有名，我是完全不赞成的，我也一直反对西方学者讲动物也有道德，有政治权术（《黑猩猩的政治》）有宗教（黑猩猩有巫术仪式）等等。

刘：为什么？

李：基本点错了。

刘：我倒看了几年。

李：人和动物的区分在哪儿？还是那句老话：创造使用工具，从而"心理结构"不同嘛。

刘：对嘛。

李：最近你发给我那篇讲五四的文章也好（指启蒙与救亡文），其实，我要讲的就是要改变"文化心理结构"。

刘：我的那篇最新文章叫《"救亡压倒启蒙"，本无可争议》。

李：今天之所以造成这样的局面，一个原因，就是中国老百姓的"文化心理结构"在起作用。

刘：嗯，深入！

李：我的"文化心理结构"是一贯的理论，而且可以实用。

刘：嗯。

李：那文章三十年了，可悲也矣。

刘：是呀，三十年。

李：原因之一，不是主要原因，是次要的，即有旧的"文化心理结构"在作支持。

刘：对对，这个"文化心理结构"的更新，还真很重要！

（七）解说王阳明"四句教"

刘：最近做王阳明"知行合一"研究，才发现，您讲的伦理三要素的重要性！

李：哦……

刘：原来以为三要素，就是一个结构性的，做这个才知道太重要了。

李：嗯。

刘：因为什么是知行合一？里面的三要素怎么分？观念是如何变成直觉？

李：嗯。

刘：所以，您的伦理学架构，第三点，最重要！三要素，较之伦理与道德之分，还与两德论，才是更为内在而重要的。

李：哪一点重要呢？

刘：就是三要素呀，伦理三要素，这才是伦理学的核心。

李：不是伦理三要素，是道德三要素。

刘：从伦理到道德，只是你的伦理学基本定位；两德论，则是由古而今的"重叠共识"嘛。

李：根本不是古今重叠。我那三要素特别是它的结构很重要，我认为以前的伦理学没有像我讲得这么清楚，但以后还应仔细探究这结构的多样和复杂，例如它们如何在不同具体情境中比例次序的差异等等，但我没法做了。

刘：哈哈哈……

李：包括 Habermas，Habermas 把道德和伦理分清了吗？

刘：对。

李：道德当然是个人义务，问题是什么是义务就不一样呀。

刘：比如……

李：今天的义务与一百年前的义务好些便很不一样呀。那是观念的变化嘛，怎么能够……

刘：嗯嗯。

李：Santyanna 不是也作区分吗，分为"前理性"呀、"理性"呀、"后理性"呀……这讲不清楚的。

刘：有这么分的。

李：我这个区分很清楚。首先是伦理与道德的二分，然后是道德心理的观念、意志与情感的三分。道德是个人行为和心理，因为道德必须有行为嘛，而行为是在一定的心理支配之下的。

刘：嗯，从知到行。

李：所以道德是个体的行为和心理，这非常清楚嘛。

刘：对。

李：已无数次讲过了，伦理就是外在的社会的规范，亦即行为的规范，它对个人来说，规范就是观念。我那张表不明确点清了吗。

刘：这就是说，道德是内，伦理则外！

李：伦理的范围很广嘛，从法律到习惯都属于。我记得还引用过文化人类学大家 C.Geertz 所说，文化最好不要被看作就是那些具体行为模式如风俗、习惯、传统等等，而要看作是一套统治行为的控制机制，人正是这套人身之外的控制机制指挥其行为的动物。你可去看看他那本名著《文化的解释》。

刘：从法律到规范。二十世纪八十年代您就引用过 Geertz，研究生考试时还考了他。

李：这是观念嘛，社会习惯也属于观念嘛，但它们都是可以变化更易的嘛，个体的观念也如此嘛。

刘：嗯，这就是……

李：这就是理性内容。

刘：观念即内容！

李："做不做"，作这决定而执行之是意志。

刘：一念发动！

李：我即知即行，行即知。

刘：知行合一！

李：那就变成直觉了。致良知就是要把观念变成直觉并与好恶情感融合，这可不容易，需要持久艰苦锻练，这就靠意志力，变成一念生处，无往不善，如阳明所说"久则心中自然凝聚，犹道家所谓结圣胎也"（《传习录》•上）。我不也讲"理性凝聚"吗，它不是先验（神赐）或先天（本能）的。

刘：观念变直觉！

李：一念发动，王阳明那"四句教"也有道理。

刘：也有人认为这是弟子所加。

李：这争论我知道，那无所谓。"无善无恶心之体，有善有恶意之动，知善知恶是良知，为善去恶是格物。"

刘：一念就是这个"意"！

李：第二句，就是观念嘛，第三句是培育成直觉，最后一句即是是行嘛！

刘：嗯，看来"意"并非意志。

李：知善知恶，就是观念融合情感变为好恶的直觉嘛，就是致良知嘛，立刻知道哪个好，哪个坏！

刘：嗯。

李：阳明学很复杂，既可以发展为禁欲主义，如刘宗周，也可以发展为自然人性论，如陈确。我既反对禁欲主义、先验人性论，也反对自然人性论、社会生物学。当然，我的解说也许也根本不符阳明本意，但没关系。

刘：对，从心体无善恶开始，最终，为善去恶就是行。您诠释了"四句教"。

李：我的理论很清楚。上面对"致良知"也解说了，强调的仍然是意志锤炼，这才有真正的自由意志。

刘：嗯。

李：主要是那个心之体。说心是性，性是天理，我不赞同。性是DNA，生之谓性。这一定会受到围剿，但没关系。人性并不等于性，前已一再讲过。

刘：性是DNA，您这是科学理解，还是自然人性论？

李：科学理解，与自然人性论无关，我根本不赞成自然人性论，但我支持自然人性论当年反对先验人性论那套统治机制的进步作用。可见你对我的书我的论说根本不熟悉。我是历史主义者，我讲过历史有三性：具体性、积累性和偶然性，偶然性极重要，它包含了主动性、选择性等等，涉及个体和群体（如民族）的"立命"—命运问题，往何处去的问题。立命的"命"并不是"天命"，而是人（个体和人类）自己去奋斗去建立起来的命运。这就是我的哲学观点。所以不是"听天由命"，而且自己去创造去决定去把握命运。

（八）孟荀强调"动物本能"的两个方面

李：本来就没什么善恶嘛，你生下来，你根本就不知道什么善恶……

刘：也对，从儿童成长角度。

李：什么是"性"呀？"性"是什么？

刘：应该是后来的预设。

李："性"是从哪里来的？"性"不可能先验是善的。

刘：我也反对先验人性论。

李：但是，我为何"举孟旗"呢？

刘：为什么？

李：那是在一种设定上：就好像设定"天行健"一样，天本身无所谓健不健嘛！

刘：似乎在冯友兰与熊十力的假设与呈现之争，您更接近于前者。

李："天之大德曰生"。

刘：天有德否？

李：天并没有什么道德嘛，与人性善一样，都是一种"设定"。儒家的特点就在对这个世界中人的生存生命生活予以高度肯定，从而也才有这个"有情宇宙观"的设定。其实，Kant详尽论说了上帝存在不可能用理智证明，也就是说上帝乃人的情感—信仰的一种设定。

刘：对。

李：中国古人给天赋予了一种情感……所以我一直说中国传统是"有情宇宙观"，从而儒家的人性善不同于基督教的原罪说，这是两种不同的设定。

刘：这里面孟荀有个拼合……

李：我讲"举孟旗行荀学"。这好像还没人提过。其实朱熹就是这么做的，当然朱并未意识到也不会承认这点。朱熹值得好好研究，因为你在读阳明，又恰好我们今天谈论的是道德心理。朱就极少提及。

刘：嗯，这也是个调和吧。

李：恰恰不是调和。我的"人性善"与孟子的"善端"（性善）又是在完全不同的意义不同的角度和层面上讲的。所以与朱熹又不同，我所举人性善的孟旗，已非孟子原意，我更重视孟子强调的自由意志，也就是这个知识人一直承继的风骨、品格、气节。我讲的"人性善"是普泛性的情感—信仰设定，孟子讲的是实质性的道德根底。请注意，这里有两个不同的问题，不能细说了。孟子和荀子讲的性善性恶，我认为，实质上是强调动物本能即自然本性的两个方面。

刘：哪两个方面？趋善与趋恶？

李：动物本能有好的方面，相互合作、协调、爱抚，也有恻隐、同情。

刘：所谓"利他主义"、altruism！

李：所以个体至上的自由主义者海耶克认为"利他"只是并不足道的动物本能。动物本能还有另一方面，争夺、打斗、杀戮，都有的嘛。

刘：也有落水不救。

李：所以，孟荀实际上举起动物本能的两个不同方面而已，人本来就是一种动物。

刘：嗯嗯。

李：一个是强调发展性善，另一个强调克服性恶，但是都强调教育学习，所以都是孔学。

刘：您的意思是孟荀统一于孔，也就是统一于"学"。

李：对。但孟子说不学而能不虑而知，也就离开孔子了；荀子只讲性恶，如同孟子只讲性善一样，也偏离了。

刘：对嘛。

李：所以，还是孔子讲的对，"性相近"，每个人的本性都是相近的，相近而不相同。

刘：与动物不同？

李：动物本能就是有不同嘛，有的狗蔫巴巴的，有的很凶嘛，每个动物都不同。何况人乎？人的个性便大不同，DNA不同，人心不同，有如其面。生来就不同，个性差异很大，所以宋明理学也承认人有不同的"气质之性"。后来便更不同，所以是相近而不是相同。后来"习"就使之相距更遥远了。

刘：嗯。

李：不同于机器。

刘：那当然。

李：人就是一个生物体，生物体本身就有差异，所以后天的教化很重要，既"有教无类"，又"因材施教"，不是靠找一个本来的先验善的心体解决问题。将来医学会根据个体基因的差异而作不同的治疗。

刘：对。

李：但先天的不同、本能的不同和强弱等等，又仍然十分重要。特别是人的情感便是建立在情绪本能的基础上的，包括伟大的母爱、强烈的男女爱情也如此。

刘："人之所以异于禽兽者几希"！

李：所以我在《孔子再评价》和《关于"伦理学总览表"的说明》（2018）中都强调认为，孟子在仁的结构第二方面（或称因素）即心理情感基础上突出第四方面即锤炼自由意志、独立人格，他那集义、持志、养气的理性凝聚，"正是孟子的最大贡献"。有趣的是，二十世纪八十年代我已指出仁是四个方面组成的理想型的文化心理结构体。但至今学者们讲仁仍然是混沌一团，孔子讲仁明明显示了仁的不同面相，今天学者们讲仁却似乎只是仁爱或加上一点很不清楚的什么东西，仁这个概念的内涵外延始终不明不白。因而他们大讲的仁、仁体、仁本体到底是什么意思，我始终弄不清楚，不知道他们到底要说什么。因为他们用的"仁"这个概念就不清楚，是一团混沌。

（九）未来有赖于广义的教育

李：天生就不一样，所以，有的人偏向善性多一些，有的人偏向恶性多一些，那是有的呀。

刘：对。

李：所以这个"性相近，习相远"，真正成为好和坏主要是"习"所造成的。

刘：主要是后天塑造，当然也有先天根基吧。

李：上面不是已讲了吗。所以现代科学在研究，例如好些凶残的杀人犯强奸犯是否有先天原因。同性恋不也是有先天原因吗，以前认为是不道德甚或犯罪，根本不是。

刘：学习？

李：我这个学习，不是讲简单的……

刘：广义的。

李：广义的学习，不是狭义的嘛。

刘：嗯。

李：包括后来的环境给你的一切影响都是……

刘：都是"习"。

李：所以，我的教育也是广义的。

刘：嗯。

李：远不只是老师、学校或家庭的教育。

刘：那是什么？

李：广泛的环境影响就是教育。

刘：教育一定是后天的。

李：胎教是先天的。

刘：这一段说得可对，孟荀统一于"学"！

李：对。哪一段说得不对，请说。

刘：胎教也是后天的。

李：哦？我上面讲胎教是从胎儿角度来讲的，并非从胎儿的母亲角度来讲呢，你又是概念不清楚。所以尽管你写过分析美学史，但并未学到分析哲学。不吹牛皮，我倒用分析哲学打败过不少论敌，特别在口头辩论中。书面的你可看看《美学三题议》。

刘：我这次去武汉大学讲座，有人就提出这个教育问题，未来一定是"大教育"为主题。

李：对，因为我一直把教育与人性联在一起，杨斌作为资深的中学教师便注意了这点，还出了我论教育的书。

刘：嗯。

李：古今中外讲人性的太多了，但什么是人性，始终没有讲清楚过。

刘：那您呢？

李：一开始我就抓住这个问题……你可以去查我二十世纪七十年代末的主体性论纲。

刘：呵呵。

李：Marx 只讲人。当然在《1844 年经济学哲学手稿》中他也讲过人的五官感觉是人类历史的成果这样深刻的思想。我在《美学四讲》中强调了感性的社会性、非功利性等等。理性的社会性非功利性易理解，重要的是个体感性的非功利性和社会性。

刘：讲自然人化！

李：对。其实我以为，Kant 的知情意倒都是讲人化自然问题，他的认识论、伦理学，都是讲人所特有的心理形式和结构。

刘：嗯。

李：所以我说"从"Marx 到 Kant，就是这个意思，在伦理学，也就是从伦理到道德。

刘：工具本体。

李：对，工具本体，十分重要，中国学人特别是搞儒学的都很鄙视，一讲到"物"，就认为是所谓第二义等等，只有"心"最高，其实没物哪来心。所以我始终坚持它是基础。现在高科技的迅猛发展更证明我正确。手机、互联网、机器人、人工智能不断在改变人们的生活、观念甚至情感，不断在影响、作用甚至塑造人性。工具本体的重要的基础性质不是越来越清楚吗？！

刘：对，当时大家对工具本体问得最多，还有工具本体与心理本体的关系。

李：是呀！这工具本体是基础嘛，你看仅仅一个手机，生活有了多大的改变。

刘：那是，您都在那里刷手机。

李：是呀，逃不出我的手掌心，哈哈……

刘：这也是"异化"。

李：这证明我的工具本体的重要，是最基础性的。异化问题很复杂，我早说过，有些异化是必要和重要的。为科学而科学，为艺术而艺术，为某建设而奉献一生，以及在商言商等等，也就是这种必要的异化。Marx 反对和要纠正的是不自由非自愿的劳动异化。这问题还需要进一步研究。

刘：嗯。

李：回到工具本体吧，没有高铁，你能那么快嘛，对生活改变多大！

刘：对！

李：手机，电器，对生活方式改变多大，对人际关系、对个体心理，观念、思想、情感情绪影响多大，以后工具本体还会有新的发明创造，还会对心理本体有极大的影响和改变。

刘：这是生活美学问题。

李：所以生活美学必须建立在实践美学之上，它才能真正展开和发展。实践美学不就是首先强调工具本体、强调生产—生活方式的演进和改变吗？！生活美学不建立在实践美学基础上，说句好玩的话，它只是当年姚文元美学（他发表了七篇美学文章，本拟出集，因"文革"而停。这里只就其学术观点而言，不涉其政治意图）的细密精致的高级洋装版，因为都是从日常生活现象的描述分析中讲美丑等等，也可归属于 Dewey。

刘：我不接受您讲"生活美学"等同于姚文元，呵呵……

李：当然不能等同。正如我当年开玩笑说，Levinas 的伦理学是雷锋哲学的高级玄奥洋装版一样：为他人活嘛！生活美学如果停留在描述、分析、论说生活现象上，便与姚属于同一类型，只有建立在实践美学上，探究在高科技时代的人类生产—生活方式和过程的节奏、韵律、形式感基础上的审美和美丑,从而有对生命、生存和人生价值、意义、境界产生新的领悟和快乐,生活美学才能有真正的前景和创新。

(十) 越来越不喜欢 Heidegger

刘:您怎么看 Heidegger,您不是声称:以孔子化 Heidegger 嘛。

李:命名 Heidegger 的教席,都被德国人撤消了。

刘:参加《东西哲学年鉴》第三届国际学术研讨会,我发现……

李:什么?

刘:德国主要大学都不做 Heidegger 研究了,还质疑为何中国居然这么多?

李:嗯。

刘:这次见彭富春他跟我解释说,那是因为以前讲得太多了,物极必反而已。

李:哈哈哈……恐不是物极必反这个抽象的一般原则所能解释的吧。

刘:怎么?

李:德国讲得也没那么多,倒是中国讲得多。

刘:的确与中国思想近一些,这也许是怪现象?

李:也不怪。在法国讲得也不少。

刘:法国大都是"后海德格尔"的 popular philosophe。

李:Heidegger 那些东西……我说过我是越来越不喜欢 Heidegger。地M也如此。

刘:呵呵。

李:我越来越看不起 Heidegger。

刘:为什么?

李:因为他的哲学……

刘:什么?

李：Heidegger 的问题，不在于他做过纳粹的校长，那是次要的。

刘：当选弗莱堡大学校长后，马上就加入纳粹党了。《黑色笔记本》披露得更甚。

李：他始终是一个纳粹，那也是次要的。

刘：重要的是……

李：问题是他的哲学本身有问题，有严重缺陷和谬误。

刘：嗯？

李：上个世纪八十年代我就讲过，他的哲学有问题。

刘：什么问题？

李：在纳粹上台之前，他的《存在与时间》是 1923 年的嘛。

刘：嗯，1927 年发表，1923 年开写，1926 年写就。

李：但是，他那个精神，却和纳粹是相通和一致的。

刘：士兵哲学！趋死哲学！

李：对呀，士兵哲学！我说的。

刘：嗯。

李：所以，把老子和 Heidegger 比，那是根本无可比的。

刘：为何？

李：因为他跟老子实质上是两个东西，尽管我说老子来自兵家。

刘：有中西古今之别。

李：不对。什么东西都有古今中外之别，你这句话毫无意义。主要是用老子与之比附，并没有真正懂 Heidegger。

刘：为什么呢？

李：只有孔子才能化 Heidegger。

刘：这是您的观点。

李：好像没有人这么讲过。

刘：孔子尚"有"，可以补 Heidegger 的"空"。

李：孔子的"未知生焉知死"，可以消化 Heidegger 的"未知死焉知生"。

刘：哦，消化他的"向死而生"！孔子是"有的哲学"！

李：我一再强调这一点，大家不愿听嘛，一见洋人就觉得高，讲那么玄就更高，哈哈，挺好笑的。

刘：哈哈，这是个核心！

（十一）动物性的"情绪"与人类性的"情感"之分

刘：关键这个中文的"情"，英文音译为 Qing。

李：在西文当中至少是英文里，Qing 没有对应的词。

刘：那倒是，音译是权宜之计。

李：我曾说 emotion 是由内向外的，feeling 则是由外向内，但后来舍弃不用。因日常语言中不必要也不需要这种区分。

刘：这您早就说过，由内而外是"情—感"，由外而内是"感—情"。

李：日常语言本就是含混多义的，这理所当然，也应然。但现代科学和学术语言却应要求明确和清晰。所以我重视区分出情绪与情感。

刘：哦？

李：情绪为人和动物以及婴儿所共有的。

刘：那情感呢？

李：情感是"人化的"情绪。

刘：那就是说，情绪是动物性的，情感才是人类性的。这个区分……很断然！

李：这在思想上倒继承了儒家的人禽之分。

刘：但是，现代心理学、社会生物学，包括动物行为学，反倒要找到人类情感的动物根源。

李：人的情感当然有动物根源，包括我上面讲的母爱、性爱，这有什么奇怪的。这当然应该承认和好好研究。但在哲学上，我以为更重要和应予研究的是区分。西方自上帝死了之后，就将人归结为动物，我以为这在哲学上是错误的理论方向。

刘：如果，情感与情绪可分，那么在西文当中就起码该有两个对应词吧。

李：你就是因此反对区分，我已一再强调在日常语言和生活中，不需要这种区分，中文也是这样，也并不区分。因为两者本就连在一起的。但在学术研究和论说中则应该作出区分，即使西文没相应区分的词也应如此，可以作些说明吧。好些中文词语在西文中也有没有对应的词，如Roger T. Ames 举出的天、义、诚、仁、礼…等等等等。

刘：确实也有这种现象，如 life 既指生命，又指生活。

李：在日常语言中，情感和情绪也经常通用无碍。

刘：我不赞同您这种进化论式的分法，我从哲学上把情分为"情性""情实"和"情感"，它们分别是本体论、认识论和经验论，从而构成了三角关联。

李：你追随后现代反对进化论，我支持进化论（应为演化论）。所以我说我们基本观点非常不同。我倒很欣赏 Steven Pinker，觉得与我有点不谋而合，都支持演化论，强调历史进步，高度肯定科技，明确反对后现代，反对 Foucault 等名家，赞赏启蒙、理性等等。至于你那三情，我根本不懂，那三个概念是什么意思，我就不明白，把它们套入什么本体论等等，就使我更糊涂了，只觉得如我以前所讲，你到处贴上一个"情"字就以为是"情本体"，我不赞同。希望你理出一个有意义的系统说法，但我估计不大可能。

刘：对您的三情之分，我要质疑。

李：我什么地方说过三分？我根本没作什么三分，而只是提出两个问题：第一，中文的情可作情感与情境（situation）之分而西文没有，这有否深入的意义？第二，更重要的是，情应作情绪（生物性）与情感（人性）之分。这两个问题并不平行也不搭界，怎么可说是"三分"？你总是未把问题看明白就大发议论，当然这不止你，乃当今通病也。

刘：您是根本反对性论吧！哪怕是由情而性的情性论？

李：我不知道你说的"性"是什么，你那"性"到底是指什么？

刘：性在中国乃是一种不断生成的人类本性，human-becoming 而非 human-being。

李：后者就是人，前者是指人在不断形成和变化，与"性"何干？什么是"人类本性"？怎么个"本"法？而且"人性"就等于"性"？

刘：不，中国之性，更宽更深！

李：不懂。中国人与外国人的"性"不同？你大概是说中国这个词含义较广，但 Roger T. Ames 和我都讲过，人性不能译成 Human nature，因 nature 有某种固有从而固定义，所以我翻译为 human psychology。但性并不等于人性。古人未分，今人应分清楚，不然就倒回到严复批评"气"的时代去了：搬来一大堆古典词语却毫无分析，含混模糊又多义，根本没法作学术讨论。

刘：人类心理？也有人问：您原来用欲与情区分动物与人，如今又用情绪与情感，这有何对应关系？

李：动物就只是欲，没情？狗对你大摇尾巴只是欲没情？也有情绪嘛，日常语言中也就是情感嘛。以前的说法没错，后来讲得细一点，我不再三强调过欲也有许多种类吗，有人有而动物无的欲望，如读书的欲望，有人和动物都有的欲望如性欲，等等，等等，情也如此。我不一再交代清楚了吗。

刘：动物当然有欲望也有情绪。但老狗对小狗的呵护，恐怕不是欲望和情绪，而是一种低级情感。

李：什么叫低级什么是高级？你必须先作个界定才能说，所以我说你根本没学好分析哲学。情欲本混在一起，因之在思辨和理论上要加以区别，原来是粗分，如今既专讲情，就要细分一点，如此而已。

刘：是要细化，但情绪与情感之分，似太简单。人类情绪与动物情绪的异同要具体分殊。人类高级情感与动物低级情感也要区分，如以反哺为机制的"孝",动物一般就不可能有。

李：当然还要细分,细分是各种规范伦理学、经验心理学以至神经生理学的事,哲学不能做也不必做。哲学只是指明这种区分的必要,以确立不同于动物性的人性。你们那种种分法既非哲学,也非科学,只是一团混乱概念而已。

刘：焦点在于动物是否有情感？我觉得有！问题是什么样的低级情感为动物所具有？

李：刚才我已说先请你定义什么是高级什么是低级。又有多少层的级别,不会只有两个吧？你先说说。

刘：情欲为情绪和情感所共有。作为情绪的情欲更动物化,作为情感的情欲更人性化。高与低的标准,当然是离动物部分越近的越低,而人文濡化的程度越深就越高！

李：什么叫离动物的远近？性爱、母爱离动物性是远还是近？是高级还是低级？

刘：您说我抠字眼,如您所言哲学是意见,但起码是不普通的意见……

李：我根本没说你抠字眼,你恰恰是没抠,我是说你提到抠字眼这个问题。你这三个概念或范畴本身就没抠,因之便就不清楚。什么叫普通和不普通的意见？划分的界定在哪里？我抠了字眼,你倒真没抠。但我认为必须抠,这就是应用中的分析哲学 ABC。

刘：哲学起码是一种有见识的意见。您的三情论,在一定情境下的从情绪到情感的"自然人化",一看就是有进化论和历史生成的意蕴。知道您是贯彻人类学历史本体论的,但情绪与情感的人兽归属确实更复杂,需要更深入辨析。

李：我赞成更深入探究辨析情绪情感。但什么叫有见识？什么叫无见识？你说有我说无,如何界定？上面已说我没有什么三情论。三情论是你的。

刘：我的划分——情性是本体论,情实是认识论,情感是经验论,从而形成三者相互关联的三角结构，更多出于哲学架构的理由。我说乃是情的三个基本面向，共时的；您说的是从情绪到情感，从兽到人的演化，历史性的！

李：反正我不懂也不接受你那三情说，既然谈到抠字眼，我感兴趣的倒是中文的字眼问题。中国文言中有"之乎也者矣焉哉"，还有那个"而"，都只是一种气的转折或延续，有一种或浓或淡的情感的意味在内，非逻辑，却重要，上个世纪五十年代我就讲欧阳修为在文章里加两个"而"字，不惜派快马追五百里把文稿追回的故事，不知西文如何。这与我讲中国把情感与情况联在一起便有关系。中国古文常以"气"其实也属于"情"来断句，而不是主动宾的逻辑。至于中国文字我以为根本不是语言的 copy，它来自结绳记事，中国素来是文字统治语言，而非相反，这我已讲过多次。从而与 Saussure 的理论大有距离，所以我对自马建忠到王力用西语语言学来整理规范中国语言和文字，一直有点疑问。但我不是语言学家，也不是文字学家，不敢说更不敢多说。我这里只是补充《关于"伦理学总览表"的说明》（2018）一文开头提到的 Sapir-Whorf 关于世界观与语言相关的问题。英文 What is ××? 中文可译成"××是什么？"也可译为"什么是××？"我感觉前者可止于描述而后者可追求定义，如此等等。不知语言文字学家如何看。

刘：您说一大段关于中国语言的意见，您接着讲……

李：我刚才已说我这方面是外行，不能乱说，可能已说得过多，出笑话。这里想再讲几句的仍是哲学问题。我多次讲"历史进入形上"，没人注意，但我以为十分重要。这命题看来荒谬，却与我不喜讲超验，但强调超越密切相关，超越一己的有限：一己的生存、生命、生活、苦乐、悲欢、功业、名利……，面对青山绿水，进入审美代宗教，所以我说过"中国的山水画有如西方的十字架，到处可见"这句很要害的话。正是历史进入形上，才能以丰足富饶、人所独有的情理结构，使"人与宇宙物质性的协同共在"能具有多样而深沉的心灵内容而成为本体。也就是说，历史决不是一堆僵化的文本记录,不只是所谓事迹、人物、数据、账目……,它实际容载着的是无数世代人们生活的悲观离合、偶在实然。中国诗文中那么多的感时咏史,伤春悲秋、吟山叹水……,便都是以历史时间产生的时间性的心灵审美进入超越的天地境界,它不是心体、性体的道德统制,而是并无实体却与宇宙自然节律(春秋代序、山川风貌……)协同共在的超道德的情本体。也许有如Kant的天上星空与心中自律,通由历史感悟,而融成的既敬畏虔诚又珍惜眷恋的自由审美感受。此之谓"美学乃第一哲学"?(!)但这已越出伦理学讨论范围,在这里再提一下,以后再说吧。引两段旧作结尾:

"昨日花开今日残,是在时间中的历史叙述,今日残花昨日开,是时间性的历史感伤,感伤的是对在时间中的历史审视,这就是对有限人生的审美超越……'逝者如斯夫,不舍昼夜',孔老夫子这巨大的感伤就是对有限人生的审美超越,是时间性的巨大情本体,这本体给人以更大的生存力量。"(《美学四讲·实践美学短记之二》)

"佛知空而执空,道知空而戏空,儒知空却执有,一无所靠而奋力自强。深知人生的荒凉、虚幻、谬误却珍惜此生,投入世界,让情感本体使虚无消失,所以虽心空万物却执着顽强,洒脱空灵却进退有度。修身齐家,正心诚意,努力取得超越时间的心灵境界——这是否就是'孔颜乐处'?"(《中国哲学登场》)

(原载《湖南师范大学社会科学学报》2018年第5期)

附录二　历史、伦理与形而上学（2019）

（一）历史有三性

刘悦笛（以下简称刘）：这是从我们近年闲聊中整理出的一个对谈，可以作为上次《伦理学杂谈》的续篇，并以你说的"历史进入形上是中国哲学的精髓"这句话开头，如何？

李泽厚（以下简称李）：可以，人是历史的存在物。

刘："历史入形上"这与"经验变先验"，到底是什么关系？

李：这与没有至上人格神的巫史传统有关。要再说一下，我多次说的"由巫到（入）礼"不是指巫的所有外在形式如仪典、姿态等等，而主要是指巫的几个特质（见《说巫史传统》文）进入或变成了"礼"，成了礼的特质，使人间日常生活具有了准宗教的神圣性，是为"礼教"。不进入礼教的许多巫术仪式成了小传统，汉代在上层仍很活跃，但毕竟衰落下去，直到今天民间少量的巫婆、神汉等。

刘：巫与史有差异："巫"使得天人合一，"史"则让历史传承。

李：史，我也讲了不少，相对于基督教的"太初有言"，我多次强调"太初有为"。这"为"是指人类的"为"，也就是历史。《答高更三问》文也讲了不少。这个巫史传统使历史进入形上。形而上，metaphysics，常常是指超时空、非能感知的某种先验或超验的存在、真理、实体，如Being。说"历史进入形上"就完全冲破了这个先验与经验之区隔。我的存在论（本体论）以"人活着"为第一命题，认识论以"度"为第一范畴，当然正是此"为"此"历史"的呈现。

刘：这是关键所在呀。

李：对。

刘：上次提到，如果我们一起做个书，您说不妨就叫《论命运》。

李：1978年我说哲学研究命运，预卜吉凶。我讲中国的辩证法如老子、周易比Hegel的辩证法更经验更具体，是实用理性（pragmatic reason），也与此相关。命运特点是有偶然性。因为历史具有偶然性。

刘：您如此强调偶然，难道不强调必然？

李：对。

刘：历史难道不具有必然性吗？

李：它已包含在我讲的积累性中。

刘：为何？

李：我谈到过"历史三性"，你清楚吗？

刘：不清楚，历史有三性？我可以猜猜！

李：猜吧。

刘：第一，实践性；第二，发展性；第三，偶然性。

李：我的历史三性是具体性、积累性、偶然性。

刘：哦？没有必然性？

李：第一就是具体性，就是一定的时间、空间和条件。这是Hegel、Marx所特别强调的，也的确极重要，所以应居首位。一切事件、存在、命运都要在具体环境中来探究、讨论。

刘：特定时空，历史总是在特定时空内发生，概莫能外。

李：我讲道德三要素中的观念，作为伦理规范，便是特定时空条件下的历史产物，具有变迁、差异、相对性等，我说吸收了Hegel、Marx就是指此。历史的具体性十分重要。Hegel对Kant的"形式主义"的批判，主要便是指Kant的道德律令缺乏对行为的客观现实规定性或规范性，亦即缺乏历史的具体性。很多学人特别不重视这点，总是抽象的、空泛的大讲仁、孝等。

刘：这就是所谓"巨大的历史感"？

李：第二，则是积累性。人们常把一些伦理观念如仁、义、公正等作为本体、天道，其实它们都是历史的积累，与群体久远的经验积累相关，并非超历史的存在，它们确乎可以超越特定的时空和经验，但不能超越人类总体的时空和经验。

刘：积累与累积很重要，这与您的积淀说有关？

李：上面讲的就是积淀，是历史的内积累，历史还有"外积累"。

刘：积累难道有内外之分，这是何意？

李：所谓"外积累"，就是历史是发展的，这就是所谓必然性。这必然就建立在人活着便要吃饭，即食衣住行性健寿娱的存在和改善。人类以其制造使用工具即科技来维持和发展这个存在，极大地改善了这个存在，如寿命的普遍延长，战争次数的减少，等等。Steven Pinker 讲了不少，我赞成。

刘：嗯，没有不发展的历史，无论进退。

李：我们讨论过最近的世界时日是在倒退。

刘：我认为，从全球到地方，都是一种历史的倒退。

李：现在的倒退时日仍有进步方面。

刘：什么？

李：毕竟科技还在迅猛进步，所以现代的倒退，会比古代好，也估计会短很多。古代可以倒退几百年，但对人类历史来说，仍不过一瞬。只可怜也可惜一个人只能活几十年。

刘：那倒是，可您怎知道我们比原始时代更文明？他们不是异口同声说，现代高科技带来的各种祸害吗？

李：的确有这方面，但主要还是利大于弊，高科技依然是推动历史前行的动力。

刘：您还是没有解开我上面的疑问，您怎知道我们比原始时代更加文明？

李：上面不着重讲了食衣住行等吗，你愿意活在原始社会？你早已死了，活不到这个年岁和我讨论。所以我赞赏 Pinker 反对否定进步、否定启蒙理性的后现代时髦。

刘：他比较注重历史进化，还以各种数据分析为支撑。

李：后现代否定历史，否定进步，强调文化相对主义等，很时髦，现在还有许多人跟着嚷，我二十世纪八十年代就反对。

刘：历史相对主义，的确问题多多，正如绝对主义一样。

李：不能各打五十大板，你最喜欢这样，正是历史区分出了社会的进步与落后。

刘：但这并不是由低向高那种线性历史观。而要持一种多元共生的观念。

李：反线性又是后现代时髦理论，你们总喜欢时髦，难道秦汉时代的五德循环论比今天的线性论还高明吗？我承认倒退便不是什么"线性"。我的伦理学除强调自由意志（这也是历史内积累即积淀的展现），也重视观念（这既有积累性，更有具体性）。所以是 Kant 加 Hegel，Hegel 是历史进步论者，其实 Kant 也是。

（二）历史的天道与人道

刘：还有第三性——偶然性呢？

李：偶然性这次谈不了。我强调过历史与伦理的二律背反即人类命运的悲剧，至今也只能以"度"来尽量调适，这是一个深刻的历史命题。这课题便与偶然性相关。这个二律背反也与历史具体性相关，伦理与历史的粘合则与积累性相关。历史的偶然性使寻求历史进入形上的"天道"十分艰难复杂，特别在今日高科技足以毁灭人类整体的可能性压力之下，从而也更使人类应掌握自己的命运的重要性更为凸显。

刘：如果说，历史具有偶然性，那么人生呢？过去您更多强调人生的偶然性，命运大概就是如此。到底是历史的命运，还是人的具体命运？

李：两者本就联在一起，否则历史就不是人的历史了。历史本就是个体与群体、社会、国家、人类各种不同关系的生存生活和命运。真是"三生有幸"，"三生"是生命、生存、生活，但"三生"都在偶然性中度过。

刘："三生"偶然何意？

李：历史是偶然的，所以，命运掌握在人的手里！

刘：这就是您的"历史本体论"？

李：所以，历史本体论，就是历史进入形上。也就是形上形下不割裂不隔绝，道不离器，理不离气，天道不离人道，先验出自经验，理性建自历史。历史是亿万人众、千百万种悲欢离合的活生生的生命、生存、生活，它不是某种固定僵死的心、性、理（lǐ，在这里，理＝礼）、气、道，所以才说情本体乃无本体，它以活生生而变易、深沉的个体情感为本体实在，所以才眷恋、感伤、了悟、珍惜自己这脆弱渺小的偶然生命，而努力赋予它以重要的命运归宿。历史进入形而上后，仍有道、器之分，历史的"道"是什么，便是一个极深刻而需要深入探索的问题。

刘：好个历史变形上、成形上！

李：因而历史并不只是一个个事件……那都是"器"，历史上的"道"却首先要求历史的真实性、客观性、价值性。这都是难被认同和确定的大问题,有否"真实"的历史？历史有"客观性"否？以及何谓"真实""客观性"？任何历史书籍或记录均有不自觉的价值观念或意识形态的渗入，自觉的即官方的史书、报道，包括中国传统的"隐恶扬善""为尊者讳，为圣者讳"等等道德教言。主张价值中立的现代史学反对这种渗入，却又可以仍然是另种价值观念或意识形态的渗入。这是历史学自身的张力与矛盾，也正是历史哲学亦"从人道找天道"所需探讨的难题。历史与伦理道德的复杂（粘合与背反）的价值关系，都是属于本体论的历史哲学的大课题。

刘：历史形上学与您所倡导的"审美形而上学"是什么关系？

李：历史应包含人活着的喜怒哀乐，这才是具体的历史，这不就是情本体么，最后，不就是以审美情感作为天地境界么。这后面再说。回到历史的具体性，如前所强调，历史是悲欢离合的每个人的具体生活。

刘：每个人的？

李：每个个体既是亿万人，又是无数代。

刘：前者是空间，后者是时间的，时空结合。

李：这是中国人的哲学。西方的形上学追寻那超时空不可感知的 Being，中国的形上探求历史的人的 Becoming，历史也永远在 Becoming 中，周易有三义，它的"简易"就是指它不是玄奥难通的形上，而是人类生存中那活生生"不易"的"变易"，即历史和命运也。

刘：嗯嗯，历史成为本体，而且是生成的本体，这个本体并不是西方的 ontology，而是中国的"本"之"体"。

李：中国讲，人道就是天道，人道就是历史嘛。所以说是"历史本体论"。

刘：但依"新历史主义"，历史也是虚构之一种，尤其《史记》里的历史叙事也有一定虚构性。

李：在世纪初的《历史本体论》一书我已讲，有虚构的一面，但考古证明并非完全虚构，并非都是文学作品，如果那样，那就没有什么"道"可求了。所以我反对历史均虚构。我认为这种所谓"新历史主义"也是后现代的时髦。

刘：所以，恰恰就是要在历史中求道，寻形而上学，而不是脱离历史空谈。

李：既然说是天道，就不是人的主观想象出来的。但这个天道，又恰恰是人自己奋斗出来的。

刘：所以，您才如此关注命运？

李：命运是人类自己掌握的，这就把"立命"的高度树立起来了。

刘：对，这才是从历史中寻人道，对不对？

李：在历史中寻找天道，但非常难找。儒家追求的"复三代之盛"，农民起义提出"苍天已死，黄天当立"，自由主义要求的普世价值，共产主义讲的历史必然性，便都可说是在寻找历史中的"天道"。特别是其中的激进派别发展为追求"天道"的政治宗教。

刘：道器最终合一的。很多人觉得二者混糅未分嘛，形而上与形而下的区分就是错误的，这就是二分法。

李：西方后现代流行"反二分法"，时髦呀。

刘：您是反"反二分法"。

李：我是说，有些事物客观上可二分，但很多却的确很难二分，你能说几点几分是白天，是黑夜？如长幼、生死等，均如此。所以许多二分是人为自己行动、生活上的方便而必须设立的。我一直讲红绿灯问题，没有红绿灯那不撞车了嘛。这二分就是"为"、人的行为活动中的要求和规范，不只是静态地理解和认识，并且也都是历史产物，不能否定和取消。

刘：现实的人为二分还是必须的。

李："人为"首先是为了规范行为，整个伦理学不就是为此吗？规定什么是对什么是错，什么应做什么不应做，等等。

刘：哈哈哈，好个"反反二元"！后现代，不仅在后发的中国，在全球都已经出现了颓势。

李：后现代从 Nietzsche "重估一切价值"实即怀疑和否定一切由历史所造成的现实开始，到 Foucault、Derrida 等人反理性的解构，已走到了极端了。

刘：后现代思想的终结。

李：后现代主义的特点便是否定、破坏、怀疑历史和现实。当然后现代主义也有一些好东西，例如后现代建筑就很好。

刘：您还是现代主义者。

李：前面涉及的 S.Pinker 以及 John Searle（且不论其个人品德，

如最近因性骚扰遭严惩）等人的倾向比较健康、积极。

刘：Searle 要抛弃怀疑论。

李：所谓怀疑论也就是后现代的解构一切嘛。Pinker 等人有两个"健康"的态度，一是明确反对后现代的各种时髦主流，如 Pinker 严厉斥责 Nietzsche，指名道姓地批评好些名家；二是注意纠正启蒙理性的个体本位。Pinker 以大量统计材料作论证，Searle 注意到"我们"与"我"之不同，如此等等。从启蒙理性至今，在原子个人理论导向下，一些年轻人追求完全脱离社会的"寻求自我""实现自我"，而不知这种种观念又恰恰是某种时代社会的产物，从来就没有完全脱离社会的自我，包括"自我"这一观念本身便属于一定时代的社会意识。我在《历史本体论》等文中已多次讲过了。社群主义是在纠正这一点，但又走向另一种泯灭自我的危险倾向，特别是在中国。

刘：后现代主义是当代怀疑论。这倒是后现代的原则——Everything goes！

李：一直到 Paul Feyerabend 的《告别理性》"什么都行"。后现代的文风"弯弯曲曲"，一个简单道理被说得异常烦琐。

刘：今天所讲非常重要：人类要掌握自己的命运！

（三）从前习俗、习俗到后习俗

刘：你已写了不少伦理学的文章，但与当前各种伦理学学说、学派似毫无干系，何故？

李：我主要是讲整个伦理学的哲学构架的形式，并未落实到伦理学所讲的内容中去，并没讲多少具体的伦理、道德的规范等。

刘：那为什么呢？

李：我以为先确定整个形式结构是重要的，它涉及方法论问题，是研讨伦理学各种具体事项、问题和理论学说，亦即各种规范伦理学、政治哲学和道德心理学的前提。

刘：但你的两德论已开始涉及伦理学的具体规范内容，涉及宗教与道德的关系等问题了。你的道德三要素说和伦理道德二分及由外而内说当然也就涉及道德是习得还是天赐（自然的天即进化或基因而来。先验的天即上帝的神谕或先验的人性而来）诸问题，其实可以与当今颇流行的科尔伯格（Lawrence Kolhberg）的三水平六阶段的习俗说相关联。

李：对。我主要是针对和拒绝一直占据统治地位的先验人性论和自然生成说（即动物有道德）。我觉得 Kolhberg 倒可以证明我讲的由外而内说。

刘：你着重道德律令的来源，其实似乎应从道德与宗教的关系说起。其中《圣经》亚伯拉罕杀子在 Kiekegaard 解说下突出了这个问题。因为相信上帝是全知全能，是善本身，对上帝的旨意命令的绝对服从便是道德律令绝对性的来由和人性归宿之所在，这种神谕论，亦即各种宗教性道德的神圣性和归依感，被启蒙主义冲击后，一方面以各种新装面目出现，如上提及服从于领袖人格神的政治宗教，另一方面则出现了大量的反对这种神圣性绝对性的文化相对主义的伦理学学说。你如何看？

李：我同意你的这个简洁描述。但我也已经回答过了，它们都属于道德三要素中的"观念"范畴，即都是人们观念变易而形成的，如不再相信全知全能全善的上帝，不相信旧有律令的绝对和神圣，不相信习俗的权威和力量，或者，信仰仍在，但对象变迁，二十世纪五十年代我曾目睹一些虔诚的基督徒转而变为虔诚的马列主义者，愿为共产主义奋斗终生，八十年代我又看到一些马列主义者转而信仰基督，都十分真实、真诚，"信"的对象、内容、观念可以变，但"信"这个心理定势没变，前者相对，后者绝对。但是，也有大批什么都不"信"依然心地善良行为端正的好公民。这使道德是否必须归依宗教或以某种宗教、某种信仰为基础，两者的关系究竟如何，值得深究。

我以前多次讲传统宗教性道德对现代社会性道德的"范导和适当建

构",这主要指传统宗教性道德至今所具有的积极因素,如中国一个世界的情本体(它来源于新石器时代开始的以血缘关系为基础的悠久长远的氏族制度的原始民主和仁爱原则。氏族、部落之间则常以"非我族类,其心必异"而有残酷的战争、杀戮)。但我同时便指出了现代社会性道德对传统宗教性道德的禁欲、顺从等负面因素的冲破和新的积淀的必要,也一直认为这一方面对当今中国更为迫切和重要,只有这个文化心理结构的更新和改变,才是实现中国现代性的充分条件,只有踢开为传统宗教性道德所支撑的现代政治宗教,才可能使物质生活的现代化的必要条件充分实现,这也就是我多年讲的"西体中用"和新的"内圣外王之道"。这几十年的努力使必要条件(无之必不然)相当具备,而充分条件(有之必然)却严重不足甚至倒退,便是当前关键所在。所以,不能附和西方的后现代思潮,八十年代启蒙呐喊并不落后。人作为历史存在物在传统中国被规范为关系的定在,构成上下关系长幼有序的礼教秩序,如何扬弃即情感保留、观念突破这个历史中所寻觅得的"天道",例如,"兄弟亦朋友"(独立、自由的个体,Aristotle 伦理学)与"兄弟高于朋友"(长幼有序,兄友弟恭,中国传统伦理学)的冲突和互补,等等,便成为"两德论"提出情理结构等概念的原由。这当然主要仍然是观念问题。

刘:这里当然有观念变易的问题,但观念属于理性概念,宗教都是情感的信仰。

李:这正是复杂性所在。政治宗教从历史中所认为的"天道",似乎是政治观念支配了情感信仰,实际却是有行动力量的强韧顽固的"宗教性"的情感信仰和对宗教教主如上帝般的绝对服从,来支撑着观念而造成灾难。如纳粹、伊斯兰国等等。当然这种狂热的情感信仰仍然以一定的观念为指向为归依。其实一般的情感信仰也需要以认知即理性概念亦即以观念为基础。动物和幼儿都有情感,但能有宗教信仰和宗教情感吗?

刘:你仍然是在论证道德不是自然本能,也不是天(神)赐的"良知良能"。

李：对。我的"伦理学总览表"三要素中的"观念"便注明了乃"伦理规范",包括任何社会性道德和宗教性道德都如此。所以,各种规范伦理学和政治哲学实际上都是讨论各种道德心理(从而行为)中的"观念"要素这个大问题。从而,研讨道德观念的来龙去脉,某种道德观念如何产生、持续、演变或被推倒、颠覆、衰亡等的历史过程,我以为便十分重要。人类文化学和最近兴起的历史人类学可以提供不少材料。

刘：因为它们都是人类在一定时空环境条件下自觉或不自觉的历史产物?

李：对。这就是我宣讲的历史主义,即历史的具体性和积累性。

刘：你既讲观念的相对性、变易性,又讲心理的意志和某些观念的绝对性、不变性,总之是心理形式的绝对性和观念内容的相对性。但粘附在绝对意志形式中的观念也在积累,如你举过"忠于"、诚信、不说谎等,其中一些便积累成了神谕、天理的"先验""超验"。

李："忠于"谁的具体观念内容变了,但"忠于"这个心理定势未变。Kant 之所以说,道德最终总要走向宗教,大概也因此故。因为道德作为规范个人行为的绝对律令,似乎总要求一个绝对可靠的基础,才能使自己去履行道德义务责任时心安理得,有情感上的稳妥感,在此感中获得心灵慰藉和归宿。

刘：这个"心安理得",似乎也有儒家道德心理学根基。

李：道德与宗教成了一个难以完全分割的问题,甚至以之安身立命,取得"终极关怀"。但是,又非所有道德行为及心理都一定非要有这种宗教信仰作归依情感不可,如我上面说的"好公民"便不一定要问其信仰什么,这也就是我所提出的两德论。大体说来,Kolhberg 的第二水平也就可以了,无须要求每一个人都必须在心理上达到第三水平,特别是第六阶段。公德可止步于第二水平或第五阶段,私德却常要求第三水平与第六阶段。宗教便追求第七阶段。当然还有一些不同的解说。我说过我同意三水平,怀疑六阶段。Kolhberg 也没谈直觉、知行合一等问题,他那三水平只是从教育心理学证明了我说的由外而内、由伦理而道德这一重要命题。

刘： 你说过，所谓宗教性道德实际是社会性道德的外壳，而社会性道德是受制于一时一地的社会经济、政治、文化诸多条件下的产物，这产物可以是自觉的"礼"，也可以是非自觉的"俗"即习惯。

李： 神圣性在历史中也常褪去其光环而变为伦常日用的"俗"了。而且，宗教性道德的具体内容也在变迁改易，如今西方神父也可以娶妻成家，这便大大改变了天主教千百年的成规旧习。历史的积累性和具体性在个体心理层面有一定的复杂性。例如，离开五伦（君臣、父子、夫妇、兄弟、朋友）来大讲五常（仁、义、礼、智、信）便只能是我说的附着在意志中所历史积累的观念定势或构架，五常本形成在中国古代五伦角色伦理的社会规范和人际关系上。久习以为常的观念便成了似乎是来自上天或"本性"的独立的先验的天理、良知。这就是伦理与历史的粘附性。我认为冯友兰在哲学上有两个贡献，一是提出人生四境界说，一是抽象继承法。但他从新实在论的"理世界"来讲，我则从心理形式即积淀（定势）来讲，所以便不"抽象"了，我给这个"抽象"放下了一个物质性（心理与脑神经活动直接相关）的基石，展示出伦理与历史的粘附性即内积累性。

刘： 近现代以来，五伦实际的确定的道德规范或具体律令已逐渐崩裂甚至消失，如三年之丧的"礼"，为夫殉葬的"义"以及"不孝有三，无后为大""烈女不事二夫"等。其他"常"的具体社会内容也有变易。但另一方面，"礼""义"等心理定式又有其历史的积累性。这二者的矛盾背反构成了一幅非常复杂的图像，酝酿出各种伦理道德学说。

李： 正是如此。前面提到的离动物性本能较远的"忠""信"观念，既有其内容的变易性，又有其形式（心理定式）的积累性。强调前者走向各种伦理相对主义，后者追求在伦理道德中安身立命的"终极关怀"，走向宗教和伦理绝对主义。

刘： Kant 反对神学道德论，却有道德的神学，Kiekegaard 在道德之上有宗教，Levinas将伦理学定为第一哲学，Kohlberg有第七阶段，牟宗三指出道德的规则便是宇宙的规律。

李：宗教在这里便成了道德的归宿，也是基础，都被说成是超验或先验的，把心、性抬入神圣的天命、天意，认为"仁"是孝悌之本，把孟子讲的心理结构的"四端"（恻隐、羞恶、辞让、是非），归结为仁义礼智的先验性。

刘：您是反对这些理论的，反对这种中国式的先验论。

李：不仅"中国式"，外国式（如Kant）也同样反对。我愿意将孟子的"四端"作为人与动物其实共有的"善性"提升为儒家"有情宇宙观"的"天道"设定中，但仍然强调"学"——孔子的"下学而上达"、荀子的"劝学"、孟子的"求放心"，强调仍然是后天学习的成果，仁义礼智及"四端"并非生来就有。你说婴儿和小孩就"不虑而知""不学而能"，便有辞让、恭敬、是非吗？

刘：这就又回到刚才讲的Kohlberg的前习俗、习俗、后习俗三水平六阶段的伦理学了，你如何看？

李：我已说过，我同意Kohlberg的三水平说（六阶段则暂存疑），认为正符合我说的由社会外在伦理转化的个体内在道德。

刘：具体讲讲？

李：第一水平的前习俗开始是具有惩罚性、强制性的要求和规范，以特定的观念和情感来整顿和规约人的动物性的心灵，个体心理水平的由低向高的进展恰好是与这种观念和情感的变异相关，由个体存在的利害观念（前习俗）到个体和群体生存习惯的行为规范的观念（习俗）到超一己甚或超群体生存的信仰观念（后习俗），这也正是由道德进入宗教之路。

刘：中国儒学传统并无人格神宗教形上哲学。

李：人不是神，也不能成为神，从二十世纪七十年代开始，我提出人性问题时，就着重讲了人的动物性，我的伦理学仍然重视这个方面，例如两德论中，我也指出现代社会性道德的启蒙主义实际已突出"欲"的问题，但由于是在理性原则上建立，尽管其中也有情感因素，但其观念内容绝大部分是理性占领，所以也才有今日反男性个体主义的女性情感主义伦理学的崛起，这便是后现代的好东西，虽然尚未占优势。后现代也是个复杂的问题，包括其中的破坏、否定，也有其积极的合理重要方面，这属于历史具体性的问题，但其主要特征之一是反历史积累性，我认为这是错误的方向。

刘：我觉得您的两德论引入 Kant 的"范导"观念非常重要。

李：我之所以重视中国传统儒学宗教性道德对现代社会性道德的范导和适当建构，其中恰恰包含了中国阴阳渗透互补的重要观念，其中当然包含了女性伦理学重情感的特色，包括对"鳏寡孤独"的弱者的同情、爱抚、一视同仁等观念，所以强调最终将是"和谐高于公正"。"公正"是理性的判断，和谐中当然也有理性，但远不止于理性。

刘：中国伦理学对于世界的贡献也大抵在此。

李：这才是中国的美德，不同于希腊四德中缺仁爱。当然，也仍然要剔除中国阴阳互补传统中的"夫为妻纲"男尊女卑的观念。

刘：两德论是你二十世纪九十年代提出的，有你对中国传统的阐发因素，那么，西方呢？

李：在欧美，无论是功利主义、自由主义和也属后现代思潮的社群主义所倡导的 Aristotle 的以"平等朋友"为基础的美德伦理，都是男性中心的个体主义和理性主义，有如 MacIntyre 所说，缺少对人作为动物一环的依赖性、脆弱性方面的关注，从而才需要传统宗教性道德即讲圣爱的基督教道德，两德论虽产生于中国现代，却对世界有普适性格。

刘：我也特别赞同 MacIntyre《依赖性的理性动物》当中的观点，但是却没想清楚中国思想由此能做出什么贡献，既然中国伦理按照 Michael Slote 的 Moral Sentimentalism 的观点来看，乃是一种与西方"阳性"伦理不同的"阴性"伦理。

李：我根本不赞同这说法，也不同意 M. Slote "共情"理论，这已在别处再三说过了。但也要注意到，中国以血缘远近为轴心的上下尊卑的伦理道德确实不同于以神人关系为轴心的人皆"平等"（但妇女却没有灵魂）的基督教伦理道德。

（四）良知不只是知

李：你讲"良知非知"，遭到围攻没有？

刘：有批评，在中国人民大学"良知与认知"的会上。

李："良知非知"，是不是你的题目？

刘：对。

李：良知不只是知，加个字就不受围攻了。

刘：为何？

李：你看，我讲的道德有三要素，不只是知嘛……

刘：什么意思？

李：三要素中只有观念是知。

刘：什么意义上的知？

李：你对父亲要孝敬，首先要认识谁是你的父亲，母亲教小孩要爱爸爸，要听爸爸的话等等，这不就是知嘛？！起码的知。

刘：那是，但要孝敬与认识谁，不是一个知。

李：你对人的态度、要求、作为，首先总要认识这个人是什么人吗，你的作为也是因人而异，对父母亲对兄弟和朋友便有不同，不同的朋友也有不同，任何伦理规范和道德行为都要一定的规定、要求，就是知嘛。任何道德观念，总有认识因素在内。

刘：那良知就是知啦？记得您否定过！

李：正是如此，良知是以"直觉形式"表现出来的"知"，它不只是知嘛。良知还需要意念和情感的帮忙嘛。

刘：就是潜在的了吧？

李：有潜在也有并不潜在，有自己明确意识到，也有未意识到的。看上去是不经过思考，实际是因为长期在某种环境中长大，变为了习惯意识，其中包括意念锻炼（如克己）和情感，它就是广义的"教育"，教育当然离不开"知"。

刘：的确是养成的，更多是后天的。

李：这是常识。前面已说，例如"孝"不是什么抽象玄奥的空洞观念，孝的行为都有其具体内容，其中既包含大量认识（即观念），也包含意念和情感。

刘：但这是要点。

李：要点往往很简单，我讲的三个要素很简单但很重要。

刘：都很重要？哪个更重要？

李：以前不是说过多次，最重要的是意志。

刘：想（善良）还是做（善行）？

李：想做就做了，我强调道德是做的问题，不是什么知和想和如何知、想的问题。

刘：哦，知行合一，最终要化作行。

李：总之，你不做，只想做，那不算道德。想了便能做，就靠决心、意志。Kant以为知道该做就能做，其实不然，他那理性实在是太纯粹（pure）了。

刘：要点就在这里，一方面表现为直觉，另一方面意志驱动嘛。

李：观念、情感，经过意志决定表现为直觉，就是良知。你们大讲孟子，都主要讲四心、恻隐、爱等，我则强调孟子讲"苦其心志，劳其筋骨，饿其体肤，空乏其身"，即长期培养锻炼出来的自由意志，才有"虽千万人吾往矣"，我强调孟子的"三不"精神（富贵不能淫，贫贱不能移，威武不能屈），正是它培育出了中国士大夫知识人中不少的圣贤豪杰，是鲁迅所说的中国的脊梁，两千多年传承不断，如此悠久强劲，其他文化似不多见。

刘：清人凌廷堪说："当其将盛也，一二豪杰振而兴之，千百庸众忿而争之；及其既衰也，千百庸众坐而废之，一二豪杰守而待之。"（《校礼堂文集》卷四《辨学》）这才是走自己的路，"虽千万人吾往矣"。

李：精当准确。我强调锻炼意志，我以为王阳明知行合一，正是如此。良知良能均是积淀的产物。长期的努力结果就变成好像是天生或天赐的。

刘：没错，这是历史积淀论。良知乃是积淀而成。

李：我说"积淀"已几十年，人们总常批评说，这是强加理性于感性，抑制了个性。我多次指明，恰好相反，因为每个人的先天后天均不相同，因之积淀也人各不同，恰恰是极大的张扬了、展开了、发展了个性的独特性，这在道德上也表现得很明显，例如懦夫与勇士、君子与小人等等。"知耻近乎勇"，"勇"远不只是物质力量，而更是情理结构的意志。

（五）"自由意志"问题

刘：这涉及近来热闹讨论的人工智能有否自由意志的问题。

李：上两篇我们的杂谈里，我便说过，我的意见是，自由意志不是自然科学或脑科学的问题。

刘：难道仅是个伦理问题？

李：任何科技里都讲因果性，从来没有什么离开因果的"自由"。自由在 Kant 那里是与灵魂、上帝相提并论的积极的"先验幻相"。

刘：对。

李：但是，人在伦理学上有自由意志，什么意思呢？因为即使你是自由意志，也还是有因果性的，但由于牵涉到个体与个体、与群体的关系，就不同了，就有这个"自由"即自由选择的问题了。

刘：自由为何？

李：因为它不是个体或个体脑子中的事情，它涉及个体与个体、个体与群体的关系。它不是一个科学问题，它是一个社会问题。

刘：自由意志当然是在社会选择中完成的，但是当今西方心理科学和心灵哲学的主流之一，却是试图用科学原则去解读人类自由意志的本质。

李：关系到个体与社会的关系，你选择干这件事情，还是不干这件事情——干还是不干，都有因果。所以在诉讼中，律师们总要找出犯人所作所为并非犯人自己所能控制、选择的各种原因，如精神失常、环境所逼、一时冲动等，这其实就说明任何行为包括所谓自由意志下的行为，也仍然受因果律的支配，是有原因的，因此我们说"自由"摆脱了因果，是说摆脱了即不着意不顾及对自己不利的因果，明知山有虎，偏向虎山行。不顾时空、因果、关系等现象界即现实的认识的范畴限制和决定。

刘：这是社会性因果，自然有无因果性？

李：很多人对这个就是搞不清楚，因此，它就不是一个个体神经的问题。不管有什么你不能控制或未曾意识的原因就这样而不是那样做了，这个"做"便是由你的道德三要素所驱使你的"自由"，即所谓"自由选择"，你就得对这个"自由"负责。这就是"自由意志"。这个选择对社会有利还是有害？伦理学便规范这个！所以它不是一个脑子决定或者不决定的问题，都是脑子决定的，脑子决定是有原因的，但不管是什么原因，你选择了这个行为，你对社会群体就有责任，所以是伦理学问题。

刘：责任当然是伦理问题，"责任伦理"如今也很盛。

李：就社会说，是责任伦理；就个体说，便是道德义务。责任和义务又都由观念所决定，观念因时空、历史而有变异和不同，所以它是个伦理学问题，不是认识论问题，也不是神经与意识等认识因果问题。人工智能的所谓"自由意志"实际是被包含在人为软件设计的复杂因果链中的，所以与自由意志无关。

刘：所以您反对当今用科学方法，如脑科学，来证明自由意志的做法，也反对心灵哲学，给自由意志提供一个理论基础。

李：恰恰脑科学是对的，它证明没有自由意志！

刘：嗯，另一种科学论证。

李：我记得我们在哲学对谈中不是讲过嘛，自然科学家不承认有什么自由意志。

刘：这是个大问题，自由是否遵循因果律？

李：你把两者放在一起就不对，你可以翻翻我那本讲 Kant 的书，自由是相对因果来说的嘛，所以自由是一种先验幻相，但是这个幻相有很重要的积极作用嘛。

刘：到底何为因果？

李：我引一段我在《批判哲学的批判》里面的话："在这里，因果不是线性的机械决定论，系统的复杂结构形成了多元和网状的因果，可能性的选择数字极大。而任一选择对整体系统和结构均将产生影响。所以不能把总体过程当成是机械决定论的必然，必须极大地注意偶然性、多样的可能性和选择性。"

刘：这个论述具体。

李：所以我说自由意志，只有在伦理上有意义，在科学上没有意义。

刘：这是你的理解，但与我近期仔细阅读的思辨实在论，英文就是 Speculative Realism，应该说是大相径庭。

李：我素来不管别人如何说，即使是当代名人、权威。

刘：但你也说"美是自由的形式"等等吗？

李：我这里只讲"自由意志"问题，不涉及"自由"这个词汇的其他含义及其使用。"自由"据说有 200 多种含义。

刘：2011 年出版了 Searle《新世纪中的哲学》。

李：我前面已讲了 Searle，不论他的品行，但我同意他的一些观点，例如他是主张身心一元论而不是心灵哲学的身心二元论等学派。这本宏观论的书，倒是相当明确干脆的。现在哲学都在走向专业化、碎片化，细致钻研探讨哲学特别是哲学史上的专题和细目，总之是向科学看齐吧，这很好，但已很不容易看懂，如分析哲学走向心灵哲学，我认为很好，与我设想和多年提出的"走出语言，走向心理"的总路线完全符合，但是这些心灵哲学的文章，我已看不懂了，缺少专业知识，与我讲的"大众哲学"大不相同。大众哲学早被后现代批判为"假大空"的废话了。在中国，也是日渐专业化、碎片化了，这也很好。但在思想层面，其主要特征却是前现代与后现代合流反现代。1995年我在中山大学讲过，不幸而言中，不必多说了。

刘：Searle 要抛弃怀疑论。

李：所谓怀疑论就是后现代嘛。

刘：后现代主义是当代怀疑论。

李：怀疑一切存在吗？怀疑有什么客观规律？没有嘛，不只是上帝死了，人也死了嘛，自我也没有了嘛。最终就走到前面提到的"什么都行"。

（六）伦理道德的三条基本来路

李：再回到伦理学，你说伦理道德到底是哪儿来的？

刘：追问历史根源？这是您的思维特色。

李：我认为，都从历史而来，伦理是历史的外积累，道德是心理的内积累，亦即积淀，即文化心理结构或个体的情理结构。社会伦理必须体现在个体道德行为上，特别是当今盛倡的美德伦理，讲究的不是"应该"做什么样的事，而是"应该"做什么样的"人"，于是便从个体内在的修养、功夫出发。为何能有道德，能成圣成贤，可能这就是所谓"心学"吧，但我认为从头说来，仍然只有三个来路。

刘：哪三个？

李：其实又是重复上面讲过的良知和直觉问题。第一个是动物性。

刘：本能！

李：动物本能。

刘：这是基础性追问。

李：中国学者一般都不大接受动物本能说。多次讲过，外国好些学者接受，认为动物有道德。人的道德只是它的发展而已。

刘：中国早有人禽之辩。第二个呢？

李：第二个是天赐的了。所以大讲先验、超验，这一直是学界主流，但这"先验"又从哪里来或如何可得来，谁也没有讲清楚。天赐？何时所赐？一生下来"天"就"赐"了？那与动物本能又有何不同？

刘：也形成了一种先验幻相，无论中外。

李：先验幻象是另一个问题，不要混在一起。两个会（指中国人民大学"良知与认知：从孟荀到朱子、阳明学术研讨会"和北京大学"第二届精神人文主义研讨会"），主要也是以这派为主吧。

刘：还有一个困惑我很久的问题：宋儒究竟是一个世界还是两个世界？这个题目都属于您所论中国智慧或文化心理结构的一个世界观。曾与清华的某位朋友争起来，他说宋儒天道终归于人间，也是一个世界，内在超越就是一个世界。当时我回应说，基督教两个世界无疑，内在超越则是另一种两个世界观，否则超越到哪里？

李：我不早问过超越到哪里去，还说过宋儒追求超验即两个世界的失败。你对我的基本观点并不甚了解，或者仍是动摇调和那一套。还有，最近公布的《清华简》甚好，可见强调只有心性论是儒学精髓，那著名的四人宣言和港台新儒家之误明矣！我在美国讲课便直接从"文化心理结构"讲中国思想史，说这是一个 living tradition（活着的传统），有长处也有弱点，我不只是讲古人、死人的学说而已。我还讲西方犯人临刑前由神父主持忏悔以便灵魂超升，中国则是必须饱餐一顿酒饭好上路。学生听了便笑着领会了一个世界和两个世界的不同。

刘：与朋友争论一个世界与两个世界，居然有些愠怒。朋友指责我根本不了解您的思想，说宋儒就是一个世界，牟宗三也是，中国思想都是如此。整体来说都是一个世界，但是宋儒乃是歧出，中国智慧主脉并非如此，这是佛教东渐后的变异结果。中国思想界和哲学界很多人，对超验的天道流行深信不疑。当这个信仰被质疑时，他们往往激进反驳。当论争到此"信仰"之处，很多问题会变得不可争了，独断论就出场了。

李：你确实不大了解我，但他们更了解我？不可能嘛。他们对我的书都不屑一顾嘛。所以不必动怒，和他们继续争辩嘛。天道只是一种情感信仰，但天道的内容是什么？可请他们讲讲！宋儒不是说过天道即人道吗，但那"天道"是三纲五常的等级伦常规范，即非常具体的封建的各种伦理规范。我也相信天道，更赞同天道乃人道，但此"天道"却不是宋儒的纲常规范，所以即使说是一个世界，仍大不相同。我的物自体就是物质性的宇宙，不是脱离物质、身体的灵魂、天国、上帝。宋儒追求"先于"气的理世界，亦即"天理"。朱熹讲"理是本"，"未有天地之先，毕竟是先有理"，即有个先验的"理世界"，但朱熹又一直强调理不离气。Kant 的超人类的"理性"本体世界，是可以与"气"、与因果的现象界完全分离的。宋儒总想把现实的伦常纲纪（即君君臣臣父父子子）提升为"理"的"净洁空阔的世界"（朱子语类），永恒不变，无往不适，其实也可说是想历史进入天道，只是这"天道"是他们认为不可变易的封建现实伦常，从而也就不是变易的"历史"了，与我讲的便根本不同，而且也未能"超越"到那个超经验、超"气""器"的理世界去了。这正是由于有悠久强劲的巫史传统在人心（包括宋儒们本人）中拒绝和抑制的缘故。朱熹等人在理论上的艰难困惑，非常明显，今人只好解释说，只能在"逻辑上说""理在先"，那就没有实在的意义了，所以我说是"失败了"。

刘：对呀，这就是根本差异所在。芸芸众生皆"信"超在的天道，但天地本是自然天地，怎是道德的呢？把头上的"灿烂星空"与内心的"道德律令"合一，何以可能？！将内心的道德投射到自然当中后又让天道流回人间，如何可能？！

李：在 Kant 是对超人类的理性的信、仰，在我是对超人类的不可知的物质物自体的信、仰。

刘：这是您与Kant之别！Einstein的宇宙神（明）！

李：所以不同于Hawking认为宇宙依存于人的图式，我在批判书中说Einstein相信这个神，中国传统相信这个神，我也相信！

刘：当然，这也是一种相"信"，哈哈。Hawking竟有此观点。岂不与Kant为自然立法一脉相通？

李：不对。

刘：为何？

李：宇宙的存在靠人吗？它如何存在不等于为何存在，前者有人立法，但有些法是立错了的，日心说便替代了地心说，等等。所以Heidegger和Wittgenstein都惊叹为何有有而无无，不是"如何"而是"为何"的问题，这是不可能解决的。

刘：这种"有有而无无"之追问，才是本根的形而上学，您由此走向了一种"理性的神秘"。上面讲伦理道德的三条来路，您说说第三条？

李：那就是我所讲的：积淀才成直觉。因之，是先伦理后道德而非相反。

刘：赞同，就是要从这条路走下去。这次说得太清楚了。

李：所以你尽可追问他们讲的天道、天意、天命等等到底是些什么，是什么东西？哪些是先验的，哪些不是先验的？

刘：对呀，要追问。

李：例如孝，前面已讲有很多具体规范，如"三从四德"、"天下无不是的父母"、"父母在不远游"等等，哪些是先验的？哪些不是先验的？区分的标准在哪里？好些"孝"的古代规范，现在已经变了，还先验吗？具体的观念，你可以列举嘛，这一百多年来，观念变化很大嘛。其实应该写本伦理观念或规范的变迁史来谈先验、后验问题。

刘：确要历史地看。

李：到底哪个是？以前自由恋爱，那是不道德的，是恶。

刘：西式爱情观念，也是舶来的。

李：哪个是先验的？哪个是先验的"善"？

刘：良知不是固定不变的。历史唯物论？

李：人类生存各种族各文化在食衣住行上有些共同目的，从而人际关系、社会约束、伦理规范也有相似和相同的规则，其中有些观念，随着历史就慢慢地不大变了。我前面不多次讲过这种粘附性吗。这种"粘附性"正是历史向伦理的提升。所以在历史与伦理的二律背反行程中，吊诡式地在历史的具体性、相对性、偶然性中构建出伦理道德的绝对性、优越性和普遍性。这也就是由"人道"提升为"天道"的历史建构形上之路，非常深刻和复杂。之所以说"太上立德"和"歌其功而不颂其德"（见拙作《存在论纲要》）便正是使历史与伦理的二律背反逐渐缩小，也就是由人道而天道，去恶求善，从而历史进入形上。当然，对群体社会来说，这是一个漫长的时间行程，从而个体对时间性的情感把握，对"情理结构"的探求却愈来愈重要。这远远不是什么"语言问题"，是由语言走向历史积淀入心理的问题。

刘：在绝对与相对之间，也许没有绝对，但道德相对主义也有问题。

李：这前面好像已经讲过了。这就是"文化心理结构"问题。

刘：你老说走出语言，走向心理，语言是个圈套。

李：Heidegger 哲学语言的确魅力极大，他自己当然更包括他的追随者们后来便陶醉和迷失在他那语言大迷宫中，不出来了。这是我的看法。

刘：如果讲心理，孟子则更重恻隐之心，"四端之端"，王阳明讲良知，是从是非之心发出，这是孟王之别。

李：这些细节我现在不想深究。孟子的恻隐之心，解释也非常之多。韩国在这方面，所谓四端七情，研究也非常多。

刘：形成所谓"四七之辩"。

李：但更重要的是抓住几个关键问题。如到底是否先验，伦理道德与历史的关系，等等。你们总喜欢讲恻隐之心便是仁，朱熹的确讲过"仁"是"爱之理"，但朱更强调的"仁"乃"全德"，即"仁"是一个各方面的总和，这倒与我讲仁的"结构"近似，"仁"到底是"爱之理"还是"全德"，朱熹讲两者都是，关系如何？何者为重呢？这便是些关键点。

我所强调的由伦理而道德，由外而内，不只"释礼归仁"。与"仁"并称的"义"也如此，"义"由外在习俗、规范、伦理的适度，即"宜"，逐渐成为个体内心的"义"（当为、应为、仗义……）。

（七）中国是"有情宇宙观"

李：既然回到伦理学，我的《伦理学新说述要》，包括与你的那个附录"杂谈"，虽然很短，但是重要。

刘：其中，侧重论经验变先验嘛。

李：侧重由历史（伦理）、教育（道德）而来，所以强调孔子－荀子的"劝学"。

刘：对谈短而精。

李：当时就讲了，良知乃直觉。讲了中国传统是非之心与好恶之心融在一起。

刘：是非与好恶之心的相融，就是"情理合一"嘛！是非里有好恶之心，好恶里也有是非之心。

李：因为西方强调理性观念，主情感的如 Hume 又贬斥理性，说理性只是情感的奴仆。而未注意两者的结构关系，所以我提出"情理结构"，在英文里似乎并没有 emotio-rational structure 这个词汇。

刘：从 Plato 到 Kant，都是太偏重理性。

李：因为西方"两个世界"。

刘：中国没有超验传统吗？

李：不是。几乎任何文化，包括中国都有超验亦即另个世界的思想、情感的趋向和方面，中国也有，但这个方面，比较起来，非常模糊空泛。

刘：还是有趋向吧。

李：已再三说了，中国人相信天道、天意、天命等，相信有个超越人类的东西，但这个东西到底是什么，有些什么具体内容、状况，却并不明确清楚。不像许多宗教有非常明确的如上帝、耶稣的语言道说，当然中国道教也有玉皇大帝之类，也有信关帝、信妈祖、信各种天神，等等，但无甚理论可言，都属民间习俗。中国儒学的"天"则既是精神，又是物质。如我多次引用过的王国维。

刘：《圣经》里面，上帝就讲了很多话，中国恰恰"天何言哉"！但你不也说过，Kant 的"位我上者，灿烂星空"可以作物理理解吗？

李：这是我对 Kant 的解释，在 Kant 那里，恐怕主要仍在强调统制一切的那个超人类的理性。我则视之为不可知的物质物自体，即宇宙本身。

刘：还是用了 Kant 范畴。

李：不可知的"物自体"。这就是"天道"，它的内容由"人道"来填充。包括对宇宙的解说，如 Hawking 讲的宇宙图式、黑洞理论等，所以还得用 Kant 的范畴。

刘：这个就是人和宇宙的和谐共在？

李：对。

刘：这是一种更高的悬临。

李：我讲的这个，也是给"性善论"的一个前提、预设。

刘：怎么？

李：中国人只有"一个世界"，并且相信这个世界是好的。虽然西方 Leibnez 也问过为何有有而无无，也讲过先定和谐，讲这个世界是可能世界中最好的世界，《圣经》也说人是依照上帝的形象而创造，从而，应该是本善的，但与中国的有情宇宙观仍不同，他们那里原罪论影响仍然更大，中国这个宇宙观远为彻底和"其来有自"，即这个传统优势悠久而一直持续。

刘："乐感文化"！

李：孟子的四心，可说是对"有情世界观"的重要贡献。

刘：这个你没说过，还以为您反四心呢。

李：我没有大讲，因为你们太强调"心学"了。

刘：你不是反对恻隐之心吗？

李：什么时候我反对过恻隐之心？我所反对的是它们乃"不学而能，不虑而知"，我只是说这不过就是一种动物本能，并非天赐的先验道德。孟子特别是宋儒把它提升到先验，实际是由于一种"有情世界观"的设定。孟子和王阳明讲的良知良能，我已多次说过了是自由意志的直觉不择恶而行良，这是由意志锻炼而成的良好的认知和行为的能力，此即good will，善良意志，能自我立法普遍适用，便是自由意志。在Kant，这是超人类的理性，中国的背景则是"有情宇宙观"。

刘：的确是一种积极的趋向。

李：前面已讲，善恶观念有很多变化，因古今不同、文化不同而常有不同。中国因为"有情世界观"，认为天是好的，"天行健"，所以"人性善"，即人的出生、存在便是善的。人没有原罪，"三生"有幸而非有罪，这也不是佛教的三生，是我讲的生命、生存、生活这"三生"，哈哈。

刘：与西方"罪感文化"相对而出。

李：这与西方的原罪论Kant的"根本恶"恰恰可以并立，因为是在同一个层次上，即超出了讲动物本性有善恶两面的层次，而在一个更高的层次上讲性善性恶。

刘：怎样？高层次？

李：善恶本来是动物性的两个不同方面的人为描述，这我已重复多次了。把它提到原罪、有情宇宙观，便与动物性无关了。

刘：性格？本性？

李：孟荀之分本来来自动物性的这两个方面，但孟子特别是宋儒把性善抬到远非动物性的形上层次，所以一下占据了绝对优势，一直到今。

刘：那倒是，孟荀别异。荀远低于孟。

李：主要是宋儒捧上天的，当然韩愈等人作为先导，本来就人性无所谓善恶，还是孔子讲得好，"性相近，习相远"，一切靠学习嘛。

刘：无善无恶论？

李：人就像动物一样，前面已讲，动物的"本性"有好（合作、爱抚）的一面，也有坏（凶残、杀戮）的一面。当然这里的好坏仍是人的定义。在动物本身无所谓好坏善恶。

刘：动物伦理，也是对应人而言的。两方面都是为了其族类的生存延续。有善有恶，有阴也有阳。

李：人把这两方面说成是善、恶，于是就有性善性恶，孟子把人的动物性的一个方面提高到人性本善的先验层次。我则把它归纳于"巫史传统"所具有的"有情世界观"中。可以再讲几句孟子，"四心"并提，当然其中有理性在，如是非之心、恭敬之心等等。你们所强调的主要是"恻隐之心"亦即仁爱或"仁"。我却认为孟子将此恻隐情感提升为"全德"的"仁"的基点和始端，实际是使人在有限人生的悲欢离合的历史行程中，满怀情感地去寻求、建立、体悟人生意义的"天道"。正因为此，历史进入形上而成为审美的形而上学。这也就是对没有人格神的中国巫史传统的"有情世界观"的巨大贡献。今天的人类学历史本体论也可以于焉封顶。这对孟子的评价非常之高了吧。

刘：对，历史根源还在巫史也。

李：这就够了，一个世界也，并可以与西方的原罪层次相当。

刘：就是一种宗教的设定吧。

李：原罪是一种宗教性的设定。中国人就不相信有什么原罪。但中国这种"有情宇宙观"也是一种包含情感信仰的非宗教的宗教设定。

刘：那是，忏悔意思也不足。

李：对。中国人缺少足够的忏悔意识，这是缺陷。西方好些人就相信原罪，我觉得哲学家 Wittgenstein 就有一种莫名其妙的负罪感。

刘：难怪他爱读 Dostoevsky，并受其影响。

李：但讲有情世界观或原罪感的意识或潜意识，便与讲动物性的两面是完全不同层次了，原罪感是西方传统环境下的文化心理结构的一个具体内容，中国没有。

刘：乐感使然。

李：中国恰恰强调人……

刘：以人为本？

李：在西方基督教，人被赶出乐园，接受苦难和死亡，经过最后审判，才入天国。

刘：没错。

李：中国不是这样，中国人认为生在这个世界是幸福的，人只要努力奋斗，死后也可以上天，尽管那个"天"很空洞模糊，犹太—基督教的原版则是人再努力，也不一定能入天国，入天国仍由神定，所谓"选民"是也。中国人希望一辈子幸福活着，只要一生行善，死了也可以升天，而升天还要带着地上生活的一切。好像很低级吧，其实并不见得。

刘：五百年来的王学，该真正衰微了吧。

李：你因此被围攻，不投降就不错嘛。

刘：那有什么可以投降的呢？

李：我怕你经不起围攻。

刘：那无所谓。我敢面对心性一派。

李：他们是主流呀，恻隐之心，并且讲就是情感呀，这也投合你的味道。

刘：我也不是唯情主义。您讲的"情本体"，也是以理为主，以情为辅的。

李：是理性渗透进去，不是主辅问题，所以叫"情理结构"。因是后天的各种原因，各人有不同的情理结构。而且有时情主理辅，所以叫"结构"，结构可以多种多样，百花齐放。

刘：理入于情也。

李：人类是理性的动物，这个老定义还是对的！

刘：这么古老的定义，人难道不是符号的动物？

李：这是 E.Cassirer 的定义，但符号便是理性的产物嘛，关键是理性又是什么？如何人才能生发出来，这请看我的认识论。说人是情感的动物就不准确，动物也有情感嘛。

刘：情欲关系，至今未决。

李：情欲这种关联和它们的区别，以及各种不同的情与各种不同的欲的关系。有的情与动物性的欲关系密切，有的不然或根本没有关系，各种观念也如此。性爱与婚姻便不同，后者社会性占优势。我提出"儒学四期"以情欲论为主题，而不同于第三期的心性论，本应细说一番，但现在无能为力了。

刘：相互匹配的秘方？

李：异常复杂，人的许多动物本能如何与理性相结构，但要彻底弄清楚，恐怕要等百年自然科学的研究。

（八）"有人哲学"与"无人哲学"

刘：现在，中国哲学研究人很多，也很热，西哲研究有所衰微。

李：那不奇怪，最近这十多年来，中国富强起来了，学人们跟着转向。

刘：与二十世纪八十年代完全相反。

李：八十年代，激烈反传统的学人，现在大都变成了激烈拥护传统了。

刘：民族本位主义。

李：这其实是错误的方向，以为不需要向外学习了。

刘：当然还要拿来主义。

李：孔子高于一切，这是完全错误的。

刘：尊孔也不可能回去了。

李：你不是很关注我最近说的"有人美学"与"无人美学"？

刘：刚写过文章《以"有人美学"之道建构中国美学学派》。

李：其实应该推论到"有人哲学"与"无人哲学"上去。

刘：人类中心不该反思吗？

李：我就是人类中心论，那又怎么样？！哈哈哈……

刘：您是一脉相承，从"主体性实践哲学"到"人类学历史本体论"！

李：本来就是其中应有之意。

刘：现在强调人类中心，似乎就是错的。

李：那也错不到哪里去，不要怕。离开人讲世界、自然、宇宙并无哲学意义。宇宙具体如何，如黑洞等，是科学问题。以前我倒一直讲，人类中心论是西方的。

刘：为什么？

李：《圣经》第一章就讲，上帝让人类管理自然，那当然就是人类中心论喽。

刘：没错呀，这是宗教视角。

李：当然启蒙理性也要负责任，要人去征服自然。但我的人类中心只是说我站在人类立场上，而不是站在狗熊或灵长类的立场上，也不是站在全动物族类的立场上立论，那有什么不对？我把人类生存延续作为最重要的实在和最高的善，有什么不对？尽管这个实在和善必须有天地、自然的前提，但研究、探讨、认识天地自然最终也还是为了人，这天地、自然等等，离开人也没意义、无价值可言嘛。

刘：您是无所畏惧，有道理！

李：这就是我的人类中心论。这样，也可以回答 Hume 的著名哲学难题，"是"（认识）不能推论出"应该"（伦理），的确，"这是一本书"（非价值判断，中性）推论不出"这是一本好书"（价值判断，好书便"应该"读）。但追溯到根源上，书是为人出版，读好书便也许可以培养做好人好事，伦理道德与认识可以在最终根源统一，并非一定要彻底分开。我知道这本书，读或不读对我都可能有影响，因之认识"这是一本书"在最后根源上可以与"这是一本好书"有关联，尽管这个推论或推理可能很曲折漫长。

刘：不是动物中心。

李：这里牵涉到的是认识与行为（伦理道德）的关系问题。总之，这"中心"不是《圣经》让人去管控自然，人类去统领自然，对抗自然的"中心"。

刘：顺应自然，也不对，也不完全可能。

李：人类为了自身生存延续恰恰是要与万物相和谐。即使控制、使用，也还是为了生存延续并与自然和谐相处。

刘：民胞物与，倒是可能的。

李：只有那样，人类作为一个生物族类群体，才能很好地生活、生存和延续保存自己族类的生命。

刘：这是以人为"本"。以人为核心，这才是人类存在主义。

李：不讲什么存在主义，没有人的生存延续，一切都没有意义，认识也是为了生存嘛。但这只能在总体方面讲，而不能作实用主义有用即真理的解释，这也就是人类学本体论敬畏"天道"和在人道中、在历史（形下）中寻求"天道"（形上）的重要环节。

刘：Hawking 说，外星文明会威胁人类。

李：我不相信，没足够证据。但你讲宇宙、天道、上帝等，如果离开人类，有什么意义？当然，你可以作自然科学的考察研究。对人类生存延续不利的事物也得认识、研究，科学并不管这些，但伦理学要管，所以有医学伦理等各种规范伦理学和政治哲学。

刘：意义和价值，乃是人造的。

李：地球变暖，对黑猩猩等动植物也可能不利，但也可能对某些动植物、微生物、细菌有利，所以就看你站在哪种动植物族类上讲话。我是站在人类族类的立场上，你说是人类中心论也无不可。人类生存延续就应是人的中心主题，是有关命运的课题。

刘：一定少不了被批！对自然破坏，不能再下去了，生态失衡已不可逆转了。

李：我当然反对现代大工业对自然的破坏，如地球升温、海水上涨、砍伐亚马逊的原始森林，等等，这是人类犯的大错误，亦即大有害于人类族类的生存延续，现在不已开始觉醒了么，可以逆转嘛。

刘：主要说的是人与自然和谐。

李：人类会做错许多事情，搞错的事情，那就吸取经验，极力纠正。这正是在历史中追求"天道"。

刘：人类每次进步，都要付出代价。

李：倒不一定"每次"，但历史与伦理的二律背反，我不早已提出来了吗。Engels早就说过，原始社会时候乱砍树的什么的，使得没法生存了，以后就要吸取了教训。孟子也早说过，"斧斤以时入山林，林木不可胜用也"。树还是要砍的，但要掌握好"度"，只是要"以时入山林"，以保护树木的再生长，总之还是为了人。

刘：刀耕火种，大面积燃烧森林，那是人类第一次污染大气。

李：一开始还是为了人类生存的，后来就改进了，这就是历史经验教训建立起来的。"度"之所以具有本体性，正是因为只有它对自然、对人际（如在历史与伦理的背反中）在历史中才能建立起"人道"即"天道"。"巫"的特质之所以重要，是因为人"与天地参"的历史具有神圣性。所以，"人道"，才能是"天道"，这才是历史进入形上。在历史中求"天道"，是件很难的事。但以"人活着"为第一命题的历史本体论仍然要重复其根本观点，即不同意"上帝造人""基因变异""人有语言"三大看法来解释"人类如何可能"，认为只有使用—制造工具才能解释。尽管原始的斧斤就会破坏森林，尽管有人不断提出黑猩猩或某种动物（如鸟类）也制造工具，但我仍然强调只有人能普遍必然地使用—制造工具，一直到今，但从一开始便有其必要条件（无工具不能生存）、充分条件（使用—制造工具的多样性）和前提条件（生物进化到灵长类的身躯和脑结构）。理性由是出，历史由是建，从而人类的生存延续的生活质量便远超其他动物。人所特有的语言也是由于其语义主要有使用—制造工具的实践活动中的动作（与对象和与人际）经验传承下来，成为人类最重要的符号工具和力量，在这意义上，说"鼓天下之动者存乎辞""语言是存在的家园"才对。我一直认为是使用—制造工具的实践活动创立了人类语言中语义的（semantic）特点，即使用—制造工具的技能、姿态、程序等等，而不同于动物也用以交流的"语言"。我很重视原始语言的手势语学派，我认为那许多原始手势语言主要是使用—制造工具的技能、姿态、方式、程序等等，后由语音伴随，而成为人类特有的语言。现在应走出语言，走向历史积淀的个体心理。

刘：但是如何不让自然付出"代价"呢？

李：什么叫"自然付出代价"？不懂。总之，犯了错误，改正错误。地球变暖，就应有巴黎协定。这是人道，也是天道。我以为这次疫情倒恰好证实了我的"有人哲学"，我的历史本体论本就以"人活着"即人类命运（生存、延续）作为哲学第一课题，"度"（proper measure）作为认识论第一范畴，因为人靠"度"来生活（从原始生产和人际关系开始）。现在大家热烈讨论疫后经济问题，便正是人"如何活"下去和活得更好的问题。

我也趁此机会，公开宣布我撤销以前自封的"马克思主义者"的头衔、称号。虽然我仍然继续同意并吸收消化了马克思关于工具、科技、生产力是社会经济的核心这一"hard core"和经济是人类生存的基础等历史观点，但仅此一点，恐怕也不能就说自己是马克思主义者。我在新写的"康德新探"（即《批判哲学的批判》）英译本序中用三个"不是"（no）和一个"是"（yes）间接点出了这点。该书毕竟是 40 年前写的，章章多引马列以为护符，但以一个"是"，即使是 hard core 的"是"来说自己是马克思主义者，实在是太勉强太没资格了，所以应予撤销。如有何反响，年已九旬，不作复了。

（九）走向"美学是第一哲学"

刘：还是再谈谈您的伦理学建构吧。

李：前面已说，我的伦理学，如伦理、道德的划分，道德心理三要素，两种道德论都只是对伦理学形式结构和概念范畴的设定。

刘：这是目前所见的简约构架。

李：我将有关社会规范的功利主义、自由主义划入政治哲学或规范伦理学，中西美德伦理因追求个体品德修养为重点，便应从道德心理学入手。

刘：这也似乎关系到公私之分，抑或您的社会性与宗教性道德的分殊。

李：再重复一下，这两方向我都未涉及具体内容，如各种规范伦理学或政治哲学如何因时代、文化、传统的不同而有何不同。

刘：仅述其大略，这有点可惜啦。这次历史三性中没谈偶然性。

李：也丝毫没谈心理三要素如何具体结构培育才使个体美德能够形成，等等。所有这些均尚待进一步阐释展开，历史偶然性也未能谈了，可参考我那本《从美感两重性到情本体》的增补本，其中谈了一些。其实，偶然性只能等后人来谈了。总之，因历史已不仅仅是与自己无关的事件、人物、数字等的抽象认知，而且是对往昔无数个人的具体的悲欢离合、喜怒哀伤的情感体会和把握。特别在现代，人们将逐渐结束作为工具的生存和生活，主体性（Subjectality）以"大我"（the great ego，如 humankind, nation etc.）为主体（subjectality）逐渐变为以"小我"（individual）为主体（subjectality），虽然"小我"始终不能完全离开"大我"，"小我"也毕竟只是"大我"一个很小很小的部分。（参见拙作《批判》《历史本体论》等著作）现在要强调每个人都在创造历史，偶然性也就在不断扩大，不确定性也在增大，其哲学阐释将非今日所能做了，哲学只应及时提出它的问题。

刘：留给后人去做吧。这似乎有关系到道德与宗教的关系。

李：既然标题仍涉及伦理学，就再说几句。Kant 说道德最终要走入宗教，我也说过道德与超道德，后者便正是指宗教（基督教、伊斯兰教等）或审美的天地境界（中国）。

刘：这是您的"超道德"论，在何种是"超"道德的呢？

李：因为"我为什么要道德"的最终答案，例如"牺牲自己为了什么"，最终涉及了我的"生命意义"的问题。

刘：生命意义？这个问题有无答案。

李："生命意义"本无任何确定的答案，它是由个体去选择和决定的。此亦"自由意志"。

刘：您始终是位"自由意志"决定论者吧。

李：因为生命和人生的虚无性正是在这里鲜明地凸显出来，为什么活？为什么死？从而去行动，从而去遵守、履行或反抗、叛逆某种伦理规范，出现某种道德或不道德行为（道德的标准又是什么），这是由每个人的思想（观念）、情感又特别是信仰所决定的。我在1970年代便说过哲学是科学加诗，即哲学不只是认识论，不只是追求真理，而是与人生境界有关。

刘：哦，这是指向所谓"超道德"的向度了吧。

李：因之，伦理道德的最高目标，在有基督教传统背景的Kant，是某种福德一致，但它在现实中不可能，只可能在不可知的另个世界才能实现，所以必须保留对上帝、灵魂的先验幻相。

刘：那在中国呢？福、德何以一致？

李：在中国非人格神背景的天道＝人道的巫史传统中，宋儒所追求道德而又超道德的"孔颜乐处"只能实现在"天人合一""万物与我同一"又并不脱离现世的高级"悦神"的审美境地中。那个完全脱离人世的悲欢离合喜怒哀乐的纯灵、至上的形上世界，如我在《"美育代宗教"答问》文中强调所说，实际上是异常单调、同质、贫乏、空幻的。

刘：这是我最赞同的地方，由此走向"审美形而上学"！

李：历史本体论承继这个传统，将"空而有""四大皆空人还得活"作为道德行动的前提放在"人与宇宙协同共在"的先验的信仰设定中。既然哲学研究命运，历史进入形上，寻求历史中的"天道"便使"做一个什么样的人"的美德伦理背负着"为生民立命"的历史责任感或使命感（calling），"以美启真""以美储善""以美立命"便可以成为追求和实现个体生命意义而"知其不可而为之"，并与宇宙协同共在。

刘："人与宇宙协同共在"，就是新的"天人合一"！

李："修辞立其诚"。语言是公共的，心理是个体的，走出语言走向心理的"诚"，开始体验与宇宙协同共在的审美愉悦，"诚者，天之道也，诚之者，人之道也"，天道、人道在审美境地中合一，是为天地境界，是为"孔颜乐处"。我认为这也就是"尽心、知性、知天"，也就是对不可知其源由的宇宙"物自体"敬畏愉悦的情感信仰和"天人合一"。可见，审美并不只是"平畴交远风，良苗亦怀新""涧户寂无人，纷纷开且落"式的淡泊宁静，无意无我，而且也可以是贝多芬第九交响曲欢乐颂、浮士德无限追求的落幕式的雄浑壮阔天风海涛，两者都可以是高华超绝的悦志悦神、天人合一。这个个体心理情感本体上的天人合一，又仍然建立在今日高科技发展所携来的工具—社会本体的天人合一的生活方式基础之上。（参阅拙作《试谈中国的智慧·天人合一》，见《中国古代思想史论》1985）

我记得曾说过，《论语今读》之后，本来还想做的是关于《老子》《中庸》《周易》三书的今读，结果都没有做。其中《周易》最重要，比《论语》还重要。因为正是它首先突出了"历史进入形上"。《易》最后两卦是"既济"和"未济"，永远指向开放性的未来，亦即"人活着"的命运未来，其中如"潜龙勿用""见龙在田""或跃在渊""飞龙在天""亢龙有悔"，指明由潜在的可能，实现为一番功勋事迹，然后飞黄腾达，功业圆满，最后"盈不能久"，稍一过"度"，便"有悔"无遗了。这不正是历史经验和教训的"天道"准则么？这不正是"历史进入形上"和"天人合一"么？这种客观的人道＝天道，才是人生的基础，个体心理的依据。

总之，人是历史的存在，历史进入形上，便使这个"空而有"充满了世间人际种种悲欢离合的浓郁情感，并可将现实的更多情感提升到本体实在的高度去作审美领悟或体验，而不致滑向干枯、寂灭或自圣。我说过 Time is emotional（时间是情感的），此即我说的不同于时间的时间性（见《"美育代宗教"答问》文）。它在超脱或超越那个体的有限和无常的审美情境中，如对废墟那实在感与虚无感共在便是对人的有限性、偶然性的存在体验，并增添着深刻的悲剧音调。而在丰满的世俗中悟天道，便成为审美形而上学。所以我提出中国的美学是"大美学"（The Great Aesthetics）而不符合不等同于西方的 Aesthetics。

刘：这就不仅是历史成为形而上，也是形而上走向审美。

李：这样，美学也就是第一哲学。一切终将归于虚无。但人还得活下去，如何活？"知其不可而为之"，即仍然奋力前行，不负此三生有幸，不负于人类生存延续这个最大的实在和最高的价值。

刘：哎呀呀，这就是我一直要追问的——美学如何成为第一哲学？而不似 Levinas 那种伦理学作为第一哲学。

李：我在《论语今读》新版序曾说，"岁云暮矣，人已残年，来日无多，盍胜警悚"。中国古话说，"人贵有自知之明"，我自知乃老朽一枚，确太陈旧，早就不该如此多言，特别今天所说以前已多次讲过，你寄给我的《关于"内圣外王之道"（提纲）》的短文，是 1994 年发表的，其实哪家愿意，我可以再发表一次，只字不改。足见我确实顽固如昔，不能与时俱进，从而更不宜在此啰嗦了。谨以此告别诸位，祝大家身心康健，新春快乐！

（原载《探索与争鸣》2020 年第 1 期，有增补，以此稿为准）

［附文一］

旧文一段

　　哲学总是从最根本的地方、从所谓"原始现象"谈起，从头谈起。我认为，这个"头"，这个"根本"或"原始现象"，就是"人活着"这一事实。

　　其他的一切，如"语言"、"上帝"、"纯粹意识"、"客观世界"等等，都是派生的或从属于"人活着"这一事实的。

　　"人活着"便生发出或包含着三大问题：如何活？为什么活？活得怎样？

　　作为个体的"人活着"，是一种被扔进一个"与他人共在"的世界中的存在（to be with others, within-the-world），但人又总是一个特定生物族类（人类）的一员而存活着，这不是个体所能选择和决定的。

　　这种"人活着"也就是日常生活、生活形式或社会存在（everyday life, form of life, social existence）。

　　可见，"人活着"的第一个含义是"如何活"。所谓"第一个含义"，是指"如何活"比"为什么活"要优先。也就是说，"活"比"活的意义"（what means to be），非本真（unauthentic）的存在比本真（authentic）的存在要优先。因为只有"活着"才有"活的意义"的问题。

　　于是先要来察看人如何活。人活着必须食、衣、住、行，亦即人的生产—生活方式，其核心和特征是我十多年前即强调提出过的：以制造—使用工具为基础的群体实践活动，即人类学主体论，或亦可名之曰历史本体论。我以为，语言以及其他许多东西都是从这里生发出来的，所以，是使用—制造工具的活动而非语言，才是"如何活"的根本，才是"存在之家"(the house of Being)，至今我仍然坚持这一点。语言的经络——语法、逻辑，便是从"与他人共在"(即群体生存的活动亦即人)"如何活"(首先又仍然是使用—制造工具)的需要和规范中生发出来，而成为律令的，它首先是伦理的，**而后才成为认识—思维的**。深奥的问题在于这如何可能，这种可能意味什么？

但"如何活"不能替代"为什么活"。我在另处说过，没有什么"科学的人生观"。知道了社会法则或群体要求并不就解决了"我为什么活"。人类主体性只是个体主体性的前提，却并不替代后者。

个人被偶然地生下来，抛掷在这个世界里，人生似乎很无聊。但人又是动物，有恋生之情（不会都去自杀），即使如何厌世、悲观、无聊，又还得活着。那为什么活呢？

回答"为什么活"，有各种各样的宗教信念、伦理学说和社会规范。有人为上帝活，有人为子孙活；有人为民族、国家、政党、他人活；有人为自己的名誉、地位、钱财、享受活；有人为活而活；有人无所谓为什么活而活……。所有这些，都有某种文学艺术来表现，也都有某种理论、哲学来论证，但又都不见得能解决问题。为什么活？仍然是由你自己去寻求、去选择、去决定。特别是在明天，当"如何活"（人能活下来）大体不成问题的时候，为争取活而活作为"为什么活"的意义和动力（如"革命的人生观"）逐渐消失之后，这问题将更突出。

(1992年。摘自《迟发的悼念稿（悼冯友兰）》，北京三联书店《李泽厚集·杂著集》p.323—325)

[附文二]

《康德新探》(《批判哲学的批判》)英译本序

本书是在"中国文化大革命"时期的 1972—1976 年写成的，1979 年出版。以后虽多次再版，但因我已离开康德研究的领域，对本书讲述康德的部分未能有什么修改。《康德新解》是最初拟定的书名，因为当时各种情况，未能采用。中文版书名一直是《批判哲学的批判——康德述评》。

何谓《康德新解》？是想在叙述、介绍、解说和评论康德哲学的过程中，初步表达自己的"人类学历史本体论"哲学思想。它以唯物论、实践论和积淀论（The theory of sedimentation）为基础，突出康德"人是什么"（What is the Human being）的主题，强调康德提出的"认识如何可能"（先天综合判断如何可能）只能由"人类如何可能"来解答。并认为，康德哲学实质上是提出和探讨"什么是人性"的问题。我认为人性（human nature）不是上帝授予，也不是自然进化的结果，而是百万年人类制造—使用工具的社会群体实践所历史地建立起来的人性心理（human psychology）。这里的心理（psychology），不是指现实的心理经验或经验的实证科学，而是从哲学上认为人类具有自我建构而为动物所无的心理形式结构（psychological forms、structures、frameworks）。所以本书表层述评是由康德讲到马克思，实际上是由马克思回到康德，即由人以制造—使用工具的物质实践活动和社会关系作为生存基础，提出和论说似乎是"先验"的认识、道德、审美的心理形式结构的来由和塑建，这就把康德颠倒了过来，并认为这可以与中国传统儒学联结起来。

也许，在这里我首先需要回答的问题是，我是否马克思主义者？因为书名副标题和书内许多地方都提到了它。

回答是，"yes and no"。

"no"有三条。（略）

"yes"只有一条，但这一条我认为很根本、很重要。几十年来，我坚持认为制造—使用工具的群体实践活动是人类起源和发展的决定性因素，从而，这也就是认同马克思、恩格斯所提出的制造工具、科技、生产力和经济是自古至今人类社会生活的根本基础。我认为这就是唯物史观的硬核（hard core），这一史观的其他部分，我并不接受。但我认为唯物史观的这一硬核是马克思、恩格斯留下的最可珍贵的遗产。而这恰好可以与重视人的物质生命、此世生存、现实生活的中国儒学非常一致。

此外，我以前认为儒学传统的大同理想"货恶其弃于地也，不必藏于己；力恶其不出于身也，不必为己。"（《礼记·礼运》）与共产主义的"各尽所能、各取所需"等，可以相互联结，作为鼓舞人心、团聚人群去改变世界（包括自我身心）的情感信仰和"社会理想"，成为中国传统的（政治）宗教性道德的重要延续。现在看来并非如此，因为前者是"社会理想"，后者是"理想社会"，所以只能以上述"硬核"作为唯一标准，我才可以是儒学—马克思主义者。

为什么要加上儒学？

我以为马克思、恩格斯论证了人类社会的物质生存的历史层面，而没有着重探讨人的内在心理。人性却始终是儒学的中心课题。儒学强调"内圣开外王"。我从哲学上提出"文化—心理结构"（cultural-psychological formation）和"情理结构"（emotional-rational structure）等概念，在科学上，我认为脑科学（brain science）、心理学和教育学，将以实证地、具体地研究人性而成为未来学科的中心。而这又恰恰是对康德提出的"人是什么"、实即"人性是什么"的根本问题的新解。我说过，人类学历史本体论是中国儒学、康德与马克思三合一。但写作本书时，正值"文革"批孔运动，我不可能谈儒学，而且这毕竟只是一本讲康德的书，所以必须与我几乎同时写作、发表（如1976—1978年写作、1980年发表的《孔子再评价》)的其他著作,特别是以后的著作和这些著作中提出的"度的本体性"(proper measure)、"实用理性"(pragmatic reason)、"乐感文化"(The Culture of optimism)、"两种道德论"(The two morals)、"情本体"(emotion as substance)等等联结起来,才能充分看到这个"三合一"。当然,这个"三合一"只是主体,其中还吸取融入了好些其他的中外学说和思想,包括海德格尔、维特根斯坦、杜威、皮亚杰、希腊等等。

但即便如此,关于"什么是人性"的"三合一"探索,仍然以或明或暗的方式呈现在这本书内。

例如,在认识论,我回答康德那著名的"感性与知性的不可知的共同根源"的问题,认为它不是先验想象,而是人类实践,即认为感性源于个体实践的感觉经验,知性源于人类实践历史的心理形式。康德归诸"先验"的知性范畴和原理,我以为是百万年人类的独特实践对心理结构形式的塑建成果。它通过语言和教育(广义)传递给下代,代代相传,对个体来说,成了"先验"。本书中突出以客观社会性来替代普遍必然性,就是以实用理性和"一个世界"观来倒转那个并无由来的康德的"纯粹理性",就是强调人通过行动中所不断把握、创造、开发和恒动不居的"度的本体性",来建立各种确定的客观社会性,以替代那所谓普遍必然的本体世界。对人类学历史本体论哲学而言,不可知只可敬畏者是宇宙为何存在的物质物自体,即宇宙本身,亦我所说的"理性的神秘"之所在。这个"只可思之,不可知之"的物自体及其"宇宙与人协同共在"等根本设定,使"一切发现均发明"的认识论具有无比开拓的前景。所有这些,可能不会为有"两个世界"悠长背景的西方学人所接受,却正是基于中国传统所可作的现代解说。

例如,在伦理学,康德著名的三条"绝对律令"(categorical imperative),我以为其中"普遍立法"和"自由意志"两条,也是百万年人类心理塑建的形式结构。"人是目的"则并非"绝对律令",它是具有某种普遍性并兼理想性的现代社会性道德(modern social moral)。道德是以理性而非情感为基础，观念是理性的内容，它随时代、社会、文化不同而变迁，理性的形式是意志，它是自古至今人类道德行为和心理的普遍必然性的（仍乃客观社会性的）不变结构。

美学方面当然也是如此。它更涉及个体身心、感性理性的水乳交融等等。

总之，对个人来说的"先验"，实际上是人类总体经验所历史地积淀而建立的，这就是"人类学历史本体论"（A theory of Anthropo-Historical Ontology）所说的"经验变先验，历史建理性，心理成本体"[empirical turns into transcendental (a priori); history builds up rationality (reason); psychology grows into substance]。这也就是 A New Key to Kant 的 Key。它是以中国儒学为基地，接受马克思，对康德所作出的一种新的理解和解说。

达尔文以自然进化谈了人类起源，现代社会生物学论证人与动物的相同相似，认为动物也有道德、审美甚至政治等等，本书接受达尔文，但反对后一学说和潮流。达尔文的终点是我另开炉灶的起点。我认为"人是什么""人类如何可能""人何以为人"已非自然演化所能决定或解释，而属于人类自我塑建问题。从本书开始，到我最近的论著，我一直从中国儒学特别重视人兽区分（the distinction between human being and animals）这一根本观点出发，提出人类心理的文化历史积淀，认为尽管许多动物甚至鸟类也使用工具，但人类为维持生存，百万年必要而充分地制造—使用工具的群体实践，使人类突破了基因极为接近的黑猩猩之类的动物生活，萌生了理性、情理结构、语言（主要是动物所没有而与工具制造使用有关的语义），从而，逐渐开启、产生和决定了对待自然和对待群己关系不同于动物的客观社会特征，开启、产生和决定了逻辑、数学、各种符号系统等不同于动物的人类认识形式和伦理规范、道德律令等不同于动物的行为方式；并且是由后者（伦理）引发出前者（认识）。我特别重视正是它们以后长久的独立发展，反过来不断地构造人生和生成现实，使人类获有了超生物的（supra-biological and super-biological）的肢体、性能、存在、价值和独有的主体性（subjectality 实践、行为、活动）和主观性（subjectivity 心理、认识、审美）。也正是负载着和积淀着这种历史经验，才使语言成为存在之家（house of Being）。尽管以此为基础的现代文明带来了各种祸害灾难，但总体来说，毕竟利大于害，使人类生活和生存迈进了一大步，这正是今日儒学所应重视和书写的"人类简史"。本书未能展开这些，只是通过论述康德，作了一个隐秘的导论。

  这毕竟是一本四十年前的书了，而且是写在当时中国的恶劣情境中。如果今天来写，肯定会很不一样。我已年老体衰，无力再作，包括书中留下许多缺陷和时代印痕，也不能修改、订正了，我甚至不能够审阅这个英文版的绝大部分译文，深感愧疚，读者谅之。

  此序。

2016.10, Boulder, Colorado

（原载上海《社会科学报》总 1538 期，2016 年 12 月 19 日）

  （交付出版前决定书名改为《A New Approach to Kant》即《康德新探》，"谦受益"，古训也。丙申腊月李记）

[附表] 中国历史主义与西方自由主义的差异

序号	中国历史主义	西方自由主义
Ⅰ	**由大我**（The Great Ego）：远古、古代、中世纪的 clan、tribe、nation、religion etc.……）到小我（small individual）	**自我个体**。上帝创造亚当、夏娃，特别自路德新教个体能与上帝直接沟通后。
Ⅱ	**实用理性**。理性从经验中的合理性而来，是历史积淀的心理结构。自由、平等、人权、民主均是具体环境下的历史产物。在近现代，以自由出卖劳动力的市场经济、契约原则等等为原则，远古、古代并无此。 人类历史因使用制造工具即科技（从原始石器到今日高科技）为经济发展的核心和动力，总体是向前发展的，但有时会出现倒退，所以不是经济决定论。但"如何活"仍然比"活的意义"（"自杀"是哲学首要问题）要优先。	**先验理性**。无由来，超人类，乃"至上"如天赋人权、人生而平等；以"无知之幕"为前提的设定等。 理性价值主宰、支配一切，忽视人性的陶冶和成长，人作为动物存在又不同动物的诸多方面，如理性与情感的交错结构，因之常使知识（科学）与信仰（宗教）对峙、分裂、纠缠、困恼。哲学走向碎片化（科学式的专题细节探索）和抽象化（往返在非日常语言的思考论讨中）。
Ⅲ	**客观社会性**。从而重视偶然性。重视命运（人类、民族、国家）以及个体存在（从出生到整个人生到死亡），均具有一定的偶然性，如何抓住的偶然性避免不利的偶然性至为重要。认为探寻关系亿万人群的"人（我）活着"等根本疑难更应是哲学主题，其中包括历史与伦理的二律背反、历史积淀为心理的自由意志诸问题。	**普遍必然性**。从而重视决定性。认为历史和现实将普遍遵循理性之路，线性进展，轻视多元传统、精神生活对物质生活的相对独立性。 命运由上帝决定，与哲学可以无干。

续表

序号	中国历史主义	西方自由主义
IV	**关系主义，两德论**：伦理（社会）与道德（个体）区分的必要，重视中国传统伦理的**社会角色关系（五伦）转化为**指引和范导现代社会性道德中的**个体情感关系**［情感中的角色，如平等的兄弟之爱也有兄友(more tolerant)弟恭(more respect)的差异等等］重要性质。朋友要"拜把"才成兄弟。	**个体主义，一德论**：一方面是将政治与道德脱钩。以原子个人为主体的现代社会性道德，被视为只是政治哲学，可以与道德无关。另方面基督教爱的传统本也以平等的个体为基础。所以也可以混同两德。J.Rawls《公正论》(*A Theory of Justice*)中谈到情感的 sense of Justice 章，兄弟之间也只是平等的爱。
V	**一个世界**：有情宇宙观。设定对那不可知的物质宇宙为何存在的"物自体"（亦即"天道"）的肯定性情感信仰。哲学追求在人道中呈现"天道"，历史进入形而上学。个体追求与大自然融为一体，美学成为第一哲学。	**两个世界**：基督教，伊斯兰教……以至其他一些新教。哲学追求永恒的 Being，成为形而上学。个体追求灵魂不朽、归依上帝、进入天堂，强调人对自然的征服，美学是与感觉相关的低级认识学科。
	结语：两者有差异却并不对立，相反，历史主义反对尼采以来反启蒙反理性的后现代主义思潮，高度肯定自由主义的伟大贡献和至今具有的现实价值，并吸收、消化自由主义和启蒙理性的世界成就和优长，去其弊病，而不断发展自己。	

注：对西方自由主义的概括非常**粗漏浮浅，很不准确**，此表主要是简略陈述我的"人类学历史本体论"哲学，供参考。现在就总体来说，应与自由主义联盟，以对抗总体绝对主义、各种新权威主义和政治宗教。至于自由主义内部保守与激进之分以及各种分歧、冲突和争斗，则不在此表范围之内。

伦理学（2010、2019）
Ethics

序

这本《伦理学》是从我著作中有关论议伦理学的部分摘取汇编而成，它们分别写于世纪交替以来的不同时日，这次汇集因年老体衰，未能改动以求统一。

这些属于不同岁月的文字合成本书，形式结构上便自无系统条理之可言，且有不少重叠雷同、反复陈说的地方，但内在脉络和论证说法倒相当一贯。总的说来，就是继承中国传统，在人类学历史本体论哲学视角下，从"人之所以为人"出发，将道德、伦理作内外二分，道德又外作传统宗教性与现代社会性二分，内作能力（意志）、情感、观念三分，并以此为基点，讨论伦理学的一些根本问题，而不断有所明确、补充和扩展。如确认道德心理和行为中，理性为动力，情感乃助力；人性能力在道德领域乃（自由）意志，等等。此外，拙著《回应桑德尔及其他》（2014）、《什么是道德？》（2015）两书亦均属伦理学范围，亦有重要确认和增补，如《回应》书中的伦理学整体图表（"总览表"的说明）、《什么是道德？》书中对某些具体问题的回答，等等。

我曾为突出特色而片面地说过，中国哲学是"生存的智慧"（如"度"的艺术），西方哲学是"思辨的智慧"（如 Being 的追寻）；十多亿人口和五千年未断的历史是前者的见证，迅猛发展的高科技和现代自由生活是后者的见证，各有优长和缺失。我所想探究的，正是中国传统的优长待传和缺失待补，以及如何传如何补，我以为"转化性创造"是关键。这对我来说，就是以孔老夫子来消化 Kant、Marx 和 Heidegger，并希望这个方向对人类未来有所献益。作为中国传统哲学主干的伦理学，应予此有所贡献。

由于各种主客观制限，我的文章大多匆忙写成，未及锤炼，是以论证疏略，语言平浅，资料不多，概括稍快。诸作如此，本书亦然。但钩元提要，别见洞天，旨意深淳，自成一统，亦不遑多让。"阐旧邦以辅新命，极高明而道中庸"（冯友兰语），为多代学人所深望，亦拙诸作所向往，幸希读者三留意焉。

此序。

2009 年 10 月撰写，2015 年 12 月改订

内在自然人化说（1999）

自由意志的绝对性

至少从存在主义开始，当然也可以从 Kant 算起，哲学重心已经转移到伦理学。但伦理学今天实际也已一分为二，即以"公正"(justice)、"权利"(human rights) 为主题的政治哲学—伦理学，和以"善"(goodness) 为主题的宗教哲学—伦理学。本文暂不谈这一区分。总之，近代哲学从 Kant 起，伦理道德被认为是人所以为人（人的本体）之所在。它高于认识论所对应和处理的现象界。从而，这个崇高的"伦理本体"，作为我所谓的"文化心理结构"中的"自由意志"，究竟是什么，便应是伦理学的重要问题。

我以为，作为人类伦理行为的主要形式的"自由意志"，其基本特征在于：人意识到自己个体性的感性生存与群体社会性的理性要求处在尖锐的矛盾冲突之中，个体最终自觉牺牲一己的利益、权利、幸福以至生存和生命，以服从某种群体（家庭、氏族、国家、民族、阶级、集团、宗教、文化等等）的要求、义务、指令或利益。可见，第一，它是个体自觉意识的行动、作为和态度。动物也有为群体生存而牺牲个体的事例，但不可能有这种自觉的具有理性认识在内的"意志"。第二，由于它常常是相悖于个体生存的利益或快乐，因而是不顾因果利害而如此行为动作的。由于它不屈服于利害因果的现象世界，所以说它是"自由"

意志。动物自然也没有这种"自由"的意志。这里的关键在于，人的这种"自由意志"本身具有崇高价值，它为人类对自己和对他人（包括对后人）培育了具有社会文化内涵的普遍性的心理形式，使人获得不同于动物界的社会性生存。这就是所谓高于现象界的"伦理本体"。

拙作《批判哲学的批判——康德述评》（下简称《批判》）曾举儿童教育中的"勿"（勿贪吃、勿贪玩等）为例指出，社会对个体行为的伦理要求，是从小起便培育用理性的自觉意识来主宰、控制、支配自己，这就是中国人讲的"学做人"（learn to be human）。从孔老夫子讲"克己复礼"、"立于礼"，直到今天许多中国人教训儿女，都是这个意思，都是指出：人（human being）并不只是一个生物体而已；要成为一个人，必须有内在的自觉的理性品德。概括到哲学上，这也就是塑造作为"伦理本体"的"人性"心理，也就是我所讲的"内在自然的人化"中的"自由意志"。可见，这"自由意志"不在天理，而在人心。此"心"又并非神秘的感召、先验的理性或天赐的良知，而是经历史（就人类说）和教育（就个体说）所形成的文化心理积淀。Kant 的重要贡献就在于，他把人的伦理行为这一理性主宰的特征，以"绝对律令"（categorical imperative）的崇高话语表达出来，并以之为超越因果现象界的先验的普遍立法原则。于是，伦理话语有如神的旨意，即使无理可说也必须绝对服从。有了它，人便无所畏惧，也无所希冀，处变不惊，一往无前，"富贵不能淫，贫贱不能移，威武不能屈"。据说 Kant 讲伦理学时，曾使听众落泪。正由于他非常准确地揭示了这一人之所以为人即具有"自由意志"的伟大庄严，表明这个"伦理本体"的地位远在任何个体的感性幸福、快乐以及任何功绩、事业之上。只有宇宙本身能与之相比："位我上者，灿烂星空；道德律令，在我心中。"

《批判》接着叙说 Hegel 批判 Kant 的伦理学，认为它是形式主义，空无内容。因为 Kant 描述谈论的，实际上是伦理行为的心理形式（理主宰欲）的特征，Kant 把这一特征当作伦理行为的普遍性的"立法原则"，落实到具体规范上,如举出"不说谎"、"勿自杀"、"助他人"、"勿怠惰"(即发挥自己的才智能力)等等,便突出地显示由于脱离具体社会历史情境而难以成立。战争中,对敌人能不说谎吗?被捕不说谎而出卖同伴,难道反而更道德吗?自杀在好些情况下比苟且偷生也要更为道德。"助他人"和"勿怠惰"在各种具体情境中,也各有非常复杂的状态,其道德与否很难脱开具体境遇和事实来做一般论定。包括 Kant 提出的"人是目的",作为普遍立法的伦理原则,在好些情况下,也不成立。例如在战争中和革命中,个体的人很难是"目的",而常常必须是自觉作为工具、手段和螺丝钉,以服从于民族、国家和革命的利益,才更"道德"。又如,在长期的奴隶社会中,奴隶作为工具而生存,吻合当时历史条件下的"道德"。所以,Plato、Aristotle 提不出 Kant 的命题。凡此种种,说明 Kant 的"自由意志"、"绝对律令"只要具体化,便很难作为自古至今普遍适用的立法原则,以规范人们的行为。相反,任何个体都处在一定的家庭、氏族、集团、阶级、民族、国家等等具体人群关系中。这些具体人群各个被制约于特定时空条件,从地理环境、生产水平、经济状况到文化传统、宗教信仰,他们所具体实现的伦理关系和所要求的道德规范,常常各有特征,并不一致,有时还有尖锐矛盾和冲突。有的原始部落杀老,有的却尊老,它们是在各自不同的具体历史环境下为维持生存所要求的产物,它们都是"道德"的。妇女贞操问题,也如此。文化人类学证实了许多这种相互不同和冲突的道德行为和道德观念,从而认为一切道德、伦理都是相对的,都是特定时空条件下即历史的产物。伦理从属于历史。只有历史主义,不可能有独立的伦理主义。从 Hegel 到 Marx,也是这种看法。功利主义更是如此。总起来看,与 Kant 以及各派宗教哲学的绝对伦理主义相对立,相对主义伦理学早已是今天的主流。大量经验事实似乎证实着并没有超经验、超时空条件、放之四海而皆准、具有普遍必然性的先验的"绝对律令"。所有道德都与特定的因果、利害相关联,都只能有条件地服从,并无绝对的神圣性。时空条件的变迁,使道德义务也变迁。

但是，情况却有更为复杂的一面。例如，为什么好些时候人们对敌人宁死不屈这种对己方并无利益的行为态度，内心会产生赞叹和敬重的道德感受？包括有时对恶人的刚毅、勇敢、智慧也会起某种敬重赞赏之情，而大盗比小偷一般也更受尊敬？为什么总有很难用利益或功利（无论个体或集体）来解说的道德行为，如孟子讲的看见小孩快掉下井，常常是本能似的去救援？为什么一些坏人干完坏事，深夜扪心又仍感自愧不安？而Kant所举出的"不说谎"、"勿自杀"等等，也确乎是任何社会在一般情况下所要求的"普遍法则"。所有这些，似乎又显示出，的确存在某种超越个体、己方以至某一集体利益的、更为崇高伟大的普遍价值。相对于一切时空条件中的事物，它是某种绝对的存在。"砍头不要紧，只要主义真"，但这"主义"仍然只是人间的相对事物。那么，这超越一切相对事物的绝对存在又是什么呢？如此庄严肃穆可比于灿烂星空的道德律令，它究竟来自何处？它那不容置疑无可争辩的绝对根基到底在哪里呢？这就是伦理学特别是伦理绝对主义的一个关键问题。

这一问题有各种回答。宗教徒说它来自上帝。理学家说它乃"天理"或"良知"。Kant说它是"先验理性"。文化人类学、功利主义和各种相对主义伦理学，如前所述则根本否认它。本文所主张的人类学历史本体论承认并重视它的意义。但认为它不是来自上帝，也不是来自"天理"、"良知"或"先验理性"，它仍然来自"人"。这"人"不是有时空限制的任何社会、民族、阶级、集团，当然更不是任何个体，而是作为过去、现在、未来以及或可无限延长的人类总体，也就是《批判》一书中所说的"大写的人"。这"大写的人"的生存延续便是Kant所宣讲"应当"服从的"绝对律令"或"先验原则"的根源。因为它代表的是人类总体的存在和利益。对个体说，它就像是"先验原理"：作为人，生来就有此服从义务；不服从它，也就不是人。这是一种似乎无道理可讲的"先验的"理性命令。Kant的"绝对律令"实际来自此处。Kant举出的"不说谎"、"勿自杀"等四项规范正是人类作为维系其生存和延续在一般情况下所不可或缺的基本要求。Kant 提出的"人（个体）是目的"，则是人类总体发展到现阶段的必然要求和至上理想。它们的根源实际都在这个"人类学历史本体"。

也正因为这一绝对原则（人类总体的生存延续）是理性的，与个体的经验和情感可以无关，所以也如 Kant 所尖锐指出，"绝对律令"在前，道德感情在后。前者与任何经验也与任何情感无关。从而道德感情的特征是敬重，而非爱、同情、恻隐、怜悯之类。"铁肩担道义"是来自对"绝对律令"的敬畏、服从，而非出于任何人道主义或人文精神的同情、恻隐或爱。

这一点极其深刻。它从具体经验的道德情感上，揭示出了上述人之所以为人的理性特征。即人应当以强大的自觉理性而不是任何经验性的感情，包括爱的感情，来战胜个体的所有物欲和私利，包括战胜动物性的巨大生存本能。人去救快落井的"孺子"，人敬重勇敢不屈的敌人，不是出于"爱"，而是出于对理性律令的服从。这才是人的"自由意志"，是使人之所以成为人的力量所在。"自由意志"是理性原则，而不是爱的感情。

我以为，以 Kant 为代表，伦理绝对主义所申言的这种具有普遍必然性的"绝对律令"，有其合理内核，是人类学历史本体论对传统进行转化性创造的重要资源。简单说来，仍然是如下几点：第一，任何时空条件的人群作为人类总体生存延续的一个部分，就一般言（虽有特殊或例外），大体有着共同的或相似的要求和规范（如"不说谎"、"勿自杀"等等）。第二，在各种即使不同的道德要求和伦理规范中，都同样是要求个体自觉用理性来主宰、支配自己的感性行为，直至牺牲自己的感性存在（生命）。在这"理"、"欲"的剧烈冲突中，"理"占上风，从而完成伦理行为、道德品格。所以我称之为"理性的凝聚"。伦理绝对主义突出了这一特征，却以"上帝"、"先验理性"、"天理"、"良知"等等名义来令人信从。其实，这一特征只是心理形式，而非具体内容。它们所提出的具体内容都只是相对伦理，都服从于特定时空条件的社会要求。第三，其结果却是通过各种相对伦理，历史地积淀出了某些共同性原则，特别是积淀出人类这一文化心理的结构形式，即"自由意志"，它是"内在自然人化"的重要组成部分。这就是关键，这就是成就。第四，可见，这个心理形式，被称为"伦理本体"或"自由意志"，是以人类总体（过去、现在、未来）的生存延续为根本背景、依据和条件，也在根本上服务于这个"总体"。从而它的"普遍必然"，如同认识论的逻辑形式和自由直观的"普遍必然"一样，是以人类总体为限度。它实际是由"经验"上升而来的所谓"先验"。它作为似乎超越时空条件的"宗教性道德"（先验原则）的"绝对伦理"，是以一定时空条件下的社会性道德的相对伦理为其真实的产生基地。这也就是"绝对伦理"与"相对伦理"的辩证法。

相对伦理塑建绝对

自古以来，人类社会各个时期都有一大堆的礼仪、习俗、制度、法律、宗教和艺术，其现实功能在于塑建当时的"社会性道德"，即"相对伦理"；其长远的本体功能，却在塑造作为"绝对伦理"和"宗教性道德"寓所的"自由意志"。就中国说，大传统中的儒学教义固然如此，小传统中，即使作为娱乐的戏曲如《生死牌》、"包公戏"中强大的伦常情感，至今感人，也如此。就是说，伦理相对主义以其历史的具体经验性的社会性道德，来不断地构造、塑建和积淀作为绝对伦理主义寓所的文化心理的结构形式或伦理本体。"绝对"通过"相对"来构建。这也就是我以前说的"经验变'先验'（经验之所以可能的条件），历史建理性，心理成本体"[1]。

这里，还要做一个极为重要的补充。Kant 的"绝对律令"的来源是超乎经验（transcendent）的"先验理性"，其中不容许存留任何经验性的情感。人类学历史本体论讲"绝对律令"的依据，是经验性的人类总

---

[1] 参阅拙作《走我自己的路》中《人类学示意图·序》，台北：三民书局，1996年。

体的生存延续，它并不是"天理"、"上帝"或"纯粹理性"。因之，这个理性原则和"绝对律令"，由于并不脱离感性存在的人类，便可以渗入经验和感情。虽然它本身仍然是理性的，却可以与人的经验、情感相联系相交融。这就是我在思想史著作中一再解说的儒学的"仁"。人类学历史本体论既以相对伦理的社会性道德内容来建构绝对主义的心理形式，这就涉及"情"与"理"、"仁"与"义"等等关系。中国文化特别是如儒学，在这方面有大量的论述。从上古的礼乐、孔子的释"礼"归"仁"、孟子的"养气"和"持志"，到宋明理学朱熹的"格物致知"、王阳明的"致良知"、刘宗周的"诚意"等等，都是强调经过艰苦的道德锤炼以建构理性凝聚的心理形式。这种"理性凝聚"的锤炼便是经验性的，而且不脱离人际感情。

Kant 的伦理学有极高的神圣性，却很难有具体的操作性。但如果将中国儒学的"仁"灌注于伦理的理性本体，就可为操作性奠立基础。这即是将"天理"落实到人情，将理性情感化。传统儒学或以"天心为仁"（汉），或以"仁"为"爱之理"（宋），从而落实为等差亲疏的人际关系和情感关系，由近及远，由家而国，由乡土及四海，形成"仁仁亲民、泽及万物"的一个有机世界。但由于这是以"人类总体的生存延续"为基础，将经验性的仁爱输入实践理性，便并不丧失后者的普遍必然的神圣性，即伦理道德仍然不是以经验性的仁爱而毋宁是以"人类总体的生存延续"这一理性的"绝对律令"为出发点，为道德感情的根源。我曾说：

> 由于"两个世界"的背景，Kant 较易使绝对伦理主义亦即"宗教性道德"自圆其说，因为"实践理性"、"自由意志"、"绝对律令"的本体世界是与经验的现象世界截然两分。前者影响、决定后者，却决不能由后者提升而来。这样，伦理道德将保持其宗教性的本体崇高而不致沦为只有相对价值的时代社会性能。人类学历史本体论和中国"乐感"的儒学传统，由于"一个人生"的背景，本体即在

现象中，并由此现象而建立。没有超越的上帝或先验的理性，有的只是这个"人类总体"，它是现象，又是本体。从而"绝对律令"等等作为文化心理结构，必须与特定时空条件下的经验"现象界"相联系相贯通，并由之塑造、积淀而来。[1]

这即是人类学历史本体论与中国传统儒学相融会而成的"自然人化"理论，它追求"极高明而道中庸"。即第一，它将 Kant 的理性绝对主义视作人类伦理本体的建造，并具体化为文化心理结构的塑建。这"心理"并非经验科学的实证研究，仍是哲学假定。第二，它将中国儒学的"仁"的情感性注入这一伦理本体，使"先验"理性具有经验性的操作可能。"实用理性"，亦此之谓[2]。第三，从而为区分今日"宗教性道德"与"社会性道德"提供理论基础。这也就是本文主旨所在。这一理论或应名为"哲学心理学"或"先验心理学"[3]。

(摘自《己卯五说》)

---

[1] 拙作《世纪新梦》中《哲学探寻录》。

[2] 这与牟宗三不同。牟虽然也将儒学的经验性的"仁"化为先验的"于穆天命"，但由于缺乏"人类学历史本体"和"文化心理结构"、"实用理性"这些根本观念，就不能很好解说 Kant 作为"绝对律令"根基的先验理性神圣性之所由来。他的"经验变先验"便将逻辑地或走入超验的宗教，或流向经验的人欲。参阅拙作《己卯五说》中《说儒学四期》等文。

[3] "先验心理学"也可作为 Kant 哲学的本名。Kant 哲学这一重要内容为二十世纪各学派所贬低、鄙视和舍弃。以语言为中心的逻辑主义成了主流，其实值得重新审视。心理乃经验，心理学当然是经验科学。因此所谓"先验心理学"，在这里指的是从哲学角度提出经验的伦理心理之所以可能的先决条件，而非研究心理经验本身。这里涉及伦理学与心理学的关系问题。伦理学在性质上本无关心理，它是维持社会的法则和原理，个体心理不是伦理学的主要对象，虽然心理学可以来研讨伦理行为中的个体心理问题，正如可以有战争心理学，但战争主要不是心理或心理学的问题一样。某些学者 (如 John H. Riker, *Ethics and the Discovery of the Unconscious*, Suny, 1997) 想从个体的经验心理包括无意识出发来探究甚或建立伦理道德法则，推论善恶，恐怕只能提供医学治疗学的价值，而不具有伦理学的意义。伦理是由社会来支配个体，心理则从个体来看社会。只有美学(而不是伦理学) 能彻底交融二者。因之，本文所谓"内在自然的人化"、"文化心理结构"等等，便都是哲学命题，它只是揭示伦理学的心理含义，而并非心理科学本身。所以，与 Husserl 的断言相反，本文以为"先验心理学"并非心理学，而只是哲学。

两种道德论（2001）

> 我不相信个体的不朽。我认为伦理学只是对人的关怀，并无超人类的权威立于其后。
>
> ——A. Einstein

经验变先验

（一）宗教性道德

何谓道德？道德和道德学的基本问题是什么？道德究竟能否作为一门科学或学科来研究？作为研究道德的伦理学（ethics），主要研究道德语言的中性分析如元伦理学（meta-ethics）还是规范性（normative）的法则、范畴或主张（快乐主义、先验论、功利主义）？凡此种种道德领域中的诸多问题，都是众说纷纭，莫衷一是。本章只拟从文化心理结构的角度对道德做些现象描述，即认为道德是个体对社会人际（某群体如家庭、宗族、集团、民族、国家、党派、阶级等等）关系在行为上的承诺和规范。说它是"行为上"，因为它必须履行、执行，即是实践性的，是会产生现实后果的。重要的是"承诺"和"规范"，这二者说明它对个体行为是自觉意识到的活动（虽然不一定自觉意识这一承诺、规范本身），是有认识—理解—判断等知性因素起作用，甚至起主要和支配作用的活动。这也就是所谓"理性"主宰的活动。它在个体心理上展现为有意志或意志力量的活动。

道德不同于法律的外在强制。遵循法律的活动是合法行为，它对个体的规范以至束缚、压抑是强制性的外在服从，即所谓服从法令、遵守纪律等等。道德是个体内在的强制，即理性对各种个体欲求从饮食男女到各种"私利"的自觉地压倒或战胜，使行为自觉或不自觉地符合规范。理性对感性的这种自觉地、有意识地主宰、支配，构成了道德行为的个体心理特征，我曾称之为"理性的凝聚"[1]。

这种主宰、支配，可以成为不自觉甚至无意识的，例如孔子讲的"从心所欲不逾矩"。这常常是在特定文化传统中，经由漫长的训练、培育、修养，才能出现的。中国古代的"习礼"，孔夫子讲的"立于礼"，俗话说的"学做人"，以至今日儿童教育中的种种区分对错好坏、判断行为举止等等，都是这种训练和培育。孟子说："人之所以异于禽兽者几希。"中国古来号称"礼仪之邦"，都强调人禽之别在于道德，即以此故。即认为人是经过理性的长期培育、训练而成为群体中的一分子的。道德在心理上是人类所特有的理性凝聚的成果，这种"理性凝聚"对个体感性存在所起主宰、支配力量之强大，使 Kant 称之为"绝对律令"（categorical imperative），中国宋明理学则冠之曰"天理"（朱熹）、"良知"（王阳明）。

可见，道德并非幸福，此点 Kant 论之甚详。对个体来说，道德常常以与个体幸福（以快乐为根本基础）相冲突、对抗而展现，常常要求个体牺牲一己的幸福。它以超越甚或否定个体的感性幸福、快乐以至生命、生存而取得崇高的尊严地位。一个宁死不屈的敌人和一个举枪投降的敌人，从现实功利上，你会喜欢、奖励甚至赞扬后者，你会仇恨、惩罚甚至杀戮前者。你也会嘲笑、蔑视前者宁死不屈所坚持信奉的"主义"、宗教、主张、原则。但是，从内心深处，你又似乎不由自主地仍然会尊重甚至钦佩他（她）。为什么？因为它超乎现实功利，它以人选择死亡宣布理性原则（所信奉的"主义"、宗教等等）对感性存在的无比优越和胜利。文天祥在监狱中曾写有表达宁死不屈的《正气歌》："天地有正气，杂然赋流形。下则为河岳，上则为日星。于人曰浩然，沛乎塞苍冥。"与 Kant "位我上者，灿烂星空；道德律令，在我心中"一样，也是说人的

---

[1] 参阅拙文《关于主体性的补充说明》，载《中国社会科学院研究生院学报》1985 年第 1 期。

道德之"浩然正气"可以与宇宙天地相媲美相连接。它的崇高超出和超越了个体感性生命的存在。既然超出和超越感性生命，道德的本性特征当然便与任何经验无干。所以 Kant 说它是超验或先验的，与经验的幸福无关。幸福是美学问题，因为即使是心灵的"幸福"也包含感性因素如愉悦、满足在内。道德或伦理却非如此，它是研究人的行为准则及其"理性"依据。对个体来说，它并不管人的经验（苦乐、利害等等）如何。

　　问题是：个体的这种"理性凝聚"的伦理意志或道德力量，它超越了个体的幸福、经验、利害、要求，到底从何而来和所为为何呢？这也就是问：Kant 讲的"绝对律令"、中国传统讲的"天理"、"良知"，究竟从何而来？个体绝对地服从和履行它们，又为了什么？

　　这便是道德问题或伦理学的关键所在。

　　Kant 和一切宗教，也包括中国的儒家传统，都完全相信并竭力论证存在着一种不仅超越人类个体而且也超越人类总体的"天意"、"上帝"或"理性"，正是它们制定了人类（当然更包括个体）所必须服从的道德律令或伦理规则。因之，此道德律则的理性命令，此"天理"、"良心"的普遍性、绝对性，如"人是目的"、"三纲五常"，便经常被称之为"神意"、"天道"、"真理"或"历史必然性"，即以绝对形式出现，要求"放之四海而皆准，历时古今而不变"，而为亿万人群所遵守和履行。这就是所谓"绝对主义伦理学"，也就是我所谓的"宗教性道德"。它把个人的"灵魂拯救"、"安身立命"即人生意义、个体价值均放置在这个绝对律令之下，取得安息、安顿、依存、寄托。人生在世，就在于尽此义务，以做"上帝"的忠实的仆人，或做慈父、良母、孝子、贤孙。生活真理就在耶稣所说"我就是道路、真理、生命"。这种"绝对律令"对人的内心从而人的行为具有不能抗拒、无可争议的规定性和规范作用。它是超验或先验的理性的命令，却要求经验性的情感、信仰、爱敬、畏惧来支持和实现。例如犹太-基督教的《旧约》《新约》，伊斯兰教的《古兰经》，中国古代的《论语》《孝经》等等。这样，伦理学的基本课题——个体的人为什么活的问题，便以这种超个体甚至超人群集体为依据为鹄的，而获得了某种回答。人们以之为个体的自觉行为准则和内心规范，来实现人的存在价值。这种"宗教性道德"，不仅以某种超有限人世的对象或理论为依据，而且常常伴随有各种仪式性的活动、举止和组织，并重复进行，以传布、加强、巩固内心和情感。其由来久远，从远古的巫术礼仪（shamanistic rituals to social rites）以及各种 taboo、totem，到基督教、伊斯兰教，到现代各种各样宗教、半宗教甚至非宗教的群体集会，包括近世世俗性的某些"主义"，也都以某种先验（虽不是超验，不是超世间人际）的理论、理想将世上"天国"的乌托邦作为个体追求的人生意义、生活价值的崇高目标，以规范、决定、制约人的内心世界和行为活动，强调个体的幸福应该纳入或设置在此先验目标下；也有一套准宗教性的仪式、集会和组织来强化情感和信仰，这种现代式的"政治宗教"与传统的宗教一样，其空想的乌托邦对个体追求的道德完善、心灵安顿、精神满足也就是个人的安身立命、终极关怀，无容置疑地具有极为重要的意义。"人总是要有点精神的"，"人总是要有点理想的"，"宗教性道德"以提供这种理想、精神，使人们可以如醉如痴如狂地沉浸其中而感到快乐无比。即使是牺牲生命，即使是艰苦异常，即使是历尽磨难，也决不回顾，决无反悔。它常常显示出人的崇高、尊严，显示出人之不同于动物，不同于仅满足于感性快乐、世俗幸福之中的人的"真正的"本体所在。

（二）"礼"源于"俗"

那么，这种"宗教性道德"究竟从何而来？

如果相信"上帝"，那么它们应都来自"上帝"。但如果"上帝"只有一位，世上为什么会有这么多不同的宗教、不同的教派、不同的信仰，而且常常争斗不休冲突不已呢？当然，"上帝"的事情是人所不能理解、不能过问的，那就不必问、不该问。但是假若有怀疑心有好奇心而偏偏想问，该如何办呢？

"上帝"不会回答。人们只能试图回答。我的尝试回答是："宗教性道德"本是一种"社会性道德"。它本是一定时代、地域、民族、集团，即一定时、空、条件环境下的或大或小的人类群体为维持、保护、延续其生存、生活所要求的共同行为方式、准则或标准。由于当时的环境和主客观条件，这种"社会性道德"**必须也必然**以一种超社会超人世的现象出现。从图腾时代的动物崇拜到宗法社会的祖先崇拜，从多神到一神，从巫术到宗教，甚至抽象到哲学理论上，都如此，都强调世上人间的各种道德准则、人的行为规范、心性修养，本源于超越此有限人际、生活世俗的"天理"、"良心"、"上帝"、"理性"，正因为这样，人群才慑服，万众才信从。

道德本是维系群体人际关系的原则、准绳，它是一种逐渐形成并不断演化、微调以适应不断变化着的生存环境的产物，成为一种非人为设计的长久习俗。但从远古巫师、古代教主到近代的领袖，它又常常凭借某种传奇性的伟大人物的行为、言语而赋以超越这个世界的严重的神圣性质，经验便由此变成了先验。世间的习俗、经验、法规披戴上神秘光环，成了神圣教义。神圣性使它获有了普遍必然性的语言权力，具有非个体甚至非人群集体所能比拟所可抵御的巨大力量，而成为服从、信仰、敬畏、崇拜的对象。各宗教教主如耶稣、释迦牟尼、穆罕默德，以及中国的周公、孔子，以及某些近代领袖，都如此。"宗教性道德"本来源于一定时空内的某种"社会性道德"，被提升为"普遍必然性"的信仰、情感的最终依托，成为敬畏崇拜的神圣对象。我欣赏 Einstein 这位深窥宇宙奥秘的人所说，"道德不是什么神圣的东西；它纯粹是人的事情"[1]。但由于各种主客观需要，人的事情变成了神意或神谕。

再简单复述一遍：人是群体动物，"人没有锐爪、强臂、利齿、巨躯

---

[1] A.Einstein：《科学的宗教精神》，见《爱因斯坦文集》第1卷，许良英、范岱年译，北京：商务印书馆，1976年，第283页。

而现实地和历史地活下来，极不容易。不容易又奋力活着，**这本身成为一种意义和意识**"[1]，亦即人的生存本身构成了人生价值所在。从猿到人，人类一开始便是某种群居生物族类，其个体生存是与该群体生存紧密连接在一起的。个体为自己也就必须为群体（氏族、家庭、团体、民族、阶级、国家）的生存而奋斗。这种奋斗甚至牺牲，成了人之所以为人的最后的伦理学的实在。任何群体都需要这种伦理要求，并将它变为自觉意识来约束、统治个体，以维护其群体与族类的生存延续。这也大概是最初的具有公共特性的语言本身的重要内容，一开始它就具有权力性和命令性。从发生学说来看，命令句式恐怕就在陈述句式之前。而这也就是这一特定群体社会的伦理道德的规定形式的开始。从原始宗教到近现代的各种"主义"、哲学以及意识形态，这种社会性的伦理道德语言之所以常常要以神圣的或神秘的言说和形式来宣讲出现，就是因为只有以这种形式的言说，才拥有使渺小的个体所不能抵抗、不可争辩、无法阻挡的力量而被认同、服从和履行，使它成为个体自觉意识到人生意义、生活价值、安身立命、终极关怀之所在。在古代各文化传统中，伦理、政治、道德一般都具有神圣或神秘的宗教性能，政治与道德、"社会性道德"与"宗教性道德"常常混而不分。中国两千年来传统的"三纲五常"具有"天理"、"良知"的至上神圣性和"普遍必然性"。西方的基督教义（《圣经》），阿拉伯国家的《古兰经》，更直接以神的旨意宣讲伦理道德的普遍必然的绝对性。实际上，这种"先验"或"超验"的普遍必然只是一定历史时期的客观社会性的经验产物，但"给经验以权威"，便成了原始的神圣[2]。

"宗教性道德"本源于"社会性道德"，在中国"礼源于俗"的历史

---

[1] 参阅拙文《第四提纲》，载《学术月刊》1994年第10期。
[2] 参阅David Hume,《人性论》第3卷。但他将道德归结并建立在情感上，从重视"理性凝聚"的历史本体论来看，便过于直接和单纯，失去了道德所应有的"普遍必然性"。

学的考察中显露出来。章学诚认为贤智学于圣人，圣人学于百姓。刘师培说："上古之时，礼源于俗。"[1] 具有神圣性、要求"普遍必然"的中国的礼制，是以民间经验性习俗为来源。它源于远古至上古（夏、商、周）的氏族群体的巫术礼仪，经周公而制度化，经孔子而心灵化，经宋明理学而哲学化，但始终保存了原始巫术的神圣性，成为数千年来中国传统社会的行为准则、生活规范，即所谓"礼教"。"礼教"正是被论证和被相信为"放之四海而皆准，历时古今而不变"的中国人的"宗教性道德"。

例如，作为这个"礼教"的轴心和中国古代诸道德根基的"孝"，本是氏族群体为维护、巩固、发展其生存延续而要求个体履行的一种社会性的道德义务。它是以家庭为单位、以宗族为支柱的小生产的农耕经济的时代产物。但经由巫术礼仪到礼制化和心灵化之后，"孝"便成为"天之经，地之义"，成为先验或超验的"天理"、"良知"，即某种具有超越此世间人际的神圣性的绝对律令。"不孝"不仅违反人际规则，而且是触犯天条，当遭天谴。从汉代《孝经》宣告"孝"是天经地义，到历代小传统中关于孝和不孝受天福遭天谴的传奇故事，都说明"孝"曾经长久是中国人的"宗教性道德"。

不仅是"孝"，从汉儒制定"天人感应"的图景、以神圣性的宇宙系统来规范人的世间行为，甚至成为制约皇帝的活动的政治规范，到宋儒建立天理人欲的道学，以先验的"天理"、"良知"来论证宣说人际的伦常纲纪，都是将"社会性道德"的经验内容塞入"宗教性道德"的超验形式，以成为普遍必然、神圣崇高的绝对律令。使个体在履行这道德行为中，其内在心理境界超出狭隘的经验范围，具有某种独立自足无待乎外的强大力量，从而富贵不淫，贫贱不移，威武不屈。这也就是超越于现实功利的道德伦理领域中的"自由意志"，作为"人"的标准永远激励后世，甚至千古不灭。经验性的社会性道德内容以先验的宗教性道德的形式出现，便能产生

---

[1] 参阅拙作《己卯五说·说巫史传统》，中国电影出版社，1999年。

这样巨大的功能和效果。谁能不为耶稣上十字架，孔子"知其不可而为之"，以及屈原的执着、文天祥的刚毅、岳飞的勇敢，以及鲁迅的硬骨头，而感到如 Kant 所谓的"道德律令，在我心中"那种唯人独有而可与日星辉映的庄严神圣！

"礼，履也。"中国圣贤的"修（身）齐（家）治（国）平（天下）"的学理却把这种由"社会性道德"（救世济民）上升为"宗教性道德"（个体的安身立命、终极关怀），而又由后者主宰前者的真情实况暴露得最为清楚。也就是说，由于巫史传统，缺乏由上帝人格神直接颁布的道德律令，中国的"宗教性道德"都只是以远为含混的"天道"、"天意"的名义出现；而"天道"、"天意"又经常与"人道"、"人意"相连[1]，从而二者的升降渗透，比西方（特别是中世纪以降政教分离）要远为紧密。"天道"即"人道"，人事与天意相呼应认同，成了中国人的基本信仰方式和道德准则。千百年来，个体儒生就是在这条道路上求得生命和真理，以安身立命，而不必另找精神安息、灵魂寄托。中国传统士大夫甚至现代知识分子之所以较难真心信奉其他宗教，对超验事物始终大体采取"敬鬼神而远之"（既不肯定也不否定）和"祭如在，祭神如神在"（假设它们存在的情感态度）的立场，也是这个缘故。人们常说儒家是入世的宗教，这就是因为在中国，"宗教性道德"与"社会性道德"始终没有真正分开。从哲学上讲，中国人只是超脱（超脱此有限的个体人生），而不是超验（超出人类经验范围）。基督教是"外在超越"，即必须承认具有与人异质的上帝人格神，"内在超越"在西方是泛神论以及基督教中某些神秘教派的主张，包括基督教各正宗教派教义以及 Kant 哲学都认为"内在超越"是神人混同的悖论。

Durkheim 认为将世界二分为神圣与世俗，是宗教思想的特征。从 Max Weber 到 Clifford Geertz 也都认为宗教状态及经验是少量或变态

---

[1] 如"天视自我民视，天听自我民听"等著名话语。

的，以与常态的大量的日常经验和状态相区别。这也涉及上述两种道德问题。在现实生活中，这两种道德的联系和区别非常复杂，可以出现多种不同的情况和形态。Geertz 对同一伊斯兰教在摩洛哥和印尼的不同，曾做过具体的分析。在摩洛哥，两个世界（世俗世界和宗教世界）截然分开，从而宗教教义渗透日常生活范围小而力度大。印尼则相反，两个世界更融合，渗透力度小而范围大[1]。可见两种道德的关系、范围、力度大小在不同文化环境中会大有差异。中国由于历史传统没有形成真正具有人格神的"上帝"，两种道德的全面渗透合一更是一大特征。数千年来中国的儒家礼教强调的是"道在伦常日用之中"，礼制几乎无所不在，贯彻到食衣住行起居饮食各个方面，将社会统治体制与精神信仰体制紧相捆绑造成了"宗教、政治、伦理三合一"。而它们的混同合一，便使个体更为集中关注于现实世界和日常经验的生活、行为、情感和心境。

尽管有不同于儒家并追求摆脱礼教（从政治统治到行为规范）的佛、道两教，但道教追求长生，灵肉不分（道家追求的也只是逍遥人格）；佛教来自西域，在中国或变为士大夫不舍弃世俗生活只求超脱心境的禅宗，或成为老百姓去灾免祸、求吉避凶、为人间现实利益服务的"净土"，在对己待人的诸多方面，仍大多沿袭儒学礼教，仍然是仁义忠信、孝亲爱人，只加上或决然避开朝野政治（道），或扔弃各种世俗生活（释）。这种"宗教性道德"实际只是在儒家"独善其身"基础上加上某种或神秘或超验的解说而已。它们虽有一定组织、仪式和教义，但并未能建立真正完全不同于儒家学说而专属于自己的整套道德律则。相反，倒常常是与传统儒学相互渗透和转化。释门师徒以父子相称，并常以之为关系、行为准则。士大夫"出入释老"，不失儒生。老百姓三教合流，同堂祭拜。如以前拙作所认为，这也是为什么中国知识分子和一般老百姓易于接受马克思主义，将信仰、情感和理性调整到"宗教、政治、伦理三合一"的宇宙观

---

[1] 参阅 C.Geertz, Islam Observed : *Religious Development in Morocco and Indonesia*, University of Chicago Press, 1971.

和人生观的模式中，关注现实人生，成了与古代传统某种"自然"的组接的原因。但由于长期处于斗争环境，特别经由战争时期，对信仰统一的严格要求，完全埋葬了旧传统在交融合一中仍然存有的宽容性、偏离性和异议性。当年儒生便可"出入佛老"，奉行多元的"宗教性道德"。独一无二的现代政治宗教却包囊一切，使人的行为、语言、思想、情感已无所逃于天地之间。

现代社会性道德

（一）形式公正和普遍性

由于现代大工业社会的来临，科学技术、生产力、生产方式和"经济基础"的巨大改变，也就是我说的社会存在的"本体"（工具—社会本体）的改变，先在思想领域继而在习俗、政治、法律各个领域，对"宗教、政治、伦理三合一"，亦即对"社会性道德"与"宗教性道德"相交融的中国传统，不管是"封建"传统还是革命传统，造成了极大的挑战。从戊戌到"五四"是第一次，二十世纪八十年代至今是第二次。建立在现代化的工具—社会本体之上的、以个人为基地、以契约为原则的现代社会性道德，对上述传统的"三合一"、两交融开始形成巨大的威胁和破坏。

因之，新旧道德观念的冲突斗争，社会行为中的无序混乱，内心世界的矛盾重重，思想理论的含糊杂乱，形成了今日所谓"道德危机"、"信仰危机"的症候群。百年前，Marx 和 Engels 在《共产党宣言》中曾这样描述过："生产的不断变革，一切社会关系不停地动荡，永远地不安定和变动，这就是资产阶级的时代不同于过去一切时代的地方。一切固定的古老的关系以及与之相适应的素被尊崇的观念和见解都被消除了；一切新形成的关系等不到固定下来就陈旧了。一切固定的东西烟消云散了，一切神圣的东西都被亵渎了。人们终于不得不用冷静的眼光来看他们的生活地位、他们的相互关系。"现在中国正是如此。这也就是说，今天中国人在现代经济发展中,已经有意识和无意识地在突破两种道德合一的传统状态,而追求建立适合现代要求的"社会性道德"。

所谓"现代社会性道德",主要是指在现代社会的人际关系和人群交往中,个人在行为活动中所应遵循的自觉原则和标准。由于涉及面极为广阔,从政治体制和日常生活,直到个人的内心情感、信仰,它是多种学科(社会学、心理学特别是政治哲学和各种职业伦理学)所共同研究的课题。它所处理的社会生活中的人的行为和道德特性,与现代法律、政治、经济直接攸关。

以法律形式出现的现代经济政治体制的特征,是以个人为单位基础上的社会契约论思想。这当然也是极为繁复的问题,是政治哲学专门家的领域。我估计政治哲学在今后相当长的时期内会成为中国的重要显学,所有这些问题将被仔细梳理、研究,远非作者这种门外人所应置喙。因之,这里只能简单化地说明几点:

第一,现代社会性道德以个体(经验性的生存、利益、幸福)为单位,为主体,为基础。个体第一,群体(社会)第二。私利(个人权利,human rights)第一,公益第二。而且,所谓"社会"和"公益"也都建立在个体、私利的契约之上,从而必须有严格的限定,不致损害个体。因为社会本由个体组成,它不能也不应高于个体。相反,社会只能服从、服务于个体(生存、利益、幸福)。但各个个体并不相同,生存、利益、兴趣和所追求的幸福、快乐也并不一致,于是才有契约。基于个体利益之上的人之间的社会契约,是一切现代社会性道德从而是现代法律、政治的根本基础。

Hayek 认为利他主义只是社会生物学的本能,它源出于原始小团体的需要。现代的传统是个人为本,基本原则必须是"不能为了普遍利益而牺牲个人权利"。相反,个人权利才是具有普遍性的必然命题。个体的一切伦理义务和责任,包括牺牲自己,也只是建立在这个契约基础之上。"敬业"、"修德进业"、"忠于职守"等原具有宗教性神圣的"敬"、"德"、

"忠",转化为具有同样崇高地位的现代职业伦理学的范畴。

因此,我为什么牺牲自己?从客观说,是因为我必须履行社会契约,从而最终也正是为了保卫个体原则。如服兵役因战争而牺牲,为救火而丧生,以及各种职业伦理,都属此范围。他(她)们同样是为人景仰崇拜的英雄、模范,但并不是"宗教性道德"那种在苦难中获超升的圣徒或"替天行道"的"圣王"。

从主观说,十八世纪法国唯物论者 Helvétius 等人早已充分论证过,牺牲自己也是为了自己精神上的快乐。如此等等,此处不赘。

第二,现代社会性道德是以抽象的个人(实质的个人个个不同,其先天、后天的各种情况均各不同)和虚幻的"无负荷自我"的平等性的社会契约(实际契约常常没有这种平等)为根本基础的。它的这种类似"宗教性道德"所宣称或要求的所谓"普遍必然性",只是自文艺复兴时代以来的数百年习俗历史地形成的。它的个人主义原则、自由主义原则等等现代社会性道德,也都是历史的产物。所以即使在启蒙思潮顶峰 Kant 那里,当将这些原则变为一种普遍必然性的先验道德律令时,它也仍然只能是"使你的意志所遵循的准则永远同时能够成为一条普遍的立法原理","在任何情况下把人当作目的,决不只当作工具"这样一种形式主义的律令。Kant 形式主义伦理学的缺陷,我已在别处做了讨论[1]。这里要说的只是,现代社会性道德的"普遍必然性"乃来自现代经济政治生活,并非先验或超验的原理,也不是圣人的英明或上帝的旨意。其所谓"普遍必然性"正是"客观社会性"。因此这种道德不是"宗教性道德",即它不是宗教,不是信仰的对象,只是行为的理性法规。

道德从一开始本即是个体与个体、个体与群体的关系问题。在现代社会以前,经常是个人从属于群体,个体以群体生存、延续作为生活的目标和原则,并且这种"社会性道德"经常笼罩在"宗教性道德"的直

---

[1] 参见拙作《批判》第 8 章。

接管辖或间接支配之下。前述中国宗教性道德之"三合一",便是突出代表。现代社会以降,自启蒙主义突出了理性和个人,个人成为轴心并以之来建立这种契约性的道德以来,现代社会性道德在实际上便与"宗教性道德"逐渐脱钩。但脱钩至今也并不完全。在政治上,如美国总统就职需手按《圣经》宣誓(尽管这只是一种仪式);在生活中,"实质公正"(大都与传统宗教性道德有关)也经常干预形式公正和程序公正。但就整体世界进程来说,现代社会性道德毕竟逐渐占据统治地位,而且取得了法律形式的确认和支持。随着形式公正、程序第一、个人利益基础上的理性化的社会秩序在发达国家中历史性地建立和稳定,这些现代社会性道德的基本命题,随着历史经济的进程日益广泛地在全世界传布开来。尽管有各种曲折困难,以及与各种传统道德或宗教的严重冲突,但它似乎总能最终冲破各地区、种族、文化、宗教的传统框架和限定而"普遍必然",成为"现代性"的重要标记之一。今日中国也在逐渐脱去"祖宗成法"和"革命神雾"的各种束缚,理性作为人们追求物质生活、食衣住行等的必要工具使社会生活许多方面日益程序化、规范化和形式化。形式公正、程序第一优先于实质公正、内容第一,将成为中国走向现代化的必经之路。理论的任务是自觉明确这一点。

现代社会性道德既以个人为基本单元,所谓"个人"和"个人自由"就成了某种聚焦。

"自由"据说可以有200种左右的不同含义。自Isaiah Berlin区分"积极自由"(free to,有自由去做什么)和"消极自由"(free from,有自由不受某种干预)以来,"自由"的两种相关联却并不相同的特色及有关问题和困难,也更为清楚。

在我看来,所谓"free from"的"消极自由"是更为历史地对待"自由"。即现代社会的个人自由是逐渐从传统的各种"宗教性道德"的束缚管制下解放而取得的。所以重点突出了历史具体性,即个人为自己的利益去解除或摆脱原有约束的自由,它突出了个体的选择和"解放"。

"积极自由"则更具理想的特色。虽也包括追求从传统束缚下解放出来，但具有一定抽象性。由于重点在于表述个人能做什么的自由，这便可以与造反、革命等相联结以打破常规、法律和传统。从而，它常常反使个体自觉不自觉地或从属或服从在以各种名号的群体行为和观念中（如以自由名号的革命暴力），个人的选择自由反而被剥夺。现代历史已多次有过这种经验。我以为，在现实行程中，前者（消极自由）经常是改良性的，后者经常是革命性的；前者多是具体经验的转换性创造，后者则多有乌托邦理想的号召与向往。

依照一般常态，这两种"自由"的共同点是都必须依靠法律来保护。因之就涉及国家干预（包括政府管制）与个人自由，以及国家与个人的关系等极为复杂的政治哲学问题。

国家（以法律为具体形式，以政府为执行机构）应不应该或在何种程度、范围内干预个人的自由，如经济自由，言论、结社、集会的自由以及各种伦理行为的自由（如家庭、婚姻、爱情、受教育、同性恋、堕胎、宗教信仰等的自由），都是大有争论的问题。并且因时、空、条件的不同，也很难或不可能有完全一致的回答或规定。当然更不属本文论议之列。

但其中一个问题似乎需要在这里重复谈论。这就是自由主义所宣称的"个人自由"以及民主政治这些与现代社会性道德相关的原则，是否真"放之四海而皆准"从而具有世界普遍性的问题。从历史看，即从现代社会特别是第二次世界大战以后和近十年来的所谓"全球一体化"的经济过程来看，如前所说，似乎已在证实着世界各个不同地域、不同种族、不同宗教、不同文化的社会都在或迟或早、或慢或快地以各自不同甚至千差万别的形态，在逐渐或急剧推行上述自由主义这些基本原则，一般首先在经济上，而后在政治和文化上。以至有人过分乐观地呼喊"历史的终结"。门户开放（自由贸易）、财产私有、身份自由、权力分散、言论自由、议会民主，等等等等，是否真有如孙中山在一个世纪前所说，"世界潮流，浩浩荡荡；顺之者昌，逆之者亡"，亦即自由主义所倡导的自由、平等、人权、民主和与之有关的现代社会性道德，其世界普遍性正在实现？

但自由主义所强调的这种"普遍性"，即使在理论上，仍然有一些重要疑难并没很好地解说。

（二）自由主义的问题

第一，这种个人自由的"普遍（必然）性"来自何处？何以可能？一般是一种先验的回答或逻辑的假定，如"天赋人权说"、"神意说"（与"原罪说"、与《圣经》最后审判人人平等有关）、"人性说"、"理性说"，以及包括 J.Rawls 的"原初状态"、"无知之幕"等理论。F.A.Hayek 等人则是"经验传统"说，即"个人自由"非人为设计，乃传统演化，逐渐形成。Kant 等人的先验说的非历史性，似为人所公认。Hayek 的经验说，则并未说明这传统实际来自近数百年的现代社会，并非人类社会一开始就存有。资本主义社会以前，例如中国社会，这种个人自由的经验传统并不存在，从而它的所谓"普遍性"的依据及缘由，仍然是理论上并未有证明的非历史性的假设。

在这个问题上，我仍然接受 Marx 的"经济决定论"的讲法，以为这"缘由"和依据是现代经济基础即日益社会化的工业大生产化的产物。尽管文化传统（如 Max Weber 所说的新教伦理）曾经有过重要作用，但它之所以可能在世界范围内铺开、扩展，主要仍然是由于经济的变迁。只有在社会稳定、人民生活日趋温饱的现代工业生产社会的基础上，并必须发展到一定水平或阶段，接受自由主义的可能性才最大。中国目前便是如此，而以前并不然。其他地区也如此，如伊斯兰许多地区。没有物质基础即社会存在本体的根本改变，便很难健康成长这种自由主义的"普遍必然性"。自由主义、个人主义并不是某种天生的人性或先验的原则。

第二，这个"普遍性"有没有限制？能"普遍"到何种范围、何种程度？能"普遍"到作为某种情感信仰、人生准则，要求人人内心服从笃信而履行的原则吗？有自由主义或自由主义者共同信奉的宗教吗？并没有。这也就是上面讲过的，这种现代社会性道德本身不能也不应成为强加的"宗教性道德"。它只是一种公共理性（public reason），而不是与非理性可能相牵连的私人意识（private consciousness）。它只是要求人们共同遵奉的"公德"，而非涉及个人追求安身立命、终极关怀的"私德"。否则，便恰好与自由主义原则相矛盾。自由主义强调个人选择的权利，特别是有关个体私人事务，有关信仰、情感、性爱、婚姻、嗜好、兴趣、思想、学说等等方面，"不强加于人"是基本原则。无论是以国家、政府、社会、团体、舆论、宗教的名义都不可以。这正是"自由"（free from）的要义所在。自由主义应容许反自由主义的其他主义、信仰、思想、学说发表和发展的权利，当然也有抗拒它们的权利。政治家、政府、法律一般不能干预。当这种个人奉行、宣传、信仰的"私德"危害到"公德"，需要政府干预时，政府干预到何种程度，这个"度"如何掌握，那就是专门的政治学所应讨论的具体问题了。

第三，也是最重要的，当代自由主义在北美、西欧的充分发展似乎走向了它的反面。这有许多情况、许多现象和问题。例如，一个具体事例是，个人应否积极参与政治的问题。自由主义的惯例是，各人可自由选择。参与或不参与，这是个人自由。但其实际结果却是大多数人认为"事不关己，高高挂起"，相当消极或不参与，总统、议员选举投票率经常相当之低；人民大众的政治冷淡，便为有各种利益集团支持的"有心"人所操纵，带来的可能是对大多数人的不利。倡导个人自由的自由主义似乎反而使大多数人可能在政治上处于无能为力的不自由状态。如自由主义提倡"新闻自由"，结果成了人们被媒体控制的不自由。自由主义提倡多元、多样，结果变成了一元化、同质化。自由主义提倡启蒙，结果竟成了愚民。自由主义提倡理性，结果理性成了反理性的有效工具。自由主义倡导的个体自主，结果变成了个体全面被异化，被商品化，成了对个人从心灵到生活的枷锁和奴役。在物质生活方面，由不干预即放纵的经济自由贸易，使贫富分化厉害，加强了经济控制下的寡头话语权以及由于种族、性别、文化、宗教对经济自由的适应能力不一而增大了社会生活的紧张和冲突。不问实质，只求形式公正，使弱势群体或个体处于不利境地。在文化—精神领域，以个人为本位为中心日益原子化的社会，带来的是人情淡薄、人际冷漠、心理躁动、精神空虚。在衣食基本无忧的情况下，人生无目的、世界无意义，即人生意义、生活价值没有着落，分外突出。吸毒、暴力和性放纵在个人自由保护下可以泛滥成灾。而在全球一体化的行程（这将是一个相当漫长的时期）中，各个国家和各个社会群体如何能协调、处理其不同利益，个体如何能理想地作为普遍性的"世界公民"和现实地作为特殊性的国家公民，其间的矛盾、差异和冲突等等，便是尚待解决的法哲学、政治哲学的难题。自由主义的当今行程显露出它的弱点和缺陷。于是出现了各种宗教复兴以及哲学理论上的社群主义（communitarianism）。

　　社群主义驳斥并反对以个人为本体单位的自由主义，强调社会（群体）优先。Charles Taylor 强调，任何个人不能脱离社会，社会之外不可能有真正的个人，所以自由主义认为个人权利优先并无哲学基础。Alasdair Macintyre 认为，个人享有的权利是以某种具体的社会规则和社会条件为前提的。而这些特定的规则和条件只存在于特定的历史时期和特定的社会环境，它们决不是人类的普遍性，不是人类社会从来就有的，也不是社会生活所必需的。的确，客观事实也展示，如果彻底斩断经验传统中的人际关系去追求所谓纯粹个体，恰恰可以成为走向屈从于"集体"、"同志"、"组织"的桥梁。这一点也已为历史验证。可见，非历史的自由主义不可能成为一种理想的价值，它也不是一种历史的或现实的状况。Hayek 也指出个人主义只能是"方法论上"的，因为无论历史上和现实中，都没有那种纯粹的或原子式的"个人"、"自我"或"自由"。

　　从理论说，社群主义确有一定道理，因为自由主义倡导的个体（权利）第一，如我所一再说明，本就是一种非历史的假定。但是，关键在于，不能抽象地谈论理论。在中国，如果按照实用理性，就应该从中国的历史和现状出发。而从这一角度看，自由主义比社群主义在今天中国有更大的合理性。后者虽理论上振振有词，在中国的客观现实中，却容易成为倒退的依据：再度抹杀个人，重回过去年代。社群主义重新将善恶的价值问题提到首位，反对程序优先，强调实质公正，抨击"自己选择"即个人自由的理性主张，强调传统、文化对自我形成和个体行为的价值和意义，从根本上否认有普遍性即普世性的道德律，从而各国家、各民族、各文化应尊重、继续其各自的道德，与自己的传统、历史、文化相衔接。如前所述，现代社会以前的传统道德，例如中国的传统道德，是"宗教性道德"与"社会性道德"混同融合，而以前者作为标尺来规范人的行为和内心。尽管换上"革命新装"，仍然是在善恶实质标尺和绝对性、神圣性的"宗教性道德"的大旗下，把亿万个体的利益、权利甚至生命统统牺牲埋葬掉。这在中国是殷鉴不远，年老的一代都有切肤之痛的。在理论上，《共产党宣言》便未能真正回答当时人们因质疑而提出的人性懒惰即"利己"问题，社会主义国家甚至福利国家的历史实践也证实这一问题确乎存在。经验似乎说明，只有自由主义的个人主义、自由竞争反而使社会较快发展，而众多个体亦因而受益。早在200年前，Kant便以密林高且直之例来肯定个人竞争。经济上如此，政治、文化上也如此。

总而言之，关于整体与个人，"我仍然持历史的看法。我以为，人是从'个人为整体而存在'，发展而成为'整体为个体而存在'的。强调后者而否定前者是非历史的，强调前者而否定后者是反历史的"[1]。自由主义偏重"整体为个人而存在"，甚至以之为先验原理（如"天赋人权"说），是非历史的；社群主义偏重"个体为整体而存在"，在今日中国则可以是反现代化潮流，从而是"反历史的"（在西方则不是）。

那么，如何办？

---

[1] 见拙答问文《现代性与后现代性》，载《南方文坛》2001年第1期。

西体中用

(一) 善恶与对错分家

如所再三说明,虽然我不同意从"天赋人权"到"无知之幕"等等自由主义的基础理论,却仍然赞成自由主义所提出或提倡的以个人为本位的现代道德及法律,并强调在中国巫史传统[1]下要特别重视建立这种道德。从而主张首先要作出两种道德的区别,也就是作出"善恶"与"对错"的区分,这就是政治—文化领域中具体的"西体中用"。

所谓"对错"与"善恶"的分家,亦即权利(对错)与价值(善恶)、现代社会性道德与宗教性道德的分家。孟子的"是非之心,人皆有之"在这里应一分为二:"人皆有之"的"对错"之心,与法律、政治紧相联结;"人皆有之"的"善恶"之心,则与宗教、文化、传统相联结。它们之所以"人皆有之",都是"经验变先验"而已。由于巫史传统的一个世界和神人同质,不像西方政(政府的行政、立法、司法)教(基督教会)分离且历史悠久,使今天区分"宗教、政治、伦理三合一"不仅必要,而且艰难。即使在理论上也如此。这里,我非常愿意引用J.Rawls的《政治自由主义》一书中的"重叠共识"(overlap consensus)理论作为支援,将"对错"与"善恶"、将政治哲学与伦理学分别开来。我以为,J.Rawls这一理论正适合于我前述的两种道德的区分,即将现代世界各社会、各地域、各国家、各文化中人们基本的行为规范、生活准则,与各种传统的宗教、"主义"所宣扬的教义、信仰、情感、伦理区分开,割断它们的历史或理论的因果联系。例如不必将现代社会所要求的自由、人权、民主一定追溯或归功于基督教或希腊文化之类,而明确认为它们只是现代人际关系中共同遵行的政治、法律原则(政治哲学)。它们要解决的是

---

[1] 参见拙作《历史本体论·己卯五说》中《说巫史传统》《"说巫史传统"补》,北京:三联书店,2008年。

"对错"问题,权利、义务诸问题,实际乃是现代经济生活(西体)的产物,所以才有世界性的客观社会性。其普遍性、"必然性"来自我所谓的"工具本体",而并非来自"天赋人权"或基督教义。至于各民族、各地区、各文化所讲求的传统伦理学,实乃宗教性道德。宗教性道德要求普世性,却恰恰没有普世性,因为它涉及"善恶"问题,各宗教各文化对善、恶有不同的教义和观念。关于善恶的起源、形态等等,各种教义可以大相径庭。各种宗教战争和冲突从古至今不曾断绝。"现代社会性道德"不必要与这种追求普世性的宗教伦理,甚至不必要与追求普世性的"天赋人权"等自由主义陈旧哲学相联系。它的客观上的普世性,来自世界经济生活的趋同或一体化。Rawls 将今日的政治伦理与传统的宗教、文化、信仰脱钩的"重叠共识"为何可能或来自何处,似并未详说。我则遵循"经济决定论"思路(《历史本体论》第 1 章),认为它来自世界经济生活趋同。这一趋同包括食衣住行、医疗、工作、交通、娱乐、信息等物质生活,从而精神生活中的个体自觉、个性解放、个人独立等便不可避免。自由主义和现代社会性道德所要求的只是个人履行现代生活的最低限度的义务、遵行最低限度的公共规范和准则,如履行契约、爱护公物、恪守秩序、遵循各种职业道德、服义务兵役、不侵犯他人等等。违反它们,可以涉及也可以不涉及法律,但由于破坏共同生活秩序,有损他人权益,从而是"不道德的"。这里基本上是个"对错"问题,不是"善恶"问题。错了便于理有亏,于心有愧,而并不一定就是人恶性恶。它着重处理的只涉及调整人们行为的客观规则、权益、界限、利害、冲突,既与个体的灵魂拯救、终极关怀、安身立命无关,也与中国传统教导的"父慈子孝,兄友弟恭"、基督教《圣经》的"打你左脸,送上右脸"无关。"对、错"与"善、恶"的分开和脱钩,也就是使政治、法律所处理的日常生活与宗教、意识形态、文化传统所处理的精神世界有一定的分工和疏离,从而使后者既不过分干预前者,也使个体对后者具有更大的选择自由。当然,也包括允许某些人选择这种现代社会性公德本身作为自己的信仰、意识形态或宗教性私德的自由。但不能由这一部分人去强加给其他人。这样，二者便可以各行其是，各自发挥其优长，而不致相互干扰，弄成一团，剪不断，理还乱。

既然经济生活的时代发展是现代社会性道德和自由主义政法的真实基础，如上所述，没有这种经济生活的社会，便不容易成长自由主义道德原则；在已有这种经济生活的社会，便并不必要从理论上输入西方的基督教义的"原罪"观念或希腊文化的个体公民，也不需要硬从中国传统中去寻找"幽暗意识"，或民主、个人传统（如从孟子到李卓吾、黄宗羲等等）来作为资源和依据。与其从传统（不管是外来传统或本土传统）寻找支撑，不如重视二者的矛盾和冲突，及时作出合适的协调。协调的逻辑（理论）前提，不是去"求同"（不管是去寻找本土传统资源，还是搬外来基督教义与自由主义之同），而是去"别异"，即明确"对错"与"善恶"有别。不应从后者，不管是儒家的性善论或基督教的性恶论，来建立、构造或干扰前者的法律制定和道德裁决。这也就是我多年强调的两种道德分家的基本原则。作为现代社会性道德体现的法律精神和观念信仰，不应涉及人性善恶、人生意义、终极价值之类的宗教性课题。现代社会性道德不应以任何教义、"主义"为依据，只是宣告保证每个个体有在不违反公共基本生活规范下去选择、追求信仰任何一种价值、意义、主义、教条的自由，亦即个体在现代社会生活中的基本权利。

但是两者又真能一刀两断、彻底分割吗？"善恶"的价值观念对人们行为的"对错"准则，难道就真的没有关联、作用和影响？

当然不是。

例如美国的堕胎问题。即使在强调人权、实现现代社会性道德已有200年的环境里，传统的宗教性道德仍然强有力地干扰堕胎的合法性。以《圣经》的名义确认胎儿即人，堕胎即杀人的逻辑顺理成章，它在实践中形成了强大的公众反堕胎运动，要求修改允许堕胎、实现妇女人权和个体自由的法律条款。在中国，因为没有这种文化心理，因之也就不会有这种公众性的强大势力和运动。但是，也有许多传统文化心理，例如"不孝有三，无后为大"的儒家思想，在阻挠着有关现代社会性道德包括妇女人权的实现，如弃溺女婴，同工不同酬，以及强调社会、家庭的"稳定"优先于个体自由等等。

可见，刚才讲到的两种道德的区分，"善恶"与"对错"的分家，也只是一种"理想型"的理论构建。在实际运行和现实生活中，两者的相互影响、渗透和难以分割，又是非常突出的。正因为这样，强调这种区分和分家，也才有重要的意义。但更要看到，它是一桩艰难而漫长的工作。特别是历史经验说明，具有根深蒂固传统的宗教性道德，可以以原教旨主义或强势意识形态等形式，与一定社会、集团的实际力量相结合，常常蛊惑、控制或发动某种"群众运动"，使很不容易争取得来的个人自由一夜之间便"改变颜色"，踪迹全无。从而，注意两者的复杂关系，并根据具体情况做具体分析，其中特别是掌握"度"的艺术，便更显重要。

这两种道德的一个重要不同点，也可以说与"情－理"问题有关。现代社会性道德主要是一种理性规定，宗教性道德则无论中外，都与有一定情感紧相联系的信仰、观念相关，如基督教的圣爱、原罪感、对上帝的无比敬畏崇拜、赎救的追求等等，中国则与亲子情、家族情、乡土情等伦常感情相关。现代社会性道德以理性的、有条件的、相互报偿的个人权利为基础，传统的宗教性道德则经常以情感的、无条件的、非互相报偿的责任义务为特征。人不是机器，在现实中即使循理而行，按社会性道德的公共理性规范而生存和生活，但毕竟有各种情感渗透、影响于其中，人和人际关系不可能纯理性，而总具有情感的方面。两种道德的纠缠渗透，于群体、于个人，都是非常自然甚至必然的事情。把它们相区分，是为了对实践有利所做的"理想型"的理论分类，特别是针对今日中国处在传统社会向现代社会的转型期而言。但区分之后的联系、关系，又仍然是理论和实践中特别重要的事情。我所强调的是，只有先区分，而后才好讲联系。这种联系，也就是我已提出过的"宗教性道德"

（私德）对"现代社会性道德"（公德）可以有"范导"而非"建构"的作用。

（二）"天、地、国、亲、师"

前述美国总统必须手按《圣经》而宣誓，展现着虽政教分离已久，宗教和教会无权干预政治，但个人在履行现代"社会性道德"时，仍可具有某种宗教献身精神和情感。关于基督教的伦理道德与现代自由主义以及社会性公德的讨论和文献已汗牛充栋，非本文所能涉及。我所注意的问题只是，强调两种道德区分之后，中国传统的宗教性道德即以儒家学说为主干，以"天、地、国、亲、师"（1911年改"君"为"国"）[1]为代表符号的情感、信仰、观念，对现代社会性道德，对今日和今后中国人的行为规范能否或有否作用或影响，它们之间可以是或"应该是"何种关系。

问题异常复杂，需要伦理学家们的专门论著。这里仍然只能做些简单化的"哲学视角"的表述。

首先一个似乎有趣的问题是：西方基督教所宣讲的情感，由于与"上帝"、"圣爱"相关，爱人是由"上帝"的旨意、命令而来，即使在这一"人情"中，理性成分仍然很重。希伯来人和希腊人的自然环境均非常艰苦，最高情感指向对全知全能的"上帝"的神秘敬畏和崇拜，神人绝不同质，两个世界区分清楚。这个世界的规则（包括自然界的自然律）都是"上帝"所赐而由理智去把握。至于"上帝"本身则是超乎这个世界，也非理智或理性所能认识或把握的本体。从而人的情感一方面是理性化的，另方面则又是非理性和反理性的。二者既可同时并存，又可分途发展。再由于希腊—罗马奴隶制的充分发展，一方面理性主宰、支配情感；斗兽场上人兽相搏，基督教的观众也可以无动于衷，兴高采烈，没有丝毫"恻

---

[1] 它可追溯到荀子"上事天，下事地，尊先祖而隆君师，是礼之三本也"（《荀子·礼论》）。

隐之心"，这是由于理性认定奴隶非自由民即非人之故？另方面，情感又可以完全越出理性，纵欲狂欢，"行同禽兽"。Nietzsche 歌颂的酒神精神的原始生命力量影响至今。理性与情感在西方文化中都有充分的发展空间。其中的情理结构和心理状态，值得很好研究。中国文化似乎与此有所不同。也许由于黄河长江流域地理环境优越，定居农业非常之早且久，畜牧业也不特别发达，人们按时作息、努力耕作即可收取明显可见的巨大成果，从而那种对命运不可抗拒从而对上天的极度畏惧并不强烈存在。相反，由于祖先崇拜始终作为主干，使神人同质，两难分离。情感和理性均停留和发展在人际关系之中，十分重视历史经验。自然界也与人际混同一气，并不分离。更由于不同于奴隶制的中国氏族社会的悠长传统，使以亲子为核心的血缘宗亲关系和世间情感成了主轴。不是因为上帝叫你爱人而如此履行道德行为，而是亲子自然生物感情的提升和扩展而爱人（"老吾老，以及人之老"，"迩之事父，远之事君"）。理性在这里不是主宰情感，而是渗透在情感之中。动物性的本能既没有让其充分展露，又未受理性的绝对抑制，即既不纵欲，也不禁欲，而是让它们在理性的渗透、控制下发展为一整套细腻、多样的人情形态。理性与情欲没有分家，常常交融混同，合二而一。甚至在日常语言中，情理也总连在一起作为标准，以判断人的行为、活动，如合情合理、合乎情理、心安理得等等。它（情理的统一和谐）既是认识论（实用理性）也是伦理学（巫史传统）的准则。在情理结构上，在处理情感、欲望、理知、认识上，中国传统与西方基督教传统形成的文化心理差异，使来自西方但以现代经济生活为依据的现代社会性道德落脚中国，会发生一些新的问题。

八十多年前（1922），作为留美学生的冯友兰曾在读梁漱溟《东西文化及其哲学》一书后写信给梁，其中说："东方之长在能阐明物我一体之理，有精神之大我以笼罩一切个体，而其弊在抑制欲望冲动。西洋在满足欲望、冲动，而其弊在只知有个体而不知有大我，人与人之间只有外的关系而无内的关系。此不但科学如此说，即耶教亦如此说也。（耶教人与人、人与上帝皆无内的关系。）今若设一说，一方阐明一切欲念、情感皆善，即大我所希冀亦不过一切人之欲念之和，故今日之务而是满足欲望，不过因为我一体之故。故满足欲望时不专为自己一人打算耳。"[1]

这个中西比较虽然粗糙、简单，但仍然很有意思。例如说西方无"内"的关系[2]，"不知有大我"等等。而注意到西方对情、欲、理的处理大有差异，是自现代中国人接触西方文明便一直感受到（不一定理解）的问题。偏重中国传统的梁漱溟的主要著作《东西文化及其哲学》《中国文化要义》如此，通晓西方文化的金岳霖也如此[3]。其他一些人也有大同小异、详略不同的类似论述。我以为这一点颇为重要，并将这种不同归结为神人异质（有超验主宰从而"两个世界"）和同质（"一个世界"）：以为后者来源为缺乏发号施令、有言有行的人格神上帝的"巫史传统"。那么，中国这种来自巫史传统而以儒家为主干的宗教性道德，亦即传统的"天、地、君（国）、亲、师"的情感、观念和信仰，在现代生活的社会性道德中会起和应起什么作用，占什么地位，便似乎是这一问题（两种道德的关系）的要点所在。

冯友兰等人仍然希望将两种道德合一，将"满足个体欲望"的现代要求（实即个人本位的自由主义）作为中国传统"物我一体"的"精神大我"（亦即"天、地、国、亲、师"）的基础，而仍以后者"笼罩"前者，成为"内的关系"，而忽视了这两者的重大差异和根本矛盾。这倒可说与后来所谓"科学的人生观"（胡适的"科学的人生观"和共产主义的革命道德）一脉相通。后者使本应是价值中性的自由主义的人权、民主等社会性道德，从"五四"以来具有了非中性的反传统的人生使命感，使它们

---

[1] 见《学人》第4辑，南京：江苏人民出版社，1993年，第4页。
[2] 有趣的是七十余年后几乎同样的说法：但除此之外，"在自由主义的社会中，虽然我们尊重别人的权利，人与人之间也就没有什么内在关系。"（石元康：《自由与社会统一：德我肯论社群》，载《第四届 美国文学与思想研讨会论文选集·哲学篇》，台北："中央研究院"欧美研究所，1995年，第31页。）
[3] 参阅金岳霖：《论道》，北京：商务印书馆，1987年。

成了现代先进人士选定的"宗教性道德",仍然是两种道德混而不分。这一过程无可厚非,其结果却可以造成灾难。但是,中国这一传统和宗教性道德却可以在与现代社会性道德作出区分之后,对后者起某种"范导"作用。由于与重生命本身的根本观念直接攸关,亲子情(父慈子孝)不仅具有巩固社会结构(由家及国)的作用,而且在文化心理上也培育了人情至上(非圣爱至上)的特征。我认为它就可以在现代社会性道德中起某种润滑、引导作用。将个人基础上的理性原则予以适度"软化",即以"情"来润"理"。"亲"如此,"天"、"地"、"国"、"师"亦然。"天"、"地"既可以是自然界,也可以是一切神灵的代称;"国"是故土、乡里、"祖国",它是亲情的扩展、伸延和放大。"天"、"地"作为超越有限的个体(以及人群、人类)而又生长、培育、养息个体、人群和人类的根由,对其培育感恩、崇敬、崇拜和亲近、亲密的情感。这正是一种中国的宗教性的道德感情,而与西方有所不同。西方因为由圣爱和理性而来,从"耶教"到 Kant,"敬畏"成了道德的主要情感。中国因为由亲子、乡土自然感情的提升而来,合理性的人间情爱,如"仁义"、"合情合理"便成了中国传统的道德感情。今天如除去其产生时代的各种具体内容,这种传统的"仁义"感情和"天、地、国、亲、师"的信仰,对今日现代生活仍然可以有引导、示范但非规定、建构的作用。例如,"五四"以来,历经革命以及"文革",传统礼俗早已一扫而空,但即使如此,在对欧美已为习惯的子呼父名,仍感格格难入;对长辈仍自然持有一种扶助、尊敬的态度,赡养父母,"常回家去看看",仍然是一种相当自然的道德态度和义务感情。它不应该建构或规定现代经济生活(如家族用人)、政治生活(如论资排辈),即它不能规定个体独立的契约基础上的社会性道德,却可以作为个体心安理得甚至安身立命的私人道德。它是与情感紧相联系的宗教性道德,也只是凭由个人选择的私德,而不是必须共同奉行的公德。

也许其中少数一些,如儿女赡养父母之类的道德义务可以用法律形式作为公共理性即"现代社会性公德",而不同于西方。但绝大多数却只能是个人自己的选择和决定。例如,爱父母或爱子女应高于(优先于)还是低于(次于)爱上帝?爱父母优先还是爱子女优先?等等,便都不能由"社会性公德"来规定。因此哪一些私德(宗教性道德)可以因范导而进入规定公德(社会性道德),哪一些不可以,便是需要进一步研讨的问题。例如儒家"不患寡而患不均,不患贫而患不安",道家"掊斗折衡,而民不争"等等,是否可以作为左派自由主义或社会民主主义的经济主张的传统资源,由私德进入公德,即进入我在《告别革命》四顺序论中所说个人自由基础上的"社会公正"问题呢?此外,再又如教育学方面,除遵守秩序、服从纪律外,重视礼仪的训练培育,以陶情冶性感受人生;又如,在处理争端的某些情况下,重视和谐效果可能优先于判定是非公正,凡此种种,当由政治学、经济学、法律学、社会学、教育学、心理学等来研究,仍然不是讨论最一般原则和只作提示的本文所能论及。

"天、地、国、亲、师"中的"师",似乎需要单独说一下。"师者,所以传道,授业,解惑也"。(韩愈)"传"什么"道","授"什么"业","解"什么"惑"?我以为,从中国传统来说,这指的是历史的经验教训。经验的历史主义不仅是中国实用理性的特性,而且也是中国整个文化的特征。"师"的真实意义就在这里。对历史,包括对历史人物、历史事件、历史经验教训的认识、理解和情感,从甲骨文、金文的记述到诗词歌赋中的大量怀古、咏史,就都在这个"师"的范围之内。培育对历史经验教训无可否认的绝对性情感,正是摒弃各种相对主义的重要方式。它是值得倡导的"宗教性私德"的内容之一。从现代史说,例如培育对纳粹和日本人大屠杀的历史事件的绝对性的伦理感情(憎恶),这里涉及"善恶",而并不涉及言论自由,即可以容许有人去否认、论辩这些历史事件的有无(这里涉及的是"对错")。这样,便使关注于"对、错"的"社会性公德"受到情感上关注"善、恶"的"宗教性私德"的影响。这也就是"范导"。有这种与情感、信仰相联结的宗教性道德,对现代社会性道德不仅大有帮助，甚至可成为社会健康存在和发展的某种重要条件。由政府、国家去强迫人民接受、信奉某种即使是正确的、"进步的"学说、思想、主义、宗教、艺术、科学，违反了"社会性公德"的形式公正，从而是错误的。但国家或政府却可以倾向于支持、倡导某些有关培育宗教性私德的学说、思想、主张、观念。这里，政府"倾向于支持"哪一种私德和支持的"度"，便是关键所在，它可以随时随地而颇不相同。这又是政治学所应讨论的政治艺术问题。总之，如《己卯五说》中《说儒法互用》所描述，中国古代儒家曾以情感关系融入注重形式平等一致的法家体制中，说明"儒法互用"在今日尽管有根本不同（古代"儒法互用"后，儒家宗教性道德主宰了社会性道德，今日恰恰要排除这种主宰），但在情感上"天"、"地"（自然界或神灵）、"国"（乡里、故土）、"亲"（父母亲、祖父母、祖先、亲戚、朋友）、"师"（老师、历史经验和事件）仍然可以作用于现实生活，并协助建立起当今迫切需要的中国的现代社会性道德，使两种道德混淆无序、杂乱并陈的状况逐渐改变，重构两种道德分途而又协作的新的"礼义之邦"（但不是做乌托邦式的具体理想或筹划）。"周虽旧邦，其命维新"，即此之谓。

历史本体论如同"无知之幕"、"原始状态"一样，都是一种理论的假设。后者为自由主义的个人权利的绝对性做有关"对、错"的社会性道德假设，前者为群体的历史优先性做有关"善、恶"的宗教性道德的假设。历史本体论提出"天、地、国、亲、师"作为自己伦理学的具体范导理想（它只是社会理想，而不是理想社会），以重人情的儒家和中国传统为心理依归，希望对在全球经济一体化的现实世俗生活不可逃避，即必然带来现代社会性道德极大扩展延伸的未来时日里，提供某种意见和建议。"两德论"是结合中国传统对政教分离这一现代课题所作的政治哲学的探讨。

(摘自《历史本体论》)

关于情本体（2004）

心、性为本还是情为本

（一）道德律令与理性凝聚

"情本体"是人类学历史本体论所讲中国传统作为乐感文化的核心。

所谓"本体"不是 Kant 所说与现象界相区别的 noumenon，而只是"本根"、"根本"、"最后实在"的意思。所谓"情本体"，是以"情"为人生的最终实在、根本。但很少有人从哲学上这么说，因之第一个问题便是，讲"情本体"还算不算"哲学"？

从西方哲学史看，自 Socrates、Plato、Aristotle 到 Kant、Hegel 为顶峰，理性特别是知性思辨作为获取真理的途径，一直成为哲学主要课题。Aristotle 界定人是理性的动物，中世纪通由逻辑论证上帝的存在。到近代，理性更成为启蒙的话语，事物的准绳。情感一般视为属于文学艺术和宗教，虽然某些哲学家如 Hume 也强调论说过情感，但始终未成为哲学的主题。到 Kierkegaard 等存在主义兴起后有所改变，但仍然是情感被化为理性抽象来做本体论说。

在中国，先秦孔孟和郭店竹简原典儒学则对"情"有理论话语和哲学关切。"逝者如斯乎"、"汝安乎"（孔子）、"道始于情"（郭店）、"恻隐之心"（孟子），都将"情"作为某种根本或出发点。此"情"是情感，也是情境。它们作为人间关系和人生活动的具体状态，被儒家认为是人道甚至天道之所生发。但是，秦汉之后，儒学变迁，情性分裂，性善情恶成为专制帝国统治子民的正统论断。宋明以降，"存天理灭人欲"更以"道德律令"的绝对形态贬斥情欲。直到明中叶以及清末康（有为）谭（嗣同）和五四运动，才有自然人性论对情欲的高度肯定和昂扬，却仍然缺乏哲学论证。其后，它又很快被革命中的修养理论和现代新儒家的道德形而上学从实践上和理论上再次压倒。

这几句十分简略的历史回溯，是想指出，如同西方一样，自原典儒学之后，"情"在中国哲学也无地位。二十世纪五十年代著名的张（君劢）、牟（宗三）、徐（复观）、唐（君毅）四人文化宣言便明确声称："心性之学乃中国文化的神髓所在。"牟宗三更多次申言："中国人生命的学问的中心就是心和性，因此可称为心性之学。"[1] 牟的代表著作《心体与性体》，如同冯友兰的《新理学》一样，都是运用西方哲学的理性框架和逻辑范畴，以理性或道德为人生根本，构建哲学体系，基本上没有"情"的位置。

但是"心性之学"真是中国文化或中国哲学的"神髓"吗？哲学必须以理性或道德作为人的最高实在或本体特性吗？一些没有系统受过西方哲学训练而对中国传统深有领会的现代学人并不赞同。梁漱溟说，"周孔教化自亦不出于理知，而以情感为其根本"，"孔子学派以敦勉孝悌和一切仁厚肫挚之情为其最大特色"[2]。钱穆说，"宋儒说心统性情，毋宁可以说，在全部人生中，中国儒学思想则更着重此心之情感部分"[3]，"知情意三者之间，实以情为主"[4]。但是无论梁或钱，对此未有更多说明，大都一带而过。从而，中国心性之学的道德理性传统一直被视作此际人生以至无限宇宙的本体。牟宗三的"道德秩序即宇宙秩序"的哲学是一个相当完备的版本。

---

[1] 牟宗三：《中国哲学的特质》，台北：学生书局，1963 年，第 87 页。
[2] 梁漱溟：《中国文化要义》，上海：学林出版社，1987 年，第 119 页。
[3] 钱穆：《孔子与论语》，台北：联经出版公司，1996 年，第 198 页。
[4] 钱穆：《论语要略》。

因此，在话说情本体之前，得先谈论一下这个以心、性、道德为本体的中西方传统哲学。

所谓心、性为本，实际即是以道德为本。在 Kant 那里，优先于思辨理性的实践理性是道德实践。它以绝对律令的先验形式主宰人的行为、活动，使人成为人。即是说，人之所以为人，有赖于它，所以它高于认识的理论理性，是"本体"（noumenon）所在。

在现代哲学中，G. E. Moore 指出"good"是一种非认知所能分析，有如"黄色"一样被直接感知的客观性质。Richard Hare 从日常语言分析也指出，伦理、道德的词汇语句是用以要求、命令、规范人们的行为活动的，与认识的陈述命题根本不同。这些都说明伦理道德与规范、组织、要求、命令人的行为活动相关，而与知识、认识迥然有别。这方面，中外古今论著已如汗牛充栋，毋庸多说。

以心性道德为本体有其一定道理。其中，我始终认为，仍是 Kant 做了最为准确的把握。他所把握的是伦理道德的人类心理特征，即人之所以为人，在于行动实践中的自觉意志。他集中论证了这一特征，而不像幸福论、功利主义等从外在的情况、经验、目的、要求、利益等来论证。

Kant 的重大贡献，例如不同于 Hume，就在于他以绝对律令的先验形式突出了理性主宰、统治、支配人的感性作为、活动、欲望、本能这一道德行为的特征。《批判》说：

> 在 Kant 看来，生命价值和目的不在享受了什么（幸福），而在于做了什么（道德），在于他恰恰可以不作自然锁链的一环。……只有这种服从道德律令的人，才是能有超感性（即自由）能力的自然存在物。[1]

---

[1] 拙作《批判》第 10 章第 7 节。

这也就是中国传统所强调的"人禽（'自然存在物'）之分"。从历史本体论来看，这个所谓道德特征、自觉意志和心理形式，是人类经长期历史由文化积淀而成的"理性的凝聚"。"理性凝聚"不同于"理性内构"，它不是理解、知性、逻辑、思想，而是为了行动一种由理知渗入的确认，即执着于某种观念或规则。它与知性认识的理性内构同属于人的文化心理结构即人性能力，而具有独立的自身价值。Kant形式主义伦理学的伟大意义就在于，它深刻而准确地揭示了这个作为人性能力的心理形式所具有的超功利、超历史的"先验"独立性格。Kant所高扬的不计利害、超越因果（现象界）的伦理道德的绝对性，其实质正是高扬这个"理性凝聚"的人性能力。这种能力对人类生存延续具有根本的价值，它不依附更不低于任何外在的功过利害、成败荣辱，而可以与宇宙自然对峙并美，"直与日月争光可也"。当然，Kant这里的所谓"先验"，实际上仍然是通由人类长期历史的经验而来。这个对人类来说的"理性凝聚"的普遍必然的人性能力或心理形式，仍然是长久历史的各种变易着的具体伦理法规、道德律令所积淀而形成。就中国说，孔子和儒家的释"礼"（人文）归"仁"（人性），便显示着这个由文化（"礼"）而积淀为人性（"仁"）的转换完成。虽其形态表现为"仁"先"礼"后[1]，似乎"仁"（心理结构）是根本。这与Kant实践理性的先验优位似乎相近，其实并不相同。

（二）宋明理学追求超验的失败

不同在于孔子《论语》中答"问仁"时，总是随具体人物、具体情境作出各种不同的回答，并未空悬一个先验理性的绝对律令作为主宰。宋明理学在佛学影响下却对这种理性主宰做了本体性的极力追求，对世间秩序的超越本源、对行为规范中的礼教信仰做了哲学上的理性探寻，这极大地从思辨上提升了中国思想。宋明理学努力论证伦理道德

---

[1] "礼后乎？子曰：'起予者商也，始可与言诗已矣。'"（《论语·八佾第三》）参阅拙作《论语今读·3.8 记》。

之所以不能和不应抗拒，是因为它有超乎人（个体和集体）和超乎经验的依据和理由。这就是"天理"或"良知"。宋儒在"性"中分出"义理之性"和"气质之性"，在"心"中分出"道心"和"人心"。前者是道德律令、伦常原则，后者是情感经验、自然欲求。道德伦理的特征就在于区分出"天理"与"人欲"、"义理"与"气质"、"道心"和"人心"，强调必须以前者管辖、统领、主宰后者。我在《论语今读》以小程、朱熹对"仁"与"孝悌"的关系论说，说明他们与原典儒学有严重矛盾。这个矛盾便是，究竟"孝悌"是"仁"之"本"，还是"仁"是"孝悌"之"本"？根据先秦原典，"孝悌"是"仁"之本，《论语》说得极明白："孝悌也者，其为仁（人）之本与？"[1] 但是小程和朱熹却硬把它们颠倒了过来，"论性，则仁为孝弟（悌）之本"，"（程）子曰：爱出于情，仁则性也"[2]，"盖孝弟是仁之一事，谓之行仁之本则可，谓之是仁之本则不可。盖仁是性也，孝弟是用也。性中只有仁义礼智四者，几曾有孝弟来"[3]。朱熹说，"仁是孝弟之本"，"盖仁，性也。性只是理而已。"[4] 谢上蔡干脆直说"孝弟，非仁也"[5]。

为什么？因为孝悌或"爱"都是具体的经验的"事"、"物"，是日常情感，属于"情"的范畴；而作为它的"本体"、"根源"便应该是不但区别于而且也超越于这情感经验的"理"。所以朱熹称"仁"为"爱之理"[6]，认为"爱是恻隐，恻隐是情，其理则谓之仁"[7]。就是说，仁是性，不是情，它是普遍必然、超越经验的本体即"天理"。朱熹说"理不可见"，不能是任何具体的、偶在的、"可见"的世间经验和情感现象。从而，"情"与"性"不能混同，不能"指情为性"[8]，"仁是性，恻隐是情"，所以"恻

---

[1]《论语·学而第一》。
[2]《二程集》，北京：中华书局，第1180页。
[3] 同上，第183页。
[4]《朱子语类》，卷二十。
[5][6][7][8] 同上。

隐"非"仁"[1]，情感经验"现象"不是"不可见"的理—性的超越"本体"。前者必须以后者为依据、为根由，才可能具有其普遍必然的崇高特质。

可见，与原典儒学如孟子"仁之实，事亲是也；义之实，从兄是也"由抽象走向具体相反，宋明理学则由具体的情境、情感走向抽象的理性"本体"。前者以具体为"实"，后者相反。我在《中国古代思想史论》一书中曾论证朱熹最近 Kant。朱熹的"性"、"理"有如 Kant 那抽象而绝对的先验律令。但是，也如《中国古代思想史论》所认为，在 Kant 那里，这作为先验的绝对律令与经验世界毫无干系，本体和现象界可以截然两分。而在程、朱，由于中国久长的巫史传统，很难产生经验与先验、本体与现象截然二分的观念。"理"虽然是"天理"，但这"天理"又总与作为自然物质的经验生存混同在一起。宋明理学一方面强调"理为本"、"理在先"、"理为主"；另方面又强调"理在气中"、"离气不能言理"、"人欲自有天理"，并经常以各种自然景物如季候、生物、生理等经验现象来作比拟和解释。这使得他们这个不同于"气"的"理"、不同于"情"的"性"，不仅没有摆脱而且还深深渗透了经验世界的许多特色和功能，所以，我以为宋明理学对超验或先验的理性本体即所谓"天理"、"道心"虽然做了极力追求，但在根本上是失败的。他们所极力追求的超验、绝对、普遍必然的"理"、"心"、"性"，仍然离不开经验的、相对的、具体的"情"、"气"、"欲"。他们曾慨叹说，"仁字难说，《论语》一部只是说与门弟子求仁之方"，"盖其（孔子）所言皆求仁之方而已……"[2]《论语》的确只讲"求仁之方"[3]，所以说"孝悌"（情）是"仁"之本；宋明理学追求超越"求仁之方"的"仁"

---

[1] 《朱子语类》，卷二十。
[2] 延年、龟山。转引自陈来：《论宋代道学话语的形成和转变》，载《中国学术》总第 8 辑。
[3] "孔子讲'仁'讲'礼'，都非常具体。这里很少有'什么是'（what is）的问题，所问特别是所答（孔子的回答）总是'如何做'（how to do）。"（《论语今读·前言》）"这也就是 Socrates、Plato 的逻辑性、普遍性、实体性（what is）与孔老夫子的实用性、特殊性、功能性（how to do）之区分所在。"（《论语今读·11.21 记》）

的理性"本体",将"仁"当作"理"、"性"、"道心",与"爱"、"情"、"人心(欲)"区别甚至割裂、对立起来,于是只好一再承认"难说"了。1982年拙文《宋明理学片论》强调了这个问题。今再引述如下:

> Kant把理性与认识、本体与现象做了截然分割,实践理性(伦理行为)只是一种"绝对律令"和"义务",与任何现象世界的情感、观念以及因果、时空均毫不相干,这样就比较彻底地保证了它那超经验的本体地位。中国的实用理性则不然,它素来不去割断本体与现象,而是从现象中求本体,即世间而超世间,它一向强调"天人合一,万物同体";"体用一源"、"体用无间"。Kant的"绝对律令"是不可解释、无所由来(否则即坠入因果律的现象界了)的先验的纯粹形式,理学的"天命之谓性"("理")却是与人的感性存在、心理情感息息相通的。……在宋明理学中,感性的自然界与理性伦常的本体界不但没有分割,反而彼此渗透吻合一致了。"天"和"人"在这里都不只具有理性的一面,而且具有情感的一面。程门高足谢良佐用"桃仁"、"杏仁"(果核喻生长意)来解释"仁",周敦颐庭前草不除以见天意,被理学家传为佳话。"万物静观皆自得,四时佳兴与人同";"等闲识得春风面,万紫千红总是春"……是理学家们的著名诗句。
>
> 尽管心学强调"心"不是知觉的心、不是感性的心,而是纯道德本体意义上的超越的心。但是它又总要用"生生不已"、"不安不忍"、"恻然"等等来描述它,表达它,规定它(包括牟宗三也如此)。而所谓"生生"、"不安不忍"、"恻然"等等,难道不正是具有情感和感知经验在内吗?尽管如何强调它非心理而为形上,如何不是感性,尽管论说得如何玄妙超脱,但真正按实说来,离开了感性、心理,所谓"不安不忍"、"恻然"等等,又可能是什么呢?从孔子起,儒学的特征和关键正在于它建筑在心理情感原则上。王阳明所谓《大学》

古本，强调应用"亲民"来替代朱熹着力的"新民"，也如此。但这样一来，这个所谓道德本体实际上便不容否定地包含有感性的性质、含义、内容和因素了。

像"仁"这个理学根本范畴，既被认作是"性"、"理"、"道心"，同时又被认为具有自然生长发展等感性因素或内容。包括"天"、"心"等范畴也都如此：既是理性的，又是感性的；既是超自然的，又是自然的；既是先验理性的，又是现实经验的。……本体具有了二重性。这样一种矛盾，便蕴藏着对整个理学破坏爆裂的潜在可能。[1]

该文论述了这个内在矛盾的"破坏爆裂"，即它逻辑地导致"心不离身"、"即情即性"、"情性皆体"的王门后学，而指向了自然人性论，宣告了古典宋明理学的终结。我多年申说这一论断，但一直为学人完全忽视。我至今认为，尽管体现了古典士大夫追求现世秩序的超越根源及其宗教情怀，但宋明理学追求超验（或先验）理性的失败，仍然是中国思想史上最值得深入探究的重大课题之一。它涉及如何了解中国文化和哲学。当然，我只是提出问题，还需要大量的专门研究。但这表明，历史本体论从根本上不赞同承继宋明理学的现代新儒家，不赞同以"心性之学"来作为中国文化的"神髓"。当然，历史本体论也不苟同于自然人性论，而主张回复到"道始于情"的原典传统，重新阐释以情本体为核心的中国乐感文化。

宋明理学追求超验之所以失败，如前所说，是因为不可能根本摆脱"巫史传统"中"内圣外王"等基本观念，它关注的核心仍在世间人际开万世太平，而非超验天国的灵魂安息。它虽想为世间人际的伦常政治秩序寻求一个超世间人际的根由，但由于没有超验世界或天国上帝的哲学—宗教的心理（包括意识层和无意识层）背景，作为"性"、

---

[1] 拙作《中国古代思想史论》，北京：人民出版社，1985年，第236、237、262、241页。

"心"、"理"的"仁",便始终不可能等同于 Kant 那与经验无关的实践理性和绝对律令。特别从情感—信仰的角度说,更是如此。中国上古各种原典均不同于《圣经》,它缺少对耶和华、耶稣的那种有别于人间情感的畏和爱。从而,宋明儒学以充满人际世间的"孝悌"和"恻隐之心"来填入"天理"、"性"、"心",便不可能真正超出这个世间。这里呈现出人际世间的伦常情感能否和如何转换为超世间的宗教信仰和宗教情感的问题。宗教强调由神而人,"巫史传统"则由人而神[1]。二者文化积淀的情理结构有别,正是使宋明理学追求超验理性失败的根本原因。这在下节"什么样的情"中当再论说。

(三) 道德的人是"最终目的"?

作为"理性凝聚"的道德律令既然是人之所以为人的根本所在,那么,道德、伦理便是人(人生、生活)的最后目的和最高境地吗? Kant "第三批判"的《目的论判断力批判》最后以"文化—道德的人"作为自然向人生成的最终目的,便是如此。Kant 说,"善的意志是人的存在所能独有的绝对价值,只有与它联系,世界的存在才有一最后目的"[2];"换句话说,服从道德律令的理性存在者的现实存在,才能看作是世界存在的最终目的"[3]。牟宗三的道德形而上学"宇宙秩序即道德秩序",也是如此,也是以伦理道德作为自然、世界和人(人性、人生和生活)的最终意义、价值和目的。

道德秩序超越经验情感而普遍必然,人应该在经验世界中服从、履行,以之统领、管辖、主宰自己的行为、活动,并由之生发出道德情感。这道德感情,就如 Kant 所说,不是同情、怜悯或爱,不是什么"恻隐之心",而只是"敬重"。同情、怜悯、爱或"恻隐之心"

---

[1] 参阅拙作《己卯五说》中《说巫史传统》。
[2] Kant:《判断力批判》,第 86 页。
[3] 同上书,第 87 页。

都与动物本能性的苦乐感受有直接或间接的关联,"敬重"却是一种与动物本能毫无关联而为人类所特有的情感。这是一种由理性(即经理知确认)出发而产生的情感。"敬重这种道德感情的特点便根本不是快乐;相反,它还带着少量的痛苦,包含着强制性的不快。因为它必须把人们的各种自私、自负压抑下去,在道德律令之前自惭形秽。另一方面又因为看到那个神圣的道德律令耸然高出于自己和自己的自然天性之上,产生一种惊叹赞羡的感情,同时由于能够强制自己,抑制利己、自私、自爱、自负而屈从道德律令,就会感到自己也同样高出尘表而有一种自豪。一方面压抑各种自私、利己感情产生出不快、痛苦,同时又因之而感到自豪、高尚,这样两种消极、积极相反相成的心理因素,Kant 认为,便构成了道德感情的特征。它不是自然好恶,而是有意识的理性感情。"[1]

这种"敬重"的道德情感在某些宗教神学那里,非常接近以至可以吻合于对神的敬畏情感。当然也仍有区别。Kant 也清楚地知道伦理道德和道德感情还不能等同于宗教和宗教感情。伦理道德(伦理是以社会规范说,道德是从个体自觉说)毕竟是有关世间人际的,尽管可以是"超验"、"天理",总还不即是"天"、"神"本身。尽管可以将它与灿烂星空媲美,但毕竟还不是那创造了灿烂星空的上帝。

从这里,Kant 走向了道德的神学,提出上帝作为人类保证自己道德行为的主观信仰,才是人的最高企望和目的。Kant 说,"上帝并非在我之外的存在,而只是在我之内的一种思想。上帝是自我立法的道德实践理性","道德不可避免地走向宗教,通过它扩展自己为一个在人类之外的有力量的道德立法者的理念,因为它的意志便是最终目的,这同时是和应当是人的最终目的"[2]。

---

[1] 拙作《批判》第8章第6节。
[2] 《单纯理性限度内的宗教》第1版序言,均引自《批判》第9章第2节。关于文化-道德的人是自然的最终目的,参阅该书第10章。

由于没有宗教传统和"上帝"背景，中国的乐感文化和承续它的历史本体论便并不以道德—宗教作为人的最高目的和人生最高境地。

"实用理性"在提出之初，本作"实践理性"（1980年拙文《孔子再评价》）。据Kant晚年著作《逻辑学讲义》一书，实践的认识之不同于理论的认识（A cognition is called practical as opposed to theoretical），在于它包含着命令—行动。如Kant所说，理论认识不要求行动（acting），其对象只是存在（being）。而所有实践认识，其最终形态和目的是道德行为。所以Kant的伦理学也就是《实践理性批判》。这也就是上面提到过的Kant认为自然的目的是文化—道德的人。由于历史本体论不以道德—宗教作为归宿点，而强调归宿在人的感性的"自由感受"中，从而它便不止步于"理性凝聚"的伦理道德，而认为包容它又超越它的"理性融化"或称"理性积淀"（狭义），才是人的本体所在。即是说人的"本体"不是理性而是情理交融的感性。这正是当年弃"实践理性"（practical reason）而用"实用理性"（pragmatic reason）一词的重要原因。尽管从自然说，出现文化—道德的人是由自然而超出自然，但作为人，却不能停留在这超自然的目标和境地中。你、我、他（她）仍然是感性自然的存在物，所谓"最终目的"仍然要回到这个感性生命中来。

如前所说，Kant将"人之所以为人"即区别于其他动物族类，归结为伦理道德，因以之为"本体"所在，这在确立人性上，远优于任何经验主义。但由之也就将此"本体"和"最终目的"（在宋明理学和现代新儒家，这也就是"天理"、"良知"、"性体"、"心体"）作为绝对律令而君临一切，使这个世界的一切感性屈从、臣服其下。以伦理作为人的最高目的和最高境地，经常使人为神役，与"人为物役"相对应，都造成人的异化[1]。

如果说Darwin说明了人由动物而来却仍是一动物族类，那么

---

[1] 参阅拙文《康德哲学与建立主体性论纲》（1981）。

Freud 也说明了人的心理的这同一特征。Freud 以"本我"（id）、"超我"（super-ego）和"自我"（ego）等概念描绘了人类文化心理形式中社会理性压抑、主宰动物本能的理欲关系。这种压抑和主宰即 Freud 所说的"现实原则"，它虽使人作为社会成员而存活和延续，但那被压抑被主宰的动物本能欲求又仍然不可能消失，而经常在睡梦中、艺术中和其他"脱轨"行动中不断冲出。"理性凝聚"并不能取代和控制一切。人的生存、生活、生命价值和人生意义也不是理性秩序和伦理道德所能全部等同。所以一方面，如 Karl Kautsky[1] 或丁文江[2] 以及今天的社会生物学认为群居动物也有伦理道德，与人无别，完全无视和贬低作为理性凝聚的自由意志这一人所特有的文化心理结构，是片面的。另一方面，如 Kant 或牟宗三，认为这种理性凝聚的道德自觉便是人的最高目的和最高境地，以之为"本体"，忽视和贬低人的动物感性情欲的正当和重要，也是片面的。

历史本体论认为这里的关键是"情理结构"问题。即情（欲）与理是以何种方式、比例、关系、韵律而相关联、渗透、交叉、重叠着。从而，**如何使这"情理结构"取得一最好的比例形式和结构秩序，成了乐感文化注意的焦点**。乐感文化反对"道德秩序即宇宙秩序"，反对以伦常道德作为人的生存的最高境地，反对理性统治一切，主张回到感性存在的真实的人。人不是神。你、我、他（她）也是动物。你、我、他（她）是神（理）与动物（欲）的结合统一。问题就在于这是结合而不是同一或分裂。分裂或同一将造成人的身心痛苦。这就是"以人为本"的乐感文化的根本含义。它不是自然人性论的欲（动物）本体，也不是道德形而上学的理（神）本体，而是情（人）本体。

从历史上看，伦理道德作为"本体"，作为人的根本和"最终实在"

---

[1] Karl Kautsky：《唯物主义历史观》第一分册，第3篇第9章。
[2] 参阅《科学与人生观》一书中丁文江文。

是由于道德律令、伦理规范经常以宗教形态出现，对道德情感的敬重与对神的敬畏情感便经常浑然一体。从 Kant 由道德律令引向宗教信仰的论证中可以看到，由道德情感的"敬重"引向宗教情感的"敬畏"，二者混同合一，是轻而易举的。各种宗教正是通过仪式、典礼种种有组织的群体活动，将伦理道德的规则浸泡在炽热炽热的神圣的情感信仰中，产生出巨大的行动力量，使之成为人生的最终目标和生活归宿。宗教特别是宗教情感常常就这样成了道德心理的某种泉源。

在这里，道德与宗教、道德情感与宗教情感便基本上是同一的了。这也就是我所说的社会性道德变为宗教性道德或二者合而为一。

什么样的情

（一）Abraham 的杀子与中国的"孝－仁"

如上所说，道德伦理虽以理性凝聚的心理形式即以理性认知主宰情欲来决定行为，却仍然需要某种情感信仰来支持。西方中世纪以来，基督教义是伦理道德的重要基石，中国由于宗教、伦理、政治三合一[1]，儒家学说既是理知观念，又具信仰—情感功能。从而，这种"情"被当作与"本体"相关。

但是，这是什么样的"情"呢？"情"有许多种类。中国古代讲"喜怒哀惧爱恶欲"等所谓"七情"。其中，无论中西，"情"与"爱"经常联系在一起，是"情"的一种基本形态。而情（爱）又明显与人的身体存在即人作为生物体的基本需要、欲望、本能有直接、间接的联系和关系。上面已讲，由于长期的社会历史，人的"情"并不等同动物的欲，情（爱）经常成为某种理欲交错而组成的复杂多样的心理状态或情理结构。"理"

---

[1] 详见拙作《论语今读》《己卯五说》《历史本体论》。

以社会秩序正当性出现，中国原典儒学说"始发于情，终近于义"，"发乎情止乎礼义"。梁漱溟征引《礼记》说，"夫礼者，因人之情而为节文，称情而立文。……（礼）非从天降也，非从地出也，人情而已矣"[1]。有如梁所加重点，作为理性秩序的"礼"是"人情"的外在规范的仪文表现。"礼"、"义"的根本在于内心的人情，而非外在的天地神灵。也就是说，"礼"不以超越或先验的"心"、"性"为"本"为"体"，而是以普普通通、百姓日用而不知的人际感情为"本"为"体"。《论语今读》指出，《论语》一书多次出现的基本概念如"诚、敬、庄、慈、忠、信、恕"等等，无一不与具体的情感心理状态有关，并非抽象的"心"、"性"的理性概念。

问题在于，原典儒学所宣讲的这个作为"礼"的来源和根本的"因人之情"的"情"，主要是什么样的"情"？

孟子和后儒都着重说明，与墨子讲的"博爱"的"情"相区别，儒家的"情"是以有生理血缘关系的亲子情为基础的。它以"亲子"为中心，由近及远、由亲至疏地辐射开来，一直到"民吾同胞，物吾与也"的"仁民爱物"，即亲子情可以扩展成为对芸芸众生以及宇宙万物的广大博爱。儒家认为有男女、夫妇才有父子，有父子之后才有君臣以及兄弟和朋友，但儒家既不以男女、夫妇，也不以天地、神灵，而始终抓住"亲子"这一环作为核心或根本。这即是"孝－仁"。

对比同样注意家庭和教育的犹太教，对比同样大讲情爱的基督教，这个核心是相当显著的。《圣经·旧约》中 Abraham 杀子的著名故事，是犹太教、基督教和伊斯兰教所共同遵奉的神圣教义，可在此做一比较。

Abraham 遵循上帝命令，决心杀子献祭（杀戮最珍贵最亲爱的人以供奉上帝，是许多原始宗教常有的神圣礼仪），虽然最后一刹那得到上帝赦免，但那决心杀子所引发的内心苦痛和恐惧、惶惑、战栗

---

[1]《梁漱溟全集》第 7 卷，济南：山东人民出版社，1990 年，第 463 页，重点原有。

之情，有如 Kierkegaard 所精心描述，是极为惨厉深重的。与此激情或可比较且更强烈的是《圣经·新约》耶稣上十字架的受虐。不管是为赎众生犯罪的博爱，还是为众生还债以平息上帝的震怒，不管是代替论（substitutionary theory）还是示范论（exemplary theory）的神学解说，"十字架上的真理"是必须经受苦难获取拯救（复活），背负苦痛来赢得不朽（永生），其特征也是以身心极度受虐痛苦和血淋淋的死亡来惊魂动魄、震撼人心。犹太教、基督教以及伊斯兰教在建构人类心理上，都突出地呈现了情理结构中理性绝对主宰的特质：突出这种信仰-情感与任何生物本能、自然情欲无关，纯粹由理知确认，并坚持、执着某个由知性确定的对象、原则、观念或规则。在这里，理性（知性的特定观念）不仅绝对地主宰着感性，而且是在自然感性万分痛苦的受虐、挣扎和牺牲中来确立自己的权威，即对上帝的信仰和服从，以斩断恋生之情或诀别人世亲情，来奉行神的旨意。这里所产生出的特定情感，可以看作是 Kant 所讲实践理性的道德感情的人格圣化。基督教讲"圣爱"高于理性，具体落实在情感上，便正是以纯粹理性的绝对主宰（由知性确认的自觉意志）为根本特征。这是一种以极度理性凝聚来彻底、全面、干净地舍弃、压倒和征服自然情欲和世间一切其他感情。它所突出的是彻底洗涤人间情欲特别是自然生理情欲（这经常被认为是一切罪行、丑恶的渊薮）而带来的精神欢悦。这种以理性凝聚的意志力量来决裂、斩绝人世情欲，历经身心的惨重冲突和苦难，却仍然永无休止地对上帝的激越情爱，可以造成心理上最大的动荡感、超越感、净化感和神圣感。它虽万分痛苦却可大获欢欣，虽残酷折磨却可深感超越，对比人际世间的种种污秽丑恶以及人世情感的琐细繁杂，显得分外崇高和圣洁。

  从 Abraham 杀子，到耶稣上十字架，以及到穆斯林为真主而圣战，都是不惜与自己这个有限肉体的生存和人间世际的欢乐相决裂，在行为中展示这个崇高圣洁的情感-信仰，而与神相联结。似乎只有这样，才能超出自己的"本然"状态，并使人认识到自然状态在价值上的根本缺失。所以，在根本上人所以爱和所以能爱都不由于人自己，更与人的自然情欲无关，它是因为上帝命令人如此。此爱非来自世间，它来自实乃理性的"圣爱"，从而它远远高出于任何世间人际的关系、律令、规则，所以也才能无远弗届。这才是真理、道路和生命。从而，真正的爱完全不能起因于或归结为任何世间人际的某种原因，更不能是动物性的血缘亲情所能生发。

如前所说，与此相反，儒家所倡导的伦常道德和人际感情却都与群居动物的自然本能有关：夫妻之于性爱，亲子、兄弟之有血缘，朋友之与群居社交本性。从而儒家的情爱，可说是由动物本能情欲即自然情感所提升（社会化）的理性情感。虽然最初阶段（无论是原始民族或儿童教育）都有理性的强制和主宰，但最终却是以理性融化在感性中为特色，与始终以理性（实际是知性特定观念）绝对主宰控制有所不同。中国文化传统对经由内心情理分裂、灵肉受虐、惨厉苦痛即由理性在残酷冲突中绝对主宰感性而取得净化升华，是比较陌生的。二十余年前我说，中国人崇拜的菩萨或肃穆庄严或慈眉善目，甚或威猛狰狞，但都不会是血淋淋的十字架[1]。上面所说宋明理学追求超验的失败，正是因为在情理结构上有这个非常重要的传统文化心理的根源。以亲子为核心、以"尽伦"为指归的宋明理学，以及现代新儒学对宋明理学的宗教性的尽力发掘，事实上仍然很难与犹太—基督教所塑建的理性主义的"情理结构"相比拟。儒学宗教性的种种劝善惩恶、自我反省如功过格之类，比之基督教义和实践，相形之下，差距甚远。

这种不同，在哲学上，也许可看作是实在论（以上帝为本的普遍性）与唯名论（以世俗生活为本的特殊性），或理性主义与经验主义的不同。

---

[1] 参阅拙作《走我自己的路》中《中国思想史杂谈》等文。

后者肯定人的动物生存，将社会性所要求的"理"渗入"欲"，将动物族类的自然本能转换性地提升，创造为理性化的伦常关系和伦常感情，强调理渗透情、情理协调、"合情合理"和人际温暖。前者以无条件的理性命令即上帝的爱为起点和来源，轻视甚至要求斩断以生物性为基础的人间关系和世俗情感，以取得精神纯净、拯救灵魂。一个强调情（欲）理交融，一个重视情（欲）理差别。对"人活着"这一基本事实，一个采取肯定并着重这个肉体存在以及由此产生的关系即现实人伦，因而活的意义（"为什么活"）的根本也即在此世间人际之中。一个采取轻视甚至否弃肉身存在和由此产生的关系即现实人伦，因而活的意义的根本是在另个世界的彼岸天国。前者尽管也有以社会理性来斩绝人伦情爱的事例，如儒家宣讲的"大义灭亲"、"郭巨埋儿"之类，但它们不但世俗的条件性、相对性极强，而且也远非核心观念。在原典儒学中，孟子倡导的是舜负父出奔即"孝"大于"忠"，亲情高于王位甚至律法。鲁迅则痛斥"郭巨埋儿"之类违背人情，毫不道德。即使在所谓"亲不亲,阶级分"用极端的政治理性来宰割家庭的"文化大革命"中，毕竟只能通行在极短的两三年内，远远不能被长久地和普遍地接受。这种以理性全面压倒情感对中国人的支配力量相对地薄弱稀淡。相反，"常回家去看看"倒不断为人们所提及和倡导。以生理血缘基础的"孝－仁"为核心的伦常情感（包括民间经常以血缘"兄弟"名号结拜为生死之交）仍然长期影响着中国人。这可能就是犹太教（唐、宋传入）、基督教（明末传入）等理性绝对主宰情感的根本教义较难被中国人彻底接受的心理原因。

耶稣的名言："不要与恶人作对。有人打你的右脸，连左脸也转过来由他打"，"爱你们的仇敌，为逼迫你们的人祈福"[1]。孔子的名言："何以报德？以直报怨，以德报德。"[2] 两相对照，前者舍弃日常经验，

---

[1] 《新约·马太福音》5：39、5：44。
[2] 《论语·宪问十四》。

显示服从上帝意志的理性力量。后者则以生存的合理性来做衡量和决定，经验情感的实用精神十分突出。这也正是中国实用理性和乐感文化之不可分割，与西方思辨理性与实践理性可以分开之不同。鲁迅说，Dostoevsky 不仅从清白里拷问出罪恶，而且从罪恶里也拷问出清白。即是说最优秀最高尚的人，心中也有黑暗和罪恶；而十恶不赦的罪犯凶徒，心灵中也有纯洁、高尚和温柔。Dostoevsky 在帝俄特定时代环境里所叙说描绘的种种，经常被人搬用为普遍原则。也就是说，最好的人也有恶（包括原罪），最坏的人也有善，在灵魂拷问中，大家同样是上帝面前的罪人，无分彼此，因此应爱敌如己，普救众生。对重经验合理性的实用理性来说，这便是善恶不分，好坏同样。这样，也就可以一面作恶，一面讲爱；一面流泪，一面杀人（如宋武帝）。这对重实用理性和乐感文化的中国人，便较难接受。

《旧约》讲畏，《新约》讲爱。尽管"畏"与"爱"可以有各种比例、节奏的组接构造，从而产生形形色色的不同教义、教派、仪式和种种不同而复杂的情理结构，但大体都仍是以理对情（欲）的绝对压倒，即情（畏、爱）出于理，由神而人。中国则讲"道始于情"、以情为本，即使宋明理学大讲"存天理灭人欲"，也仍然承认"人欲"的地位，甚至认为"天理即在人欲中"。至于嘲笑、反对宋明理学的人，如袁枚则干脆说："从古忠臣孝子，但知有情，不知有名。为国家者，情之大者也；恋黎倩者，情之小者也。情如雷如云，弥天塞地，迫不可遏，故不畏诛，不畏贬，不畏人訾议，一意孤行，然后可以犯天下之大难……"[1] 袁枚公开把道德伦常不建在"理"（即袁枚所谓的"名"，亦即"名教"、礼教）而建立在"情"上，以此世的情爱来作为可"弥天塞地"的道德意志所由起。这可以算作现代"自然人性论"的启蒙先声。

关于"自然人性论"，我在《中国近代思想史论》中已经讲过。这里

---

[1] 袁枚：《读〈胡忠简公传〉》，《小仓山房续文集》卷三十。

要表明的只是，历史本体论提出"情本体"，虽并不同于自然人性论，却仍然承续着这一启蒙。乐感文化以情为体，是强调人的感性生命、生活、生存，从而人的自然情欲不可毁弃、不应贬低。虽然承认并强调"理性凝聚"的道德伦理，但反对以它和它的圣化形态（宗教）来全面压服或取代人的情欲和感性生命，认为重要的是应研究"理"与"欲"在不同生活方面所具有或应有的各个不同的比例、关系、节奏和配置，即各种不同形态的人性情理结构，亦即以"儒学四期"的"情欲论"来取代"儒学三期"的"心性论"。

（二）"未知死，焉知生"与"未知生，焉知死"

从哲学上说，西方自 Plato 到 Kant、Hegel，理性主义以不变理式、先验道德律令和绝对精神将理性对感性的统领提到顶峰。自 Nietzsche 到 Heidegger 等人，反理性主义又以权力意志（will to power）、此在（Dasein）等等也同样使这一统领达到顶峰。前者（理性主义）较单纯地强调了理性、思维、逻辑对感性的优先和主宰，后者（反理性主义）则以理性方式更为复杂地突出了肉体生命的虚无和毁灭。所以，尽管是所谓"反理性主义"，却仍然是理性对自然情感的压倒和摧毁。这种反理性主义与中国乐感文化更可比量，呈现在"哲学"上，Heidegger 的"未知死，焉知生"与孔老夫子的"未知生，焉知死"便可做一个对照。

Heidegger 的 Dasein（此在）的真正含义就是"去在"，即意识到自己的存在而在。这个被意识到的具有时间性的有限的此在，依据 Heidegger，只有排除"活在世上"、"与他人共在"而专注于"前行到那无可避免的死亡"而敞开的多种可能性中的自觉选择和自我决断，才有真正的在。在死亡作为每个个体所面临而具有的独特限定的面前，我的"去在"才显现"真我"、"本己"面目，它即是自己的决断和选择。所以，领会着死亡而生存，并不只是意识到自己有限时间性的存在，也不只是"真我"自觉选择的可能性，重要的是，它是站在前行到死亡中的基点上去决断客观性的明天。所以不是 his possibility 而是 its possibility。明天大于（重要）过去和现在，这才是真正展示"本己"、"真我"的此在的时时刻刻。由启蒙时代发展而来的个人主义、理性主义，最终推出了这个反理性的情感峰巅。面向死亡的个体情感是独一无二、无可替代的。你没有了，即使最"体现"你的任何事物都不会是你。最真实最珍贵的只是你这个时时刻刻的"此在"，它面向死亡而决断明天。这种"未知死，焉知生"的死亡哲学，给予人的并不是怯懦、消极或悲观，而是勇敢、悲情、奋发、冲力。它要求人对"此在"负责，面向死亡，强力前行。

当"二战"高潮期，Heidegger 这一哲学曾一度被指责为对生死无所谓的虚无主义，是反对逻辑的纯情感哲学，"畏"是怯懦。这当然是巨大的误解。在 1943 年 Heidegger 发表《形而上学是什么？》之"后记"中做了回应。兹摘抄几句如下：

> 牺牲乃是为存在者而把人之本质挥霍到对存在之真理的维护中，这种挥霍由于起于自由之深渊而解除了一切强制。在牺牲中发生着隐蔽的谢恩，唯有这种谢恩赏识恩典；而作为这种恩典，存在已经在思想中把自己转让给人之本质了，从而使人在与存在的关联中承担起存在之看护。[1]

> 牺牲乃是在通向对存在之恩宠的维护的进程中对存在者的告别。[2]

> 因此，牺牲不能容忍任何一种计算，通过计算，它往往只根据有用或无用而被清算，不管目标是被降低了还是被提高了。这样一种清算使牺牲之本质变得畸形。[3]

> 本质性的思想关注着不可计算的东西的缓慢迹象，并且在不可计算的东西中认识到不可回避的东西的无法忆及的到达。此种思想

---

[1] Heidegger：《路标》，孙周兴译，北京：商务印书馆，2000 年，第 361 页。
[2] 同上，第 362 页。
[3] 同上，第 361 页。

专心于存在之真理，并因此为存在之真理助力，使之在历史性的人类那里找到其处所。这种帮助不产生任何成果，因为它并不需要效应。[1]

向着根本性的畏的清晰勇气，确保着存在之经验的神秘可能性。因为，近乎作为对深渊的惊恐的根本性的畏，居住着一种畏缩。这种畏缩照亮并保护着那个人之本质的处所，在其中人才有归家之感，才持留于持存者中……勇气在惊恐的深渊中认识到几乎未曾被涉猎过的存在之空间；从存在之澄明而来，任何一个存在者才回转到它所是的和所能是的东西中。[2]

如此等等。

1943 年是德苏战争最为激烈紧张的生死关头，回答官方的浅薄指责，Heidegger 强调"不容任何计算"即不容逻辑认知、利害考虑的一己存在者的告别、牺牲，正是把自己转让给存在，才是维护真理、本质、存在。这是从哲学根本上给正在酣战中的德国士兵以鼓励、歌颂和"打气"，深刻地赞扬他们面对死亡那一往无前的自我选择和决断明天。Heidegger 在上世纪二十年代所提供的充满情感的死亡进行曲，在这个时候，便历史具体地奉献给 Hitler 了。

在十年前，我曾说过 Heidegger 哲学是"士兵的哲学"[3]，正是指它悲情满怀（知道我必然要死），一往无前（不容计算地自我选择和决断），在"先行到死亡中去"亦即在进入无中去体验存在。

近偶读到一本书，其中说到"在第二次世界大战的各大战场上，盟军在打扫战场时经常可以从德军士兵的尸体上发现 Heidegger 的头像以

---

[1] Heidegger：《路标》，孙周兴译，北京：商务印书馆，2000 年，第 362 页。
[2] 同上，第 358—359 页。
[3] 拙文《哲学探寻录》，载《明报月刊》1994 年第 7 期。

及他的《存在哲学》(应为《存在与时间》——引者)，这些纳粹士兵或许最能理解 Heidegger 的向死的哲学"[1]。我上述哲学抽象判断竟有如此巧合史实，颇出意料，为之愕然不已。

Heidegger 的"未知死，焉知生"的反理性哲学，正是以极度抽象的理性凝聚鄙弃日常生活和生存以制造激情的崇高，从而也使这种情感可以引向某种深沉的狂热。Heidegger 的 Being 便有上帝的身影在。

但 Heidegger 是无神论哲学。Being 有"神"的阴影，却不是神。因此，如果不能依归于神，便也可以走向游戏。"未知死，焉知生"在战争时期可以是满怀激情无所计算地向前冲行；和平时期便也可以是无所计算地服药狂欢，唯当下快乐是务。由 Heidegger 走向后现代颇顺理成章：人生、自我均已化为碎片，便不必他求，当下人生即可永恒，此刻快乐就是上帝。从 Nietzsche、Heidegger 的无神论往下一转，便是今日后现代的彻底虚无主义。也如好些人所指出，这正是启蒙以来极度推崇理性的个人主义和理性主义所必然发展的结果。现代反理性主义成了理性主义的"逻辑"发展，反理性主义的哲学仍然通过抽象概念等理知逻辑方式来表达自己。动物没有什么理性或反理性，而只是非理性。人的动物性的生存以及自然情欲只是非理性，既不是理性，也不反理性。Heidegger 的反理性主义是一种以标准理性形态出现的反理性的情感哲学。也正因为此，不是 Plato，也不是 Kant，而是 Heidegger 最可以恰当地与中国传统乐感文化和情本体作某种参照。这也就是上述"未知死，焉知生"与"未知生，焉知死"的比量。与 Heidegger "未知死，焉知生"强调要避开"与他人共在"种种"非本真本己"之后的"先行到死之中去"的独一无二的"此

---

[1] 刘国柱：《希特勒与知识分子》，北京：时事出版社，2000年，第319页。此材料未注明出处，应属可靠。此足见当日德国知识分子对 Heidegger 的迷恋。也有人指出，Heidegger 与日本武士道精神近似（见 Graham Pakes 文，C.Macann 编：*Martin Heidegger: Critical Assessment*）。武士道以死为生的意义和本质，不计因果利害，不想过去未来，只执着于当下的刀法，无所顾惜，无所依恋。武士道这种"念念不忘死亡"以崇死为生的要义，也终于为日本军国主义所利用。参阅拙作《己卯五说》中《中日文化心理比较试说略稿》。

在"恰好相反,"未知生,焉知死"强调的是,以普通日常生活为本根实在,以细致、丰富、多样的人世冷暖为"本真本己",以"活在世上"的个体与他人的你、我、他(她)的"共在"关系,来代替个体与Being或上帝的单向却孤独的"圣洁"关系。"未知生,焉知死"将"神圣"建立在这个平凡、世俗、具体的现实生活之中。这就是"道在伦常日用之中",就是"布帛菽粟之中,自有许多滋味,咀嚼不尽"[1],就在此平凡世俗中去窥探生存的本体、存在的奥秘。的确,面向死亡时,你会深切感受自己的独一无二、不可替代、不能再来,其实这独一无二、不可替代、不能再来也可以是"此在"的生存,尽管你总是"与他人共在"地活在世上。你的死亡是独一无二、不可代替的,你的"生"、你的每时每刻也可以是独一无二、无可替代的。

关键就在于你是否自觉意识到,死是不可避免的无定的必然,生又何尝不然?你自己的生命意义、人生价值不也就在你这时时刻刻却又稍纵即逝的自我意识的生活中吗?为什么不去把握和珍惜这个偶然性极大的生存呢?我曾一再征引纳兰性德"当时只道是寻常":你的日常世俗生活中的种种滋味,其实并不寻常。一部《红楼梦》之所以为中国人百读不厌,也就因为它让你在那些极端琐细的食衣住行和人情世故中,在种种交往活动、人际关系、人情冷暖中,去感受那人生的哀痛、悲伤和爱恋,去领略、享受和理解人生,它可以是一点也不寻常。

死亡确乎是每个人都有的无定的必然,向死亡走去确乎是每个人都有的现在进行时。但为什么一定要时时刻刻惦记着这个必然呢? 为什么不可以忘记它(儒、道)或即使不忘记(禅)却仍然去热情地肯定和拥抱生活呢?这不同样可以领悟到那存在的虚无吗?儒家说"存,吾顺事;殁,吾宁也",重生安死;那么,又何必激情满怀,盲行冲动?生活不可以同样有意义吗?如《历史本体论》所说,在中国传统,"死"的意义

---

[1] 张岱:《答袁箨庵》。

和价值由"生"来敲定,"将死放在生的历史系列中去考察、诠释"。不是死,而是生(人活着),是唯一的衡量标准。因此死才"或重于泰山,或轻于鸿毛"。死作为"无",又仍然是"有"。

从而,这里有不同的两种追求、两种探索和两种境界,都可臻极致。我尝以为《红楼梦》应与《卡拉马佐夫兄弟》对读。它们两美并峙,各领千秋。但能否取长补短、相互助益?上帝以至高无上的地位给人生以目的、生命以价值,以及作出最后审判,比起在日常世俗、平凡生活本身中去建立或追求人生目标和生命价值,似要远为顺理成章和稳操胜券。但中华民族以广阔时空和延续不绝的生存事实,却又未必一定有此结论。究竟如何呢?愿提斯问,请教高人。

《论语》说:"叶公问孔子于子路,子路不对。子曰:女奚不曰,其为人也,发愤忘食,乐以忘忧,不知老之将至云尔。"拙作《论语今读》解释说:

> 子路没回答,很难回答,很难概括描述孔子。孔子自己的回答,则生动平易,短短几句话,点出一个超脱世俗的人。这人已解决"畏"的问题,忘却"老之将至",死之快来。孔子多次讲到"乐",称赞颜回"不改其乐"。后世阳明学派也说"学是学此乐",此"乐"即"仁",乃人生境界,亦人格精神。……如前面篇章所再三说过,中国是"太初有为"、"太初有道"(行走),因"此道"而有"情":情况之情,情境之情,如《周易》所言"类万物之情"。由此客观的"情"、"境"而有主观的"情"(生活感情)、"境"(人生境界)。这就是中国"哲学"的主题脉络。……从而,情境便不止于道德,实乃超道德,这才是"天人之际"。解"为天地立心"为道德之心,强天地以道德,似崇高,实枯槁,且不及佛学禅宗矣。
>
> "为天地立心"之"心",非道德,非认知(理性),乃审美:鸟飞鱼跃,生意盎然,其中深意存焉。……此生命哲学最终归

结为"乐"的心理—生活—人生境界,"成人"、"立圣"即成此境界。[1]

《论语今读》在"知之者不如好之者,好之者不如乐之者"章重复这一论断说:

> 朱注甚好。"兴于诗,立于礼,成于乐"与"知之,好之,乐之"可以作为交相映对的三层次。这层次都是就心理状态而言,都在指向所谓"乐"——既是音乐,又是快乐的最高层次、最高境界。这也就是所谓"天地境界",即我称之为"悦神"的审美境界。此境界与宗教相关。因上帝存在并非认识论问题,亦不止是伦理学问题,归根究底,应为情感性的美学问题。拙著以前曾提出"审美的形而上学"、"审美的神学",均此之谓。孟子所说"上下与天地同流",庄子所说的"无乐之乐,是为天乐",是也。这也就是前面再三讲到的儒学的宗教性之所在……[2]

原典儒学以"父母俱存,兄弟无故"、"仰不愧于天,俯不怍于人"、"得天下英才而教育之"为人生最大快乐[3];后世则有"先天下之忧而忧,后天下之乐而乐"[4];梁漱溟说,"事亲从兄之乐,如同草木之有生意"[5]等等,都是将最高最大的"乐"的宗教情怀置于这个世界的生存、生活、生命、生意之中,以构建情感本体。这也就是前面讲的由"理性的凝聚"而最终转化为"理性的融化和积淀",由"立于礼"而"成于乐",由"知之

---

[1] 拙作《论语今读·7.19 记》。
[2] 拙作《论语今读·6.20 记》。
[3] 《孟子·尽心上》。
[4] 范仲淹:《岳阳楼记》。
[5] 梁漱溟:《中国文化要义》,第85页。

好之"而"乐之"。在这里，生命与事物、灵与肉并不两分，它们同在一个现实的世间人际中。中国的"彼苍者天"不是 heaven，它超自然又仍是自然（sky）。地亦然，它是那"厚德载物"可崇奉托付的"坤德"，又是那非常具体的山水花鸟、乡土草木。从而，中国哲人总强调与自然天地、与山水花鸟、与故土家园相处在浓厚的人世情、人情味的流连依恋之中。就在这里而不必在超自然超人世中去追寻道路、生命和真理。这也即是中国人的"天、地、国、亲、师"的情感—信仰。朱熹说："释氏说空……不知有个实底道理，却做甚用得？譬如一渊清水，清泠澈底，看来一如无水相似。它便道此渊只是空底，不曾将手去探是冷是温，不知道有水在里面。"[1] 这个看法倒与 Hegel 批评直接性的片面、抽象，认为将有限的特殊作为绝对，其实乃抽象的空洞相当一致[2]。我以为，释家一无可说的"空"与 Heidegger 实际一无可说的"无定的必然"（死亡），以及"烦"、"畏"，尽管形态繁复高级，但在一定意义上，又仍然可说是某种抽象的直接性。所以，《历史本体论》主张："由 Heidegger 回到 Hegel，但不是在社会、政治、道德上而只是从心理上回到 Hegel，即回到历史，回到关系"，"回到人际世间的各种具体情境中，亦即在有巨大深度的空渊（无）基础上，来展开这个'我意识我活着'所能具有的丰富复杂的客观历史性的精细节目（有）……使它具体化落实到人世的情感中来"。（第3章第1节）Heidegger 的情境、情感、"此在"仍然是理性的抽象普遍性，这里则恰好是非常具体的特殊和实在。释氏化万有为空相后，人还得活；Heidegger 提出那"无定的必然"（死亡）以及"烦"、"畏"之后，人还得活；而且人总活在一定的具体的人际世间的社会情境

---

[1]《朱子语类》卷一二六。
[2] 参阅 Hegel：《小逻辑》，§86、§87。

关系之中,避开或企图甩脱这个具体实在的"有",而去追求那空幻的"无"或激情于那"无定的必然",在乐感文化看来,恰好是缘木求鱼。

(摘自《论实用理性与乐感文化》)

情本体、两种道德与"立命"（2006）

人性能力

问：你上世纪八十年代提出"情本体"，九十年代提出"两种道德"，这二者似乎有联系？

答："情本体"主要与"宗教性道德"有关，从而也影响到"社会性道德"的规范建立，因为我认为宗教性道德对社会性道德有"范导"和"适当构建"的作用。但这里首先要明确"道德"与"伦理"这两个概念的含义。

问："伦理"与"道德"两词在日常生活中甚至在学术领域中，经常是混同使用，很少区别的。

答：也正因此，在开头就需明确一下二者的异同。

问：你以前曾以内外来区分"道德"与"伦理"。

答：是这样。我将"伦理"界定为外在社会对人的行为的规范和要求，从而通常指社会的秩序、制度、律令、规范、风习（或习俗即风俗习惯）等等。Hegel 对此讲得很深刻，Marx 继承了他，都认为人们的一切道德行为是一定社会历史下的产物。Hegel 讲的伦理学就是家庭、市民社会、国家等等，而不同于 Kant。Hegel 批评 Kant 的道德哲学是纯形式的，缺乏现实内容，也是这个意思。

问：Kant 讲的道德是绝对律令、自由意志、实践理性。

答：与伦理的外在规范不同，我将"道德"界定为人的内在规范，即个体的行为、态度及其心理状态。我曾说过 Kant 哲学是先验心理学的哲学，因为我以为 Kant 哲学提出了人之所以为人的"心理形式"问题，我称之为"人性能力"或"心理形式"，或"文化心理结构"，其中便包括"道德"。

问：这怎么说？

答：人性能力、心理形式或文化心理结构包含认识、道德和审美三者。前二者我以前已说了不少[1]，现在就道德－伦理再说明一下。Kant 说，Rousseau 教会他尊敬普通人，Kant 对普通人行为中的道德意识惊异赞叹。他的实践理性就是"百姓日用而不知"，既普遍立法又法由己出、专属于人的"善良意志"（good will）。人们只要"立意这样去做"，便可以非功利，轻生死，超因果，越时空。人以此而成为人，所以道德是人的本体存在。Kant 称之为"先验实践理性"。我称之为以"理性凝聚"为特征的"人性能力"，它区别于理性内构（认识）和理性融化（审美）。我以为，从"人性能力"角度去阐说 Kant，才抓住了要害。

问：你的"理性凝聚"与 Kant 的实践理性有何同异？

答：异的是 Kant 认为这种人性能力是先验的理性，不能从经验中得来；历史本体论则认为，这理性仍然来自经验，但它是由人类极其漫长的历史积累和沉淀（即积淀），通过文化而产生出来的人的内在情感－思想的心理形式。所以它对个体来说是先验的，对人类总体则仍由经验积淀而成。其特征则是理性对感性的行为、欲望以及生存的绝对主宰和支配。所以称之为"理性凝聚"。它在开始阶段（如原始人群和今日儿童）都是通由外在强迫即学习、遵循某种伦理秩序、规范而后才逐渐变为内在的意识、观念和情感。从而，这也可说是由伦理（外在的社会规范、要求、秩序、制度）而道德（内在的心理形式、自由意志），由"礼"而"仁"。人性能力由经验而先验，由传统习俗、教育而心理。

---

[1] 如拙作《批判》一书对认识、美学的论述。

问：那么与 Kant 的相同处呢？

答：都认为对于一时一地的经验来说，这心理形式或人性能力是先验的。所以它才能不顾任何经验环境、功利愿欲、生死恐惧而"立意"如此这般的行为活动，"富贵不能淫，贫贱不能移，威武不能屈"。这种人性能力、心理形式的形成对人类的生存、延续具有极其重大的独立价值，而超乎一时一地的时空和因果。而这也就是中国传统所说的"太上立德"。这"德"即这人性能力超乎和高出于任何事业功绩和学说著述（立功、立言）之上。它之所以如此重要和崇高，就在于它在不断树立人之所以为人的本体实在。它也就是一般所谓的道德精神。我以为，Kant 道德哲学之所以不是任何"最大多数人的最大幸福"之类的功利主义伦理学所能比拟，就因为 Kant 揭示的是人的道德行为的这一本体特征。它的崇高、伟大可以与天地媲美，"位我上者，灿烂星空；道德律令，在我心中"，是我最爱的 Kant 名言，我自以为译得很好。

问：但《批判》一书不也赞同 Hegel 对 Kant 的批评吗？

答：正因为包括 Kant 本人在内，都没有把这一 Kant 称之为"绝对律令"（categorical imperative）的道德特征看作人性能力或心理形式，而把它与外在的伦理规范、社会秩序纠缠一起，混为一谈，便出现了许多脱离实际的所谓"形式主义"的弱点。

问：这如何说？

答：如前所说，伦理作为外在规范和秩序，它们是历史的产物。因时空、环境而大有不同，有很明显的相对性。我说过多次，例如原始部落有的杀老、弃老，有的却尊老、敬老，它们都决定于当时当地的经验功利（为节约食物而杀老和保存经验而敬老）。二者虽矛盾对立，但都是为了维护某一时空环境下的群体的生存延续而产生的伦理要求和行为规范，在当时当地都是道德的。伦理道德随时代社会而变易，这是 Hegel、Marx，各种功利主义、相对主义伦理学以及实证的文化人类学所再三论证说明了的。Kant 道德哲学在这些历史具体事例前显出它缺乏可操作性的"形式主义"。Kant 在认识论上非常重视经验及可操作性，在道德哲学上则相反，重视的是人之为人的理性本体的存在。批评 Kant 这种"形式主义"的人，忽视了本体存在的首要性质。

但是另一方面，由于 Kant 道德哲学所突出的是作为人性能力的绝对律令，又恰好处在启蒙时期的人类历史阶段，这个心理形式问题便与当时实质性的外在伦理规范和要求难以分割地纠缠在一起了。Kant 所提出的绝对律令的三条准则：普遍立法、人是目的、自由意志，如《批判》所指出，与他的"第一批判"一样，都是在为现代人和现代社会开辟道路。Kant 的"第一批判"揭示出上帝乃先验幻相，不可认识，但人们却仍然可以有普遍必然性的科学知识，因为人拥有先验理性的认识能力。Kant 的道德哲学也如此，它是 Hobbes、Rousseau 以来的原子个人和社会契约理论集大成的哲学思想，即一方面摆脱基督教的神学道德论，另一方面树立起同样超乎人类感性的普遍必然。Kant 哲学证明人的认识、实践都无须依存于神，极大限度地从哲学上空前高扬了人的旗帜，宣告人从中世纪的政治、思想的神权统治下的解放。

可见，人的旗帜有这两个方面，一是具有社会时代特征的实质性的外在伦理方面，即"人是目的"不是工具，人有"自由意志"可"普遍立法"而行事。它从哲学上确立了个体的人的自由、独立、平等。这是其后迄今不断研讨、发掘和批判的方面。

另方面则是我所强调的，Kant 所高扬的同时也是人性能力、心理形式、文化心理结构的内在道德方面。这一方面将为未来社会的人文成长提供更重要的研讨角度和方向。Kant 指出的是，自然情欲、性好并非恶，善恶是人的自由选择：是遵守那普遍立法的道德律令呢，还是相反。这也就是我所说的人性能力的展现。所以任何人都没有借口不对自己的行为负责，而推诿于环境、条件、利害、因果。

由于两个方面的相互重叠，Hegel 以来的相对主义伦理学从社会历史角度对前一方面（实质性方面的相对性）作为形式主义加以批判，把另一方面（人性能力方面的绝对性）忽视或抹杀了。坚持绝对主义的 Kant 追随者由于突出和辩护前一方面，对后一方面（人性能力方面）也缺乏足够的突出或重视。

在我看来，前一方面（外在伦理的实质性方面）作为普遍必然的 Kant 的绝对律令落实在具体时空环境的行为或立法中，的确受着各种经验条件的制约而难以成为可操作的现实规范。

问：你不是说过 Kant 的著名"四例"：不自杀、不说谎、发展才智、帮助别人，具有人类普遍性吗？

答：这"四例"倒可说是人类任何群体所必然要求其个体成员"应当"（ought to）履行的伦理秩序和道德规范。因为只有遵守这些规则，才能维持和延续这个群体的生存。但即便如此，具体落实在现实的时空环境中，仍然很难"普遍必然"。为保守秘密在敌人面前说谎或自杀，并非不道德，从而它们的道德与否仍将历史具体地为相对主义伦理学所裁决。

问：那么 Kant 道德哲学的实质性方面没有价值？

答：大不然。"人是目的"这理想在充分实现之前，永远有激励人们为此目标奋斗的重要作用。启蒙理想在一定时期可以作为宗教性道德而为仁人志士安身立命、服膺拥抱，并为之奋斗、牺牲（例如在中国现代）。此外，如 John Rawls 由"无知之幕"确立的两条原则，既从理论上概括了罗斯福新政以来的经验，又是从 Kant 而来。它有一种"人是目的"的理想气质。它一举战胜流行多年的"最大多数人的最大幸福"的功利主义经验论，并不偶然。"最大多数人的最大幸福"眼中就没有"少数"，而"少数"也是人，"人是目的"再次显出了它的理想性的力量。经过几个世纪，Kant 这一"律令"已逐渐通由法律和外在伦理秩序成了现代社会性道德。

问：但是，Hegel、Marx、今日的社群主义者以及 Carl Schmitt、Leo Strauss 等人，都认为伦理制度如国家便不是建立在什么原子个人或社会契约之上，而是超个体的"绝对精神"、"生产关系"等等在人们活动中辩证运行的现实产物。Rawls也后退到仅从政治上来确定"重叠共识"的"公共理性",因此有人讥评他的政治自由主义是"无道德的政治"。

答:如前所述,Hegel、Marx以及今日的社群主义者都否认原子个人,历史的产物,从而Kant只是形式主义。但我以为这"形式主义"至今仍有价值,特别是在中国。发达国家的人们因不满足这种社会性道德所设定的政治中立、价值多元(以至无价值)所带来的精神危机和社会弊病,而发展中国家(如中国)则不但要首先解决每一个人的物质生存的基本需要,而且在精神上也得首先摆脱各种"神"的统治管辖。所以,我一直认为,Kant和自由主义在中国不是多了,而是不够。作为公共理性,现代社会性道德(首先是现代性外在伦理秩序)正是今天中国所迫切需要明确和建立的。

问:Hegel、Marx等人强调历史性,你也强调历史性,有何异同?

答:重点不同,也可以说是两种不同的历史性。他们强调的历史性是指一时一地的具体环境和状态,我强调的历史性是指历史的积累性。前者重视相对,后者重视绝对。我以前讲自然人化,包括外在环境和内在心理,都是指它们由积累和沉淀的历史成果,人有如此这般的工具、环境,人有如此这般的能力、本领,都是通由历史(就人类群体说)和教育(就个体说)才有可能。作为理性凝聚的人性能力,正是如此。相对主义伦理学、功利主义幸福论看来具体、实用而且符合经验,我以为,却完全丧失了对为Kant所高扬的这一"人之所以为人"的伦理道德特征的人性能力的确认。人性能力看来似是形式,其实却是**人们心理中情理关系的某种具体结构**,所以并不空洞。它虽然必须由历史上不断演变的相对伦理制度和规范所不断塑建,但这"形式"本身却超出这些伦理制度、规范的相对性和一时一地的历史性,而对人类具有绝对的价值和意义。这是由历史建成的理性,由经验变成的先验,由心理形成的本体。它超越任何个体或群体,代表的是人类总体(过去、现在和未来),从而具有神圣性或宗教性、绝对性。可见,一方面没有历史的积累,没有经验的积淀，不可能产生这神圣的先验的人性；另一方面，没有这人性能力和形式，历史将不可能向前行进，人将倒退到动物世界中去。

权利与善谁优先

问：这里似乎涉及权利优先于善还是相反的问题。

答：我在《己卯五说》中认为，"伦理学今天实际也已一分为二，即以公正（justice）权利（human rights）为主题的政治哲学－伦理学和以善（goodness）为主题的宗教哲学－伦理学"。《历史本体论》从而提出"善恶与对错分家"："明确对错与善恶有别，不应从后者，不管是儒家的性善论或基督教的性恶论来建立、构造或干扰前者的法律制定和道德裁决"，"作为现代社会性道德体现的法律精神和观念信仰，不应涉及人性善恶、人生意义、终极价值之类的宗教性课题。现代社会性道德不应以任何教义、主义为依据，而只是宣告保证每个个体有在不违反公共基本生活规范下去选择、追求信仰任何一种价值、意义、主义、教义的自由，亦即个体在现代社会生活中的基本权利"。该书认为这比较接近 Rawls 的"重叠共识"。但提出，不同于 Rawls，历史本体论认为这"重叠共识"实际是以现代市场经济和今日全球经济一体化为真正基础。正由于科技生产力的发展、经济全球的趋同，使人们生活日渐趋同或接近，才要求大体相同或接近的法律—伦理的规范、秩序和制度。这也是在世界范围内不断重演数百年前欧美政教分离的故事。Kant 说无需天使，就是魔鬼为了各自的利益也可以订出共同遵守的美德。这种"美德"指的就是这种现代社会性道德。它通常经由法律形式来巩固和表达，是一种政治性的秩序、建构、制度，而要求人们自觉遵守。其特征也就是"权利（对错）优先于善（善恶）"。

问：但当前时髦的潮流是反对权利优先于善而主张善优先于权利，如社群主义和 Leo Strauss 等人的理论。

答:《历史本体论》一书已指出,对错与善恶、政治与宗教虽说分离,实际上千丝万缕,难以分割,"两者真能一刀两断,彻底分割吗?'善恶'的价值观念对人们行为的'对错'准则难道就真的没有关联、作用和影响?当然不是",并举出美国关于堕胎的多年争斗为例。接着还说:"现代社会性道德以理性的、有条件的、相互报偿的个人权利为基础,传统的宗教性道德则经常以情感的、无条件的、非互相报偿的责任义务为特征。人不是机器,在现实中即使循理而行,按社会性道德的公共理性规范而生存而生活,但毕竟有各种情感渗透、影响于其中,人际关系不可能纯理性,而总具有情感方面。两种道德的纠缠渗透,于群体于个人都是非常自然甚至必然的事情。"(第2章第3节)

自由主义在欧美发展到使这个所谓由"光秃秃的个人"(即原子个人)所组成的"理性社会"弊病丛生,心理匮乏,从而由新老自由主义所坚决提出的"权利优先于善"的基本原则,受到社群主义和保守主义的极大质疑和反对。他们从根本上驳斥和否定以"原子个人"为基础的现代社会性道德,宣称"好坏"高于"新旧"(反对进化论),"善恶"优于"对错"(否定价值中立),要求回到古代的美德伦理。Kant也就成了必须与之分手的重要对象。

基督教在美国近年的复兴,也呈现出这一点。由于它比社群主义等理论具有远为明确的情感-信仰特点,便正好填补了自由主义要求权利优先、政教分离、价值中立,从而缺乏宗教情感-信仰的弱点。于是以追求好的生活(good life)即善(the good),来取代"权利"的优先地位,来反对或否定启蒙思潮。

问:那么,什么是这"善",这"好生活"呢?

答:这正是难点所在。各种宗教、文化对"善"、"好生活"、"幸福"(happiness)有各种不同的理论、学说和思想,而每个个体对"好生活"、"善"、"幸福"的认识和体验也各有不同选择、差异,甚至对立、冲突,特别涉及精神方面。这里很难有共同一致或"重叠共识"的"好生活"

或"善",而只有各自不同的宗教、文化的传统标准,所以我把它归之为"宗教性道德"。《历史本体论》强调了善、恶与对、错的分家,也就是宗教性道德(个人良心)与社会性道德(公共理性)的分家。后者在各不同宗教、文化的群体和国家之间可以努力找到"重叠共识",前者则很难,只能各行其是。

问:为什么?

答:这就是我以 Marx(唯物史观)来填补 Kant 和 Rawls 的地方。如前所说,我以为现代社会性道德如自由主义、个人主义以及 Rawls 的理论、Roosevelt 的"四大自由"等等,都是以现代经济物质生活为根基,即以保证人的物质性生存延续(食衣住行性健寿娱)的基本满足,亦即以"世俗性"的"幸福"为目标。这方面是可以有共同的标准、尺度和重叠共识的。正如今天世界上的人们大都弃油灯而用电灯,舍马车而坐汽车一样。从唯物史观和吃饭哲学看,这个方面对于人的生存是非常基本非常重要的。现代社会正是通过强调"人是目的"和人的权利而不断实现和扩大这一"幸福"的。现代社会性道德正是为了从个人内在心理树立起这一"公共理性"的公德规范,来帮助实现现代化的外在伦理、政治、制度、秩序的构建。这制度和秩序甩开精神上的信仰(价值中立)而使权利优先。只有肯定这一经济发展的同一趋向的基础,才能脱开对这种"权利优先"的"公共理性"、"现代社会性道德"、"政治自由主义"种种宗教、文化、道德的质疑和反对。即现代社会性道德并不以"原子个人"、"社会契约"等自由主义理念为真实根基,而是以现代人的生存、生活("人活着"的现代经济-生活存在)为根基。而这种"公共理性"、"政治自由主义",当作为理性凝聚和心理形式的具体内容,成为人的自觉意识和自由意志时,它本身即是道德,即现代社会性道德(公德)。

问:所以善优先还是权利优先实际涉及两德关系问题?

答:对。权利优先还是善优先?也就是做公民优先还是做基督徒(或穆斯林、印度教徒、佛教徒、儒生)优先?也就是生活优先还是灵魂优先?

有人选择灵魂优先、做宗教徒优先，追求拯救心灵、超越世俗而舍弃世间一切幸福，作为个人和某些群体的自由选择，只要不严重干扰或为害社会或社会性公德，没有什么不可以。如美国 Amish 村民至今拒绝现代文明，不用任何电器和汽车；某些宗教或政治团体反对自由平等，实行严格的等级、独裁制度，并没人去反对干涉。但不能使之成为社会的统治秩序和造成世界的"文明冲突"。权利优先的公共理性保存精神领域内的价值多元、自由选择的开放性，亦即我多年所说物质一元和精神多元。即使各种宗教性道德和不同的文明对社会性道德有所影响、范导和构建，但由于有物质生活基础的公共理性作为准则，便可以求同存异，和而不同，并行发展，以实现国内安宁和世界和平。Kant 的永久和平论便是建立在诸共和国家基础之上，而不是建立在有某种宗教性道德或某种政治意识形态的大帝国基础之上。

问：你主张什么优先？

答：上面已表达得很明白了。在现代社会，我主张由现代经济生活所决定的权利优先，也就是社会性道德优先。正因为此，我主张政教分离，反对由各种宗教和传统文化来构建现代政治和现代伦理道德。但同时清醒意识到，各种宗教和文化传统仍将以各种方式作用于社会性道德，这不可避免而且可以予以适当认同。这就是《历史本体论》所说的宗教性道德对社会性道德的范导和适当构建，关键在于掌握这个"适当"。这也就是我讲的"度"。权利优先，贯彻着"人是目的"；善优先，则活生生有血有肉的人可以不是目的，灵魂、上帝、集体、革命才是目的。权利（对错）优先于善，因之，"9·11"恐怖分子就应当遭到谴责，他们是彻底"错了"，因为滥杀无辜，践踏人权。尽管某些主张"圣战"的人（善优先）可以认为"9·11"是"善"，恐怖分子是"烈士"，拉登是"英雄"。

问：你是从 Kant 讲起的，Kant 哲学对此将如何说？

答：既然我认为 Kant 道德哲学有**人性能力和人是目的这两个层面**，因之权利与善的关系问题便也可分出两个层次。

第一层是心理形式的方面。人性能力作为绝对律令，在任何具体的经验善恶之前，即优先于善恶。如《批判》一书所揭明，善恶概念是派生的。作善作恶是自己选择和决定的，是法由己出的自由意志的结果。

"我应该"（I ought to）即"我立意"（I will）。这"立意"和"应该"也可以作恶，正好像基督教认为恶可源出"上帝"一样。在这意义上，人性能力、自由意志如同上帝一样，是第一位的。

第二层是社会实质性的方面。既然认为"人是目的"是现代社会的产物，现代法律和社会性道德（对错）如前所说便优先于任何传统的、宗教的、文化的善恶概念。更由于人类学历史本体论没有人格神的宗教观念和信仰，它认为人类总体的生存延续的实践及其利益即是最高的善，而"人是目的"的现代人权要求，尽管其理论基础的"原子个人"是非历史的，却仍然是趋向于这个最高的善的重要的历史步骤，从而，"对错"与"善恶"在这里可以结合起来。在这里，人类学历史本体论与 Kant 又有一致处，Kant 的"第三批判"下部分"目的论批判"认为，大自然的最终目的是文化－道德的人，它的现实实现的历史途径却正是这个作为道德律令的"人是目的"。当然，目的论只是一种范导而非构建。

问：但两种道德的区分和联系涉及了理性、非理性等问题。

答：Kant 哲学高扬理性，理性代替了上帝成为"至上"。但什么是"理性"，一直多义而含混。Kant 的"理性"是人所具有的超人类的普遍必然性，它不可能来自经验，所以是先验的。这虽然去掉了人格神的上帝，却仍然有着上帝的影子。就历史本体论说，如拙作《批判》所认为，所谓"普遍必然性"只是人类的客观社会性或社会客观性，它仍然来自经验和历史（积累），理性是在人类漫长的历史实践中所建立、所发明、所创造的行为规范（伦理）、事物规则（知识）以及社会制度（如国家）等等。这种外在规范长期积累沉淀而为人类内在的心理形式和情理结构，这就是人类的认识（逻辑、数学和辩证观念）、道德（自由意志）和审美。这已在《批判》、"主体性哲学提纲"、《实用理性与乐感文化》中反复说过了。

但人是动物,有其生物-生理生存的本能、需要、欲望、暴力、情绪等方面。它们并不属于"理性"范围,而且常常反抗、冲破由"理性"所规范和约束的各种规则,这就是"非理性"。人的生活、生存、生命都是理性和非理性的复杂组合物。如纯是理性,人将等于机器;如纯是非理性,人则是动物或婴儿。

那么,什么是"反理性"?反理性与非理性并不相同。反理性是以理性的方式即观念、主张、论说以及有意识的行为活动,来极力推崇上述各种非理性,以之来反叛、对抗、冲击甚至压倒理性。这种反理性的方式多种多样,既可以是非常抽象的哲学思辨,也可以是感性刺激的文艺创作和审美倾向,更可以表现在有组织的行为活动的宣泄。它们有时在现实中和历史上起着某种解构现有形式框架的作用,从而对人类生存延续有益。有时则相反,由于对理性规范和秩序的否定和破坏,如某种宗教或政治狂热,可以导致群体的衰退或灭亡。

在人类生存和人们生活之中,理性、非理性、反理性三者经常并存。如上所说,人不是机器,不可能仅仅依靠理性而生存和生活,但现代社会又恰好是这种理性的产物,它以现代工业科技为基础,如 Max Weber 所言,它将整个社会制度以及人们的行为活动关在牢笼中,加以规范化、秩序化甚至同质化。这确乎迅速地推进了现代社会的成长和成熟,但因此也激起了反抗。这就是各种反理性思潮和制度的出现。如果说理性的公共讨论是现代社会民主的核心,公共理性是现代社会性道德的核心,那么,各种反理性的理论、观念以及行为活动则相应而起来满足人们情感、信仰的追求或需要。

今天,在发达国家,以公共理性和自由主义为基础的现代社会性道德在其原则基本实现后,早已不能满足人们对人生价值、生活理想、生命意义等等安身立命、终极关怀的追求,于是便激起了人们对各种非理性、反理性的宗教教义、信仰和情感的向往、追求或复归。"善优先于权利"响彻一时,便以此故。但我以为至少这对当前中国并不适用并不合宜。

"道始于情"

问：Kant 把"理性"推上最后的制高点，做一件事不是出于情感的爱憎，不是出于同情或"恻隐之心"，而只是服从理性命令的"应当"才算道德。Schiller 当年便无可奈何地嘲讽说，我出于愉快感情去帮助朋友倒值得怀疑是否道德，只有带着反感去帮助才道德了。

答：这确是 Kant 的道德哲学的一个要害问题。

问：虽然道德确乎是理性命令，即人意识到他（她）所"应当"去做的事，无关喜怒哀乐，只是执行理性的命令。但人之所以能够和愿意执行这理性命令，履行道德义务，在许多时候总是与情感有关系吧。

答：这就是 Kant 哲学的疑点和难点所在。机器无情，纯理性地执行人的指令行事。人接受谁的指令呢？接受自己的指令，即自由意志。但这意志又仍然与具体的外在的伦理规范、秩序、制度、法则相关，是由这些具体伦理、制度所包含的某种观念、信仰和情感引导着人们"立意"如此去做。所以我强调"立意"、"应当"所真正揭示的只是"理性凝聚"这一心理形式即人性能力，即 Kant 讲的"形式原则"而非"实质原则"，因为实际牵引、指令这一能力去如此这般行动的（道德行为的实际动力），仍然与人们的信仰、感情、观念有关，而这，也就与各种传统文化、宗教和宗教性道德攸关。

问：所以政教分离不可能真正彻底。几年前你提过美国多年有关堕胎的巨大争斗，近年还有中学能否讲授反对 Darwin 进化论的智慧设计（intelligent design）即新版上帝创世说的争论。

答：传统文化、宗教性道德在即使二德分开、政教分离后，仍然会范导、制约社会性公德以及现代法律和政治。这其实也就是非理性甚至反理性来影响理性，这无可避免，甚至必要。但同时又是危险的。关键仍在于"度"。具体问题需要具体分析，找出具体的适当的"度"：这"度"

仍然是某种经验合理性，而非先验理性的裁决。

问：世界上那么多不同的文化、宗教和宗教性道德，非理性和反理性的方面和因素能否也找到某种重叠共识呢？

答：这问题上面已提出过，并已回答。如前所说，社会性道德之所以有"重叠共识"，我认为是由于现代物质生活（亦即世界经济一体化）所导致的生活的趋同走势。精神领域虽也有趋同走势，但迄今远远不可能有"重叠共识"。比较起来，中国在这方面倒可能有一定优势。因为中国的"道"（天道）始于"情"，基督教和伊斯兰教的"道"（上帝、真主）始于"理"。人情大体相同或接近，"理"则可有多种多样，却又要求一致或统一，这就难了。

问：这如何说？

答：《圣经》和希腊哲学实质上都以"理"胜。在西方，logos 是逻辑、理性、语言，强调的是理性对感情的主宰和统治。中国传统虽也强调"理"，但认为"理"由"情"（人情）生，"理"是"情"的外在形式，这就是"称情而节文"的"礼"。郭店竹简（原典儒学）一再说，"道始于情"、"礼生于情"、"苟以其情，虽过不恶"等等。孔、孟所讲的"汝安则为之"、"恻隐之心"、"不忍人之心，行不忍人之政"等等伦理、政治也都是从"情"出发。这里特别值得注意的是，即使同样讲情（或爱），也仍有不同，这我在《论实用理性与乐感文化》一文中已着重揭示。基督教讲的是理性主宰感情的情爱，人之所以爱人是因为人应当听从上帝的旨意而爱。爱是一种理性要求。中国讲的是理性融入感情，人之所以爱人（首先是爱父母子女）是由生物性自然情感提升而来，是一种理性化了的自然情感。所以说，前者是"道始于理"，后者是"道始于情"。尽管基督徒不赞成甚至反对 Kant 那种"无情才道德"的理性主义，强调上帝的爱、基督的爱（情感）才是道德的基础和动力，但这种爱却恰好是理性（通由上帝这一观念）来主宰和决定的。上帝是一种理性的信仰，"天、地、国、亲、师"是一种人情的信仰。这种不同也就是我所讲的两个世界（基督教、

Plato）和一个世界（中国）、宗教传统（西）和巫史传统（中）的不同：后者是一个世界（人生）中对自然生物情感做理性化提升，所以讲身心合一、天人合一、物质生活精神生命的合一；前者是两个世界中上帝旨意的绝对性，所以讲原罪、讲拯救、讲灵魂对身体的绝对超越。在后者（巫史传统），理性只是工具，世俗人情才是根本；在前者（宗教传统），理性就是上帝本身，世俗人情远为次要。当然，我讲"情本体"并非专指中国传统，它有人类普遍性。但认为什么样的情却有区别，所以才提出上述"始于理"与"始于情"。

问：为什么有此不同？

答：这就涉及历史了。这种差别，我以为有社会历史的背景原因。中国文化传统成熟巩固在新石器漫长时期，它以定居农业和血缘氏族制度为基础。希伯来人和希腊人则游牧、航海、商业和奴隶制占了更大比例。氏族成员温情脉脉的关系感情（中）与奴隶只是会说话工具的社会理性（西）是迥然不同的。我以前说过，像罗马斗兽场"率兽以食人"的表演观赏便将为儒家所排斥。在中国，"义"作为道德义务、责任（duty, obligation），虽与公正、正义（justice）相连，但它不是理性的绝对命令，而是综合、平衡和剪裁了各种人情所得到的最终结果。所以才说"始者近情，终者近义"（郭店竹简），才说"理无可恕，情有可原"，才说"合情合理"、"通情达理"。在这里，不但（人）"情"冲淡、缓和了（正）"义"，而且"情"的和谐常常也高于（正）"义"。所以才说"和为贵"，而并不去追求一个是非、公正的绝对标准。这也是实用理性不同于先验理性的地方。

问：那么你所说的宗教性道德对社会性道德的范导和适当构建，中西便会有所差异？

答：基督教讲"博爱"，在上帝面前人人平等，最后审判伸张的是公正。中国讲"孝－仁"，传统礼制强调上下左右的差别，在这差别中达到和谐幸福。去掉传统礼制的特定社会秩序和伦理内容，其"和而不同"

的原则（即肯定差异，在差异中追求和谐）仍然有现代价值。中国传统讲"度"、讲"中"、讲"和"、讲"乐"（音乐和快乐），强调的不仅是外在社会关系的和谐，而且也是社会成员内在心理的和谐与愉快，以此作为政治－伦理的最高境界。所以说"乐与政通"。

我以为"孝－仁"与"博爱"、"和谐"与"公正"、"大同理想"与"千年王国"，可能是中西宗教性道德对现代社会性道德范导和适当构建的主要差异。这也就是中国更讲究"由近及远"，一直到"仁民爱物"、"民吾同胞，物吾与也"的"孝—仁"，多于远近如一、一视同仁的"博爱"；追求人际情理的和谐均衡，重于实现理性的公平公正；以世上天国的幸福理想替代灵魂永生的上帝天堂。记得小时候看小说《封神演义》，到结尾时，使我非常惊异的是，姜子牙最后将那些打拼厮杀得难分难解、你死我活的敌我两方的战死亡灵，竟然双双对对一律封神；是非曲直、善恶恩怨、高下强弱统统勾销，共同携手，进入和平安宁的神仙世界。这大概是儒释道合流后的中国人的某种观念吧？不知道这观念今天与基督教、伊斯兰教、印度教遭遇后又会怎样？是否也可以争取某种会通交融呢？是不可知也矣。

问：大同理想与此有何干系？

答：大同理想乌托邦是将天国建立在人世上，以之作为理想追求、生活价值、人生意义。因之珍惜、珍贵、珍重此世间的生存、生活、生命和各种物质现实的人际、物际关系，赋予"人活着"以热情、理想和希望。它颇不同于期望千年王国的最后审判和上帝拯救、获取永生，从而对此世间人际、人情相对说来较为轻视、冷漠甚或敌视，走极端者则以牺牲血肉之躯来换取上天堂的入门券。

问：是否可以再具体说说？

答：已经够具体的了，再具体就越出了哲学范围。我在《论实用理性与乐感文化》一文中提出，将传统的"礼教三合一"转换性地创造成"仁学三合一"，也就是说在以对错为标准的社会性公德基础上，用来自自己传统的宗教性道德的范导指引，即"孝－仁"、"和谐"、"大同理想"的范导指引，可以适当构建更有特色的现代社会性道德，其中如"不患寡而患不均，不患贫而患不安"的宗教性道德，对富裕丰足却不安、不均、永远动荡的资本社会，便可以有某种制约。而"天地之大德曰生"、"仁，天心也"、"天行健，君子以自强不息"（刚韧、不断实践）、"地势坤，君子以厚德载物"（宽容、接纳异己）等等，中国人所崇拜的"天、地、国、亲、师"的宗教性道德，可以使中国人在"权利优先于善"的社会生活和"公共理性"支配社会性公德的状态中，在日益机械、疏远、冷漠的陌生人的现代社会和散文世界中，在原子个人日益感触其孤独、迷失、压抑、生活猥琐、漫无意义中，尽可能地去争取存留人间的温情、温暖和温柔。

问：今天有社会性道德也就足够了，为什么还需要宗教性道德？

答：这上面已经说过了。社会性道德只是公德，是一种公共理性（public reason），它不能解决好些人追求生活价值、人生意义、心灵拯救、精神慰安等等安身立命或终极关怀的问题。宗教性道德虽然不是公共理性，甚至是反理性，却可以使人得到这方面的满足。许多人明明知道上帝不可能被证实，却仍愿意相信和信仰，因为从这种信仰和相信中可以获得生活的意义、价值和力量。信仰总是有情感的，这种情感和信仰确乎有助于润滑和改善由现代自由主义的"公共理性"所带来的社会生活的利己与冷漠。我的哲学之所以始终强调心理问题，并对传统的"内圣外王之道"作出新的阐释，也以此故。

问：请再讲讲"道始于情"。

答：何谓"情本体"？它就来自这个"道始于情"。《论实用理性与乐感文化》一文中已说明中国传统重视情感（由情况、情境产生的人情及关系），将之作为生活的本根实在。郭店竹简的"天—命—性—情—道—教"的秩序，便是中国哲学文化的"逻辑"。其中并无"理"字。在中国伦理学，"理"即是"义"。这些都突出展现了我所谓的中国文化的"一个世界"、"巫史传统"、身体心灵不重分割的主要特征。在这里，"天"、"命"、

"性"都具有物质和精神二重性：既具有非常现实的物质性、自然性，同时又具有神圣的精神性和神秘性。自古至今，"天"对中国人便是"苍苍者物质具有天帝之精者也"（王国维）。"命"、"性"也如此。"命"既是生物生理的，又具有不可知的偶然性；"性"是"气质之性"，又常被说成是"义理之性"；都既是物质性的生理存在，又具有某种虽不具体却又确定的神圣品格。

在"天—命—性"之后的"情"，其物质具体性便更清楚。它与"欲"紧相关联，而不等于欲，即不是个体一己的欲望、需要、要求、利益，而是在这基础上自己与他人的交往、联系、沟通、会聚中所产生、形成和发展的心理状态和境界。但是仍然与一己之欲有各种直接、间接的联系和关系。它以动物性的生理机制为基础，却又超出于它。[包括上述人性能力的道德行为也有其进化论的社会生物学根源（个体利他的族群在竞争中的优胜生存）。但对动物个体是自然本能，对人类个体却是超动物本能的自觉意志。]这个"超出"，就正是文化积淀的成果或产物。而"情"、"欲"的相连相异，错综复杂，对人的生存具有本体意义。在今天和今后更将成为生活的核心部分。我曾以为，继先秦礼乐论、汉儒天人论、宋儒心性论的儒学三大时期之后，今天将以"情欲论"为主题，开拓发展出儒学第四期。（参阅拙作《说儒学四期》）这正是"情本体"、"道始于情"既传统又现代的"时代精神"。

问：这一"情本体"说是你独创，但你也征引过梁漱溟和钱穆。

答：对。我曾说过梁和钱比现代新儒家如熊（十力）、冯（友兰）、牟（宗三）更为准确地把握了中国传统的特质和根本。但他们语焉不详，没有从哲学上展开，经常只是提示一下而已。梁、钱我已多次引用过，这里我愿再征引几句钱穆的话："其主要关键，在一情字上。人类群体日大，则欲日退而情日进。盖欲只在己，常要把外物来满足我。情则及物，常把自己的来推及人。""人之有情乃为人类一大特点,而天地竟可无情。"（钱穆《双溪独语》）钱认为"性"是"人"、"物"均有，动物有"欲"，而只人有"情"。可见,"情"不等于"欲",而与"欲"又有关联。

问:但中国古书说"天道无亲,常与善人",又如何讲?

答:善人作为个人,则"福"、"德"常常不能一致,好人受难、坏蛋万年是常见的经验事实。这里只是说"天道"、"人道"相连而是一个"道"。天地无情,但人(主要是儒家)赋予它们以情(参阅拙作《中国古代思想史论》)。也正因为"天道"、"人道"只是一个"道","天道"不是具有人格性的"天主"(上帝),没有人格神的明确谕示旨令,它只是呈现在"善人"的行为活动,即"人道"中。而这"善人"的行为活动及其伦理规范即所谓"人道",却又以特定的情况-情境-情感及其关系为指归、为依据。可见,这个"情"不是 Hume 所说的一般的同情心,而是非常具体、现实并有着各种等差区别,即由前述礼制所规范、以父慈子孝为轴心而不断辐射、扩充从而具有普遍性的情,它以"孝-仁"为基础。它们成了中国传统的伦理道德即"人道"的根本。古人说,"教民亲爱,莫善于孝","孝-仁"在这里不仅是情感,也是行为的义务,即孟子所谓"仁心义路"。无论大小传统,中国人都讲"报恩":报天地生长之恩,报父母养育之恩,报夫妻互助之恩,报兄弟扶携之恩,报师生朋友交往得益之恩。它们既是理性的,又是感情的,是理性渗透融入情感之中。这种充满情感因素的道德理性行为的"报恩",也就是"义"。也正因为有此起始的情感助力,就使绝对律令的道德义务有了可操作性、可实现性。从而在道德行为中,除了"敬重"这一根本道德感情外,便并不排斥亲爱、激动、恻隐、是非、悲壮等等经验性的情感和观念。所以我说:"Kant 的伦理学有极高的神圣性,却很难有具体的操作性,但如果将中国儒学的'仁'灌注于伦理的理性本体,就可为操作性奠定基础,这亦即是将'天理'落实为'人情'。"(拙作《己卯五说》中《说天人新义》)

问:这样一来,由于与经验和具体感情紧密相连,道德律令不就失去其神圣性和普遍性了吗?这个 Kant 的老问题如何回答?

答:回答就是:它的普遍性和神圣性在于它是人所特有的人性能力。

这人性能力不是天赐或先验的超人类的理性，而是人类经由漫长的历史和教育所自己建立的。在 Kant 哲学，理性至上和神圣；在中国传统，理性只是工具，人的生存、生活、生命才是至上和神圣（它的前提又是整个自然界的生存），从而人的情感才是根本或至上。理性是由历史建立，先验是由经验变成，本体是由心理形成，普遍必然性是社会客观性。而且，由于有大同远景的支援、范导，Kant 那个福德一致的难题也可以得到适当解决，而不必依托于灵魂不灭和上帝存在。我曾说过"以美储善"，即以审美仁爱的天地境界（悦志悦神）来度此人生，必要时便"知其不可而为之"和"从容就义"，履行义务，实现道德。这就完全保存了 Kant 那道德律令在人心中的伟大崇高。在这里，人仍然是服从自己所选择的可普遍立法的理性命令而行事的。这个理性命令的绝对和崇高，仍然分毫不损。它的崇高也就是人的"人性能力"、道德精神的崇高，它也就是自由意志。

立命：上帝拯救还是自己拯救

问：你讲哲学主题是命运，你这"情本体"、"两种道德"与命运主题有何关系？

答：由于人们将 Kant 道德哲学仅仅作为外在伦理规范和制度，忽视了人性能力问题。Heidegger 将内在心理作为本体，"烦"、"畏"便作为当下碎片的人的生存特征而被突出。Leo Strauss 称之为"激进的历史主义"（radical historicism），但它所呈现的，却正是否定历史和反历史的自我当下的现代生活之命运偶然。由这心理构成的"本体"，当然无须伦理学，人生只是在偶然中不断选择和决断来向前冲行，于是最后只好祈望"只还有一个上帝才能拯救"（Heidegger）。Heidegger 所突出的现代人生的命运，是由自由主义的极度"光秃秃的个人"发展而来。原子个人在理论上本来是非历史的，却在现代经济的基础上，日益成为现代社会生活的真实。这是一个最大的历史反讽。同时，这也激起了回归古代和传统的强力呐喊。今天，反进化论、反科学、反历史和反个体，要求回归超历史的德性，将现代社会性道德的人权交还给上帝，已经成了当代伦理学的时尚风景。

《历史本体论》明确反对这趋势或时尚。它以中国传统融合 Kant、Marx 来对应这一挑战。这个融合也就是：第一，厘清两种道德及其关系。第二，以情为本体。第三，认为人类需要拯救自己，让自己决定命运。人类现在确乎处在空前危险的境地：地球升温，环境破坏，资源枯竭，核弹扩散，贫富悬殊，精神失落……建立在自由主义、个人主义之上的现代发达社会日益暴露了各种严重弊病，这一切也确乎与理性化的现代科技和物质文明不可分。

问：那么，具体如何办？

答：简单说来，由于我以为现代社会性道德（公德）和"权利优先于善"并非建立在 Hobbes、Rousseau、Kant 或 Rawls 的原子个人、社会契约、无知之幕等自由主义理论假设上，而是建立在现代资本社会自由雇工的经济基础之上（上述这些理论假设只是这个经济趋势的理论反射和思辨提升），因此由现代个人主义、自由主义所带来的各种社会弊病、生活祸害和精神失落，便不是因为这些已落实在现实生活、经济、政治、法律和文化上的各种社会性道德或"权利优先于善"本身有什么问题。相反，所暴露的还是这种理论假设（"原子个人"和社会契约等等）的非历史性的谬误。如果依据唯物史观，从现代经济（生产、生活）历史上肯定"社会性道德"和"权利优先于善"，除去上述理论非历史性的纯粹理性设定，从而重视各种宗教性道德的情感范导，便可能在理论和实践上走出"光秃秃的个人"的单个原子，以"合情合理"即人际关系中真实具体具有血肉的个人，来作为伦理学-政治哲学的基础。这也许便能走出一条新路。这个"个人"是动物性的血肉之躯，但具有人性能力而区别于其他动物。这个人性能力，是人类从制造原始工具、茹毛寝皮千百万年以来的历史产物。这个产物可以给予今日人们以自信，即人类可以拯救自己，而不一定需要等待或取决于上帝来拯救。

问：但你这个历史形成的个体仍然很突出人性，不像自由主义的个人原子突出自然性。你的《批判》和上世纪八十年代主体性文章中认为主体性的主观方面就是人性。

答：历史本体论包含着一种新人性论。它着重的是社会性、理性对自然性、感性的积淀。人性本是中外哲学的老命题，正如上述，历史本体论从人类角度将中国传统、Kant 和 Marx 融合一起做一种新的探索。这也是我的哲学核心。例如我以 Kant 的辩证论消融 Marx 的先验幻相（由阶级斗争导向共产主义），以孔夫子的心理原则（情理结构）来消融 Kant 的理性至上和绝对律令（categorical imperative），如此等等。

问：请进一步说明。

答：《批判》一书从 Kant 认识论开始，逐章具体地讲了这个不同于动物、Kant 称之为先验理性的人性，即我称之为由历史文化积淀而成的心理结构（即人性能力），并将它放置在使用工具以制造工具的群体劳作实践的基础上，认为人文由此出，人性由此立。

问：你三十年前就讲这个"使用—制造工具"，并以之界定"实践"概念，作为对唯物史观的展开和发展，这不太过时了吗？

答：真理永不过时。但是真理常常难以很快被人认同。2006 年 4 月《科学的美国人》杂志发表了一篇瑞士人类学家的研究成果，他们在苏门答腊对某一猿类的野外观察研究，得出的**结论是"智力产生于文化"**（intelligence through culture），即人的智力是通过文化生成的。这"文化"指的就是**"使用工具"**（tool use）在一定群体内由模仿而传播和保存。这一实证科学的假说与我三十年前的"文化心理结构"的哲学观点完全吻合，读后感到非常高兴。

问：这如何讲？

答：历史本体论的实用理性（pragmatic reason）认为，人的理性

（rationality）是由经验合理性（empirical reasonableness）提升而来。它在认知层面，是使用工具以制造工具的劳动操作创造了认识形式（逻辑、数学和辩证法）；在关系层面，由于这种劳动操作是在群体中进行的，产生了伦理、道德。前者特征是理性内构（理论理性），后者特征是理性凝聚（实践理性），都是不同于动物而专属于人的"人性能力"。人性能力是人类自己经由漫长（百万年）的历史实践而塑造建立的，它是为人类的生存和延续服务的。这也就是我所谓的"经验变先验，历史建理性，心理成本体"。如我以前所说明，在人的认识形式中最重要的因果观念，便是使用—制造工具的历史性成果。我也指出，人类语言因为保存了使用—制造工具的语义才区别于动物的语言。所以，不是语言，而是使用—制造工具的实践，才是人类生存的特质和基础。正是在这基础上，不但人类创造了外在的人文（物质文明），而且也创造了内在的人性（精神文明）。这也就是我所讲的，走出二十世纪语言哲学的统治，努力迈向历史形成的心理。语言不是存在之家，历史—心理才是。我期望未来世纪脑科学的发展，将科学地揭开这一人性能力问题，进一步证实我这个"积淀论"的哲学视角的确当性，来更好地更有效地帮助人们去发展自己的才智能力，去创造、把握自己的命运。

问：你有时用"使用工具以制造工具"替代"使用—制造工具"，是什么意思？

答：二者意思是相同的。由于好些动物也使用甚至制造工具，但其使用和制造大都是用肢体，而人类从原始石器开始，却不只是使用肢体而更重要的是使用工具来制造工具，用石块来打击石块。这在内在心理上是非常重要的，如《批判》强调提出的"自觉注意"："所谓'自觉注意'不是由外界对象对主体本能需要的吸引而引起，这样产生的注意是'自发注意'。我以为，'自觉注意'恰恰是抑制了这种注意和本能要求而产生的最早的人类能动性的心理活动，这种注意的对象与动物性的本能欲望、利益、要求无关。它经常不是如食物等等外界对象，而是人的主体实践——劳动操作自身,亦即在最早的劳动操作的实践活动的漫长过程中,对这种活动操作自身的自觉意识和强迫注意,视觉在这里与动觉、触觉获得联结、综合和统一。"(第5章第2节)这是说人的"自觉注意"产生在长久集中注意制造工具,而并非为满足本能或适应环境的对象上。这一点本身在伦理学、心理学上都具有重要意义。使用工具以制造工具将这一点更为突出,它在外在能力和内在心理上开辟了新的阶段,开启了人类起源。

这里还需要澄清一种普遍误解,我所说"使用—制造工具"是指在特定的内外条件所组成的结构中,它才成为人类起源即人类如何可能的决定性因素,并不是说没有任何其他因素或条件下,孤零零的"使用—制造工具"本身就能产生人类。产生人类的其他内外必要条件包括:动物必须达到一定的脑容量、直立行走(即上肢已开始从行走、攀缘中解脱)、有一定数量成员的群体(才可模仿传递、交流和保存个别人"使用—制造工具"的发明经验)、有信号言语能力(保存"使用—制造工具"的经验作为语义的语音前提)和特定自然环境的生存压力,等等。黑猩猩在实验室内能使用—制造工具,但因为在自然环境中无此生活压力(不使用—制造工具便不能获取食物)便没有发展出这种潜在的可能,从而也就不能产生我所讲的普遍必然地使用—制造工具的活动。所以"使用—制造工具"只是在许多因素相互关联的结构体中出现,才成为"人类如何可能"的必要和充分条件即决定因素。这一点一些人没有注意,便大肆批判起来。

问:这整篇文章好像在回应你自己的《论语今读》?

答:《论语今读》已销行10万册以上,该书前言曾提出"情理结构"、"两种道德"和"立命"作为读《论语》"三重点",但并未说明三者是何关系,我觉得有责任交代一下。

该书前言说:"孔学强调'知命、立命',即个性的自我建立……即每一个体要努力去了解和掌握专属自己的偶然性的生存和命运,从而建立自己,这就是'知命'和'立命'。这样才可能使自己在这个偶然存在、生存的人生道路和生活环境中,去实现自己的超感性的实存。"在该书结尾时,又说:

> 最后一章又回到"命",本读已多次讲过了,这里再简略重复一下:"命也者,不知所以然而然者也",即人力所不能控制、难以预测的某种外在的力量、前景、遭遇或结果。所以,可以说,"命"是偶然性。"不知命,无以为君子也",就是说不懂得、不认识外在力量的这种非可掌握的偶然性(及其重要),不足以为"君子"。就人生总体来讲,总被偶然性影响着、支配着,现代社会生活更是如此。如何注意、懂得、认识、重视偶然性,与偶然性抗争(这抗争包括利用、掌握等等),从而从偶然性中建立起属于自己的"必然",这就是"立命"、"造命"。因此不是盲目顺从、无所作为、畏惧以至崇拜偶然性,而恰恰是抓紧、了解和主动适应偶然性。孟子说"夭寿不二,修身以俟之,所以立命也。……莫非命也,顺受其正,是故知命者不立乎岩墙之下。尽其道而死者,正命也。桎梏死者,非正命也",便是这个意思。人可以自己"立命"、"正命"、"造命",这才算是"知命",这也才显示出人的主体性的崇高强大。因为在建立自己的命运时,总有基本原则,这原则不是动物性的自然性欲,而是人类性的宗教性道德。……后儒曲解"天命之谓性"后,"知命"、"立命"、"正命"变成了"安命"、"顺命"(听命)、"宿命",让一个外在的(不管是外在的"天理"或冒充内在的"良知")"规律"、"理则"统治、支配、命令着自己,它们经常以宇宙图式(如传统的阴阳五行、现代的"历史必然性")或道德律令(传统的"天理良心"、现代的"斗私批修")的系统的形态出现。主体性被否定和消失了。所以,只有解构这些体系或系统,揭示出它们的自相矛盾和多元解释,才能了悟和珍惜"偶然",让个体掌握和创造只属于自己的命运的真情厚意。本读愿以此为《论语》

二十篇五百章作结。

如前所说，人类现在已走到十字路口，存在足以毁灭这个族类的各种危机。人类是由个体组成的，每个个体便有责任。而对个体来说，现代社会生活使遭遇、环境的各种偶然性日益增大，掌握自己的命运也日益困难。这使"立命"更成了重要问题。

问：如何"立命"？

答：《论语今读》说了不少。要"立命"就首先要"学"。学什么？学"智"、"仁"、"勇"这"三达德"，亦即"兴于诗，立于礼，成于乐"，才能"智者不惑，仁者不忧，勇者不惧"，处在各种遭遇事件、境地中，面对形形色色的荣辱成败、生老病死，面对人生虚无、生活没有价值、生命缺乏意义，可以不畏不烦，或迎或拒，从容应对，潇洒灵活，在各种命运偶然中来建立起只属于自己命运的"必然"。这种学习，其实也就是上述心理形式、人性能力（认识、道德、审美）的培养成育。

问：培养成育了人性能力，便能决定命运？

答：既承认和重视偶然性，便说明有不是个人主体所能掌握、控制或决定的时刻、事件、环境。宏观大概有序可寻可建，个体微观的不确定性、不可预测性，从来便是难以改变的。从而个体的"立命"也就常常是"知其不可而为之"、"谋事在人，成事在天"了。但中国古话说得好，"有志者事竟成"、"文王既没，文不在兹乎"，与希腊悲剧所展示命运难以逃脱神意"必然"不同，历史本体论认为，命运仍然是可以尽可能努力去自己把握、去"立"起来的。"既济"之后是"未济"，人总是生活在永不完成的不确定性之中，现代社会生活更如此。这里的要点，是说人"应当"依靠自己的"人性能力"来主动对应，而不是依靠、等待某个上帝来拯救。宋末谢叠山说，"人可回天地之心（扭转不利的命运），天地不能夺人之心（偶然性不能使人屈从认命）"，亦此意也。这即是"三军可夺帅也，匹夫不可夺志也"，这即是 Kant 的实践理性、绝对律令，这即是高扬主体性的历史本体论的伦理学。

[附记] 本答问强调的是"人性能力",它虽为主要核心,但仍非人性全体。Hegel、Marx 忽视了这类问题,Heidegger 则以"此在"(Dasein)突出了现代人生存状态,实亦现代人性样貌,成为他的"基础本体论"。如何颠倒 Heidegger,经由对 Kant(人性能力)、Hegel、Marx 和中国传统的回归(历史感)而迈出新的人性—人的生存步伐,将是下一课目的主题。

2006 年,Boulder

谈"恻隐之心"（2007）

道德心理与社会生物学

问：你提出人性能力作为人性的骨干或核心，同时说人性并不止于此，那还有什么？

答："恻隐之心"便是。这又是一个大题目，我今天谈不了。

问：简单谈谈吧。

答：何谓"恻隐之心"？"恻隐之心"到底是什么？人们讲得很多，学说、理论也五花八门，却一直不太清楚。这四个字是孟子提出的。孟子说它是"仁之端"，是人先验（先于经验）地存有而"活泼泼"地呈现出来的良知良能。孟子以小孩坠井、人往救之的直觉的道德行为作为例证。这种行为不为名不为利，纯是一片天机呈现，认为这是道德的根源和动力。人在生活中逐渐失去了这种良知良能，所以要赶紧从内心发掘它、存养它，存则得之，舍则失之。这也正是宋明理学家所强调的"天地之性"、"义理之性"等等一大堆学说的由来，它构成了中国伦理学的主流。通俗读物《三字经》一开头就是"人之初，性本善"，已普及到民间社会，影响极大。

问：那么西方呢？

答：Hume 以"同情心"作为道德根源和动力。他在《人性论》一书中说，"同情是我们对一切人为道德表示尊重的根源"，"道德上的善恶确实是被我们的情绪,而不是被我们认知所区别出来的"。但 Hume 不认为这"同情"或区别善恶的情绪是某种先验或神赐的良知良能,而认为它们只是来自人的自然苦乐感受:"人类心灵的主要动力或推动原则就是快乐或痛苦。当这些感觉从我们思想和感情中除去以后,我们在很大程度上就不能发生情感行为,不能发生欲望和意愿。"Hume 在《人性论》中仔细讨论了人的各种情感,把情感分为"平静的"、"激烈的"两大类,而将"平静"一类的如经常被误认为是"理性"的"慈爱"、"怜悯"、"同情"等等置于首位,强调它们正是道德的本源,认为理性只是依循这些情感的指挥来活动的。Hume 说出了"理性只是情感的奴隶"这一名言。

问:这很有意思,与 Kant 恰恰相反。

答:Hume 自有他的道理。如我以前所说,作为人性能力,理性凝聚的自由意志是一种心理结构形式。这心理结构形式并非静态的抽象存在,而是具有能动力量的理性形式因,此理性形式因又经常与经验性的生理本能的原始冲力结合纠缠在一起。这原始力量之一就是"同情"即"恻隐之心"。这样似乎可解决上次说过的 Schiller 嘲讽 Kant 的难点:我好意助人不算道德,恶意助人反而道德。Hume 所突出的正是作为道德行为原始助力的情感方面(同情心、恻隐之心)。

问:可是,你还是站在 Kant 一方。

答:对。因为"同情"根源于一种以苦乐为标志和特征的自然本能,苦乐更是建立在动物生理基础的需要、享受、欲望之上,它们不能构成人类道德心理的特质,既非充分条件,也非必要条件。有了同情心,并不一定能做出道德行为;道德行为也不一定要以同情心来作为原始力量。如我前所强调,道德行为是服从理性,履行义务,并不一定与同情心有关。

问:那你为什么又要强调提出 Hume?

答:因为 Hume 正可补足 Kant,有重要的教育学意义。即重视"同情心"作为实现人性能力的肯定性的"自然天性"而加以培育。如对儿童的爱心培育,这样便可尽量避免理性凝聚的人性能力为邪恶观念或否定性情感所左右或支配。因为在某些否定性情感（如仇恨）或邪恶观念的支配或冲力下，也可以"义不顾身"地滥杀无辜，酿成大错，尽管它也可以展现出人的勇敢、顽强等等理性凝聚的意志力量即人性能力。

问：可见，善恶行为既与人性能力也与人性情感相关，相当复杂。

答：对。要把善恶观念、人性能力、人性情感三者做出区分，然后再看其复杂联系和关系。可以说，善恶行为都是人的自由意志所做出的选择或决定，所以人要对其选择和决定负责。动物性、人欲本身不是恶，有意（自由意志）选择去放纵或扼杀才是恶。这一点，中西哲学都讲得很明白。包括大讲"天理人欲誓不两立"的宋明理学也并不认为维持动物性生存的情欲本身是恶，而是认为过分宽纵它们才恶。这种能支配、主宰、控制感性情欲的力量就是理性凝聚的人性能力，Kant 突出这个方面来讲善恶行为，我以为抓住了人类道德的基本特征。但 Hume 所注意的不是这个人性能力方面，而是这能力实现时常见的某种经验状态，并以之为原因。例如说，尽管你能做好事，但是为什么你会做好事？他认为原因是因为你的情感即同情、爱、恻隐之心推动你去做，去实现你的人性意志能力即自由意志。

问：这是说情感与能力并不能等同。

答：对。不能完全等同。

问：所以培育人性情感也很重要。

答：人的情感有许多种类和方面，有肯定性情感，有否定性情感。如何了解、对待、培养是一个重大问题。当然，这里的肯定否定二分只是为了叙说方便，实际情况远为复杂。

问：那么，这作为肯定性情感的"同情"、"爱"、"恻隐之心"又来自何处呢？

答：这是要害所在。可以分出先验和经验两大派，也可说是神学派和科学派。

问：如何说？

答：先验派当然就是孟子，也包括许多中西大哲。中国现代首推牟宗三。牟宗三大讲"圆善论"和"智的直觉"，把作为道德本源的"恻隐之心"极端神圣化和神秘化，提到了宇宙—人生的最高点，强调它就是中国生命哲学之根本。牟简称之为"觉"："吾常说仁有二特性，一曰觉……此觉是由不安、不忍、怵恻之感来说，是生命之洋溢，是温暖之贯注，如时雨之润，故曰'觉润'。……觉润即起创生……其极也必'以天地万物为一体'（按：此即其无限性），此可由觉润直接而明也。此即仁之所以为'仁体'。"[1] "觉——不是感官知觉或感觉（perception or sensation），而是怵恻之感，即《论语》所言的'不安'之感，亦即孟子所谓'恻隐之心'或'不忍人之心'。"[2] 牟以为，正是这种"觉"、"感"使"天道""往下贯"，化为自己内在生命特性。"所以天命、天道观念发展的归宿，必为与主体意义的诚、仁两个观念同一化（identification）。"[3] 从而人的道德心灵就是宇宙本体，"恻隐之心"就等于"仁体"、"诚体"、"性体"、"心体"，也等于"天理"、"天道"、"天命"[4]。道德心灵囊括一切，道德形而上学就是宇宙形而上学。这可说是把孟子的先验论在现代哲学的话语中推到了顶峰。

问：牟大讲恻隐、怵恻、不安、不忍，以此来表述这个道德-宇宙本体，强调它们不是感知觉，但同时强调它也不是理性、观念、思维，又不承认它是人格神或上帝，那到底是什么呢？

答：十八世纪英国 Shaftsbury、Hutcheson 等人认为，道德直觉是由于人有五官之外的另一内在第六感觉，但它还是经验性的，还是属于人的自然身心的，与牟说的"心体"、"性体"、"天命"、"天道"等等根本不同。牟这个"不安"、"不忍"、"恻隐"、"怵恻"那么高深神秘，不

---

[1] 《圆善论》，转引《心体与性体》，台北：学生书局，第 260—261 页。
[2] 牟宗三：《中国哲学的特质》，台北：学生书局，第 35 页。
[3] 同上，第 44 页，上各引文中括号均原有。
[4] 参见《圆善论》第 262 页等处。

是感知觉，却又可以感受体验，所以我只好把它最后归结为某种宗教神秘经验，他自己也不讳言这一点[1]。

问：这可说是将"同情"、"恻隐之心"作为道德根基的先验论极致，你不是说还有另一派理论？

答：那就是社会生物学的理论。我上世纪八十年代提过 K.Lorenz，这里想以 Karl Kautsky 和 E.Wilson 为代表，他们都是在 Darwin 理论基础上的发展。

问：请说说。

答：Karl Kautsky 是当年马克思主义的著名领袖。他在十九世纪《唯物主义历史观》巨著中，用大量动物学和人类学材料，论说了人类道德来自动物本能，来自动物的"社会欲"。他说，"道德并不是人们特有东西，也不是人心里的一种神秘圣火为依据。它是动物所共有的，它是导源于各种社会欲的"[2]；"从群居生活里面发出来了一大批高级的欲：如完全献身于其共同体、同情、自愿牺牲、勇敢、名誉心……""原始民族的道德，甚至像希腊人和罗马人那样高级的民族的道德，都可以在动物界找出类似的东西"[3]；"同情心既不是以思考为基础，也不是以想象为基础，这是一种由生存斗争培养起来的本能，人们遵照着这种本能活动而不用把它搞清楚，正如候鸟遵照着迁徙的本能活动，并不用完全明白它的意义一样"[4]。Kautsky 甚至将共产主义也放在实现动物"社会欲"这个生理基础之上，以说明其有不可抗的强大动物本能的普遍必然力量。

问：Wilson 呢？

答：Kautsky 引用的是早一些的资料，二十世纪七十年代，Edward Wilson（哈佛大学教授）以包括遗传基因在内的更新的研究，做出了类

---

[1] 见拙作《论实用理性与乐感文化》。
[2]《唯物主义历史观》第二分册，上海：上海人民出版社，1965 年，第 295 页。
[3] 同上，第 294 页。
[4] 同上，第 296 页。

似的结论。他区分以群体为中心（无条件利他）和以个体为中心（有条件利他）的动物族类，指出人类居中而偏后。人的利他行为实际是以个体及其最邻近亲属的利益为目的。他说："有一点是确定无疑的，这种自我献身的冲动不必解释为神圣或超验的，我们有理由去寻找更为常规的生物学解释"[1]；"人的利他主义的多数表现，说到底都会有自利的成分"，"人的怜悯心也是有选择性的，常常最终是自利的"[2]；"利他主义自然要服从生物学法则"[3]；"人的一切利他行为都受到一种强烈情感的支配"[4]；"以感情为基础的直觉的选择的观念，其根源是生物的"[5]，如此等等。总之，利他是自利，以有益于自己这个血缘种族的生存延续。这个受"强烈情感支配"如此崇高的"利他"的"道德"行为，实际乃生物族类经由竞争为维护、延续生存的情感本能产物。"道德并没有其他可以证明的最终功能"[6]，所谓"同情心"、"恻隐之心"、"不安"、"不忍"的真实根源，不过如此。这与上面牟宗三讲的道德形而上学对照起来，真是一天上，一地下；一如此高远神圣，一如此低俗平凡，交相辉映，煞是有趣。

问：关于这个道德"本能"还有什么说法吗？

答：2007年1月29日《时代》杂志有一篇题为《我们如何做出生死抉择》的短文，也很有意思。该文说，根据近来脑科学大脑扫描研究，是情感决定了人的一般行为选择。只有在脑内与抽象思维和认识控制相连区域的活动水平加强并占优势时，才做出相反决定。该文配图举例：一列火车开来，如不转闸换轨即将撞死五人，而换轨则将撞死自己所爱的一人或某一无辜的人，除非功利主义伦理学（亦即理性的社会认识或法则）告知和命令死五不如死一，人们一般不会去转闸换轨而宁袖手旁观。

---

[1] *On Human Nature*，中译本《论人的天性》，贵阳：贵州人民出版社，第140页。
[2] 同上，第142页。
[3] 同上，第154页。
[4] 同上，第150页。
[5] 同上，第155页。
[6] 同上，第156页。

可见人的行为、道德的根基是情感而非理性，还是 Hume 正确。

问：照这种说法，人的行为和道德完全是本能性或非意识性的了，根本无需人性能力、道德良心、自由意志了。

答：对。这与我所说 Kant 强调人性能力完全相反。我以为刚才讲的那个例子倒恰好说明，即使并不一定是"善"或"对"，但决定改闸换轨，这一坚决执行理性命令不顾感情私利的抉择，正是自由意志和人性能力的展示，而为动物所不能。在战争中为掩护集体安全而闷杀啼哭的亲生婴儿，不被谴责而受赞扬，也以此故。中国传统讲的"大义灭亲"，也如此。当然，这都属于特殊或极端的情况。一般和更多的情况，是履行道德的义务常常以某种积极的、肯定性的情感，如同情、爱、怜悯等等来作为帮助力量，在这一点上，Hume 是有道理的。在这里，情感与能力便合二而一，而理性似乎只是情感的奴隶了。

至于为何一定要保全多人（或社会或群体利益）而损己，为何社会、群体利益高于一己，则属于另一问题，即善恶观念问题。善恶观念的各种具体内容是特定时代、社会、环境、习俗、传统所决定的，具有突出的相对性。并不是所有损己利人都是善，特别是在打着"集体"、"民族"、"国家"、"人民"、"上帝"各种旗号之下的所谓理性命令，好些时候便是虚假和伪善的。

问：你多次说过尊老和杀老在特定历史社会条件下，都是道德的。但就人类总体讲，尊老比杀老仍然更道德。

答：那正是由于人类生产和生活的发展已无须杀老便能生存延续的缘故。同时也因为尊老比杀老在发展、培育生物自然基础上的善良情感从而履行人性能力，对巩固群体和延续生存也更为有益。所以尽管善恶标准是时代、社会决定的，具有相对性，但由于人类生活发展，经由漫长历史，相对中逐渐积累出某些成为人类普遍性绝对性的善恶标准和原则。例如尊老毕竟取代了杀老。人类各民族各宗教各文化的善恶标准、观念或原则，由于社会生活的趋同已日益接近和彼此宽容，但迄今也仍然并不一致。而且，即使在同一社会、时代里，也有对善恶的不同观念和信奉。例如美国关于堕胎问题的争斗，等等。而另一方面，为善为恶的人性能力或自由意志虽具有普遍必然的绝对性价值，却就总体说，在肯定性人性情感或善的观念推力下的人性能力，一般说来，会受到尊敬、赞扬、钦佩；而在某些否定性人性情感或恶的观念推力下的人性能力，即使如何高强刚毅，却一般并不为人称道。从而善恶观念、人性能力、人性情感在这里便一致或统一了起来，历史具体地成为Kant所要求的"我一定如此行为，使我能意愿我的准则成为普遍律令"，"只照你能意愿它成为普遍律令下的那个准则去行动"的"绝对律令"。它们世代沿承，化为各种不朽的人格楷模，形成了各民族、宗教、文化、道德传统的主流。总之，人性能力与人性情感都属人性。人性能力是人之所以为人的骨干主体，人有动物无。情绪、情感，人（动）物俱有，但性质不同，它是血肉。人要生存，血肉和骨骼不可离异。

问：但它们很难区划分割开来。

答：正因为如此，便更要注意其区划。当然这属于"理想型"的研究区划。实际上，人的行为是在许许多多复杂变易却又延续不断的各种具体的善恶教义、观念和各种肯定否定的人性情感帮助下，由人性能力所做出的活动抉择。所以，我以为人的伦理道德不能归结为动物本能，也不能归结为先验的"人性善"，而是人类历史（就社会说）和教育（就个体说）将社会性的善恶理知观念经由大脑的认识思维领域通向情感领域，并与动物性的爱憎情欲相联结所构成用来支配、主宰、控制感性行为的意志活动。未来脑科学将会发现神经领域这通道的具体形式。从人类学历史本体论的哲学说，这也就是一种历史积淀的文化心理结构。

问：那么有没有牟宗三的那种神秘的"智的直觉"呢？

答：对照科学，我觉得牟宗三讲得玄之又玄的"智的直觉"、"不安"、"不忍"等等显得苍白无稽。所谓"不安"，本来自《论语》中孔子问宰我不服三年之丧的"汝安乎"。"不忍"来自孟子"闻其声不忍食其肉"从而以羊易牛的故事，都是非常明确的经验心理。牟硬要把它抬高到"心体"、"性体"，甚至"天命"、"天理"的"本体"高度，却又强调不能更改这个"活泼泼"的经验心理的特征。尽管牟说这个"不安"、"不忍"不是感官知觉（perception, sensation），但它不仍然可以是感性情感（feeling, affection, emotion）吗？牟以这种具有感性经验特征的描述来界定、申说超验（或"超绝"）的"道德本体"，我以为是自相矛盾，说不通的。所以我一再讲牟和Kant根本不同。Kant没有也决不可能用什么"不安"、"不忍"、"怵惕之感"这种经验心理的词语来叙说道德的绝对律令（categorical imperative）或本体的超验存在。

问：你是说，与人性能力的理性凝聚特征相比，人性情感的经验性质与动物性本能的关系和联系更为密切？

答：但重要的是它们都人化了，即经过社会历史的积淀，这些源自动物性的本能情感已变得远为不同了。我不知道动物会不会有如抑郁、烦闷、忧虑、焦虑、羞愧、嫉妒、悲悯、忏悔、傲慢、敬重、仰慕以及宗教－审美方面的虔诚谦卑、悲喜交集、人生感伤、淡淡哀愁、莫名惆怅……之类的情感。或许动物也有某些类似的情绪，但性质毕竟不同，人类把即使动物也有的情绪发展、改变得非常复杂、丰富、细致、多样，其中主要正是由于渗入了理性的许多观念、思绪，使它们远远不只是动物性的欲望、需要等本能情绪了。人把动物性的同情、爱怜，也把动物性的凶残、暴虐发展到动物不可能有的强度和高度，具有了质的不同。也正是这些人化了的肯定否定情感，驱赶着理性凝聚的人性能力做出了许许多多或感人心魂或骇人听闻的善恶事迹。

二十多年前我举过Jack London的小说，描述一位白人为金钱贪欲千辛万苦在冰天雪地里远道运送鸡蛋的故事。他的人性情感是贪欲（建立在利己的基础上），他的人性能力是坚毅的意志。他这行为是善是恶呢？却很难说。作者认为是恶：贪心发财。却又不尽然，他发财是想生活好，无可厚非，更何况运送鸡蛋对缺少鸡蛋的远地他人也大有裨益。从这个故事可以看到人性能力、人性情感与善恶观念的区别及其相互交错的复杂性。

"共同人性"的三方面

问：从而，对每一件行为的善恶判定要特别慎重，要"具体问题具体分析"。这"具体"也就是当时当地的各种情况和条件。

答：道德、伦理以及伦理学都是为人类服务的。善恶均与人类相关，从根本上都是从各该人类群体的生存延续的利害来定标准、设规则、立制度、成观念，以致变为传统和习俗。人性情感则多种多样，有正有负。人性能力是中性的，可作善也可作恶。把三者混在一起谈论便很难说清楚。传统的"人性善"、"人性恶"、"人性善恶混"等等学说，五花八门，便是一例。

问：你区分人性能力作为道德行为的理性主宰和动力，人性情感作为道德行为的感性助力，善恶观念则是这主宰和助力的具体内容。看来，这"一体三分"是你的道德哲学的要点。而"传统宗教性道德"与"现代社会性道德"的"两种道德论"则是你的伦理学－政治哲学的要点。这"三分"和"两分"又是什么关系？

答：所谓"善恶观念"也就是各种"宗教性道德"和"社会性道德"所设立、培育的社会（群体）的规范、准则和秩序，它一方面具体指挥着人的自觉意志即人性能力；另一方面又深入渗透人的情感，内在的道德与外在的伦理在这里便合为一体。

问：既然"两种道德"与外在的社会伦理规范攸关，为什么不说"两种伦理"或"宗教性伦理"、"社会性伦理"？

答：因为焦点在于厘清个体道德行为有性质不同的规范，而不在说明外在伦理规范的类别差异。外在的宗教伦理、社会伦理还有好些不同差异和类别，如基督教伦理、儒家伦理等等。

问：你不是说"宗教性道德"是善恶，"现代社会性道德"只是对错吗？

答：对错进入感情也就成了善恶，外在的对错、善恶区分在内在心理情感上消失合一了。如孟子讲的"是非之心"，既是理性判断（对错），又是情感好恶。所以，两种道德的分裂和矛盾会造成个体情感上极大的冲突和痛苦。从而，将三者（善恶观念、人性能力、人性情感）区分而又重视如何统一，即培育肯定性的人性情感（如同情心、"恻隐之心"）、坚强的人性能力（自觉意志）和对各种善恶、对错观念、主张的识别判断，便是非常重要的课题。

问：那么情感是否也是一种能力呢？

答：能力与情感应该是两个不同的概念。就生理说，会跑会跳与会爱会怕还是不同的。而有爱心却无决心无勇气即没意志力量去行动，有行动能力却无仁心爱意去行动或不去行动，这种现象，比比皆是。当然在许多情况下两者又是混合在一起的。

问：那么，人性能力与人性情感的培育也有不同？

答：人性能力在伦理道德领域就是培育意志，使异质的理性进入感性生物体，即上述脑科学中认知领域对情感领域的某种神经通道的建立和控制。人性情感也要培育，也有理性参与，但那是在原自然情欲上的引导、发展或限制，而不同于意志能力的培育。它的脑神经结构通道和形式也会不同。认识作为"理性内构"（原作"理性内化"，今改此词）有其生物学的自然基础（如五官知觉、好奇心理等），道德作为"理性凝聚"也有其生物学的自然基础（如动物的忍耐、等待等克制能力等），但理性在这两方面（认识和道德）都处在主宰、决定和优势地位，而与情感培育不同。后者多半是理性渗透、融化在原自然情欲之中。

问：看来，从道德心理说，人性能力与人性情感两者都需要培育。

答：提倡斯巴达、武士道，只锤炼坚毅顽强的意志能力不够；大讲爱心、高谈仁义，只养育善良仁慈的同情心也不够。只有"文质彬彬，然后君子"，所以才有"礼、乐、射、御、书、数"文武双全的"六艺"。

问：你似乎比较欣赏中国儒家培育人性的方式。

答：这正是因为儒家强调将人性能力与肯定性人性感情（当然也包括某些否定性情感如羞耻）紧密连在一起来进行培育。既讲仁爱，又讲刚毅；既讲"不忍人之心"，又讲"虽千万人，吾往矣"。将肯定性情感（"恻隐之心"）与人性能力（刚毅木讷）紧密连在一起，并由之定出善恶观念，由近及远，推及四海。

问：如何说？

答：如我以前所说，儒家是以一种动物也有的自然性情感（亲子情、社会欲）为基础或起点，加以理性化的提升，最终构成一整套"父慈子孝兄友弟恭"、"君臣父子夫妇兄弟朋友"的伦理体制和善恶观念，使人性能力得到了具有强大动物本能基础而又理性化了的人性情感的支持。儒家先讲"老吾老"，而后才是"以及人之老"；"幼吾幼"，而后才是"以及人之幼"，由亲及疏，由近及远，这就是"能近取譬"、"爱有差等"和"道始于情"。历史证明，这种以理性化的自然情感为基础比仅以理性原则为基础（如墨家的平等的"兼爱"）要持久和优胜[1]。培育这种由亲人而家国，可以一直扩延到"推恩足以保四海"（孟子）、"千里万里，一家一人"（谭嗣同）的博爱胸怀，却正是建立在这个以生物自然为基础而又理性化的人性情感之上的。前述《时代》杂志文中曾提出，如果按照理性的功利主义伦理学，"救助十个非洲挨饿的婴儿不比维持你九十高龄的父亲的生命更好（更道德）吗"的问题，但人们一般并不如此做。这照中国的传统说，就是所谓"人情之常"或"人之常情"，违反这个"人之常情"便是"矫情"。儒家不赞成"矫情"，包括批评庄子妻死鼓盆而歌。所以，除了特殊和例外的情况，儒家一般并不强调"大义灭亲"、"忠孝不两全"之类违反"人之常情"的规则、命令；相反，儒学一直强调家国相连、君父相通、齐家治国、忠孝两全等等。这正是为了将人性能

---

[1] 阅拙作《中国古代思想史论》中《墨家初探本》。

力与肯定性的人性情感（爱、同情、恻隐之心）捆绑在一起，使作为理性律令、意志力量的人性能力有一条比较强有力而积极可行的实现道路，避开了 Kant 绝对律令缺乏具体可操作性的难题。

问：那么，这个"情"、这个"人之常情"是不是就是道德感情呢？

答：非也。道德感情仍如 Kant 所言乃是"敬重"，是对理性凝聚的人性能力（自由意志）的敬重，而不是以生物性为基础的同情、慈爱、"恻隐之心"。"敬重"虽也是人性情感，但与同情、恻隐等有根本不同，它是一种理性情感，建立在理知认识之上，虽也有自然生物因缘，却为动物所无有。人们对战斗英雄、革命烈士的敬重，主要不在他们的人性情感（热爱人民或仇恨敌人），而在他们把人性情感实现在宁死不屈、奋不顾身的坚毅意志即人性能力中。

问：那么，你所提出的人性情感、人性能力与善恶观念是一种什么关系？请简单说说。

答：由人性情感作为助力，经由善恶观念的知性裁定，而由人性能力（即意志能力）执行之，构成了人类的伦理道德行为。这是一个十分复杂的过程。尽管有时呈现得非常迅速，似乎是一种"良知"、"天性"的道德"直觉"或本能，实际仍然是长期历史—教育的积淀成果。所以有时也呈现为较长时间的明确思索，如文天祥（不投降）、洪承畴（投降）。前者之所以受人尊敬钦仰，不仅在于他所选择的善恶标准，而更在于他不管如何困苦艰难却坚决顽强地执行这个道德律令的人性能力。可见，人性（意志）能力仍然是三者之中占据核心地位而最为重要的骨干、枢纽。这也就是为什么我在上次答问中突出 Kant 的原因。

问：那么，你上面讲的科学派与神学派，你站在哪一边？Kant 的先验论不应属于神学派吗？

答：Kant 并不讲恻隐之心，只讲实践理性，实践理性也是一种先验论。我虽然赞同 Kant，却倾向于科学派，这两者并不矛盾，它正是历史本体论不同于 Kant 先验哲学之所在。因为历史本体论是建立在人类学即人类的生存延续的现实而不是建立在纯粹理性的设定之上。但历史本体论虽然重视人类学的生理基础，却又同时强调人性不能等同于动物性，不能把人类的道德行为归结、统摄在社会生物学之下。尽管人类作为动物族类，会继续原遗传基因和各种动物本能以维持和延续族类的生存，但这生存毕竟已进入千万年的文明-文化的历史过程中，**它已经不是动物本能和生物遗传所能决定的了。**所以我的总观点仍然是"内在自然的人化"。而我之所以认为"道始于情"的中国哲理具有世界价值即人类普遍性，**正在于它在古代历史条件下较好地表述了这个"内在自然的人化"，即重视理性化是建立在生物本能或自然情感之上的。**人类学历史本体论哲学之所以说既要"继承启蒙理性"（Kant是最大代表），不赞同宣扬非理性或动物本能的各种反理性思潮，又要"继承中国传统去其（启蒙理性）弊病"，做出"转换性的创造"，也是如此。与自由派以世界普遍性压倒或漠视中国特殊性不同，与新左派、国粹派以特殊性对抗或否认普遍性不同，人类学历史本体论是以有经验依据的、有可认识性和可操作性的特殊，来改变、改进和改善普遍，从而成为普遍性本身。正如人类学历史本体论以**实用理性**来反对后现代，主张重建理性（但非先验理性）权威，以**乐感文化**来反对虚无主义，主张重建人生信仰，它们所要展示的，都是**中国传统的特殊性经过转换性的创造可以具有普遍性和普世的理想性。**

问：你是否能用你的哲学解说一下中国古代传统的"天—命—性—情—道—教"（见郭店竹简）？

答："天"就是那神圣而又神秘的自然—宇宙总体，也就是我所说的"物自体"。（见拙作《论实用理性与乐感文化》文）"命"是这宇宙-自然落实到个体身上的各种基因总和以及个体的人生遭遇和道路，它们都有极大的偶然性。"性"是在这个"命"的基础上拥有的人性，它依赖各种情欲和能力的人化。"情"已说过很多，不必再赘。从"情"产生出社会的准则、规律，这就是"道"，进而栽培养育之就是"教"。当然，几句话很难完整表述，不过撮其要义而已。

问：总的看来，人性是个复杂问题。

答：所以我说，"人性"一词古今中外用得最多，但最不清楚，最为含混模糊。我这里把它在伦理学方面做出人性能力、人性情感、善恶观念的区分，也只是初步研讨。

问：你在《己卯五说》《历史本体论》等论著中，将伦理学分为宗教哲学（主要处理传统宗教性道德）和政治哲学（主要处理现代社会性道德）两大类。如今又分为人性能力、人性情感和善恶观念三大方面，请再讲讲？

答：两大类是就伦理学的外在领域和现实情况（当代问题）的划分，两大类仍有紧密交叉和联系。三分是对作为伦理核心主题之一的人性问题做文化心理结构上的区划，当然更有交叉和联系。再简括一下这区划：善恶观念是一定社会、时代、环境和制度的理智产物，它是社会的、理性的。即使观念的具体内容可以非理性，例如认为必须听从神的旨意杀人以祭祀才是善，它也仍然是社会的、理智的，动物便没有。人性能力在伦理学即道德方面就是理性凝聚的自由意志，即理性对感性的主宰、支配，它也是社会的。人性情感则是对动物性自然情欲的理性化的发展和培育，虽有社会和理性各种不同程度、不同层面的渗透和干预，却不纯是社会的，也不纯是理性的。

除道德方面外，人性情感还有认识方面，如认识产生的智力愉快和喜爱知识、追求真理的人性情感。在审美方面，因为是多种心理功能的复杂活动，人性能力与人性情感更为错综交织，使审美不仅是一种情感，也成为一种能力。这种能力可以"以美启真"、"以美储善"、"以美立命"，以及成为审美形上学和世界观。在这里，人性能力与人性情感有某种高级的汇通、融合和同一化，它在整个人性成长即人性在各方面的开拓发展上起着重要作用，这里就不多说了。

问：人们说，哲学不是发生学。为什么你的哲学总与发生学有纠缠，甚至通过发生学来解答哲学问题，例如你这次谈人性。

答：这正是人类学历史本体论的哲学特征。由于不预设上帝、绝对理性、先验意识、精神实体等前提，而以人类和个体的生存延续为主题，认为人作为历史成果而存在，认为包括各种非历史、"超"历史的观念、思想、感受、"境界"等等也仍然是历史的产物，这便自然会与发生学有关联纠葛，但我的哲学并不就是发生学。发生学属于科学。

问：人们说你的哲学是积淀论，它与人类学历史本体论又是什么关系？

答：积淀论主要讲了人类学历史本体论的内在方面，即文化心理结构，亦即人性问题。它分为"理性内构"（前用"理性内化"）、"理性凝聚"和"理性融化"（前用"狭义的积淀"），由之而有人的"自由直观"、"自由意志"和"自由感（享）受"。人类学历史本体论还有其外在方面，如"两种道德"论的伦理学，从而"和谐（harmony）高于公正（justice）"、"儒法互用"的政治哲学（此即"美学是第一哲学"的具体展伸，暂缓作），等等。它们都是历史的而非先验或超验的，都正是人类学历史本体论的重要内容，贯穿着"情本体"这根主线。这主线当然以更为复杂丰富的形态展现在审美和艺术中。总的说来，我以为，未来脑科学将具体发现人性或文化心理结构所具有的各种神经通道和结构的生理根基和形成机制，从而实证地解说人类通由历史和教育，社会文化向个体心理造成了积淀形式。

2007 年 4 月于 Boulder, Colorado

再谈理性与本能（2008）

动物本能与人类理性

问：Donald Munro（孟旦）*A Chinese Ethics for the New Century*（2005，香港中文大学出版社）一书，从社会生物学讲孟子的"性本善"，与你一致否？

答：我最近读到该书。Munro 从社会生物学立论，认为儒家伦理具备大有前途的人类普遍性，这也是我所讲的。差别在于，Munro 将道德根源基本归结为生物族类的自然本性（或动物本能，二词等同使用，下同），在一定程度上轻视或贬低了人类"立意"（to will）心理的理性特征，与我强调人类作为超生物存在的"自然人化"基本观点相当不同。与此相连，Munro 将孟子"性善"、"四端"解说为动物本能，与宋明理学以及现代新儒学解说孟子"性善"、"四端"乃先验（超越经验）的"天道"、"天命"所赋予，是人之所以"异于禽兽"者，也恰好相反，从而 Munro 抹平了道德所具有令人景仰、敬重的崇高性、神圣性，这是我不赞同的。

问：你在上次答问中，不是嘲笑过牟宗三讲孟子"性善"的先验（普遍必然）性，而赞赏社会生物学讲的普遍必然吗？

答：关键就在：这个"普遍必然"是神的或"纯粹理性"即先验的普遍必然（A）？是生物生理即动物本能、先天生理的普遍必然（B）？还是人类自己建立起来的实用理性（即在生物先天基础上的理性化提升）

的"普遍必然"即客观社会性（C）？牟是A，Munro是B，我坚持C。我认为人类心理（亦即"人之所以为人"的主观方面），是生物族类的自然本性经由历史（集体）和教育（个体）所积淀而形成的理性化成果，其中包括理性凝聚的道德自觉或自由意志。亚当、夏娃不遵上帝旨意，即有了自由意志，选择禁果，被赶出乐园受灾受难，成为人的祖先。

问：A是哲学，B是科学，C是什么？

答：C是有科学含量和科学前瞻的哲学视角。其实，今天的社会生物学正是当年经验派哲学Hume、Adam Smith、Hutcheson等人将道德根源归结为人的"同情心"、"同情共感"的哲学视角的现代科学的具体展开：在生物学（生存竞争）和生理学（遗传基因）中寻找"利己"、"利他"的动物本能来解说人类的道德行为和伦理秩序。

问：你承继了这一视角？但又加上了Kant，所以我说你是Kant加Hume。

答：但并非简单相加。Kant是理性主义，在道德哲学中，Kant强调的是绝对脱离感性经验的先验理性即绝对律令，我却把这个理性放置在感性基础上而分出人性能力、人性情感和善恶观念三个方面。这三者形成了非常复杂的结构。

问：很明显，你的伦理学更重视人的内在的道德心理，而不是外在的伦理秩序，一开始你就区分伦理与道德。这与社会生物学也有契合之处。

答：是这样。伦理学可以从多方面去研究。我重视的是"人之所以为人"的内在文化心理结构各层面。所以我把Kant哲学说成是"先验心理学"，即认为Kant是从人性角度即"人之所以为人"的内在心理角度来研究"人是什么"这个大问题，这包括他的认识论、伦理学和美学。核心又仍然是理性与感性的关系、结构、形式，即我所谓的"自然人化"问题。

问：你是从美学开始讲Kant的，这有什么理由？

答：我一开始便特别重视Kant讲美感与快感的区别。Kant认为美感是"判断"，这与其他哲学家如经验派很不同。"判断"一词本只用于理性活动，Kant将它用于美感，实际是指明美感并非感官快适（快感），而是人的多种心理功能（如Kant所说的想象与理解）协同活动的结果。这活动中含有理性，只是这理性是融化、渗透在诸多感性（感觉、知觉、情感、想象等等）中了。

问：那么到底什么是"理性"？

答：这个词语至今未有公认的明确解说，而且始终是一大难题。一般说来，"理性"总与某种规范、秩序、原则相关，它经常以语言方式在人群中传布、展示和承继，而不同于个体生而具有并只属于自己的感官知觉、神经反射和各种情绪。我以为未来脑科学也许能揭示所谓理性就个体说，乃大脑皮层某区域某部位（如与左脑语言中枢相关）或整个大脑在外在文化环境作用刺激下所形成的某种神经机制。它对人的动物生理反应产生的各种不同作用、关系、通道、结构，便形成了人所特有的文化心理结构而区别于其他动物族类。我认为人的理性首先产生于制造—使用工具的群体实践中，所以从根本上我是将两个著名的关于人的古老定义即"人是理性的动物"和"人是制造工具的动物"沟通联结了起来。在百年来反理性主义甚嚣尘上泛滥成灾的时候，回到Kant的理性主义而加以调适，以不是超人类的先验理性而是维持人类生存延续的实用理性，从以脑科学为实证基础的人的文化心理结构角度来承续解说Kant所提"人是什么"问题，我以为是很有意义的。

问：这就是你的人类学历史本体论的"hard core"："自然的人化"。首先是制造—使用工具使外在环境与人的关系产生根本变化，然后产生理性，使人的内在身心也发生了根本变化。

答：其实两者在时间上是平行的，只有逻辑上的先后。这里问题仍在于人的理性究竟是什么？它如何作用、关联于人的动物生理？所谓"结构"、"通道"究竟具体是什么？这都希望未来有科学的实证说明，但现在还不能。所以，我所说的人性能力等等都是"先验"心理学，不是经验的实证科学，而只是一种哲学视角。人性能力包括"理性内构"（认识能力，如只有人有数学和逻辑等等）、"理性凝聚"（意志能力）、"理性融化"（审美能力）。也如以前多次强调，审美能力由于理性与情感的关系不同，不是前者排斥、控制后者，而是参与、交融，使之不同于认识能力和意志能力而更为复杂多样，在审美这里，"能力"与"情感"经常混而为一。而自我克制、自我牺牲等意志能力习而久之，进入某种特定情感状态即美学—宗教的"圣贤"境地，就是美德，这也就是"以美储善"。如朱熹所云："凡人做好事，若只做得一件两件，亦只是勉强，非是有得。所谓'得者'，谓其行之熟，而心安于此也。"（《朱子语类》卷二十三）邢昺曾说，"德者，得也。物得以生谓之德"，把"德"与"生"联结起来讲，甚好，符合美学乃第一哲学义。

能力、情感与观念

问：回到伦理学，你说过"先有伦理，后有认识。认识规则（语法、逻辑）是从伦理律令中分化、演变出来的。这一点至为重要"（《第四提纲》）。

答：如上所说，理性是人类群体为维持生存延续在自己行为活动中所形成累积的一套规范、法则、秩序，经由历史和教育积淀在个体心灵中，并通由物质化的外壳即语言表现之。制造—使用工具的社会实践活动是在人群中进行的，从而这里的"主体性"当然就包括了人际关系即所谓"主体间性"。"主体性"与"主体间性"本不可分割。"主体性"本就是指作为群体的人与客体自然相互作用的生产—生活的实践过程（即所谓"狭义"的实践），其中即包含这过程中的人群（人际）关系。"人是理性的动物"在这里就显现为"人是政治动物"（Aristotle）。而认识论最基本的思维规律同一律、矛盾律，我以为首先来自群体社会实践活动中的二分法命令：做或不做，这样做或不这样做，以及后来是敌人还是朋友等等的实践要求，此即伦理学群体（主体间性）的行为规范、要求，它先于主体认识的思维规则。这就是我所说的"伦理先于认识"。附带再说一次，二分法本只是人类维系生存的一种实用命令、手段和方法，如我再三举例过的街道上的红绿灯，并非属于事物本身，包括主客体之分等等都如此。这手段和方法对人类生存非常必要，但也带来问题和缺点。

问：你是说伦理学上的善恶、好坏、敌我二分甚至是形成逻辑基本规律的祖先？

答：逻辑基本上是操作层面实践活动的产物[1]，但存在层面的人群伦理，要求行为、态度的是非对错明确二分，无疑也起了重要作用。我举过儿童看戏的现象。他（她）们经常要问：这人是好人还是坏人？现实中和戏剧中好人坏人本难彻底二分，但小孩总希望有个明确回答。为什么？因为他（她）需要确定对这个人的肯定或否定的情感态度。为什么要确定情感态度？是因为这才便于他（她）在行为活动中（包括在想象的行为活动中）如何对待。凶狠的灰狼、狡猾的狐狸（坏蛋），亲切的白兔、可爱的绵羊等千篇一律的童话故事，都是为了培育儿童的这种情感态度和道德心理，也就是培育善恶的理性观念和肯定否定的人性情感。理性的善恶观念在这里与好恶爱憎的人性情感是交融混合在一起的。中国传统讲的"是非之心"就是这种混合物，既有理性判断的是非对错，也有情感态度的好恶爱憎。有"情"也有"理"。

问：所以你的伦理学既强调人性能力（Kant），又重视人性情感（Hume）？

答：但仍然把人性能力（在伦理学，这即是意志能力）置放首位，由于理性对感性的绝对主宰才构成道德行为的特征，而为动物所无有。所以我不赞同把道德自觉的理性行为如牺牲一己等同于动物自然本性的"利他主义"，把恻隐、辞让、爱恶、是非"之心"都说成来自动物或动物也具有。三十年前我说过幼儿园教导小孩不要抢别人东西的例子，即说明所谓"辞让之心"既非天生（动物本能），也非"先验"（上天赐予），

---

[1] 参阅拙文《论实用理性与乐感文化》。

而是人为教育的结果。《礼记·内则》:"八年(八岁)……即席饮食,必后长者,始教之让。"这就是培育理性主宰感性的人性能力,亦即意志能力。中国古代说"礼"是"节文"也就是这个意思:有一套繁文缛节来规范人的行为、举止、活动、姿态、欲望、意念,强调作为人,要"立于礼"。可见,心理的"理"(道德自觉,意志能力)本是由社会的"礼"(伦理秩序,制度规范)所铸造成的,并非出于本能。"礼者,理也。"人不同于禽兽,也就在有"礼"(培育人性能力)"乐"(培育人性情感)。所以,我看重荀子。

问:再明确一次,你认为是道德精神的特征就在于此理性凝聚,由理性绝对主宰感性?

答:然也。我之所以要大讲 Kant,就是要强调道德行为的特质并非情感,不是什么"恻隐之心",而是服从理性命令。所以才有违背个人一己之私(包括情感、欲望、利益以至生命本身)即自我牺牲的道德行为,成为人们敬重、赞叹、仰慕、学习的崇高对象。它之所以崇高,正在于常常不是以经验苦乐为生存基础的生物个体的大多数人所能做到。由于"理性凝聚"主宰情感和行为,从而选择违抗生物生存避苦求乐的自然因果律,这才是"自由意志"。这是 Kant 伦理学要点,也是儒学伦理的要点。"富贵不能淫,贫贱不能移,威武不能屈",并非生物本性、自然本能,而是理性选择并决定的自由意志,此之谓"大丈夫",亦即人之所以为人之"本体"所在。将自觉的道德行为和自由意志归结为动物本能或自然本性,认为人做出种种自我牺牲只是顺其自然而无须考虑,无须选择(例如选择生还是死),无须思想斗争,也没有各种非常强烈的情感矛盾、内心冲突,这不符合经验事实。母亲为护卫子女而牺牲自己有自然本能的基础,相反则未必然,更无论其他的"利他主义"的行为了。利他并非只是本能的情感,在理性的伦理行为中,生物本能、遗传基因虽仍起作用,但毕竟不是决定性的因素了。

问:自我牺牲毕竟是少数甚或特殊的情况。

答：但在日常生活中，各种自我克制却仍然是这种理性对感性的主宰。不过，我之所以仍然讲 Hume，就是因为 Hume 提供了人类一般道德行为的助力说明。一般行为也就是社会伦理的一般原理，这的确是以个体生理苦乐经验为基础的群体秩序和规范。社会总由个体组成，两者利益追求一致是常态。在一般情况下，各个社会、时代以及宗教、文化并不要求每个个体时刻牺牲自己，即并不以违抗个体生存避苦求乐的情感自然要求为准则，从而情感如同情心、"恻隐之心"、"爱心"、"共感"（设身处地）便是人们日常生活中遵循伦常秩序的道德行为的重要助力。所谓"己所不欲，勿施于人"、"黄金律"等等也由此树立。所以，一般的伦常秩序便经常以培育这种"爱心"（肯定性的人性情感）为重要内容。但即使如此，爱心、同情、恻隐等肯定性情感与仇恨、虐待、妒忌等否定性情感一样，如前所说，却仍然并非道德行为或自由意志的必要条件或充分条件，既不是无之必不然（没有同情或仇恨也能执行理性命令而自我牺牲），也不是有之必然（即使同情或仇恨也不一定能产生自我牺牲的道德行为）。它只是一种非常重要的助力因素，这在以前答问中应该已经讲清楚了。

问：如果培育否定性情感如仇恨，也可以执行理性命令，杀人如麻而无动于衷甚至引起兽性的愉悦，这难道还是"人性能力"和"自由意志"吗？

答：复杂性就在这里。所以才做出人性能力、人性情感、善恶观念三分。善恶本是一种观念，这种观念虽与个体苦乐有密切联系，但它们主要是一定时代社会群体所规范、制定、形成的观念体系、意识形态的一个部分。它们不是心理形式，而是具有特定社会意识的认知，并成为人性能力所执行的"理性命令"、"自由意志"的具体内容，同时它也渗透融化在人的情感之中而左右着情感。今天执行理性命令的人肉炸弹，在圣战者看来仍然是可敬重的人性能力的展现，只是他（她）们的善恶观念完全错了。恐怖分子为"圣战"（他们认定的"善"）而甘愿做人肉炸弹滥杀无辜，屡仆屡继，在展现自我牺牲的人性能力上并不亚于各种奋不顾身的英雄烈士，但恐怖分子杀害无辜，违反现代社会性道德的基本原则，激起现代人们普遍、强烈的否定性情感（在某些极端分子那里引起的也可能是赞颂观念和肯定性情感），便把本可尊敬的人性能力这个方面完全掩盖和抹平了。人性能力与肯定性人性情感和正确的善恶观念（如现代社会性道德所提出的是非对错）相结合，才能够得到现实的和历史的广泛认同和赞许。而培育肯定性情感（爱、恻隐之心）并以之作为善的观念的基础，也正是为了使人性能力得到良好的实现。把相互渗透、纠缠本难割开的能力、情感、观念先三分，而后说明其关系和联系，才能明确问题，否则难讲清楚。这里还得说明一点，并非所有否定性情感都是有害或错误的，如羞耻、自咎、惭愧以及仇恨等等，也并非所有肯定性情感都是有益或正确的。这都需具体境况而定，这只是心理形式而非具体社会价值的判定。

问：你是想区分作为社会意识的善恶观念与作为心理结构的能力和情感。

答：人性能力、人性情感都是个体所拥有的心理形式和结构，它们都有特定的生物生理基础（不仅人性情感，包括人性能力的脑结构或通道，如前所说，也以动物拥有忍耐、等候等自我克制的自然本能为基础），而善恶却完全是经由社会意识灌输给个体的理性观念，并随不同社会、不同时代而变迁、差异甚至冲突、对抗。在中国，氏族体系基础的先秦与专制统一大帝国的后世，善恶观念和标准便不完全一样。先秦儒家讲君臣"以义合"、"合则留不合则去"，相对"平等"、"自由"。后世却是"君虽不君，臣不可不臣"、"臣罪当诛兮，天王圣明"，父子、夫妻关系也基本如此。近代谭嗣同则提出"君臣，朋友也"、"父子，朋友也"等新的社会伦常秩序和新的善恶观念，"五四"时代更明确地提出"反对旧道德，提倡新道德"，追求自由恋爱，背叛家庭，猛烈抨击"二十四孝"，颠覆了过去的善恶观念和是非标准。可见，善恶是有变化的理性观念，说人性本善、人性本恶、人性善恶混等等，不仅缺乏意义，而且把许多问题搅在一起，反而弄不清楚了。可见，由于道德观念（善恶标准）的变异带来的人们行为的变迁，更不是生物因素、遗传基因所能解释的。

问：既然善恶观念和道德标准因时代而异，为何又说共同人性？

答：个体离不开群体，每个社会群体为维持其生存、延续都要对个体做出各种行为的规范和准则，有时并要求个体做出各种牺牲包括牺牲生命，这也就是社会的伦理秩序。各种伦理秩序、行为规范虽因时代、社会、文化、宗教而大有差异、矛盾或对抗，但在为群体而约束甚或牺牲一己这一心理形式上却是共同的。它们在组建脑神经不同于动物的通道、结构上是相同的。这是就人性能力说。就人性情感说，也如此。阿Q临刑前因画不好圆圈而羞愧，小孩因考试失败而羞愧，吴梅村、钱谦益因降清而羞愧……尽管其性质、内容、程度、大小、轻重绝不相同，但羞愧这一道德自觉的心理形式结构即人性情感却又是相同的。这如同在认识领域内尽管思维内容不同，语言文字不同，但遵循形式逻辑基本规律的思维形式却又是共同的。此外，各社会时代、文化、宗教的善恶理性观念也有相当一致的地方。在相对性的善恶观念中也可以积累许多共同的、绝对的、普遍必然的理性原则、规范和观念，体现为"共同人性"。所以这共同人性也包括上述三个方面。由此可见，把共同人性说成是生物本能的普遍性，或先验理性的普遍性，都是简单化了。

问：你说"道由情生"、"道始于情"的中国儒家比仅仅服从理性命令的 Kant，也比 Jesus Christ 的情爱更具有人类普遍性？

答：这也是区分之后的联结，理性凝聚的自由意志是人性能力，推动这人性能力是人性情感。将人性情感如爱人建立在理性观念之上（墨子的"兼相爱，交相利"、基督教的上帝的爱耶稣的爱、伊斯兰教的真主旨意……都是以特定观念认识如上帝、耶稣、真主为前提），就不如建立在人生而秉有的生物自然本性（观念之前已拥有，如婴儿、动物的亲子爱）再加以理性化提升。因为它有自然本性即生物因素、遗传基因的强力支持。Munro 对比基督教与孟子，有类似看法，我很高兴"吾道不孤"。

问：何谓"理性化提升"？

答：即将动物的自然本性予以自觉认识、社会解说和系统培育、教导，使之巩固、明确、传承和扩大。这当然是通过各种伦理规范和群体秩序而实现的。动物的亲子爱似乎主要在母与子女之间，子女成年离走后即结束，而且常常是单向。中国儒家却把这种生物的自然本性解说成超越的、先验的、具有神圣性永恒性的"天经地义"，不仅要求父（不只是母）慈子孝，并扩展到幼"人之幼"、老"人之老"，并将父子、夫妇、兄弟关系，扩大到君臣、朋友（"迩之事父，远之事君"，"四海之内皆兄弟也"，以及诗文中以男女喻君臣等等）。将生物的自然本性提升为一整套观念体系和制度秩序，以之定出是非观念、善恶标准，这也就是"缘人情而制礼"（司马迁《史记·礼书》），并将培育三者（情感、能力、善恶观念）合为一体，成为"道由情生"，"天命之谓性，率性之谓道，修道之谓教"，"天—命—性—情—道—教"（郭店竹简）。这是中国文化伟大的"转换性创造"即自然人化：人由自然人变为社会人。

问：你大讲"情本体"，认为情感是人生的根本实在，但又讲人性能力是人的骨骼，情感只是血肉，似乎前者更重要，这不矛盾吗？

答：这其实仍是理性、感性的问题。我强调人是理性的动物，但人如只是骨骼，也就变成了僵尸死骨而不是活人了。前面讲"三分"是理想型的分类，实际上在人的各种人性能力中，也渗透着各种情感：从学习到发现发明，各种认识真理过程中的苦恼、困惑和快乐，各种道德行为中的肯定否定感情如敬重、景仰、自豪、仁慈和羞耻、悔恨、惭愧、自咎，等等。人性远不只是作为骨骼的"能力"，人类独创的灿烂文化和文明所带来的各种观念对作为动物生存的人及其心理各因素有着多方面的正负作用，因之也将所谓"人性"弄得异常复杂。作家、艺术家在各种作品中所描绘的形形色色的人性，包括文明带来的欢欣幸福和压迫痛苦。痛苦中所宣示的崇高和怯懦，幸福中所产生的愧疚和罪孽，各种极端的或说不清道不明的人生境遇和生活体验，包括快慰与创伤同行，高尚与卑劣共体。乖戾中有真情，真情中有虚伪，包括人们欣赏并快意于现实中绝不愿意亲自尝试的种种经验、境界、苦乐……便极其复杂、多样、微妙和丰富。我之所以用DNA来讲述审美心理，即以此故。这都属于人性，而非神性、机械性或兽性。这也就是我所概括为"情本体"的实在人生。所以我一方面讲超脱自然因果的自由意志（理性凝聚，虽然在大脑机制上并未超脱），另一方面，又讲自然因果的生物因素的理性化提升。二者相通却又有区别。"自然人化"和"人自然化"是一个极为广阔深邃的课题和领域。

幸福是否伦理学命题？

问：你说只讲内在道德，为何又讲"宗教性道德"和"社会性道德"这两种外在伦理规范？

答：因为现代中国人的许多心理矛盾和情感冲突都与此相关。明确两者的特征本质，明确作为现代社会性道德最高准则，即为Kant所概括出的"人（个人）是目的"，乃公共理性，很有必要。前次答问说过，我对Kant的解释有两个层面，即人性能力的心理形式层面和现代社会性道德的时代内容层面。虽然两者都被认为具有普遍必然的绝对性，实际上只有前者如此，后者仍然只是特定（即现代社会）时空条件下的产物。所以我说古代的中西社会或今天的战争时期，"人是目的"便没有也不可能有。我用这两个层面解释Kant伦理学含义，前人似乎没有说过，自以为可能解决Kant研究中的一大难题。

问：你把Kant的先验形式解说成心理形式，并认为这心理形式是人类通由历史（群体）和教育（个体）自我建立起来的，倒与你三十年前《批判》一书讲的认识论的先验普遍必然性实际乃人类的"客观社会性"相当一贯。但既说"人是目的"只是现代社会性道德，又说它也有"普遍必然性"，这如何说？

答：这"普遍必然性"也仍然是人类的"客观社会性"。由于我不相信人类历史将全面倒退，因之，出现和成熟于现代生活的社会性道德便成为和将要成为人类的一种普遍性价值和原则。所以我明确反对否弃启蒙理性大开倒车的各种时髦理论和思潮。

问：但你又说要用中国传统来弥补启蒙理性的缺失？

答：我以"道由情生"的中国宗教性道德来"范导"（而非"建构"）中国现代社会性道德，却根本不赞同把传统"民为贵"等等与现代的自由、民主混同起来。中国现代社会性道德只能以中国现代社会的成长发展为基础、为"本体"。虽然"民为贵"的传统可以作为重要资源起特定范导和适当建构作用（如不只凭理性原则而重合情合理，实行法治秩序又重视人治道德等等，以前我多次举过"秋菊打官司"的例子），但任何文化资源、宗教信仰却都不能成为"体"，"体"只能是人民大众的日常生活。日常生活是"体"，文化、宗教只是"用"。

问：你强调外在伦理的历史性质，难道"人生而平等"也是时代的社会性而非某种永恒的先验的或自然的人的本性吗？

答：这问题上面不已经回答过了吗？人生而平等并非自然本性，也非先验原理。猴子王国有等级制，强者为王，没有生而平等。中国、西方的古代也没有"人生而平等"的观念，传统中国家庭中父子能平等？君臣能平等？连夫妇都不平等。古希腊也一样，自由民和奴隶平等吗？"人生而平等"以及自由、人权、独立等等都是现代社会的理性观念，它们只是现代社会性道德和法律。好些学人喜欢完全脱离特定的时空物质环境如各种生产、生活的实践水平和方式，来大讲永恒不变的绝对价值、人性意义等等，我一直持怀疑和反对态度。

问：伦理学一般都讨论幸福问题，为何你没谈？

答：幸福归根结底是个体的某种主观感受。这感受并无一定标准，A 感到幸福的，B 感到痛苦。只有在物质生活层面上，即在维持生命生存的方面，可以有共同标准，丰衣足食总比挨冻受饿幸福，身体健康总比疾病缠身幸福。但仍然有些人以生活贫困甚至身体痛苦为幸福，因为他们认为这样才能得到或已经得到某种精神上的超越、提升、满足、快乐和幸福。所以我说幸福是一个美学或宗教问题。

但既然在物质生活层面一般仍有共同标准可言，幸福也就可以、也应该成为一般伦理学和政治哲学所研讨的课题，亦即讨论以苦乐经验为基础的人们物质生活即现实社会中的公平、公正、原则、规范等等，也包括研讨现实生活、人际关系的婚姻、家庭、恋爱、友谊、自然环境种种苦乐感受和合理关系等"幸福"问题。但这些确乎不属于我的讨论范围。

问：现代社会性道德如自由、平等、人权、民主等本身不可以也是宗教性道德吗？

答：对某些个体来说，的确可以把它们作为自己毕生追求的生活目标、人生意义、绝对价值和情感信仰，即以"对"为"善"。现代好些仁人志士就是如此。但它不可以成为要求每个人都必须信奉的宗教性道德。因为这恰恰违背了现代社会性道德的基本原则。现代社会性道德正是以只要不严重伤害别人，便必须允许、认可不同个体选择和决定自己的人生目标、生活意义、绝对价值、宗教信仰为基本原则。现代社会性道德强调情感、信仰的极大宽容、多元和差异，否则便无所谓"自由"、"平等"、"独立"、"人权"了。因之如拙作《历史本体论》所再三阐明，理性的"对错"并不等同于有情感、信仰强大因素在内的"善恶"。尽管"对错"经常激发或伴随强烈的情感和信仰，但并不要求人们一致奉行某种情感和宗教。现代社会性道德只是公共的理性规范，即以遵守法律为重要特征的一整套行为准则和它们在个体心理中的自觉呈现。

问：你说现代以前，两德（宗教性道德与社会性道德）合一，那儒家讲的"仁"、宋明理学讲的"德性之知"是道德境界还是宗教境界？

答：两者都是。但"德性之知"与"闻见之知"（认知、知识）究竟是何种关系，却始终是儒学的一个老大难问题。朱熹强调"格物致知"，"下学而上达"，想通过对世间秩序的认知和肯定（"穷理"）来达到或取得内在心理的与"天"("天",即"理也")同一的最高境界。是否可能呢？陆王派反对。于是聚讼纷纭,争论激烈。进入现代,世间秩序大变,所"穷"之理与心性道德修养更截然分途,甚至冲突矛盾。在辛亥革命君臣一伦崩毁后,占据正统的朱子儒学终于垮台。

问：但在教育即培育人性上,朱学似乎有道理？

答：朱子强调读书穷理,格物致知,强调逐一并仔细认知、分辨是非善恶,且不管其是非、善恶的具体内容,在强调文化观念转入、渗透个体心理即积淀这一要点上,不像陆、王强调心灵直觉、不重理知分辨、容易流向随心所欲的自然人性论上,有它的优胜处。但后者（陆、王）却又有解放思想打破陈旧观念的好作用。朱学在强调人用理性观念主宰感情的自制力、意志力等人性能力的培育上,王学在培育同情心、共同感的仁民爱物的人性情感上,各有千秋。

问：你讲中国传统的宗教性道德可以对现代社会性道德有所范导和适当构建,并提出"美学是第一哲学"的本体论可以在政治哲学展开为"和谐高于公正",这似乎是一个新命题,如何讲？

答：由于文化传统不同,各民族进入现代社会,其现代性、现代社会性道德和政治哲学也会有差异,以自由、平等、独立、人权、公平、互利这些普遍价值为原则的具体实现形式也会有差别。

但第一,政治哲学是专门领域,我乃外行,无法多讲。第二,更重要的是,现实中还缺乏这方面足够丰富的实际经验,仍然需要时间积累,过早仅凭文本来具体讨论设计,常常无益,**而且有害**,有害于公正原则作为普遍价值的实现。因之,下面也就只能抽象地简单地说说。

"公正"作为西方政治哲学的最高范畴,是理性的是非判断。理性、言语（语言）占据西方哲学形而上学和本体论的中心。即使在情感上,基督教和希腊哲学的结合使"最后审判"和"道成肉身"的爱,也具有理性的 logos 特征。上帝、耶稣的爱是原动力,是第一位的,如前已指出,这在心理上仍然是理性（观念）胜出（动物和婴儿便没有上帝、耶稣的观念）。中国则由于以理性化的自然本性为基础，强调"道始于情"，不以"理"而以"情理"（合情合理、情理和谐）为基本准则，形成以"天人合一"、"乐与政通"为最高理想的方向和心理。孔夫子说："听讼，吾犹人也；必也，使无讼乎。"（《论语·颜渊第十二》）这就使"讼"即有关公正的判决居于次要地位。而"和谐"（人际关系的和谐、人与自然关系的和谐、人的身心和谐）则成为最高准则。我以为，这可以为中国现代社会性道德、为中国的现代性创造出某种既具民族资源也有人类普遍性的新东西。这是我所讲的中国传统的宗教性道德对现代社会性道德的某种范导和适当建构，这也就是"西体中用"和"转换性创造"。

问：中国传统的宗教性道德早已丧失殆尽，何来范导和适当建构？

答：我曾认为，"中国文明有两大征候特别重要，一是以血缘宗法家庭为纽带的氏族体制"[1]。这个体制在后世以"三纲六纪"的伦常秩序构成中国传统的宗教性道德（亦即当时的社会性道德，二德合一）。其基础却是以温情脉脉的亲子家庭关系为主轴而长久流传。现代表层结构的"三纲六纪"崩毁殆尽，但重生（生命、生活、生存）、重情（亲情、人情、乡情、山水花鸟之情）的文化心理深层结构却仍存在[2]，并呈现在人们的习俗和意识中。只要家庭不消灭，此情、此在、此理便将长存。在理论思想上，从《周易》到董仲舒到宋明理学甚至到康有为、谭嗣同，他们所讲"天地之大德曰生"、"仁，天心也"、"体仁"、"仁，以太之用"等等，都将人的情感赋予了整个宇宙自然天地万物，构成了乐观情感的宇宙观和本体论[3]。今天历史本体论所提出的"美学是第一哲学"和"乐与政通"、"和谐高于公正"仍然是这一传统的理论承继。但承继的却不只是经典文本，它仍然以现实中国人的生存特征为依托为基础。

---

[1]《己卯五说》中《说巫史传统》。
[2] 参见拙文《初拟儒学深层结构说》(1996)。
[3] 参见拙作《中国古代思想史论》。

问：你这样大讲中国传统与近些年来的内地"儒学热"、"国学热"、"孔子热"有何关系否？

答：毫无关系。1985年出版的《中国古代思想史论》就讲中国传统，提出"实用理性"、"乐感文化"等等，当时处在反传统的热潮中，曾遭凶狠批评。《论语今读》始写于1990年，出版于1998年，幸亏出版得早，今天我就不会拿出去了。许多年前我讲过，要继承的主要是中国传统的"神"（文化精神）而非"形"（表层形态）。这表层形态不只是典章制度、仪文礼节，也包括过去的儒学理论、词语观念等等。至于"神"当然可以各有所见。我历年提出的"实用理性"、"乐感文化"、"'度'的本体性"、"情本体"、"一个世界"、"儒道互补"、"儒法互用"、"巫史传统"等等就是朝这个方向的努力。

问："形"不存，"神"又安在？

答：我上面所说的"形"只是指儒学或传统的表层结构和形态。真正寓"神"的"形"，是"体"，即中国十几亿人的现实生活，这是二三十年来我一直强调的儒学的现实根基。钱锺书《管锥编》引证大量材料，说明"形用"即"体用"即"质用"[1]。这里的"形"、"体"、"质"均属物质或物质性，倒可以作为我多年所讲现实生活才是"体"，文化只是"用"的文献资料的佐证。所以我既讲承续中国传统，又坚持"西体中用"，在"中用"过程中发展"西体"而影响世界。大家知道，我一直反对以"气"、"意志"、"需要"、"欲望"、"生命力"、文化、纲纪、传统、伦常道德、意识形态、儒家学说等等为"体"实质仍在维护官本位专制体制的各种"中体西用"说。这也就是我一直主张的"西体中用"，它是一种"转换性创造"，而不是"创造性转换"，不是"转换"到某种已有的模式（如西方模式）中去，而是凭依中国传统的宗教性道德即儒学精神的范导和适当构建，改良性地（亦即转换性地）创造出一套首先能成

---

[1] 钱锺书：《管锥编》，中华书局，第4册，第1422页；增订本第2页。

长在中国以后逐渐能慢慢地普及和适应到全人类的新的政经体制和伦理道德。

问:你这个补充说明似乎只是重复已经讲过的问题。

答:我说过"重复有一定好处",希望引起读者注意,同时也是这个"同心圆"[1]的自我完善。本来就讲得非常简略,补充一些,也仍然是挂一漏万,远不完备,但只好如此了。

(原载《哲学动态》2009 年第 11 期,原题为
《关于"有关伦理学的答问"的补充说明》)

---

[1] 拙作《实用理性与乐感文化·后记》。

新一轮"儒法互用"（2009）

善是什么

问：你这几篇伦理学答问是否太简略了？

答：所以称它为"伦理学纲要"，即哲学伦理学。它不涉及伦理学许多具体问题，它不是规范伦理学，不是德性伦理学，也不是元伦理学，它主要是从人类学历史本体论的情本体角度来讲的伦理学。

问：你把道德与伦理作内外二分，在字源上似无根据。

答：对。moral、morality源自罗马拉丁文，ethic、ethics源自古希腊文，但经常混同使用，中文也如此。我特意将之二分，是为了突出内在人性（人性能力、人性情感和某些共同的善恶观念）与外在人文（一定社会时代的善恶观念、秩序、礼俗、制度、风习）二者的区分、联系和复杂关系。我以为这一内外区别以及将道德分为宗教性道德和社会性道德，将人性分为能力、情感、观念，有助于厘清德性伦理学与规范伦理学、应该如何做人（to be）与应该如何做事（to do）等等一直纠缠不清、争论不休的问题。

问：很明显，你认为善恶作为一定社会时代下的观念、规范、准则，本与人性无关？

答：我是自然人性论者。人生下来如同动物生下来一样，其本性无所谓善恶；但由于成长在人类的历史环境中，在动物本能基础上，才培育和积淀出人所特有的人性能力、人性情感和某些共同的善恶观念而区别于动物，即中国古人所谓的礼义乃人禽之别。

问：你不赞成先验论，认为外在伦理造就了内在道德。

答：对个体和群体讲，都如此。我多次举过小孩必须受教育的例子。

问：既然不能说人性本善本恶，那么"善"究竟是什么呢？有没有普遍必然的善或"最高的善"，即"至善"呢？"善"不经常是伦理学的主题么？孟子讲性善，Plato 追求探索善的本质形式。

答：我刚才已说了，善恶作为特定时空环境下人的观念，是有变迁差异的。Hegel 说"世界的历史"（world history）就是"世界的公正"（world justice），也是强调善恶的时代性、相对性。我虽然赞赏历史主义，认为今天的善恶主要是公德的对错，但也认同不同文化、不同宗教所追求的道德"至善"或"最高的善"、"自足的善"、"绝对的善"等等，我称之为"善本身"或"善的本源"。正是这种宗教性道德对"善本身"的追求，显现了伦理在历史相对性、时代性中积淀出的人性能力、人性情感以及某些善恶观念的绝对价值和独立意义。各文化、宗教、哲学对此"善本身"有不同的解读，有的归诸上帝、神灵，有的归诸理式、理性，有的归诸天理、良心，我则归诸人类总体的实践活动。

问：你的《美学三题议》[1]就界定"善"为"人类主体的实践活动"。该文说："人类作用于现实世界的感性物质力量，是一种有意识有目的的实践活动，具有不同于动物的社会普遍性质，名之曰'善'。"这就是你的"善本身"或"善的本源"？

答：时间真快，转瞬快 50 年。当年这个说法，我仍然坚持。这个"人类主体实践活动"是指人类总体，多年文章中我再三讲的"人类生存延续"，不正是依存、实现和可等同于人类主体（总体）的实践活动吗？人性情感和人性能力中的许多素质、品格和美德以及善恶观念，不也正是产生

---

[1]《哲学研究》1962 年第 2 期。

于这一实践活动过程之中，并为此活动服务的吗？所谓"有意识有目的"，不就是在目的意识支配下的理性凝聚或自由意志吗？

问：你既提出善恶与对错区分，强调善恶观念的相对性和社会时代性，为什么又要讲"善的本源"或"善本身"呢？

答：这是任何伦理学回避不了的，而且我既讲宗教性道德，当然就有这个"善的本源"或"善本身"的问题。

问：你将"善本身"作为人类总体的实践活动，但又强调具体的善恶是随时代社会而变易不居的，这如何衔接？

答：第一，上次答问中已讲，善恶观念也有共同性的部分，并认为 Kant 讲的四例——不说谎、不自杀、助别人、禁怠惰，是任何群体维持生存延续的强（前二者）弱（后二者）必要条件，对人类培育人性能力（如毅力）、人性情感（如诚实）有共性。但它们又仍然不能作为绝对的善恶律令来主宰每一具体行为。这一点，前答问中已讲得很多了。

第二，并非任何实践活动都是善。纳粹的实践活动、恐怖分子的人肉炸弹、今天大量毁坏自然环境以及许多个体或群体的实践活动，都不是善，而恰恰是恶，是错，是对人类总体实践活动的逆反和犯罪。所以"人类总体"与我提出的"人与宇宙自然的协同共在"[1]一样，是一个目的性的范导理念，它与其他哲学或宗教提出上帝、神灵、先验理性、天理良心作为"至善"的范导理念之不同只在于：它具有物质性。

问：记得你批评先验理性时说，什么是先验，什么不是先验，很难划定界限。你这个"人类总体"是否有同样的问题？

答：不然。先验（transcendental）常随意扩大，Kant 讲的只是"纯粹理性"，后人就扩大到了神圣性、精神性等等。"人类总体"无法扩大，任何群体或个体的实践都不是人类总体；"总体"还不同于"整体"，因为它不只是当下人类全体或整体，而且还包括过去与未来在内的整体和

---

[1] 见拙文《论实用理性与乐感文化》（2004年）、《关于"美育代宗教"答问》（2008年）。

个体。

问：那么你这个"人类总体"和"人类主体实践活动"不就是空概念吗？

答：不空。但它作为目的性的范导理念，与经验性的知识概念不处在一个层面；因之，不能把善本身、善的本源与由社会时代决定的善恶观念混为一谈。

问：Hegel 说，恶是历史的动力，贪婪使资本家发财，当然也可造福社会。那么，贪婪是善还是恶？一些伟人品质甚坏而成就斐然，是善还是恶？

答：这也是把不同层面的问题混为一谈。更重要的是，历史在悲剧中前行，幸福与道德常不相侔，需要具体析辨。一般来说，资本家并不光靠贪婪恶行就能发财，他（她）们还有其他可以称道的素质和品格。而狡诈凶狠的伟人，尽管雄才大略，人们肯定其历史功绩，却并不一定有道德上的认同。相反，一些受人景仰、追慕的人物，却常常是或事功不显或功败垂成。古话说，"不以成败论英雄"正可说是从伦理角度着眼的。

问：你这伦理学是否功利主义（utilitarianism）？

答：不是功利主义的"最大多数人的最大幸福"，而是每一个人都是目的,但这需要漫长的历史时日才能实现。《历史本体论》中"两种道德论"一开篇就引 Einstein 的话："我认为伦理学只是对人的关怀，并无超人类的权威立于其后。"我说过，任何以完全超越个人生存的理性或非理性的名义或事物作为道德本源，容易导致危险。我所强调的"道德价值有绝对性"仍依存于人类总体生存延续这个血肉躯体之上，无人类，便无善（道德价值）、美（审美价值）之可言。而且我的"人类总体"强调"个人生存"，特别是在现当代。

问：30 年前的《批判》，你以"人类如何可能"来回答"认识如何可能"，伦理学中你又以"人类总体"来替代"先验理性"？也许因为上帝造人已渗入西方人的无意识层,便提不出"人类如何可能"、"人类总体"之类的问题？

答：我提出这些，正是中国非人格神的"天行健"、"人性善"的"有情宇宙观"的哲学言说。我所说的"善本身"、"善的本源"，是人类（总体）的生存延续，是人类总体的实践活动，不正是中国庆生、厚生、乐生的传统吗？这不正是"天、地、国、亲、师"，"人与宇宙自然协同共在"的宗教性道德吗？

问：你不断说人性本无善恶，怎么突然又跳出来一个"人性善"？

答："人性善"只是指个体由于将参与人类生存延续的总体实践（至善）而"性善"。就中国传统说，"人性善"与"天行健"一样，是儒学的有情宇宙观[1]，它只是关乎信仰、情感的宗教性道德，即相信人性本善。当然，按经验知识和自然人性论，人的天性本无善恶，这（并不是性恶论）才是公共理性的现代社会性道德的理论依据。

问：那宗教性道德又如何"范导和适当构建"现代社会性道德呢？

答：在这关键点上，两德是不同甚至对立的，所以我才强调两德的区别。但与相信"原罪"或"人性恶"的宗教性道德（如基督教伦理）一样，相信"人性善"的中国传统可以范导和适当构建人性本无善恶的现代伦理，使之更多注重同情、感化、和睦、协调，防止理性强制的泛滥，从而走出一条中国模式的法治之路。这也就是"新一轮的儒法互用"。

问：这就是"外王"的政治哲学的方面吗？

答：是也。

和谐高于公正

问："上帝死了"，理性崩毁，Nietzsche 和 Heidegger 都嘲笑伦理学，后现代以来的道德虚无主义变成了今天的伦理学理论的浩荡潮流，你如何看？

---

[1] 拙文《哲学探寻录》，1994年。

答：正因为此，我才提出"情本体"、"美学是第一哲学"，以及由此而出的"和谐高于公正"等命题，认为以传统为基础，争取从理论上摆脱这一潮流，将有助于中国走自己的路，并有人类普遍性。前面将人类总体的实践活动作为"善本身"或"善的本源"，就是想化解西方伦理学中自然主义与非自然主义、功利论与义务论，"善的本源"是经验苦乐还是上帝或理性、是生物学路线还是神学路线的种种纷争，以阻挡当代道德虚无主义。

问：虽然你没讲幸福，但你说伦理学一分为二，即美学－宗教哲学和政治哲学，两者实质上都关乎幸福：精神幸福和物质幸福。你的"美育代宗教"讲了精神幸福，你又大讲"吃饭哲学"和现代社会性道德，是否包含了一个政治哲学系统？

答：不敢这么说，因为我没专门研究过政治学。但我提出的"历史与伦理的二律背反"（1980）、"历史在悲剧中前行"（1999）、"两德论"（1994）和"经济发展→个人自由→社会公正→政治民主"四顺序论（1995、1999），"要社会理想，不要理想社会"（1994），以及"欧盟是走向世界大同之道"[1]（1992、2002）等，可以在我的人类学历史本体论基础上展开政治哲学系统。但我没能力做了。

问：上世纪末以来，你提过"新一轮儒法互用"，能否再讲几句？

答：再讲也仍然简单。在"内圣"方面，我以"未知生，焉知死"来渗入 Heidegger，在"外王"方面，我以"新一轮儒法互用"来化解自由主义。我以为，从上述庆生、厚生、乐生和天地人共存的珍惜、爱恋的"情本体"出发，以维护血缘家庭并扩而充之为基础，它所产生的己群和谐以及身心和谐、天人和谐，将高于主要以理性裁决为特征的"公正"。这就是上面讲的中国传统宗教性道德（天、地、国、亲、师）对现代社会性道德（自由、平等、人权、民主）的"范导和适当构建"。

---

[1] 拙文《关于民族主义的对话》。

问：你说正如中国哲学缺乏 truth（真理），中国伦理学缺乏 justice（公正）。

答：这太夸张。但我以为，中国的"义"译为 righteousness、justice 都不很准确，也许可以译为 obligation，它是人对五伦、家国和宇宙自然所应承担的义务。"义"，"宜也"。为何宜？如何宜？与"理"有关，但根源却在"情"。我一再讲"道由情生"，即是之谓。在西方，作为公正问题核心的公私区别和对立，从 Plato 以来便非常突出。脱离了家（私）的关系，"公正"作为平等的城邦自由民的政治关系（公）的准则，高悬法庭，理性至上。中国不同，原典儒学是礼乐论，是以亲子关系为主轴构建合情合理、情理互渗的社会政治关系，从家庭、氏族、部落、国家到天下，虽然有一定的理想化，但和谐却是明确的总目标，强调人不只是社会理性的、秩序制度的，同时也是人际情感的、心灵和同的。"公正"来自"理"，"和谐"出自"情"，但无"理"的规范，"情"也无从实现，此之谓"合情合理"、"通情达理"。

问：你在《说儒法互用》（1999）一文举出"屈法伸情"、"原心论罪"、"重视行权"、"必也无讼"，说"儒"的渗透使"法"产生了很大的灵活性、伸缩性、情境性。这个"礼法交融"延伸维持了秦汉以来两千多年的中国政教文明，是否也是今天政治哲学所应研究的一笔思想遗产？

答：我抄一段陈寅恪的话做回答吧。陈说："汉承秦业，其官制法律亦袭用前朝。遗传至晋以后，法律与礼经并称，儒家《周官》之学说悉采入法典。夫政治社会一切公私行动莫不与法典相关，而法典为儒家学说具体之实现。故两千年来华夏民族所受儒家学说之影响最深最巨者，实在制度法律公私生活之方面。"[1]

问：但你又坚决赞赏反孔、反儒、反礼教的"五四"启蒙运动。

答：两千年特别是明清末世以来，在忠孝仁义的光昌道德律令下，

---

[1] 陈寅恪：《冯友兰〈中国哲学史〉下册审查报告》。

的确大量"杀人"、"吃人",僻远山区的贞节牌坊和通奸沉塘的礼俗比皆是,如我多次引戴东原、康有为、谭嗣同、宋恕所说"三纲五伦之惨祸烈毒","如地狱矣",在不把人当人的时代,提出人是目的的自由、平等、人权、民主,即使一时偏激,也非常必要。

问:你不是讲"度"吗?

答:我讲的"度",是一种**动态性**的结构比例,它随时空环境而变,并非一味地永恒地是中间、平和、不偏不倚,那恰恰不是"度"。一时的偏激,从整体来看,可以是一种"度"。经验告诉我们,矫枉常须过正,不过正难以矫枉。但又不是凡矫枉必过正,需视情况而定,这才是"度"的艺术。

问:你不是"要改良不要革命"吗?

答:我从未一般地否定革命,而是反对一味地歌颂革命,认为革命带来的负面作用值得重视。

问:现今学人反对"五四",也许是想从中国儒家传统找出与自由、平等、人权、民主等现代观念接头的因素。当然也有学人完全否定这些现代观念,要回到原封不动的"三纲政教"。

答:我抄自己一段话作答:"在古典自由主义文本中,我仍然倾向于Tocqueville。他重视自由与民主(平等)的尖锐矛盾,而以协调为解决之道。如果把它放在我所主张的马克思主义吃饭哲学(科技生产力的发展是这个 Tocqueville 所谓'大势'、'天意'的根源)和儒家'中庸之道'('度'的艺术)的基础上,结合总结世界特别是中国自己的历史经验,加以吸取同化,希冀或可在制度层面上开拓新一轮的'儒法互用'。"[1]

问:这如何讲?

答:又重复一次:"自由主义这种'原子个人'、'自主个体'与注重社会关系的中国儒学距离甚远,而社群主义则更为接近一些。"[2]

---

[1] 拙文《说儒学四期》,1999年。
[2] 同上。

所以我一方面提出"两德论",赞成 Rawls 的"重叠共识"(overlap consensus)实即"脱钩论"(与传统脱钩),认为"权利优先于善",另方面又以为中国传统哲学的情本体可以渗透、融化在以个人权利和社会契约为核心的现代法律、风俗、制度之中。我是提倡启蒙,超越启蒙。一方面我赞赏谭嗣同说"父子,朋友也",但我又主张子女对父母亲情应有适当的法律设定,如此等等。

问:这似乎与你强调寻求的中国现代性有关?它与"新左派"所强调的有何区别?

答:现代性本与现代化相关,也与自由、平等、人权、民主等启蒙理性观念相关。我所强调的中国现代性是以上述价值和观念为基础(现代社会性道德),融入中国传统的情本体(宗教性道德),以做出转化性创造。这与新左派搬用后现代、后殖民诸理论,反对启蒙理性,主张文化相对主义等等来寻求中国的现代性根本不同。

问:这就是你所说的传统的宗教、伦理、政治,由"礼教三合一"化为"仁学三合一"。

答:对。如《"说巫史传统"补》(2006)所说:"建立在现代生活的'社会性道德'基础之上,又有传统的'宗教性道德'来指引范导而形成新的统一,以创造出新形式新结构的'宗教、伦理、政治三合一'。它就仍然可以是'天地之塞吾其体,天地之帅吾其性;民吾同胞,物吾与也'(张载《西铭》)的精神,这便是对传统的转化性创造。"(此词"转化性创造"与"转换性创造"在拙诸作中同义使用)对物自体—宇宙自然的敬畏崇拜(参见拙作《关于"美育代宗教"答问》)正是"天、地、国、亲、师"中国传统的转化性创造。

问:你这个"儒法互用"并不突出宋明儒学和现代新儒家的道德主义,也未突出主张私人美德的精英主义或人治德治。

答:我坚持法治,辅以人情,而不是相反。但又重视传统德治、人治中的情本体精神如何能注入到现代法治中。我也重视作为"治人者"

的各级官员们的道德,但首先仍然是公德,即遵循法律、按章办事、尽忠为国、献身职守,包括救火队员、战场官兵的奋勇牺牲,**这都是公德**。至于这些公德如何与他们的个人信仰和对人生价值、生活意义的追求(私德)相衔接或不衔接,那就属于宗教-美学范围了。

问:你也多次批评了作为现代社会性道德基础的自由主义的各种理论。

答:有意思的反讽是,自由主义的原子个人论,本是对历史的虚构,却成了今天的真实。本书摘引的各篇都做了很多批评,其中没有提及的而应该一提的是,今天大量单亲家庭对少儿心理的负面影响。这些都说明,在理论上探索"新一轮儒法互用"对走出中国自己的路,是有人类意义的。但所谓"和谐高于公正",是就人类未来远景、是就中国对未来世界的贡献来说的。作为它的哲学基础的"情本体"是我上世纪就提出的。但从当时至今,我一直认为,目前首先要重视的,还是公共理性、公正、现代社会性道德在中国政治和社会生活中的严重缺位,所以仍然要强调"权利优先于善"(指优先于各宗教、文化、哲学所宣讲的善恶观念),尤其要警惕各种"性善论"、"和谐论"来掩盖、贬低和阻挠以"公正"为基本准则的现代社会性道德特别是其制度的真正建立。

问:"和谐高于公正"与"权利优先于善"不矛盾吗?

答:前者主要是范导,后者是建构,两者可能发生冲突,也可相辅相成,这就看如何理解和把握了。

问:你赞成一人一票否?

答:我不迷信。我常说,Hitler凭选票上台,美国议会民主长期未能阻止越战大错。从上世纪八十年代至今,我一直反对中国立即实行全国性的"一人一票"直选总统和反对党制,因为中国人太多,国太大,size matters,现在实行"一人一票"的总统直选和反对党制,与自由派想望的也许恰好相反,很可能是高举国家至上的民族主义、高举均贫富倡平等的民粹主义的人物上台,对内厉行专制,对外引发战争,急剧放慢甚至摧毁经济。但"一人一票"作为基本人权（每人都有权利参与政治，如年满十八周岁的公民有投票权等等）和作为所谓"现代民主的核心价值"不应否定。问题在于以何种方式和如何逐步实现它，这需要经验积累，摸着石头过河。15 年前，我也谈过一些具体意见，见《再说"西体中用"》（1995）等文，此处不重复。

问：归结起来，你认为"儒学第四期"主题是"情欲论"，似乎专指"内圣"，引理入欲，使欲成情，这能否包括"外王"方面？

答：当然包括。此之谓新的"内圣外王之道"。以宗教性道德即儒家说的"安身立命"（make one's home, a sense of spiritual belonging）和西方说的"终极关怀"（ultimate concern）来"范导和适当构建"现代社会性道德。将身体（body）、欲望（desire）、个人利益（personal interests）和公共理性（public reason）向"情"（emotion and feeling）复归，使人从空泛的人是目的（Kant）和空泛的人是此在（Heidegger）走向人间世界各种丰富、复杂、细致的情境性、具体性的人。以孔老夫子来消化 Kant、Marx 和 Heidegger，奋力走进世界中心。这就是人类学本体论所想探索的。

2009 年 9 月北京寓所

伦理学答问补（2012、2016）

要点在三个区分

问：你很重视自己的伦理学，但有些地方好像没说清楚。

答：我以为都说清楚了。有何问题，请提出，但我的回答大概仍是重复一遍而已。

问：例如，你既明确区分伦理与道德，道德只讲心理形式，为什么又提出宗教性道德和（现代）社会性道德，应该是宗教性伦理和社会性伦理嘛。

答：这不是就外在群体的伦理规范（制度、秩序、风俗、习惯等）做分类，而是指个体内在的道德心理中所包含的不同的伦理内容（即规范）。同一道德心理（即形式）有不同的伦理规范或内容。我举过恐怖分子与救火队员的例子：个体的道德心理形式是相同的，但同一形式所包含的伦理内容不同。

我的伦理学的要点是做出了三个重要区分。第一是对中外一直都混同使用的伦理（ethic）、道德（morality）两词做了前所未有的严格的词义区分，即将伦理作为外在社会内容、规范和道德作为内在心理形式、结构的区分。第二是在内在心理形式、结构上，又做出人性能力（理性动力）与人性情感（情感助力）的区分，并强调情感助力的重要性。第三就是内在心理形式、结构（包括能力和情感）含有传统宗教性与现代社会性的不同内容的区分。

问：这第三个区分也就是你所谓"善恶"（宗教性）与对错（社会性）之分。但"对错"毕竟与"善恶"有联系。

答：对。三种区分都是为了突出矛盾与问题。"对错"与"善恶"之分也如此。

在前现代，无论中西，这两德基本是同一的，不需要也不可能区分，西方是基督教，中国是儒家，既是宗教、情感、信仰，也是制度、秩序、风习，但到了近现代，日常生活发生重要变化，政教开始分离，这就使以公共理性（public reason）为基础的现代社会性道德与以传统为基础的宗教性道德产生歧义、矛盾甚至冲突。当然即使在今日现实生活中，两种道德也常有重叠、一致、难以区分的情况，但毕竟可以、也需要做出区分。而且由于现在世界上还有各种不同的宗教、文化和传统，有着并不相同的情感信仰。它们所持有的善恶标准还并不一致，甚至矛盾冲突。例如至今在某些文化、宗教传统中，通奸是罪大恶极，但男方可以无事，女方就必须用石头砸死，这被视为"理所当然"，也就是应当绝对执行的伦理命令。我也一再举过中国百多年前"节妇烈女"的善恶标准和戴震慨叹"以理杀人"。这种种善恶标准和观念应用到现代社会中，便明显是错误的，它们不是"善"而是"恶"。但由于考虑到各种文化、宗教和传统难以一时改变，就特地把"对错"与"善恶"即现代社会性道德与传统宗教性道德区分开来，并且指出，这两种道德可以有冲突。今天的塔利班所履行的传统宗教性道德与今天社会性道德不就如此么？而且也远不只是塔利班而已。所以在社会转型期（由前现代转入现代）的世界历史中，做出理论上的这一区分就特别重要。在当前中国也如此。

问：现代社会性道德的"对错"本来应该就是现代社会性道德的"善恶"，这区分似乎是一种目前采取的策略。那么，未来呢？

答：随着时代的进步，特别是全球经济的一体化，使人们生活的物质内容和方式逐渐同质化，从而要求人际关系和个体权益（如自由、平等、独立、自主等等）的同质化，这会使现代社会性道德的"对错"越来越冲破许多宗教、文化、传统的种种阻碍，被越来越多的各地区、民族、人民所接受，而逐渐被认作共同的善恶标准或观念。这也就是道德的进步。要注意的是，这"进步"指的还是道德的伦理内容，而并非心理形式，它是伦理规范的改变而非道德形式的改变。牺牲自己的心理形式亦即道德行为不变，但是为何种伦理规范、内容而做牺牲（例如是为了"圣战"或"饿死事小、失节事大"而牺牲，还是为了对付恐怖分子而牺牲）却变了。由于伦理与道德一直混为一谈，才把个体行为中伦理规范的进步说成是道德的进步，因为伦理规范、内容总是通过个体行为即道德形式、道德心理来实现的。今天"路见不平，拔刀相助"不再只是个别人的英雄行为，而可以成为普通人的道德意识和道德心理。今天中国的互联网、手机信息就都在起这种"打抱不平"的作用。这就是社会伦理进步所体现出来的个体道德行为的进步。又如，以前战争中杀俘虐俘以及滥杀平民几乎是常规，如今则是巨大的恶事丑闻，会受到舆论的揭批和公众的谴责。这也就是说，现代人们已开始将社会性道德的"对错"作为个体自身的准宗教的情感信仰的"善恶"来对待了。我以前讲过，各不同文化、宗教、传统中一些相近或相同的善恶观念构成人类共同人性中的一个重要部分，我以为今天的现代社会性道德在不远的将来也会如此。

问：但你不又提出历史与伦理的二律背反，即社会前进而道德倒退么？

答：那毕竟是指较为短暂、局部的情态，也特别是针对社会转型时期某些状态而言的。这里说的"进步"是就更为全面、久远特别是就整体人类历史而言。

问：这样，"对错"和"善恶"就可以统一了？

答：仍不会"统一"。因为人们对"善"（如"幸福"）的追求永远不会同一。特别如以前多次所说，现代社会性道德的"对错"基本上是一种公共理性，常常不能满足人们对人生意义、生活价值的追求。在饥饿、战争、疾疫等物质方面的"恶"大体消除之后，什么是"善"，什么是"幸福"，什么是人生意义、生活价值，会有更多的困惑和更多不同的解说。各种宗教性道德在可见的未来永远不可能为现代社会性道德所吞并或"统一"。基督教有原罪说，中国人讲"性善"，伊斯兰有"圣战"，印度教无有，有人信佛，有人信耶稣，等等，从而，所奉行的善恶观念和标准，便不会"统一"。

问：你讲的社会性道德的对错，似乎是为了突出个体存在？

答：对。但这正是以人类发展到现代也即是以"人类总体的生存延续"到现阶段的特点为依据的。这个"现阶段的特征"便是以个体生存、个人利益为基础。这也就是Kant讲的"人是目的"。我以为，Kant这条道德律令与其他两条有所不同，它讲的实际是现代社会的伦理规范，即现代社会性道德。

问：所以你强调不能以任何集体名义包括作为"至善"的"人类生存延续"（见你的《伦理学纲要》答问文）的名义来主宰、规范人们的行为？

答：对。纳粹可以以"人类总体"名义即"优生学"来屠杀犹太人。"人类总体的生存延续"在现当代便首先要强调个体的生存延续才能构成总体的生存延续。我说过："任何以完全超越个人生存的理性或非理性的名义或事物作为道德来源，容易导致危险。……我的'人类总体'强调'个人生存'，特别是在现当代。"（《伦理学纲要·新一轮"儒法互用"》）我反对以"国家"、"民族"、"文化"、"宗教"，也包括以"人类"的名义来扼杀个体的人权。当然，这仍是一般原则，许多具体的问题又还需要根据各具体情况来做出决定或选择。

问：这也是你要区分"伦理"与"道德"的重要理由？道德心理、形式可以继承、承续，伦理内容要具体对待？

答：伦理学上似乎还没人做过这种严格区分。或是用直觉、情感或是用功利、义务来解说伦理与道德。但正由于把心理形式（道德）与社会内容（伦理）混在一起，便剪不断理还乱，讲不清楚。伦理的社会规范内容以及它的特定性、条件性、相对性、变易性非常明显，我以前多次说过，Hegel、Marx、文化人类学等等将这个方面讲得已很清楚。而道德心理形式的直觉性和情感性（包括 Shaftesbury、Hume 以及 Moore 等等）却又容易把伦理内容的这些特征掩盖住，其结果就是用内在的某种心理特征来直接解说外在的社会规范。

问：但道德行为的确像是一种"就该这么做"的直觉行动或情感。道德行为与你讲的道德心理又是什么关系？

答：道德行为也就是道德心理的外在表现。它是个体"自由意志"即自觉选择的行为、活动。道德心理必须表现为行为，否则又怎么能判断区分呢？它远不只是恶念善念，而主要是表现在行为上的对错善恶。这也正是道德不同于认识、审美，而实践（行为）优位之所在。好些时候似乎是一种未经思索的"直觉"活动或情感反应；其实，仍然是从小培养的结果，Aristotle 早说过，德性非天生，乃培训而成（《马各尼科伦理学》）。我常讲这就社会说是历史，就个体说是教育（广义）。不说谎、不谋杀、不自杀好像是自明公理支配着人的行为（个体道德），但实际上仍然是在一定群体（社会伦理）中生活而培育出的心理定势即形式。所有的伦理规范（社会内容）道德行为（个体心理）都离不开一定的集体的社会生活。它们都不是神赐、超验或上天给予的。所以我说"人之所以为人"是"学"的结果。"学"首先是"学"做人的行为活动，它具有形上的本体性格，也正是"度"的具体呈现。Kant 伦理学第一条原理讲绝对律令的普遍立法即先验的普遍必然性，如我三十年前所认为，其实只是一定社群（社会群体）在特定时空条件下的经验性的普遍必然（必须遵守、普遍履行），即客观社会性。Kant 所谓"不论做什么，应该做到使你的意志所遵循总同时能成为普遍的立法原理"，其实只是一定时空内社会群体的普遍立法原理，亦即外在的伦理规范。而各种伦理规范、法则、秩序、风习等等都具有条件性、变易性、相对性。但重要的是，由它们所塑造、积淀的个体道德心理结构形式，正是对心灵的"总同时能成为普遍的立法原理"，具有人类普遍必然的绝对性。这绝对（道德）又并不能脱离而必须依附或通过相对（伦理）才得以建立或实现。因此所谓普遍立法的绝对律令（categorical imperative）实际是为了建立"人之所以为人"（亦即"有理性的存在者"）的普遍必然的道德心理形式结构。落实到个体，它就是"自由意志"（或意志自律，the autonomy of will），即 Kant 伦理学的第三条。这意志也就是实践理性，所谓道德心理和人性能力主要也就是这种意志结构、意志功能。所以，是理性而非经验（包括情感）才是道德行为的动力。我以为 Kant 紧紧抓住了这个伦理学的要害，十分重要。正是这一点，Kant 优越于所有其他的伦理道德学说。

自由意志乃人性能力

问：这便涉及你所讲的人性培育的两个方面：能力与情感。

答：我以为 Kant 强调道德作为人性能力即人以理性来战胜、压倒自己的感性欲求，包括牺牲生命，这才是道德行为最为突显的特征。许多伦理学说都没有突出这一特征，多以日常一般行为做例证，所以更讲不明白。因为日常一般行为只是符不符合一般的伦理规范，并未凸显这个"善良意志"（good will）选择决定的自由特征。

问：但你在《伦理学纲要》答问文中又讲，作为道德行为的助力的人性情感并不是指 Kant 讲的那种敬重感情，而是一般同情心。

答：我以前说"动力"，不妥。同情心或"恻隐之心"是"助力"而非"动力"，"动力"仍是理性命令。不道德行为可以是理性的，也可以是非理性或反理性的。道德行为只应该是理性的，所以说是动力，这也是 Kant 绝对律令的本义。作为道德行为的"助力"的情感不是敬重而是同情、恻隐甚至愤怒（如"路见不平"）等等，两者不要混淆。上述的"敬重"是讲人在道德行为中或人对道德行为的感情，道德行为在先，敬重感情在后，它培育人的道德行为，但并不是帮助道德行为实现的感情。

情感问题需要仔细研究。以前英国经验派哲学家如 Hume 等人描述和区分了好多种情感，后人也做了许多区分，但始终没有注意严格区划其中动物性与人性的差异。这是一个尚待深入探索的重大问题。至少有三个层次或三个方面：第一，同情、恻隐等等情感，动物也有，它们具有生物本能性质，但人经过社会历史和教育的培养，与动物本能有了很大差异，因为这些情感中已渗入了理性。第二，重要的是人类培育了动物所没有的许多相当复杂的情感，如罪感、耻感、敬重感等等，它们与动物本能无关或是何种关系并不清楚。第三，需要强调的是，动物本能是在种族生存竞争中产生和遗传的，对今天人类生存来说，其中有好有坏，需培育好的，抑制坏的，例如要教育小孩爱抚小动物而不是虐杀它们，即从小培育爱、同情等等肯定性的心理情感，它是道德行为的一个重要条件。道德动力是服从理性，但要有这种爱的情怀作为助力，否则便是机器了。机器也能灭火救人，但机器不是人，它是在人类支配下行动的,它的所作所为并无道德可言。道德是人性的重要方面。人性是什么？是由积淀而成的某种情理结构。所以，情感虽然是助力，却是这结构的重要组成部分。我们说，恐怖分子没有人性，就是指他们服从或执行那错误的理性命令，如同机器一样。但这里要注意日常语言的含混性问题，不要陷入"道德是人性的一部分,恐怖分子是道德的,恐怖分子没有人性"这样的矛盾中。中国古话说，不要以辞害意，因为，说恐怖分子没有人性，只限定在其服从理性这一点上有如机器，而非就是机器。恐怖分子还是人，有情感和观念，但这些观念、情感完全错误。所以，培育爱的情感和正确的善恶观念，与培育理性行动能力同样重要。

所有上述这些，又都只是理论概说，现实情况远为复杂。例如有许多情况便是由于同情、恻隐、爱而去牺牲自己，就其意识到而言，仍然是一种理性选择和决定，仍然是人性能力（自由意志）。但就其并未明确意识到而言，就或者非常像（但仍然并不是）一种动物本能性的行为，或者是一种以前所说的合道德而超道德的审美直觉的态度和行为，即所谓"以美储善"。

问：这也就是所说的由内容到形式的"积淀"？

答：与认识、审美一样，意志（道德形式）的心理塑建只能经由群体社会的外在伦理规范而确立。由于维持一个群体（社会）的生存延续，尽管大有差异，但各群体各民族从而全人类的文化、宗教、传统又有一些非常接近和相当一致的伦理规范即善恶观念，如多次讲过的不说谎、不谋杀、不自杀等等，也就是我说的"共同人性"的第三因素或第三个方面。这种社会伦理规范的共同性与个体道德心理的同质性便更易混淆，从而更得在理论思辨上区分清楚。

问：牺牲自己被你看作道德特征，但也有人视生命如儿戏的。

答：当然，总有例外，但毕竟是极少数。蝼蚁尚且贪生，何况乎人。而且随着历史前行，越到现代，个体对自己的生存便越重视，牺牲自己的生命也越不容易。只有死作为独特地不可替代地在意识上证实着个体的存在，牺牲也就愈可贵。野蛮人比现代人远不怕死，这并不证明野蛮人比现代人在伦理道德上高明，恰恰相反。

问：道德是种理性能力，又说需要情感做助力，到底哪个主要？老问题，再重复问一次。

答：也再重复答一次：当然理性能力为主要，它是核心、特征之所在。道德行为是一种非做不可的自律心理，是对绝对律令的坚决服从，是自己的非功利（即不管是否对自己有利）的理性选择和决定。这才是"自由意志"的真义。没有同情、恻隐之心或爱也必须去做。也就是说，"应该"去做而不做，就不道德，就感到羞愧、耻辱等道德感情上的自我谴责。但同情心、恻隐之心、爱虽非道德行为的充分条件，也非必要条件，却是一种非常重要的助力。有同情心、爱等等就更会推动自己去做，但因此而把道德的根源说成是同情心或爱却是肤浅的。它不能抓住道德行为的理性特征。我说过要注意"道德"一词在日常用语中的泛化，使理性主宰这一特征常被掩盖，如开车不闯红灯、帮助别人、不说谎骗人、以及有钱人做慈善等等，均被称作道德。因之，只要是遵守外在伦理规范、准则的行为便是，有时甚至是看不见任何自觉意识或反思的直觉行动。我解说过，如同审美一样，这是时日长久经环境教育而习以为常的结果，这也就是所谓"习惯性道德"(M.Oakeshot)。但富人解囊与志士就义，不闯红灯与舍身救人，作为道德，并不可同日而语，即其中理性主宰的展现差别甚大。道德行为特征之一是具选择性，包括有意识地自觉选择非道德或反道德特别是反"习惯性道德"的可能性，即个体可以自觉选择作出习惯性道德认为"恶""错"的"反道德"行为，其中很大一部分也的确是"恶"（依据宗教性道德准则）和"错"（依据现代社会性道德准则），如恐怖分子滥杀无辜；但也有冲破旧道德建立新道德，即被传统宗教性道德视为"恶"而被现代社会性道德视为"对"的行为，如五四时期女子上学校、提出婚姻自主、今日世界性的反压迫反束缚的女权运动等等。这种可选择性，突出地显示了道德行为中理性主宰的特征。

问：那么"助人为乐"呢？

答："助人为乐"是讲要去培养人的爱心、同情心，它有助于道德自觉，但仍然不是道德行为的特征、目的。即使道德行为中的自豪而带来的愉快感、满足感，如肉体极度痛苦而精神极度昂扬，也仍然与感性苦乐相关联，仍然不是那种纯理性的道德敬重。帮助别人可以感到快乐，但并不是为了自己快乐而去帮助别人，对吧？如为了自己快乐而帮助别人，在 Kant 看来，便不构成道德。

问：再回头问你将道德、伦理分开，是为了强调道德的自觉心理，这心理中你又将能力与情感分开，情感难道不也是一种能力么？

答：这问题上次问过，我也早回答过了。分开正是为了突出道德自觉是理性的凝聚即理性对自己的主宰和支配。正是在这里，人区别于动物。上面已提过中国古典讲人禽之分，Kant 讲可与宇宙同崇高的道德律令，都是指这种理性凝聚。它不是来源于情感，因为一般说来情感总寄托在生物体上，与生物本能有直接的联系。这种凭"直觉"、"情感"或"本能"或一般理性认知的"道德"行为，在日常生活多有，但它们只是符合社会伦理的行为而已。例如不闯红灯、孝亲敬老等等，它们符合社会伦理规范，便可以说是道德的。但这些只是在最基本的水平面上显出自律意识和道德性能而已。有些当然与情感相关，如孝亲，但孝亲作为道德应该是一种责任，是一种理性意识而不只是情感。

问：以前你谈过电车杀一人或五人那个著名的伦理学问题，这也涉及情感或理性谁是道德本源。

答：具体问题是复杂的，不能笼统对待。如我所再三说明，像"什么是善"这样的问题便很难有统一的答案。各文化、宗教、传统甚至不同时空的阶级阶层有不同的回答。抄几句 Macintyre《伦理学简史》："道德概念本身是有历史的。""对 Aristotle 主义，倾己所有以助穷人乃荒谬和弱志；对原始基督教，有心机的人不能穿过那登上天堂的针眼。保守的天主教认为服从既定权威为美德，民主社会主义像 Marx 却视之为奴性极恶。对清教主义，节俭乃德性，懒惰为大恶；对传统贵族，节俭是丑恶，如此等等。"（第 69、266 页）这一点上面实际已反复强调过了。就具体问题更如此。例如，这个杀一个人或杀五个人便由你作为过路者还是管理员而大有不同，因为它涉及伦理规范。身份不同，伦理职责（责任、义务）便不一样，自由意志的抉择也会不一样。正如我说过，救助儿童乃今日公德，应该普遍奉行，但并不能因此而指责你以同样的财力维持九十岁高龄父亲的生命却不选择去救助十个挨饿的非洲儿童。因为在伦理层面，你没有这种理性义务：为什么拯救非洲儿童比维持我父亲生命更为道德，其原因便很不清楚、很没"道理"。为什么不首先应该由当地政府或联合国去负责呢？难道"老吾老"比"以及人之幼"就次要吗？这里正好说明不能把"人类生存延续"的"至善"做功利主义的理性解说和框架硬套，培育亲情正是"人类生存延续"的重要内容和方面。特别是把上述个案或事例抽象出来作为个人道德或义务，便更是错误的。

而由这些事例推论不是理性而是情感决定人的道德行为,这推论也是不能成立的。维持九十岁高龄父亲的生命不仅因为是情感,而且更是理性的绝对律令:你"应该如此"做!尽管情感起了很大的推动作用(助力)。所以我在上次答问中说,这是"人之常情",不要"矫情",强调了中国传统中道德行为的理性主宰与作为道德行为的情感助力合二而一。这也就是中国传统"情本体"的具体展开和体现。

　　这与火车的例子都说明具体问题需要具体分析,不能以一个例子来界定和说明某种理论。一般说来,在日常生活中,理性和情感在社会伦理和个体道德上大体是一致或统一的。"大义灭亲"、"毁家纾难"作为令人赞叹敬仰的突出的道德行为,都是特殊事件,是为了突出理性凝聚压倒一切私利包括情感和亲情,以此来教育人们,而并非不分时、地、情况都绝对地要求人们这样行为。恰好相反,在日常生活中,任何群体的伦理规范、秩序都会照顾其成员的利益、关系和感情,对个体道德行为的要求上也如此。中国传统伦理学很讲究情理和谐、合情合理。包括"由近及远"、"老吾老以及人之老"等等,都既是理性的又是情感的。

　　问:你的伦理学把理性提得这么高,是 Kantian,但你又强调中国传统的"道始于情"、"礼生于情",这不矛盾吗?

　　答:完全不矛盾。我一直维护"人是理性的动物"这个陈旧的古典定义。人以理性突破了动物族类基因突变引起进化的自然过程,开创了不同于其他动物的人的历史。所以人兽之分在理性而不在情感。人的情感也渗入了理性,是谓人性情感。所以我一直反对各种反理性的思想和潮流,不管它们如何时髦和畅销。真正的问题在于,这"理性"从何而来?我反对来自上帝、天赐、先验、超验,认为它来自人所特有的现实生活,即以制造—使用工具为根本基础的实践活动。这活动中当然充满了情感,涉及人际关系的理性规范(亦即伦理),当然更与情感、信仰密切相关,而且常常由其中而产生,如基督教的爱、儒家的仁等等。孔子回答问孝的"色难","不敬,何以别乎",强调了"孝"不只是行动义务,而且要求真情，所谓"情深意真"是也。本来，人面对世界的现实生活所形成的心理形式是一种情理结构，而不是理性的机器。人是有血肉的动物，有情感的生物本能根源。我以前说过，理性是使人站起来的骨架，情感是使人想活动能活动的血肉，没有血肉的骨头只是骷髅而已。

问：著名的宰我"三年之丧"的质疑，孔子归之于情，你的《论语今读》也说，"孔子将礼建立在心理情感原则上，儒学第一原则乃人性情感"（17.21 记）。

答：对，这没错。但"三年之丧"的"礼"本身却是理性命令，"应该"履行。人要"立于礼"，正说明理性是道德行为的动力，要在"学礼"中成立为人。所以是"立于礼"而不是"立于情"。"礼"就是当时的伦理规范（外在）和道德律令（内在）。而塑建人性能力（理性）的外在伦理规范，又总是不但与情感紧相联系而且常常以之为根源。孔子上述论说和"礼生于情"、"道始于情"说的就是这一点。这也就是说，人的内在道德的理性能力是外在伦理规范所塑建的，而外在伦理规范却根源或有关于情。但不能因之而认为个体的道德行为、理性能力直接由个体的情所产生或来自情感。这是两个不同问题，在理论和逻辑层面上要分清楚。就来源说，"理"来自"礼"，"礼"来自"情"；就实现说，"理"是动力，"情"是助力，"理"不直接来自"情"却主宰"情"。它恰好展示出外在（伦理）与内在（道德）之间的复杂关系。是否"三年"随时代可有变易，它源于"情"却无变化，但"礼"把"情"意识化、明确化、规范化也就是理性化了，在伦理道德上就成了当时社会的绝对律令，而不再只是自然情感了。这样，作为理性化的道德义务的自觉意识也就巩固了、提升了"情"的稳定性和神圣性（自然情感随情境变化而有一定的甚至很大的不稳定性），反过来又加强和展扬了自然情感。但如果失去"度"的艺术，则过犹不及，如为鲁迅所痛斥的二十四孝图。所以强调"情理和谐"、"合情合理"、"是非好恶合一"等等，其中仍涵蕴着这个"度"的本体性的建构问题。我讲今天宗教性道德（如儒学）对现代社会性道德有范导和适当建构，这里所说的"适当"，也属于这个"度"的问题。它可以有时代性、情境性的变迁和灵活。

接着 Wittgenstein 走

问：你不断重申自由、平等、人权、民主等启蒙理性，但目前是多元论盛行，相对主义盛行。另方面，反多元反相对如 Strauss 等在学院墙内也很流行。

答：我还是 20 年前的老说法：物质一元，精神多元。即物质生活的不断改善有人类共同的普遍性，不管是何种文化、宗教、传统，食衣住行、性健寿娱随着科技的发展不断改善并不断全球同质化。冰箱、电视、手机、互联网是任何多元论也阻挡不住的（虽然这并不排斥人们拒绝现代文明，不坐飞机、汽车，宁愿骑马走路，不用电灯、手机宁愿用油灯、写信等等，但那毕竟只是极少数人），但什么是幸福、快乐、人生意义、生活价值，如前已说，却仍然随宗教、文化和传统的影响而只能由个体选择和决定，永远可以大有不同，即多元。另一方面，即使在精神领域，也会有很大一部分逐渐会变得接近。如前所说，物质生活的巨大力量不容轻视，其中以科技为前锋和代表的工具理性将使人类生活规范、制度、秩序、风习、观念和感情日愈接近，以后会更加如此。我并不赞同那种完全不可通约不可比较的多元论。所以启蒙尽管有重大缺失，它仍将在全世界凯歌行进，任何时髦的反启蒙、反理性、反现代、反改革恐怕很难阻挡得住。我宁要"过时"、"浅薄"的 Locke 和 Kant，也不要"时髦"和"高深"的两施（Carl Schmitt、Leo Strauss），宁要由神到人，自己做主，不要再由人回到神，服从上帝。中国有些学人六神无主，唯洋是从。一会儿 I.Berlin，一会儿基督，一会儿 Strauss，一会儿 Schmitt，并把它们硬嫁接到中国传统上。反复无常，千变万化，在一定时期内也都能吸引、惑动一批年轻子弟。原教旨主义（包括革命原教旨和传统原教旨）

与后现代主义联手共舞，反对启蒙理性等，是当今中国学界奇观，但我以为终究经不起推敲，在理论上是要失败的。

问：你的伦理学是你的哲学的重要部分。你说你的哲学是以中国传统为基础承续 Kant、Marx、Heidegger，但好几次又说，你是在接着 Wittgenstein 的问题在做。如何讲？

答：恰好不久前看到一本有关 Wittgenstein 的著名传记，其中最后一章一段话，似可回答这个问题："Wittgenstein 的论述的着力之处，是使哲学家的注意力从语词、句子上移开，放到我们使用它们的场合中去，放到赋予它们意义的语境中去；'我是不是越来越接近于说，最终不能描述逻辑？你必须察看语言的实践，然后你就会看到逻辑'。Goethe《浮士德》里的一句诗概括了他的态度：'太初有为'，Wittgenstein 赞赏地引用了这话，而且也有理由把这话视为《论确实性》的题铭——实际上也可把它视为全部 Wittgenstein 后期哲学的题铭。"[1] 我的《论语今读》说："在《论语》中，孔子多次反对'佞'、'巧言'，欣赏'木讷'等等，似与今日西方哲学以语言为家园、为人的根本，大异其趣。也许这就是'太初有言'与'太初有为（道）'的区别？'道'是道路。在儒学首先是行为、活动，并且是由人道而天道，前者出而后者明。Goethe《浮士德》说，不是太初有言，亦非太初有力，也非太初有心，而是'太初有为'（act），似颇合中国哲理，即有高于和超出语言的'东西'。这东西并非'言'、'心'、'力'，而是人的（在《浮士德》也许仍是天－上帝的）'行'：实践、行为、活动。《论语》全书贯穿着的正是行为优于语言的观点。"（4.24 记）这也正好解说 Kant 实践理性高于思辨理性的观点，也是我讲"走出语言"之所在，不是"言"（word）或"思"（"心"，thought）、"力"（power）而是"行"，才是"太初"的起点，它们与伦理学便直接关联，Wittgenstein 未说明这个"有为"或"生活形式"是什么，我则以制造一

---

[1] Ray Monk：《维特根斯坦：天才之为责任》，王宇光译，浙江大学出版社，2011 年，第 582—583 页。

使用工具作为这个"有为"、"生活形式"的起点,逻辑也由此而来(见我的《认识论纲要》)。这不正是接着 Wittgenstein 么?但不是语词分析了。

问:所以 30 年前你以"人类如何可能"来回答 Kant 的"认识如何可能"。

答:当时哲学就是认识论,我才如此说,其实远不只认识,人性如何可能,心灵如何可能,都应以此为起点来做回答。到底什么是人性,或人性是什么,是古今中外谈论了几千年而至今并无定论的大问题。

问:如果用简单一句话概括你的哲学,如何说?

答:我的哲学主题是以"人类如何可能"来回答"人性"(包括心灵)是什么,这也就是"双本体"(工具本体和心理本体)的塑建问题。几十年讲来讲去无非是这一主题的展开,这倒似乎是前人在哲学上没有做过的。而且还有现实意义,因为随"告别革命"之后的便是"建设中国"。如此巨大的时空实体,如何建设?对世界对人类将有何影响?兹事体大,谈何容易。前景茫茫,命运难卜;路途漫长,任重道远。事在人为,偶然性却很大,稍一曲折,便数十年。怵惕戒惧,可不慎欤?勉乎哉。

(原载《读书》2012 年 11 期,有增补)

情本体与女性主义伦理学

问:你提出"情本体"、"情理结构"等概念,强调反对理性至上主义,与当前国际上流行的情感主义潮流如女性主义的关爱伦理学似乎合拍。你在 2014 年华东师大课堂上也多次提到 Carol Glligan 的《不同的声音》(In a Different Voice)。你是否受这一潮流影响?

答:不是。1980 年的《孔子再评价》已提出,"仁的结构"主要是情感心理,1989 年《美学四讲》的结束语是"情感本体万岁,新感性万岁,人类万岁"。当前这股女性主义潮流,与后现代主义相关。后现代主义的特色之一是反理性、反启蒙。而我一直强调的是"提倡启蒙、超越启蒙"（见八十年代有关鲁迅文）。我以情理结构（emotio-rational structure）讲情本体（emotion as substance），就包含这一点，而并不赞成以同情（sympathy）、移情（empathy）为基础的新老情感主义伦理学。

问：那你对女性主义如何看？

答：这当然是女性觉醒的时代走向。但女性主义也经历了不同阶段，有许多不同著作。当前极为推崇 Glligan 的 Michael Slote（男哲学家），也并不否认理性的重要。这股女性主义潮流虽已取得了学术地位，但整体来说仍然居于弱势。男性中心的自由主义、个人主义、理性主义，仍然在欧美社会、经济、政治以及学术领域占据统领。

问：中国传统哲学在这方面有所不同。"易以道阴阳"（《庄子·天下》），《周易》以夫妇开端而终结于天地。

答：我的情本体与国外潮流无关，但与本土有关联。我也强调过1949年以后中国的伟大贡献，就是妇女能顶半边天，地位空前提高，古今中外罕有。

问：现在世界上也有了一批著名的女总统、总理、企业家、科学家等等。

答：是这样。这证明女性在许多能力方面并不比男性逊色。但我又仍然认为男女因身体有差异，便会产生在能力、心理上的各种差异，绝不可能完全同质。这主要是生物演化、族类发展的先天原因。虽然也有后天环境的社会、时代因素，如在数千年男权中心和父权制的统治下对女性的压迫和"规范"。女性主义突破的应该是后者。前后两者有许多复杂的混合、渗透，而理性主义、自由主义、个体主义就可说基本属于后者。女性主义以理性、独立、平等、自由、主动、精神、事业、竞争、冲突、权力、规则、个体、公正等为男性主义伦理学的特征，而以情感、关联、依存、约束、受动、肉体、家庭、合作、和解、责任、非规则、同伴、关爱等为女性主义伦理学的特征。

问：中国传统强调的倒是这两方的矛盾统一，所以讲阴阳互补、天地交泰。你的情理结构强调情与理的各种不同比例的配置、通导、组建、渗透，是否也如此？

答：对。但我的伦理学仍以理性（自由意志）为主轴，可包容而不等同于女性主义的关爱伦理学。

问：你的伦理学不赞成以同情，特别不赞成以移情来作为伦理学基石。你认为情感只是助力而非动力，这仍然是 Kant 的理性主义。

答：同情是 Hume、Adam Smith 的主张。近来 Slote、Glligan 强调移情（empathy）而非同情（sympathy）才可作为伦理学基础。因为移情才是真正的情感，同情还只是认识。

问：Slote 提出 I feel your pain 不同于，而且高于 I know your pain and feel sorry。

答：我以为，这只是在日常语言中的夸张用法，并不真实。因为从生理上说，我的身体并不能感受到你的痛，你的痛也不可能变为我身体的痛。从心理上说更加如此，因为人的心理是有生理神经基础的。所以这说法不能成立。移情在欣赏艺术或信仰仪式时或能出现在迷狂或默会中，即我的情感与对象同一或合一，但这经常只是非常短暂的时刻。它的确是美学或宗教的重要概念，却不是伦理学的基础。

问：你的情本体、情理结构，着重讲的是内在道德心理，而非外在的伦理规范和政治哲学。

答：的确如此。我的哲学以人类生存延续的外在实践为基础，从而外在伦理、政治方面当然重要。但有许多缘由，我不及多谈，而将重点放在内在人性方面，以 Kant 来驳难 Hegel 的批判。

问：但你还是将 Kant 和 Hegel 兼容并包。在外在伦理，你采用了 Hegel 的相对主义；在内在道德，你采用了 Kant 的绝对主义。

答：是这样。我的 Kant 书之所以说是"新解"（a new key to Kant），因为 Kant 的确是形式主义，但这形式主义并非 Hegel 所说的空无，而是经过历史构建起来的具有绝对性的心理结构。这结构是实在的。

它使人的情感包括同情，不同于动物。这就是因为已有理性渗透其中。

问：这样也就从哲学上区分了你的情本体与女性主义的关爱伦理。有学者曾说西方是男性阳刚文化，中国是女性阴柔文化，你大概不会同意？

答：当然不同意。中国哲学一向强调"天行健"、"大哉乾元，乃统天"，但又的确强调"坤德"，强调"厚德载物"，这既不是男性中心，也不是女性中心，而是阴阳互补，天地偶配，彼此渗透，相互依存。它遇上女性主义反抗男性主宰、理性至上的今天登场世界，不正好么？这其实也是我提出哲学领域需要一个先验心理学的转折，来承续（并非取消和替代）上世纪语言学的转折的原由之一。它也是由外向内，并取得男女平衡。

问：到现在为止，中外学者并不严格区分内与外、道德与伦理，经常把伦理、道德混在一起谈。有学者也区分伦理、道德为前习俗、习俗、后习俗，或非理性的习俗与理性的规约、秩序。

答：我认为以内外区分道德、伦理，比这些区分更重要。

问：你以内外区分，主要是由于你认为人的内在人性心理是由外在文化教育所塑建而成。其中，虽有动物生理为基础，如母爱，但你所着重的仍然是后天理性所参与的结果。所以你的情本体并不是从本能的情或先验的情（情本是一种经验，而非先验），而是从"情理结构"来谈人性。

答：还是那句老话，"学而第一"（《论语》）。人性心理（包括道德、认识和审美）都是历史（就人类说）或教育（就个体说）的产物。这也就是此二分亦即由伦理而道德的重要具体含义。

2016年初，波城

为什么说孔夫子加 Kant（2014）

"学而第一"与"不知的共同根源"

问：在《回应桑德尔及其他》（下简称《回应》）的结尾，你提出孔夫子加 Kant。但 Kant 与 W.Leibniz 和 C.Wolff 大不相同，他与以后的 Hegel 倒相似，对孔夫子和中国文化并不欣赏和友好，而毋宁是相当轻视的，怎么能拉在一起？

答：那不重要。任何哲人都是历史人物，都有知识不足、意见错误的缺点和失误，不足为奇。中国传统与 Kant 有可接通处，重要的是两者相加在今天的意义。

问：你把它作为该书的结尾似乎有点突然。

答：并不突然。我的伦理学三要点：伦理与道德区分，宗教性道德与现代社会性道德的区分，道德中的意志、观念与情感的三分，无不与此有关。

问：还是需要再讲一讲。

答：可能仍要从方法论讲起。如《回应》开头所说，我是历史主义者，不从一般自由主义所设定的抽象情境和抽象原理如无知之幕、天赋人权等出发，认为无论伦理（外在的风俗、习惯、制度、法律）和道德（个体行为和心理）都是特定历史环境下的产物，有相对性。但也有在相对中所积淀下来的绝对，这两方面就是我所讲的历史的时代性和积累性。

问：你反对先验理性，不承认有超经验的绝对，认为绝对是相对的经验经由长期历史所积淀而成，即经验变先验？

答："先验"总有个来源和出处。如果不信上帝，没有创造主，就只有从实践经验中"下学而上达"。这不就是孔夫子吗？所以我说《论语》一书的主旨是"学"。正是此"学"使人类集体的实践经验对个体成为先验。"学而第一"非常重要。

问：以"学"来概括人类整个实践未免太宽泛了吧？

答：**这只是一种哲学视角和提法**。人类的所有活动对个体来说，都可以说是一种学习活动。从儿童牙牙学语开始，个体便进入语言所呈现和规范的人的生活关系即社会实践中。学语言，其实就是在学规则、学秩序、学技艺，也就是"学做人"。（learn to be human, learn to be a human being.）包括学习生产活动和人际活动，从而才能在社会群体中生存。生老病死都在"学"中度过，即所谓"活到老，学到老"。这就是人生。可见，这"学"首先不是学书本，而是学行为活动。"知之非艰，行之惟艰"(《尚书》），"行有余力，则以学文"(《论语》），"纸上得来终觉浅，绝知此事要躬行"（陆游），这就是中国传统。在这里，伦理学跟认识论并未截然两分。二十世纪八十年代我就说过，伦理在先，认识在后，学习、实践组成人间的规范准则（"礼"）的伦理学居于首位。人在行为活动中建立秩序，建立起"客观社会性"即Kant所讲的"普遍必然"（"先验"）。

问：这与Kant何关？

答：孔子说，"学而不思则罔，思而不学则殆"，Kant说，"感性无知性则盲，知性无感性则空"，两者何其相似！Kant认识论的要点，就是认为不是由感知直接上升为概念，而是人类先有一套认识系统（时空直观和知性范畴），施加于感觉经验才构成知识。感觉经验与知性系统，Kant认为有一个"共同根源"，但这个共同根源是什么，Kant说他不知道。Heidegger认为是先验想象力，我认为是实践，即"学"："感性源自个体实践的感觉经验，知性源自人类实践的心理形式"，"对个体来说的先验认识形式，是由人类经验所历史地积淀而形成"(《该中国哲学登场了？》第 26 页)；"感觉经验的可能性和知性规范的可能性都来自实践。个体实践活动获得感性，人类实践活动形成知性。其间的想象力便正是人各不同的个体创造力的展现"(《中国哲学如何登场？》第 4 页)。这就是依据中国传统，以人类和个体的"学"来解决 Kant 提出的知性和感性的不可知的共同根源，**把认识论和伦理学放在历史本体论即人类实践的历史基础上来解说**，也就是把 Kant 的"认识（先天综合判断）如何可能"放在"人类如何可能"的基础之上。这是一个带有根本意义的哲学问题。应该首先提一下。

以上是就认识论来说。就伦理学来说，道德中作为知性的"理"更非动物族类所本有，它是后天习得，与情感的生物生理的先天性不同。**"理"是社会性的，与群体活动攸关**；"情"是生物性的，与个体生存相连。从而所谓情理结构便是社会性与生物性的交会渗透和融合。这个交融也需要经由实践活动即"学"才能获有或实现。

"尔安乎"与绝对律令

问：你在上世纪八十年代说，伦理在认识之先（见《主体性提纲》），在你的《哲学纲要》中，伦理学是第一部分。《回应》也大讲"立于礼"。与 Kant 把伦理道德作为高于现象世界的本体，确有相似处。但八十年代你又提出，孔子"安不安"，作为道德心理的归依，九十年代你提出"情本体"和"情理结构"，这与 Kant 伦理学的理性主义绝对律令如何相容？

答：这在《回应》中已经讨论过了。我提出伦理道德中的情理结构的特征是理性主宰，即自由意志，便与 Kant 相关，是在中国传统基础上吸收 Kant 而又替代 Kant。

问：Kant 的绝对律令是纯粹理性，孔子的"尔安乎"是经验心理，主要是情感，这如何相容得了？

答:"安不安",确乎是一种经验的心理状态,但这状态远不止是情感,而是一种情理结构。这结构专属于人,其中既有理性,也有情感,甚至欲望,等等,而且会有不同的种类、不同的水平和等级,非常复杂和多样。

问:认识和审美不也是情理结构吗?

答:对。但这三种结构中,情与理如何交会、渗透、组织便很不一样。道德心理的情理结构,我已反复讲了,就是以理性主宰为特征。"克己复礼为仁","克己复礼"就是理性的绝对命令。因此作为道德的心理特征,孔老夫子与Kant在这一要点上完全一致。

问:那不同处呢?

答:孔子还有"仁者爱人"的著名回答,这个回答所突出的,确是情感,有如"克己复礼"的回答侧重理性,但**总括孔子对"仁"的众多回答,其最终归结仍在塑建既有情又有理的人性的情理结构,而不同于Kant只讲理性至上。Kant的理性是超于和高于人类的,孔夫子的"情理结构"是专属于人类的。这就是根本的不同。**

问:Kant的那三条律令,本都属于外在人文,但你把其中的两条(普遍立法和自由意志)划为人的内在心理,这才发生与"尔安乎"的心理对比问题。

答:早已说过,Kant普遍立法和自由意志这两条无法作为外在伦理规范,如不自杀、不说谎都无法成为放之四海而皆准、历时古今而不变的伦理原则和行为准则,**但它们倒恰恰可以作为在道德行为中的人的心理特征**:认为自己如此行为可以普遍立法,即人人均应如此作为。这也就是自由意志:是人自觉自愿(自律)所作出的决断。

问:自由意志似乎也可说是孔子讲的"为仁由己,而由人乎哉"、"我欲仁,斯仁至矣"、"无求生以害仁,有杀身以成仁"。

答:对,这就是人的自由意志,自己决定如此行为,不顾及个体的利害、快乐、情欲、生活甚至生命,**人能以理性主宰自己的肉体、生命,才是"仁"。**所以不是动物也有的自发同情心,而是人的这种理性意志才能作为道德心理的主要特征。

问：孔子说"尔安则为之"，这不是主张情感而并非理性来决定道德行为吗？

答：这个"安不安"的情感，恰恰是建立在理性认识（父母抚养之恩）之上。动物长大即离开父母，没有供养父母的现象，也不会有安不安的心理问题。可见孔子讲的"安不安"并不是动物本能的情感状态，而是"仁者安仁"的安，亦即"克己复礼"的仁。这种"不安"之心与"安仁"之仁，都是饱含理性的情理结构。正因为违背了理性的主宰，不守礼，才会感到"不安"。而宰我感到"安"，得到的评语就是"不仁"，这个"不仁"不只是说宰我没有对父母的情感，而更是说宰我缺乏理性义务的人性情理结构。孔子讲的"不安"之心与"安仁"之仁，就不能简单说成是情感，更不能说成是简单的同情，它是"我欲仁"的仁，它需要在理性意志（决定守礼）主宰下作出的行为才能得到。对于应尽的理性义务缺乏自觉、不去履行，应当感到不安，感到歉愧、自责，但宰我却"安"于这种本不应安的状况，这就是麻木不仁。仁者对本不应安的状况应有自觉而加以纠正，这才是仁者的"安"。

问：你是要把孔夫子的"仁"与生物本能的情感严格区分开。但社会生物学派不是认为动物也有道德吗？

答：包括当今显学如关爱伦理学（Care ethics）都非常强调情感这类生物自然本能。的确，动物也有个体为群体牺牲自己的现象，人们以此类相似的现象来推断、实际乃猜测动物也有道德，但这里的关键在于，人有自由选择的可能，即人可以选择不道德，动物恐无此种选择，它只凭本能行事。在动物那里无所谓道德不道德，动物有选择道德或不道德的行为的自由吗？我怀疑。正因为人类行为中有大量不道德，才显出选择道德的崇高和可贵，才把道德当作人之所以为人的"本体"。人在牺牲自己的利益中，有各种思想的、情感的矛盾、纠葛、纷扰，有情理结构中各因素的严重冲突，动物有吗？我怀疑。

意志、观念、情感和"最高境界"

问:你认为关键就在人有自由选择的可能?

答:所以才说是"自由意志"。这里需要理性参与和主宰,而不是动物本能或生物本性所决定。

问:不是有直觉主义吗?瞬间作出道德判断和反应,根本不需要时间考虑。

答:这在几十年前的美学讨论中已反复论辩过了,审美的直觉性比道德更明显更突出,但仍然不是生理反应和动物本能,仍然有理性甚至功利性渗入其中。人们在道德行为中的直接性比审美更显出是长期教育即"学"(广义)的成果,即直觉性仍然有善恶观念和意志力量在内,尽管它们被压缩在某种潜意识或无意识的状态当中。

问:你是说,直觉只是一种呈现状态,它有所由来?

答:直觉的由来只有三种可能:要么是天赋神赐,要么是动物本能,要么由"学"而来,只是这"学"不大被注意罢了。婴儿幼孩便难说有何"道德"可言,人的羞愧、自豪、鄙视、见义勇为等"直觉"行为和心理都是后天培育出来的,尽管自己并未意识到。

问:你强调意志自由是道德心理的主轴,但是非善恶观念并非意志而是认识。

答:对。**我的伦理学讲的理性包括认识(即善恶观念)和意志两者。意志是理性的形式,认识—善恶观念是内容。**意志是种理性能力,必须经由长期锻炼,以使肉体服从精神,它与善恶观念的认识并不是一回事。

问:那善恶观念在道德行为和心理中便不重要了?

答:恰好相反。意志只是一种使肉体行为服从精神指令的行动力量,是人的一种人性能力,但它服从于何种精神指令,这种精神指令是什么,便属于善恶观念了。也就是说,**意志是人的自觉的、有意识的理性对感**

性的支配、主宰的能力，这是心理的理性形式力量，但这理性的具体内容是什么，便是善恶、是非观念。例如，你为做某件事，可以千辛万苦、坚韧不拔，至于你要做的事是什么，是对是错，是善是恶，是做救火队员，还是做恐怖分子，是做为妇女人权奋斗的女权主义者，还是做宁死不嫁的守贞女，这就是观念、是非、认识（善恶）了。以"克己复礼"来说，"克己"是意志力量，"复礼"的"礼"是善恶观念，"礼"——善恶观念有变迁，"克己"却是不变的。Kant把理性意志力量和理性善恶观念混在一起讲，把不说谎、不自杀的善恶观念作为普遍立法的自由意志，便造成了种种困难，讲不通透了。

问：总括一下，你讲的道德心理三分，一是理性的形式力量，即意志；二是理性的社会内容，即善恶观念，这是Kant；三是作为助力的情感，这是孔夫子，对吗？

答：又对又不对。依据Kant，情感在道德行为中既非充分条件也非必要条件，但在现实生活中，有如Augustinus所说"我应该做，却不能做"。Kant设定的人，像是机器，我应该做，就能做，可以毫无情感地做事。但人毕竟是动物，有贪生怕死、吃饱穿暖的自然本能，有明知应做，却胆小怕事、不能去做。怯懦畏难、意志薄弱、缺乏行动力量，这是常见的大量现象。Augustinus祈求上帝帮助，认为只有上帝的命令能使你坚强，从Abraham杀子开始，恐怕就是如此。中国传统没有上帝，中国传统的人是在动物生存基础上的"生之谓性"、"食色性也"的人，那就只能依靠培育情感来帮助意志，使之实现善恶观念。即使之认识"应做"就"愿做"，因为有爱憎情感支持你做，这种情感助力非常重要。孔子说"唯仁者能好人，能恶人"，《论语今读》记曰："谁不能喜恶？这里依然是说，虽喜恶也不能一任情感的自然，其中仍应有理知判断在内……其中有理又有情，即仍是某种情理结构的展现。"（4.3记）中国传统讲求是非之心与好恶之心、理性与情感同时培育，才能塑建人性，而不是西方哲学Hume、Kant各执一端，截然两分。

问：但你仍有主次之分。在道德心理和道德行为中，理性是动力，情感是助力。与 Hume 恰好相反。

答：对。在 Hume 与 Kant 之间，我明确选择 Kant。这也是我说孔夫子加 Kant 的原因之一。因为孔夫子虽然含有但并未突出理性在道德心理和行为中的决定性意义，而 Kant 突出了。当然更重要的还有外在人文和社会伦理方面的意义，即区分宗教性道德与现代社会性道德，因为确认"人是目的"，是现代社会性道德的核心，它实际来源于现代生活，而非传统社会和孔夫子所能有。但由于孔夫子重视个体人格的独立性，便可以作为资源与它接头。《论语今读》说，"虽然儒学始终未能发展出如 Kant '人是目的'的哲学理论，却一开始就是含有这种思想的因素，它应可成为今日建构社会性道德的重要资源"。(4.26 记)假如完全不相干，也是没法加在一起的。

问：为什么说孔子在道德行为和心理中已含有与 Kant 相似或相同的理性观念和意志呢？

答：我很惋惜，孔子对颜渊问仁的回答没有从这个角度去充分重视和研究。在孔子关于仁的重要言说中，他对最得意弟子的回答最为重要。"克己复礼为仁"，"克己复礼"恰恰是说只有理性意志和观念主宰才能"为仁"。这与他对樊迟"仁者爱人"的回答大不相同，后者可以是普通的同情心，前者才是"立于礼"的人性情理结构。要注意实际上一个是回答"什么是仁"，一个是回答"仁是什么"，两者不能混同或等同，一个追求定义，一个是宽泛描述。一个已登堂入室，一个刚入门。回答当然不同。在回答登堂入室的"什么是仁"时，注重"理"在道德行为中的关键地位和作用，孔夫子与 Kant 是完全近似的。

问：你以 Kant 的理性主义作建构，孔子的"情理结构"作范导。

答：孔夫子作范导，当然没有问题。孔子所说的"礼"（善恶观念）显然不适宜于现在，但孔子提出的情理结构，高于 Kant 的理性至上，这一点却并无变化。所以就总体说，仍然是孔夫子为主，吸收 Kant。

Kant 的理性是超人类的，可以与情感无干，孔子的情理结构是专属于人的，因之离不开情感。

问：你说以 Kant 的理性为动力，孔子的情感为助力，但现在又说以孔子为主吸收 Kant。到底应该怎么理解？

答：我并没有说过"孔子的情感为助力"。我说在 Hume 的情感与 Kant 的理性之间，我明确选择 Kant，以理性为动力，以情感为助力。但孔子与 Hume 不同，孔子不是只讲情感，孔子的情理结构是仁礼并举，既以心理情感为最终根源，又重视它的理性塑建。所以我这里说的以孔夫子为主，主要就是指以孔子提出情理结构为主。这个综合性的情理结构包括认识、审美、道德三大部分。具体到道德部分，如上面所说，孔子并没有忽视而且是强调理性，所以才有我所再三强调的"克己复礼"这个主要方面，孔子还有"三军可夺帅也，匹夫不可夺志也"，"岁寒，然后知松柏之后凋也"等强调理性意志的论述。但孔子仍不够十分突出，特别是后世将孔子的"仁"着重解说为"爱"，把描述当成定义，使理性意志和理性观念在"仁"中的比重和位置变得更加模糊。而在 Kant 那里却得到了空前的突出。Hume 讲情感是道德的动力，理性只是情感的奴隶。但孔子恰恰不是这样，如我所反复强调，孔子讲的情理结构不能等同于情感，它虽以生物性的情感为始基（因为人毕竟而且首先是一种动物），但侧重的却是理性在其中的塑建。它是情感与理性共同构成的综合性的人性结构，这个结构远大于情感，当然也大于理性。所以我说以孔夫子为主。专就道德行为和心理的理性与情感而言，理性是动力、情感是助力，可以说 Kant 为主、Hume 为辅，因为理性至上是道德行为的特征。但不能说是 Kant 为主、孔子为辅，因为人的情理结构并不止于理性。

问：还是回到"安不安"、"仁者安仁"这个老问题，它们表明，道德心理的最终归宿不是理性而是情感。

答：对。但"归宿"不等于"进行时"。"仁"如上述乃情理结构，既非情又非理,而是它们交织组合。这落实在个体上,由于先天生理和后天教育(广义,包括整个环境)的诸多差异,使行为和心理极为多样而复杂,好人可干坏事,坏人也做好事,形形种种,不一而足,显示出人性之繁复奇诡,美丑善恶,纷然杂陈。孔子对仁有那么多不同偏重的回答,也清晰地表达了这一点。而仁的最高状态便是"仁者安仁"的审美—天地境界。上面已讲过,"安"不是简单的一般情感,"安"可以是对人生意义、生活价值的最终追求。人们一般讲"心安理得",因为"理得"才有"心安"。此"安"可以是一般的情理状态,但更可以是人的最高境界和最高标准。文天祥《正气歌》曰:"天地有正气,杂然赋流形。下则为河岳,上则为日星。于人曰浩然,沛乎塞苍冥。……"这就是文天祥的"无求生以害仁,有杀身以成仁"的"为仁"。人们说,"慷慨成仁易,从容就义难",文天祥死囚三年,其志不改,这是理性意志、绝对律令的呈现,它也正是"唯其义尽,所以仁至"。因为它既是理性律令,却又是超过了理性意志,成为饱含情感而无适无莫、可与天地万物平宁愉悦地合为一体的人生最高境界,并使理性意志力量在这里得到了情感的最终归宿,这个情理结构的最高层次或"归宿"便是终极关怀、安身立命之所在。这就是"仁者安仁"、"安于仁"的"安"。它已不同于"引刀成一快,不负少年头"慷慨任气式的道德承担。Kant是理性的道德形而上学,孔夫子是情感的审美形而上学,从"逝者如斯夫"到"无求生以害仁,有杀身以成仁",到"仁者必有勇,勇者不必有仁",到"智者乐水,仁者乐山","智者乐,仁者寿"和"仁者安仁,知者利仁"。**它实际已越过伦常道德,成为天地境界的审美—宗教感。**

问:但文天祥《正气歌》不更可作道德形上学的解说,它不正是牟宗三所说"道德秩序即是宇宙秩序","取义成仁"也就是"天地正气"吗?

答:问得好。但是,第一,牟宗三的"宇宙秩序"和"道德秩序"都缺乏具体内容,伦理道德已多有变迁,宇宙秩序却依然如故,何来"即是"?其"即是"者,只是哲学家之抽象思辨而已。第二,道德秩序乃理性律令，河岳日星乃感性事物，如何能有一共同的"秩序"来支配它们？此"秩序"何所由来？我以为，"天地正气"如同"天行健"一样，是一种超道德的情感移入即"有情宇宙观"的审美理念，而非客观的自然秩序。第三，把"宇宙秩序"归结为"道德秩序"极易迈入意志主义，以"天道"自任而胡作非为。八十年代我多次提示，牟宗三与毛泽东殊途同归，归于认道德即天命。在毛是不停的斗争，在牟是归宿于即存有即活动的神秘经验。

人是目的与关系主义

问：为什么孔子如此重视情理结合和交融？

答：孔子、儒学与非常久长的中国新石器时代的血缘氏族体制相关。

问：《回应》以关系主义来区别西方的个人主义，也讲过这个具有温情脉脉的血缘氏族体制。

答：以前我说过，孔子反对以人偶殉葬，"始作俑者，其无后乎"；孟子反对"率兽而食人"，"兽相食，人且恶之"。中国即使古代也很难出现罗马斗兽场纵兽食人的娱乐表演。西方雅典城邦是独立平等的自由民政治，近代从 Hobbes、Locke、Rousseau 到 Kant，以个人为本位，以契约为原则，理性成为衡量一切的准则，很少从情感立论。由于资本主义的迅速兴起和席卷全球，有这个现代经济作根本基础的支持，使这些原则便作为普遍运用的公共理性几乎无往而不适，成了普遍价值。我不赞成轻易否定它们。我一直支持 Kant 等人的启蒙理性。

问：但你还是要加上孔夫子，这不是今天的主题吗？

答：这是因为启蒙理性带来了严重的恶果和问题，反启蒙、反理性是西方当今的巨大潮流，反的主要对象之一便是 Kant。这又恰恰是我所不赞成的。我肯定 Kant 的理性启蒙，反对反理性、反启蒙。但并不赞同启蒙理性所宣扬的绝对价值，不赞同 Kant 的"先验"，"先验"的含义就是普遍必然、不可更易、永恒不变。**1979 年《批判哲学的批判》便提出以"客观社会性"来替代 Kant 的"普遍必然性",强调一切人文和人性都是历史的产物。**

问:一方面你以实用理性替代先验理性,以情理结构替代理性至上(近代)和语言至上(现代),另方面你又加上 Kant 的"人是目的"作为现代社会性道德的原理,于是孔夫子加 Kant 便展现出更为复杂的面貌。

答:时移势变,伦理学的善恶是非也大变迁。"克己复礼"的"礼"大有变迁。三年之丧不再,妇女守贞不再,个体人权凸显,人是目的至要。但人是目的,又仍是历史产物,并非先验命题。它在千百年前并不可能,却是今天和今后整个人类奋斗的总目标:尊重每个人的生活、生命、生存和人格,每个人都不应该是奴隶、工具、仆从。Kant 提出人是目的,为现代社会作了预见性的伦理立法。随着社会的发展,它将日益在全球各地区虽缓慢却难以阻挡地实现。当然,如以前所说,我给它加上 Marx 的经济基础,认为现代大工业经济生产所构成的社会,才是使人从各种违反人是目的的传统束缚中解放出来的真实基础,也才能使个体的存在及其各种权益成为社会继续前行的根本要求。也就是说,只有"吃饭哲学"才能正确地解说"人是目的"。

问:你加上这个经济基础,许多学者都不会同意的。

答:那没有关系。他们害怕 Marx,所以我特地在《回应》一书里强调讲了这其实是"Kant 的历史唯物论",即去除了阶级斗争和先验幻象乌托邦的历史唯物论。在《回应》一书开头,我就说自己是历史主义者,"人是目的"也有其根基和来源。正因为有现实基础,也才有真正的力量和前途,它才不止于哲人的书斋思辨,更不是诗人的煽情语言。而且,历史唯物论也只讲了基础,人今天即使穿暖吃饱,"人是目的"却远未达到,人作为工具、奴仆的异化现象仍到处可见,仍普遍存在,"人是目的"还是一个理想的奋斗目标。

问:这就是你讲的,Kant 有理想性,与 Hegel 重现实不同。这种理想性就好像是某种先验的绝对律令，必须实现，也必将实现。所以是"绝对律令"。

答：但这个"绝对律令"虽然并非心理而是社会伦理的必然走势。这仍需经由漫长的历史过程，不是随着经济发展就自自然然地产生，仍然需要人们自觉地长期艰苦奋斗，仍然需要人们内在的自由意志。

问：人是目的，其实也就是Kant所说的，"要有勇气，敢于运用你的理性"的启蒙呼喊？

答："人是目的"，的确启发人们从各种被奴役、被异化的状态中挣脱出来，成为人们追求自由平等和解放的伦理宣言。这个与情感无干的先验理性原则，却充满了社会时代的启蒙激情。人们说，Kant伦理学是法国革命的德国版，也应从这个角度去理解。

问：那你为什么要提出关系主义来冲淡它？

答：并非冲淡，而是增强。这就是西体中用。

问：你前面讲以孔子为主吸收Kant，那是中体西用，不是西体中用。

答：我讲的"体"，是日常生活。孔子高于Kant，但生活高于孔子。孔子的情理结构优于Kant的纯粹理性。生活的进步、变迁，又优于孔子的情理结构。因为情理结构的具体内容，随生活进步而历史地变迁，孔子坚持的"三年之丧"和各种礼制，不早已荡然无存了吗？情理结构的人性和人文两方面都与上古不一样了。但情理结构这个原则没有变。"人是目的"，是为了建构现代生活的"体"。今天强调孔子的情理结构，是加入"情"来做这个建构，使这个建构优越于仅以"公共理性"为准绳的"体"，这恰好是西体中用。

问：你强调"体"是生活，是社会-工具本体，但又说"心理成本体"，强调"情理结构"，到底哪个是"体"？

答：《哲学纲要》"双本体说"中明确说过："双本体（两个所谓最终实在）又仍有先后，即吃饭在先、精神在后，自然在先、人类在后也。之所以说'双'，为突出后者之相对独立性也。"（第234—235页）心理当然依存于人的肉体生存，但它又有相对独立性质。具有相对独立性的内在心理的情理结构，可以帮助而不是决定外在社会的人文—工具结构，这也可作"内圣开外王"的新解。我以前一直提问的是，儒家一直讲"内圣开外王"，为何总开不出？没人回答。我的回答是"巫君不再"。我也提出过"新内圣外王之道"，但未展开论述，因那是远景（需要脑科学发达、教育学成为社会的中心学科，等等），现在所能做的也就是"范导"开"建构"的两德论这个"新解"而已。

问：就"西体"说，上面所说的启蒙激情，在公共理性中就看不见了，变成了冷冰冰的理性原则？

答：现代个人主义，立足在个人物质生活的利害基础之上，要求以严格的理性来论证、判断、思考和制定维护个人生存权、财产权和以之为基础的各种现代社会的伦理和法律。这也就是我所说的现代社会性道德。它也就是"公共理性"（Public Reason）。公共理性的原理、原则基本无关情感（尽管个体实践仍有情感），而且似乎是一种超经验而普遍必然的先验系统，如天赋人权、人生而平等这些先验原则、原理，它们是Transcendental rationality，Kant 最鲜明地表达了这一点。

问：承继了 Kant 的 Rawls，在其政治自由主义中区别了 rationality 和 reasonable。

答：我用 reasonableness 也许与 Rawls 恰好相反。我以为，作为普遍适用的公共理性和现代社会性道德，是 rationality，reasonableness 则是与情感有关的，从而是灵活性更大的合理性或实用理性。

问：你是说现代社会性道德或公共理性像一种无关情感、难以变易的先验理性原则，而灵活性较大、可由具体情况而变易的合理性或实用理性更多涉及情感。所以你要用富有情感—信仰的宗教性道德来范导和适当建构社会性道德，以合理性来弥补和纠正公共理性。总体来说，还是以情理结构来代替理性主义？

答：前面是讲情理结构多从人性内在心理方面着眼，现在是就人文外在体制方面讲。前者是道德,后者是伦理;前者是教育,后者是风俗、习惯、制度、法律。

问:现在是讲外在人文的情理结构?

答:现代社会个人物质生活中的权益利害、观念意识,包括自由、平等、人权、民主等政治原则,并不能替代或等同人际之间的情感联系,也不能代替或等同个人的情感体验和价值追求。但任何个体都生活在社会,即生活在与他人的各种不同的关系之中。这在中国传统被规定为"礼"。在这里,他人既非地狱,也非上帝,不是仇敌,也不是奉献对象,而是各种实实在在的关系和情感。因之,中国传统礼(儒)法互用中的情理结构关系,在今天似仍可以作为一种借鉴。

问:请具体说说。

答:《左传》里有"君令臣共,父慈子孝,兄爱弟敬,夫和妻柔,姑慈妇听,礼也。君令而不违,臣共而不贰,父慈而教,子孝而箴,兄爱而友,弟敬而顺,夫和而义,妻柔而正,姑慈而从,妇听而婉,礼之善物也"(昭公二十六年)。荀子说"礼":"贵贱有等,长幼有差,贫富轻重皆有称者也"。"礼"不仅仅是明确政治上和家庭中的等差关系、伦理秩序、行为规范(中国由于血缘氏族体制从来便家国相连),而且是这种种关系所带来和要求的不同情感,即上述的父慈子孝、兄友弟恭、夫和妻柔、姑慈妇听,它既是秩序,也是情感。这两者都需要经过明确的教导和培育,也就是"立于礼"。

问:这些等差秩序和"礼"的关系在今日个体主义的自由、平等、人权、民主的现代生活准则和潮流中,不都消失和应该消失吗?

答:似乎消失了,但又不尽然。父子、兄弟、夫妇、长幼、上下、贫富、亲疏、远近等等,各种并不完全"自由"、"平等"的关系和情感仍然或将永远存在。人们在经济、政治、文化上,可以完全自由平等独立,但在现实生活中的关系以及这种关系带来的情感能一律拉平吗?由于不同关系和关系中的不同地位,便形成和要求各种细致丰富、尽管接近但并不等同的情感。就是说，即使都是爱，却仍然是各种不同的爱，John Rawls 在《公正论》中有专章谈论"公正感"（the sense of Justice），归结为"爱"（love），但"爱"千差万别，又怎一个"爱"字了得？

问：礼崩乐坏时代，孔子"释礼归仁"，外在秩序规范不管用了，于是追求以内心的情理结构来作为外在秩序规范（礼）的根源，仁便是这个情理结构的总称概括？

答："始可与言诗已矣"。孔子将外在人文礼制归结为内在情理结构，**实际是提出塑建人性，使"心理成本体"，这是中外哲学史上的大事**，可惜至今未有充分论述。父慈子孝，兄友弟恭，不仅是外在的行为秩序，而是内在的心理结构，这心理结构不只是理性也不只是情感，而是两者的渗透、交融和统一。**将各种伦理规范的人文秩序与道德情理结构的人性心理塑建连接起来，以区别于动物**，这个"天命之谓性，率（帅也）性之谓道，修道之谓教"与希腊的 Logos——语言——理性相比，不很有特色吗？

问：所以孔夫子加 Kant，也成为你的外在伦理两德论的重要内容。

答：这个相加，以情理结构替代理性主义，不仅是内在人性道德，而且也是外在人文伦理。"孝"不仅是内在人性的情理结构，也应该是供养父母的法律规定和伦常秩序。"和为贵"、"里仁为美"，不仅是内在情感追求，而且也该是对居民委员会作为调解纠纷、劝和平争、关怀互助的机构的设建和重视。包括法庭审判、裁决对居委会所提供的材料、证据和意见的重视，如此等等。这些在外在法律、伦理体制建构上，都可以不同于西方。

问：孔子儒学在这里似乎由理性的道德面孔变脸为情感的审美面孔了。这与你以审美形而上学替代牟宗三的道德形而上学有何关联？

答：有关联。牟的道德形而上学，是宋明理学的现代哲学语言的表述，但失去了宋明理学的现实作用，成了书斋空论。宋明理学之所以要将心、性或天理说成是本体或起源，要将"生之为性"、"食色性也"的自然之性，硬加上"义理之性"、"天地之性"等等,要以"道心"来管辖人心,以义理来管辖气质,以心性来管辖情欲,主要是传统社会需要一套意识形态来维护礼教秩序,到宋明理学达到了哲学理论上的彻底完成。先验的性、理、道心,成为管制、压抑人们情欲的"天"或"天理","天人交战"成了伦理道德中心理冲突的典型概括。而"存天理、灭人欲",成了理学最鲜明的标准旗号。这样,就把人的自然欲望压到了最底层。有如戴震、宋恕、谭嗣同、康有为等人所揭示。

问:以至"五四"时期出现了"孝为万恶之首,淫为百善之先"这种极端反传统、反礼教的自然人性论呼喊。尽管荒谬,却是重要的启蒙,要求个体情欲从两千年的传统礼教束缚中解放出来,重新用自己的理性去思考和行动。这一点你与当下好些学者否定"五四"很不相同。

答:对,我以为"五四"开启了个人主义的新时代,也就是上述以自由平等独立为基本原则的现代社会生活新时代,它维护和宣扬了人的自然本性和情欲需求,这一点是十分重要的。关系主义只是弥补它的缺失,而不是替代它。所以我说是增强而非冲淡。但现代生活发展到今天,食色扬舞、人欲横流,真情难得、无家可归,个体已化为后现代的所谓碎片,从而既反对性善情恶的禁欲论,也反对情欲至上的纵欲论,提出来自人欲却又理性渗透的情理结构和情感价值,重提关系主义,应该是很有意义的。说重一点,甚至有关人类前途和命运。

问:后现代反宏大叙事,嘲笑所谓人类前途之类。

答:后现代把一切宏大叙事虚无化,人成了当下情欲的"实在",这"实在"即是"过把瘾就死",确乎可以不管命运、前途之类。但我以前说过,过把瘾不死又怎么办,反对启蒙、告别理性之后又怎么办?

问:后现代不问以后怎么办。牟宗三也不赞成后现代,他也讲Kant,他以儒学三期说的道德形而上学来回应这个问题。

答:牟避开了情欲问题和现实生活,大讲抽象的心性和思辨的超越,将宋明理学在哲理上进一步宗教化,认为人也有 Kant 认为只有上帝才有的"智的直觉",认为 Kant 需要"上达"到神秘经验。30 年前我说过此路难通。与牟的三期说相反,儒学四期以康有为为起点("人生之道,去苦求乐而已,无他道矣"),以现实生活为依据,以情欲论为中心,非常重视如何对待情欲等问题。当然,情欲论还只是哲学视角的提出,需要进一步展开。

事实、价值不二分

问:伦理学在这里涉及一个根本问题。形而上学要探求善恶的本原。西方一般指向上帝或 Plato 的善的理式,并以之为宇宙根源,牟宗三的道德形而上学也认为心体性体的道德法则即宇宙法则。"恶"却众说纷纭,有的认为"恶"乃人的自由意志,如违反上帝旨意偷食禁果,有的认为恶来自上帝本身,但又分为上帝是有意还是无意造恶,牟似乎没有这样深入地讲。你如何看?

答:这是个大问题,涉及形而上学和神学,深奥而复杂,非这里所能详谈。但 Heidegger 那么赞赏 Schelling 的自由论文,就因为这篇文章点明了"恶"来自上帝本身,是一种永恒存在的动力。印度教的湿婆之舞,既善又恶,既生存又毁灭,也如此。我以为中国传统与此很不相同。

问:老子不也讲,"世人皆知美之为美,斯恶已,皆知善之为善,斯不善已"?

答:我以为,从儒家来看,本原的善即所谓"人性善"的这个"善",并不是与恶相区别而对立的那个善,不是某种伦理道德规范的善,而是与"天行健"一样,是由人的"有情宇宙观"在根本上把本无所谓善恶的"生之谓性"、"食色性也"的性,在人类总体意义上赋予善的品德。**也就是说,中国传统把人类的生存延续亦即人的生活实践活动当作最高的善(至善)。因之,它只是对人的一种情感兼理性的设定。**

问:牟宗三不是说,熊十力拍桌子驳斥冯友兰说,良知不是假设是呈现吗？

答：他们讲的"呈现"，具体说来，也就是某种神秘经验或体验。但冯的确只是一种理性设定，如同西方哲学。我说的设定注重其情感内容。

问：如何讲？

答：正如"天行"无所谓"健"与否，"健"是人们赋予天的品德，因为（也因此）君子乃是（也应是）自强不息的生存者。人性善亦然，人性本善也就包含了人性应善。中国传统在本原上没有恶的位置，恶是派生的、次要的。人生而无罪，相反，人和万物的生，本身就是善。所以，这个善也就不是一般行为中的善恶对比的那个善，这是大善、至善。说中国是乐感文化，即以此故。**中国传统赋予宇宙、人生、生命、生活、生存以肯定的、正面的、积极的价值和情感，亦即"有情宇宙观"**（见《中国古代思想史论》1985）是也。

问：这与崇尚毁灭的 Schelling、Nietzsche、Heidegger，与回到黑暗的德国浪漫派，与认苦难即光明即得救的东正教某些派别，都迥然不同，也是"未知生，焉知死"与"未知死，焉知生"的不同？

答：这也正是因为把"情生于性"、"性本善"的性都首先确定为自然生物的性，并以此为基础来谈理性和道德。

问："生之谓性"无所谓善恶，与刚才讲的性本善、人性善不矛盾吗？这些与你的情本体又有何关系？

答：一个是就整体说，一个是就个体说。一个是就抽象说，一个是就具体说。人类的生存延续即至善，这是情感兼理性的设定，这是就总体和抽象来说。但落实到个体上，人的生存、生命、生活的维持和延续便需要性善的培育，这是就个体和具体来说。在个体这里，性是自然的潜在可能性，无所谓善恶，是"未发"；情是社会性、理性渗入的现实性，是人们生存、生命的实在，这里才有善恶可言，是"已发"。"已发"才是真实的人生，所以不是性本体，而是情本体。**不要把人类性本善的总体设定与性本无善恶的个体实在混为一谈。人类总体生存延续作为至善，**

如前所说，乃一种设定，因为宇宙无所谓善恶，**儒家通过至善的设定来肯定自身的现实生存与延续**，这也就是"无情辩证法"（老子）与"有情宇宙观"（孔子）的关系。"无情"是宇宙的本相，但"有情"才是真实的、现实的人生。孔子所代表的原典儒家，就是要在本无所谓情感、无所谓意义的世界中，积极地、坚韧地培育、塑建富有情感与意义的人生，**而无求于上帝神明或另个世界**。它在"无"中树立和高扬着"有"，非宗教而具有宗教性，也就是我在《论语今读》中强调的这比有上帝支撑更悲怆更壮丽，正所谓"知其不可而为之"。从而，"人性善"是 Kant 所谓的目的性的范导原则（regulational principle），"性本无善恶"是现实性的建构原则（constitutive principle），前者引领并鼓舞后者，后者努力实现前者。孟子把前者后者合为一体，荀子把后者说成性本恶以突出建构，均有偏离，所以我在回应桑德尔书中说孟、荀应统一于孔子。当然，关于孔、孟、荀，关于性、情、未发、已发以及理、气、命、道等等，有许多复杂细致的问题需要深入探讨，这里暂不多说了。

问：宋明理学的性，是一种抽象的总体，你也讲抽象、讲整体，与宋明理学的区别何在？

答：宋明理学和牟宗三讲的性体，是先验的道德律令，与人自然生存、生理存在没有关系而且相互对立甚至冲突。而我讲的抽象的性，仍然是人类生存延续的自然生理的存在，它与个体的生理存在是一致而不可分割的，它是一种经验性的存在，而不是先验的准则。人性善就总体说是肯定人类的生物族类的生存延续；就个体说，是追求将本无善恶可言的**性培育为善**。人类总体的自然生存、生命是善，但对个体却必须有人为的统率、教导、培育，才能具体实现，斯之谓"率（帅）性之谓道"，不断完满修为，这就是"教"。

问：后现代抹杀抽象和总体，突出具体和个体，这与你讲的具体和个体有何区别？

答：我强调具体落实到个体的人性善，恰恰是需要经过培育的，其中主要就是建立情理结构而不以自然情欲为善，这大不同于自然人性论。宋明理学已如前面所说是以一个抽象的"未发"（性）为善，实际是以传统伦常秩序来管辖、主控现实人生的喜怒哀乐（情）为善，其极端则走进各种禁欲主义；彻底反叛之则沦为自然人性论的纵欲主义，如Foucault公共浴室的同性恋随意交合，以取得"极端体验"。讲情本体和情理结构正是为了反对这两者。

问：在你这里，人性善有两重意思，一是对人类存在的形上设定，即肯定人的自然生存延续；一是具体来说，人的性善又是后天培养的，对否？

答：对，这也可说是大善（形而上）和小善（形而下）的关系，前者是有情宇宙观的设定，后者是现实具体的人为。荀子说"人之性，恶；其善者，伪也"，人性善在这个意义上是教育的结果，是"学"的产物。后者的进步使前者更圆满，这也就是具体、个体与抽象、总体的关系。

问：有人说，你把性说成是动物性，是生理自然，就太低级了。

答：一点也不低级。人没有这自然生理，没有这动物性，哪来其他？它们恰恰是人的现实存在的基础。首先必须有肉体，有生命、生活和生存，才可能有精神、意识、灵魂。我从来就反对灵欲分离，不相信灵魂上天或神仙世界。

问：你以人类总体的生存延续为"至善"，是否想从根本上解决事实、价值两分这个西方哲学的老大难问题？

答：对，这一点非常重要。两分，我以为在根源上是由于认为价值来自上帝，来自先验理性，来自意识、精神，所以事实引导不出价值，is也与ought to分开，只有认为价值就来自这个世界，就在这个经验世界之中，**人类的生存延续是事实，是本体，也就是价值的来源、根底和基础。**价值不是先天给予的，而是人类自身创造出来的，这个世界的生活本身便具有其神圣价值。"至善"既是历史事实，也是价值根源，只有这样才可能有事实与价值的统一。当然，这个大问题尚待进一步的学理论说。

问：在这里恰恰要遇到你所说的历史与伦理的二律背反，这也正是事实与价值的二律背反。

答：的确，这里会出现"恶是历史前行的动力"（事实）与人性心理塑造的绝对律令（价值）的严重矛盾和冲突。因为历史在悲剧中前行，"上帝的事业从善开始，人的事业从恶开始"（Kant），我以为用在这里，可将历史引入形而上学。这形上恰恰就在形下中，在现实中。**这才是真实的 Being 问题，这 Being 首先是人类的，扩而涉及宇宙。**

问：这里涉及"有无相生"等问题。

答：孔子和儒学的要点是有生无，而非无生有。"有"是根本的，首要的，"无"是派生的，次要的，不是上帝无中造有，也不是宋明理学的"无极而太极"。"太极"据马王堆帛书乃"大恒"之误，"大恒"即"有"的永恒存在。"无极"是接受佛教思想的产物。**承认这个"有"的世界就这么存在着，虽属理性的神秘**（如 Wittgenstein 所说，神秘的是这个世界就这么存在着），**但又仍然展现为人类的历史具体路途**，并在这路途中产生着种种有关是非、善恶的大量价值争论。理性与情感的复杂交错，事实、价值沟通相连，使人类历史舞台上演着各种悲喜剧目，**形而上学在这里不再是纯抽象的书斋思辨，而有着丰富的活泼内容。**

历史进入形上

问：这是否是你首次提出历史进入形上。

答：八九十年代已提过，但未详说。历史进入形上，人类学本体论才算完成，也才是《说巫史传统》的完成，也才真正继承了"一个世界"的中国传统所说的体用一源、显微无间，理不离气、道在器中。

问：一般形而上学正是要追求超时空的绝对存在，历史引入形上似乎荒谬之极。

答：人是历史的存在，包括人的精神、意识、观念无不是历史的产物，超历史只是许多哲学的狂想而已。但一般讲历史，关注的是它的时代性、相对性，比较忽略它的积累性，其实正是历史的积累才造成人文（Civilization）和人性（Human psychology），正是它们在历史悲剧中的形成和展开，才显示出人类远超万物的强劲生命力量。

问：历史形上是否就是所谓历史必然性？

答：唯唯否否。历史必然性是人类从偶然性中创造出来的，没有什么既定的必然。从群体到个体，人的生存延续的必然都是人自觉地去奋斗、创造、开拓而实现的。其中经历了各种非常具体的艰难险阻、毁灭死亡（包括群体、族类的死亡、毁灭）的偶然。从伦理学说，在这个过程中，人类一方面建立起道德的绝对即人性能力的心理形式，形而上的人性论具体落实为个体的内在情理结构，另一方面，现实生活却又在物质欲望的不断开拓，通过强凌弱、众欺寡，包括杀戮、战争各种方式残酷地向前进行，即"恶是历史的动力"，从而造成历史与伦理、事实与价值的二律背反。

问：但你说过，道德心理结构中的善恶观念，在不断变迁更易的历史过程中，仍然积累出了许多共同的普遍规范和价值？你的历史观是承认进步的？

答：对。历史不仅创造了人性的进步，由于观念的更新，建立了日益进步的道德心理结构，而且由此历史也创造了人文的进步，体现为时代社会的进步。今日不杀俘、不溺婴，个体得独立，妇女获人权，贪婪、凶狠、无耻、残暴、阴险、两面派、变色龙等等不再成为富贵和成功的充分或必要条件。Hitler 的事业已难再有，Stalin 的暴政日近消亡，"无耻者富，多信者显"毕竟在缓慢却逐渐地褪色。战争、掠夺、剥削、殖民毕竟不再是推动历史前进不可或缺的因素或力量。人类的事业虽从恶开始，但在日益趋善。虽然过程非常缓慢，且远未完成，但毕竟恶并非永远是历史的动力，不像 Schelling 和 Carl Schmitt 那样视恶为上帝的赐物而永恒存在。人类作为本体，包括工具本体和心理本体，是在不断塑造过程中完善,"至善"是在永恒运转中不断完善自身。特别是在将来的某一时刻,人性逐渐取得对人文的优势地位,而使开启新的内圣外王之道更为显著。"一阴一阳之谓道",乃宇宙的存在行走,"继之者善也",乃人类生活的历史实践,"成之者性也",乃人性情理结构的塑造成果。

问:如是,你的历史主义成了哲学,便区别于一切甩开历史、轻视历史的哲学包括分析哲学、存在主义,等等?

答:这正是人类学历史本体论的题中应有之义。这一哲学形而上学,不可能是脱离人类的宇宙观和本体论,从而不可能是脱离人类物质生活和社会实践的概念游戏,也不会是个体的某种神秘的精神追求。

问:但历史有太多的偶然,你也强调这一点。这种偶然却常常决定了人类和个人命运甚至生存。

答:是这样。这正好显示了人包括族类和个体都应从各种偶然中摸索出自己生存延续的必然道路,建立起自己的命运。**这正是今天再次面临"如何可能"**,科技发展使不可预测的偶然性包括人类毁灭自身的偶然性日益增大,**提出"人类如何可能"当然与人类今日走向何方即人类命运紧密相连**,人类到了认真了解"人类如何可能"从而抓紧把握自己的命运的时刻了。

问:这就是"立命"?

答:对。对个体、群体、民族、国家以及人类,都有这个"立命"问题。

问:但你又坚持"命"是偶然性?

答:对。不能认识、难以捉摸、缺乏规律可循,从而颇值敬畏,这是"命"也是偶然性的特点。但并不能因之而听命、认命、"宿命",而必须立命。君子自强不息,就是要以是非清楚、爱憎分明、意志坚强即仁智勇来面对偶然,在各种偶然中百折不挠地建立起属于自己的必然。

问:形而上学本是研究 Being 的思辨。你把历史引入形上,就是以人类的生存延续及其命运作为 Being 的思辨对象,是否可以如此理解?

答:荀子批评过庄子"蔽于天而不知人"。离人而谈天,离人类的生存延续而谈宇宙本体，离非本真而谈本真，我以为乃中外古今许多哲学的失误。离开人类的 Being 是科学的对象，科学却离不开人类生存的历史。Hawking 甚至说宇宙离不开人类的宇宙模式而存在。连宇宙的存在都依从于人（这当然不对，宇宙的存在是不可知的物自体）。那离人而谈天、讲本体，包括抽象地大谈心体性体道体，又有何意义，这恰恰违背了原典儒学。郭店竹简说得极为鲜明："所为道者四，惟人道为可道也"，"道四术，惟人道而可道也。其三术者，导之而已"。虽然对作为人类历史的 Being 的追寻，不止于人生意义、生活价值的探究，还会关系到宇宙和"天道"。但存在之为存在，首先是人的存在之为存在（Being）。**历史进入存在，才能真正具体地使这个存在是"即存有即活动"。这样也才能更深刻更准确地去体认和理解"工夫即本体"。**人赋有使命感、责任感的实践活动，是工夫，也就是本体，这也就是道德，而又不止于道德。它不止于静态的个体修身养性，而更是动态的社会活动、行为。前者是为了后者，而非为了上天通神，或神秘"超越"，它正是为了在社会实践中创造历史。这也才是"工夫即本体"的历史新解。

问：你这样说，就意味着人类的历史比 Being 更根本，更应是形而上学的思辨对象？

答：重复一句，人类的生存延续即历史就是 Being，对此 Being 的追寻也不止理性的思辨，还会有情感的渗透。

问：这也就是你讲的眷念、感伤、了悟和珍惜，并指向审美代宗教的方向？

答：其中有对历史的敬畏。"前事不忘，后事之师"，"天地国亲师"的"师"，就是历史。巫史传统的特征之一，正是高度重视历史，从商人甲骨到易经易传，到司马迁和司马光，历史书写作为外在人文伦理的"资治"和内在人性道德的"殷鉴"，都在起着引导人们的思考和行动的重大作用，历史涉及的正是今天的命运和明天的前景。个体和人生如此渺小、短促和偶然，任何丰功伟业也不过历史长河中的一瞬，但历史长河却又是这万万千千的短暂一瞬所创造所形成所决定的。这一瞬既渺小又重要，而且只有一次，不能重复。从而，"前不见古人，后不见来者，念天地之悠悠，独怆然而涕下"（唐·陈子昂），"千秋一瞬，山岳一丘"（康有为），神游九天，徜徉寥廓，这不是对天地和历史的敬畏、感伤和超脱吗？此刻的去在（Dasein）不就是眷念、了悟和珍惜吗？"天地"是那可感受而不可知的"九天"物自体，"国、亲"是可感可知的家园、亲友，"师"是既过往（时代性）又长存（积累性）、既偶然又必在的理性兼情感的可敬畏的历史。**它不由分说地构成了你的生命、生活、生存的不可或缺的部分。**

问：似乎这是第一次如此明确说"师"是历史，归属形上，这就远不是历史的经验值得注意那么轻松，不是注意不注意的问题了，历史已成为你的生存血肉而无从摆脱。

答：这就贯彻和发展了郭店竹简"天生百物，人为贵"的观念，也贯彻了由"人道而天道"的传统。这正是人类学历史本体论从根本上与"巫史传统"和中国儒学的承接处。"天地国亲师"，是理性力图认识、情感力求归依的终极关怀。历史的客观空间化是钟表日历的时间。它的主观情感化便是眷念、感伤、了悟和珍惜的你所独有的时间性，是对自己生命的深刻领会和把握。它们才是具有各个丰富具体内容的"去在"（Dasein），本真和非本真在这里是合一的，不是悬置非本真，而恰恰是在非本真中去把握本真，这样"去在"才是真实的生存，也才是知命和立命，其中就具有历史的积累性。它是真实的生命之歌，也是人的情理结构的高层会合。

所以，历史本体论，就是历史进入形上。也就是形上形下不割裂不隔绝，道不离器，理不离气，天道不离人道，先验出自经验，理性建自历史。但它并不与对那不可知晓的宇宙物自体存在的敬畏相矛盾，反而正是它的延伸。历史是亿万人众千百万种悲欢离合的活生生的生命、生存、生活，它不是某种固定僵死的心、性、理、气、道，所以才说情本体乃无本体，它以活生生而变易深沉的个体情感为本体实在，所以才眷恋、感伤、了悟、珍惜自己这脆弱渺小的生命，而赋予它以伟大的命运归宿。历史是悲欢离合的人的具体生活，这才是具体的历史，这不就是情本体么？以"悦神"的审美情感作天地境界，不就是"与物质性的宇宙协同共在"的心理感受么？

"上帝死了"之后

问：你想以人类的生存延续以及历史来代替上帝主宰人们？

答：人文和人性都是人类通由历史行程而自我建立起来的。人类当然应该是自己命运的主宰者。尼采喊出"上帝死了"之后，却出现三派反历史的潮流。

问：哪三派？

答：第一派当然就是后现代，即虚无主义，从"告别理性"到"过把瘾就死"，关于这方面的论著汗牛充栋，毋庸我说。其特点之一，重个别轻普遍，反理性反启蒙，主张"什么都行"，历史更是虚构，不值一谈，当然历史更没有上面所说的这种崇高地位。

问：新历史主义认为历史记叙大都为虚构为想象为小说。

答：许许多多写下来的历史，特别是政治史，确实为大量的想象、谎言所虚构所笼罩，这我早已说过。但就总体来说，人类的生存延续经历过各种变迁的时空历史，这一基本事实及其价值却并非谎言和虚构。它们先于也高于语言、文本，它们作为实践、活动、行为，无可否认。

问：你说的第二派潮流呢？

答：寻神。即上帝死了之后，要恢复上帝，寻找上帝，再造上帝。这包括再造超越的上帝（如 Leo Strauss、Carl Schmitt 等），或世间的上帝（如古圣人或新国父），认为人类和个体必须要有一个最根本的强力支持者或主宰者，才能生活或生存，历史主义因为脱离神的引导，必会导致相对或虚无。

问：为什么说历史主义会导致相对或虚无？

答：因为历史是人类的，不是绝对的存在物，如没有神的指引，不仅没有事实的前景，而且是价值的虚无。历史充满偶然和变异，缺乏神的绝对规范，群体和个体的盛衰兴亡便毫无准绳、毫无意义。寻神派当然拒绝历史可以在相对中形成绝对，否认人类历史既是实体（事实）又是价值。

问：那第三派呢？

答：生物派，即科学派。认为人的一切都可由生物基因来解释，无需历史。既不相信上帝造人，那么人之所以为人，就是基因突变的结果。

问：但人类近两千年特别是近一两百年来如此迅速的发展，能用基因突变来解释吗？

答：我认为不能。只能由历史来解释。有人批评我说，"为什么你的哲学总要与发生学（历史）连在一起，发生学属科学范围，哲学不是科学"。我回答说，我的哲学认为人类本体，不管是工具本体还是心理本体，都是历史产物，当然就与发生学相关，并常常依据发生学来论证，而且一般说来，我反对将哲学与科学一刀两断，反对认为两者互不相涉，不应相连，否则就坠入"第二义"的观点。当然，关于历史与科学的关系，还待进一步讨论。

问：科学家常以人脑基因突变产生语言，用语言来划人兽之分。

答：从七十年代至今，我反复申说的就是，并非语言而是实践（特别是人使用—制造工具的活动），不是"太初有言"而是"太初有为"，才是人类的源起和根本，是实践中的理性产生实践理性。这一直是我的同心圆的圆心。

问：但许多动物包括人类血缘最亲近的黑猩猩也制造与使用工具。

答：这问题也回答许多次了。我以维持人类生存的无之必不然的必要条件，即使用—制造工具的普遍性和有之必然的使用—制造工具的多样性，来区分人与黑猩猩制造与使用工具的不同。黑猩猩没有不使用—制造工具就不能生存的普遍性，也没有使用—制造如此之多的品种、式样、用途的工具多样性。至于与制造和使用工具的其他动物的区别，更有其他的前提条件的不同，如生物进化层次、大脑体积、直立行走、群体关系，等等。

问：何谓"实践中的理性"？

答：其中非常重要的是秩序感，如由动作中所产生的操作。操作是动作的抽象提炼，即建立感性的抽象形式，其中就有秩序感。有如Wittgenstein所说，重复操作乃数学的起源，数学不是描述事实，而是描述事实的一套行为规范。其中就有如我多次提起的，序数先于基数，就有秩序感问题。秩序感从最基础的方面说，不是冷热、软硬、干湿、锐钝、重轻之类动物也有的感官知觉，而是在使用—制造工具的这种**超生物肢体的动作活动中的所感知**、领悟并进而掌握、提炼和反复练习成为操作的次序、先后、均衡、对称、节奏、韵律等等。这就是"实践中的理性"。它作为某种形式因，掌握和推动质料因，**成为"度"的具体实现**，而不断前行，丰富自身，并保存在语言中，成为人所特有的语义，保存在情感中，成为人所特有的秩序和结构，这就是超生物的人类语言和人类心理。在儿童教育中，儿歌中音响节奏的重复、故事内容的重复，等等，便都在建立人性中的理性秩序，这也就是文化心理结构（cultural-psychology formation）或情理结构（emotio-national Structure）。Formation突出具体的动态形成，structure突出抽象的共有形式。奠基于操作，节奏甚至可成为人的视觉空间的秩序（可参阅E.H.Gombrich），在这秩序中，情理交会、渗透、融合，**成为超生物的感知**，进而产生**超生物的情感、想象和理解**。所有这些，都待以后深入展开。

问：语言仍然很重要？

答：那当然。动物也有传递信息、相互交流的言语。我所重视的是人类语言的语义，我支持和重视人类在发声语言之前或同时存在手势语的理论。因为其原始人类语义正是使用—制造工具的动作操作的保存和传达。手势语是原始语言最重要和发生最先的一种语言。使用—制造工具不正是手的活动吗？手势语正是以手势保存、传达使用—制造工具的各种姿态、技巧和操作，而区别于其他动物。

问：如果从基因说，黑猩猩应与人划归一类，而不应与大猩猩划归一类，对吧？人的使用—制造工具，使人类拥有了如你所说的**超生物的肢体（工具），产生了超生物的语言（主要是语义），**由之产生超生物的**心理意识和生活生存**，人类愈来愈无衣食之忧、寒暑之困，生命延长、生活丰富，外在和内在的情理结构也不断发展丰富，这些都是历史。所以你说"历史建理性"，对吧？

答：对。我还说过，具体说来，它们都通过"度"（proper measure）而实现：人通过不断创造崭新的"度"来使自己生存不同于动物，最根本的"度"是工具本体的度。人首先要吃饭，人吃饭与动物的吃饭不同就在于，人有大量不同的多种工具，这需要不断开拓和掌握"度"，直到今天创造出上天下地入海游空各种科技的"度"，它们不断一步一步地扩大，不仅在工具中，而且也在人的整个生活中。所以人类历史本体论又可称为"度的哲学"，不是有、无，不是精神、意识，不是物质、原子，不是上帝、神明，而是人类活动中的"度"，成为历史本体论的第一范畴。（见拙著《历史本体论》）

问："度"与"以美启真"有关系否？

答："度"既是不长不短不多不少，恰如其分地把握创造，当然与"以美启真"相关。"以美启真"是逻辑思维之前，或与逻辑思维相伴随的某种感受或领悟。它是感性的，但在感性特殊中求普遍。这种作为反思判断力的审美，可以帮助从普遍定特殊的决定判断力，由启真而得真。得真，便需要逻辑和数学。有如 Wittgenstein 所说，数学是人类的发明而非发现，是人所发明的一种思维规范的技术体系，有如物质活动中的工具一样。也有如 Gombrich 所说，"人类的技巧比我们自然环境表现出更多的规则"

(《秩序感》)。它使人不断去发明真理。

问：那"以美储善"呢？美学作为第一哲学应与伦理学更有关系。

答："度"存在于人类生存的物质基层直到人类生存的精神高层。最初与人的生存紧密相连（"对了！"），最后又与人生境界（"成于乐"）相连，**所以美学才成为第一哲学**。我这里所使用的"美学"，不是一般的学科意义上的美学，也不局限于审美性质的创作与欣赏活动。这"美"是"天地有大美"，是人与天地万物协同行走的"美"，这"美学"体现的是人类生存延续以物质性的生活、生产为基础，通由使用—制造工具而改塑生存环境、塑建人性结构的规律性活动过程。这活动贯串情感与认知、感性与理性，贯串内在人性与外在人文、物质前提与精神升华，在最终的意义上，贯串个体生命的天地境界与人类整体的世界和谐。中国传统讲"中庸"，"中庸之为德也，其至也乎"。"中庸"也就是"度"。"中庸"并非 mean，并非"中间"，雄飞雌伏、妥协坚持均可以是"度"。它们恰恰是在各种偶然和不确定中适时损益、因时制宜，恰到好处而不断变易地掌握行为活动，从而使族类和个体得到生存延续，这也就是"生生之谓易"。我以为这才是中国精神和中国传统。这个传统使我再次想到，蔡元培以美育代宗教，实际上是紧紧抓住了人类生存这个要点，不是个体灵魂的拯救升天，而是物质生活延续丰富和精神生活的情感高蹈。这才是中国的形而上学。其最终最高的情理结构，便是形而上的"仁"、"安"，这就是"以美储善"。

"以美启真"、"以美储善"使人作为族类和个体的生存延续区别于其他动物族类，也就是说，不再是生物进化的竞争规则，而是情理结构的文化积淀规则，引领着人类不断加速度地迅速前行。孔夫子和 Kant（如《判断力批判》）都有它的重要蕴涵，这也正是巫史传统的今日延续。提出美学作为第一哲学，良有以也。

问：中国的形而上学，是否就可以概括为孔夫子加 Kant？

答：有关形而上学，我提出和回答的是三大问题。一、人类如何可能？答曰：使用—制造工具的历史经验产生了理性。二、什么是人性？答曰：情理结构，自然情欲与理性的各种矛盾融汇。三、人为何在中国传统中位置较高？答曰：巫史传统、一个世界之故。所以，人类学历史本体论以孔夫子为主，吸收和消化 Kant 与 Marx。这也就是认为，以中国五千年文明、近千万平方公里国土和十几亿人口的巨大时空实体的实践、探索为基础，今天中国应奋力走出一条自己的现代性道路。从伦理学来说，就是以"天地之大德曰生"、"生生之谓易"、"生之谓性"为根源，以孔子讲的情理结构来承载 Kant 的理性动力、Hume 的情感助力，而与 Marx 的物质基础、生产劳动接通，从而虽然艰辛悲苦却仍然坚韧不移地走出一条无需依傍上帝的道路，也就是人类自己塑建自己，自己创造历史、创造未来的道路。它将始终在各种不确定性、不可预测性和偶然性中奋力前行。鲁迅说"世上本没有路，走的人多了，也便成了路"。

问：从而，"上帝死了"之后，结论如何？

答：结论是，上帝死了之后，中国哲学登场。"上帝死了，人还活着，主体性将为开辟自己的道路，不断前行。"（"主体性论纲"之三，1985）《为什么说孔夫子加 Kant》此文于焉结束，又仍待进一步再次展开。

2014 年 8 月于青岛海景花园酒店

关于"伦理学总览表"的说明（2018）

我的"情本体"说法源起于 1980 年《孔子再评价》一文，（请参阅该文"仁的结构"部分），九十年代我将它展开为"两德论"、"情理结构（参阅《历史本体论》《论语今读》等）的伦理学论说，近年似颇有回响，但误解更多。值此垂毙之年，或仍有责任不回避"还是那一套"的重复或讥讽，再作一点简略的通俗说明，主要是解说那张"伦理学总览表"（如下图，始见于三联版《回应桑德尔及其他》，略修订后收入青岛版《人类学历史本体论》及三联版《伦理学纲要续篇》）。因为该表概括了我有关伦理学的基本想法。

情境、情绪和情感

1. 首先要说的是该表突出的第一栏，特别是首尾两个"情"字。

我希望几十年或更长时间以后，"情"（Qing）与"度"（Du）这两个在我的哲学中占有重要位置的中文词汇，能与"道"（Dao）、"气"（Qi）、"阴阳"（Yin-Yang）等英译一样，成为西文的通用词汇。因为这些词都很难找到可以恰当对应的西语译名。例如，"情"就很难等同于 emotion、feeling、affection、passion 等等。

自先秦以来，"情"至少有两大类涵义，一是情感或感情，二是情境（situation）、情实（fact），后一种涵义在应用中有时甚至超过第一种。

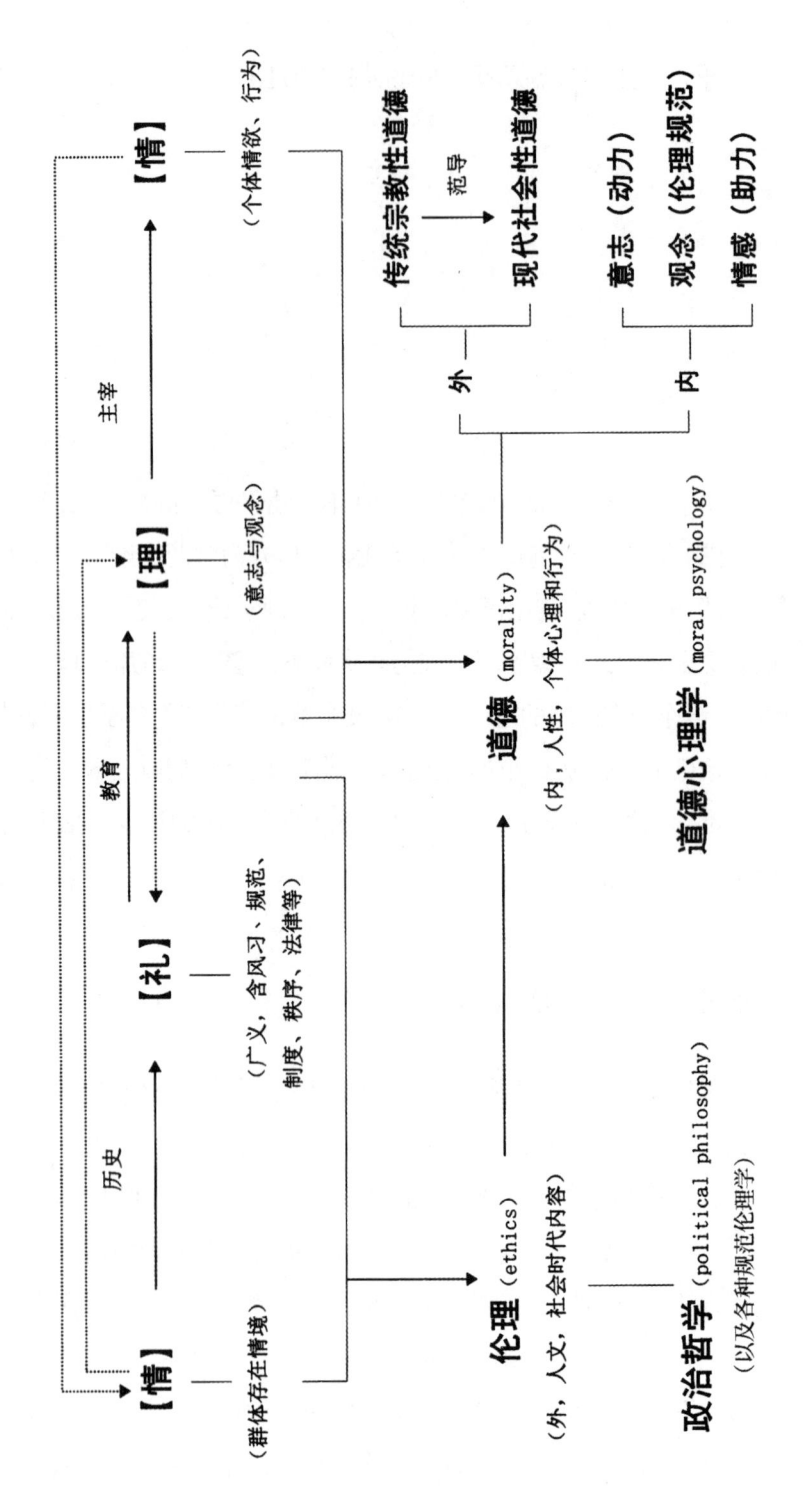

伦 理 学 总 览 表

```
                                              ┌─ 传统宗教性道德 ┐
                                              │       ↓ 范导    │ 外
             [情] ←──主宰── [理] ──────────→   └─ 现代社会性道德 ┘
         (个体情欲、行为)  (意志与观念)                              ──→ 道德 (morality)
              ↑              ↑↓                                        (内、人性、个体心理和行为)
              │              │  教育                ┌─ 意志（动力） ┐
              │              │                      │               │ 内
              │             [礼]                    ├─ 观念（伦理规范）┤
              │         （广义，含风习、规范、        │               │
              │          制度、秩序、法律等）         └─ 情感（助力） ┘
              │              ↑
              │              │ 历史                                    道德心理学 (moral psychology)
             [情] ───────────┘ ──────────→  伦理 (ethics)
         （群体存在情境）                      （外、人文、社会时代内容）

                                             政治哲学 (political philosophy)
                                             （以及各种规范伦理学）
```

包括今天人们说"事情"、"情况"、"情势"、"情态"、"情状"、"情形"等等。A.C.Graham 认为，汉代以前，"情"并无情感义。郭店竹简推翻了这个说法。但重要的是，这两种涵义为何会合用一个字，似乎很少人谈到。

我未研究字源学（etymology）。先说几句题外话，记得我很早引用过 Sapir-Whorf 的理论，认为语言有世界观的背景。我的《中国古代思想史论》提出，中国文化和哲学一直重功能大于重实体，重动作大于重静态。例如，"度"翻译成西文的 measure 或 degree 便很不合适，因为它指的是人在动作中掌握的恰当分寸,正是它维持着人的生存(包括个体、群体和人类)，从而它不是本体，却具有本体性（使人的生存延续成为可能）。所以它是动名词而非名词，是动作（包括姿态、样式，也包括对自然和人际，等等）当中恰到好处的分寸，而不是静态的刻度、标准等等，是主体活动性的、能动的、变化着的"合宜"，而非客观、静态、确定的存在。

"情"也如此。"情境"是指一种非常具体的动态过程。中国没有 Plato-Aristotle 的"两个世界"的观念背景，Plato 有"理式世界"，Aristotle 有"不动的动者"，而中国则是"道不远人"、"天道即人道"。离人而谈天，乃今日之科学或某种变相形式的神学。在中国哲学传统，任何事物与人和人际关系很难分开，事实、情实、情况、情状、情态、情势、情境，都是在人的具体活动中展现，而人的具体活动中总有情感，因此"情境"与人们的"情感"总有着或远或近、或多或少的关联,所以才用同一个字"情"来表示。那张"总览表"的第一个"情"，便是指"情境"，第二个"情"，指的是"情感"。"总览表"中的那条实线，表示产生；虚线，表示反作用。两者有所区分，但又有联系。当然，"情境"包括了物，这已扩展到非人际关系的范围，例如《周易》讲的"以类万物之情"即万物的情况、情势、情景、情境。但毕竟首要的涵义仍然在人的情境。

这是首先要说明的。

2. 第二点要说明的是,"情"又有"情绪"与"情感"的区别。

汉语的"情"无此区别,西语的 emotion 与 feeling 等也如此,相当一致。我认为"情"其实包含有这两种不同的涵义:一是动物性的生理本能自然生成的情绪,一是"人化"了的情绪即情感。这一区分在日常生活和日常语言中,看不到也用不着,但在学术研究领域内,我以为区分它们十分重要。我的伦理学认为,情绪乃人兽所共有,而情感则专属于人。这个区分,可以说是承续了儒学强调的人兽之分、人禽之别,而现代心理学和社会生物学(social biology)以及所谓"生理学进路的伦理学研究"等,则忽视甚至抹杀这一区分。我最近之所以推重刘绪源的修订版《美与幼童——从婴幼儿看审美发生》(凤凰少年儿童出版社 2017 年 10 月),就是因为他如同 Piaget 研究儿童智力发展那样,仔细观察、描述和论说了儿童从 2 岁到 4 岁的这个阶段,通过审美的想象手段,以理入情,让动物性的情绪得以发展变化为人化的情感,开始形成专属于人类的情理结构,并使其得到独立的活动和发展,从而使人在情感上逐渐脱离动物界而区别于动物。我以为这有重要的理论意义。

虽然我并不赞成钱穆认为"仁在人心中与生俱来"的观点,但在拙作《论语今读》谈到情理关系时,非常赞同地引过他的这段话:

> 宋儒说"心统性情",毋宁可以说,在全部人生中,中国儒学思想,则更着重此心之情感部分,尤胜于其看重理智部分。我们只能说,自理智来完成性情,不能说由性情来完成理智。情失于正,则流而为欲。中国儒家,极看重情欲之分异。人生应以情为主,但不能以欲为主。儒家论人生,主张节欲寡欲以至于无欲。但绝

不许人寡情、绝情乃至于无情。[1]

因为即使情感是"人化"的情绪,却与情绪一样,仍然与欲望紧密相连,所以在《回应桑德尔及其他》等文中,我强调应该区分不同层次和种类的欲望,以及跟欲望相关的所谓"幸福"。有纯粹满足人作为动物需要的基础欲望(如性),有超出但仍包括这些欲望的欲望(如爱),还有完全超出这些欲望的欲望(如牺牲自己生命的欲望)。幸福也是如此,有各种层次和类别迥然不同的"幸福",不能一概而论。所以,孟子那句时常被人引用的"理义之悦我心,犹刍豢之悦我口",这两种"悦"便不应该等同。后者主要是满足自然生理需要,前者不是,而且甚至是对抗这种本能需要。但至今好些学者经常把这两种"悦"混同起来,看作都是直觉性的,看作都是自然或上帝给予人的"先天"或"先验"。我的"情理结构"正是对此而发,强调区分情绪与情感。

我三年前给刘绪源的信中说:

> 通过对不同年龄特别是幼儿以及儿童读物的观察和分析,研究审美的发生史和其中"四集团"(按:指感知、想象、理解、情欲[2])的具体不同组合和结构,以其与审美相关和无关的愉快的不同种类和层次,在这些不同层次和种类中各要素的关系,等等等等,有许多有趣味的题目可做。

这正是我所主张的实践美学的建树道路,因为我所提出的只是实践美学的哲学基础,它需要有许许多多具体的、实证的、科学的研究,这

---

[1] 《孔子与论语》,联经版,1974年,第198页。
[2] 以前拙作记述美感时,虽曾不断提及"欲望在想象中的满足"等等,但不够充分明朗,今决定将"美感四要素集团"中的"情感"更为确定地改为"情欲",不能就拙作逐一更正了,特此注明。

才是实践美学本身的建树。例如，Kant 所说的那尚未能知道的感性和知性的共同根源，我认为是"实践"，而不是 Heidegger 所认为的"先验的想象力"；这是一种根本性的哲学论断。它仍需经验的心理科学特别是未来的脑科学来加以实证的研讨，其中"想象"便是最重要的关键中介。刘绪源正是向这个目标行进，他突出"想象"来探索儿童审美的情理结构的萌生和发展。这正好是上述哲学的实证性的具体展开，即实证地观察探求关于人性的产生、发展的哲学课题。

我以为，作为另种"情理结构"的道德，也可以通过培育幼儿从情绪到情感的发展变化中来寻觅，即儿童善恶观念（所谓"良知""良心"）是如何出现和形成的。我以前多次说，幼儿读物中的那些亲切可爱的小白兔、凶狠残暴的大灰狼、狡猾的狐狸、正义的大公鸡……以及看戏剧人物时，时常要回答儿童"这是好人还是坏人"的提问，等等，所有这些不正是教育培养儿童心理中道德的情理结构么？可见，情本体并不在于单讲情感如何如何重要，而在于提出，人的情感是因为有了理性的参与，形成情理结构，而后才有可能成为区别于动物的属人的"本体"。

3. 于是，这里便涉及伦理与道德及其关系这个大问题。

为什么说"大"？因为伦理与道德有没有区分，是否应予区分，以及如何区分，自古至今并不清楚。一般是混而统之，不予区分。也有一些学者论说区分，但并没有解决问题。包括 Santayana、Habermas 等名家在内，提出前理性或理性、纵或横两种不同考察方式，等等。

我采取的区分，是哲学史上 Kant 与 Hegel 的区分。我以为，Hegel 是从宏观历史学（历史哲学）的角度讲伦理道德，讲了家庭、市民社会、国家等等；Kant 则是从道德行为的心理特征（心理哲学）的角度讲伦理道德，讲的主要是实践理性的绝对律令。我认为这倒恰好可以作为伦理与道德的区分。伦理指的是外在群体规范，从风俗习惯到政经体制，包括各种制度、秩序、规则、法律等等，范围极为广阔，也就是"总览表"

上的"政治哲学"的范围（当然，这只是极概括的提法，其中仍可分为较狭义的政治、伦理、法律、道德、风习等等）；道德则是个体行为及内在心理，主要由意志、观念和情感三要素组成，也就是"总览表"上的"道德心理学"。于是出现这样的疑问：两者的关系是道德由内向外产生伦理呢，还是伦理由外向内形成了道德？进而引出诸如此类的追问：人是生下来就有普遍的、先验的"善端"呢，还是这所谓"善端"也主要靠后天培育而成呢？先秦孟荀性善性恶之争，就与此相关。我采取的是后一立场。

在伦理学史上，中国历来是由内而外的观点占主导，孟子的影响、地位远在荀子之上。今天学界中"先验人性论"也一直占上风。但这个先验的"人性善"从何而来？何以可能？讲来讲去仍然无外乎其根源和开头乃上天所赐，人生来就有，这个上天或归之于上帝神明，或说是生物基因，后天的教育培养等等只起到保存、巩固和扩展它的作用而已。但在我看来，如前所再三说过，人作为动物，有动物的各种需要和本能，所谓性善性恶不过是：一个强调动物本性中的同情、爱抚、协助的方面，另一个强调动物本性中的争夺、打斗、杀戮的方面。所以我说孟、荀统一于孔，即"学"。荀子有《劝学》作为首篇，孟子也讲"人之所以异于禽兽者几希，庶民去之，君子存之"，所以要"求放心"，"求则得之，舍则失之"。孟荀双方都重视后天的培养和学习。孔学的特点就是认为人的本性并不是固定的nature，而是一个不断学习、成长的变化过程和文化产物。从而"学做人"才能始终是孔学要义。

人是什么？人是制造—使用工具的动物。正因为制造—使用工具是在动作中不断积累而更新换代、发展变化、愈益丰富复杂，其推进速度和涉及方面远远超过生物演化，不仅在人的外在力量、技能、机巧等方面，而且也在人的内在心理、智力、审美、意志等情理结构方面。所以，人是什么或什么是人？便不是某种静态的存在（being、是），而应看作是培育成长的过程（becoming、生生）。所以也才有"学做人"、"活到老，学到老"的话语和教义,包括骂人时说"你不是人",等等。

这也就是"总览表"中的由"情"(情境)到"礼"(外在伦理规范)再到理(个体道德观念)再到情(个体的道德情理结构)这条实线。拙著《论语今读》前言中说的"第一"便是:

> 孔学特别重视人性情感的培育,重视动物性(欲)与社会性(理)的交融统一。我以为这实际是以"情"作为人性和人生的基础、实体和本源。它即是我所谓的"文化心理结构"的核心:"情理结构"。人以这种"情理结构"区别于动物和机器。

4. 由情到礼,也就是《孔子再评价》所说的,"礼由俗出",这个"俗"也就是"情境"。它上升到"礼"后,就具有了"天经地义"的神圣性,再到观念的"理",就变成了神圣的天道、神谕,对个体来说变成了先验的"天理"、"良知"。

我的《两种道德论》中曾经指出:

> "宗教性道德"本是一种"社会性道德"。它本是一定时代、地域、民族、集团,即一定时、空、条件环境下的或大或小的人类群体为维持、保护、延续其生存、生活所要求的共同行为方式、准则或标准。由于当时的环境和主客观条件,这种"社会性道德"必须也必然以一种超社会超人世的现象出现。从图腾时代的动物崇拜到宗法社会的祖先崇拜,从多神到一神,从巫术到宗教,甚至抽象到哲学理论上,都如此,都强调世上人间的各种道德准则、人的行为规范、心性修养,本源于超越此有限人际、生活世俗的"天理"、"良心"、"上帝"、"理性",正因为这样,人群才慑服,万众才信从。

可见,宗教性道德与社会性道德,个人修养的私德与社会规范的公德,虽然颇有差异，但在近代以前却经常是在传统宗教性道德的笼罩下，混同一气，未予分割的。西方中世纪以来，是基督教伦理学笼罩着，至今仍有巨大影响，如强大、激烈的反堕胎运动；在中国是伦理－政治－宗教三合一的礼教笼罩着，这也就是中国式的政教合一，"礼"既是伦理也是政治，同时还具有神圣的宗教性质。先秦儒家早就把三者捆在一起，如修身齐家治国平天下。汉代《白虎通》的"三纲六纪"，更以明确的政治形态宣布了这一点。现在有些学人极力否认，其实余音未绝，容后再叙。

5. 这里倒先想讲讲作为这个"礼教"核心的儒家伦理学，今天还有何值得注意和吸取的特征否。我答曰有，一是仁爱为怀，二是修身为本。

关于前者，论说已经盈篇累牍，不必多谈。很显然，它与希腊的著名"四德"（节制、公正、勇敢、智慧）中缺"仁爱"大不相同。所以我曾说，罗马斗兽场上让人兽相斗，以兽食人，包括大讲"博爱"的基督徒也欢呼观赏，在中国便很难发生。孟子说"兽相食，且人恶之"，何况让兽食人呢。问题是为什么会有这种不同？是天生人性不同吗？非也。我以为这与孔子开创的"情本体"哲理相关。《圣经》十诫以理性命令的爱上帝为压倒一切的首条，《论语》却以"孝悌为仁之本"的理性化的自然情感为基础。孔子并非"天纵之圣"，孔子也不是神，他之所以能如此，是由于中国长达数千甚至上万年的以血缘、家族为轴心的氏族部落体制发展得非常充分，血缘纽带中的孝悌即父子兄弟的自然情感关系，被孔子作了伟大的转换性创造即理性化的提升，这才是孔子所说"述而不作"的实质性的深刻所在。孔门后学儒学各派再加以强化、加深、巩固和延续，成了一种超越特定时空制限而长久传承下来的文化心理结构，就个体心理说就是"情理结构"。诚然，某些思想意识有超越特定时空的相对独立性，但好些学人将之完全脱离历史或现实作纯粹的概念演绎，我却不大赞同。

上古氏族体系一方面有周详细密的等级、层次、阶梯以及相应的严酷规则、刑罚，远非人人平等、自由，另方面又以情感来调节、协和、稳定这种等级、层次的人际关系和社会结构，尽量使其相互照应，和谐相处。正因为这样，孔子才能在思想上有此超越时空的伟大创造，即以"仁"（由近及远、以己推人）释"礼"，一方面是"迩之事父，远之事君"，"君君臣臣，父父子子"，另方面是"博施于民，而能济众"。这就是我在《孔子再评价》中所讲"仁的结构"的第一、第二、第三方面，也就是该文中指出的，以血缘氏族的社会结构为基础的原始的人道主义和民主性。这也就是说，以民为本即"民为贵"的氏族社会体制，乃儒家"仁爱为怀"的文化心理的现实根基而形成传统。因此，这种"仁爱为怀"，要求统治者（君主）应如同家族首领爱护自己的儿女、子孙及族人那样去"爱民如子"、"如保赤子"。这就是中国古代的"人道"和"民主"。它与古希腊民主和现代民主毫不相干，也并不类似。尽管孟子有"闻诛一夫纣矣，未闻弑君也"、"时日曷丧……民欲与之偕亡"的激烈话语，荀子、董仲舒有"天之生民，非为君也，天之立君，以为民也"、"仁，天心也"等论说，但都不是某种民主制度，而是上述"情本体"的爱民思想。即使到秦汉后世的专制帝国，也仍然有儒法互用、以情入理、礼法交融、有经有权，等等，即强调各个具体情境不同而对于视同一律的礼法规范作出适应的人情调整，所谓"理无可恕，情有可原"。陶渊明对奴仆的态度便是"此亦人子也，可善遇之"，杨万里夫人也争辩说"奴婢亦人之子"，强调服役的奴婢也是人，应该爱护。杜甫有"大庇天下寒士俱欢颜……吾庐独破受冻死亦足"的诗句，如此等等。悠长未断的中国传统一直重视和关怀属于"同类"的"人"的物质身体的生存，颇不同于古希腊视奴隶为会说话的工具和罗马斗兽场上的以兽食人，尽管实际上中国仍有很多人并未能遵循，而且经常严重违背自己传统的这个美德。

总之，正是以重视情感和谐的家庭—家族—氏族体制的社会结构为基础，才能创造和长久延续"仁爱为怀"为特征的孔子的"仁"的伟大哲学，孟子也才把"不忍人之政"归结为"不忍人之心",这完全不同于古希腊以平等的个体自由民所形成邦(政治)家(伦理)分离的纯理性的社会结构和人际关系。所以我说作为第一期的儒学主题是"乐合同、礼别异"的礼乐论。这种政治上的情理结构又仍然是历史的产物。

现在讲"仁"、"仁体"、"仁本体"的文章和书很不少,但到底什么是"仁",这个概念却极不清楚,也没有一个公认的确定的说法,好像是仁爱("仁者爱之理",朱熹的老说法,但好些人并不同意),或再加上一些什么并不清楚的东西,有的讲得甚至不知所云,"仁"不清楚,"仁体"、"仁本体"就更如此了。我在《孔子再评价》中是将"仁"确定为由紧相联接、交叉错综的四个方面组成的"文化心理结构"。就个体说也就是"情理结构"。这"情理结构"也远不止于个体心理,它的内圣开外王便表现在政治上,这是我多次提及的新内圣外王之道,因尚待现实实践成果,时日尚早,所以我说只能以后再讲。

6. 再说修身为本。

世界各种宗教和文化都讲修身。孔孟不必说了,荀子被问及为国时,也回答说"闻修身,未尝闻为国也"(《荀子·君道》)。《中庸》说"自天子以至于庶人,壹是皆以修身为本"。问题在于:修身何来?修身是为了什么?

与许多宗教的修身是为了个体的灵魂拯救或解脱涅槃("普度"也以心灵为主)不同,我以为原典儒学的"修身"乃由巫史传统的内圣外王而来,是由于作为大巫或"首巫"的氏族部落的首领能上天通神,知天道、天意、天命,因而具备智仁勇的超凡品德,而能率领百姓,统御四方,开出外王,令大众信服。所以修身的目的是为了齐"家"(大家族、氏族)、治国、平天下。以首领为标准,所谓庶人也应以此为模范和榜样而努力效法之。"内圣"是为了"外王",后代的士大夫知识人的修身,也是为了承担经世济民的道德义务,指出、阻止、规范君王和官吏们的错误政策和行为,即荀子所说的"谏、争、辅、拂……

社稷之臣也"(《荀子·臣道》)。在汉代大一统专制帝国时,居然还有儒生提出"禅让",请皇帝让位;盐铁会议上著名的贤良文学与御史大夫的激烈辩论,以及后代与"武死战"相比美的史不绝书的"文死谏",尽管有无数人死于棍棒与酷刑之下,却历经各个朝代,直到清末也未改变。在"道不行"无可进取的严重环境下,则"乘桴浮于海":或山林隐逸,或授徒立言,或浪迹江湖,或经商下海,"人不知而不愠",体现出"狷者"的"有所不为",而不是衣食无忧便做稳奴隶。

还是鲁迅病殁前写得好:

> 街灯的光穿窗而入,屋子里显出微明,我大略一看,熟悉的墙壁,壁端的棱线,熟识的书堆,堆边的未订的画集,外面的进行着的夜,无穷的远方,无数的人们,都和我有关。我存在着,我在生活,我将生活下去,我开始觉得自己更切实了……(《且介亭杂文末编·这也是生活》)

鲁迅一直在提倡启蒙中超越启蒙,质询生存的意义,又仍然在超越启蒙中提倡启蒙,奋力与黑暗抗争,亦狂亦狷,此即中道,这才是现代中国人的修身。

宋明理学有大量的关于修身的工夫论。但我以为,由于受了佛教的严重影响,他们强调追求的经常变成了个体成"圣"的"践仁尽性"、"尽性知天",实际是以某种神秘经验为旨归。原典儒学并没有这些,从先秦到汉唐,儒家就并无"半日读书,半日静坐"说。当代牟宗三对并无人格神的儒学,运用了现代西方的思辨方法,作了深刻的宗教性的挖掘,做出了成绩。但他由此而大讲所谓工夫论,把它说成是"道德性之当然渗透至充其极而达至具体清澈精诚恻怛之圆而神之境",这就是"圣人""通体是仁心德慧之所涵"(《心体与性体》"绪论"第三章第一节),从而整个儒学的精义、命脉便是此心性之学,对于这一基本论断,我从不敢认同。

早有学人指出，牟宗三以"圆满的良知"来"坎陷"自己以开出现代的科学与民主，就很难说通。我以为这倒恰好是将"外王"拱手让给了西方。所以，儒学三期四期之分，就不是如杜维明所说的（按朝代）"分十期也可以的"问题，而是有关儒学定性的问题。我之所以提出"两德论"，提出"四期情欲论"，亦针对此发。引一段章学诚的话如下：

> 朱陆异同，干戈门户，千古桎梏之府，亦千古荆棘之林也。究其所以纷纶，则惟腾空言，而不切于人事耳。知史学之本于春秋，知春秋之将以经世，则知性命无可空言"。"言性命者，必究于史"。"儒者欲尊德性，而空言义理以为功，此宋学之所以见讥于大雅也"。（《文史通义》卷五"内篇五"）

那些完全脱离现实（亦即历史）的繁复细密的抽象思辨，实乃"千古桎梏"和"千古荆棘"，并无何重大价值和意义，愿以此赠港台新儒学及其大陆门徒们。

关于"两德论"

7. 这里大概必须要说说"两德论"了。

有些人认为，我这"两德论"是受 John Rawls《政治自由主义》（1993年）一书的影响而提出的。实际情况是，我最初提出"两德论"是《哲学探寻录》，该文作于1991年春，1994年春改毕，刊出于同年香港《明报月刊》（第7—10期）。我一直认为，中国传统自古迄今，始终有一个中国式的"政教合一"即宗教、伦理、政治三合一的问题，经常表现为一种泛道德主义，影响甚大，严重阻碍现代民主和真正道德的建立，应予以解构，解构之后再重建。而解构途径似应是区分"宗教性道德"与"社会性道德"。Rawls该书出版，当时我并不知道，也未看过。之后，我读到该书中提出可与传统脱钩的"重叠共识"（overlapping consensus），觉得与我讲的"两德论"的现代社会性道德颇有相似之处。在我记忆中，Rawls 论说的是当今的社会政治原则与自由、平等、人权、独立等等制度、观念不必强调其来自某种特定的传统或文化，不必去追溯、探寻、论证或归结于某种文化传统，如一般追溯或归结为古希腊平等的自由民或基督教的上帝面前人人平等；Rawls 认为只要证明这些规范是当今人们达成的"重叠共识"就可以了，便可避免很多无谓的争论和剧烈的冲突。这种看法似乎以前没人提出过，受到了学界的重视，被称之为"脱钩论"。"重叠共识"成了常见的术语，我也非常赞同。

但尽管赞同，我的"两德论"与之却仍有两大差异。

第一个差异是，我认为 Rawls 没有交待这种"重叠共识"有何基础、如何可能和有何来由，"两德论"对此却有所阐释。华东师大童世骏教授曾送我在国外刊物上发表的一篇英文文章，题目好像是《关于"重叠共识"的"重叠共识"》，其中提及关于"重叠共识"有 C.Taylor、Habermas 以及我的不同说法，指出我认为"重叠共识"的基础和来由是因为现代大工业生产、商品经济发展至今日全球一体化，日益要求劳动力自由买卖，从而以个体为单位、以契约为原则便成了各个地区各种社会结构和制度体系的共同的走势和"重叠"的"共识"，此文现不在手头，不知有误否，但童称我为一种"马克思主义的解说"是记得清楚的。我也一直未予否认，但这又仍然不过是"伦理学总览表"中的那条第一个"情"（生产－生活情境，如英国中世纪晚期的羊毛贸易、开始机器生产等等）到"礼"（英国大宪章以来的政治走势和制度）和"理"（自由平等独立人权等伦理意识和政治观念和理论，如 Locke 的《政府论》等等）的实线所表示的。"总览表"中的实线表示某种必然性的建构，虚线则是或然性的解构。例如在传统的宋明理学中，朱熹是实线，朱学以"理一分殊"作出乡规、族约、里规、祠议等等伦理道德的建构性的制度安排和观念体系，统治中国数百年之久，阳明则只能是由理到礼的虚线，王学以强有力的自由意志对旧有秩序作了解构性的挑战、破坏和颠覆，大讲"端茶童子即是圣人"、"满街都是圣人"等等，对旧有的礼法制度和观念、情感产生了重要的冲击，但并未能作出建构性的秩序安排和制度设计，从而始终未能成为统治社会的正统学说，明代中晚盛极一时后在清代便消歇。但阳明学在鼓励人们独立自主的意志方面却对后世起了巨大影响。

但中国终于在清朝遇到了所谓"三千年未有之大变局"，这也就是西方以大工业商品生产对以家庭小农制生产—生活方式为基础的传统社会的入侵，特别加上中国在"船坚炮利"的外国侵略下不断失败，西方以空前的巨大物质力量在严重地解构传统的伦理—政治—宗教体系，给人们特别是士大夫知识人的思想、观念和情感上带来了空前的震撼和剧变。传统宗教性道德本身和统摄其下的社会性道德，完全不能适应和应对这个变局，"三纲六纪"、"三从四德"等等均开始动摇。二十世纪初，敏感的梁启超便提出要分辨私德（宗教性道德）和公德（现代社会性道德）。尽管很快梁就退了回去，但终于不久在陈独秀发出"伦理的觉悟是最后的觉悟"、"提倡新道德、反对旧道德"的高昂呐喊中，揭起了现代启蒙的狂潮。这也不由得使人想起清末立法论争中新旧两派关于"无夫奸"的激烈争辩，其极端的例子，是父亲杀死有男朋友（未婚）的女儿，因为女儿未守旧道德的贞操，结果是父无罪而男友处死。这在今天看来荒唐的"道德"观念，近百年前仍是真正的现实，在三合一的礼教族权统治下，男女通奸双方沉塘溺死的处置所在多有，人们从今天电视连续剧中也许还能看到一点点。伦理道德与政治、族规本密不可分，与今日某些学人的说法完全相反。

所以启蒙的伟大功绩在于，在思想、观念和情感上突破了这些旧道德传统对人的束缚，婚姻自主、女孩剪发、男女同校成了五四时期道德激烈斗争的启蒙主题之一（参见拙文《启蒙与救亡的双重变奏》）。理性启蒙使西方从圣经—神学、中国从四书五经的礼教中解放出来。于是，什么是我？我不再只是父之子、子之父，妻之夫、夫之妻……启蒙使个体有了"自我"的觉醒,从现实根源看,其社会基础仍然是劳动力的自由买卖冲破了传统的角色定位,"家和万事兴"不再能是决定性的了,只留下了具有重要价值的情感意义和内涵。总之齐家与治国已无甚干系,角色伦理已失去社会基石,以至长久以来被自由主义误认为家国分离的古希腊传统优于中国,如此等等。这个似已相当古老的启蒙故事,实在不必再说。之所以再说,正是因为这个故事并未在实践中讲完,无论是中国还是全世界。传统宗教性道德至今仍以各种变化了的方式在顽强地反对、抗拒、阻挠现代社会性道德的实现。包括近年塔利班政权、基地组织、伊斯兰国以歪曲《可兰经》的方式在作殊死斗争,由于社会公正远未解决,政教分离不能一蹴而就,"阿拉伯之春"的必然失败,便迅速蔓延起一股反动浪潮,造成了世界历史的可悲倒退。某些伊斯兰地区不许儿童接受现代学校教育,只读《可兰经》,与十多年前一些中国学人倡导不上学校只读经书、我当时称之为"蒙启"活动何其相似乃尔!历史具有各种偶然性,有曲折,有倒退,倒退可以几年、十几年、几十年甚至更长,但对人类总体来说却不过一瞬,或迟或早,人们会回到"经济发展—个人自由—社会公正—政治民主"的正轨上来。这里我不怕嘲讽,仍愿重复多年前的话语,来说明区分两德的重要性,并以之回答反对两德区别、批评我将伦理道德与政治法律联同一气从而概念混乱或混淆的论者:

问:公民课比《三字经》重要?

答:对,正如比念《可兰经》《圣经》重要一样。公民课是灌输现代社会所必须遵循的行为规范、伦理秩序及其理由,培养孩子从小便讲理性、守秩序、护公物、明权界、别公私,以及自由、平等、独立、人权等等观念。然后再加上《三字经》等传统典籍宣讲的孝亲敬师、长幼有序、勤奋好学、尊老扶幼、阅读历史、重视经验等等,使二者交融汇合,情理和谐。二者不免有差异或冲突,其中一部分可以作出新解释，例如传统大讲君臣，在现代可以转换地改变为上级发号施令，下级服从执行，但双方的人格和人身却是独立、平等和自由的，上级可以"炒鱿鱼"，下级也可以"拂袖而去"。这是以现代社会性道德为基础，却也符合原典儒学"君臣以义合"、"君使臣以礼，臣事君以忠"的"教义"，而不是后世专制政体下"君不君，臣不可以不臣"的绝对服从和无条件侍奉和依附。其中有些事不可调和的，那就应该明辨是非，以符合现代生活为准。总之，不以此为准，即不以现代生活为基础和依据，不通过现代法治和现代社会性道德，而想以某种宗教性道德来整顿人心、安邦定国、惩治腐败，认为这是中国模式，那就无论学雷锋还是学孔子，无论提倡共产主义道德还是提倡儒家道德，我看都不能解决问题。[1]

公民课并非法律或政治，却是与它们相关的对儿童、少年应有的道德教育，如引文中所提出的那些，它们已不属于传统道德，而是今天日常生活中由公共理性所规范的现代社会性道德。

8. 认为现代社会性道德有其经济基础的根源，是"两德论"与 Rawls 不同的第一点。第二点不同在于，Rawls 在脱钩后，避而未谈传统宗教性道德与现代社会性道德的关系，似乎要将政治与道德完全割开，以至有人讥之为无道德的政治。其实，我以为他讲的那些公共理性等规范在一定意义上就正是今日的现代社会性道德，如上段所说，它们之所以能够被"重叠共识"，正由于各不同地区、文化、宗教的人们随着生产 – 生活方式的改变，要求和需要有不同于传统道德的行为方式，即这种现代社会性道德。问题在于这种新道德与传统道德二者之间有何或应有何种关系。Rawls 没谈，而我的"两德论"则恰恰非常重视，认为二者可以"脱钩"即区分，但不能完全脱离，并提出传统道德对现代社会

---

[1]《人类学历史本体论》，青岛出版社，2016年，第189页。

性道德可以起某种"范导"（regulative principle）和适当构建（properly constitutive principle）的原则作用。其中如象征性的，美国总统就职宣誓时以手按《圣经》的仪式，英国、瑞典等国人民对保留至今的皇室仍有仰慕爱戴的情感；其负面的、实质性的，如前述美国激烈的反堕胎运动，等等，情感在这里的作用都非常之重要。

所以，最重要的是"适当构建"中的"适当"，这很难掌握，而必须根据各种具体"情境"，作出"度"的把握，其中特别是不能全面或过分构建，让情感替代了公共理性。上述十年读经运动的彻底失败，便是如此，它说明想以传统宗教性的礼教教育来替代或全面构建现代社会性道德之路，如某些学人所设想，是行不通的。这种"适当构建"需要长期的经验积累，因此现在只能做一种比较抽象的、原则性的提示。有如《论语今读·前言》所说：

> 宗教性道德（"内圣"）可以经由转化性的创造，而成为个体对生活意义和人生境界的追求，它可以是宗教、哲学、诗、艺术。社会性道德（"外王"）可以经由转化性创造，而成为现代政法体系的中国形式：将重视人际和谐、群体关系、社会理想以及情理统一、教育感化、协商解决等特色，融入现代政法的民主体制建构中，而开辟某种独创性的未来途路。

这也就是说，中国儒学传统的内圣外王两个方面，除掉其不适用的因素，例如，今日必须是"以法治国"（rule of law），不能再是以首领或世人的道德与否来治国，不能再是"其身正，不令而行；其身不正，虽令不从"的"以人治国"，但是己身的正不正，又可以起到某种范导作用，具有教育下级、感染同僚，使百姓敬佩、人们亲近的重要效果。又如，尽管外在传统的"角色"伦理关系已难保存，"天下无不是的父母"、"父母在不远游"等角色具体规范已不可能，但"常回家去看看"、亿万人次的春节返乡甚至三代同堂却依然可存。谭嗣同的"君臣朋友也"、"父子朋友也"在外在制度上可能如此,但在情感关系上却并不然。本来,人生下来就成长在一定的人际关系中,从来没有什么"原子个人"的自我,我也从来不认同所谓"天赋人权"、"人生而平等"以及"无知之幕"等等理论,因为它们都是非历史的,我曾因此而遭到海内外自由派的猛烈抨击。但我又一直认为这些并不正确的理论在历史上起了构建现代社会性道德和现代政经体制的伟大进步作用。今天它们虽然产生了许多重大失误而应加以修正或纠偏,但修正或纠偏的方向不应是仍以个人为本位的社群主义,而可能应是重情感的角色关系的传统儒学之路。所以,我先后提出了"和谐高于公正"、"新一轮儒法互用"、"历史与伦理二律背反中的度"以及将汉代以来的"原心论罪"、"屈法伸情"、"重视行权"、"必也无讼"等作历史经验的参考。这也就是我所主张的以"情本体(情理结构)"对"公共理性"的"外王"(其中包含现代社会性道德)作"范导和适当构建"之路。从而,儒学道德远不止于个体的"践仁尽性"、"知天成圣"的"内圣",明矣。

有人问,你这里讲道德,大多是讲伦理规范以及政经体制,为什么不称之为宗教性伦理、社会性伦理,而称之为道德?答曰:伦理是指一整套社会规范、制度、风俗、秩序,这里只是指个体行为的观念内容,只涉及个体的心理,所以只能用道德而非用伦理。于是,下面就要讲讲个体心理的道德要素了。

自由意志和孟子的伟大贡献

9. 在个体道德行为及心理中,我提出意志、观念和情感三要素。不变的意志是理性形式,变动的观念是理性内容,情感则是助力。情感并非道德行为的充分条件,也非必要条件。如我说过"9·11"事件中的恐怖分子和救火队员,道德行为的动力是意志和观念(均理性),而非好恶爱憎的情感。救火是因为爱这两栋楼的人吗？不，是作为救火队员应该去做的义务和责任，这是理性的观念和意志。恐怖分子炸楼，是因为恨这两栋楼中的人吗？不，是为了以圣战护教，也是观念和意志。但恐怖分子这种观念是完全谬误的，应受谴责。救火队员的观念，是现代社会性的职业道德，是可普遍立法的道德行为，他们是应受普遍敬重的职业英雄。但双方尽管观念截然不同，意志却是双方共有的根本动力。这在"伦理学总览表"上，就是"理主宰情"的实线。意志是理性的某种形式，它需要经过理性的艰苦锤炼，并非天然有之。因为在这种情境下，必须有强大的理性才能压制和克服动物恋生的强大本能。举引这个例子是想说明，这三种因素在道德行为和心理中的不同位置和作用。

"情本体"不是将"情"到处贴用，到处讲情主宰，恰恰不是这样。在伦理学中，是理性凝聚，从而这就不是"理智去完成性情"（本文开始所引钱穆语），而是"情感去完成理智"。正是个体的"情感去完成理智"的"理主宰情"，才能在总体上维护群体及其他人的"性情"的存在，才是在总体上的"理智去完成性情"。正如在认识论中的"理性内构"一样，在某个阶段中，例如在逻辑推理、实验中必须排除情感的干预才能完成认识一样，荀子所谓"虚壹而静"，此之谓也。但正是这个由"理"主宰的"情"才能反应到第一个"情"（情境）中，激发个体道德的高昂，使社会生活和人的性情日益提高、深刻、丰富、错综复杂和不断进步。缺乏理性的一时情绪冲动和行为，便不是来自道德心理，也不成其为道德。

10. 刚才讲意志，碰到了自由意志这个巨大问题。

何以巨大？因为自由是什么，何谓自由，这问题就不清楚。"自由"一词，在日常语言和生活中，在经济、政治、哲学各领域的涵义并不相同。凡此种种已有很多讨论。特别是当今，人工智能迅猛发展，一些科学家惊呼人工智能也有或将有自由意志，正如当年量子力学提出时，大物理学家 Sohrödinger 认为量子也有自由意志一样。到底什么是自由意志？人工智能有否自由意志，成为当今激烈争辩的场所。大多数科学家反对，他们认为人的一切行为包括道德行为在内，都是脑神经元和突触事先决定了的，人的一抬手一举足，也并非自觉的自由意志。八十年代早期，Benjamin Libet 便证明人想挥手腕前半秒钟便有神经活动，看来是自由意志（自己决定），其实自己却已是被决定了的（已先有神经活动）。因此，否定自由意志的决定论似乎占了上风。

我不是科学家，没资格参与这种讨论。但我以为，自由意志作为个体事实属于社会价值，与脑神经的科学研究无直接关系。自由意志不是一个自然科学问题，而主要是一个哲学伦理学问题。两百年前 Kant 已讲得相当准确。Kant 认为，如同上帝存在、灵魂不朽一样，自由意志是一个有关"本体"的先验幻相，而并不与人和世界的经验存在即现象界相关。现象界是因果律支配一切，即一切现象均有因果，包括人的任何意志也脱离不了因果律的支配。只有在迥然不同于现象界的本体中，人才有自由。"本体"在 Kant 那里，就是超人类的实践理性。这里再一次摘抄《批判哲学的批判》：

> 要注意的是，Kant 所谓自由，并非说在现实世界中有超出自然因果关系的自由。任何行为作为理论理性的对象，即作为思维、认识的对象，是探求其因果性的问题，即探求这件事发生的原因和规律，是对事实的表达或预测，受着严格的因果律的规定和支配，这里丝毫没有自由可言。这一方面也正好是法国唯物主义强调的方面。法国唯物主义认为，人的一切行为都是机械必然地受因果规律所制约，根本没有什么自由。Holbach 认为，一个人被人从窗口抛下与自己跳下去完全一样，都是必然的。所谓意志，受同样必然的因果规律所制约。Kant 认为，如根据这种观点，便可以得出一切道德、法律等等都无意义的结论。因为责备一件不道德的行为就等于责备一块石头为何落地伤人一样。Kant 曾举例说，如果这样，那任何犯罪的人都可以用他的行为是受因果律支配，即他的行为有客观原因来

为自己辩护。一切不道德或犯罪都是由环境、条件、个性、习惯……所必然决定，自己并无责任，那么一切刑罚责难便没有必要存在了。Kant的自由论就是为了与这种机械唯物主义相斗争。在Kant看来，作为认识的客观对象，一切行为的确均有原因，是在时间中运行从而受因果律支配。但作为有理性的主体，Kant强调，这同一件行为就有很大不同，存在着是否服从道德律令的问题。人在作任何一件行为时，只要不是精神失常，都是在具有自觉意识的意志支配下去做的，这里便面临着"意志自律"，具有决定和选择的自由。可以做也可以不做，可以这样做也可以那样做。尽管最终怎样做了是可以从因果律中找到原因，但在当时决定和选择，却是自由的，是可以决定和选择遵循或不遵循道德律令的。因此他对自己的这个行为便负有道德上的责任。因为他可以不管情况如何，不管任何内在或外在的条件制约和压迫，而决心按道德律令行事，"他由于觉得自己应行某种，就能够实行某事，并且亲身体会到自己原是自由的"。人不同于机器，不同于自然界，不同于动物，不是盲目地或机械地受因果律支配，全在于他的行为是经过自己自觉意志来选择决定的。意志也就是对自己行为的抉择，自由选择便成了问题要害所在。这也就是自由。Kant强调，人作为感性现象界的存在，从属于时间条件，他的任何行为、活动和意志不过是自然机械系统的一个部分，遵循着严格的因果规律；但人作为本体的理性存在，可意识到自己是不属于时间条件的，他的这同一行为、活动和意志只服从于理性的自我立法。而道德优于认识，本体高于现象，自由可以作为原因干预自然，所以Kant强调，我"能做"是因为我"应做"。"能做"属于自然因果，"应做"就属于自由。[1]

---

[1] 三联版，2008年，第308—310页。

我觉得这已经讲得很明晰，意志自律和自由意志是一个伦理学问题，即在群体生存延续中的个体行为的价值问题，与自然科学研究的脑神经元和触突下导致的身体活动属于不同的领域。如我以前所指出，一个人杀人和自杀或任何善恶行为，包括属于法律范畴的各种犯罪，都有其原因，都由因果律所支配。当然，因果律并不能等同于决定论，其中包含着更多的偶然性、几率性、循环性，等等，在现象上则呈现为"选择性"。尽管人的行为的各种不同和对立的选择都可以找出其先天或后天的原因，但在当时，这个"选择"却具有重大的伦理学的意义，即必须厘定这个行为对社会群体的生存延续所带来的或产生的正负面价值的效应，这些效应是由不同的自觉选择所作出的，从而"自觉选择"便成了意志自律，即自由意志的核心。是选择死还是活，是选择服从道德律令（一般都是当时社会的伦理规范）还是相反，所以，Kant认为"自由离开了道德就远远不能被人感到"，"只有道德才给我们初次发现出自由意志概念来"（《实践理性批判》）。

再引一段《批判哲学的批判》：

> Kant《道德形而上学》中曾明确指出意志的两个含义。一个是Wille，指实践理性自身。一个是Willkünr，指行为的自觉意识。前一个是普遍立法的意志，后一个是个体执行的意志。前一个无后一个，等于只有立法而无执行，便是空洞的；后一个无前一个，便失去其道德意义而不能成立。只有Willkünr将Wille当作法令接受而执行时，意志才成立。[1]

所谓Wille，所谓自己立法的意志也就是可普遍立法的"实践理性自身"，我认为它主要是指道德心理三要素中的观念。它在履行者或执行者

---

[1] 三联版，2008年，第307页。

看来，是可普遍立法的原理原则，虽然实际并不如此，因为它是随时代社会以及文化传统的不同而不同而变异，并没有超越具体时空的可普遍立法的绝对律令，我在《批判》中把 Kant 的"普遍必然性"改称为"客观社会性"。但 Willkünr 则大不相同，它是三要素中的意志，它执行观念，古今同一，并无变化，因为它是人类百万年积淀下来的心理形式，不管人类任何时代、文化所作的伦理规范，都需要这个不变的意志力量才可能去履行，所以我认为它是三要素中的主要角色。如已再三说明，它不但不是自然本能生来就有，虽有时似乎是直觉行动，但也并非天赐的先验动力，恰好相反，它仍然是广义教育的成果，而且绝大多数是需要长期的艰苦锻炼才能获有。

此外，要补充一点的是，虽然刚才讲观念是变化的，但某些观念所造成的心理结构却又可以积淀下来。例如，"忠"这个观念和与之相连的情感，其具体对象可以变，由忠君变为忠于人民；"信"这个观念和与之相连的情感，由过去的"与朋友交，而不信乎"，变而为后代商务贸易往来中的诚信如"童叟不欺"的招牌，再变而为如今的遵守契约，作为内容的观念虽变了，这个情理结构的心理形式却仍然保存，它超越了特定时空。冯友兰所提出的"抽象继承法"就是想讲这个问题，但未能讲清楚，因为它并不抽象，而是有脑神经元和触突作为生理物质的基础的心理结构，经过历史—教育而保存、沉积下来。应注意的是，文化人类学的大量材料证明，不同地区、不同文化、不同宗教等等，各有其巨大的差异甚至冲突的道德观念，但同时又仍有许多的共同点，即维持作为人类所共同拥有的群体生存延续的同样要求。例如，Kant 伦理学那著名的"不说谎"，虽然并不具有无往不适的、绝对的普遍必然性，但一般说来，却又仍然为不同宗教、文化、民族的人类群体内部生存延续所必需。从普遍地教育儿童不说谎到许多宗教不打诳语的严格教义，都证明如此。诚恳、诚实、诚信，成了各不同文化、宗教、传统所公认的美德，而且经常加以神圣化。中国巫史传统认为，"诚者天之道也，诚之者人之道也"、"至诚如神"(《中庸》),"不诚则不能化万物"(《荀子》),以及老百姓相信"心诚则灵",充满神圣情感(参阅1999年拙作《说巫史传统》"'仁'与'诚'"节)的诚实无妄乃行动、语言、心灵"通天人"之路,"诚"几乎成了宇宙和人类生存延续的神秘。

至于Kant的"人是目的",我已多次讲过,这是具有理想性和现实意义的现代社会性道德,具有突出的时代内容,至今也远未全部实现。它成为人类继续为之奋斗的目标。这一条与可普遍立法和意志自律作为心理结构,并不相同,以前已说过了。

11. Kant从自由意志即人的自觉选择来谈道德的善恶,真所谓"有善有恶意之动",突出了"理主宰情"在道德结构中的特点。但也引发出Kant认为"根本恶"(Redical Evil)来自自由意志的问题。中国传统无此说,为什么?这又是一大问题,它又涉及了"情本体"。

我以为,所谓"根本恶"来自基督教和神学,正如Schelling认为上帝有邪恶的一面(见其《对人类自由本质的研究》)、Augustinus等神学家认为人有"原罪"一样,一些神学家认为亚当、夏娃不听上帝警告的自由意志,开启了恶的根源。而中国传统与之不同,"有情世界观"带来的是恰好与之相反的"人性善"的说法。在我的伦理学中,所谓"最高的善"或"至善"便不是上帝、理式、绝对精神、超验理性,而是人类总体的生存延续,每一个人生下来就开始参与这个生存延续,因之人不但没有"原罪",反而有"原善",这也就是"人性善",它是与"生为贵"(郭店竹简)紧密连在一起的。这正是对人(包括群体与个体)的物质性身体的存在和成长延续从而对社会生活的高度肯定。当然,与"天地之大德曰生"、"天行健"一样,所谓"人性善"也只是一种逻辑推理的设定,它不是某种先验实在如孟子的"善端",也不是动物本能如社会生物学,从而它就不会与强调"学"并站在"其善者伪(人为)也"(所谓"人为"当然包括压抑动物坏的本能和培育动物好的本能这两个方面)相矛盾,因为"人性善"在这两处有根本不同的内容、含义和层次。一个层次是讲动物本能问题，另一层次是某种形上设定问题。所以，中国讨论的性善性恶与基督教讲的原罪实际上是根本不同的问题，是完全不同的概念。"生下来就有罪"来自"两个世界"，人必须下罚人间经历劳苦而死亡。"人生下来性善性恶"，实际是指在"一个世界"中人有动物本能的两个不同方面，这是我所理解的"生之谓性"，若硬要把它们说成先验或超验，便等于认同有另一个世界而接近或类似基督教、伊斯兰或佛家的"彼岸"了。以人类生存延续为"至善"而推论出个体的"性善"，是一种情感的信仰设定，即我生下来是好事，在这不可知晓而足可敬畏的物自体苍茫宇宙中，我这偶然性的渺小生命应该是善良的。这一设定可以让人对此世生存和生活有一种非常积极的、乐观的情感，展示出中国传统无人格神却有以"天地国亲师（历史以及至圣先师）"为归依对象而具备深刻宗教性的信仰特色，这也就是情本体的"有情宇宙观"的意义所在。它可以与上帝－基督情感－信仰的设定并驾齐驱。可见，我既反对社会生物学（social biology），也反对社会建构论(the theory of social construction)，却又兼取其长。

与此紧相联系的问题，是 Kant 认为"应做"就一定"能做"，有 Wille 就有 Willkünr，但实际上在道德领域，人们经常知道"应该"去做却"不能"去做，自古至今，比比皆然，特别是在生死关头的自觉选择，"千古艰难惟一死，伤心岂独息夫人"。Augustinus 早就指出了这一点，认为只有请求上帝来帮助自己，才能够去做。但中国传统没有上帝。我以为，正是这个"有情世界观"将好恶感情与是非认知（亦即理性）紧密联系交融，以强烈好恶爱憎之心来帮助"应做"变为"能做"。这当然与请上帝帮助一样，未必能普遍实现，意志仍然是道德的动力，但情感爱憎在此具有重要的作用和特别的意义。"杀身成仁，舍生取义；惟其义尽，所以仁至"，并以此与天地生生的有情之"德"相通，成为辅助"理主宰情"并推动此情进入天地境界的巨大力量。

12. 于是这里就必须讲到道德情感了。

这又是一个麻烦和复杂的问题。

首先,什么是道德情感?是道德行为前发生的情感,还是道德行为中的情感,还是道德行为后的情感?这三者并不相同。

道德行为前的情感,一般认为就是同情(sympathy)或移情(empathize)。Hume认为它是道德行为的动力,Schopenhauer认为是基础。当今的道德情感主义更是如此,并成为反Kant的理性义务论的主流。对此,我已多次明确表示反对,并举过前述"9·11"事件双方的例证,还说明正如双方士兵即使憎恶战争,但作为士兵却必须奉命向前,以履行作为士兵的道德义务一样,执行命令与个人情感可以无关。

至于道德行为中的和道德行为后的情感,我仍然认为Kant讲得比较准确:敬重。在Kant所描述的敬重情感中,有一种不快的因素,为什么?因为这种情感在开始时总有不能舍弃自己的利益和恋生之情,所以不快,但随后又以能够自我克服这种卑怯,从而产生愉快。所以Kant说,这是一种"知性的愉快"。人们忍受、克服酷刑苦役来坚持自己的观念,所感到的就是这种精神上的"知性的愉快"即自豪。人们或后人对这种道德行为的情感更是如此。首先是自惭形秽(即自己未必能做到的渺小、卑怯),随后认识到自己能战胜这种卑怯,展示出自己心灵的理知力量而愉快。这与审美的崇高感相当类似。审美是对大自然,道德是对人,前者是崇高感,后者是敬重。

我曾译Kant那著名的"墓志铭","恒兹二者,畏敬日增:位我上者,灿烂星空;道德律令,在我心中"。我与Kant不同的是,在Kant那里,灿烂星空与道德律令都属于不可知的物自体即本体世界,也就是一个超人类的理世界。我以为这仍然是"两个世界"的文化心理结构。巫史传统的一个世界去追求超验,是失败过的(见《论实用理性与乐感文化》文中"宋明理学追求超验的失败"节)。我以为,灿烂星空的宇宙为何存在确不可知,但道德律令服务于人类总体的生存延续却是可知的。我更赞同 Einstein 的话："我不相信个体的不朽，我认为伦理学只是对人类的关怀，并无超人类的权威站在其后。"总体宇宙，人所难知，道德领域，人人参与。"舜何人也，予何人也，有为者亦若是。"所以在自由意志中，得归结于孟子了。

再引一段旧作（略有一句增添）吧：

问：与你似乎相反，许多中外学者都高谈孟子的"恻隐之心"，亦即同情，以之为伦理道德的出发点。从宋明理学到牟宗三，更是把它抬到超验的本体高度，构成了从内到外的道德形而上学。

答：很抱歉，我在根本上便不赞成孟子的"四端"说。"恻隐之心"不是什么超验或先验的"本体"、"天命"，它倒的确可以是动物也有的某种本能，但"是非"、"辞让"、"羞恶"也说成是动物本能或自然天性，恐怕很难说通了。总之，我反对孟子的"不虑而知"、"不学而能"的先验论，认为它已背离孔子，我对孟子的看法不同，我认为孟子对伦理学的伟大贡献不在这里。

问：那在哪里呢？

答：孟子的伟大贡献，我以为是极大地突出了士大夫知识人的独立自主的个体人格，亦即伦理道德中的自由意志。他继承和极大地发扬了孔子的"三军可夺帅也，匹夫不可夺志"、"岁寒，然后知松柏之后凋也"（《论语·子罕》），提出"至大至刚"（《公孙丑上》）、"上下与天地同流"（《尽心上》）可与宇宙"浩然之气"相通的大丈夫伟大品德，"富贵不能淫，贫贱不能移，威武不能屈"（《滕文公下》）。它本源出于远古巫师所夸扬的内在心灵能上天通神的巨大神秘力量，孟子把它理性化了，对中国后世影响极大，成了中国历代士大夫知识人的伟大传统和心魂骄傲，至今仍有巨大影响和现实意义。而这恰好是伦理学的要害所在。

……尽管鲁迅骂孔子、批国粹，是反传统的急先锋，但鲁迅死后，灵柩上盖着的仍然是"民族魂"的旗帜。可见，这"民族魂"正是关怀国事民瘼、坚韧奋斗、决不屈从的知识人独立的伟大个体人格和自由意志。

问：这才是中国传统强调"人之所以为人"的哲学伦理学。

答：正是。难道这些是由"恻隐之心"所自动生发出来的吗？当然不是。所以孟子才大讲"苦其心志，劳其筋骨，饿其体肤，空乏其身，行拂乱其所为，所以动心忍性，曾益其所不能"等等，说的正是这种人格塑造、这种意志力量是由理性主宰不断锻炼的结果。这就是我讲的理性凝聚。[1]

孟子突出的是《孔子再评价》文中的"仁的结构"第四因素，即个体的独立人格，亦即自由意志。阳明学"即知即行"（亦即认识"应做"就"能做"，即强调意志力量）的价值也在这里。中国传统不作身心两分，它不脱离感性去空谈心性和先验。上述的"劳其心志"与"饿其体肤"便是紧接在一起的。因此，所谓工夫就在伦常日用之中，而不是在"半日静坐"中去求做圣人。其实《孔子再评价》便说过：

> 作为伦理实践必要条件的意志力量之所以不同于一般的感性，便正由于其中已凝聚有理性，这就是所谓"集义"。它是自己有意有目的地培育发扬出来的。这就是"养气"。……孟子强调的正是凝聚了理性的感性力量。[2]

孟子所谓"先验"的"四端"并没有离开人的感性心理。

---

[1]《人类学历史本体论》，青岛出版社，2016 年，第 176—177 页。
[2]《中国古代思想史论》，三联版，2008 年，第 48 页。

后儒以脱离人的感性心理讲"四端"并以之为道德源头,却忽视或掩盖了孟子强调具有巨大感性力量的自由意志乃其主要贡献,是伦理学核心。正因为个体道德以此具有感性力量的自由意志为轴心,便使"仁"的四因素能运作展开,从而构成中国传统伦理道德具有"人情"特色,而不同于 Kant 纯理性的"绝对律令"(categorical imperative)。[1]

所以中国传统的自由意志充满情感和内容,而不同于为 Hegel 所批评的康德那虽普遍立法却无内容的自由意志。

总之,伦理学总览表仍然只是描述整个伦理道德的形式结构,仍然只是哲学伦理学,而非某种具体的规范伦理学。从人类学历史本体论看来,各种规范伦理学和政治哲学由于时空条件的不同,便会有各种对社会伦理准则和个体道德义务的不同规范,这也就是说,它们都属于我所说的道德三要素中的"观念"范围之内,"情感"也因之可变易,唯有自由意志即坚持的自觉选择而行动这个心理定势可以不变,但自由意志总必须有观念内容,如两德论等等,所以伦理学总览表是 Kant+Hegel,而非纯形式主义。

尾声

13. 以上就是对"伦理学总览表"的通俗解说。"美学是第一哲学"开始于制造—使用工具的实践活动的"以美启真",而终结于"以美储善"的审美形而上学。这形而上学不是神秘经验,而是面对伟大宇宙所产生的生命感受、生存体验、生活态度和人生境界。我认为这才是今日所谓"孔颜乐处"之所在。《论语今读·16.5 注》中曾引孙奇逢的话"礼乐全

---

[1] 《伦理学纲要续篇》,三联版,2017 年,第 399 页。

在日用间应事接物上讨求个心安理顺,此便是孔颜乐处",不是空洞深渊的 Dasein,而是如何具体地对待 Dasein,不是盲目地向前冲行,而是"道在伦常日用中",在"非本真"中寻到"本真",陈献章静坐默会通体光明可以是孔颜乐处,文天祥宁死无屈杀身成仁便更是孔颜乐处、天地境界。孔学的"情本体"-"仁的结构"(见《孔子再评价》)并不离开日常生活的"情境",也只有这样,才能极大地反馈于"情境"。这才不同于释、道种种。也许,我将重提中国古人所说的:佛治心("心空万物"、"深知万相皆非相"),道养身("保身全生"、"道是无情却有情"),儒处世"知其不可而为之"、"吾非斯人之徒与而谁与"。

人是动物,但是具有情理结构的动物。既然一开头便强调以理入情,才能使动物性情绪变为人的情感,那么,何谓理、何谓理性?

如我在认识论中所认为,"理"由"实践中的理性"到"实践理性",都是人类制造—使用工具的群体活动中有效的可重复次序如先后(时)左右(空)等所产生和构成的规范性(伦理)和"规律性"(认识),其中的核心是人群协作以捕获食物和分配食物的"规范"(荀子所谓"礼之所起")和"规律",亦即伦理命令和操作技能。人的情绪和理性在这百万年以上的规范和规律中的不断磨合、冲突、调整、协和、变化、巩固,使人逐渐脱离动物界,不再是纯欲望的生理生存,也不是纯逻辑的操作机器,而成为具有仍在不断磨合变化中的情理结构的人类和个体,从而人类也就将时间的历史带入这个不可理解的宇宙物质性的物自体的伟大存在中,也只有这样,才能使这情理结构成为心理本体,才使这心理本体成为异常丰富、复杂、深刻的而能不断生成、成长的人性结构。一向被视为"形下"的历史居然闯进形上,这可能是破天荒不值一谈的谬论和不可容忍的异端,因为学人们的形上论说总是在寻求那个超时间超历史的永恒存在——Being;而"历史进入形上"与此恰好不同,与强调历史的暂时性、相对性而抹杀历史的积累性、绝对性,从而认为历史主义将导致相对主义、虚无主义的论说的确完全相反。这里不便展开漫长辩论,我以为,其真正关键仍在一个世界还是两个世界的区别[1],后者当然以归依于神即另个世界才能得到真理、道路和生命,才能有真实的生存和安息。中国传统命题与之不同。中国的人道即天道的一个世界观恰好使历史能成为宇宙(天、becoming),"天行"的主要课目,并使这课目得到不断的活泼生动、丰富多彩的开展。我这里又引一段以前的话:

> 有如基督徒之于上帝,Heidegger 之于 Being,对中国人来说,"崇拜成为一种专属一己个人的真诚的审美经验(Aesthetic experience)。事实上,它非常相似于面对太阳从远山树林中落下去的那种经验。对人来说,宗教乃意识的最终实在,有类于诗"(林语堂:《生活的艺术》)。这也就是历史本体论所讲的"人自然化"的最高境地:既执着人间,又回归天地。由"以美启真"、"以美储善"到"以美立命"。
>
> 人觉醒,接受自己偶然有限性的生存("坤以俟命"),并由此奋力生存,不怨天,不尤人,下学而上达("乾以立命")。人意易疲,诸宗教主以信仰人格神立教,让众生归依皈从。但在后现代之今日,神鞭打的宗教魔方已难奏效,"人是什么"和"人是目的"终将落实在美感双螺旋充分开展的人性创造中,落实在时间性的情本体中,落实在此审美形而上学的探索追求中。[2]

我曾提出"感性的神秘"与"理性的神秘"的区分。前者是各种鬼神现象、心灵异象,特别是不可言说的某种神秘体验。后者是指宇宙自

---

[1] "一个世界 两个世界"亦见安乐哲(Roger T.Ames)教授译著 *Sun-Tze The Art of Warfare*(《孙子兵法》)(Ballantine Books, Randon House 1993)"导论"。我于1995年正式提出此说,1996年作了论述,当时并不知安书。我逐渐展开了这命题,并认为它与巫史传统相关,非常重要。因多年未见安教授继续申论,我曾于2014年特地面问安是否放弃了此说,他说没有。

[2]《华夏美学·美学四讲》,三联版,2008年,第428页。

然作为无比巨大的总体,超出了因果这种在感性经验世界中通由实践所产生形成的概念和范畴,所以是不可用理知(概念、判断、推理)去认识的,只能推论、设想和思考其存在。Wittgenstein 说"神秘的是世界就如此存在着"。这就是"理性的神秘",对这种理性神秘的感受如我举过的面对星空也是一种感性经验,但它不是那种"感性的神秘",而是对宇宙为何存在不可知晓所产生的敬畏,引发出对渺小自身的生存感受、生活态度、生命意义和人生境界的深刻领会和了悟。有人认为我的"人和宇宙的物质性协同共在"只是"物理学的设定"而不是所谓"第一义"的"形而上学的设定"。可惜的是,各种各样无论是以"仁"还是以"天"为本体的所谓"第一义"的"形而上学的设定",都最终只能以某种宗教或准宗教的神秘主义为指向和归宿。牟宗三就明确说过反对 Kant 的反神秘主义,说"我们讲 Kant 是使他上升"到神秘主义(见牟著《中国哲学十九讲》结尾)。这神秘主义常常是以某种"感性的神秘"即以神秘经验为基础或指归,如 W.James《宗教经验种种》所描述的那些。但由"工具本体"发展而来的未来脑神经科学,将逐渐揭开这种种"感性的神秘",作出实证的、经验的阐明甚至复制,其"神秘"、"神明"、"神圣"便难再有。所以,惟有"世界如此存在"由于超出因果等逻辑范畴从而理性无由处理和解答,才可能成为永不可知的最大神秘,其无由解释、不很确定但又规律性的运行才是"神明"。"理性的神秘",使"情本体"以"无情辩证法"("天地不仁,以万物为刍狗")为背景(参见《哲学探寻录》),挺立和彰显出"有情宇宙观":以美立命,使"无"成"有",以深层的情感信仰去肯定、热爱、把握、创造人生。

我在《关于"美育代宗教"答问》文中说:

> 尽管《圣经》讲肉体复活,一般却较难相信常人肉体的永生、复活、不朽,从而灵肉分离、灵魂不朽,成为所期望的情感-信仰寄托之所在。但没有了肉体,也就没有食色欲望和由此产生的种种

矛盾、冲突、爱恨情感和理解。一切十全十美，圆善完满，实际上恰恰是同质、单调、极其贫乏无聊的。脱此苦海，舍此肉身，在满堂丝竹尽日笙歌的西方净土变式的佛家乐土或上帝天国中纯灵相聚，无爱无恨，无喜无嗔，即使天长地久，又有何意味？没有肉体生存，所谓"精神生命"才真正是苍白的空无。真乃"我欲乘风归去，又恐琼楼玉宇，高处不胜寒。起舞弄清影，何似在人间"，即使"人有悲欢离合，月有阴晴圆缺"，甚至充满苦难悲伤，也比那单调、同质的天堂要快乐。一切幸福和不幸，其意义和价值都在发现人的历史生命，都在实现、丰富和发展现实的人性能力和人情感情。[1]

我说过历史有三性：具体性[2]、积累性[3]、偶然性。偶然性极为重要，它含有主动和选择，不仅与立命有关，而且造成了历史。我也一再说过"历史进入形上"，没人注意，但我以为十分重要。尽管这命题似乎荒谬，但与我反对超验却主张超越密切相关：超越一己的有限——一己的生存、生命、生活、苦乐、悲欢、功业、名利、关系……面对青山绿水，进入审美代宗教，所以我说过"中国的山水画有如西方的十字架，几乎无处不在"这句很要害的话。正是历史进入形上，才能以丰足富饶、人所独有的情理结构，使人与宇宙物质性的协同共在具有多样而深沉的心灵内容而成为本体。也就是说，历史决不只是一堆僵化的文本纪录，不只是所谓事迹、人物、数字、账号，它实际容载着的是无数世代人们生存生活的悲欢离合、偶在实然。中国诗文中那么多的咏史感时、伤春悲秋、吟山叹水……便是以历

---

[1] 《人类学历史本体论》，青岛出版社，2016年，第573页。
[2] 具体性指一定的时间、地点、条件等等，其中也就包括人们的社会性、时代性、阶级性、相对性等等。
[3] 积累性包括外积累和内积累。外积累主要指人们社会生活的文明、文化亦即"人文"的变化发展，尽管历史有倒退时期，但因为人要吃饭，即要求衣食住行性健寿娱的存在和改善，这唯一强劲的必然性，使历史从总体说仍在或极缓慢或极迅速地向前行进，其硬核仍在制造使用工具的改进、更新、变化和发展。内积累主要即积淀，指人类心理即"人性"的出现、形成、演变和发展。积累性肯定人文和人性外内两方面曲折复杂的前行和进步。

史时间所产生的时间性的心灵审美进入超越的天地境界,它不是心、性道德的固定管束,而是并无实体却与宇宙节律(春秋代序、山川风物等等等等)协同共在的超道德的情本体。此之谓美学是第一哲学。

今天,电脑、手机、互联网等工具本体正在极其迅速地、大规模地影响和改变人们的生产－工作和生活方式。我曾开玩笑地说,一个手机就可以让你在虚幻世界与天地万物合为一体,你又何必去"半日静坐"苦求那将来可由科学复制出来的万物一体的神秘经验呢?你又何必在舒适书斋里去拼命论证和寻觅那并无切身体验的"通体是仁心德慧"、"清澈精诚恻怛之圆而神之境"的"圣人"呢?还是去好好珍惜、眷恋、感伤、了悟"当时只道是寻常"的生活吧。真乃日日是好日,担水砍柴,莫非妙道,"世俗可神圣,亲爱在人间"。

(原载《中国文化》2018年春季号,有增补)

回应桑德尔及其他（2014）*

A Response to Michael Sandel and Other Matters

---

* 本篇2014年由生活·读书·新知三联书店出版，收入本书时，删除了"附录"（《说儒法互用》）。——编者

一　理性与情理

从头讲起

问：你知道 Michael Sandel 吧？

答：知道。90 年代我读过一批社群主义（Communita-rianism）的书，也包括他的《民主的不满》等。

问：对社群主义你如何看？

答：《己卯五说》（1999）特别是《历史本体论》（2002）中有所评论，已十多年了。迄今看法没有改变。简而言之，认为社群主义是具有长久自由主义传统的发达国家的产物，有参考借鉴价值，但直接搬用，危险甚大。

问：Sandel 近来很红，在欧洲、日本、中国到处演讲，受到热烈欢迎，被誉为学术世界的超级明星。你愿意以你的伦理学如"两德论"回应一下他的观点和问题否？

答：可以。我不久前读了他的 *Justice：What's the Right Thing to Do？*（2010 平装本）和 *What Money Can't Buy：The Moral Limits of Markets*（2013 平装本）。他在这两书中，突出美国等（也包括中国）由市场经济（他赞成）走向"市场社会"（他反对），即一切均可买卖，已无道德可言，对此深表忧虑。他举了很多事例。中国还没到这一步，但已开始了，所以值得注意。当然，中国问题更复杂，市场还不够发达，正因为此，可以未雨绸缪，这也就是我要提出"两德论"(《哲学探寻录》1994；《历史本体论》2002）的原因。

问：*Justice* 是世界畅销书。你印象如何？

答：我欣赏它彻底避开了学院语言，深入浅出地触及要害，虽然在理论上并无原创。这里要着重说明的是，Sandel 是根据两百多年美国历史和现状，举例论证他的观点，中美在这两方面差异都很大，我没有可能也没有必要逐一讨论他那许多例证和问题，而只就他的基本观点从中国历史和现状作些回应。同时要说明，这不是学术论著，只是一个挂一漏万的粗略对谈。

问：你刚才提到"两德论"，你还提出"历史与伦理的二律背反""历史在悲剧中前行""和谐高于公正"等等，与他的问题相关吗？

答：相关。这些基本观点可以回应他所尖锐提出的"市场与道德"问题。但还得以我为主，从头即从中国传统的"情本体"等命题讲起。"公正"主要是"理"，而"和谐"是"情理"。拙著《论语今读》前言中说，"文化心理结构的核心"是"情理结构"。拙著《中国哲学如何登场？》一书又强调以"行动（'天行健'）—生命—情理—一个世界"与"逻辑（logos）—语言—理性—两个世界"来作为中西哲学、思想的根本性差异，认为"情理"而非"理性"是中国伦理学与包括 Sandel 在内西方伦理学的重要区分的哲学基础，也是今天谈论"市场与道德"问题的一个要害。

问：你不是一直强调"理性"吗？并多次提过 Aristotle "人是理性的动物"的"定义"，但又强调"理性"不同于"情理"。

答："情"与"欲"相联，"欲"属于动物本能，Aristotle 突出了人区别于动物本能的理性。但人又仍然是动物，不是神灵，不能摆脱欲望，所以就有这个"情理结构"（emotional-rational structure）的问题。Aristotle 和许多西方哲学家如 Hume 也对人的欲望和情感作过各种细致区分和大量的经验描述，但未在根本上进行讨论。与此不同，中国原典儒学一开头便重视这个问题，并以之为出发点。

问：但你也说过，汉代便讲"性善情恶"，宋明理学更是"存天理，灭人欲"，贬低情感的地位。

答：所以我说要回归原典儒学，承继"道始于情""礼生于情"而提出"儒学四期"和"情本体"。

问：看来，在讨论 Sandel 之前，先得谈谈"理性""情理"这些问题。例如，什么是"理性"？它从何而来？

答：这样一来便要扯得很远，的确是从头说起，而且又得老重复自己了。以前我便多次说过，"理性"一词解说纷纭。我基本界定它是人类群体将其活动自身及其对对象的把握加以可重复的秩序化、规范化、形式化，以语言记录保存在群体成员的自觉意识中，并传递给下代，形成了区别于其他动物族类的心理构建。而这个"人类群体"的基本活动就是制造—使用工具以获得生存的物质实践，我称之为工具本体。

问：但你同时又提出和强调人类独有的心理构建，即你所谓的"双本体"论。

答：后者也是一个非常庞大而复杂的系统。如以前所说，其中包括三方面：A. 由语言训令所呈现的群体规范对个体行为以及本能欲求的控制和主宰的理性凝聚，即意志；B. 由动作到操作—技艺所完成并发展为逻辑和数学的理性内构，即认识；C. 秩序、规则、形式对个体感知的渗透交织的理性融化，即审美。这已讲了几十年了。在这三者中，理性与情感的结构关系便很不相同。

问：你一直把"理性"追根溯源归结为使用—制造工具的活动。但一些动物不也有此活动吗？

答：这问题已回答了很多次。使用—制造工具活动的普遍性（无之必不然，即人类不能生活）成为人类生存的必要条件，使用—制造工具的多样性成为人类生存的充分条件（有之必然，使人类生活不断发展），这就是区别于黑猩猩等动物使用—制造工具不同的地方。有此普遍性和多样性，上述"理性"才能产生或出现。

问：所以你强调"学而第一"，使用—制造工具并非天生能耐，是需要经过"学"才能获有和传递。

答：《论语》一书，强调的便是"学"。《论语》当然不是强调学制造工具,而是强调"学做人"。这恰恰就是伦理学。伦理学的对象是人的行为,即使在原始状态，规范人的行为也先于规范人的认识，这一点我在80年代已讲过。"礼"就是行为规范。孔子一生讲"礼"，"学"什么？学"礼"。人要"立于礼"，就必须"学"，"我非生而知之者，好古，敏以求之者也"，"十室之邑，必有忠信如丘者焉，不如丘之好学也"。这个"学"就不只是"学"获得"理性"，而是"学"如何构建塑造人区别于物的"情理结构"。为什么原典儒学重礼乐并行，即以此故。所以我说不是神秘的"天"，也非先验之"善"，而是脚踏实地的"学"，才塑建出人的"情理结构"，构成了人类本体。

问：你一贯强调"理性"不能替代"情—理"，逻辑、语法不能等同于心理。大脑大于意识，意识大于理性。

答：这也是中国哲学传统，既重视人的理性，同时重视人是具有本能欲求和自然需要的生物体，不能用某种道德的理性理念将它们抹杀。今天的市场经济打开了这个本能欲望的魔盒，有效地、充分地满足并制造出人的各种欲望，以至"物欲横流"。光用理性原则和道德律令，不讲情理结构，不能解决问题。Freud发现了超我对本我的压制。各种宗教教义和各种主义教条以理性律令来压制情欲。八个样板戏里无爱情，但今天重来，恐怕行不通了。

什么是哲学

问：你所欣赏的当代英美心灵哲学（Philosophy of Mind）不也正在研究情理关系等问题吗？

答：心灵哲学也有不同派别，我重视的是以语言分析为途径和依靠,结合脑科学成果，其中有指向"情理结构"的研究。它在哲学专业领域内也大有取代分析哲学的趋向，与我提出"走出语言"的想法合拍，我非常赞赏。我以为正如当年语言哲学对我们了解语言的"意义"、用法、谬误从而厘清思想混乱大有助益一样，心灵哲学对我们了解"心灵"，厘清情感、欲望与思维、理性的关系也会大有助益。但是，也有如语言哲学一样，它已逐渐成为某种非常专业、技术性很强、细密谨严的准科学，只有极少数人能了解和懂得。它不再提出宏观性的哲学命题。包括像 Sandel 提出"市场与道德"这种宏观性问题，心灵哲学大概不会提了。而我以为提出宏观命题才是哲学的任务。

问：好，干脆扯远一点，什么是哲学或哲学是什么？

答：Hegel 当年曾嘲笑英国人把许多东西都叫哲学，在 Hegel 看来，只有对真理的抽象思辨，实际也就是指自希腊以来经过严格逻辑思辨的概念推演才叫哲学。所以 Hegel 根本瞧不上孔老夫子的"处世格言"，认为那不是哲学。但并不是所有人都同意 Hegel 的看法，所以这问题并未解决。"什么是哲学"或"哲学是什么"的书籍也在不断出版。各念各的经，各唱各的调。

问：你如何看？

答：有如 Hegel 所言，哲学在某种意义上也可以说是哲学史的哲学，即哲学常常是在前辈哲人基础上再次提出新的宏观视角和概念。就西方说，哲学有其"理性"的遗传基因，即希腊哲学特别是 Plato、Aristotle 所定下的格局。如对 Being 的寻求、Truth 的探寻等等。它在中世纪变为神学的仆从，即理性地、逻辑地论证上帝的存在。自文艺复兴摆脱神学之后，创造了近代西方哲学高峰。另方面它又不断地分化成为逻辑学、伦理学、政治哲学、法哲学、美学以及今天的语言哲学、心灵哲学等等，日渐走向科学化或专业化，变成了好些专业领域，于是"哲学终结"。Heidegger、Wittgenstein 之后好像没有"哲学"了。

问：真没有哲学了吗？

答：实际上依然存在。

问：为什么？

答：如同艺术一样，各种哲学虽然产生在特定时空环境内，却常常超越它们而获有长久价值，使得人们频频回顾。这是因为人生、命运、宇宙、人活着、为什么活、活得怎样（活在哪种境界里）这些大问题总不断地甚至永远地困惑着、干扰着人们，总让人们去寻求了解、寻求回答而思考。随着时代和生活的变迁，人们也不断提出各种不同的宏观视角和概念。例如人为何要道德？道德又是什么？人们就在不断地寻求解答。所以我说形而上学每次都埋葬它的埋葬者。著名科学作品可以过时而被搁置，但今天人们还在读《老子》和 Plato。读艺术是获得感受形式，读哲学是体认情理结构。

中国哲学

问：如果这样说，中国传统思想里当然也有哲学，哲学并不止西方哲学史着重理性推演的形态。

答：B.Russell 很聪明，不同于以前的书名，他明确他所写的只是《西方哲学史》。可是，近百年来中国学人写的《中国哲学史》却总是以西方那套模式来解说中国，丢失了中国哲学中的许多核心遗产，例如"情理结构"。我以亲身事例说过，许多年前我谈"情本体"时，一位研究西方哲学、学养甚优的老同事便问我：那还算"哲学"吗？

问：因此你想以"情本体""情理结构"来建立中国哲学在世界哲学中的独特地位？

答：它其实更是对当代西方流行、中国学界也效颦不已的后现代反启蒙反理性哲学思潮而发。大家知道，我一向反对反启蒙反理性，非常肯定理性与启蒙，但同时又强调不能止于理性与启蒙，80 年代我提过"提倡启蒙，超越启蒙"，我认为理性如何与情绪、欲望发生关系、产生人性，才是更重要的课题。后现代反理性是破坏性的，我讲"情本体""情理结构"，再度提出人性问题，是建设性的。并认为它来自中国传统，却有世界普遍性，希望它与在现实实践中的中国之路能相交会配合，从八十年代以来我一直主张如此。

问：你的"情本体"或"情理结构"作为哲学性概念是否同一？

答：不同一，着重有所不同。"情本体"是就它对人是有根本价值、地位而言，所谓"本体"不是 noumenon，而是 root、substance。"结构"是就它与"理性"具体交织而言，突出的是"情理"关系的各种不同比例、比重和变动不居，这也就是复杂的人性。

问：今天心灵哲学已经把"心灵"研究弄得细致了，你提出这种模糊笼统的"情本体""情理结构"又不去细化，有何意义？

答：我是从"人类如何可能"探究"人性是什么"才提出"情理结构""情本体"等宏观概念和问题，与心灵哲学可以沟通但并不相同，上面似乎已经讲过了。宏观视角不解决问题，但试图给人启发。我只提出"情本体""情理结构"这些概念，没有也不可能去作具体研究，那属于科学范围。

情、欲、钱

问：因此，你也是说，不同于 Sandel，你是在中国传统基础上提出"情理结构"来谈"市场与道德"等问题？

答：可以这么说。总命题是"人性"。亦即是"何以为人"？这恰恰也是伦理学的命题。我已反复说过了，我不赞同上帝造人，也不赞同自然演化(biological evolution)。我不承认有天赐的"良知良能"，不管这"天"是自然、是上帝，还是"纯粹理性"，人的伦理道德也是如此。人包括其伦理道德都是自我建立和生成，这个"自我"也绝非"原子个人"，而是群体社会，是历史和教育即社会性的成果。我比较喜欢 Heidegger 的前期和 Wittgenstein 的后期，因为他们都抓住了"人生在世"的"去在"（Dasein，我拟译为"去在"）和"生活形式""生活之流"（语言之本）。我想由之进而探求这个"人生在世"和"生活之流"，其中便包括伦理—道德的来龙去脉，而"动""度""情本体"便成了重要环节。与好些研究中国哲学大讲传统的学者不同，我不采取对西方哲学隔绝、疏离、不闻不问的态度，而是主张尽量吸收其中养分来发展自己的传统，并以此突破希腊—欧洲哲学的话语主流统治世界的局面。Sandel 举了大量金钱所不能或不应买的事例，但他恰恰没突出"情"是钱所不能够买的。例如，他大讲代孕问题，却不谈与情感的密切联系、严重纠葛和损伤。

问：Sandel 突出和反对市场对道德的无孔不入的侵害。他并不反对市场经济，却未提出反对这个"侵入"的底线，即市场和道德的分界线在哪里，或到底什么是金钱不能买或不能买到的？

答：如上所说，底线或金钱能不能买的就是情感（emotion / feeling）。市场原则是理性的"平等交换""自由贸易"，这也就是为什么我回应 Sandel 要一开头从"理性"和"情理"、中西哲学差异讲起的缘由。

问："情"与"欲"相联结。欲望经常是金钱可以买卖、市场可以侵入的。

答："情""欲"相联，"情"却不等同于"欲"。"欲"可购买，"情"未必然。欲望可以在理性原则基础上等价或不等价地交换、买卖，"情"却难以或不能等价或不等价进行理性交换了。但"情"与"欲"总经常纠缠在一起，很难划分得十分清楚，下面也连在一起讲。大体说来，"欲"与个体生理苦乐和需求直接联结，也有 emotion / feeling，但更是 desire、need。"情"则有超越生理和个体的方面。有如梁漱溟所说，"人在情感中，恒只见对方而忘了自己。反之，人在欲望中，却只知为我而顾不到对方"（《中国文化要义》，下同）。情欲二者渗透交错，非常复杂，这些得由心灵哲学、分析哲学等等仔细研究，这里只能笼统说说。总之，"情""欲""钱"究竟应该是何种关系，便值得去探究。这是当今伦理学所应该重视的问题。

问：但有如一些评论所认为，你的哲学如"情本体""情理结构"似乎更重视人的内在心灵方面，而较少谈及外在社会方面，你的伦理学也如此？

答：Yes and no。我的确重视"内在方面"，因为我强调提出了人性问题。但又恰恰强调这"内"（个体心灵）是由"外"（群体社会）所塑建成的。由外而内，由"礼"而"仁"。如《伦理学答问补》所说，"礼"本于"情"而成为"理"，但又是此"理"而非"情"主宰了个体的道德行为。就群体说，"礼"（伦理）来自"情"（情境、情感），就个体说，"理"主宰"情"。现在可以谈到 Sandel 了。

二　个体主义与关系主义

公正何来

问：可以从 *Justice*（《公正》）一书谈起。

答：*Justice*（前译"正义"，为妥帖准确，似译"公正"为宜。）为何？"公正"何来？即"公正"是什么，又为了什么？它从哪里来？无论是 Sandel 讨论的功利主义（utilitarianism，或译效益主义，似更贴切，但约定俗成，不必改了），左（平等自由主义，egalitarian liberals）右（自由至上主义，libertarianism）自由主义或 Kant、Rawls，都是以各种相当抽象的理性原则（"最大多数的最大幸福"，"个体自由选择和决定"，"绝对律令"，"公平的公正"）来界定什么是"公正"。但为什么人类的群体生活需要"公正"的理性原则呢？似乎没说多少。当然，也说过来自个人安全、个人利益而约定等等，但如何可能约定呢？并无历史依据，也就没法多说，只能是一种虚拟的理性设定了。

问：你的看法又是什么？

答：我是历史主义者。我以为包括"公正"在内的所有的伦理道德都是为了人类（即各群体社会）的生存延续，"公正"不是来自个体之间的理性约定，而是来自群体生存的历史具体情境。我以原典儒学的"礼生于情""道始于情""礼因人之情而为之""始者近情，终者近义"（均《郭店竹简》）来解释"公正"原则的来由或形成。

问：如何讲？

答：这个"情"就是人（包括个体与群体，下同）的生存情况状态，它是"情境"（situation、context），也是"情感、情欲"。情感、情欲离不开生存情境，生存情境也离不开当时人的情感、欲望（首先是生存欲望），它们都是非常历史具体的。情境与情感、情欲的各种具体联系需要专门研究。但《郭店竹简》和荀子已作了很好的哲学提示。拙文《孔子再评价》（1980）曾引刘师培的话"礼源于俗"，这个"俗"也就是在特定现实生活的情境、情欲中生发出来的风习（风俗习惯）、规定、准则、制度、秩序，即"礼"。"礼""法"是连在一起的，"礼"也就是未成文法。它的抽象思辨或语言概括便是"理"（理性）。这说明"理"或"理性"来自人类生存而不是先验原则。

问：也就是说"理"或"理性"由人类生存的"情境"（其中包括情感—欲望）而生出，从而在本源上，"情"高于"理"？

答："高"是什么意思，需要分析，不可笼统这么说，下面还要一再回到这个问题。什么是"公正"呢？我记得60年代读过一本Karl Marx女婿法国人Paul Lafargue《思想的起源》中译本，其中讲"善"在原始部落时是指勇敢，"恶"指怯懦，"公正"则来自血族复仇和公平分配，都是一些非常具体即历史性的行为规范或标准。大量文化人类学研究和许多原始文化材料也如此说。后世才逐渐把它们作为伦理学范畴抽象化和扩展化，最后才成为某种要求"放之四海而皆准"的观念、理念、原则、价值，甚至成为只可直观不可定义的"品质"。

问：你以前也说过，在日常生活中"善""好"有许多不同层次、不同意思的语义，包括有益、有用、有利以及所谓moral good（善）与good（好）等等之分。

答：一些哲学家把它们分为"固有善""目的善""手段善"等等，却仍难说清楚。特别是离开各种具体的"情"（情况、情境、情感）来讨论，便会产生许多空洞而繁复的问题，反而纠缠不清。例如Sandel提出因风灾、水灾，物价应否上涨，是应遵守市场规律呢，还是应遵循道德原则？我以为这就是脱开"情"（当时当地的各种情况和人们当时具体感受和情感）对"公正"所作的抽象"理性"讨论：以理性的抽象论议代替了具体的情境分析。因为水灾风灾各有许多不同的具体情况，即便同一灾难、同一地区也有各种程度不同的灾情，应否涨价、何种物品应涨或不应涨、涨多少（度）或应无偿供应，都需要依据各种具体情况来决定，作这些决定不仅有理性原则，还有道义情感，怎么能用一个抽象的普泛的理性原则（市场或道德）来进行判断呢？ Sandel 描述许多事例非常具体，但所归结的问题讨论却非常抽象，特别是他讲演问完全不清楚具体情况的学生：涨价是好还是不好？遵循道德原则还是遵守市场规律？等等。这不与为 Hegel 所嘲笑的"天下雨是好还是坏"一样吗？ Sandel 最后把它归结为这样"一个政治哲学的大问题：一个公正社会要不要寻求提升公民德性，还是法律应中立对待德性概念的竞争，从而公民可以自由选择对他们来说的最佳生活方式？" Sandel 认为这就是古典（Aristotle）与现代（Kant、Rawls）的分途。虽然我并不赞同 Hegel "现实的就是合理的"伦理相对主义，但在这个问题上我明确赞成 Hegel、Marx 历史主义的方法论，即任何善恶、公正、政治、教育都必须放置在特定的历史条件下去具体地分析判断。Sandel 所提出的"奴隶制任何时候都是错的"，在美国历史上也许可以这么说，但在人类史上却不然。因为比起原始社会的大量杀俘，古代以奴役代替戮杀，这是历史的一大进步，从而是公正的。Sandel 也谈到 Aristotle 为奴隶制辩护。Aristotle 肯定奴隶制，认为人各有其本性（nature by born）。孟子也讲过"劳心者治人，劳力者治于人"的社会分工。显然，不能以今日奴隶制、农奴制的非公正作为一种抽象公正观点来评判过去。同样，把水灾风灾的"哄抬物价"一律划入"趁火打劫"恶毒心肠的道德评判，这能说清和解决问题吗？我以为不能。Sandel 提醒人们在日常生活和行为中有道德两难问题或困境，很有意义，但以某种抽象原理直接搬用于各种具体事例，在方法上不可取。

总览表

问：你提出"情理结构"还蕴涵这么一个方法论在内？

答：对。这方法论也许可简略概括为"历史具体"和"度的把握"这两条，它们又仍然与是否"理性至上"的基本观点攸关。这方法不赞成用一种抽象的理性原则普遍地直接地施加在一切具体事物上面，不赞成伦理道德来自这种普遍适用的抽象理性，这仍然是我所讲的"实用理性"与"先验理性"在方法论上的区别。我这里有一个伦理—道德的"总览表"（见下页）即"礼生于情"到"理主宰情"。

这个图表下面要再三说到。总之是要表明，"礼生于情"的中国传统的和谐观与"理性至上"的西方公正观在伦理学上是有歧异的。

问：中西为何有此差异？

答：我的回答又仍是历史性的。当然，西方在生活、制度、理论上也讲情感和情理关系，这里只是说，从意识重点、理论关切、哲学构造看，不像中国这么突出和重视。中国由于漫长发达的新石器时代，以家庭农业小生产为基础、血缘纽带为轴心的氏族部落体系和巫史传统的理性化，"人是关系"的观念形态变成了"传统无意识"。西方则从希腊自由民社会的平等个体和犹太—基督教人人平等地在上帝面前接受最后审判，使"人是个体"的观念形态变成"传统无意识"。这就是"关系主义"（中）与"个体主义"（西）不同，从而造成了"情理"与"理性"的分途。西方当然也认为人不可能脱离群体而生存，Aristotle 便讲"人是政治（城邦）的动物"，但那"政治"仍然建立在平等个体的自由民基础之上，与中国建立在"五伦"关系之上颇不相同。

问："关系主义"？

答：此词非我生造，梁漱溟就说过，"人生实存于各种关系之上，此种种关系，即是种种伦理""伦理本位者，关系本位也"。我用"关系主

伦 理 学 总 览 表

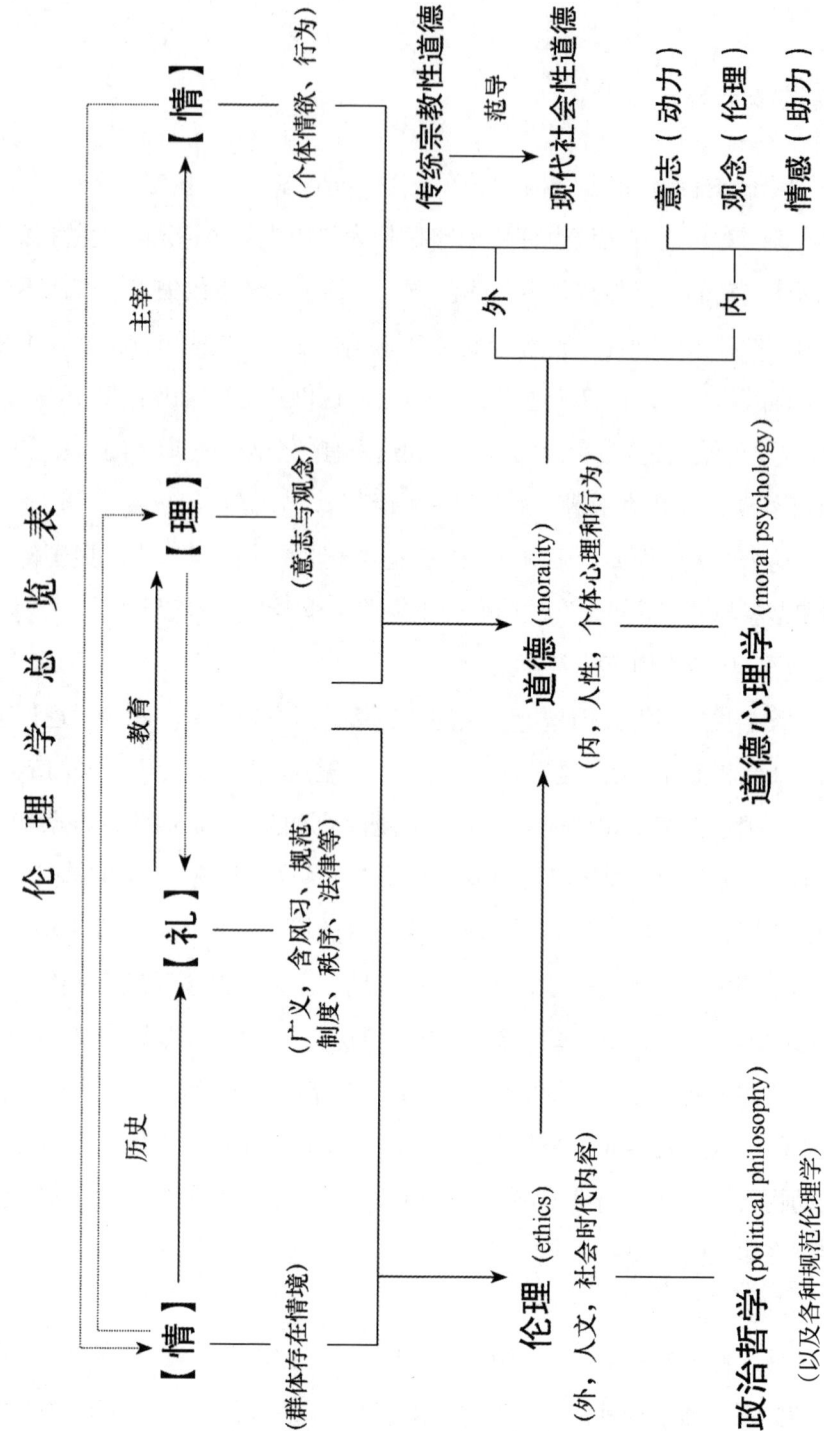

```
                        主宰
        [情] ─── 教育 ──→ [理] ←──→ [礼]
     (个体情欲、行为)   (意志与观念)   (广义，含风习、规范、
                                    制度、秩序、法律等)
         ↑
         │ 历史
         │
        [情]                           ↓
    (群体存在情境)                   伦理 (ethics)
                                  (外，人文，社会时代内容)

                    道德 (morality)
                  (内，人性、个体心理和行为)

          传统宗教性道德 ──范导──→ 现代社会性道德
                    └──── 外 ────┘
                                    ┌─ 意志（动力）
                              内 ───┼─ 观念（伦理）
                                    └─ 情感（助力）

    政治哲学 (political philosophy)      道德心理学 (moral psychology)
    (以及各种规范伦理学)
```

义"（Guanxism）这词，则是与"情本体"相联系，并以之区别于"个体主义"和"集体主义"。人们常用"集体主义"或"整体主义"来讲中国，我以为很不准确。个体的平等组合也是"集体"，中国重视的恰好是个体间以血缘为轴心纽带非平等地所开出的由亲及疏、由近及远从而各有差异的多种不同的"关系"。这"关系"是理性秩序，更是情感认同，"关系"产生于情境。许多社群主义者如MacIntyre和Sandel都赞赏和倡导Aristotle的美德伦理，中国传统当然也是美德伦理，但二者便很不相同。关键也仍在这个"关系"与"个体"的不同。这可联系前面提到的"情"和"欲"。"欲"与个体感官、身体的苦乐感受有直接联系，梁漱溟说"肯定了欲就肯定了个人"，因之，在理论思辨上可以将之提升为绝对的、先验的、与他人分离的"自我""原子个人"等纯理性原则，这就是现代个人主义。"情"虽然常以"欲"为基础，却更是与他人和物的相互关系的心理反应，在理性思辨上便可将之提升为"情理结构"的关系主义。提出关系主义，也是为了针对着重人的分离性的西方现代个人主义和自由主义。尽管Sandel也反对个人主义、自由主义，但他提倡的"美德伦理"却仍然脱不开希腊城邦的平等个人的底色。这点暂按下不表，后面再说。

问："理"不是主宰、管控"欲"的吗？理欲冲突不经常是伦理学的主题吗？怎么"欲"的理论提升的"个人主义"反成为纯理性原则了呢？

答：这是不同层面和不同语义的问题。有意思的是，这里还蕴涵着一个思辨的秘密。纯理性思辨造成的先验幻相可以是情感、信仰，对感性欲求的思辨却成了无情感的理性原则。但这问题不属于今天谈论的范围了。

功利主义

问：还是回到Sandel《公正》这本书吧，他首先对功利主义作了严厉的批评。

答：整个个人主义、自由主义的思潮，都是随着近现代资本主义的发生和发展而涌现和扩张的。古希腊罗马的法律中以及中国传统都少有"个人权利"（individual rights）。功利主义是以个体苦乐为基础的现代自由主义的一种，它反对少数贵族阶层的特权利益而强调作为个体的最大多数的幸福。功利主义的著名人物 Bentham 以"最大多数的最大幸福"作为公正原则，非常有名而且实用。他站在英国传统经验论的立场，批评流行的天赋人权、自然权利、社会契约等是抽象的空泛的幻相。Bentham 实际是给它们填入"以苦乐为善恶"的坚实经验基础，将个人主义更为世俗化、现实化和实用化，所以一直占据统治地位，直到上世纪 70 年代被 Rawls 力驳推翻。但我以为功利主义有其合理性，而且至今也仍可或仍应运作和实行，这主要是在政府的政策决定和规章实施上。

　　这里我所讲的"伦理"与"道德"的区分就很重要。因为它包含了社会体制、政府作为与个体行为、内心状态的区分。Sandel 所举的许多事例恰恰没有作这种区分，因此就混淆不清。功利主义作为政府行为（即不是为财政税收而是为改善大众生活来制定政策、设立方案等等）在许多时候是完全适用的；但作为个人行为的准则则不必然。

　　问：为什么？

　　答：任何个体都生存在群体中，从而就维系社会生存的政府来说，为了保障最大多数人的最大幸福在必要时牺牲个体或少数，便不可避免甚至必要，并非不公正。Bentham 本来就是从政府应重公共福利这一角度出发来谈论的。我们不能把它当作个体行为的道德准则来推广。那个著名的应否推胖子堵电车即杀一人救五人，作为功利主义之例，便是这种误用的荒唐议论，以及如 Sandel 所举人命、门牙、脚趾值多少钱等"功利"的例子也如此。

　　问：但你说过"幸福"不是伦理学问题。

　　答：Bentham 所说"幸福"，主要是指以苦乐的个体感受为基础的物质方面，我认为这个物质方面即人们的衣食住行性健寿娱，总之以身体苦乐感受为基础的所谓"幸福"属于伦理学,它们是可以比较和衡量的。如我以前所说,吃饱总比挨饿幸福,穿暖总比受冻幸福,它们与人的生存直接相关,可以有一定的客观标准。

问:但"幸福"作为感受或体验不只是肉体,还有精神方面。

答:这个方面就非常麻烦了,因为它们难以比较和衡量。以前我说过,在基本生存需要满足后,什么是幸福或快乐,人们很难一致,也难分出高低。有人以美食为乐,有人以锦衣为乐;有人以安居为乐,有人以冒险为乐;有人以宁静为乐,有人以思辨为乐;有人以追求各种物质欲求满足为乐,有人却以挨饿受冻摧残肉体以换取神秘体验或精神满足为乐;……如此种种,不胜列举。既然快乐、幸福人各有不同的感受和选择,所以我从不认同由不同主观感受所统计得出的所谓"幸福指数"。没有这种"指数"。从而也可推论,所谓"最大多数的最大幸福"只能适用在物质生活方面。实际是指"最大多数"的最大物质利益。精神方面的许多幸福、快乐(当然也并非全部)可以与物质方面的满足无关,它属于宗教—美学而不属于伦理范围。

问:Sandel《公正》提到 J. S. Mill 认为有高级和低级的幸福(快乐),说快乐不能够量化,Bentham 认为可以。

答:我对于 Sandel 认为 Bentham 比较彻底,J.S.Mill 有所偏离(stray),非常赞同。记得我以前说过,John Mill 已不全是英国经验主义,受了欧陆影响,他强调长远功利而非目前苦乐,以及突出人的自由和尊严等等,的确是重要的发展。尽管如此,为使问题明晰,我仍然主张把"最大多数的最大幸福"限定在物质生活方面,它才属于政治哲学,说明这不是一个偶然性的事例,而是与人的生存紧相关联、具有历史必然性的要求,这也就是从"人类生存延续"这个根源上把事实判断与价值判断紧紧联系在一起。人们追求物质生活的快乐、幸福,这既是普遍必然的事实,也是人们应当去追求的普遍必然的"公正"。

问:Bentham 的"最大多数的最大幸福"仍然有理?

答：战时牺牲少数，伤及无辜，如"二战"中对德国 Dresden 的大轰炸、对日本广岛投原子弹（奇怪的是 Sandel 一直未谈这个争议极大的例子）、平时水灾分洪牺牲少数等等，都是为了"最大多数的最大幸福"进行的，并非不公正。它们必须历史具体地分析对待，不能抽象化地一概否定。特别是如前所说，不能把它作为公正原则推及个体行为。因为情境各异，"关系"不同，从而义务、责任、行为便大不同，不可能也不应该用一个所谓"最大多数的最大幸福"的"公正"抽象原则来进行判断或决定。上述杀一或杀五的电车案例，Sandel 也认为与推胖子堵电车还是有所不同。因为，作为司机与作为路人所应遵守的义务、责任便大不相同。社会有对个人的公共行为规范，各行各业有其特定的职业伦理学律则。这些律则在实际执行时还得根据各种具体情况来掌握运用，在运用中还有以前讲过的"经"（原则性）与"权"（灵活性）的问题。战争中伤杀无辜有时无法避免，Sandel 所举阿富汗塔利班事例，这在中国便早被讥为"妇人之仁"。战争本就极其残酷，孙子说"兵者，诡道也"，用阴谋诡计战胜敌人，便远非一般道德原则所能框定。其中也要依据各种具体情境来确定。同样是无辜百姓，纳粹屠杀犹太人、日本南京大屠杀是严重罪行，对长崎、广岛投原子弹则不是。如此等等。战争中的伦理道德是另一个专门课题。各种规范伦理学，职业道德学便要探讨、研究如何具体处理对待各种生活、行为中的伦理道德问题。包括 Sandel 所举能否用酷刑逼供、是应募兵还是征兵（义务兵役）、能否拒绝轰炸被侵占的家园以及美国内战中李将军事迹等各种案例，以及高价买好的牢房，更为快捷地看大夫，买绿卡，雇人排队，等等等等，其中各种情境并不相同，需要上述伦理学逐一作具体分析，远非讨论或凭依一个抽象的公正原则所能解决。例如 Sandel 讨论很多的兵役问题，是市场买卖还是公民义务，就要由不同国家不同时期不同情境（战时或平时、何种战争、战况如何等等）而有不同处理，不是一个抽象原理所能推断决定的。Sandel 的评说之所以常常言辞闪烁、飘忽不定，其实正反映出这个问题。

自由主义

问：Sandel 详细讲述了"自由主义"以"个体的自由选择和决定"作为公正的根本原则来反对抹杀个体的功利主义。

答：Sandel《公正》一书讲了自由主义的左（平等自由主义）右（自由至上主义）两派，并着重讲了 Kant 和 John Rawls，甩开了许多细节和人物，我以为抓住问题，贴近现实，简明扼要，非常之好。

问：你对自由主义如何看？

答：Kant 需要以后详谈，他是大老总。

问：我想问的是，功利主义重视多数（最大多数的最大幸福）比自由主义强调个体更合理些？

答：不然。自由主义比功利主义更进一步，反映了也更适应现代市场经济基本主宰人们生活的情境状况。功利主义作为政治理论，本就是以个体为单位的现代社会生活特别是现代国家情境下的产物。自由主义以突出契约论的主题方式把个人权益这一现代特征更鲜明表达出来了，它反对功利主义的"统一的"欲望主题，突出了个体的差异性、多样性和平等性。虽然自由主义所突出的"无知之幕""原子个人"等等在历史上和现实中并不存在，这只是一种理论假设，却有如自然科学，自由主义是可以做这种现实中并不存在的前提假设来进行理论推演的。我是历史主义者，当然不赞成这种假设，因为它不能真实说明和回答问题的来龙去脉，但毕竟由这种假设所建立起来的逻辑推论，比功利主义更反映也更适应现代社会生活的需要。

功利主义漠视少数，也就是漠视了那作为少数的个体，可以造成巨大的灾难，如 Sandel 所说某教派可以打着"最大多数的最大幸福"的招牌来进行宗教严重迫害和种族灭绝。自由主义强调每个人都是目的而非工具，强调个人的选择和决定的自由，这极大地提升了个人的价值、地位和人格尊严，也在现实上把个体从过去政经体制、传统风习、观念意识的种种奴役中解放出来。例如在中国，今天农民有进城打工的自由，即出卖劳动力的自由，大学生毕业后不再必须服从组织分配，有选择工作甚至自主创业的自由，这些看来"理所当然"的个人权益，几十年前在计划经济下便很难想象。计划经济当年是否有其合理性或公正性，这是另一个可争论的问题。但无论如何，改革开放在共和国进程上确是一次历史性的社会变革，尽管这里有更赤裸的资本对劳动者的统治，但毕竟进一步走向了"人尽其才"的理想，社会整体得到了发展。

问：也带来老幼困苦留守的"自由"，大学生毕业即失业的"自由"……这不都是拜自由主义认为理所当然的"天赋人权""契约原则""人生而平等"的公正理论之赐吗？

答：历史在悲剧中前行。劳动力自由买卖、平等竞争和优胜劣败使社会生产得到了极大发展，各阶层人们生活得到极大改善。总体来说，自由主义的市场经济仍然是利远大于弊。

问：那就要感谢这些自由主义思想家了？

答：正如可以说 Marx "预见"资本主义全球经济一体化一样，也可以说 Locke、Kant 等自由主义思想家"预见"了现代自由社会的诞生。我以为，自由主义那些"公正"观念是人们所应遵循的现代社会性道德的基本原则。人们之所以遵循，却并非因为它们乃思想家的产物，而主要是这些思想有经济力量的支持。这个经济力量把本来虚构的"原子个人""天赋人权"等等观念意识似乎变成现实，使个人单位、契约原则、公共理性日益成为现代社会生活的制度秩序、行为规范和道德准则。这个作为真实基础和来由的现代经济即自由贸易、等价交换、商品生产、市场经济，特别是 Marx 讲的劳动力的自由买卖，还在全球继续蔓延、扩展，所以自由主义也必然会在全球蔓延、扩展。而且观念可以比现实先走一步，这些理性原则尽管今天带来严重问题，但依然是这些启蒙思想家的伟大功勋。而其所以在时空两方面都能如此不断发展和扩大，则是现代现实生活的动向和走势所造成，这远非社群主义所能抗拒。自由主义的功过得失以前文章曾讲过，下面也还要谈到，我这篇对谈既回应Sandel，同时也回应自由主义。

反自由主义

问：自由主义大讲的个体、自我、自由、平等、人权、民主不仅是相当虚假的，而且带来了大量的不公平，完全的自由、平等本就是幻相。

答：所以也就成了当代各派思潮所共同抨击的对象，Sandel的社群主义如此，所谓新左派更如此。自由、平等即实质上是商品等价交换的自由、平等，Sandel严厉批判市场经济带来了市场社会，一切均可买卖，造成对道德的严重损伤和丧失，便理所当然。

问：自由主义是走过头了？

答：自由主义右派把自由原则推到极致，Sandel举了许多实例。例如反对富人重税，因为钱是自己辛苦赚来的，为何我必须交比那些"懒人""笨人"（赚钱少）更重的税率，这不公平，也就非公正。所以也反对社会福利，反对强迫医保和养老，甚至反对骑车必戴头盔、开车必束安全带等规定，认为这些都侵犯了个人自由，都违背了个人自由选择和决定的公正。并主张卖血、卖肾、代孕、自杀以至出卖自己身体供人食用（都是Sandel所举实例）等等，均无不可。

问：这就是你所讲的将个体自由或"自我"以及"公正"变为先验或超验的最高理性原则了。

答：是将这些原则完全脱开具体历史情境。原则从何而来？似乎没人理会，Kant说它是先验理性，Rawls归之为"无知之幕"，均如此。

问：你仍然强调它们主要来源于现代社会的经济生活，即在大工业商品生产的环境下，劳动力可以自由买卖、等价交换等等；这些理性原则并非历史上本来就有，更不是来自约定或先验。所以Sandel批判和反对那些观念，却不能真正触及问题的实质或基础，只是就观念论观念。

答：我大概还是接受 Marx 的影响。Sandel 两本书《公正》《什么是金钱不能买的》中列举大量事例，并指出双方所谓自愿并非真正的"自由"，契约原则也并非真正的"平等"，实际上经常是由于经济上的不平等所无奈作出的"自由""平等"的选择或约定。其实这些，Marx 等人早就讲过了，而且讲得深刻得多。马克思主义早就指出，在自由平等的面罩下，作为商品出卖的劳动力受资本支配下剩余价值的剥削，揭示了大量所谓自由平等的虚假和伪善。中国古代也早有《钱神论》，中国俗话说"有钱能使鬼推磨"，但到资本社会，这点分外突出了。这也就是新左派喜欢强调的"形式公正"（政治程序上的自由平等）与"实质公正"（经济地位上的不自由不平等）等老问题。

问：Sandel 提出的 CEO 年收入数千万，教师只有数万，大法官一年二十余万，一个电视节目秀三千万，等等，在这种经济不平等上来谈双方自愿契约和个人自由选择与决定的"公正"，确实有些荒谬。

答：根本的办法似乎是铲除经济上的不平等，彻底作到"分配公正"。在反自由主义的各种思潮、学说和各种活动中，迄今为止，我以为，仍然是 Marx 在理论上和毛泽东在实践上做得最深刻最彻底。他们作了可说是空前绝后的创造性的革命努力。

历史与道德的张力

问：Sandel 举出某芬兰富翁超车被罚二十几万美元。新加坡的许多罚款也重，社会秩序便较好。但对亿万富翁来说，二十几万也不算什么。但被新闻报道可能会丢面子，却有道德的杀伤力。

答：看来，彻底的实质平等如经济平等，很难做到。个人的天赋、体质、才能、品格、气质、经历、教育、遭遇都不可能平等一致，从而经济上收入和开支的完全平等既不可能，也无必要。不能用某种抽象的公正观念、道德义务来对待这些问题，大千世界本就是一个千差万别而并不平等的多样性的组合体。这里关键仍在于"度"，我的历史本体论第一范畴便是"度"。

问：但当前在金钱侵蚀下，道德沦丧确实突出。

答：道德很复杂，这里有好几个问题。

第一，人类道德是否在整体倒退？我已多次说过，不然。"人心不古，道德沦丧"其实已经喊了几千年，就中国说，从先秦韩非以来许多人都予以驳斥过。就总体说，人类的社会伦理和个体道德都在进步。例如自由主义倡导突显的个体自由、人格尊严、独立自主，包括妇女的人权平等，便极大地推进了社会生活的改善和发展，使整体社会道德水平也远超以往年代。

第二，在社会前进的转型时期，"道德沦丧"之所以突出，是因为这种现代新秩序新道德尚未真正建立，而旧秩序旧道德却日益崩毁，人们行为活动失去了可遵循的规范准则而花样百出、美丑并行，特别是陈腐的旧观念旧秩序却通过新形式造成了各种日常行为、活动中的扭曲和丑陋，更使人难以接受、不可相信和无所适从，以致造成道德虚空。

问：什么是这些扭曲、丑陋？

答：第三，今天人们对权钱交易、贪污腐败和官本位特别愤恨，就不是 Sandel 讲的等价交换的市场对道德一般侵害的问题，而是体制中的"封建"特权霸占市场、垄断交易进行"超经济剥削"（Marx）即前市场行为的问题，但它们可以通过市场交易的形式畅行无阻地出现。而这主要就是因为现代社会性道德尚未能落实在法律上，特权行为可以任意作为。无法可循、有法不依和执法不严，才是今天面临的问题。Sandel 所列举的，大多是在现代社会性道德已大体有法律保障的发达国家中的市场对道德的侵害问题。由于中国是第二、第三混在一起，情况便更为复杂、严重。前现代与现代交错，使道德标准混乱，败坏分外突显。所以对 Sandel 所举各例与中国的类似处，却应从中国情境来予以分析和论评。

问：你以"历史主义与伦理主义的二律背反"来表述。

答："二律背反"是为了语词突出，也许用"历史与道德的张力"更平实一点？

问：你80年代有段话讲春秋战国，却好像适合今天："物质文明在迅速发展，历史在大踏步前进，生产、消费在大规模地扩大，财富、享受、欲望在不断积累和增加，赤裸裸的剥削、掠夺、压迫日益剧烈。'无耻者富，多信者显'，贪婪无耻、狡黠自私、阴狠毒辣……文明进步所带来的罪恶和苦难触目惊心，从未曾有；人在日益被'物'所统治，被自己所造成的财富、权势、野心、贪欲统治，它们已经成为巨大的异己力量，主宰、支配、控制着人们的身心。"(《漫述庄禅》)

答：因此，在看到市场经济带来的巨大好处的同时，也看到它带来和可能带来的各种问题、祸害甚至灾难，因此要站在这个"历史与道德的张力"或"二律背反"的维度上来作出各种具体的"度"的把握和判断，以指导、规范人的行为，"一方面发展经济，改善生活，另方面悲天悯人，仁民泽物，使历史感伤和人道感情范导'度'的把握与建立。这就是'政治艺术'"(《中国哲学如何登场？》第107页)。而不能把功利主义、自由主义那些"公正"原则生搬硬套，这才能"合情合理"。包括 Sandel 所举的各种实例都应如此对待。例如富人捐款办学建校，以取得"命名权"，五颜六色无孔不入的广告入侵学校、家居，以及是送礼品、礼券还是直接送红包（钱），是雇人写祝辞还是自己表达，等等等等，它们所带来的好处和带来的误导、损伤，如何评估对待便并无一定之规而需要"度"的艺术。Sandel 也说需要 case by case 来不同处理。幸亏中国现在还处在市场尚未主宰一切的时候，更要未雨绸缪了，这是我第二次提未雨绸缪了。

问：你刚提出"度"的把握也就是"合情合理"，也是对弱势群体的同情，这与你开头讲"情理结构"有关？

答：也可以这样理解。所谓"情理结构"并不只是个体内在心理，也包括外在社会秩序、规范。

问：John Rawls"差异原则"不就是强调帮助弱势群体的"公平的公正"吗？

答：Rawls 似乎没说这"差异原则"从何而来。我觉得可能是罗斯福新政（New Deal）的哲学提升，从理论上看也许仍可说来自 Kant 的"帮助他人"。"帮助他人"不像右派自由主义所说是慈善事业，是施舍。从人类学角度看，它是生活在共同体中的义务。没有"弱"，哪来"强"，它们相互依存的客观存在便有此"帮助"的公正责任。其中可渗入深厚情感，有助社会和谐。

类似却不相同

问：Sandel 讲了许多 John Rawls。

答：我比较赞同 Rawls。他讲的是政治哲学，实质问题是分配公正。"差异原则"是 A Theory of Justice（《公正论》）中讲的。中国改革开放三十年不是"让一部分人先富起来"而处境最差的弱势群体与不得温饱的偏远山区也脱贫得益了吗？如果说，在工业大生产市场经济环境下全社会劳动力自由买卖、平等交换和流动，可以作为 A Theory of Justice（《公正论》）第一原则也是整个自由主义的现实基础（当时 Hayek 在中国的流行有其道理），那么中国三十年改革开放便可作为 Rawls 第二原则中的"差异原则"的现实例证，这大概是解决虽经济不平等却大家都受益的较佳理论。下一步是如何走向更为公平合理的分配公正和共同富裕，这需要新的理论。我以前说给 Rawls 一个 Marx 的基础，也就是说，Rawls 的理论之所以合理和实用，其根基在于近现代经济生活，讲 Rawls 的文章何止千百，这一点似乎很少有人强调。以近现代经济生活为基础，结合中国传统和现实经验构建一个比 Rawls 更优越的自由平等公平公正的政治原则和体制，却是一个非常复杂、需要论证、极具创造性的大理论课题，我只能提出这个有论无证的观点，没力量具体做了。与此相关，今天讲伦理学，我也同意和重视 Rawls《政治自由主义》讲的"重叠共识"，它正是 Sandel 批评的重点，这个下面再说。

问：概括一下，是否可以说，Sandel 反对功利主义和左右自由主义，提出 Aristotle 的目的论的"共同善"（common good）、"好生活"（good life）的美德伦理；你则接受功利主义和自由主义左派，视之为现代社会性道德的原则，同时强调不能抽象搬用，仍应从具体情境出发，并以中国传统儒学作为宗教性道德来加以范导和适当构建，从而削减前者带来的损害。在追求"共同善""好生活"这一目的上，你说与 Sandel "类似而不相同"。因为在追求美德伦理上是中西共同的，但中国是家国相联，由家及国，重情理结构；西方是家国分离，公私区别，理性至上。从而，中国讲和谐，西方重公正。你主张"两德"分离而范导，Sandel 似乎又回到"两德"的合一。

答：Sandel 的"共同善""好生活"有人批评说，其具体内容并不清楚。我提出"和谐高于公正"是认为：人际和谐、身心和谐、天人和谐（人与自然生态的和谐），它们作为"情理结构""关系主义"对现代社会性道德的"范导和适当构建"，才是维系人类生存延续的最高层也最根本的"共同善"和"好生活"，这才是"目的"所在。它高于是非明确、公平合理的"公正"，但又不能替代公正，而是在"公正"基础上的和谐。所以它只能"范导和适当构建"而不能决定、管辖"公正"。"和谐"属于"以德（教）化民"，"公正"属于"以法治国"。

问：你把人的最终追求归结于"情"而非"理"？

答：也可以这么说。这就是下面要谈的问题。例如子女对父母的孝敬，Sandel 讨论到这应是某种回报的公正，也就是等价交换的理性公正。在中国却归结于"情"，"三年之丧"所回报父母怀抱里的三年，不是"理"而是"情"。你看，孔子的最终答案是"汝安乎"？"安"是心理情感而不只是理性义务。孔子又说："至于犬马，皆能有养，不敬，何以别乎？"

情感的和谐敬重高于义务的公平合理，这就是对公正的"范导和适当构建"。拙作《孔子再评价》一文中讲"心理原则"是"仁"的结构，"心理"远大于"理性"。它之所以能"范导和适当构建"，也正因此。《论语》中大量讲的是"关系"（首先是亲子关系），特别是关系中的情感而非公共理性，齐家才治国。孟子大讲"不忍人之政"来自"不忍人之心"，老讲"心悦诚服"，也是突出"情"的位置。

荀　子

问：你不更推崇荀子吗？

答：孟子是先验论，荀子是经验论。我的积淀论以经验的积累沉淀来解说先验（"经验变先验"），当然站在荀子这边。孟子讲的"情"是先验的"恻隐之心"，当代也有学者如Denold Munro解说为自然生物的"情"，但我和荀子讲的"情"却不是，而是有理性渗入其中的"情"。而且，荀子也是从人作为自然生物的生存延续，也即是从人的基本生存、欲求即自然情欲说起，这点非常重要。孔子以"仁"释"礼"，但从历史说，"礼"并非直接来自个人情感，而是脱胎于巫术仪典。巫术仪典包含情感（巫术活动具有强烈情绪，参见拙文《说巫史传统》），但远不只是个人情感，它主要源于该群体的生存情境。我以为荀子把《郭店竹简》所说"礼生于情""礼因人之情而为之"的儒家学理，从人群的基本生存情欲和情境出发，讲得清楚和精彩。

问：请说。

答：《荀子》是一本重要的大书，这里只能简单说说。首先，荀子把"情""欲"联在一起作为开始："人之情，食欲有刍豢，衣欲有文绣"，"饥而欲食，寒而欲暖，劳而欲息，好利而恶害，是人之所生而有也"（《荀子·荣辱》）。而"礼"便起于对这种物质"情欲"的安排。"礼起于何也？人生而有欲，欲而不得则不能无求，求而无度量分界，则不能不争，争则乱，乱则穷。先王恶其乱也，故制礼义以分之，以养人之欲，给人之求"（《荀子·礼论》）。把"情"与"欲"（首先是生存欲求）紧连在一起来谈"礼"的必要，明确指出"礼"来自与"情欲"紧连的群体生存的物质性需要，而非来自天理、良心或"纯粹理性"。"故礼者，养也。"养什么？养生存。即维持和延续人的生存。正是在这"养"中建立起长幼尊卑贵贱贫富等差异、序秩、级别，构成社会。要强调的是，荀子所讲并非中国所独有而是具有普遍性的各原始氏族部落共同经由的远古历史。"先王"也并非真正的个体人物，而是原始人群及其首领所共同创造的生存秩序的代表符号。人们所创造的具体秩序（"礼"）可以很不相同，但在维护群体生存这一根本基点上却是相同的。这也就是"周因于殷礼""殷因于夏礼""其损益可知也"。

问：讲来讲去，还是你的吃饭哲学。

答：太对了。不吃饭，人就不能生存。但学者们就是不重视这个最普通的常识，只喜欢讲高玄的道德哲理，扬高凿深，大讲超验、先验、良知、天理等等。其实，"人活着"不只是事实判断，而且也是价值判断。在这里，"是"（is）和"应该"（ought to）是同一的。人活着，而且是历史地活在一个群体中，这就是我的唯物论和唯物史观，也是我的伦理学的基础和出发点。

问：荀子讲"礼乐"便是追求在建立社会群体的理性秩序的同时，也建立起相应的个体内在的道德观念和情感？

答：这就是人文和人性的关系。荀子说"三年之丧，哭之不反也；清庙之歌，一唱而三叹也"（《礼论》）。儒家特别着重丧礼，各种不同关系的人必须着各种不同的丧服。至亲的丧服最为粗陋，以表示极大哀伤，都是将情感规范在特定的理性中，以构成特定的内在—外在的情理结构。所谓"饰哀也"，并不是装饰，而是以礼仪、服饰、音乐来塑造人的情感并用特定物质形式，从服装、活动到音乐表达出来，造成观念与情感的统一。两者的关系和统一，始终是中华传统的要点。这也就是"诚"。

问：可见荀子是从自然人出发，强调通过"礼乐"塑造出社会人，既非常重视人的自然情欲，又重视对它的规范塑建。这个社会人不仅是理性的，而且也是情感的。从而社会性贯串了人的内外两方面，即人性与人文。

答：中国传统的世界观不是从"水"（希腊哲学）或"太初有言"（《圣经》）开始，而是以天地万物连接男女夫妇开始，从"男女居室，人之大伦也"（《孟子》）开始。中国传统强调"孝"，却又允许在特殊情况下可以不告（父母）而娶嫁，充分显示了非常重视人作为生物体生存延续的"情欲"，真所谓"食、色性也"。而《中庸》所说并为后儒不断申说的"天命之谓性"，我以为指的就是这个自然生存的"气质之性"。"关系"也由此产生。《易传》说"有男女然后有夫妇，有夫妇然后有父子，有父子然后有君臣，有君臣然后有上下，有上下然后礼义有所措。夫妇之道，不可以不久也"。中国的"礼教"便是从这个男女夫妇自然情欲的"关系"而产生出一整套"五伦"秩序和规范。个体便生存在这种种以夫妇、亲子情为轴心展开来的并不平等却相互紧密接联的"关系"中，也在这"关系"中获取和体认人生意义、生命价值和生活态度，不但在理性上，而且也在情感上。这是中国的美德伦理。它与 Aristotle 以自由个体在平等友谊为基础和关系中的美德伦理相当不同。我在《历史本体论》中曾特别提到梁漱溟、冯友兰和现代中国学者都指出西方传统中人与人之间缺乏"内的关系"。西方从可称近代自由主义第一人 Hobbes 以生命安全而定契约、出让权利建立专制国家以来，各家各派从 Locke 到 Rousseau 到 Kant 等等以个人为单位、以契约为准则、以理性为基础，便成为自由主义的根本原理。虽经 Hegel、Marx 等人的颠覆，却仍经久不衰，以致今天社群主义反对自由主义，仍要到 Aristotle 那里去寻找平等个人之间缺乏"内"的关系和情感的美德伦理。

问：但好些西方哲学家如 Hume 也讲同情心（sympathy），并认为是道德的根源和动力。Rawls 的 *A Theory of Justice*（《公正论》）也讲到公正感和妒忌情感等。

答：仍很不同。Rawls 专章讲了公正感（the sense of Justice）。最近有著作还将它与孔、孟、荀相比拟（Erin M. Cline, *Confucius, Rawls, and the Sense of Justice*, 2013），但实际很不相同，Rawls 讲亲子爱扩为社团再扩为社会公正感，相当笼统而抽象，不但没交代其中自然性与社会性的关系，而且仍然建立在相互回报的理性基础之上。所谓"爱"（love）是相当含混的。中国"五伦"讲的是非常社会化并在各种具体社会关系中的不同的"人情"，既不是一般的甚至动物也有的同情心，不是生物本能性的情绪，也不是含混不清并以平等为特色的公正感。"五伦"是具有情感而又理性化了的人际关系、伦常秩序和相互职责。"君臣""父子""夫妇""兄弟"甚至朋友（也有长幼之分）之间的关系并不平等，这里几乎没有独立、平等、自由的个体，而只有相互之间的"关系"。但重要的是在这不平等的关系之间，却强调"和谐"，"和谐"当然就有情感，只有"和谐"才能真正维系这种"关系"的延续和持久。我在《历史本体论》中引《礼记·礼运》说，"何谓人情？喜、怒、哀、惧、爱、恶、欲，七者弗学而能。何谓人义？父慈、子孝、兄良、弟恭、夫义、妇听、长惠、幼顺、君仁、臣忠，十者谓人义"。这讲得很清楚。"七者弗学而能"指的是动物性的生理情欲，将它们变为十"义"，就是将之理性化、秩序化、规范化，纳入一套"关系"的情理结构中，既有情，也有理，即确认在不同"关系"中的不同情理结构。它们有差别而不平等，虽不平等却和谐共处，其乐融融。这就完全不同于希腊以个体为单位的平等而同质的美德伦理学，也不同 Rawls 的公正感。情感在这里因"关系"不同而不同，并非一个含混的"爱"（love）所能概括。同样讲"爱"，对父母、对子女、对夫妻、对朋友，爱的含义、内容、形式便很不一样，幼对长的爱中有"敬"的成分，长对幼有"怜"的成分，如此等等，"怎一个爱字了得"。这也使"爱"本身变得更为细致、丰富和复杂。从而社会和谐便可以有理想化的如音乐般的多样而完满。原典儒学讲"乐与政通"

的意义就在这里。

情感和谐高于理性公正

问：希腊哲学不也讲和谐吗？

答：Pythagoras 曾以音乐比拟天体运行，那仍然是一种理性秩序的和谐，与情欲的联系并不突出。中国儒家礼乐论的和谐，非常重视落实在情欲上。它不仅是理性秩序，而且更是情感逻辑。例如，父子之间一方面是"子不教，父之过"。父亲应当教导子女，是理性的义务。但另方面却是"易子而教"，要求"父慈"，并认为"父子之间不责善，责善则离，离则不祥莫大焉"（《孟子》）。这里的"离"主要也不只是理性是非对错的分歧争吵，而是由此造成的情感的背离和冲突。所以一方面是"从义不从父"（《荀子》），另方面是"事父母几谏，见志不从，又敬不违，劳而无怨"（《论语》），以保持家庭和谐。其他几伦也如此。朋友是基本平等的个体"关系"，"朋友切切偲偲"（《论语》），"责善，朋友之道也"（《孟子》）。但是，"朋友数，斯疏矣"（《论语》），"切磋""责善"也有一定限度，否则朋友就吵翻了。因此，所谓"朋友信"，不仅是平等的理性承诺，而更是情感上的信任交谊。"信，情之方也"，"苟有其情，虽未之为，斯人信之矣"（《郭店竹简·性自命出》）。"君臣以义合"，"从道不从君"，但即使如此，拂袖而去，却又"迟迟吾行"（《孟子》），仍有情感眷恋。兄弟之间也不是 Aristotle 所说的平等的成员，而是要求"长幼有序""兄友弟恭"；各有不同的"关系"位置，怀有并不等同的情感态度。夫妇也不会完全平等，常常不是东风压倒西风，夫唱妇随，便是相反。古代因经济优位而夫唱妇随，夫主外、妻主内，今天倒过来，也没关系。因为所唱随者大都是柴米油盐家常细事，难道也要去追求一个是非分明的"公正"而各请律师吗？重要的是维系家庭不离散的恩情爱谊即情感和谐。不吵架是不可能的，而不是一吵便不可挽回。所有这些，都是通过双方情感和谐以使这些"关系"稳定持续。这样，各种不同的人情非常具体地被规范被体现在各种不同"关系"中，各种不同的"关系"也呈现在各种不同的人情中，这使得人情如前所述变得更为细致、复杂和丰富。正是这样，促进人性——"自然的人化"的成长。陈寅恪"中体西用"强调的"三纲六纪"，如同梁漱溟一样，其实也正是这种关系伦理。在"三纲六纪"的伦理—政治笼罩下，个体的自由、平等、权利、利益等观念和制度便不可能发展和突出。传统是两德合一不可分割的，理性与情感也如此。但如今，时移世变，由于社会生活特别是经济生活的变迁，今天大家庭大家族（宗法家族）消失了，原有的"三纲六纪"的"关系"在政治上、伦理上以及观念上都失效或消失了，个体单位、契约准则、公共理性成为社会秩序的基本原理，"平等"被强调为"人的本性"（如Rawls）。但是，人们不还是生活在老少、长幼、上下、左右、远近、亲疏等各种并不等同或平等的"关系"中吗？人虽然成为自由、平等、独立的个体，不再接受过往时代外在规范、纲纪的严格支配，但在实际相处上，在情感态度上，不仍然用得上前面讲的"七情十义"而并不"平等"的情理结构吗？今天制度伦理可以消失，但关系情感却依然可存。不应该提出这种理论自觉吗？

问：你是否要以"关系主义"来替代和否定个人主义呢？

答：否。正如"情理"并不否定理性，只是否定"理性至上"一样。"关系主义"并不否定立足于现代生活之上的个人主义，只是防止和反对个人主义至上和右派自由主义而已。来自"情理结构"的"关系主义"可以作为中国传统的宗教性道德对现代社会性道德中的个人主义的范导和适当构建。比起许多宗教和主义以上帝、神意或社群、历史必然来范导和构建，似乎更适宜于中国，而且具有扩而充之及于四海的世界普遍性。

问：总之，你还是回到一开头讲的"理性"与"情理"之别。

答：从哲学根源看，周易咸卦（男女交合）与"感"（天人感应、人际感通）相通相同（从贾晋华教授说），这正是巫史传统的儒家"有情宇宙观"：天地万物有如男女均处在相互交感"关系"的情境和情感中，它颇有不同于西方传统的 logos、理性、语言和逻辑。我以前有两段话，似可在此连在一起引用一下：

> 有一点曾让我惊讶：古希腊有名的"四大美德"——节制、正义、智慧、勇敢，其中没有仁爱一项，即没有情感性的东西。除了勇敢之外，另外三者都是理性的。当代 A.MacIntyre 名著《追求德性》也说，德性的核心是智慧，突出的仍然是理性、理知判断。这个理性主义传统如此持久顽强，对中国人来说，有点奇怪吧？当然，希腊也大谈 eros（爱欲），认为它是智慧的根基，基督教大讲 agape（圣爱），但它们都不是中国这种以亲子为生物基础而加以理性化的仁、慈、孝、爱……中国人讲的德性或美德，都是情感性非常突出而又包含着认知、理智，反对"愚忠愚孝"。"智、仁、勇"三达德，其中仁是最根本的。在理论上也一直如此。我欣赏《礼记·檀弓》记载孔子讲对待死者的"礼"：如果把他当死人，是"不仁"；如果把他当活人，是"不智"；所以陪葬品是"明器"，而不是真物。这多么有意思！仁智兼备构成了许多层次和比例不同的情理结构的心理形式。（《中国哲学如何登场？》第81页）

> "礼治"不同于"刑政"，"人治"不同于"法治"，亦在于此，即非仅强调外在律令规范的客观性，而重视在血缘氏族基础上人际关系的"温情脉脉"的情感认同与和谐一致。如何在现代法治的政治社会体系中，尽可能保留一些这个方面的传统，如重协调少诉讼，多解释少判决等等，仍值得重视。这当然极难，且影响效率，然而却是值得努力为之的某种开创方向。也许，现在提这一方向还为时过早？（《论语今读·1.12 记》）

为时过早

问：为什么说"为时过早"？

答：还是我以前说过的，我现在不愿多谈"情本体"，因为必须有了"法治"之后才好讲"人治"，有了"公正"才好讲"和谐"。如今"法治""公正"尚未实现，大谈"人治""和谐"有危险。还是我那个"两德论"的原理：社会性道德—现代法律—形式公正—"权利优先于善"的公共理性是现代社会生活基础，宗教性道德的情感—信仰只能起范导和适当构建的作用，而不能替代和决定它。现在首要仍是前者，即使"适当构建"也必须严格把握，基本原则是不能严重损害前者。

问：那么，为什么又要提出这个"情本体""关系主义"的"范导"呢？

答：我很佩服 Adam Smith 在商品生产、市场经济的初始阶段便敏锐地预见了"经济人"（理性的交换自由和平等）对传统道德的侵害，而提出建立在同情共感基础的"道德人"，但又仍然以"公正"（公共理性）为重要核心。Sandel 今天所举那许多事例，只不过是再一次确证 Adam Smith 的预见而已。今天，中国传统"关系"在瓦解，各种血缘地缘纽带所组成的传统"关系"在不断消退，代替熟人社会的是一个各顾自己的陌生人世界：同居一楼，上下左右可以长期不相识、不了解、不往来，"邻里相望，疾病相扶持"不再出现。

问：能够再回到传统"关系"中吗？

答：不易。社会经济生活不可倒退地变迁了。但迄今为止，中国仍然是人情关系、人际温暖比较起来更为丰富发达的地方。请客送礼串门子，寻亲访友凑热闹，各种聚会、聚餐寻高兴，春节数十亿人的往返流动（回家），有心理纠结和亲友细聊而不必找心理医生等等，便远为普遍。

问：所以你认为传统仍在且可发扬？

答：在个体作为上如此，在社会伦理上亦然。就罪犯说，中国古代视不同情境有"将功折罪""戴罪立功""理无可恕，情有可原"等说法，死罪犯人临刑前监狱供应丰厚酒肉以享受最后的物质生命，不同于西方临刑前对神父的心灵忏悔，难道前者就一定比后者"低级"吗？未必。今天中国法律上有"养亲""居民委员会（协商调解）""死缓"等。死缓便优于废除死刑，不是死或不死的逻辑两分，而是在这两者之间留有相当灵活的缓冲地带，在公正基础上充满人道情感，但该死的仍得死，"挥泪也得斩马谡""不杀不足以平民愤"，既遵循公正，又顺应民"情"。这些大概都难以个体之间公共理性的公正原则所可规定，它涉及"关系"和"人情"。孔子和儒家讲"经"与"权"，这也涉及"形式公正"与"实质公正"在各种具体情境中如何对待处理的问题，都值得进一步深入探讨。

问：中国传统以亲情为核心而展开。费孝通《乡土中国》中著名的"差序格局"不是讲如石投水中波纹由近及远而逐渐消失，因之不可能在一个如此广阔的国家内实现吗？

答：中国不仅本家族，而且各家族之间常有各种姻亲关系从而联系在一起，以至于将各种同学、同事、大小同乡、同行、同门、同班、同难等等关系……联结在一起，他们相互纠缠、盘根错节，使全社会构成了一个各种差异并存、虽不平等却可支援人际和谐的"关系"的情感之网，而不是原子个人的平行（"平等"）捆绑。这也就是前面讲的"关系主义"的美德伦理，不同于作为平等成员的 Aristotle 美德伦理，也不同于 Rawls 的公正感。公正感属于我说的现代社会性道德范围。我说过公德也有感情（公共理性不只是一套理性秩序而已，它也需要情感支持），只是不能等同或归结为"关系"情感，但关系情感可以重叠并加强加深公德情感。当然，其中也有矛盾和冲突，仍然需要具体分析对待。

问：加上《论语》所说"仁者爱人""泛爱众""四海之内皆兄弟也"，便构成一个极为广阔深厚的情感之网。

答：总之，儒家建立的是"有情宇宙观"，是肯定这个物质世界、人生、生存、生活的宇宙观，并把人的身心与自然万物作出情感的类比联系，从而肯定、重视和提升即理性化人的自然需要、欲望、情感，不去刻意追求离开肉体的灵魂超升、天国进入。因此如何在一个"陌生人世界"的现代社会中，能够重新建立起各种"关系"中的情感和谐，以"和谐高于公正"的理念来范导和适当构建公共理性所设立的社会性道德和法律规范，便将成为今后理论上和实践中的重要课题。

问：如何展开细节？

答：不可能。如前所说，哲学伦理学只提供"纲要"。其细节展开一方面归属政治哲学，另方面归属道德心理学以及宗教哲学，应由更多的专家研究。而且重要的是，前一方面还需要更多的现实经验提供充分的材料。

问：你只提出问题？

答：我认为重要的是准确提出"问题"。总而言之，我讲的"情理结构""关系主义"只是说，我既不赞同用来自先验的"理性"、也不赞同用源于动物且较空泛一般的同情心（从孟子"恻隐之心"到 Adam Smith、Hume 的 sympathy、empathy），以及公正感等来作为道德行为的起源和动力。

问：孟子也嘲笑齐宣王"以羊易牛"，还说"闻其声不忍食其肉"，所以"君子远庖厨也"。

答：可见"同情心"不能解释和解决伦理—道德问题。因为这个"同情心"没有与动物本能划清界限。动物也有同情心，有利他本能，甚至也有牺牲自己的本能，但动物有道德吗？社会生物学派说有，我认为没有。正如动物没有信仰没有宗教一样。因为动物没有那种情理结构。伦理道德恰恰是人类以理性主宰为特色的自我建立，也就是我一直讲的人文和人性。

问：这仍然要回到你所讲的人性能力、人性情感和善恶观念的人性，即你所谓的情理结构问题。

答：已再三重复过，人性不是自然性，而是人化的自然，是"情理结构"问题。"情理结构"在外在人文表现为情境、情感对"公正"的范导，在内在人性上表现为人性情感与人性能力、善恶观念的谐同。

三　从 Kant 谈人性与善恶

人是目的

问：你很重视 Kant，Sandel 也讲了许多 Kant，你如何看？

答：Kant 是伦理学义务论的最大代表，任何伦理学都要提到他。但问题复杂，我也有些很特殊的看法。

问：是些什么看法？

答：我将 Kant 的第二原则"人是目的"与第一原则（"不论做什么人，应该做到使你的意志所遵循的准则永远同时成为一条普遍的立法原理"）、第三原则（"每个有理性的存在者的意志当作普遍立法的意志"）彻底区分开来，认为"人是目的"是具有现实内容的时代产物：每个人都是目的而非工具，不能把任何人作为工具对待、使用、相处等等。这是社会历史发展到一定时期所产生的社会理想。

正如"天赋人权""人生而平等"一样，"人是目的"并不是自古就有的先验原理。从而它也并不是能够普遍立法的自由意志。在希腊奴隶制时代，人只是会说话的工具，并非目的。战争时期，士兵只是统帅的博弈棋卒，并非目的。革命年月，人们被要求作"驯服工具"和"螺丝钉"，也不是目的。迄至今日，人非目的的情况仍然大量存在。人是机器的附件、生产的工具、驯服的奴仆便随处可见。但第一，这不会永久，而只是历史行程不可或免的阶段。科技的发达将使许多单调的、肮脏的、繁重体力的、机械的而非创造性的"劳力"逐渐由机器人（robot）来替代，而且会使整个社会中人作为工具的各种现象逐渐减轻。第二，毕竟今天人格独立，人们可以"拂袖而去"，自主作出认为较好的工作选择，不必再是永远被动的"驯服工具"和"螺丝钉"。

但也因为历史尚在进行中，人类还远未得到个人真正独立和自由，Kant把本是近代资本社会时代的观念意识提升为绝对律令，为现代自由主义提供了最为崇高的理论基础，将"整体应为个体而存在"这一现代人权宣言最突出最鲜明地揭示出来，而颠覆了整个过往的历史。每个人可以追求真正成为"自我"的权利，不再是任何权威、集体、他人的工具，不再是任何神学、制度、风习、意识形态的奴仆。人是自由、平等、独立的个体，有自主选择和决定的权利。尽管这一观点和理论有其非历史的弱点，但它喊出了现代社会的心音。它作为今天和今后的现实和理想，将无可回避、无法否认和不可抗拒。从而对人类具有着划时代的永恒价值。Sandel准确地瞄准Kant进行射击，也不能不保持着高度的尊敬。Kant这种启蒙时代的伟大理想和伦理标准、道德理念便至今光焰长存。它承前启后，也正是我所说的"现代社会性道德"的核心部分。"现代社会性道德"并不能也没有完全实现"人是目的"，但它是实现这一理想的历史进程中的一大步。

普遍立法

问：那么另两条呢？

答：对这两条我作了前人包括中西似乎少有的解说。Kant三大《批判》我以为都是为了解决"人之所以为人"的"人性能力"问题。伦理学的"普遍立法"和"意志自律"（或"自由意志"）这两条实际可归结为一条，即人有能普遍立法的自由意志："你的行动，应该把行为准则通过你的意志变为普遍的自然规律。"（苗力田译文）它实际揭示的是人的道德行为的形式结构,指的是人的内在心理的强制机制,而并无具体社会时代内容。它们与第二条"人是目的"尽管在 Kant 那里保有着内在的联系,即作为自由、平等、独立的人应具有"普遍立法"的"自由意志",显示了个体人格的尊严和威力,但实际上并不相同。因为这个能"普遍立法"的"自由意志"只是人的某种心理形式,很难具有实质内容从而空泛之至。当年 Hegel 严厉批评 Kant 是形式主义,也以此故。Hegel 以具有特定历史内容的伦理学代替 Kant 的道德律令,也就在否定现实生活中这种抽象的能"普遍立法"的"自由意志"。实际上"人是目的"属于外在人文的政治哲学,这两条属于内在人性的道德心理学。我以为,Kant 从内外即人性和人文两个方面树立起"大写的人"。

问:Kant 不是举出"不自杀""不说谎""发展自己""帮助他人"作为完全义务和不完全义务,即你说的"强""弱"两类四项的具体内容吗?

答:Kant 认为这四例之所以能"普遍立法",是因为否则便违反自然律而自相矛盾。我以为,实际上是因为这四项可说是任何群体赖以生存延续从而个体应该服从遵行的义务原则。历来伦理学对此研究阐释显得很不够(第二例"不说谎"除外)。人如自杀、说谎、不发展自己、不帮助他人,各群体(从而人类)也就不复存在。所以各宗教都将"不自杀""不说谎"等(佛家也有"不打诳语")作为基本教义而要求个体忠诚遵行。但是,在复杂的现实生活中,它们却很难甚至不可能彻底兑现。在敌人面前,不说谎而使同伴遭难,道德吗?壮士自裁,烈女自经,屈原投江,陆秀夫蹈海,不道德吗?今日如 Sandel 所举:安乐死,医生辅助自杀等等,是否道德,争议也仍然很大。可见,Kant 所称能"普遍立法"的逻辑在现实中并不适用。Sandel 用 Kant 本人和 Bill Clinton 总统的巧妙言辞来为"不说谎"原则辩解,也非常牵强。"不说谎"作为伦理原则是社会所需要的,作为个体行为的道德律令,却并不普遍必然。而这四例实际表现的倒恰恰是群体利益,而非自由主义强调的个人权利。其具体执行或实现,仍然依存于具体的时空情境。

自由意志

问：那么，Kant 大讲"普遍立法"又有什么意义？

答：我以为其意义在于突出了人们履行道德义务所展示的伟大心理形式，展示了"人之所以为人"所独有的"人性能力"，展示了"自由意志"作为"人性"的核心地位，和人所独有的情理结构。

问：如何讲？

答：它指出每个人作出道德行为时所认定的信念：我这样做是应当适用于所有人的规则律令，所有人均应效法于我，我的行为是可以"普遍立法"的行为。按中国说法，我这种行为就是"为天地立心，为生民立命"的行为，是一种不考虑、不顾及我个人的苦乐、祸福、安危、利害以及因果，而必须服从遵循的理性的绝对律令。它突显的是人作为理性存在者的无比力量和光辉，并由此激发出远远超出动物族类的人的巨大生命力量。人不再只是吃喝玩乐、感性享受和感性存在的动物，而是可以由理性主宰自己，置苦乐、幸福、生命、经验、感性存在于不顾的"自由意志"，这就构成了"人之所以为人"的本体存在。这其实也就是孔老夫子讲的"克己复礼为仁"。孟夫子讲的"浩然之气"，"富贵不能淫，贫贱不能移，威武不能屈"。这种行为活动的心理特征，我称之为"理性凝聚"。我以为这才是 Kant 第一（"普遍立法"）、第三（"自由意志"）原则的真正内涵所在。Kant 赞赏普通老百姓能遵循道德而行事，也指的是这种"立法"心理，是指它的心理结构形式，而并非指具体社会人文内容。Kant 对法国大革命的民众赞叹不已，也是对其不惜牺牲自己的道德心理形式，而非对其伦理具体内容（过激的革命行动）。伦理道德中的特定社会内容随时空而有变迁，但这个心理结构形式却是永远常青的。

问：这也就是你在《伦理学纲要》中强调作为道德的"人性能力"？

答：它是"人性能力"的一个部分。"人性能力"还有不同于动物的人的认知能力和审美能力。但"自由意志"是"人性能力"的核心，Kant 尊之为本体。我也说过伦理道德在逻辑上和现实上优先于认知。但与 Kant 不同的是，我强调所有人性能力都不是先验或天赐，而是要经过历史的洗礼和教育的培训才能为人所拥有。

问：《批判哲学的批判》(1979，下简称《批判》) 一书就强调教育是未来各学科的核心，即培育人性。

答：那本书里就讲到从小教育儿童"不说谎"，不这样、不那样，就是为了培育这种理性克制和主宰感性的"自由意志"，培育作为个体的人不再只是趋利避害、怕痛苦、喜安乐的动物。孟子说"苦其心志，劳其筋骨，饿其体肤，空乏其身"，斯巴达严厉的军事训练，等等，都是为了培育这种百折不挠的"理性凝聚"的"自由意志"。

伦理与道德

问：既然是一种心理形式，你才说恐怖分子与反恐怖的救火队员的自我献身在个体道德即理性主宰感性、在作为理性存在者这一点上，是相同的。恐怖分子也认为他（她）们的行为是"自由意志"，可"普遍立法"，为"圣战"牺牲自己而值得他人尊敬和效法。

答：但恐怖分子所遵循的人文伦理原则和善恶观念大错特错了。何况其中还有大量受骗的妇女和儿童以为自我牺牲便可到天堂享受感性的快乐和幸福。这就不属于道德了。

问：所以你要区分伦理（外在善恶观念的遵守与灌输，由礼到理）与道德（内在心理的结构形式，由理到情）。

答：对。Hegel 虽也区分伦理与道德，但他把道德看作只是抽象的普遍原则，而根本没注意和重视道德作为非常具体的个体心理结构形式的重要性，与我根本不同。以后的学者也作过一些区分，但与我这区分仍然根本不同。Sandel 所举的许多事例，就没有清楚区分何者是与制度相关的政府行为、方案、决策的伦理,何者为涉及个人行为、心理的道德。当然,两者的绝对区分很困难,却非常必要。如果将政府行为与个人行为混在一起,便很难讲清楚。

伦理是外在的制度、风习、秩序、规范、准则,道德是遵循、履行这些制度、习俗、秩序、规范、准则的心理特征和行为,如 Lawrence Kohlberg 儿童道德发展的三层次所揭示的不同心理。伦理和善恶观念随时代社会而有各种变易,这已由大量的文献材料和文化理论所证实,包括 Sandel 也认同。昔日视为当然,今日视为不然,此地认可、赞扬,他处反对、抨击。如妇女应否守贞或改嫁、应否接受教育等等,便是例证。道德作为个体心理和行为,虽然在现实中也颇有不同,如上述 Kohlberg 的三层次便不仅在儿童而且在成人中也存在,由于道德主要应表现为行为,遵守公共法规也就可以算作道德,一般也认可这些非 Kant 严格意义上的"道德"。但按 Kant 的"本体"标准,只有并非考虑个人幸福、利害也非只是遵循准则、制度等等,而是自己立意如此能"普遍立法"的行为,才能算是道德。其他不过都是遵行或符合一般准则的有条件的假言命令的行为而已。Kant 提出这种"普遍立法"的心理形式的绝对性才是古今中外概莫能外而为人类所独有的理性结构。这样才可能"匹夫而为百世师,一言而为天下法",这才是"太上立德"。而"立德"之所以居于"立功""立言"之上,就在于它树立了"人之所以为人"这个使群体、人类能生存延续的"心理本体"。这其实就是在相对伦理人文中积淀出道德人性的绝对。我在伦理和道德的两方面都承认多样性、相对性,但反对相对主义。

总之,我以为 Kant 这两条讲的主要是人性问题,是道德心理学,而不是某种为人类"普遍立法"的政治哲学。也不可能有这种哲学。秉从 Kant 的 Rawls 最终也修改他那"公正论",剔除形而上学而退守在"重叠共识"上。

四个箭头

问：这似乎又回到"情→礼⇌理→情"了。

答：这倒与唯物史观相符合而不同于许多政治哲学由"理"（思想、观念）到"礼"（制度、秩序）的逻辑。第一个"情"是《周易》讲的"以类万物之情"的"情"。它包括个体"情欲"但不止于它，而是与"情欲"相连的整个群体生存情境，这一要点前面已讲。后一个"情"是指个体"情欲"，但也不只是感情，而是整个心灵状态。

四者之间有四个箭头的"关系"。第一个箭头由"情"到"礼"，前面讲荀子时讲过了。第二个箭头由"礼"到"理"，也就是上面讲的将外在伦理规范、风习、秩序、制度、准则变为个体内在的是非善恶的观念，这里面有理知认识。在这过程中，"理"便经常由经验而被宗教主和哲学家提升为"先验""超验"即所谓"天理""良知""纯粹理性""天地之性"等等。由"理"到"情"的第三箭头主要即是上面说的理性凝聚培育意志，以"理"主"情"，由理性通过所认同的善恶观念来控制和培育情欲，主宰行为。因之所谓"人性能力"的"自由意志"，也就是依据自己的善恶观念来自觉行动的能力，这是一种强制性的能力。

问：这三个箭头想展示的是一幅复杂的情理图景，你不想把伦理道德的根源或动力简单归结为理性或情感，无论是外在的"天理"、内在的良心或自然的情欲。

答：我反复强调历史和教育。通由历史生存的"情"境中产生出"礼"，经过教育，"礼"成为个体的"理"（善恶观念），并在行为中主宰"情"，同时通过"情"作为冲力，帮助而实现之。这就是"实践理性"。还是荀子说得好：

> 人无师法，则隆性矣；有师法，则隆积矣；而师法者，所得乎情，非所受乎性，不足以独立而治。性也者，吾所不能为也，然而可化者；

情也者，非吾所有也，然而可为也。注错习俗，所以化性也；并一而不二，所以成积也。习俗移志，安久移质。并一而不二，则通于神明，参于天地矣。(《荀子·儒效》)

"隆性"是放纵自然情欲，"隆积"就是以"礼、法"（理性）统帅自然情欲，使之积淀，最后可成为与"天地参"的"人性"。《中庸》说"天命之谓性，率性之谓道，修道之谓教"，我以为"率"乃是"帅"，即以"礼"化为内在的"理"来统帅自然生命（"性"），这就是"道"。这就是"道始于情"的"道"，此"道"之能普遍通行，还需教育，是之谓"修"。

这里要交代清楚的是：善恶观念并不是理性凝聚的"自由意志"，它只是这个"自由意志"的具体内容。"礼"作为源于巫术的实践活动，既有意志力量的"情理结构"的形式方面，又有具体善恶观念的内容方面，这两个方面组成由"礼"到"理"。所以"理"在这里有两个含义，一是指理性凝聚（意志），一是指理性内化（认识，即善恶观念）。由"礼"到"理"培训了个体理性的这两个方面。

问：人的内心善恶观念既由外在的礼仪、秩序、制度等等而来，那怎么会有新旧善恶观念歧异、对立和冲突呢？为什么会有"提倡新道德，反对旧道德"呢？

答：这恰恰是观念的先行性、预见性。"礼"进入"理"的概念认知领域后，"理"自身就相对独立，因为人的生活一直在动迁变化中，人的认识和行为既有服从、认同、归属"礼"的方面，又有背离、挑战、反抗和叛变"礼"的方面，其中也包括对"礼"作重新解说和修正、改变的方面。观念的能动性可以相当突出。新观念既有现实生活的来源，也有观念自身的变化发展的逻辑，它完全可以突破现有的"礼"的规范和要求。所以由"礼"到"理"并不是存在决定意识的机械论，认知可以先于、早于新秩序新规范新制度（即新"礼"）的出现，可以促成旧规范旧制度的崩毁或改变。"礼"和"理"从这方面讲，又是双向展开的，这就是第四个箭头即由"理"向"礼"逆向而行的虚线箭头意义所在。其他也有"双向"或"逆向",但远没这个"逆向"重要,就暂不谈了。

人性情感

问:但你又说,人性作为道德心理形式中还有人性情感,并要以 Hume 来补充 Kant。

答:人性能力、人性情感、善恶观念是我讲人的道德心理的三个组成部分。"人性能力"(意志力量)与"善恶观念"(理性认识)在实际行为中是合在一起的。它们是道德行为的动力。但道德行为除善恶观念、自由意志外,还需要人性情感的冲力作为帮助。这里的所谓"人性情感"也包含在"情→礼⇌理→情"中的最后那个"情"中。因为所谓"理主宰情"的"主宰"不仅是指理性控制、压抑甚至扼杀某些情欲(这是主要方面),而且也指理性培育、发展、宣泄某些情欲或情感,使它们作为巨大冲力,帮助理性行为的实现。

问:这方面好像 Sandel 没怎么讲。

答:Sandel 主要讨论政治哲学,不必涉及道德心理学和个体心理。我着重的是人性,必须注意这个方面。但如我屡次说明,我讲的并不是经验心理学,而只是提示一种哲学视角。我的伦理学是哲学,涵盖政治哲学和道德心理学两方面,却并不是它们本身。我不研究政治哲学,也不研究道德心理学,所以上面讲功利主义、自由主义,这里讲道德心理,都只最简略提及。Rawls 的 *A Theory of Justice*(《公正论》)还描述了一些道德心理,我只提出"理主宰情"这个观点。

问:不仅"人性能力",而且"人性情感"也需要培育?

答:情感有自然生理基础,动物也有"情",而且因为都产生在族类历史长久的残酷生存竞争中,作为生物族类自然的"情",既包括如同情、利他、合作等"好"的情绪和行为,也包括自私、残狠、杀戮、嗜血等

"坏"的情绪和行为。"文革"中,好些中学生包括女学生都非常凶狠残暴,好些恐怖分子、雇佣军以及所谓"杀红了眼"的普通士兵以杀人为乐等等,便都是特定情境中在错误善恶观念引导下的某种动物性本能的宣泄。这些错误善恶观念和邪恶文化因素可导致人比动物更凶残更暴虐,属于 Kant 所谓"本恶"(radical evil)。所以培育"好"的动物本能,排斥、控制、抑灭"坏"的动物本能,其中主要就是以理知正确认识善恶并凝聚力量来控制某些原始性能,将原始爱恶本能培育为情感冲力以执行理性命令,便是在道德上培养出"人之所以为人"的过程。这里所谓"好""坏"都是指对群体生活、人类生存而言。Kant 的实践理性因为反对经验主义,将一切感性排除在道德律令之外,便不可能重视这一点,所以应予补足。

孟荀统一于孔子

问:你是说,但由于理性的干预,人的情感也可能更坏。

答:幸灾乐祸、自欺欺人、凶狠残暴等都来自为了生存需要的动物本能,在理性驱使指引下,它们可以发展到远非动物所能比拟的高度和复杂度。例如以大规模的凶杀为乐,动物便没有。但同样,也可以将动物的"好"的本能如同情、怜悯、合作等本能发展到"仁民爱物"的伟大高度。社会生物学在揭示人的道德行为可以追溯其动物生理的根由和本能方面很有价值,但将人的道德行为直接归结于动物本能,则是谬以千里了。人各有其 DNA,自然禀赋有差异,但毕竟相近。神经元是天生的,但神经元之间的通道和结构形式却是在后天环境和教育中建立起来的,所以关键仍在于后天教育。在这里,孟子的先验"性善"需扩而充之和荀子的先天"性恶"、善乃人为,便可以统一。它们统一于孔子"性相近也,习相远也""兴于诗,立于礼,成于乐"的"学"即教育上。它也可以包容 Hume、Adam Smith 的"同情共感"理论。不是先天的"性善"或"原罪",也不是 Hume 或社会生物学的自然本能,而是"学"——

教育才是道德的根由。按 Wittgenstein "游戏规则"的说法，人们语言规则来自生活，它们并非来自个体心灵，个体心理乃由社会规范培育而成。儿童学习语言其实也就是学习社会生活中的行为规范及"游戏规则"。所以 Wittgenstein 反对心理主义、个体主义。在伦理学，这就是"情→礼⇌理→情"。两个"情"都是社会性的。

问：你讲的情欲，包括前面引用的《荀子》，似乎大都是指人们生存基本需要的物质方面。但人还有许多高级的情欲，如对荣誉、地位、财富、事业、追求真理等等欲求，以及各种审美情欲，如何解释？

答："高级"情欲与"低级"情欲有各种直接间接的复杂联系。一般说来，在"低级"情欲满足的基础上才有"高级"。而"高级"常有"低级"的铺垫、基础和渗透，如爱与性，财富、名誉、地位、事业与"食"等等。各种情况需要专门分析，上面讲功利主义的高级低级幸福已经谈过了。

问：是否有道德欲望呢？孟子说"可欲之谓善"？

答：这个"欲"便与生理需求没关系了，它是指自觉的道德意愿和认识，是所谓"心所固同然"的"礼义"即善恶观念，与 Kant 所谓"我可欲望什么"相近，已不复是与生存需要的欲望了。为避免混淆错乱，我仍然严格地把"欲"一般限定在自然生存的基本需要上。包括也不把公正感等等作为"欲望"。把"高级""低级"的所谓欲望混在一起，问题便讲不清楚。因为这里有非常复杂的不同的情理结构。

问：你的主旨始终是"情理结构"。

答：道德感情也如此。如敬重、崇仰、自豪、自尊、自责、自卑、羞愧、内疚、悔悟、同情、怜悯、羡慕、怨恨、妒忌等等，其中都有理知认识、善恶观念的渗入，结构各有差异，形式极为复杂，应由许多专门学科如心灵哲学、道德心理学、儿童心理学、脑科学来研究。但从儿童心理学也可清晰看出"礼"（外在引导、规范、惩罚）→"理"（理知认识、善恶观念和理性凝聚的主宰力量）→"情"（使"快乐的犯错者"变为"难过的犯错者"）等大体过程。

中国上古,"礼乐"并称。"礼"来自巫术仪典,其中便有"乐"(音乐)。"礼"分别等级差异,成为认知的"理"(善恶是非观念),但又通过"乐"和"仪",直接作用于塑建有自然生理基础却仍专属人类的感情。《郭店竹简·性自命出》有"宾客之礼必有夫齐齐之容,祭祀之礼必有夫齐齐之敬,居丧必有夫恋恋之哀"。《礼记》有"春禘秋尝,霜露既降,君子履之,必有凄怆之心,非其寒之谓也"(《祭义》),"馈奠之礼,所以仁死丧也"(《仲尼燕居》),"此孝子之志也,人情之实也,人情而已矣"(《问丧》),等等。更是培育与自然生理的"欲"无直接关联的"情"(如"非寒"之凄怆)来协助"理"以完成道德行为;并使情感细化而丰富,不再只是具有生物基础的各种情欲,而成为"人情"。"情""欲"有各种等级和分类,西方哲学家罗列了不少,有完全与"欲"无关的情感,如智慧的满足,道德的愉快,审美的享受,等等。它们与生理苦乐、需求欲望已无关系,却仍然是某种理性渗入的情理结构。这也就是你上面讲的高级欲望。

问:刚才你讲过"好""坏"动物本能,但儿童读物里却仍然有为儿童喜欢的恶作剧的主人翁,不听话的小顽童,如何解释?

答:这要请教儿童心理学的专家们。我以为这是为了丰富儿童的想象力和主动性,全面满足和培育儿童心理,不只是进行道德教育而已。但"恶作剧"和"不听话"也常常限于局部,并非全称肯定命题,而经常以喜剧效用收场。在大量的儿童读物中,从道德角度说,更多是忠奸分明、善恶清晰:老狐狸、大灰狼、小白兔、大公鸡,正反面相当清楚。包括小孩看戏也总喜问这是好人还是坏蛋,为自己的情感和理知取得一种道德心理立场,亦即塑造道德心理的情理结构。

问:照你所说,这都是为了培育人的善恶认知和人的好恶情感。

答:但儿童长大进入社会生活,情况便远为复杂。莫言说"每个人心中都有一片难于是非善恶定型的朦胧地带"。在现实生活中,人们都常常处在许许多多善恶是非错综交缠很难分辨和"定型"的广阔地带中。并非好人都无严重缺失,也非坏人一无是处。Dostoevsky 就充满了这种好坏善恶纠结不清而可震撼人心的描述。从而"大义灭亲"还是"亲亲相隐","道不行，乘桴浮于海"还是"知其不可而为之"，在好些时候便是非常困惑、艰难和痛苦的选择。但这些现实生活中的复杂性并非儿童所能理解，儿童有反社会性约束的生物本能，所以仍然需要首先培养明确的道德观念和道德感情。仍以"不说谎"为例，明知成人有时会说谎，却仍然得教育小孩绝不说谎，因为他们还不可能去把握处理各种"必须说谎"的特殊情况。"不说谎"在这里仍然是"普遍立法"的绝对律令。

问：实际生活中道德的两难处境的确不容易处理。

答：当年 Sartre 讲存在主义的自由选择和决定时，有人问他：到底某人应反纳粹而可能牺牲，还是应养老母以自保，二者不可得兼。Sartre 不能回答。中国也有许多"忠孝不能两全"的著名事例。在历史与道德张力巨大的今天，"公德"与"私德"的背离与矛盾，例如是讲契约原则还是讲朋友情谊，等等，使两难情境更加增多而突出。其中，市场与道德的冲突如何解决，便不容易，Sandel 书中举了好些道德在市场冲击下丧失的事例。例如罚款变成了收费，使人丧失了道德感情。Sandel 举出以色列家长迟接小孩实行罚款后，迟接的反而更多，家长们认为已付费，迟来反无所谓，没有对耽误老师的歉疚感了。但罚款又的确就是收费，以后取消收费，仍然迟接。如何办？后事如何？Sandel 没有说。

问：看来道德情感比人性能力还复杂？

答：我以前说对至死不投降的敌人会感到钦佩是一种道德感情，但又并不尽然。对好些愚忠愚孝者，一般不会产生敬佩感情。相反，会感到怜悯。对作恶多端却宁死不屈者会感到厌恶。对年幼无知盲目听从的希特勒青年团至死不悟，你会感到怜悯；但对那些纳粹骨干，尽管他们辩称自己乃忠实履行职责，执行命令（也是"绝对律令"），仍会感到厌恶。因为他们把人类积累到今天的基本善恶观念和人性感情完全践踏了。

不能倒过来

问：你这里讲了好些情感紧相联系的善恶观念，如果倒过来，以 Hume 为主，辅以 Kant，即情感为道德动力，理性不过是奴仆和工具，如何？

答：不行。这样就与社会生物学差不多了。已经讲过：动物也有情感，如同情、怜悯、爱恋等等，它们都由生物生存的自然因果律所决定，完全没有人类"自由意志"（自觉地不计因果利害、个体苦乐存亡）的道德特征，这从而也就抹杀了"人之所以为人"的"心理本体"。我仍然拥护 Kant。当前西方流行的情感论、直觉论都大抬 Hume，其实，即使是极迅速的道德直觉，也仍然是广义教育所培育包含不自觉的理性因素在内的成果，仍然是某种情理结构，这一点在上世纪 50 年代我论述美感直觉性时便着重讲过了。

问：社会生物学和自由主义者 Hayek 都认为动物有"利他"而牺牲自己的行为。

答：动物牺牲自己以"利他"也是本能，而非"自由意志"。Hayek 反对社会生物学，认为应排除这种原始性的利他本能，才是自由的个体（人）。Hayek 强调社会自发秩序、个体自由竞争，反对理性构建，反对福利政策，认同优胜劣败，以至于有人说他是社会达尔文主义。Hayek 在中国极有影响，Sandel 却很少讨论他。我以为，如果简单地说 Rawls 承续了 Kant "帮助他人"的原则，是否也可说 Hayek 承续了 Kant "发展自己"的原则呢？两人都是大师，可说是自由主义左右两大派的最大代表（尽管 Hayek 本人和一些人并不认为他是 Libertarianism）。我把他们都归在 Kant 门下，特别是把反理性构建的 Hayek 也纳入，也许有点勉强。我大概太偏爱 Kant 了。

问：你虽然十分赞赏 Kant，却仍要以中国传统的"情本体"来补足。Rawls 和 Hayek 以及自由主义左右两派却都不着重情感，只大讲理性的公正。一直演变到今日，突出"原子个人""个人权利""自由选择和决定"，甚至完全以"商业化效应"即理性计算的市场效果来判定公正，如Sandel在书中点名的好些当代经济学家。

答：我认为走偏了，由于反经验主义，Kant之后的确在政治哲学中不再有情感的位置了。但我以为在Kant那里却并没有"原子个人"等观念。Kant晚期的历史政治论文可直通Hegel和Marx。Allen Wood甚至说Kant是"开端的马克思主义"（Proto-Marxism），在《Kant的伦理思想》一书中，他专门写了一节"Kant的唯物史观"（"Kant's Historical Materialism"）。他说，虽然Kant没有阶级斗争、废除私有制和国家等思想，但是：

> 与Marx一样，Kant理解历史的基础是社会生产力的发展，人民集体力量产生出他们独特的、随历史而变迁的生存方式，从而人类历史经历了与特定生产活动的统治形态相适应的不同阶段。与Marx一样，Kant看到历史不但是争斗和冲突的场景，而且是加深不平等和压迫的场景。如同Marx的理论，Kant认为，这冲突的根源是具有敌对经济利益的不同人群之间的斗争。在这里，不同人群代表着在人类经济发展中的不同阶段。（Kant's Ethical Thought, Cambridge, 1999, p.245）

我以为，Kant的最后走向是这种整体主义而非个人主义，是人类学而非个体学。Kant那个超人类的"绝对理性"其实就是人类的总体性。"原子个人"是后代自由主义包括左右派所极力张扬出来的，并不符合Kant本意。Kant虽然可说承续Locke、Rousseau，但与他们并不相同。所以我讲承续Kant，与自由主义各派迥然不同。我是经由Hegel、Marx理论过程之后回到Kant。Kant以纯粹理性取代了上帝，Hegel作为上帝的"绝对精神"是人类意识思辨史，Marx将这思辨史改换为物质生产史。

（详见《批判》）

问：Sandel 把 Kant 划入 J.S.Mill 等欧美自由主义系列中，许多人包括你自己也把 Kant 推为现代自由主义顶峰。

答：是如此。但《批判》一书各章都是把 Kant 与 Hegel 和 Marx 联结在一条线索上论述的，并明确认为，Kant 是 Locke、Rousseau 等个体主义向 Hegel、Marx 等整体主义过渡的至关重要的转折点。Kant 高扬并用以替代神学上帝的"先验""纯粹理性"并不是"原子个人"，也不是契约原则。Kant "人是什么"的"人"应理解为由整体到个体的历史过程，并不是虚拟的、隔绝的、不变的、绝对的"原子个人"。所以我以为 J.Rawls 的"无知之幕"是片面地承继了 Kant，世上没有能甩开一切"目的""关系"完全独立的纯粹自我。《批判》一书以为，Kant "经由" Hegel 和 Marx 再回到 Kant，才是一条转换性创造的哲学新路。"经由"不是简单的否定，而是有批判有吸收的扬弃。《批判》第六版"附录"说：

> 本来，处在二百年前现代化入口，为建立现代社会性道德，需要摆脱中世纪宗教和神学的统治，Kant 祭起同样神圣的纯粹理性来替代上帝，以独立自主的自由意志来对抗前现代对权威的屈从，它给现代化所要求的个人自由开辟了道路。但自 Nietzsche 喊出上帝已死，现代化的丑陋面目日益展露，自由主义、个体主义开启了后现代虚无主义之门，尽管许多学人的 Kant 研究仍然纠缠不休在先验、个体、理性的各种琐细讨论中，转向却难以避免。J.Rawls 在其《道德哲学史讲义》中讲 Kant 的目的论王国就是共和联盟的永久和平，Paul Guyer 说 Kant 作为最高的善包含的是人类幸福而非自我中心的个人幸福，Roger Sullivan 说"道德律令形式的权威性和普遍性使我们不可能不认为好像是神意而敬畏，对 Kant 这就是宗教的本质"。《批判哲学的批判》初版指出在第三批判中上帝只是人的主观信念，上

帝（也包括各种"超验""先验"等等）实际是围绕人旋转，人的生存延续是更根本的。这些都是走向"人是什么"即以人为本（人类的生存延续为根本）的人类学视角。这个人类学视角是历史的。Kant 历史观一文曾指出，从个别主体上看来是杂乱无章，从整体上却能发现这些自由意志的行为中有一种规律性的、缓慢和漫长的发展进程，这是"大自然的隐蔽的计划"。"大自然迫使人类加以解决的最大问题，就是建立一个普遍法治的公民社会"，并以此达到各共和国家的联盟的"永久和平"。Kant 指出，迟早将支配每一民族的商业精神、金钱利益而并非个人道德，才是促使战争消失、实现和平的根本动力。凡此种种，都可以直接与当今现实联系起来。可见，由先验走向经验，由个体走向人类，由与经验无关、与幸福无关的纯粹理性（如三条道德律令）走向人类本体、历史进程、世界和平、集体幸福（而且首先是人类物质生存方面的幸福），便自然成为不同于传统 Kant 研究的新的"路向"。而《批判哲学的批判》在三十年前所提出的，也正是这种人类学的新路向，如初版强调 Marx 的"自然的人化"，提出使用—制造工具以说明"认识如何可能应从人类如何可能来解答"，等等。

也许扯得太远了。但在大讲"个体自由""契约原则"时，不断提及这个人类学和经济生活基础是重要的，才能展示这个"由整体为个体存在"的历史事实和漫长过程，这也才好与前面讲荀子、讲"情欲"、讲"情理"交会接头。

问：请谈谈著名的海上四人杀一活三案，Sandel 也大谈此案。

答：Sandel 在他编的《公正读本》（2007）中把此案作为第一章。简单说来，"人是目的"，如果四人宁愿同死而不食、不杀，在伦理和道德上就最崇高。因为它实现了牺牲自我的"普遍立法"和"自由意志"的心理形式。从现实情境看，杀一而活三，虽然"差劲"很多，但仍可以谅解。"死生亦大矣,岂不痛哉。"谁也不愿白白等死,总想多活几天,以图得救,而且被杀者本已快死,也许最好是等人死后再行分食,也就不会发生这个犯罪问题了。法庭以"谋杀"判两人死刑,其中含有如不作此判决便可推论允许杀至最后一人的理性逻辑,毕竟是杀人,必须执行"杀人者死"的法令以维持社会公正,体现法律的尊严不可侵犯。此案最后由国王赦免,将两人减刑至囚禁六个月。减刑并非依据功利主义的理性原则(死四不如死一),而是依据具体情境即"人情"所作出,其中大有情感因素(我未专门研究该案件,此系猜测)。拙作《论儒法并用》曾举董仲舒驳倒"伤父者死"的法律,以"人情"(具体情境,内含情感)来修正既定法律的"儒法互补"案例,有可比较处。这里,情感因素如何以理性方式进入判断、考虑和决定,用离"经"却不叛"道"的"权"来实现"范导和适当构建",便是要点所在。

问:"合情"能以理性来表述或表达吗?

答:"没有无缘无故的爱,也没有无缘无故的恨。"情感可以经由理性分析作出表述和论证,而言之有理、持之有故。情感通过事实陈述和解说,不仅打动而且可以说服人心。也就是说,这个"情"也是有原因或理由的,"合情"也得讲道理。只是这个道理有时越出了原来的法理范围,却合乎民情和公意。前面提到的"将功折罪""戴罪立功"就是。中国人常说"酌情"处理,也是指根据具体情境(其中包括情感)而不必固守某些既定理则来办事。孔子一生讲"礼",多次指责管仲"不知礼",却又从总体上肯定管仲,"如其仁,如其仁",便是一个"行权"(不死守礼"经")、"合情"(理不全在"礼"中)的典范例证。

善恶观念

问:你的人性之分中,除人性能力、人性情感外,便是善恶观念了。善恶观念本属于变迁的伦理人文,为何进入了"绝对"的内在道德人性?

答：善恶观念前面已讲了不少，正因为有此属于外在的变迁的伦理人文，内在的人性结构特别是人性能力才不是一个空盒子。理性凝聚的自由意志必须有其具体内容，才能形成具体行为。能力本身虽可独立于此变动不居的善恶观念，但无此善恶观念，能力也只是手上未射"好箭、好箭"，即是可能性而非现实性，任何意志行为都有其具体内容。伦理学讲的就是人的行为。

问：善恶观念既是变化的，又如何能变为"共同人性"的一部分呢？

答：所以这里要着重说明（其实上面已经谈过了），善恶观念虽然随时代社会而变化，但随着社会的发展、生活的进步，善恶观念也在不断积累中进步。养老毕竟替代杀老，明器毕竟替代人殉，缠足毕竟废除，恋爱毕竟允许……而且由于人类物质生活、市场经济的逐渐同质化，衣食住行、性健寿娱的不断改善、丰富和在这基础上精神享受、幸福的增长，在各种相对中积淀着绝对，使善恶观念也逐渐接近和一致。塔利班、恐怖集团对待妇女的善恶观念已为人类大多数所不齿。人们有了更多的伦理学共同语言。这样，由人类历史积累出来的善恶观念也就由人文而人性，成为共同人性一个部分，它渗入人性能力和人性情感之中。

问：提出这种既变易又积累的善恶观念，是既反对伦理绝对主义又反对伦理相对主义？

答：我仍然坚持社会生活的进步使伦理道德也进步的观点。相对主义的确看到了善恶观念的社会变易性，但未足够重视历史的积累性。原始部落猎取人头时，猎者和被猎者均视作"理所当然"，可以无情感上的不适。今日可能吗？至今尚存遗址的古罗马斗兽场上纵兽食人，开头是吃基督徒众人狂欢，基督教成为国教后，以爱为教义的基督徒也观赏得欢呼雀跃，今日可能吗？"康乾盛世"时一人获罪满门抄斩，今天能容忍吗？小女孩自动积极地要求缠足，今天还有吗？无论在社会伦理制度上还是在个体道德心理上都改变了。许多传统观念和情感被扔弃了，"天理""良心"都改变了。社会的进步导致观念的改变，观念的改变也使情感发生改变。整个人类的伦理和道德都在进步中。中国上世纪七十年代末八十年代初改革开放之初，为什么牛仔裤披肩发要引起那么大的争论？不仅在观念上（"资产阶级自由化""伤风败俗"）而且在情感上（爱好还是厌恶，"看不惯"还是"很喜欢"）。共同的善恶观念和好恶感情一样，经常是在冲突中来积累，合理的观念和正面的情感只能在继承和冲突中获得肯定、巩固、扩大和加深。这样，人在相对中积累出绝对，便使人性获得成长。前面已提过，同样是集会，为什么应该禁止复活纳粹的活动而不应该禁止反对种族隔离活动（Sandel所举例），这的确不是"无知之幕"和"中立性"等原则或假定所能解释，这来自人类历史性积累所展现和形成而日益普遍化和共同接受的善恶观念。它来自人类生存延续所积累的经验教训。F.Engels曾说，妇女解放是人类解放的某种尺度。中外各文化、宗教对待妇女是最鲜明的例证，对妇女的诸多虐待、压迫、抑制、不公，今天仍然大量存在，但迟早会要改变。这里没有什么伦理相对主义，这也正是人性道德中去恶趋善的延续。它与人类总体物质生活中的生存延续相配合。它也是最后那个"情"的培育、生长，又会造成第一个"情"的发展改善。这样的来回往返，形成良性循环，这就是人性与人文的辩证互动，这就是历史的前进步伐。可见，自由主义的许多原则并非来自Kant或Rawls的理论假设，而是来自社会生活和人类经验。Kant等人将之抽象为"普遍必然"的"先验理性""天赋人权""原子个人"等等，虽然它们并不成立，但毕竟把人的地位作了极大提升，促进了人们为之奋斗，在历史上和现实中起了良好作用。

蔡元培的话

问：看来，善恶观念、人性情感、人性能力，构成了你讲的"道德心理学"即个体内在的心理结构形式的三个要点或要素。

答：蔡元培《中国伦理学史》一段话可以在此引用：

人之成德也，必先有识别善恶之力，是智之作用也。既识别之矣，而无所好恶于其间，则必无实行之期，是情之作用，又不可少也。既识别其为善而笃好之矣，而或犹豫畏葸，不敢决行，则德又无自而成，则意之作用，又大有造于德者也。故智、情、意三者，无一而可偏废也。

"智"就是分辨善恶的人性观念，"情"就是人性情感，"意"就是人性能力，即"自由意志"。这也就是原典儒学的"知、仁、勇"三达德。这"勇"不是体力的强壮勇猛，不是"暴虎冯河"的匹夫之"勇"，而是"自由意志"的坚毅勇敢，是"虽千万人，吾往矣"（孟子）的"勇"，是"而今而后，庶几无愧"（文天祥）的"勇"，是在理性原则统帅下的行动力量，这也就是 Kant 讲的"德性"，即实践理性。

问：一开头你将人性能力分为认识（理性内构）、意志（理性凝聚）和审美（理性融化），这里讲自由意志的道德行为，其中又包括智仁勇，智相当于认识，勇是自由意志和人性能力，那仁是否理性融化的审美呢？

答：否。仁在这里是同情心及人性情感。要说明的是，前面曾引孔子"克己复礼为仁"，这个"克己复礼"的"仁"却不是此处与"智""勇"并列的"仁"，而是包含这三者的最高综合。其中有"克己"的"自由意志"，是《论语》一书"仁"的十多种不同回答中的最高层次，是 Kant 所说的"本体"所在。"仁者爱人"的"仁"才相当于此处与"知""勇"并列的"仁"。孔子回答颜渊当然大不同于回答樊迟。

至　善

问：既然认为善恶观念随时代、社会有变迁，你为何又提出"至善"？并把人类的生存延续亦即人类总体的实践活动作为至善，其意义何在？

答：它可以使"善"和伦理道德有一个客观而现实的最后依据。我以为善恶观念不能最终离开人类生存和生活，从而反对许多伦理学把"至善"归诸上帝神明，归诸先验理性，归诸"自然目的"，反对把"善"看作是个人直观或"不可定义"。这是人类学历史本体论哲学题中应有之义。同时也可说是中国传统"道始于情""礼生于情"的承续和发扬。《易传》说"一阴一阳之谓道，继之者善也"，在情感上极大地肯定天地和人类生存延续这个物质性的存在活动，这就是上面已讲过中国传统的"有情宇宙观"（参看拙作《中国古代思想史论》1985，《哲学探寻录》1994）。重要的是，这里确有一个"善"的观念与"神"关系问题。人们常常把作为道德的"善"（moral good）总看作是超越和优先于现实社会生活的某种精神、心灵、理念，实即与"神"相关，即道德必须有"神"的支持，才对人有绝对的力量，而不大认同"善"即在、也来自生活本身。Sandel 讲的"共同善"便总是隐隐约约、或明或暗地闪现着基督教的宗教道德的影子。他所推崇的"共和主义的美德"便有基督教背景，他之所以要以公民美德的自由来替代自由主义的双方自愿的自由，也如此。不如此似乎就缺少了绝对性。西方许多学理的根底总有神的影子，总认为只有超人类的神才有真正的确定性和绝对性。包括 Kant 的"纯粹理性"也是超人类的，因为人类世界的一切规范、约定、律则都是变迁的、相对的从而是不可靠的。这些学理没有重视人类经过百万年经验、历史和教育所积淀出的确定性和绝对性。从人类学历史本体论来看，既然"至善"是人类的生存延续，道德作为本体价值便无须与神意、天命或上帝相关，也有其绝对性。这大概就是我的"形而上学"。我以"人类的生存延续"来填补"上帝死了"留下的空虚。

问：以人类生存延续为"至善"是否会扼杀个体？

答：这问题很重要，但我前面已说过了。九十年代我说，以前常常是"个体为整体而存在"，现在例如在战争中，也仍然是"个体为整体而存在"。但在一般日常生活中，却该改变了。特别在理论上不能抛开个体来谈社会。

自由主义的主要历史贡献也就在这里。所以我在提出"至善"观念时便着重指出要特别警惕各种以国家、民族、宗教、阶级、主义也包括以"人类"的名义来打压、扼杀、迫害个体的理论。上面也说了,自由主义比功利主义(最大多数的最大幸福)大进了一步,亦此意也。

问:Sandel 多次讨论了同性婚恋。照你刚才所说,同性婚恋也不能以"人类生存延续"的"至善"而加以反对?

答:美国反同性恋、反同性婚就是以男女才能结婚的宗教教义(神的命令)为依据。同性婚恋有其个体基因的生理原因,对人类来说毕竟是极少数,无伤生存延续的人类大局。所以不应反对。

问:你这还是功利主义,不是自由主义维护个人权益而无须顾及"大局"。

答:不对,二者都是。"大局"有时也仍需"顾及"。所以我说功利主义和所谓"统一"的欲望主题在某种特定情境比自由主义的主张更正确,但也只在特定情境下。

问:Sandel 说按照自由主义,自己身体自己做主,同性婚、群婚、不婚、多夫多妻均无不可。

答:我以为这仍是一种抽象思维。婚姻形态随社会、时代、文化、传统而不同,群婚(远古社会)、一夫一妻(基督教)、一夫四妻(伊斯兰)、妻妾制(中国传统)、一妻多夫(某些少数民族,如"走婚")都有其经济的、宗教的、文化传统的原因,其是非曲直不是一个抽象的自我做主原则所能判定。

问:那么未来呢?现在流行同居而不结婚。

答:不知道。很可能多种形态并存。我说过从 Plato、Engels 到康有为都有"废家"的学说和思想,主张儿童"公养""公教",但我怀疑。尽管未来性爱形态可能更开放、更复杂和更多样,但亲子情特别是母爱有动物本能的强大基础,虽然当今也有不要小孩的女人(childfree),但毕竟很少。所以抚育儿童的最佳方式的家庭单位未必能够和需要废除。

亲子不只是理性而更是一种情感关系，先救溺水的自己的小孩不是由于理性的义务，如 Sandel 所说，而是情感。情感起了巨大的作用，它甚至不是道德行为而是生物本能。

问：如何看基因工程？Sandel 对此有专书讨论。

答：许多人反对基因工程，认为胚胎细胞也是人的生命，从而不应违反"自然本性"人工复制。如反堕胎一样，这是一种宗教性道德。但实际却在阻碍当代生命科技的重要发展。在中国就少有这种问题，例如没有反堕胎运动。今日世界其实便是自然人化的成果。包括粮食、果木、猪羊、犬马也都是人工培植、驯化的产物，并未违反什么"自然本性"。庄子早就反对骑马驭牛，因为违反了自然本性，但没有这些，哪来的人类文明？没有今天的高科技，哪来现代人的生活和寿命？这正是历史本体论强调的制造——使用工具并以为第一本体的原因。现代科技会带来某些祸害甚至灾难，但人最终总能将其克服，历史已有证明。"雾伦敦"和泰晤士河（均由浊变清）便是例子。今日中国的大气污染也将如此。对基因工程也应作如此观。工具本体、科学技术始终是"人类生存延续"的基础和动力，今天它们的确可以毁灭整个人类，因之不断拉警报敲警钟有好处。但也仅如此而已。Sandel 的观点也如此，他毕竟还承认基因研究有益于医疗。

《三字经》与公民课

问：当然这又涉及今天应以何种伦理规范（是传统的宗教性道德还是现代社会性道德）来进行教育的问题了。

答：仍然以"现代社会性道德"（公德）为主。这里再抄一段老话：

> 问：公民课比《三字经》重要？
>
> 答：对。正如比念《古兰经》《圣经》重要一样。公民课是灌

输现代社会所必须遵循的行为规范、伦理秩序及其理由,培育孩子从小便讲理性、守秩序、护公物、明权界、别公私,以及具有自由、平等、独立、人权等等观念。然后再加上《三字经》等传统典籍宣讲的孝亲敬师、长幼有序、勤奋好学、尊老扶幼、阅读历史、重视经验等等,使二者交融汇合,情理和谐。二者不免有差异或冲突,其中一部分可以作出新解释,例如传统大讲君臣,在现代可以转换地改变为上级发号施令,下级服从执行,但双方的人格和人身却是独立、平等和自由的,上级可以"炒鱿鱼",下级也可以"拂袖而去"。这是以现代社会性道德为基础,却也符合原典儒学"君臣以义合""君使臣以礼,臣事君以忠"的"教义",而不是后世专制政体下"君不君,臣不可以不臣"的绝对服从和无条件侍奉和依附。其中有些是不可调和的,那就应明辨是非,以符合现代生活为准。(《中国哲学如何登场?》2012,第151页)

遵循"公德"、宣扬"公德"、为"公德"而献身,是今天中国人最需要的。在这基础上,个人仍可自由地选择自己作为安身立命、终极关怀、心灵安息的各种宗教性信仰作为私德,将佛教、基督教、伊斯兰教以及儒学的普度众生、拯救灵魂、仁民爱物以及共产主义作为人生意义、生活价值,而毕生追求,均无不可。

问:公民课似乎只讲理性原则,没有情感、信仰的味道呀?

答:不然。你排队时有人插队,你不也情不自禁起反感吗?你有急事不得已而插队,不也会有歉疚感吗?"公德"(现代社会性道德)也需要情感助力来维持。今天中国最惹人痛恨的正是特权对这种程序公正的干扰、破坏和超越,以特有身份、地位、关系而不排队、闯红灯、占官位、赚大钱等等。Sandel 所列被别人概括出来"具有保守主义特征"的"共和主义公民美德"共23项("对婚姻的忠贞、经济独立、诚实、节俭、勤奋、礼仪的简洁、自我控制、纪律、节制、稳健、自制、羞耻心、服从和尊重权威、秩序、对宗教的虔诚、尊重传统、果断、勇气、抱负、热爱荣誉、爱国主义以及对公共善的热情"，《民主的不满》中译本，第 42 页），其中好些均属于"公德"，即现代社会性道德。与古希腊一样，其中也未如中国传统突出"仁爱"。

价值中立

问：这里要重复提出一个问题，自由主义所主张的"价值中立"（即"中立性"，下同）、"个人权利"、"社会契约"、"自由平等"等等"公正"，是否也是一种道德原则？Sandel 认为 Rawls 要求它们与任何宗教、传统、形而上学脱钩，乃是一种"非道德的政治"。Sandel 强调，Rawls 的"重叠共识"、价值中立不能作为人的生活目标，强调应有更高的价值指向和道德精神来指引政治，并将市场对道德的侵害归结于"价值中立"。这几乎是 Sandel 全书的主旨之一。但你是非常赞成 Rawls 的"脱钩论"的。你说这就是你讲的"现代社会性道德"，这道德无须与任何宗教、主义、传统、意识形态、形而上学相连接，它以现代经济生活为根基，如你上面所说。

答：所以我反对 Sandel 的批评。我以为 Sandel 没有重视发达国家的过往历史和发展中国家首先需要从中世纪脱身出来的现实。Sandel 谈到美国开国先贤反对工业制造业，主张农业共和国，以拯救道德。结果却是两百年后美国成了世界上最大的工业制造国，经济发展并不以先贤们的道德意识为转移。Sandel 谈论当年美国拥奴论者主张奴隶制比雇佣制要优越的论辩失败，也只从道德着眼，实际上经济力量才成为后者最终胜利的根本原因。凡此等等。Sandel 和社群主义反对自由主义表面上有类于 Hegel 反 Kant，以现实的社群反对独立而隔绝的抽象"自我"（个体）。但遗憾的是，他们缺乏 Hegel 那种具体共相的历史感，特别是他们完全漠视了 Hegel 到 Marx 这个重要的洗礼，没正视自由主义是历史地立足于现代经济生活这一根基之上,从而他所反对的自由主义的个人自由、价值中立等等,恰恰是这些国家为从传统社会的经济政治形态(如原始部族制、奴隶制、农奴制和各种宗教的、文化的专制特权)脱身出来而迫切需要的。这些"价值中立""权利优先""个人自由"就是这些国家或地区为脱身中世纪所特需的"共同善"和"美德伦理"。现在就是要确认和确保这种伦理,因为现在连形式上的法治、连形式上的自由平等人权民主都没有,为之奋斗本身就是一种美德和善。没有法治,特权横行,践踏人民,蹂躏个体,"我们开会就是法律","法律会捆绑我们的手脚","要人治不要法治",等等,言犹在耳,遗风未绝。"文革"中的"群众法庭"、公检法合一,毫无法律程序,便处死"罪犯",更是如此。所以二十多年来我一直强调法治而几乎没谈民主,1995年我提出"四顺序"论,也把政治民主排在最后(曾引起各种猛烈抨击)。因为中国既不可能有像Sandel主张的全民积极参与的古希腊式的民主,也完全不适宜于一人一票、多党竞争、直选总统的现代自由主义的民主,它们都可以走向不同形式的专制暴政。每个公民有权参与政治,但以何种方式在何种程度和等级上参与,并无既定模式可以搬用,只能在现有情况下逐步改良,以积累经验,走出一条自己的路。

总而言之,我认为上述那些"个人权利""价值中立"等等"公正"原则正是现代法治的道德内涵。这些"公正"原则实际上或者说它们之所以能在现实生活发生作用,并非来自观念或理论,不是来自John Mill、Kant、Rawls或者Marx,而是来自现代人们的经济生活,它们也就是保证现代生活而具有良好性能的道德的"善"。在这里,"对"(the right)也就是"善"(the good),"自由"(freedom)并不与"德性"(virtue)相对立,自由本身就是德性("公德"),也即是当今的"共同善"(common good)和"好生活"(good life)的组成部分,成为人们不仅在政经体制上,而且在个人行为中所应遵循的道德原则。虽然发达国家的人们也许视它们为理所当然的政治常规和行为准则,似无何道德可言。但就某些地区某些国家的人们来说，却是他（她）们为之奋力以求甚至乃"终极关怀""安身立命"之所在。包括为 Sandel 所严厉批评的"价值中立"本身就如此。它是从传统价值观念绝对主宰人们生活造成巨大灾难中所得来不易的道德原则。它是从各种政教合一体制中脱身出来的重要手段。人们可以有不信任何宗教包括儒学教义的自由，要求"价值中立"，追求"中立性"今日看来平常，当年却极为困难。像今天伊斯兰女权主义者的奋斗就不亚于殉身赴难的宗教信徒。Sandel 说"价值中立"会导致宗教激进泛滥，那两德合一的价值不中立不更如此吗？塔利班的价值绝对不中立，连古佛巨像也必须炸毁。所以今天这个"对即善"（现代社会性道德）确乎与原传统的宗教信仰、文化、风习、道德可以无关，是非常有道理的。还正因为原有的那些信仰、风习、道德扼杀、压制、束缚，也才使得争取自由、平等、人权、民主不断成为依次传递的时代强音。它通过经济生活的全球一体化而日益彰显。以 Sandel 所提问题和所举事例，可以看出，美国造成弊病的"价值中立""程序公正"，在好些地方都还是可望而不可即的追求目标。这恰恰是由于一个是已经具有现代化社会生活的国家，一个尚未。后者严重而普遍地缺乏程序观念、中立立场，各种传统和革命的风习、观念、体制、理论在不断侵犯、束缚、干扰着个体的自由和权利，从法院到学院，从社会到个体，从实践到思想。因此，注意到在发达国家中的自由主义带来的各种祸害和弊病，我同意和肯定 Sandel 突出市场对道德的损伤，但不能赞同"善优先于权利"以及某些人所主张的《圣经》《古兰经》《三字经》优先于公民课的论断。中国传统讲究"以德（教）化民"，汉代有儒吏，追求"敦风俗，厚民心"，当时两德合一，今天我们却必须在理论上首先区分两德，然后讲"范导与适当构建"，强调"以法治国"和在这基础上的"以德（教）化民"，而不能"以德治国"。这一点其实我以前已经多次讲过了，这里愿再啰嗦一遍。

问：你对社群主义如 Sandel 到底如何看？

答：第一，与十多年前一样，我不赞同社群主义和 Sandel，总体说来即便在美国，社群主义也不可能取代自由主义，只能作它的某种解毒剂而已。我所讲的"现代社会性道德"大体相当于自由主义，除自由、平等、独立、人权、民主外，诸如宽容、妥协、合作、相互尊重、机会均等、价值中立等等也在内，都是以现代社会的公共理性为基础。我认为应该承认它们也是道德，并把它们与任何以充满特定情感信仰为特色、追求某种"善"的宗教性道德区分开来。Sandel 等社群主义却批判自由主义，不把它们看作是道德。

第二，我同时重视宗教性道德对现代社会性道德的范导和适当构建，主张从中国传统的"情理结构"等等来修正公共理性的自由主义，而不像自由主义那样固守和夸大形式公正、程序公正，突出"原子个人"，强调绝对的自由选择和决定。"两德论"容许一定情况下"实质公正"的渗入，这渗入也就是"范导和适当构建"，它由"历史""情境""关系""情理结构""度""权"等范畴来掌握。

所以概括起来，以"美德"而不是以"功利""自由选择与决定"和"市场"来引领社会，我与 Sandel 在这一点上并无分歧。但有如一开头所说，中美有社会发展时段的不同，又有文化传统的不同，从而也就有上述如何看待市场、道德，什么是美德伦理，是 Aristotle、基督教还是中国传统的美德伦理，特别是承认还是否认"两种道德"（其中便包括是政府强加还是个人选择宗教性道德）等等的不同。

问：Sandel 多次讲到堕胎问题，你如何看？

答：许多宗教都反对堕胎。包括儒学也有"不孝有三，无后为大"，从而可妻妾成群，以续"香火"。但现代社会性道德既以个人为主体，生育或堕胎便属于妇女的基本权益，便应明确否认宗教所主张胎儿即婴儿的教义，而非不置可否的"价值中立"。这便不是形式公正，而渗入"实质"了。

问：不反对堕胎不与你讲的"人类生存延续"相矛盾吗？如你刚才所讲"续香火"。各宗教教义倒与之相符合。

答:"人类生存延续"也是具有历史性的,不是先于经验的不变教条。古代人寿命短,婴儿死亡率奇高,反堕胎有其当时的现实原因和正当理由。今天情况完全不同,堕胎与"人类生存延续"已无关系。

问:人到底有否自杀的个人权利?

答:"原子个人"和许多自由主义认为人有权处置属于自己的身体,因此有自杀的权利。Sandel指出,根据Kant"人是目的",人不能把自己的身体作为物件对待,所以不能自杀。但Kant和Sandel都没充分解释人何以是目的,把它当作先验自明的普遍真理。Kant不认为人完全属于自己。但Sandel强调Kant把自杀完全等同于谋杀,我以为是不妥的。从"关系主义"的儒学看,人是"关系"的存在,人被抚养成人便有对"关系"以及"类"(人类)的义务或责任。人并不完全属于自己。"身体发肤,受之父母,不敢损伤"(《孝经》),连损伤都不允许,何况自杀?我经常说,那些年轻的自杀者应在绝命前想想自己是如何长大的?对得起自己的父母否?但这又不排除在特定情况下允许自杀,如前面举出的历史事例,也如安乐死、医生辅助病人自愿早日摆脱身心痛苦的自杀等等。我认为是可以的。这仍然只能是"关系主义""情本体"对个人主义的"我的身体我做主"的范导和适当构建,而不能管控和决定,也不是宗教教义(不许自杀)和自由主义(允许自杀)的绝对律令所能抽象规定。Sandel也承认这是同情压倒了人必须生存的义务。义务也有各种不同的类别和层次,作为公民的义务与作为信徒的义务、对亲友和对人类的义务等等,便大不相同而不能等同对待或处理。

问:那么人(个体)何以是目的呢?

答:因为人类总体是由个体的人所组成的,从而个体的充分发展应该是这个整体在历史进程中所期望和奋力争取的最终目的,即"每个人自由发展是一切人自由发展的条件"(《共产党宣言》)。

权利优先于善

问：看来，与 Sandel 不同，你并不认为"权利优先于善"的"权利"与"善"毫无关联或独立于"善"。Sandel 对"权利优先于善"多有批评，请再总括一下你的回应。

答：第一，"权利优先于善"，历史本体论哲学的解释是，它是一种历史产物，既非来自超验主体自我（Kant），也非"无知之幕"的设定推论（Rawls），而是人类生存延续到近现代以大工业商品生产、劳动力自由买卖、等价交换、市场经济的社会生活所要求、所确认、所践行的普遍规则，其中突出了自由选择和决定的个人权利。

第二，尽管今天的"对"也就是"善"（公德），我却突出地把"对"与"善"（私德）区分开来（见《历史本体论》），是因为"对"在许多国家或地区与现有的宗教、传统、文化以及意识形态中的"善"并不相同，而且时常有严重分歧和冲突。"对"是现代社会生活所应遵循的公共理性，从而对许多宗教、主义的理性或非理性的情感信仰的"善"只能保持不作评论的距离态度才是最佳选择，这也就是"价值中立"的缘由和理由。Sandel 也承认他并不认为"权利"必须依附于任何社群传统或现存的"善"。

第三，但是，在现实生活中，这种突出个人权利的"善"（"对"），又仍然很难与传统的或现存的这种或那种宗教、主义、意识形态的"善"完全脱钩，实际上，"价值中立"很难完全实现。正如 Sandel 所说，那些主张堕胎乃女性人权、与宗教信仰无关的人，实际上仍然是采取了反天主教的宗教立场，那些突出个人权利和自由选择的右派自由主义者也不同意自由买卖儿童或选票。各种理性或非理性的宗教、主义、意识形态等信仰情感仍然会直接间接地渗入、干预和作用于这个"权利优先于善"的公共理性、形式公正、程序公正和价值中立而引起各种不同的斗争、议论甚至严重冲突，如上述在美国的堕胎、同性恋、安乐死等等。Rawls"重叠共识"脱钩论之所以是非常重要的"理想性"理论，也正是它想避免"权利"陷入各种"善"的严重纷争和剧烈冲突中。如伊斯兰与基督教，也可包括当年天主教与新教，今日伊斯兰的逊尼与什叶……随着全球经济一体化，个人自由、人权平等的公共理性将不断扩展，追求一个各宗教各民族各文化各传统均能接受的"重叠共识"的现代政治生活原则而倡导"价值中立"（中立性），是非常中肯和重要的。至于Sandel列举"价值中立"造成的种种弊病，可以依据各个具体情境作出"合情合理"的判断和解决。

　　第四，与《政治自由主义》一书同年，我在《哲学探寻录》(1994)中提出宗教性道德（"善"、情感、信仰）和现代社会性道德（"对"、公共理性），其后强调首先区分而后"范导和适当构建"，亦即渗入、干预和作用但不能"决定"，也是针对同一问题，认为许多事情常常有利就有弊、有得就有失，这无可避免。而关键在"度"，即随各种不同具体"情境"而有不同的对待处理。Rawls的"脱钩论"是消极的"避开"(the method of avoidance)，我的"范导论"是积极的"限定"。其不同点是，"重叠共识"如何可能，Rawls没说，我以为是由于人们共同生活在现代经济秩序中。其共同点是"权利优先于善"。Rawls要求与"善"脱钩，我的"首先区分"相同于他的"脱钩"，"首先区分"与Rawls一样，也就是要避开十几年前争论得很激烈的所谓传统与现代化的矛盾冲突，先不判断传统道德是非对错。但我又认为并不可能完全脱钩，从而着重区分之后再仔细研究分析传统道德的基础上去伪存真，取其精华、去其糟粕，来力求"范导和适应构建"，但不能"决定"，即不能"构建"到"决定"或取代"权利"的地步或程度。这是为了避免现代个人权利重新屈从、臣服于传统的"善"，个人重新从属、奴役于某种"集体"之下。如何具体把握？难矣哉。所以我称之为"政治艺术"。上面提到同一集会游行，何者应允，何者应拒？同样，宗教信仰自由是否信仰害人的邪教也自由？

如何区分正邪？搞"福利"，何种程度的"福利"还是应反"福利"？自愿兵役还是义务兵役？新闻自由，色情新闻也自由？如此等等。如何衡量利弊得失？如何能使"形式公正"与"实质公正"在冲突中取得妥协或调和？常常差之毫厘，失以千里。如何掌握分寸，过犹不及，真是"增之一分则太长，减之一分则太短"，这种"政治艺术"只有在各种具体情境中去把握、去经验、去创造，远非一个书斋的先验原则或理论设定所能直接解决。而且，这里要重复强调，任何"范导和适当构建"、任何"实质公正"对"形式公正"的渗入、干预、作用，都一定建立在"首先区分"两德（对与善）的基础之上。在中国，当前首先的是建立"公德"，建立自由、平等、人权、民主的政治生活，脱开过去各种传统和意识形态，正如"去政治化的政治"是为了从"泛政治化的政治"（"政治挂帅"）、"泛道德化的政治"（"斗私批修""狠斗私字一闪念"）中解脱（free from）一样，"权利优先于善"也如此。法治比人治、有程序比无程序、公民课比《三字经》更是今天"好生活"的保障。问题只在于，如何能有"人情"来缓冲机械性的公共理性、形式公正和市场经济、等价交换、原子个人所带来的情感缺失和人际冷漠。陈寅恪想以"三纲六纪"、梁漱溟想以"关系伦理"在社会秩序、生活规范和政治体制上来抗阻以现代经济生活为基础的个人主义、自由主义、公共理性等等，尽管仍有年轻学人在理论上极力维护，在现实生活中却是不可能的了。但是，"三纲六纪""关系伦理"在情感上，在"范导和适当构建"上，却仍有可为。它们在防阻贫富分化日形扩大、阶层固定社会隔离等方面仍大有裨益。这也正是一开头要讲"情理"和"道始于情"的缘由。前面讲到当公德与私德、遵守契约原则和维护朋友情谊冲突时，如何能在契约原则下妥协修补、抹稀泥、找中间人作和事佬、相互让一步而双赢，当然不得已时又仍得上法庭，正如个人婚恋是独立自主的，不能以传统"关系主义"的"父母之命、媒妁之言"来决定，但也可以或应该征询父母的意见，仍然是以公德为基础。

问：你这"范导与适当构建"又不"决定"的"限定论"总还有些原则性观点可讲吧？

答：这原则其实也就是我的哲学伦理学的原则，它就是"历史性""理想性"和"情感性"。"历史性"是指：第一，历史有情境性，即时代、社会的时空具体性，从而一切伦理道德均由具体历史情境决定。明确现代社会性道德并非先验原理而是历史产物。第二，历史有演进性，就人类总体说，随着物质生活的进步，伦理道德也在进步。第三，历史有积累性。即前面所讲，经由历史和教育，人类积淀出某些共同的善恶观念和好恶情感，从而可以逐渐拥有某些（也只是某些）共同的伦理准则和道德标准。这历史性三要点说明，一方面承认相对伦理，另一方面又不赞成将此"相对"神圣化和固定化，明确反对伦理相对主义，更反对情境主义（Situationism）。"理想性"主要指应估量作为范例对未来的得失利弊。我不赞成自由主义以资本主义为最终目标的历史终结说，而认为可以有一个并无道路设计却有远景想象的社会理想。如中国传统著名的《礼运·大同》，以及虽有严重缺失却不乏想象而并不求兑现的近代康有为的《大同书》。不设计理想社会却有社会理想。"情感性"前面已讲了很多，不必再说，"关系主义"在现代也主要是一种情感性。可以从这三个方面来考虑宗教性道德如何范导和适当构建现代社会性道德，以实现"新一轮儒法互用"。当然具体问题极为复杂，"适当构建"与"决定"之间也仍有相当宽阔的模糊地带，有如莫言说的"善恶观念在个人心灵中模糊地带"一样。这就更要靠积累现实经验以提出各种不同的划线原因和理由，使之逐渐形成规则。这里得依靠经验论，而非先验论。因为"度"只有在实践中才能把握，它是特殊性，而不是抽象原则的一般。这里是从特殊到一般而不是相反。Sandel说，何种政治话语能导向他那"好生活"，他不能充分回答。我这"两德论"和"和谐高于公正"可能比他那《公正》一书最后归结的几点，似更抽象实更具体，更有普适的一般性。

内圣外王之道

问：重复一下"范导"而不"决定"是什么意思？

答：即不能在根本上损害个体"权利"。在现时代，个体生存是整体生存的基础。个人权利不容侵犯这一点，反对自由主义的 Sandel 也承认。但这很不容易，它仍将是一个相当长的历史过程。"Marx 说：'每个人的自由发展是一切人的自由发展的条件'（《共产党宣言》）；另方面说：'个性的比较高级的发展，只有牺牲个人的历史进程来取得，……种族的利益总是要靠牺牲个体的利益来为自己开辟道路的'（《剩余价值论》）。Kant 说，历史'使人类物种的全部原始禀赋都将得到充分发展的普遍公民状态'，另方面指出这一目的是经过'非社会的社会性''对抗''冲突''战争''虚荣心''贪婪心''权力欲'，当然也包括牺牲（小我）才能实现，这是一个漫长的历史过程。在这一点上，Kant、Hegel、Marx 是一致的，只是 Hegel、Marx 把它作为一种铁定的客观规律（所谓'逻辑与历史的一致'），Kant 则视之为鼓舞人心却并非科学认识的目的论理念。比较起来，我认为 Kant 更准确。"（《批判》第六版附录）

问：前面讲"和谐高于公正"，现在又说"权利优先于善"，岂不矛盾？

答：这问题在《伦理学纲要》中已回答。"优先"与"高于"并无矛盾。"权利优先于善"是现代生活的基础，"和谐高于公正"是对这一生活的范导和适当构建，两者有时会有严重差异甚至发生冲突。如何协调和磨合，既需要优美的政治艺术，更需要艰难的历史过程。我所赞成的自由主义（整体为个体存在、个人权利优先）只是我的历史主义（历史发展到一定时期或阶段的要求或产物）的呈现。自由主义从属于历史主义，历史并未终结于资本社会和自由主义。既要强调公正，又以"有情宇宙观"的"和谐高于公正"作范导，以走向一个更为理想的未来，这就超越了自由主义。

问：看来你还是十多年前《历史本体论》的观点。

答：对，我很少变化。在《历史本体论》强调了"两德"的区分，提出"范导和适当构建"的观点。在社会性道德方面肯定从 Kant 到 Rawls 的"公正论",认同现代商品生产、平等交换、劳动力自由买卖基础上而必然生发出的个体主义、契约原则。这也就是现代的"外王"。但在中国"情本体"即"天地国亲师"的宗教性道德传统范导下,可以走出一条不同于西方理性至上的中国之路。《论语今读》说:

> "天地国亲师"便可以成为中国人对宇宙自然、家园乡土、父母夫妻、兄弟朋友、师长同学以及文化传统的某种道德和超道德的情感认同和精神皈依。
>
> 宗教性道德("内圣")可以经由转化性的创造,而成为个体对生活意义和人生境界的追求,它可以是宗教、哲学、诗、艺术。社会性道德("外王")可以经由转化性创造,而成为现代政治体系的中国形式:将重视人际和谐、群体关系、社会理想以及情理统一、教育感化、协商解决等特色,融入现代政治的民主体制构建中,而开辟某种独创性的未来途路。

这也就是"和谐高于公正"之路。不是"和谐"代替"公正",而是和谐"范导"公正,它即也是"西体中用"的"新内圣外王之道"。

问:你说的"新内圣外王之道"是否也就是上面说的两个"情"(个体的"情"与群体的"情")之间的"循环无端,道通为一"?个体情欲的理性培育与构建群体的和谐关系之间的相互作用。

答:也可以这么说。"新内圣外王之道"与我强调教育、强调培育人性,提出培育人性来开展未来人文相关,与我强调脑科学相关。中国伦理学传统本来就非常重视个体的修养,从原典到宋明,从孔孟到宋明儒无不强调"修身",荀子也强调"修身":"请问为国?曰:闻修身,未尝闻为国也。"(《荀子·君道》)它本是对统治者君王的要求,出自远古巫史传统("巫君"="圣王"),后来成为宗教、伦理、政治三合一的"礼教"对士大夫的要求。但君王个人的"内圣"始终开不出"外王",这个"情本体"只能渗透和托附在阴阳五行框架下,以"仁,天心也"(董仲舒),将宇宙情感化来"引儒入法,礼法交融"而维系了中国政教体制两千年。今天所需要的"新内圣外王"亦即新"儒法互用",也即是将"情本体"渗透到法治宪政、自由民主的现代体制中,不仅外在方面重视在个体权益基础上的群体和谐、人际温暖,而且内在方面强调培育人性情感。我在上世纪九十年代初写过一篇短文《世纪新梦》,说二十世纪人们在做社会乌托邦之梦,下个世纪(即二十一世纪)是否可以做人性之梦呢?我也说过,"历史终结日,教育开展时",所以九十年代初《论语今读》提出,今日又再次强调"情理结构",都是为了追求如何建立健康完满的人性,来使社会体制更为和谐,使个体的情欲得到较好的培育,不纵欲(如奢侈),不禁欲,重情意,贵修身,忠以律己,恕以待人,就会使人际关系得到更好的和睦协同、苦乐与共,从而使整个社会情境改善提升,使产生于这个情境中的礼法和观念也不断前行,这才有社会的"好生活"和人间的"共同善"。这个"新内圣外王之道",也就是中国美德伦理之路。美德伦理涉及我讲过的"处事"(What to do)与"做人"(How to be)的问题。功利主义"最大多数最大幸福"、自由主义"自己选择与决定"、Kant 的"绝对律令"、Rawls 的"原初约定"主要都是关于如 Sandel《公正》一书副标题 "*What is the right thing to do*" 所揭示的"处事",而并未着重讲"做人"即 "What sort of person to be"。西方当今涌现对 Aristotle 和其他"美德伦理"的呼唤,也可说正是对上述理论学说和今天市场主宰一切使物欲横流的不满。从而,中国传统如及时作出某种转换性创造,便有可能使这个"内圣外王之道"取得普适性的一般意义。当然仍得由现实生活作出榜样,这就与当前距离太大了。真是任重道远,前景茫茫。

孔夫子加 Kant

问：有一篇《华夏美学》（英译本）海外书评说，"李泽厚展望给人启发，让人鼓舞。如果'世界哲学'终有可能实现，很大程度上将归功于孔夫子和 Kant"。《中华读书报》的编者发表此译文时，着重加上了"孔夫子与 Kant 对话"的标题。你如何看？

答：这是国外书评者的概括，《华夏美学》一书并未直接说出，但包含有这层意思。我的"两种道德论"以及今天的谈话，不就是孔夫子加 Kant 吗？强调个体权利的现代社会性道德与 Kant 相关，强调"情理结构"的宗教性道德来自孔夫子。

问：如何讲？

答：前面讲荀子和"吃饭哲学"时曾说，"这就是我的唯物论和唯物史观"。这里可以强调指出，这个唯物史观是去除了"阶级斗争"和"先验幻相"的"Kant 的唯物史观"（"Kant's Historical Materialism"），即所谓"开端的马克思主义"（参见前面"不能倒过来"一节）。这实质上是以孔子—荀子—《礼记》的中国传统将两百年来贴在 Kant 哲学上的二元论的标签转换为唯物论，同时这也正是马克思主义在今天的中国化，即以人文（如高科技生产力）为基础、以人性（如结合脑科学探求的情理结构）为范导所引领的"内圣外王之道"。中国传统通过融合 Kant 这个最大的理性主义者，包容、吸收、消化从而承续启蒙理性的马克思主义。不止于启蒙理性、Kant 和现代社会性道德，而是加上情理结构、儒学宗教性道德即孔夫子的"范导和适当构建"，才能有更理想的"共同善"和"好生活"。所以，"孔夫子加 Kant"是个重要而深刻的概括，外国书评者和中国编辑如此独具慧眼，颇为佩服。

问：牟宗三也讲孔夫子加 Kant，与你有何不同？

答：牟纯从心性论讲 Kant，大讲"内在超越""智的直觉"以及神秘经验，完全不符合 Kant。对此我已多次评论，可参阅《说儒学四期》等文，这里不想重复。上面已讲，我讲的 Kant 是经过 Hegel 和 Marx 的历史过程和物质生活（工具本体）洗礼之后的 Kant。因之与许多讲 Kant 的人，既包括 Rawls，也包括牟宗三，都大不相同。

问：快到结尾了，如何再简单概括一下，你对自由主义和社群主义如何看。

答：这些"主义"都非常复杂，远远不是我、更不是这篇答问所能充分讨论和作出概括。社群主义前面已经讲过了。Sandel 在这两本书里提出了"市场社会"的严重问题，我认为很好。虽然中国市场作用还不够发达，但由于没有西方强大的宗教信仰作依托，道德更容易被市场迅速损伤，更要及早指出中国不能走"市场万能""市场就是共同善"之路。Sandel 所提问题是值得参考和深思的。但 Sandel 和社群主义的基本理论，我不能同意和接受，因为这容易导致倒退，重新回到各种传统、风习、主义、意识形态的主宰控制下，心安理得、心甘情愿地作驯服工具和螺丝钉，并以之为"道德"和"贡献"。相反，自由主义如 Rawls 的"差异原则""重叠共识""权利优先于善"倒是中国当前需要而可以接受的，但又要避免被庞大理性的经济机器政治机器所压倒。这只有通过中国"道始于情""关系主义"而予以修正，亦即"范导和适当构建"。至于 Sandel 提出政治是目的还是手段，是每个人应该积极参与还是不必，也即是"积极自由"还是"消极自由"以及政府是必要的恶还是应该引领的善等等重要问题，Sandel 举了许多事例，却没有也不能作出回答。它们需要专门研究。大体说来恐并无一定之规，仍得从具体情境来考虑。总起来说，我同意那位书评者的看法，我追求的世界哲学是孔夫子加 Kant，在根本理论上既不赞同社群主义，也不赞同自由主义。

问：现在流行的新左派、社群主义、新保守主义包括 Leo Strauss 和 Carl Schmitt 等人，可说都在反 Kant，都似乎在追寻某种"神"的律令、传统来重新主宰人间，以拯救世界。所以反启蒙、反理性、反人间契约。但如你所说，中国传统恰恰是"以人为本"，而不是以"神"为本，是"太初有为"而非"太初有言"，是"乐感文化"而非"罪感文化"，是"实用理性"而非"先验理性"，是"道始于情"而非"道始于神"。从而它通过"经验变先验，历史建理性，心理成本体"不但可与 Kant 沟通接头，而且也可包容以个人主体、契约原则、公共理性等社会性道德，而加以"情本体"和"关系主义"的范导，以"情理结构"替代理性至上，走出一条具有普适性的"新内圣外王之道"的现代新路。

答：是。我说过 Kant 是追求"由神到人"，现在的潮流是追求"由人到神"。不管这股潮流如何波澜壮阔、眩人耳目，中国学者们也趋之若鹜，我却愿引毛泽东的话，要敢于反潮流。中国某些年轻学人似有三"原病"，民族、民粹、神秘，穿上洋衣裳更难改易，局面不佳。

问：你讲中国传统，也讲西方传统，后者在你过去的论著中，比较看重 Locke、Tocqueville，当然主要是 Kant，而怀疑和反对激进的思想家们。你敢一再批评 Nietzsche，这在当下中国少有。

答：我抄一段不久前说的话：

我认为有必要梳理一下以下几位理论家：

一是 Rousseau。他讲公意，这就造成了后来的人民民主专政。

二是 Marx。（略）

三是 Nietzsche。虽然现在各种左派都把 Nietzsche 奉为圣人了，讲半句坏话都不行，但我对 Nietzsche 不感冒。他导致的就是纳粹，蔑视群氓，那是赤裸裸的，所以 Hitler 也是赤裸裸的，就我这个种族行，其他种族都不行，犹太人是最坏的。如今有人张口闭口就是 Heidegger、Carl Schmitt，这些人都是 Nietzsche 右派，都是走向法西斯主义的，Schmitt 不是讲上帝跟魔鬼的永恒斗争吗？Nietzsche 左派是 Foucault、Deleuze，走向无政府主义。这都是 Nietzsche 种下的恶果。

（《中国企业家》2012/20）

这记录很不准确、很不全面，我并不满意，但大致意思还不差，就不作改动了。

四 余 论

儒 教

问：下面想问一些跟 Sandel 基本无关的问题。

答：可以，但没法多讲。

问：虽然与回应 Sandel 无关，但你既讲儒学可作宗教性道德范导社会性道德，那对好些学者大肆提倡"儒教"（或"孔教"）如何看？

答：大家知道，我素来不赞成建儒教。理由何在？简单一句话，建儒教（孔教）恰恰贬低了儒学的普适价值。

问：如何理解？

答：儒学来自巫术礼仪，对人有"终极关怀"和"孔颜乐处"的人生境界的追求，具有神圣的宗教性。但又并不是宗教。儒学没有人格神，没有"天国""西方极乐世界"的愿景，也没有特定的宗教组织和仪式，与基督教、伊斯兰教、佛教或印度教等等迥然不同。建儒教者是想建立一种与基督教、伊斯兰教并驾齐驱的宗教和宗教组织，以宣扬儒学经典。但我以为儒学早已植根在中国人民生活的价值观念、风习、心理、情感方式、人生态度中（参阅《初拟儒学的深层结构说》1996）。这是一种活生生还存在着的中国人的"情理结构"。前面便说过华人社会中的"人情关系"至今仍然突出。家人重亲情，朋友重义气，个体重谦虚。这谦虚不只是客套，而是确认一己的有限和缺失，"吾日三省吾身"，但又不是那种完全匍匐在上帝神明面前的无条件的悔忏卑屈。各宗教讲心灵拯救，儒学讲"修身"，儒学的"修身"是在塑造"人之所以为人"的自然的人化，而不离开肉体。儒学对人类有一种相当准确的历史学的描记，具体地以有巢→燧人→伏羲→神农→黄帝的文化演进秩序来呈述解说，并不认为上帝造人。并指出"既济"之后有"未济"，乐观地奋力追求和探索人往何处去的命运。儒学对人从何处来和人往何处去的这种探索，远比其他宗教的"选民论""末世说"更具有全人类的普适性。儒学讲求的是，"道在伦常日用中"，它过去以亿万中国人勤劳、勇敢、自强、韧毅的长久生存延续抚平了各种内忧外患，现在和未来更将以自己十余亿人口的健康繁荣的生存态度、生活价值来影响世界。这种生存延续、这些态度、价值，恰恰是儒学的基本精神。它远远高于组建一个教派与其他宗教相比拟相抗衡。

问：这你已讲过，不必多说。

答：这次添加几段西方传教士学者卫礼贤（Richard Wilhelm）在反对袁世凯等人立孔教的议论，未加删节，以窥全豹：

> 从中国的整个历史来看，它从来没有过国教。孔子也未想到要建立一种新的教派。他无非是要传承与神的永恒意志相一致的保障人类社会秩序的伟大法则。他没有要求成为宗教的创始人。他仅仅希望传授真理，并指明在世间达致秩序与和平之道。整个世界只有一个真理。不存在任何界限可能将真理限制在某些人组成的特别的集团之中，这些人仅属于某一特定的教派，而排斥其他教派。涉及这一真理的学说，并不存在等级差别和种族差别。只要遵循这一学说，不论是谁，都会获得真理。拥有这一生命的智慧是孔子唯一的目标。除此之外，对他来讲并不存在一个能建立起教派组织的空间，这一组织会将其自身与人类的其他部分分离开来。孔子没有要求个人崇拜，这点毋庸置疑。他确实不止一次地想到过，想要获得真理跟他

个人建立关系是至关重要的。他要求自己的弟子除了勤奋地遵循永恒的真理之外,别无他求。孔子真正伟大的地方在于,他为所有的人开启了真理的大门,而没有任何教派的界限。儒家学派一直到今天都忠诚于这一榜样。尽管孔子为各代统治者所敬仰,但从来没有谁想到将儒家学说宣布为国教。就像很少有某处的某人想到将空气或水看作国家的空气或国家的水一样。空气和水之存在,每个人都可以使用,究竟它属于哪个国家或哪家教派,根本是无所谓的。真理的情形也不例外。世上本没有什么国家真理,就这点而言,如果说儒家所讲述的无非是真理的话,那它根本不能成为国教。每一类似的组织都会损害孔子的名誉,都会限制儒家真理必然的影响范围。没有一个真正的儒者会认为,对他的老师(孔子)而言,生活在一个儒教已经降格为一个宗派的社会中,是一种荣耀……东西方的伟大学说必然都不能作为单个国家的特别财产所拥有,这一时代已经到来。儒家学说有很多方面对于西方社会同样具有极大价值。因此,对孔子的尊崇最好的路径是使他的学说能在全世界广为人知。

不断侵入中国的欧洲西方文化也许是它(指孔子的学说——引者注)不得不面对的最强大对手。初看起来,古老的儒家学说似乎在被迫节节败退之后,到今天已最后终结了。但还不能作出最终结论,因为儒家学说本身具有适应现代环境的内在灵活性。可以肯定的是,自中华民国建立以来数年间所进行的、通过将儒学确立为国教而使基督教面对有效竞争的尝试必将失败,因为这种尝试只是从表面上移植了在本国已受到怀疑且不符合儒家精神的教会形式。

孔子的秘密正在于此:正如他毫无偏见地继承了中国古代文化并为之注入新的发展潮流一样,其影响也始终在于带来新的活力。它所代表的这种精神启示迄今还在继续发挥作用,问题仅在于是否有合适的人选发展之。

我们现在自问道:什么是奠定中国和东方最深入、最根本的力量？东方给我们提供的决定性的认识是什么？东方的哪些光亮照亮了西方及其发展？我们进一步可以问道，在中国的古代文化遗产中正在发生哪些变化，从目前的状况下可以预见哪些结果和变化？西方能够为这些变化提供准则和解释吗？

(转引自《读书》，2012年第8期，第56—57页)

这是一百年前的话，似乎可与当今倡导孔教的学者们的宏论比较一下，如何？

问：这是否为基督教传播以灭亡中国而故意如此说？

答：有点以小人之心度君子之腹吧？一百年没建儒教，中国并没亡，而且还开始强大起来了。建立教派只会引起冲突。君不见，以慈悲为怀、讲求出世的佛教徒在东南亚对伊斯兰和基督徒竟也是大打出手使用暴力吗？儒家最大特征之一是不攻异端，包容接纳，而后同化或消化之。这我已多次讲过了。

孔颜乐处

问：但儒学也有某些类似宗教的最高境界，并且由"修身"的道德提升而致，如所谓"孔颜乐处"。

答：中国哲学主要便是伦理学。孔、孟、《大学》、《中庸》也包括荀子都讲"修身"。在西方，希腊哲学的"爱智"原意也不作认识思辨解，而是指先于知、重于知的实践行为。《论语今读》前言说：

> Kant在《纯粹理性批判》中说："因为道德哲学具有高于理性所有一切其他职位的优越性，古人所谓哲学家一词一向是指道德家而言。即在今日，我们也以某种类比称呼在理性指导下表现出自我克制的人是哲学家，并不管他的知识如何有限。"（参看蓝公武译本第

570页,商务印书馆,北京)这不有些近似孔子和《论语》中的话语吗?哲学不是思辨的认识论或本体论,也不是语言治疗的技艺,而是在这个人生—世界中的"以实事程实功"的自我建立。

这种"自我建立"的最高境界或完成形态,在传统中国特别是宋明理学,也许就是所谓"孔颜乐处"。它既有关伦理学,也可以在这里简单谈谈。

问:为什么说只是"有关"?

答:因为我以为它虽然是道德,却又已经超越道德而进入宗教—美学层次,特别是其中包含有某种神秘经验。伦理学只讨论人的行为及有关心理,并不讨论神秘经验。

问:如何讲?

答:"孔颜乐处"或"颜子所好何学"是宋明理学不断讨论探索的艰难课题,虽然讲得不少,但始终很不清楚很不明晰。原因就在于它已越出道德层次,涉及神秘经验,无法理性处理,所以说不清道不明。九十年代在台湾一次讨论会上,我说大家只注意宋明理学家的"半日读书",从不谈或极少谈及他们的"半日静坐"。

问:什么意思?

答:汉唐儒者似乎少有"半日静坐"说。宋明儒者显然受佛教影响,"静坐""养心"成了"修身""明道""变化气质"的必修功课。我以为"孔颜乐处"的问题是在这个基础上产生出来的。迄至现代,梁漱溟还学密宗大手印,牟宗三虽然没学,但屡屡着重肯定神秘经验。他在哲学理论上提出"智的直觉"我以为与此有关。他大讲熊十力拍案而起,斥责冯友兰说"良知不是假设,而是呈现",也如此。但有意思的是,宋明儒者讲"孔颜乐处",却大都是一笔带过,很少详细论证或描述。牟宗三尽量发掘儒学的宗教内涵,也始终未把"良知呈现""智的直觉"以及他直接肯定的神秘经验讲清楚,远远不及基督教、印度教、佛教和其他一些宗教。

你去翻翻我多次提到的 William James 的《宗教经验种种》一书可作个对比。

问：你如何看"神秘经验"？

答：我在《关于"美育代宗教"的答问》中比较仔细地回答过了，即各种神秘经验将来都可由脑科学作出实验回答。在哲学上，Kant 是反对神秘经验的。孔夫子也只讲"成于乐""知之者不如好之者，好之者不如乐之者"，并未讲神秘经验。包括颜渊也只是"不改其乐"，尽管后儒不断把这"乐"往宗教神秘经验方向拉，但并未能确切证明它乃孔、颜原意。我以为从伦理学角度说，中国传统所追求的道德最高境界或道德人格的完成形态，乃是"自由意志"的道德力量不再有对感性情欲的束缚性、控扼性、强制性、主宰性的突出显现，而是让它（道德力量、自由意志）沉浸在非欲非理、无我无他、身心俱忘的某种"天人合一"，即理性与情欲合一的心理状态中，似乎"与天地万物合为一体"，从而自自然然地或安贫乐道或见义勇为，或视死如归或从容就义，"存，吾顺事；殁，吾宁也"，无适无莫，"以美储善"，合规律性与合目的性统而为一，真是"万物皆自得，心灭境无侵"，由道德而超道德。实际上进入我所讲的以"美育代宗教"的"悦神"层次，也是冯友兰讲的"天地境界"。

问：你说的这种"境界"与宗教所追求的有差别否？

答：基督教以及其他宗教的主流大都有如 W. James 所说的是"健康心态的宗教"（the Religion of Healthy Mind），即认同这个物质世界和自己肉体生存的实在幸福，如 Hegel 所说，"根本上，上帝的生命与人的生命是完全相同的"。所以也并不要求以"苦修"去追求那"得救"的神秘经验，从而与上述中国传统有相通或相似之处。但中国的这种"出神入化"的心灵体悟的最高境界，似乎仍更注意与"身"——肉体的联系而不强调它是"纯灵"。我以为这可能与中医（也由巫史传统而来、注重"养身、长生"）有关。从而与当今某些中国学者所极力推崇的所谓"病态心灵"（sick soul）以严格禁欲、鞭打自虐、摧残肉体来追求拯救或"得道",特别是以此来获取那种"极端快乐""幸福"的神秘体验,超苦难,超时空,投进了上帝的永恒怀抱,便差别很大。这种自虐以取得"最高"快乐与 Foucault 同性恋澡堂性欲的极度体验,正是八十年代初我讲的理性与感性两种恶性异化在个体行为中的展现,在中国传统看来,既不道德也不超道德。

新的解说

问:这种神秘经验即你所谓的感性经验的神秘,可以由未来的脑科学在实验室内重复做出,因而并不神秘,也无须乎"半日静坐"去获取。倒是宇宙存在如你所说是一个不可解决的理性难题。它与中国传统有关否?

答:我想以"理性的神秘"和"人的自然化"来重新解读传统,因之所谓"孔颜乐处"便可以是面对苍天厚地而深感宇宙之无垠、天命之宏伟、事物之虚无、个体之渺小,从而畏天虚己,在"四大皆空又还得活"的人生旅途中应天顺变,及时进取,积极乐观,不为物役,超越功利,以上面讲到的种种身心合一、物我双忘的"悦神"心境来作为人生态度、生活境界。这在今日熙熙攘攘的事功利益特别是 Sandel 所讲的"市场社会"中,无疑是很好的解毒良药。真乃是"山中何所有,岭上多白云。只可自怡悦,不堪持赠君"。

问:Sandel 说 Kant 认为自由意志(即你所说的"理性凝聚")不可能用神经认知科学(即你所说的脑科学)来说明和证实,那就更不会承认神秘经验可以由未来的脑科学来解答了。

答:这是一个大问题,也是一个哲学老问题,即身心是一元还是两元的问题。我是一元论者、唯物论者,我在讲认识论、讲"美育代宗教"时已讲过了。在 Kant 时代,认为理性世界(自由意志)可以与感性世界独立、绝缘,不可能用解释现象界的科学来解释。这并不奇怪。但今天看来，自由意志既是一种心理状态，那便与呈现这种心理状态的脑神经有关，既与脑神经有关，脑科学未来便可以作出某种解说，甚至可以作出实验室的某种验证，揭示出人类不同于其他动物族类的脑神经活动，即我猜拟的经由历史积淀和个体教育的某种复杂的神经元通道和结构。这种脑科学研究成果丝毫无损自由意志的"自由"。自由意志也有其自身脑神经生理基础的因果律，从而科学可以研究。自由意志并非不同于现象界的本性（noumenon），并非神秘的天意、先验和不可知。我以"理性的神秘"即"物自体不可知"来重新解说缺乏人格神的中国传统，却并不把自由意志当作不可知的物自体。我讲的"物自体"是指整个宇宙为何存在。

问：这与"孔颜乐处"何干？

答：它可以是对"孔颜乐处"的现代解说。中国古代巫史传统在孟子那里曾有"尽性""知性"以"知天""事天"，以及"养浩然之气""平旦之气"而可"塞乎天地之间"之类的表述。东晋葛洪有《抱朴子·内篇》，宋代朱熹深研《参同契》，重视"先天图"，宋明理学则抓住《中庸》"喜怒哀乐之未发"亦即"情"的未发，来讲"圣人气象"，几乎相当于佛家的"父母未生我时面貌"的神秘，并在实践上以炼气、内丹、调气息、讲"呼吸吐纳"等等，构成他们"半日静坐"的具体内容，并表述在他们的哲学伦理学上。

问：如何表述？

答：我在《论实用理性与乐感文化》特地写了一节"宋明理学追求超验的失败"，认为宋明理学尽管在佛教影响下去追求超脱物质（"气"）的"理"，脱离身体、物体的精神、生命，但由于中国巫史传统没有两个世界的思想根源，这使得宋明儒者始终不能去明确认定另有一个完全脱离物质世界的天堂、佛国、"纯粹理性"，从而总陷入"理先于气"又"理在气中"的严重矛盾中，而不能坚定树立绝对地超经验、超世界、超自然的"超验"（或"超绝"）（transcendent）的观念或理论。因此也就使得他们那种神秘又神圣的"孔颜乐处"不能完全等同于其他宗教徒所追求和获得的神秘感受或体验。这倒更便于我将"孔颜乐处"拉向"以美启真，以美储善"的"人的自然化"。"以美启真"可以通过静坐停思、呼吸吐纳实即在人与自然各种节奏、韵律沟通同构中，亦即在"人的自然化"中对人体和人脑起一种开发、启迪，它以"人的自然化"补足"自然的人化"。这才是超伦理道德之所在。也就是我所说的"人与宇宙协同共在"的某种高级形态。

问：你是讲传统的"孔颜乐处"与其他宗教的神秘经验仍有所不同？

答：我不是研究宗教经验的专家，这问题回答不了。我只能从人的"情理结构"角度作点表面描述。中国重情理交融，没有分化。其他文化常情理别开，分途发展：理性发展为科学，情感则归属宗教和艺术。想想世界上那些巨大的宗教石建筑！理论上则是"正因为荒谬，所以我信仰"（Tertullian）。从而中国传统的"孔颜乐处"如果以 W.James 所描述的"病态心灵"的神秘经验相比，便与之有下述不同：

第一，面向或默想对象不同：中国人多面向或涉想山水云天、花鸟草木等自然景物，其他宗教多面向或默想上帝存在或神魔斗争。

第二，状态过程不同：中国是养心、断念、调息、控气的灵修静坐，追求身心和谐、物我双忘、与自然合一而得"神秘"。其他宗教常祈祷、悔忏、自虐，以身心分裂、弃身求心来超自然、得神秘。

第三，心境成果不同：中国多以平宁、安静、淡泊、和谐而愉悦，不计生死却无天国。其他则多激荡、昂扬、强力、十字架上的悲惨呼号和振奋，以超越死亡而入天国。

第四，与理性关系不同：中国并不全排理性，理性认知甚至参与其中，而后达到意志消失、无须理性。其他则多绝对排斥理性认知，以强力意志达超理性。

第五，身心关系不同：前面已讲，中国重"德润身"（孟子），重身体本身的健康、舒适、长寿。其他或相反。

问：你如何看这些不同？

答：以前我曾以山水画的平远与高远深远、"理性神秘"与"感性神秘"来作过比拟，今天我仍然以"人与宇宙协同共在"的"理性神秘"对"孔颜乐处"作重新解说。张载说，"知死之不亡者，可以言性矣"（《正蒙·太和》）。中国有"立德、立功、立言三不朽"，这"三不朽"都不在个体的灵魂升天，而仍是在这人世间的承续。这承续也就是参与这个"人与宇宙协同"的"理性神秘"的物自体世界，即"与天地参"。这就是今天可以作出的新的解说。所以我说"世俗可神圣，亲爱在人间"（《哲学探寻录》）。"天国"并不一定要在特殊神秘经验中而可以就在这个人际和世间：肯定世间有比个体自我远为巨大、远为重要的根本性的东西。2008年汶川地震救灾所展示出来的，便正是这种饱含情感、宽泛而确有的道德又超道德的中国式的"神"的律令。

问：与神的律令有何不同？

答：宗教的神律经常有非常具体的语言表述和明白规范，中国式的信仰却宽泛得多。中国传统所崇拜的"天地国亲师"便是这种饱含情感、远高出个人而又相当宽泛的对象。

问：那么，"孔颜乐处"是生活境界还是人生态度？

答：两者都是。所以它不一定要以感性神秘经验作为前提或必要条件。通过与自然韵律、节奏的同构合拍所感受、体悟的欢娱，对开阔心襟、宽广胸怀从而影响甚至决定生活境界、人生态度，可以大有作用，这里并不需要什么特别的神秘，却正是对"理性的神秘"的某种感性的把握。中国知识人没有宗教信仰，从而哲学便不只是抽象思辨，而且也承担情感—信仰的作用。前引 Kant 的话便如此。"参天地赞化育"这种原典儒学准宗教性的语言，正是对"理性的神秘"所作的积极的参照，而并非宗教。这个"与天地参"不是认为"这个世界不值得活"但又不能自杀从而只得去苦求灵魂超越；相反，而是认为"这个世界值得活"却不是现成享用而是积极参与它的工作，使之更为美好。这才是儒家精神。因之，包括修身入圣也不应只是静坐灵修。在孔子那里,"曾点气象"便不是静修状态而是风乎舞雩的动态过程,是在运动中回归自然与自然合一。这个方面今天可以大加扩展。"孔颜乐处"不止于静坐冥修,而且可以是在激剧动态、运行状况和往返过程中去追求与自然节奏韵律的共鸣、合拍、同构、一致而与自然合一,在动态的人的自然化中得到快慰、完满和极大的欢娱。

今天,在登山、攀岩、潜水、冲浪和各种冒险中,在高科技所不断带来的可更深入地挑战自然和接受自然挑战的各种体验中,以不同程度和不同形态去领略、体悟、享受自然和生命的种种节奏韵律而与自然合为一体,实现人的自然化,它使智力增强,反应加快,感觉锐敏,感受愉快,不仅启迪人的心智,"以美启真",而且傲视人生、体验生命,"以美储善",培育自己的生命力量、生活境界和人生态度,使之更高更新。它以动态的天人合一来补足静态的天人合一。动静并举,开拓更为广阔的"孔颜乐处"以参宇宙奥秘的新路,以"理性的神秘"替代和超越"感性的神秘"。

全文结语

问:总括一下。你在《世纪新梦·与中山大学教师们的对谈》(1995)中说,中国"不必一定完全重复西方现代化的过程,而可以争取走出一条自己的路,这就是我的总观点"。在《不诽不扬,非左非右》(1998)一文中说:

> 十余年来,在我的思考和文章中,尽管不一定都直接说出,但实际占据核心地位的,大概是所谓"转换性创造"的问题。这也就是有关中国如何能走出一条自己的现代化道路的问题,在经济上、政治上,也在文化上。以中国如此庞大的国家和如此庞大的人口,

如果真能走出一条既非过去的社会主义也非今日资本主义的发展新路，其价值和意义将无可估量，将是对人类的最大贡献。而且，在当今世界，大概只有中国还有这种现实的可能性，这种可能性也大概只在这三十年左右。因此，我觉得，中国人文领域内的某些知识分子应该有责任想想这个问题。

你现在如何看？

答：毫无变化，因为它们与我的哲学直接有关（参见《哲学纲要》）。在伦理学广阔领域，因涉及政治哲学（外在人文）和道德心理学（内在人性）等许多专门问题，我没有能力多说。但总而言之，我认为，在当代反理性的大潮中，中国应提出重建理性，但这"理性"不是"先验理性"而是"实用理性"；同样要重建文化，不是追求物欲的商业文化，也不是禁欲的罪感文化，而是和谐人际、情理中庸的乐感文化。这次从外到内作了某种"内圣外王之道""中国之路"的伦理学探讨，期望有助于实践中的某种转换性创造。1998年说三十年，已经过去十五年了。中国确已开始在"走出自己的路"，空前快速、举世瞩目的经济发展便是如此，社会变化和进步也很大。但政治、文化上尚未起步。因此总体看来，至少还得三十年。我不能作预言家，我要重申的只是：三五十年在历史上不过一瞬，但对个人却是一生。中国人特别是当政者应有此敬畏的历史责任感。这也属于伦理学要义所在。

问：最后看来，你这次回应 Sandel，仍是在讲自己的哲学。

答：然也。一开头就说过"以我为主"。

(完)

2013年9月于柯州波城

（此书英译已在夏威夷大学 Philosophy East and West 季刊 Volume 66 · Number 4 · 2016 Special Feature 发表）

什么是道德？*
——李泽厚伦理学讨论班实录（2015）
What is morality ?

---

* 《什么是道德？》2015年由华东师范大学出版社出版，收入本书时，删除了"哲学对谈"部分。为保留课堂实录原貌，篇中外国人名不再改为英文。——编者

第一课　从与桑德尔的异同谈起

开　场

郁振华（主持）：各位老师，各位同仁，各位同学，我们盼望已久、准备已久的李泽厚先生伦理学讨论班现在就开始了。刚才到这个会场，看到这样的情境，我们学习"情本体"学说的人，难免会有些感慨。我想起1985年的时候，李先生到华东师大来，那时候我是华东师大哲学专业的本科生，关于那个秋天的下午，我的记忆是：一路狂奔。一开始的时候，会场安排在办公楼小礼堂，大家都知道，那是很小的一个地方。一会儿会场就挤满了人，很多人在外面进不来。所以，当时组织者马上就安排转移会场，转到科学会堂，到了科学会堂，我们刚坐下来，又挤满了，那么多人在外面，走道里都站满了人，根本没法进行。最后，组织者又决定转到大礼堂。当时我们年轻，是大一的学生，就狂奔，奔过去要占一个位置。1985年的秋天，是那样一个场景。我记得很清楚，那次李先生是和庞朴先生一道来的。因为当时正好是文化热，讨论了很多的文化问题。差不多三十年过去了，今天又是这样一个场面。我感到，三十年间我们的生活发生了很大的变化，但有些东西似乎没变，比如李先生无与伦比的影响力。还有就是，在华东师大这样的优雅学府中，师生们对学问的敬意，对真理的事业的热情，三十年来也没有变。这个讨论班不是李先生给我们作讲演，而是他给我们提供文本，我们在这里平等地跟他探讨。李先生的思想体大思精，涉及很多方面，大家在读他的书的过程中有很多想法，希望跟他交流。梁启超先生说自己的文章笔端总带感情，我觉得李先生的文字总带着一种青春的色泽，所以对年轻人来说有一种特别的吸引力。在正式开始之前，我要说一个事情：为了组织安排这个讨论班，我们的童世骏教授、杨国荣教授、茅海建教授、朱志荣教授、方媛书记和陈赟教授都做了大量工作，让我们感谢他们。当然，我们最要感谢的是李先生本人，感谢他不远万里从美国飞回来，回到祖国，跟我们一道来展开这一系列的讨论。各位同学，各位同仁，让我们热烈欢迎李泽厚先生。（掌声）我今天的角色是做李先生的助教，这对我来说是无上的荣誉。好，下面我们就开始上课！

李泽厚：我先来讲几句吧。一般来说，抱希望越大，失望越大，这是普遍规律。你们听了之后，可能会觉得也不过尔尔嘛。我有些特殊情况，我的身体状况和精神状态并不是太好，因为我前天坐飞机过来，现在还有时差，当然，我想我不会睡觉，但反应可能比较慢。还有一个情况就是昨天两次去急诊，我前列腺肥大，晚上尿闭，弄得很狼狈。我昨晚很紧张：万一出现毛病怎么办呢？结果昨晚也没有睡好，尽管吃了大量安眠药。还有一个事情要说明白，我已经很多年没有上过课堂，甚至连大学的门都没有进过。为什么我特别来这里，而且要讲四次课？有人奇怪。这说来话长，因为我是 2009 年 8 月答应杨国荣教授、朱志荣教授来一次。2010 年、2011 年、2012 年，杨教授和朱教授都邀请过我，我都说好好好！今年是 2014 年了。我看到一个材料，是在美国看到的，不一定可靠，说大概三分之一的人，过了八十五岁就会得 AD（Alzheimer Disease），就是老年痴呆症的一种。我想也许明年我就会得了，因为我这几年记忆力迅速衰退，看东西过目即忘。别人是过目不忘，我是过目即忘，我想，今年再不来的话呢，可能就来不成了。答应四年，所以是四次。但是我要讲明白，第一，不是讲演会，要听我讲演的人，现在就可以退场；你以后退席也欢迎，没关系的。第二，不是记者招待会：你提问我回答。

原来我的设想是小型的,十几个人,大家交流一些看法,看能不能集中地讨论一两个问题。但不求一致的意见,这既没有可能,也没有必要。伦理学范围太大,问题太多。老实讲,就是我上四十次课也不一定能讲清楚,何况我们就只有四次讨论呢。我希望明确几个问题,供大家继续思考,也包括我自己在内。我希望大家提出意见,批评的也好,反对的也好,质疑的也好,同意的也好,都好,这也是对我写的东西的一个考验。但是都得讲点儿道理,而且不要把问题扩得太广。现在西方伦理学中有三大派别:一个是自由主义的,以康德为代表的义务论;一个是功利主义或者叫效用主义;一个是所谓的美德伦理学,现在很流行。假设我们中国现在要走一条新路的话,是一条什么路?我已经讲了五分钟废话了,爱惜时间,我就转入正题,我这本书《回应桑德尔及其他》[1],原来是准备这次讨论会以后再写的。没想到,一写起来,"下笔不能自休",也是坏毛病吧,有朋友拿去,就发表了。这本书我带的是香港版。香港版有一个很大的不同就是我把"正义"都改成"公正"了,justice,原来都是用的"正义"。因为罗尔斯那本书翻译成"正义论",大家都知道,这好像成为习惯的译法了。但是后来我觉得还是要改成"公正"。现在第一个问题,我为什么要改?随便说,说错了也没关系。还有,对不起,有时候我要剥夺主持人的主持权。

郁振华:我是李先生的助教,我同意。

justice:译为"公正"还是"正义"?

同学1:为什么翻译成"公正"而不是"正义",我觉得因为"义"带有天理和义理的意思。如果译成公正,就把它理解成是通过大家的协商达成一种共识,如果译成正义,就带有一种天理,理义。要预设一个理。

---

[1] 李泽厚:《回应桑德尔及其他》,生活·读书·新知三联书店,香港牛津大学出版社(繁体字),均2014年出版。

李泽厚：我很欣赏也很欢迎这样简明扼要的解答。那你赞成不赞成？

同学1：我是比较赞成的，因为我不相信有一个天理。

李泽厚：还有没有反对意见？都赞成吗？想一想，还有什么不同。

同学2：我认为正义带有情的一面，所以它属于宗教性道德，属于善；而公正关涉权利，是公共性的东西。李先生一直强调的是公共理性大于私人理性，社会性道德大于宗教性道德。桑德尔举例说电车撞五个人和撞一个人有区别[1]，如果撞了五个人，那么他应当承担法律责任，应该受到惩罚。但是，从个人的、从情的角度来说，比如，要撞死的那个人是我的爱人，我不想这样的事情发生，那是情的考虑。

李泽厚：好，很好！我希望你们的发言都是简短的，希望有更多人发言。那你是同意他的意见？换成公正？好，因为有很多问题，所以我们不能就这个问题纠缠太久。当然，我翻译成"公正"，基本理由跟他们一样，就是"公正"这个词好像更加理性一点。正义的情感性的因素多一点，所以翻译成"公正"，更符合西方传统。

同学3：李先生，我补充一点，在中国哲学的语境当中，翻译成公正更合适，因为公正在中国哲学语境中可以包括三层意思，就是公平、正义和公道，可以包含这三个意思。

异与同（一）：市场与道德

李泽厚：我们讲的第一个问题是 justice，大部分人同意这个翻译，也有反对的。赞成翻译成公正的占多数，但大家不要因为我赞成就赞

---

[1] 参见《公正》,中信出版社,2012年版,第22—25页,"失控的电车"节。主要内容是：一辆电车在高速运行，前方轨道上有五个工人在施工，电车刹车失灵，不远处有一个岔道，岔道上有一个工人。你是选择撞死五个人还是选择撞死一个人。如果你不是司机，而是站在桥上目睹这一情况发生的人，现在有一个胖子在你身边，如果推他下去足以使电车停住，但胖子会死，你是否会推？

成，那就没意义了。刚才两位说的理由，我觉得都相当好。不赞成的举手，可以不发言，我了解一下，有不赞成的没有？这个问题可以画上句号，就过去了。第二个问题是既然你们承认，你们已经看了我的书，也看了桑德尔的书，那么，我和桑德尔到底有什么相同和不同的地方。首先，我们有什么相同的地方？我觉得至少有两点。也可以是三点、四点，大家比较一下。首先讲相同的。

同学4：第一，桑德尔是社群主义者，而老师您也很强调关系。这种关系就涉及个体与个体，个体与群体，以及群体内部的关系，所以，两位都很强调整体性。第二，老师您很强调情本体，桑德尔讲了很多例子，实际上也是以情来动人，所以说，这也算一个相同点。

李泽厚：有反对的没有？

同学5：我有点不赞同这个同学的观点。李先生对桑德尔有一个批评，认为他恰恰在情这方面倾向不足。

同学6：李先生所讲的那个所谓关系，是建立、依托在中国传统经典上的，和桑德尔的社群主义的关系有很大差别。而且李先生特别强调度和境，强调人存在的语境，而这个语境，是深深植根于中国的传统之中的。

李泽厚：有反对意见没有？

同学4：老师刚才问的是相同的东西，（**李泽厚**：对，相同的东西。）我说的是相同的东西，你从关系来谈不同，那是下面一个问题。

李泽厚：我首先问的是相同点。现在我把问题再扩大一点，相同点，但同中也有异。最好探讨什么是相同点，然后再探讨什么是相同里面的不同。最后我们再讲异，完全不同的。

同学6：你和桑德尔都不反对市场经济。

李泽厚：这点对了，我和桑德尔都不反对市场经济。但是，不反对中间有什么不同？

同学2：您对伦理和道德有一个区分，伦理是社会性的规则，就是康德所说的法则，您讲的道德，相当于康德所讲的准则的问题；而桑德尔没有进行很好的区分。他所说的很多行为在社会公德的层面完全是适用的，这完全是功利主义的态度，比如说政府做这样的行为是合适的；但对个体就不适用了，它很多时候符合了社会性道德，但没有考虑到宗教性道德，没有涉及情的一面。

李泽厚：我们都肯定市场的价值，问题是又有什么不同？我不扯宗教性道德、社会性道德。就讲对市场这个问题上，还有什么不同？我们都反对市场价值就是最好的，票房价值不等于艺术价值。大家都承认，最流行的书不一定是最好的书，时髦不一定就是最好的。我经常引用爱因斯坦的话，赶时髦是虚荣加愚蠢。因为量子力学出来以后，爱因斯坦那时候被认为过时了。桑德尔也同意，市场价值不是共同的善，有些经济学家认为市场好的就是最好的。关于市场，我跟桑德尔讲的市场又有些什么不同？

同学 6：桑德尔虽然不反对市场，但是他反对市场道德。他区分市场和道德，这一分界线并不是从正面来定立的，您从情和欲两个方面进行了界定。同时，我觉得最重要的是从情义和理性，从更细的对比的角度作了区分。

李泽厚：太抽象了，再具体点。桑德尔书里讲，贪婪，想挣钱，就是不好的东西。贪婪本身就是一种恶。记得在八十年代初，我一再提到杰克·伦敦的一篇小说[1]。描写一个白人雇了一个黑人运鸡蛋的故事：经过千辛万苦，白人非常勤劳、刻苦、节俭，（认为）运一批鸡蛋到一个缺少鸡蛋的地方，到那里可以赚很多钱。那个黑人觉得太不值得了，抛弃了应该有的自然给你的享受。小说的结尾是到了那里以后，鸡蛋全臭了，白人自杀了。整个小说的基调是站在黑人这边说话的。我当时就提出，

---

[1] 杰克·伦敦（1876—1916），美国著名的现实主义作家。这里讨论的是他的短篇小说《一千打》：白人戴维·拉森雇用一个黑人和他一起运鸡蛋去遥远的加拿大的道森，因为他觉得那地方少鸡蛋，运到后一定发大财。最后，鸡蛋运到了，却全臭了，白人只好自杀。

白人运鸡蛋到那里错了吗？在道德上就低一层吗？

同学1：如果从功利的角度讲，两个人都是为了生存，他们的出发点都是利益。在这里没有谁更纯洁，谁更高尚。你不能因为白人这么辛苦去做，就认为他是道德的。我觉得从这个角度讲，两个人都算不上道德。（李泽厚：都算不上道德？）嗯。

李泽厚：还有没有不同或相同的意见？

同学7：他们在市场中追逐利益的行为，有一些并非是不道德的。比如，市场活动有两种可能，一种是为了生存，还有一种是为了实现自身的价值，实现自身对事业、对理想的追求。

李泽厚：后一种是道德的，前一种是不道德的？

同学7：前面一种谈不上道德，是生存问题。后面一种有一点超出道德，或者说它比道德更根本一些，为了实现理想是比道德更根本的东西。

李泽厚：那人为了生存而努力算不算道德？

同学7：它首先不是一个道德的问题，道德是之后的问题。

李泽厚：问题是什么是道德？我在美国上课的时候，经常首先提的问题是为什么要道德，Why should I be moral？我为什么要道德？什么是道德？我贪婪，想赚钱，是不道德？

同学1：想赚钱或者不想赚钱不是一个道德问题。在我看来道德是调节人和人之间关系的一种方式。赚钱不赚钱谈不上道德。只有以什么方式或者以什么心态去赚钱才涉及道德问题。

李泽厚：道德就是心态？

同学1：肯定涉及心理。

李泽厚："肯定涉及"跟"是"还是两回事。

同学1：它包含。

李泽厚："包含"和"是"还是两回事。刚才提的问题就是贪婪是不是道德？黑格尔和恩格斯都讲过，恶是推动历史前进的动力，那恶到底是不是道德？恶到底是怎么回事，这个问题牵扯到市场，赚钱本身是不是恶，是不是就应该尽量避免。桑德尔讲命名权，你们学校就有逸夫楼，这是不是道德？他捐钱，所以就有了这个名称。有那么多科学家，并没有命名权，华罗庚啊，杨振宁啊，都没有，因为他没钱捐这个楼。桑德尔讲了很多，两本书[1]都讲了这个问题，他认为这有问题。到底在什么意义上，这是道德的或不道德的？比如我们到纽约去，他举这个例子嘛——快车道，你多出钱就可以很快上车；慢车道，钱少，你就要排长队。帝国大厅有钱就能够（先上），他举了很多排队买票的例子，好像也没有一个肯定的答案。为了看音乐会，你有钱，你请人去排队买票，这似乎无可厚非。医院里，你有钱请人去排队，好像就有点道德问题了。春运时候的黄牛票，好像也没有明确的回答。我和桑德尔相同的地方是都承认有市场，认为市场价值是好的；不同的地方是我们对市场在历史上起的作用，提出了不同的看法。桑德尔书里面讲了，美国那些开国元勋，都希望美国避开工业国，成为一个农业国家。但是美国恰恰成了世界上最大的工业制造国，我以为，市场价值和应否赚钱应放在特定的情境中研究，而不是简单地肯定或否定。

李泽厚：我们还有没有相同的地方？

异与同（二）：对自由主义、功利主义的批判

同学2：都反对自由主义。（李泽厚：对！）因为自由主义强调个人自由观念，会造成对别人的损害，这会造成道德问题。

同学8：刚才那位同学说的应该是自由至上主义，即Libertarianism。

李泽厚：我和桑德尔都不满意功利主义或者自由主义，但我不完全

---

[1] 指桑德尔所著的 *Justice*（《公正》）和 *What Money Can't Buy: The Moral Limits of Markets*（《金钱不能买什么：金钱与公正的正面交锋》）。

否定他们。我和桑德尔都追求一种更高的美德。他追求的是亚里士多德的美德,我追求的是中国传统美德,这都是同中之异。我们先基本上明确几个相同点:都不赞成功利主义和自由主义,都追求一种超出两者的美德伦理学。现在讲我和桑德尔的一些根本性的不同。

同学8:我觉得您和桑德尔的一个不同是他把一些不同范畴的东西混为一谈。比如说他批判功利主义,是从一种微观层面上讲的,但功利主义本身是从政府和国家操作的角度来讲的。桑德尔是从(个人角度出发),(所以)对开电车的例子,就会带来一些比较荒唐的想法。您更多的是从情境化的角度去看问题,每一个理论都有它本身的视角,您认为我们应该站在这个理论视角上去看问题。

疯狂的电车:旁观者与司机 I

李泽厚:失控的电车,这个例子不是桑德尔提出来的,很早就有人说过。功利主义认为可以,因为推杀一个人救了五个人。自由主义认为不可以,因为推人就是杀人,侵犯了个人。桑德尔认为都不好,但他没有充分论证。桑德尔也讲到,作为一个旁观者和作为一个司机有所区别,但未讲区别何在。从这个例子中,我们可不可能得出一些普遍性的结论?

同学9:作为司机和作为旁观者对事件的参与程度是不同的。作为司机在这种情况下必须作出选择,而作为旁观者我们可以作出选择,也可以不作出选择,有两种考虑,不是必须作出选择。

李泽厚:假设你是那个人的话,你作什么选择?

同学9:我是作为司机,还是作为旁观者?

李泽厚:旁观者,首先讨论旁观者,你就在胖子旁边,他有能力堵上。(同学9:我会自己跳下去。)如果你是胖子,你跳下去,当然是不得了,你是道德模范。问题是你堵不了,他堵得了,你干不干这事?(同学9:不干。)为什么?

同学9：考虑到老师您所讲的情。

李泽厚：救你的亲人是情，你又不认识他，有什么情啊！

同学9：人性。

李泽厚：你不同情那五个人吗？那不是人性？

同学9：一个人根据他的道德原则作判断。

李泽厚：那是抽象的，你拿什么判断？救五个人，还是救一个人，不推他？

同学9：我会救一个人。

李泽厚：为什么？

郁振华：下不了手！（全场大笑）

李泽厚：也许你是女生，你下不了手。

同学9：女生不是男生，确实下不了手！

李泽厚：为什么？

同学9：这涉及人内心的判断准则。

李泽厚：问题是你内心是怎么判断的，你是同情他，还是觉得这样做不对？

同学9：因为每一个人都是平等的，我不可以用一些人的生命去换取另外一些人的生命。

李泽厚：一个人的生命不是救了五个人吗？

同学9：这就涉及一个老师讲到的功利主义。

李泽厚：我不讲主义，就讲为什么不推？

同学10：假如我站在旁观者的角度，我不会推胖子而救那五个人。因为作为一个旁观者，这件事与我没有任何关系，而如果我推了胖子，让他去救那五个人，我就从一个旁观者角度转化成一个杀人的人。

李泽厚：很清楚，很好。

同学11：老师刚才说，因为是女生所以下不了手，作为男生我也下不了手。我认同老师的一个想法，道德的来源不是康德或罗尔斯这些哲学家的预见，而可能来自于经济基础，功利主义从发生的角度讲，优先于自由主义的一些前提。但是我们现在已经进入公民社会了，自由主义已经变成了普遍的道德前提了。自由主义已经内化到我的内心结构当中了，我的感情也好，我的世界观，我的看法也好，都来自于我从小到大受到的自由主义的包容和教育，这个时候，你让我去杀一个人，我会本能地不去做。但是如果是另一种处境，比如三百年前，当功利主义还是社会的普遍的道德标准时，我可能就会去做。

李泽厚：我不想扯那么多主义，在目前情况下你不会去做？

同学11：不会。

李泽厚：理由是受社会上自由主义的影响？

同学11：是。

李泽厚：如他们认为对的，我就杀人？

同学11：对，我从小到大受到的教育就是杀人是不对的。

疯狂的电车：法律与道德、伦理

同学12：我先给大家读个法条。《中华人民共和国刑法》第二十一条：为了使国家、公共利益、本人或者他人的人身、财产和其他权利免受正在发生的危险，不得已采取的紧急避险行为，造成损害的，不负刑事责任。（笑声）紧急避险这是法律，严肃！紧急避险造成的任何损伤，必须小于避免的损害。桑德尔和李先生的大量的例子，包括这个男生说我下不了手！我可以告诉你，必须下手！这是一个生命换五个生命，那如果一个生命换五千个生命呢？五万个生命呢？五亿个生命呢？这是法律规定的，（有反对声，笑声）（**同学13**：以后遇上这种情况，我一定把你先推下去。）没问题！（笑声）这来源于边沁讲的，法律来源于潜在的道德规则。这指功利主义、效率主义。英美法系是普通法，建立在习惯法之上，遵循的是公序（风习）良俗。实质就是德治社会的规范被赋予的强制的约束力。我想表明我们在研究伦理道德的时候不能够抛开法学、法律、法哲学。这是我指出的一个德与法统一的研究路向。第二，在这种情况下，我们是否适用道德评判？我们觉得牺牲一小部分人保护大部分人这是道德的选择。这种情况下你该怎么办？这边是五千个人要撞死，这边是一个人。你到底撞向哪个？如果在这个时候你在思考道德问题，车是要开的，怎么办？你在考虑道德问题？这个时候唯一的办法是什么？旁边有个扳手，你拿起扳手自裁吧。你崩溃了呀，道德困境啊！

李泽厚：假设那五个人有你的亲人，你（推不推）？

同学12：我手里有这样的案子，小孩是自己儿子，压不压？这样的案例在2008年司考的一道单选题中就有，你该怎么选？道德是什么？道德的底线是什么？遵守法律！如果法律都不遵守，我们还谈什么道德？刚才我读的是《中华人民共和国刑法》第二十一条，在座的居然有不少人笑，你们在轻视中华人民共和国的《刑法》吗？法律的严肃性在什么地方？（**同学1**：难道法律就不能轻视吗？如果一条法律是错误的。）如果你在中国，既然你是这个法律里的公民，你就作了选择，你应该尊重这个法律，即使它是错误的。（**同学14**：美国宪法是可以改的。）对，美国宪法是可以改的，我们可以通过民主程序去改，但现在公布的法律，我们就应该遵守。

同学15：抱歉，我想解释一下刚才那位律师说的法律问题，我是学法律的，通过了司考，也有关于刑法的经验。第一，您刚才解释的那条紧急避险原则在法律上并不是义务，紧急避险与正当防卫是免责条款，即我们没有义务这样去做，但如果我们这样去做，我适用了紧急避险和正当防卫这样的条款，我可以免责。你说的不是义务，没有人规定这个时候我一定要作出紧急避险或正当防卫。其次，按照法律规定，紧急避险产生的损害不能超过一定的限度，这没有问题。这是一个紧急避险的原则问题。但是你一定说一个人的死和五个人的死比，在程度上是轻的，我觉得不符合立法的原则，因为生命的平等权和每个生命存在的价值，没有一个高低贵贱之分，我觉得您对适用法条和对法律精神的理解是错误的。

同学10：我们国家的法律根据在哪里？它的合理性的依据在哪里？尤其是刚才读的法条，根据在哪里？我觉得主要是功利主义的考量。在对生命作出选择的时候，我们国家这条法律是根据功利主义的，保全最大多数人的利益，而牺牲一小部分人的利益。但是从另外一个角度来考虑，我们为什么要把那部分人的利益给牺牲掉，他们和大部分人的利益之间应该是公平的，一个人也好，五千个人也好，五亿个人也好，我不能说一个人的生命就比五亿个人的生命要卑贱。你为了五亿个人去牺牲一个人，你问过那一个人的意愿吗？

李泽厚：那么我请问你，假设水灾要分洪怎么办？

同学10：要分洪，首先考虑往没有人的地方分。（笑声）

李泽厚：中国的人太多了，好像没有人的地方太少了。

同学10：功利主义主要用于政治学当中，在我们处理国家这些事情的时候，主要用功利主义来判断，因为国家的责任就是保障大部分人的利益，有时候难免要牺牲小部分人的利益。但是我个人在作选择的时候，我可以不这样做。在电车试验中，我作为司机，我肯定会在可能的情况下尽量避免牺牲。（笑声）

李泽厚：不可避免呢？

疯狂的电车：历史的具体的情境

同学16：我觉得在有一种情况之下，我们有可能把胖子推下去，李先生对桑德尔的批判是对的，不能以一个抽象的、先验的原则来说这样的情境都要怎么办，一定要有更具体一点的理由。比如说，五个人里面有我们的亲人，有我们觉得非常重要的人；或我们在一个公共的立场上，比如说政府官员，要进行选择的时候，情境都会不太一样。我的看法是我们讨论这样的问题，确实需要一个特别的情境，比如，那个人是我的亲人，我就有可能把胖子推下去，特别是胖子如果跟我有仇或者他是一个坏人，他在伦理上有可以指摘的地方，这会减轻我的道德的负担。所以并不能抽象地比较一个人和另一个人的生命，或作一与多的比较，它有各种可能性。

李泽厚：你有可能把那个胖子推下去？

同学 16：对。如果某种具体的情境下我可能这样做，但我是用我的意志作选择的。在这种情况下，在道德上我绝对有问题，但我选择去做一个恶人，这种情况是有可能出现的。

李泽厚：你为什么要去做恶人？

同学 16：一个更根本的看法是我们人在世界上生活，完完全全没有污点的道德纯洁性是不能实现的，有的时候，人向自然求生存本身就有（不纯洁的地方）。

李泽厚：你别提太抽象的，你站在那里，是什么动力使你那样去做？道德首先是讲"应该"，我应该怎么做？为什么应该这么做？

同学 16：比如说，有一种情境，我妻子有身孕，是五个人中的一个，我就把胖子推下去，我做这个恶人，为了我跟我的家庭。这种情况是有可能发生的。

郁振华：他有私情考虑在其中。

同学 17：如果我是那个人，在理想的道德环境下，我会把那个人推下去，前提是我没有个人的社会关系，或说我是一个无依无靠、无亲无故的人，在我的所有社会关系缺失的情况下，我会根据我心中当时的（规则）。

李泽厚：为了妻子而杀人，也承担杀人的（被）惩处，你这推理有没有普遍性？你这么做你是出自"应该"，是不是别人也"应该"这么做？

同学 17：不是的，我觉得其实只存在于个人与其社会关系的互动中。

李泽厚：那纯粹是你个人的？

同学 17：对，这是个人行为，我不知道它是否具有普遍性，但是在情理结构中，我是有根据的，我认为我应该这样做。

李泽厚：那是你个人问题，推和不推就随个人的意愿了。这还能不能成为一个所谓的道德伦理问题？

同学 13：李先生，我不讲理论，我讲我将会怎么处理这件事。如果我是一个司机，撞五个人或者一个都可以。像刚才那位同学说的，紧急避险法不是义务，我当时没有想紧急避险法，没有衡量好哪个更有价值。撞死那一个人，对司机来说没有责任，撞到五个人司机也没有责任，因为有紧急避险法来承担。如果我是旁观者，我不会推那个人下去。假如我是那个胖子，我冲出去了，任何一个胖子冲出去了，这是道德的，因为道德是自律的。假如你是一个旁观者，你没有权利去干涉别人的自律，那样你就把道德变成他律了。如果我是道德的人，我会自己冲上去。当然，我先说我做不到。但我也绝不会推任何一个人。

李泽厚：在这种情况下，司机有否规定的职业道德？

同学 12：我讲一个小案例。浙江一个空军基地，一架飞机快要失事了，飞行员在杭州上空，他想尽办法飞离市中心，结果摔在离杭州郊区四十多公里我家乡绍兴的一个农村里，压死一家农户的一头猪。请注意，是头猪不是一个人。我们表彰这个空军，他殉国了，说他是道德的选择，是个道德模范。刚才那个女生说，我不会推，问题是在当时，同学们，同志们，只有两条路好选。如果你选择损失尽量少的，我们认为你是道德的选择。

疯狂的电车：旁观者与司机 II

同学 18：李先生您好，刚才讲情的具体性，人面对很多选择，很难找到一个普遍性的规则，但是我觉得有一条规则是普遍的：必须选择！你可以选择推，可以选择不推；可以把五个人撞死，也可以把一个人撞死。

但是他不选择的话，一定是不道德的。

李泽厚：司机不动是不可能的。这两个选择你选择哪一种？要么撞死五个，要么撞死一个。

同学18：对司机来讲是两种可能，但对旁观者是三种可能。

李泽厚：对，首先搞清楚对旁观者和对司机的是不是一个问题。

同学18：我觉得不是一个问题。

李泽厚：有赞成是一个问题的没有？

同学19：这是经和权的问题。你要行权，但行权的时候它有一套规则、规矩。如果你按照那一套规律来行权，我认为都是道德的。比方说这个人，他如果心理上对一个道德是认同的，他就要考虑到一个行权的过程！在这个行权的过程中，他排除掉个人的私人感情，按照道德原则来作一个行权。

李泽厚：你认为是没有区别的？还有同意有区别的吗？

同学20：我觉得没有太大的区别，因为作这个决策权责（是一样的）。

李泽厚：当然，这个抉择肯定是一样的，假设你是一个旁观者，你推不推这个胖子下去？或者你是这个司机，你怎么办？你作出一个决策，这主要是一种意志力量，你做这个事，为了什么目的？

同学20：司机跟旁观者，他们两个的立场是一样的。他们都是为自己的决策提供理由，都不是道德的考量。

同学21：我觉得是个度（的问题）。比如说是五个人，我是旁观者，我跟他是区分的，但是五百个人，五百万个人，或者说是全世界呢，作为一个人，你就有责任去参与这个选择，这是您经常讲的一个度的问题。而且你也强调过，无论是伦理、道德还是法律，都是为了人类生存而存在的，是在人类生活中不断积累出来的。如果在我们的生存面临一个最基本的威胁的时候，任何人都责无旁贷。

李泽厚：这个问题到此为止。各人可以保留自己的意见，不用求得一致的意见。但是这里要讲清楚，假设司机，他应不应该遵守他的职业道德？职业道德里面有没有那么一条，遇到这种情况应该牺牲少数？好像打仗的时候，是牺牲多数还是牺牲少数？所以，我觉得一个人作为旁观者和作为司机是不同的，一个旁观者遵守的就是一般的社会的规则、道德、法理，假设他把人推下去，那就是杀人，所以一般在座的大部分人都不会推。因为没有义务或责任去推，伦理学就是讲的义务，讲的责任，讲我应该怎样。司机的情况就比较复杂。假设司机应该遵守尽量避免、减少死伤的规定，他就应该牺牲那一个人。问题是假设那一个人是亲人，怎么办？这是很大的问题。古代舜的父亲杀人，他臣子告上去，他放弃帝位，背他父亲跑了。这得到表扬，是孝顺。书上没有说他父亲杀了多少人，估计杀得不多。但假设他父亲杀了很多人，或者他的父亲就是一个集中营的纳粹军官，那怎么办？中国一方面讲亲亲相隐，另一方面又讲大义灭亲，这就比较复杂。简单地用一个标准来套具体问题是有问题的，它要根据各种具体的不同情境来处理。这就是我的看法。你不能屠杀无辜老百姓，所以南京大屠杀那是严重的罪行，这没有问题，纳粹集中营也是严重的罪行。炸广岛虽然受害的也是老百姓，但不能算严重的罪行。这在美国争议很大，认为美国在道德上对日本人有罪。但具体分析，如果不投，日本人血战到底，代价会更大。为什么有些算，有些不能算？在某种情境下应该怎么做？这是不是能够用一个功利主义标准或者自由主义标准就能够决定？我认为不能。刚才很多同学讲到，用抽象的原则处理具体的事情，这是不行的。假如这点大家同意，我们就可以得出一个结论：我们不能用一个非常抽象的一般原则，不管是哪个原则，运用到具体问题上去，其中都会有很多中间环节。重要的就是这些环节。所以我主张要历史地具体地来分析任何一个道德问题。你如果从一个抽象原理马上套到一个具体事例上，我是不赞成的。而所谓不套就是要对一定时空作历史的分析。这一点我不怕人家骂，你说我是马克思主义也好，是什么主义也好，反正我就是主张这个：要历史地具体地分析，而且掌握好度。好像分洪，就要淹掉一部分人，当然事先可以警告，那些人说这是我的财产啊，不能凭空损失啊，但这是不得已的选择。我讲，至善既不是上帝也不是理性，不是天赋人权，也不是人人平等，不是这些东西，人类的生存延续是最重要的。在这方面，我觉得功利主义还有意义，特别是在社会措施、治理上，为大局、为绝大多数人着想。这方面我是跟桑德尔相当不同的，因为他首先就批判功利主义。然而在美国，伦理学三大派中，功利主义至今还占着一派。

船上杀人案：法律与道德

李泽厚：刚才谈了桑德尔谈的例子，他谈的问题很多，还有代孕的问题，排队的问题，我算了一下，他在 Justice（《公正》）这本书里谈了四十个例子，他那本《钱不能买什么》，全部是例子，我们不能讨论。但是有个例子很出名，即船上杀人的案子[1]。这案例是很早的，他编的教科书 Justice: A Reader（《公正读本》）第一章就是这个案子。这本书中译本我没找到。（**朱志荣**：好像还没有中译本。）还剩下半个多小时了，我们讨论一下船上杀人这个案子。这个案子判的是死刑，但是，最后女王赦免了他们，他们只服刑六个月。这个决定是为了什么，是功利主义的吗？是自由主义的吗？还是（其他）什么？你们可以发表看法。桑德尔把它摆在第一章，这么重要，休谟、康德也好，约翰·密尔也好，都排在后面。

同学 12：人吃人的案件是非常著名的一个案子。我们认为在极端的情况下，这些人已经脱离了人类社会的文明状态，回归到自然法的状态。

---

[1] 船上杀人案，参见《公正》，第 34—37 页。主要案情：1884 年，一艘英国游船米尼奈特号（Mignonette）出海，船上一共有四人，船长托马斯·达德利（Thomas Dudley），水手埃德温·斯蒂芬（Edwin Stephens）和埃德蒙·布鲁克斯（Edmund Brooks），侍者理查德·帕克（Richard Parker）。帕克十七岁，是个孤儿，没有成家。他们在海上遇到风暴，其他三人为了生存，杀了帕克，并且吃了他，后来得救了。回到英国后，被以杀人罪起诉，这一案子引起了巨大争议。

洛克认为，根据自然法，每个人都有义务保全自己。当时是大法官制度，有几个大法官还有点崩溃，感到这个案子我没办法办下去。我的理解是，我们认为现在泛道德化了。在极端的情况下怎么办？其实跟刚才撞五个人是一个道理。如果我们在思考道德问题的时候，不去解决问题，最后结局是船上的人全部饿死。刚才那边那位同学也讲了，我们谈伦理道德的时候，实质上是为了让我们人类更好地生存下去，而不是要让我们全体都饿死。

同学 22：我有不同意见。虽然就船来说，他们进入了某种自然状态。但是你考虑这些人，除了他们自己之外，还有整个人类社会的存在。在某种意义上，他们需要为存活考虑，但他们也需要考虑他们的行为是否会形成普遍的原则。所以如果我待在船上，我知道没有发生核战争，其他人还活着，那么我宁愿饿死也不会吃那个人，因为我知道即便我完蛋了，整个人类还是会延续下去，但是同时我还会尽我所能留下一些记录，我发生了这样的事情，我作了这样的选择，以便后人或者其他人知道这件事情，这个原则可以成为人类普遍发展的原则。当你的前提是只剩下这些人——我不知道还有没有女人在。如果为了人类生存延续，我必须吃掉那个人。

同学 23：我觉得我们应该顺其自然，不是抽象地从某个观点，比如说自由主义啊，或者从道德、伦理这些角度来谈论这些问题，因为你在现实的具体的情境当中。当然我会从法或者内心的角度考虑吃不吃他。但根本没有必要对这件事进行评判，他可以吃，可以不吃。我觉得我们不应该把一个孤岛上发生的事情，再拿到社会中来，用法律裁判它，我觉得这就是语境的挪位了，这样会产生痛苦。

李泽厚：四个人，一个快死了，余下三个，有一个不赞成杀吃，但杀后他也吃了，后来要他作证人告发，那他根本不应该去作证，是不是这个意思？

同学 23：他可以告发，也可以不告发。我觉得在法律裁判的时候，法律可以不判罪。

李泽厚：你就是认为法官判错了？不应该判？

同学12：我认为，就应该像女王一样赦免，这样才符合（自然状态的情况）。

李泽厚：假设女王不赦免，就从法律上讲。

同学12：我不认为应该判死刑。

李泽厚：那判什么？根据法律杀人者死。

同学12：法律只有在文明社会才能使用！这里已经是脱离人类文明的自然状态，有一个大法官，他的判词里写道，这个案子已经不适合用人类的法律了。

李泽厚：但是刚才一位说的，还是应该判的，他的理由也很充分，你认为脱离人类社会，但最后还是判了，为什么要判？

同学1：这个案子要判，判了之后再赦免，这是两个过程。判罚遵循一个原则，赦免又遵循另一个原则，不能当作一回事。判的时候是遵循比如说法律的尊严，不能杀人或者其他的；它赦免的话，又是从另一个角度，比如说，仁慈。所以我觉得这里应该分开来考虑。

同学13：我觉得这里判和不判都没意义。到了生死关头，我就是要保存自己，难道因为知道我回去要被判死刑，我当时会住手吗？不做，我当时就死掉了，而做了，回去死掉我还有一段时间。（笑声）判刑我就觉得没有什么意义，丝毫起不到警示大家不犯罪的作用。当然了，从个人道德来说，我有恻隐之心，这是道德问题，跟法律无关。

李泽厚：关键是已经提到法院去了，法官必须判。

同学13：那是我倒霉！碰上判我死刑，仅此而已。这个法律的行为不能阻止下一个人犯这个罪。

同学24：我觉得有个方法是可以阻止的，判完之后必须要告诉他们为什么要判，因为当时他们决定吃某一个人的时候没有征得他的同意。在他们四个人当中，体能确实有不一样，身体羸弱者也确实不能活到最后，但是他们应该事先告诉他，（笑声）如果我们活下来了，我们在内心会宣扬你的道德，你也可以在一种更好的状态下死去。这样他们四个人都得到了某种升华。但是现在只有三个人得到了好处，另外一个死去的人是很痛苦的。如果我在场，我是四个人当中最弱的，牺牲我可以成全大家，我愿意死，但是你必须征得我的同意。

同学13：我的意思是说这是一个道德行为，当然我可以自律，可是法律在这个事情上你觉得有效吗？判完之后，下次遇到同样的情况，难道我不会去吃他吗？

同学24：可以吃他，但我们要大家商谈。

同学13：我觉得法律无非是摆设，除非你这法律不但要杀我，还要夷灭我九族，这个时候我可能考虑我不能吃了，威胁大了，否则你就是把我枪毙甚至或者换个死法，我一定还会吃他的。这时候法律的威慑性失效了，不是说我当时吃他是合理的。

同学24：吃他可以合理。

同学13：我再说一遍，吃他是不合理的，我这么一个自私的人，也有可能放弃吃他，把我自己给人吃，这是有可能的。但是我觉得法律在这个时候已经失去了它的任何威慑力。

同学2：我比较赞同李先生历史地具体地看待这个问题。在船上吃人，是有它一定的合理性的，但是回到文明社会它又突破了我们的道德底线。我想这件事拿到我们今天来说，也许会判，但不会判死刑。实际上在上世纪六十年代，在古代，中国都有易子而食的现象，但是即便是在六十年代，也没有判吃人的死刑，我想从人的道德底线来说应该是要判的，但是又不能判得很重，剥夺吃人的人的生命。

同学25：从道德上面来说，他们三个人违背了另外一个人的意愿，因为另外一个人并不认为自己应该被吃掉，他们在道德上肯定是要受到谴责的；同样的，这个案子中，我认为在法律上是没有意义的。因为它这样一种环境是非常特殊的，他们脱离了正常的社会。

同学 26：即便是在真实历史中，通过吃人的手段存活下来的人，回到文明社会之后，他回忆起这段经历，他会有心灵的创伤，这本身就是代价了，如果再判他死刑，是不是也要考虑他有心灵创伤在里面？

李泽厚：你是说，最后判六个月，有考虑情的因素？

同学 26：我觉得有这个考虑。

同学 27：这涉及两个不同的层面。他们在这个船上的时候，他们的情境、伦理学处境和文明社会不同，所以行动也会不同，当他们回到文明社会，文明社会有一套准则，用法律来裁判，这当中有一个跳跃。我们不应该用文明社会的法则去要求他们。这两个法则有它自己适用的不同的社会结构、经济基础。如果强行用一个去评价另一个，就会形成文明对我们所谓野蛮的侵略的正义性。比如纳粹，比如日本对中国的侵略，他们也认为是文明对于落后的一种拯救，如果要是这样的话，我觉得这样危害性就会很大。

同学 28：我觉得这里边不愿意吃，吃了之后又去告发的这个人是最道德的，或者说是最值得肯定的一个人。首先是从法律上来讲，他是守法的。他把人吃了，自己觉得是犯了法的，所以他去告了他们这个团伙。从道德上来讲，他在吃人的时候有不忍人之心，恻隐之心，所以说我觉得这个人是最应该值得肯定的。如果我自己站在那三个人当中，我会选择不吃，让他自己死了，再选择吃还是不吃。

同学 29：我觉得这跟当时的历史情况有关系，这事发生在有君主的时候，有赦免的可能，如果是搬到我们现在，我们怎么去判？（**李泽厚**：这件事发生在1884年。）赦免是偶然性，当时判他死刑是追求一种（公正）。

李泽厚：判了两个人死刑。女王改为六个月刑期。其中一人后移民澳大利亚，始终认为不应判罪。

船上杀人案：经验与先验之争

同学29：两个人死刑，遵循杀人偿命的普遍法则嘛。赦免是偶然性，不是一个普遍的东西。放在现在的民主社会，这取决于我们对道德怎么看，它是经验的还是先验的？如果道德是先验的，那么我们追求民主，从民主程序来考虑，可以通过民主投票来决定我们去杀哪一个。然后再民主投票，谁杀这个人。最后法官再民主投票判决杀人的人，全部走民主程序，这反映了我们这个社会是民主的、先验的。这种民主程序的认同，是先验的问题。（**同学30**：民主杀人。）对，这是我们社会历史当中一个民主认同的问题。

同学31：李先生在他书中不断强调援情入法、儒法互用的问题，比如董仲舒的春秋决狱[1]，在你考量、判决某个案子的时候，你可以用理性原则，但你要把情的因素加进去，强调情理结构，就不会像他们那样裁决，因为更多地把人情的因素加进去了。所以我觉得对这个案子的话，就我个人来看，我不会判死刑。

同学32：西方法律的陪审团投票，实际上是基于一种习俗，有道德评判在里面，所以它的法律并不是先验的法律条文。

李泽厚：对此有什么回应没有？

同学29：经验和先验是可以互换的。什么叫先验？先验我们最终可以追溯到上帝、宗教上去。但是经验的是什么？经验的是在当大家形成共识以后，形成的制度性实在。我们是有三个实在，物理性实在，制度性实在，技术性实在。如果形成一个制度性实在，人类都认同，对于个体来说，它就是先验的。所以我说就像语言、货币一样，我们现在都认同它。

---

[1] 春秋决狱又称"经义决狱"，是西汉中期儒家代表人物董仲舒提出来的，是一种审判案件的推理判断方式，主要是用孔子的思想来对犯罪事实进行分析、定罪，即除了用法律外，还可以用《诗》《书》《礼》《易》《乐》《春秋》六经中的思想来作为判决案件的依据。

我们的法律来源于习俗，但是习俗经过大家共同认同以后，它对个体来说就变成先验的了。

同学 9：我想对先验和经验作一下解释。这对概念出自康德。在康德那里，对先验的理解，可能和您的出入比较大。康德看来，经验和先验是两个完全不同的概念。什么叫先验呢？先于经验并能为经验所检验的被称为先验。至于你所说的语言、货币，它们已经存在，我们可以把它称为固有的东西，但用先验这个词来概括可能有点过了，因为先验这个词是有它的适用范围的。

同学 29：对，这是康德的理解，但康德不一定是正确的。

同学 9：在经验和先验的界定和区分上，最早或最出名的是康德，我们应该回到公认的康德的意义上来。当然，这并不是说您的观点是错的。

李泽厚：这是一个很重要的问题。这三个概念，经常混淆，先验、经验、超验（有些人翻译成超绝），这三个词是不一样的。我非常同意这位同学的意见。因为这个词现在一般都是在康德的语境中说的，特别是先验和超验的区别。我们讲天赋人权、人生而平等，这些到底是属于什么？

同学 9：我觉得它不能在先验的意义上说。

结　语

李泽厚：这些观念怎么来的？你讲天赋人权，好像有道理。但真的是天赋人权吗？天是什么？西方有宗教传统，到现在为止，大小哲学家，康德也好，桑德尔也好，罗尔斯也好，我觉得他们始终没有背离那个传统，它变成了集体无意识。有些（人）不信上帝的，康德一生好像没进过教堂，他显然不相信有个人格神的上帝，但是，我始终觉得他的学说中有上帝的影子。中国和西方的不同，根本原因在哪里？一个是一个世界，一个是两个世界。从柏拉图的理想国开始，西方始终是有两个世界的，它就有超验，有超越于这个世界的另外一个世界，而且那个世界比这个世界更加重要，这个世界是从那个世界来的，本源、真理也在那个世界。当然我是不赞成有个超验的东西在那里的。所以天赋人权也好，人皆平等也好，这都是在社会中产生的。只有十分钟，还没来得及讨论代孕问题，还有一些类似的问题。我在一篇文章里举过一个例子，假如你有一笔钱，你是养你九十岁的父亲，还是捐给十个非洲儿童？我想在座的各位应该都是先养父亲吧，尽管他已经九十岁了，活不了多久，为什么会作这个选择？我认为这里有一个很重要的问题，所以我讲情理结构，情本身是有价值的。这"情"不是指动物本能，而是指人的"情理结构"。一开头我讲过，为什么要把正义改成公正，原因就是用正义的情感性丰富一点，太近中国，不符西方。为什么《回应桑德尔及其他》后面附一个"儒法互用"呢？也是这个意思。功利主义和义务论的问题怎么展开，西方这方面的学说已经有几百年了，很厉害，影响至今。我们能不能走出一条（自己的路），走出中国特色的道路？我八十年代就讲了，不是因为现在政府提倡我才说的。中国这么大一个国家，能够延续这么长的时间，这是世界上没有的，埃及、巴比伦、玛雅、印加都不行。为什么中国，为什么中国人，能活这么久？我说过许多次，九十年代初，一个美国学生问我说：你们中国人不信上帝为什么还能活这么久？你得有信仰啊，你不信上帝为什么还能够维持这么久？我提出情本体，就是考虑走出一条中国的有自己特色的路。所以我在《伦理学纲要》里面讲了，西方是思辨的智慧，中国是生存的智慧。中国人的血液都是不纯的，都不是 pure，每个汉族人都流着很多不同种族的血。我经常举满洲的例子，满洲有它的语言，有它的文化，有整整一套制度，而且是统治阶级，统治了三百年，结果后来姓都改成了汉姓。在北京很多姓金的、姓赵的，都是满族，为什么姓赵呢？赵钱孙李，我第一嘛。再比如，犹太教，现在我们在开封、在扬州，还能找到它的遗迹、后人，这是最难同化的，也被同化了。基督教从明朝就传入中国了，但是在知识分子中没有地位——当然，在农村地下教会很多。其实中国式的基督教，包括我在美国碰到很多留学生，他们信的基督教，也不纯，在知识分子里面，没有成为普遍信仰。中国文化的一个特色，表现为在中国哲学中，伦理学是最主要的。在这方面，特别看你们年青一代、再下一代，能不能做出点东西来。美国现在的 Care Ethics，也就是关爱伦理学，希望下次有人讲讲。这是一个时髦，我不是很赞成，但是它有一种观点：你们现在都是男性伦理学，因此你们讲的都是独立性，而我们要讲相互依存。你们讲的都是权利，我们就讲责任；你们讲自由、平等、原子个人，我们就要讲关爱、关心、相互联系。极力攻击男性伦理学，在美国很流行，而且也很出风头，我估计国内也有研究的，这种学说恰恰讲的是情感。但它们能不能成立？它与"男性主义的伦理学"应该是一种什么关系？中国也讲关系主义，中国的关系主义和他们又有什么差别，或者相同的地方？这些都涉及情感，桑德尔与我的根本差异是他不谈情感，情感就涉及心理，政治哲学可以不谈，但伦理学必须谈，因为道德就是你的道德行为所表现出来的你的道德心理状况。你的道德来源是同情、移情，就是休谟、亚当·斯密这条线，也包括叔本华。或者你的道德来源是康德的义务论，即道德心理是理性主宰而非情感当头。我来看你并不是因为我爱你，而是因为我认为应该这么做。讨论道德心理，就牵扯到所谓人性问题。道德跟伦理的关系，是因为你有同情心，然后有道德行为，继而成为一种制度，还是先有制度，先有秩序，先有风习（风俗习惯），然后形成你的道德行为，道德心理？是由内到外还是由外到内？这些问题就更复杂了，是下几次的讨论题目，已经十一点三十分了，已经到时间了。你们还有什么意见？

同学 33：我们探讨的很多问题都没有最终的答案，但我们很想了解先生最终的看法，不管是探讨电车试验，还是探讨海上杀人，实际上并没有结论。但一个核心人物的思想它可能会给大家某一个方向的引导，让大家往这个方向思考下去。

李泽厚：简单说，你就是要我发表意见？

同学 33：对！（笑声）

李泽厚：我的意见我已经发表了。堵电车的问题，若你是旁观者，你当然不应该推他，若你是司机，你要按照规则行事，有时必须牺牲少数，那没办法，你要服从这个法规。我还是赞成康德的意见，法律你应该遵守，不对的话，要设法改正，要批判的武器，不要武器的批判。船上吃人的案例，有同学讲过，按照中国传统，绝不会判死刑，所以我很赞成中国特有的死缓，在这个例子里，死缓也不应该判，所以最后把他赦免了。这不是出于什么功利主义，它就是出于"情"。中国讲合情合理，但是合情不是不讲理，它讲的是超出一般既定法规或法律的更大的理。可见，"情本体"恰恰不是以动物也有的情，而是以人所独有的"情理结构"为体，这才是合情合理。谢谢大家！（掌声）

郁振华：谢谢李老师，谢谢各位。

第二课　道德心理结构：意志、观念、情感

开　场

杨国荣（主持）：我一直说，在当代中国哲学界，真正形成自己体系的哲学家，我们只能说有两个，一个是我们哲学系的奠基者冯契教授，另一个则是李泽厚先生。这两个人的思路很不一样，冯先生的很多观点，李先生未必同意，但是这并不妨碍两者都是真正具有创建的哲学家：不是某一方面的专家，而是哲学家。李先生对一些问题的看法，我感觉既有历史感，也有理论的洞见。我常常讲，哲学的问题需要点破，而不是在外面绕圈子，李先生对哲学上很多重要的问题，不管是历史的还是哲学理论方面的，都真正能做到点破，而不是在外面云里雾里地绕，这是他的一个很重要的特点，所以读了李先生的书以后往往给人一种豁然开朗的感觉，这是我阅读的一些真切感受。说起这一次的来访，我也是一个始作俑者，尽管这个形式是我们后来逐渐拟定的，但大概从2009年开始，我每年都在邀请。因为各种原因李先生一直没有来，今年终于成行，而且我们这个形式非常好，本来我的意思就是随便聊聊，这一次又是这样一个讨论班的形式，那就是更学术化一点，更便于李先生思想的进一步讨论。需要抱歉的是，本来李先生的第一次讲座，我就应来主持，但因外出，未能赶回来。既有失敬之处，也错过了一次聆听机会。

李先生的思考和创造一直没有中断过，好多年以前他就说要封笔了，

但是封笔之后还是一本一本的大作不断问世,所以我想他以后还是会贡献出许多创造性的思想,我们这次讨论班也应该是一个重要的契机。下面我也不多说了,我们抓紧时间转入课堂讨论。

李泽厚:谢谢!(掌声)不要鼓掌,我是最不喜欢仪式性的活动,谢谢你(指杨国荣)的讲话,但对你提两点要求:第一点,跟上次郁振华一样,我有时要窃取你主持人的权力,(笑声)我有时候要请这个或是那个同学发言或停止发言……

杨国荣:按照契约论,我让渡我的权力。(笑声)

李泽厚:第二点,你是伦理学专家又是哲学家,你应该参加讨论,而且予以指导。(**杨国荣**:我跟学生一样。)(笑声)

昨天挺热闹的,大家提出了许多问题和不同意见,但我向来是个怀疑派,会怀疑大家是不是把讨论班只当成个热闹场景。大家回去以后是否会想:到底得到了什么,有什么收获?上这个课好像茫茫然?听了之后到底有什么收获?我明确了什么问题?或者对我哪点有启发?有还是没有?摇头点头都可以。(笑声)你不摇头也不点头,就是中间派,那就麻烦了,这个课还值不值得上下去了?

同学1:李先生,讨论班的规则说,尽量不纠结于桑德尔的案例,上次我有点遗憾的是有点过于纠结于那些案例了。

李泽厚:以后会避免的。假设大家不说的话,我大概能回忆概括为三点。第一点,我主张一种历史的具体的方法来对待一个问题,而不是拿一般的、比较抽象的原理直接套上。我觉得这一点不仅仅适用于桑德尔这些案例,它有一般原理的意义。这牵扯到一个普遍性的方法论问题。经常看到讲道理时头头是道,但一碰到具体问题,就讲不清楚或者不知所措,或者就是错的,这是普遍现象。当年毛泽东批判教条主义说"言必称希腊",理论头头是道,碰到具体问题就行不通了。康德《判断力批判》讲到应用一个普遍概念到一个特殊事例,是不能直接套上去的,甚至是不能教的,而是自己在经验教训中摸索锻炼中求得结论。可见,像我刚才讲的从一个普遍原理到一个具体事件，是需要一个过程的。一个抽象的道理，好像一下子就能解决问题，其实不是这样的。大家都知道康德讲"人是目的"，人人平等，人是自由的，但是，讲到当年的选举时，康德就认为，有财产权的人才有投票权，妇女和仆人就没有。为什么呢？因为他们经济上不独立，人格不独立，人的自由意志不可能表现出来。这跟他的主张是不是直接矛盾呢？既然把所有的人当成目的，为何又有这种差别呢？因为人是目的作为哲学理论落实到政治层面便有一个历史过程。

第二点，在桑德尔的书里批判功利主义怎么不好，自由主义怎么不好，最后归结为美德伦理。我认为自由主义也好，功利主义也好，在某些情况下都是正确的，上次举的水灾分洪的例子，有时候就得牺牲少数，甚至是他们的生命；但有时候它就错了。所以从这方面看，不能简单排斥或接受某个东西是绝对真理。它们为什么不是绝对的？这又是以后要接着谈的。

第三点，情本身的价值。"情"本身有价值，我之所以要把"justice"翻译成"公正"，不是因为"公正"有情，恰恰相反，"正义"这个词有情感因素，"公正"是更加理性的。当然，这个justice到底翻译成正义还是公正，是有争议的，我估计会有很大一批学者反对，但是没有关系，学术上就是需要多元，假设只有一种意见，那就不对头了。在争论中间，经过历史的考验后，证明某种思想是对的。爱因斯坦的相对论出来的时候还有人反对，反对的人是大物理学家，而且是得过诺贝尔奖的物理学家，所以爱因斯坦的诺贝尔奖晚了好几年才颁发。一个真理不是马上就被接受的，这没有关系，通过讨论，最后交由历史和时间来作出检验。

构成道德心理冲突的因素

上次讲了几个具体案例，都是桑德尔的；今天再讲一个，不是桑德尔的。八十年代看过一个描写日本的电影，父亲、母亲、孩子之间的关系非常好，后来大概过了二十年，儿子发现他的父亲是被他母亲杀死的，因为他母亲跟另外一个男人好了。怎么办？那个剧情描写的是他告了母亲，结果母亲被判死刑而且执行。看到结局后心里不太舒服。当时我想，照中国人的看法，儿子会不会做告发母亲这个事情呢？母亲把父亲杀了，自己把母亲杀了，很公正啊。我们都是中国人，如果遇到这个问题，你们会怎么样，告还是不告？

主张告的举手……（同学反应）主张不告的举手……（同学反应）

好！有些是没举手，不知道什么态度，（笑声）因为只有这两个选择嘛。

（大多数人选择不告）这说明什么问题呢？什么原因不告呢？假如说别人杀了你父亲，你告不告？肯定告，对不对？告的同学举手吧……（笑声）（同学反应）

那肯定都要告，没问题。为什么是母亲就不告呢？

我们现在可以分析一下，作为一种道德行为的心理因素是非常复杂的。刚才讲的这个电影，描述的其实就是人内心的冲突，因为他爱自己的母亲，母亲很爱他，但是父亲也爱他，不过已经死了二十年了。那他道德心理的冲突估计有几种因素？哪位能够说一说，儿子的道德心理活动中间有什么主要的原因在起决定作用？

同学2：我觉得他告他的母亲是基于人人平等的观念，如果别人杀了他父亲他会告，他母亲杀了他父亲就不告了吗？那别人与他母亲是不是人人平等的呢？

李泽厚：那你是主张告母亲的？好。但是主张告的人少数，主张不告的人是多数。好，你（同学3）讲。

同学3：我觉得告还是不告要看你和父母的关系，不可以抽象地讲。

李泽厚：我刚才讲得相当具体了，他和他母亲关系非常之好。

同学2：舜有个故事，他自己弃官，因为他父亲杀了人，然后他背着父亲逃了。

李泽厚：所以你主张不会告发母亲对不对？（同学2：对。）不过，我刚才不是问哪样是对的，而是问这里面有什么样的心理活动。我们不是对这个案例决定告还是不告。我把问题提得更明确一点，心理活动中有几种什么东西在起作用？

同学3：就是"什么构成了内心的冲突"？

李泽厚：对，什么东西构成了内心的冲突？

同学2：我觉得这是两个原则之间的较量。一个是社会正义，就是刚才那位说的人人平等，是否维护每一个人的生存权利、生命权利。另外一个就是孝道，我要不要孝敬我的母亲，就算我的母亲是最恶的人，但是如果我的内心之中有一个孝道，就会超过任何其他原则，我是她十月怀胎而生，决不能置她于死地。

李泽厚：我的问题还是没有提清楚，我问的恰恰不是哪两个原则之间的冲突，原则也有具体情况，假设你母亲杀的是亿万人民，恐怕非告不可，中国讲大义灭亲，我现在不是讨论这个问题。我问的是这里面有几种因素在起作用。其中一种是情感；一种是理性，理性中又可分出意志因素，即我决定要这么做，和观念因素，即认为我这样做是对的，是善的。我称之为认识或观念，道德是表现为行为的，而这个行为有心理作为它的内在基础，主要是感情、观念、意志。这三种东西哪一个是最主要的？今天不讲案件，而是讲道德心理结构有几种因素。我举了三种，假如有人还能举出第四种也可以。例如在这个案例中，他强力压抑了对母亲的深厚感情，以执行他的善恶是非观念即"公正""人人平等""杀人者死"造成内心极为剧烈的情感与理性的冲突。当然在我们看来，他那善恶是非的理性观念有问题，并不正确，但我们暂不讨论这个具体问题，而只分析他那心理中的三种因素或方面：一个是观念，即是非、对错、善恶的观念；一个是情感，爱、恨；一个是意志，我要这么做，我决定必须这么做。这三种东西中间哪一种是主要的？再提一个与此紧密相关的问题，作为道德行为的基础，道德心理的主要特征是什么？

同学 4：我觉得，在道德心理结构的三种因素当中，起主要作用的还是意志。道德行为的主要标志在于你是以人的意志作为道德心理的主要决定因素，这才是道德行为的主要表现。

李泽厚：你能举个例子吗？暂时不举没有关系，你可以想想以后再说。（笑声）

同学 5：我认为，在这当中起主要作用的是情感，郭店楚简中"为父绝君，不为君绝父"[1]，包括您一直强调汉武帝之前的"春秋决狱"这个问题。所以我认为情感是决定一切的东西，而且您也强调情感是观念之先的，人是先有情感后产生观念的，就像动物也有情感一样，但是动物不一定有观念。

李泽厚：我觉得不必引我的或是哪个古人的，当然可以引古人的，或者中国外国的都可以。但是能不能举个具体的例子说明，决定道德行为的主要动力是什么东西？

同学 6：李先生，我觉得是这样的，作为儿子，告不告都有一种羞耻感，母亲偷情杀了父亲，无论他告还是不告，这个羞耻感是道德中最根本的。不告的羞耻感更强烈，因为自己母亲的这件事张扬出去是不好的。另外，告的话不仅是道德问题，也是一个法律问题。

李泽厚：那你是主张告的？

同学 6：我也是犹豫。（笑声）

李泽厚：为什么会犹豫呢？

同学 6：就是您讲的情的因素。

李泽厚：那你觉得告的推动力是什么呢？

同学 6：如果想告的话就是她把我亲爱的父亲杀死了，（笑声）这是矛盾心理，也有羞恶心理。

---

[1]　郭店楚墓竹简《六德》篇有云："为父绝君，不为君绝父；为昆弟绝妻，不为妻绝昆弟；为宗族杀朋友，不为朋友杀宗族。"

李泽厚：羞耻心是最重要的？羞耻心就是道德本源？那救火是因为羞耻心吗？"9·11事件"中那些救火队员不怕死是因为羞耻心吗？道德讲的是普遍原理，不是讲一个具体的事情。到底什么是促使你作选择的动力？羞耻心是一种情感，救火队员是因为羞耻心或同情心即情感去救火吗？

同学7：李老师，我觉得还是意志是最重要的，因为在道德里面意志必须是能让人绝对服从的存在。而我们的情感，比如我们有时候会有同情心，可能会有移情的作用，但它在道德中不是起绝对作用的。例如有些危害社会的人，他们做这些事情肯定也是有原因的，他们背后可能也有让你去可怜或是同情的地方，难道他们的所作所为能得到我们的道德认可吗？我觉得在道德上起决定作用的还是我们的意志。

李泽厚：好，跟你（同学4）的意见一样。你们能不能举一个具体的例子？

同学9：李先生，我觉得这里还有一个社会因素没有考虑。告还是不告涉及一个社会因素，如果是在一个良性的法治社会里的话，告可能有助于他母亲以后的人生成长，让她悔罪；如果是在一个法制不健全的恶性的社会里的话，告发母亲可能不会产生那样的效果。

李泽厚：我讲了，不要再纠缠告不告了，为什么举这个具体的问题？因为作出这个决定是很复杂的，有情感、有意志、有观念。我要问的是：这三点哪一点在道德行为中最主要？刚才两位女同学都讲了，是意志；有一位同学认为是情感；有的认为是综合的。现在有三种意见。

同学10：因为您刚才谈的是情理观念还有认识，但实际上我觉得意志本身背后有情感，就是说最深刻的不是这三者之间的关系，而是情感本身之间的纠葛问题。比如他母亲杀他父亲，儿子是否告发的考量，有人说是根据人与人之间的平等，有人说是根据他对他母亲的孝道，他爱他的母亲，情感上的爱。但是人与人之间的平等是对人类的一种大爱，它也有情感在里面，所以他最后的选择是情感之间的纠葛，这是最深刻的。

还有您刚才谈到的自由意志的问题，我觉得最好的不是告与不告的问题，而是自裁，把自己杀掉，我知道我妈妈杀了我爸爸，怎么办？怎样克服情感纠结，把自己杀掉，实现自由意志。（笑声）

同学2：我还是与其他人的观点不一样，我觉得可能观念占的位置最重要，这也是跟我前面的回答是一致的。前面我为什么说是两种社会原则？因为这两种社会原则实际上可以理解成社会存在或在社会中形成的，是你能够最后作判断的依据，我是举手说不告母亲的，因为在我潜意识当中后一个原则占了上风。我认为从小所受的教育中孝道是至上的，超过现在所主导的社会公平、社会正义，就像您前面说的是和谐大于正义，还是正义高于和谐，那么我的观念告诉我，和谐高于正义，所以我选择了不告母亲。当然在这个过程中涉及我的情感的纠结，也涉及我的意志是否坚决。所以我认为这三个里面起主导性作用的是我的观念。

李泽厚：好，她讲得很清楚，她认为善恶观念是主要的，这两位是主张意志的。能否反驳吗？

同学7：我反驳。在我们这个世界上，并不是所有国家都像中国这样主张从小教导培养我们（孝道的重要性），也就是说若在其他国家，你怎样处理这个问题？你是不是处于一种道德相对主义的观念？但是在我们伦理学中，我觉得道德相对主义这样的观念其实是否定道德的绝对存在的。

同学2：首先，我觉得道德就是相对的，没有绝对的道德，这是我个人的浅知。

李泽厚：关于道德的相对性、绝对性这个问题，我们以后还会讨论，我现在集中强调的是，道德心理上的这几种因素到底哪一种起主导作用？可以有不同意见。学伦理学的都知道，休谟这一派和康德这一派是不同的，康德是强调理性的，休谟是讲同情的。并不是休谟一个人这样，亚当·斯密、莎夫兹贝里，包括非常推崇康德的叔本华，都强调同情心是道德的起源，理性不过是工具；康德的意见恰恰相反，只有理性才算道德，同情心不算道德，截然相反。到现在为止这个争论没有停止。而且近来，好像我昨天讲到 Care Ethics，关爱伦理学或者女性主义伦理学，实际上还是休谟这边的，认为同情心是重要的。我的意见大家很清楚，我是康德主义者。我的意见不一定对，就是说，这个问题是有分歧的。分歧在于，道德最主要的特征是什么？是同情还是理性的意志和观念？

假如我是"9·11"救火队员，我去救火了，到底是什么力量促使我去救火？或者假如我是恐怖分子，人肉炸弹，是什么使我宁愿牺牲生命去做这事情？这样做算不算道德？本·拉登是头号恐怖分子，但大家知道，在有些地区却被当作英雄，是崇拜对象。为什么呢？我们不讲外在的原因，这个可能在下次课讲，我们就在道德心理方面来讲，到底什么是推动我们做道德行为的主要因素，是同情，是感情，还是理性，是自由意志或（和）某种观念？我这个问题有没有提清楚？

同学 11：李先生，我个人觉得在私德领域当中，我是比较主张同情心是道德本源，而在现代的陌生人社会中，我更主张理性是道德的本源，这两者之间如何去结合，我倒是觉得非常适合您提出的那个"度"的原则。比如说您刚才提到的是否告母亲的案例当中，它既涉及一个公德原则，也涉及一个私德原则。私德原则就是当事人与母亲之间私的关系，公德原则就是她违反了公共法律，杀了人。但在这个时候，我倒是觉得如果有可能的话会有一个"度"的结合。比如说，作为孩子这个角色，可能要求他的母亲深刻地悔罪，如果她能深刻地悔罪就不去诉诸法律，而在她不能深刻悔罪的情况下，则可能会有其他的办法。这是我的一个想法。

杨国荣：我说几句，我也是学生。

李泽厚：你是专家，有优先发言权。（笑声）

杨国荣：我也就这个问题谈一下自己的看法。谈到道德行为，我想需要作一个区分。从总体的特征来说，我个人认为道德行为至少包括三个因素，一个是思，一个是欲，一个是悦。"思"更多地跟理性的分辨和理性的自觉相联系。"欲"较多地指欲求，跟自我的意欲相联系。"悦"

则首先关乎情感的认同。一个真正意义上的道德行为，在我看来，总是包含着以上方面。因为它包含着"思"的因素，所以它是自觉的："思"更多地和理性的自觉相联系，道德行为当然是一个自觉的行为，自发的行为不能说是真正的道德行为。另外，道德必须出自于内在的意愿，而不是强迫的，强迫的行为不是一种道德行为。同时，道德行为应该源于一种情感的认同。综合来看，一个道德行为应该包含这样一些基本的因素。但是这些因素在不同的具体情境当中并不是平铺地起作用的，"思"的因素，"欲"的因素，"悦"的因素都会有不同的侧重。所以，刚才李先生特别提到，困难的是一般的原则如何与具体情境相沟通的问题，这里面没有一个普遍程序可言。同样地，就具体的道德行为而言，其特点就在于它们是千差万别的，发生在不同情境中，由不同的个体展开，所以差异性非常之大。我刚才提到的一些基本的因素，在不同的行为中所呈现出来的侧重也会有所不同。我这里也可以举一些例子。首先我们可以以革命或战争年代为例。一个革命志士被敌人抓捕了,在这个情况之下，也许敌方会提出一个要求，你如果自首，我就给你一条生路；你如果拒绝自首,那就只能上刑场。真正的革命志士都会选择宁愿上刑场也不自首。这时我们可以说，其中主要的或者侧重的因素是理性的因素，相关志士对理想的追求，对自己理想的清醒认识，以及追求理想的内在意欲，是其作出以上选择的前提。但是同时，情感因素也在起作用，因为这个时候他若签了自首书而免于一死，就会感到于心不安，也就是说，他在苟延残喘和苟且偷生的时候，会缺乏一种愉悦感。在这个具体个案中，我们可以说理性的、意志的方面占了比较重的因素，情感方面同样也有它的作用。我们也可以举个侧重于另一种不同因素的例子，比如说孟子提到的例子，看到小孩要掉进井里，马上就去救助。这个时候侧重的主要因素是情感的因素：同情心在起作用。孟子也以此来论证恻隐之心，人皆有之。此时行动者不是为了讨好小孩的家长，不是讨厌叫唤声音如何烦人等等，这完全是不由自主，出于内在同情之心，这个时候他的行动就是出于情感的推动作用。当然，从更广的意义上看，作为人类中的一员，他对人之为人的内在价值的认识也在起作用，所以其中"思"的因素也有。他也从良心的内在意欲出发。但是在这个具体的个案中，侧重之点首先是情感。所以我们需要作区分，如果笼统地说哪一个方面或者仅仅是哪一个方面起作用，可能便会模糊对具体行为的判断，所以不同层面要区分开来。总体上，一个真正意义上的道德行为，思、欲、悦都包含于其中，但是在具体的情境当中，这三者的位置并不是相等的，不是平铺的，而是会有所侧重。康德在伦理学上之所以遭到很多批评，说他形式主义、说他缺乏对内在道德机制的把握，这和他主要突出理性的作用，没有注意到行为涉及的多方面性恐怕有关系。休谟的观点之所以会遭到很多批评，则源于他仅仅注重情感的作用。笼而统之地用某一种原则去界定，都会不可避免地带来很多偏颇。

李泽厚：大家有什么意见？有赞成的还是反对的？

同学12：我非常赞成所谓道德是由多重因素决定的，但这是一个静态的考察。从发生学的角度来说，我宁可相信道德起源于情感，起源于人的基本本能。人的本能无非一个是保存个体，一个是发展种族。发展种族也是母亲对孩子的最基本的一种情感，男女之间最基本的互相追求的情感。从这个意义上说，刚才举的例子我有不同意见，刚才说儿子告发母亲是公德与私德的矛盾，我认为不然，他母亲杀了隔壁邻居，他告不告母亲才是公德与私德的矛盾，他母亲杀了父亲，儿子告不告母亲是私德与私德自身的冲突，也就是说真正的道德困境就是当你承认要孝的时候同时就在否定孝，这是最困难的，因为父亲母亲都是他要孝的对象，这才是最深刻的，基于情感的道德冲突才是真正的道德困境。

李泽厚：我刚才讲学术上就是需要不同意见才有意思，这有不同的声音，你不介意吧？（**杨国荣**：当然。）（笑声）还有没有赞成的和不赞成的意见？

动物有没有道德?

李泽厚：这个案例只说明强大的意志力量使观念被压倒、情感被摧毁，从而履行道德，其实大有问题，因为"公正"观念在此处并不一定乃最高原则。我想寻求大家同意，不要再纠缠这个案件，（笑声）但是他刚才讲同情心是动力，好些现代的伦理学家，好像到中国来的迈克·斯洛特，（**杨国荣**：就在你之前作过几次讲座。）也是这个结论。原本道德情境是千差万别，三因素的比例、结构很不一样。但不要让"道德"一词泛化。有钱人做慈善算道德，牺牲生命去救人也算道德，但两者在体现道德之作为道德的心理上恐怕不能同日而语，因之显出道德的心理特征何在：是情（同情别人）？还是意志（确认自己必须这样去做）？把由同情、怜悯、抚爱出发的所有行为和心理都算道德，便实际掩蔽了道德之作为道德的崇高的理性原则的意义。因同情而掩护一个十恶不赦的残酷杀人凶犯，算道德吗？况且，还有个问题，动物也有同情心，那动物有没有道德？社会生物学派认为人跟动物没有什么区别，人的所有道德行为动物都有，大家同不同意？（同学作出反应）为什么不同意？动物也有牺牲自己去保卫群体的行为。所以社会生物学派认为动物也有道德，从本能出发的同情心。大家好像对动物有道德都摇头，为什么？

同学 13：我觉得这个问题在于，人跟动物的本能或情感的驱动可能在最开始时是类似的，但动物只有自身的尺度，它只能这样做，它没有自由；人不一样，人对这个有反思又有理性。

李泽厚：对不起，打断一下，人为什么有这种自由呢？

同学 13：您要说起源的话……

李泽厚：不说起源，就是现在啊。

同学 13：可能是人比动物多一点。

李泽厚：这多一点哪里来的？（笑声）

同学 13：在这一点上，我觉得您的看法跟我差不多，（笑声）我同意您的看法，它是在实践的过程当中积累起来的一种意识。

同学8：那动物为什么没有积累起来？

李泽厚：（笑声）这个问题很好，动物为什么没有积累起来呢？

同学13：要这样说，那在我这里只能变成一个先天的东西。

李泽厚：你把它说成先天的，可以。

同学13：就是人的这种精神上的反思，这种自由……

李泽厚：那就是上帝给的，对不对？先天哪来的？

同学13：我觉得或许也不是上帝给的，我设想可能是这样的，人在从事活动的过程当中，在世界与自身打交道的过程中，它一下子就萌发出来的。

李泽厚：怎么就会一下子萌发出来的呢？

同学13：这个我觉得我讲不清楚。（笑声）

李泽厚：不是你讲不清楚，很多大学者也不一定讲得清楚的。（笑声）

同学13：但它一定不是一个从外面来的东西，比如说上帝，或者其他。

李泽厚：相信上帝会比较好。有些人说先验的，先验哪来的？

同学4：这位同学一直力图讲清楚的一点是人与动物的根本区别，我觉得如果承认动物也有道德的话，就抹杀了人与动物的根本区别。人与动物的根本区别就在于人是具有理性的，我认为他所说的人具有这种自由就在于人有这种理性、有这种自由意志去指导自己的行为。人之所以具有道德，也就是因为人能让自己的理性去主导自己的道德行为。

李泽厚：有反对意见没有？

同学14：我觉得道德从个人层面讲，最后的根源是人的情感。我不觉得情感是同情心，我觉得是一种心安，这种心安算是一种情感，但心安又受到理的指导，这种理从社会普遍来说的话就是善恶观念，或者说是一种绝对律令，作为一种观念产生影响……

李泽厚：对不起，我打断一下，你讲的"心安"到底是本能还是理性？

同学14：我觉得心安是情感，但是这是一种根源，它来源于理……

李泽厚：情感怎么会来源于理呢？动物怎么没有呢？还是那个问题，到底什么重要呢？

同学15：李先生，我非常赞同刚才杨老师说的每一个道德的行为从整体上来说都包含三个因素，而这三个因素和您的定位是不矛盾的。

李泽厚：矛盾也没有关系。（笑声）

同学15：他说在具体的行为中是各有侧重的，这点我有一个不同的意见。我觉得当道德发生困境的时候，在认知、意愿、情感这三个因素当中发生冲突时，如果非要找一个产生这个道德行为的主导因素的话，往往你的意志、你的观念会战胜其他的，比如说情感。

李泽厚：好，你不要多讲。你的意思就是，你的意志、理性的因素战胜你的情感？因为时间有限，我想有更多人发言。你就是说理性对不对？（学生15：嗯。）好的。这显然有两派，一派是情感派，一派是理性派。

同学16：我认为，最初的本原是情，动物也有情，但是为什么动物没有这些道德观念，就是因为人有情，它随着历史的发展逐渐积淀成一种理，理就成了一种社会规范。

李泽厚：为什么就会积淀成理呢？就刚才讲的，为什么动物就不积淀呢？

同学16：因为人是有文化的。

李泽厚：人的文化是什么呢？（笑声）

同学5：就我个人来说，我认为人的道德起源于情感，但是理性并不是对情感的战胜或是超越，人的理性是对人的情感的延展。人是可以以义相结的，但动物只能以情感，而这在《荀子》中说得很清楚，"人有气、有生、有知，亦且有义，故最为天下贵也"，所以我认为"义"也就是"理性"，是对人情感的扩展，但是情是一切的基础。刚刚很多人提到为什么人有道德而动物没有，就我个人来看，因为人在进化过程中发生了一些东西，人的技艺和文字的记载，能够把技艺传承下去，通过传承积累出一个共同遵守的，看起来像是一个先验的东西，这是我的观点。

同学 8：为什么有时说人还不如禽兽呢？

同学 5：因为有时候人的理性抹杀他的情感，就变得比禽兽更加低级。

同学 8：禽兽怎样定义？

同学 5：人可以杀很多人，但禽兽不能。希特勒可以杀一百万人，禽兽可以做得到吗？（笑声）

同学 8：这跟理性有什么关系呢？

同学 5：这就是理性把他残忍的一面放大了。

李泽厚：你这点很清楚，还是认为理性是主要的，是不是这个意思？

同学 5：我就是说情感是基础，但理性是情感的延展。

李泽厚：问题是情感为什么非延展到理性？

同学 5：在人类的文化中，情感必须要有一个基础存在。

李泽厚：我没讲存在，我就讲在道德行为中间。我现在也不让你马上回答，请你（同学 17）讲完以后我再说。

同学 17：我一直在观察一个事情，小狗是大狗生的，小狗可不可以和大狗发生性关系？我实际发现的是公狗容易和小狗发生性关系，但是母狗和小狗发生性关系的可能性低一点。但是如果拿到人类社会来说，我们都知道有这种乱伦的关系，也是自古以来在讨论的问题。人在这种情况下为什么会受到很多批判或是发生更多异于动物的选择呢？我觉得是因为人类有了很多自己的东西去限制了这种本能、这种冲动。所以我觉得按杨老师刚才说的，"思、欲、悦"这种综合的说法，在历史或具体情境中，是一个消极的问题。如果说很多事情是一个综合的结果，那也就没必要再谈论这样一个问题。所以我还是不大赞同杨老师的说法。

李泽厚：你是赞成理性说对不对？

同学 17：对，我赞成理性说。

李泽厚：那就很清楚了。

同学 7：我对刚才那个学生说的"理性是情感的延展"这一点反驳一下，因为我比较赞同理性可能是对情感的一种压制。对于情感和理性到底哪种决定人与动物的区分这个问题，我认为我们与动物的不同在于，动物处于一种适者生存的环境里面，但是人不一样，不能为了我们的生存而去做某些事情，这是我们从小接受的教育。但是动物没有接受过这样的教育，什么对它们的生存最有利它们就做什么，这是它们自发的一种情感。

李泽厚：好，我也不能让你讲太多，因为很不公平，你（同学3）发言太多了，就一句话。

同学3：我一直坚持的观点就是理性和观念起主导作用，但是动物没有理性这一点我不认同，您给我时间我就解释。（笑声）

李泽厚：这牵扯的问题太大了，在上个世纪六十年代，我看的一本书的第一章讲"什么是理性"这个问题有十几种解释。什么是理性？人的理性到底从哪里来的？是另外一个很大的哲学问题。首先是认识论上一个很大的问题，这些我们先不说。还有哪位举手？

同学18：我觉得这个问题跟您提出的情理结构有关系，因为我觉得观念、情感、还是意志占主导不能抽象地讨论。因为每个人的情理结构都是不一样的，许多人面临选择的时候，可能是观念占上风，可能是情感占上风，也可能是意志占上风。如果是动物的话，它可能是本能的情感占上风；但如果是很理性的人，他就不会让情感占上风；像艺术家，他可能情感占上风；像比较死脑筋的人，可能是观念占上风。（笑声）

李泽厚：道德是关系到应该或不应该做什么事情。

同学1：我看李先生讨论的道德心理的结构有三块，理性是主宰力，情感是帮助力，意志是决断力，最后要落实为行为。前面杨国荣老师讲的"思"是道德行为非常重要的一个东西，要有判断，要有权衡，要上升到自觉，所以理性确实是主宰性的，但光有理性是不行的。

李泽厚：刚才我讲了，善恶观念算理性，意志力量也算理性，但不一样。还是举个例子，例如从小教育孩子不要抢别人的糖果，从小就要学做人。动物没有这个，动物为什么不同呢？你们刚才讲的教育也好，文化也好，都是从这开始的,这说明什么问题呢?道德行为的一个特征是什么?所以我比较赞成它是由理性来主宰和控制情欲这样一个特征,所以我把它叫作理性的凝聚。儿童想吃糖是不是本能呢?是,他就想吃,但是你要规范他不能吃,不能抢别人的,以及不要打人,要有一种行为规范,至于这种规范合理不合理,那我们下次再讨论。规范主宰人的行为,而且主宰自己的欲望,甚至主宰自己的生命,这是道德。就像康德讲的,我们可以羡慕、敬佩、敬仰人的才能、智慧,但道德行为比如救火队员,牺牲了自己生命去救人,会感到一种特别的情感,因为他恰恰克服了求生这个强大的本能。我讲人有几个基本的欲望,我归结为五个,我的书上还没写过,大家认为人最基本的欲望是什么?(**学生1:食色。**)还有吗?(**学生1:爱欲。**)爱跟性是不一样的。一个是吃饭,一个是性。sex变成爱很复杂,不在今天讨论范围内。爱里面也是很复杂的,我不赞成伦理学就是讲幸福问题,幸福很难讨论,幸福如同欲望一样,只要稍微提升到精神层面,就变得极其复杂、多样,互相矛盾冲突,变得很难讨论。这个问题就变难了。有的人觉得爱人就是幸福,有的人觉得被人爱最幸福。

我从来没做过实验,觉得爱人比被爱幸福的,请举手。就讲男女之间的sex,觉得性行为就叫爱的同学,请举手,(同学反应)认为被爱比爱更幸福的,请举手。(同学反应)

好多人没举手,(笑声)真是不好说,这个问题很复杂,因为情感本身是很复杂的。但是作为生理欲望却是很简单的,动物都有。求生、吃饭、性、睡觉(都是本能),社交也是本能,但本能有强弱之分,就个体说,有些人可能不大睡觉,有人吃饭很少,有的人性欲望很强,有的性欲望很弱,有人睡四小时,有人睡十小时,人的本能是不一样的。而道德行为恰恰是把本能压制下去,小孩想吃糖果,你不让他吃。我牺牲我的生命压下我求生存的本能。有时候压制性,我去做修女,我做尼姑,做和尚,压制本能去做些事情。这是什么?这就是理性对感性的主宰,本能的力量非常强大,但理性要把它压制下去,突显出自己更强大,这就是道德的特征。所以康德是反对把道德建立在任何感性基础之上的,反对快乐、同情等等作为道德动力,我帮助你并不是因为我爱你,而是我觉得应该这么做。我来看你并不是我同情你,而是应该来,都是理性的观念和意志所作出的行为。上面即讲,理性里面包含两个不同的因素,即意志能力和善恶观念。心理学家劳伦斯·科尔伯格[1],把小孩的道德发展分为三个水平六个阶段。六个阶段我不赞同,但我赞成三个水平的说法。其实小孩子的心理,成人也都有,不闯红灯有三种情况:第一种,我怕罚钱,所以我不闯,与自己利害有关系;第二种,不闯红灯,是一种规定,我遵守这种规定,所以不闯;第三种,我就是应该不闯,这是我们普遍适用的自由意志。在康德意义上,前两种算不上自律道德,情感或同情发出的行为也不算道德,真正的道德特点恰恰是理性压制了自己感性的幸福、快乐,甚至牺牲自己的生命,而且是自觉的,这才是道德,当然他讲道德很严格。但我们上面讲的三者却也都是意志起决定作用,你的欲望是赶紧到那里,你的欲望是去,你的情感是急于去会一个好朋友,或有很着急的事情,但是你的意志决定你不能闯红灯。因此,在这个意义上,我认为意志是一种最核心的东西,所以,在将理性主宰感性作为道德这一根本点上,我是康德派、理性派,即认同康德讲的绝对命令,categorical imperative。但是我对康德作了一种解释,包括西方还没有人作过这样一种解释,康德讲的绝对命令恰恰没有很明确地讲是一种心理结构,而不是一些具体规则。康德举了四个例子,人不能自杀,人不能说谎,人要帮助别人,自己也要努力。这四者他认为是绝对命令,每

---

[1] 劳伦斯·科尔伯格(1927—1987),美国教育心理学家、儿童发展心理学家。他提出了"道德发展阶段"理论,认为一个人道德判断的发展一般要经过"三个水平六个阶段",它是一个由低到高、顺序发展的过程:(1)前世俗水平,它分为两个阶段,第一阶段以惩罚和服从为定向,第二阶段以行为是否对自己或别人有利为定向。(2)世俗水平,即第三、四阶段。第三阶段以自己的行为是否得到别人的喜爱或赞扬为定向,第四阶段以维护权威和秩序为定向。(3)后世俗水平,即第五、六阶段。第五阶段以社会契约为定向。第六阶段以普遍的道德原则为定向。

个人都要实行的,像不能说谎。桑德尔这本书,就为这个辩护。关于说谎不说谎的问题,争论是很大的。按照康德不说谎是个绝对命令,敌人抓到你,要你招供,你招供反而是道德,你不招供反而是说谎。那样行吗?显然不对。刚才杨教授也说了,我宁死不屈,我就是不说,那我就说谎了。但是,不说谎作为人类群体存在,的确是一个非常重要的条件,假设一个社会每个人都说谎,那这个社会没法存在。但作为一种道德原则,却不可能是普遍性的。所以我认为康德是有错误的,错误就是把"不能说谎"作为普遍原则,实际上,人所塑建的道德心理结构才是绝对的、普遍的。心理结构好像是空架子,所以黑格尔批判康德是空洞的形式主义,但它实际上并不空,而且是人类经过教育培养出来的一种区别于动物的特有的心理结构——情理结构。情理结构不是自然发生的,它是经过人的训练才能培养出来的。在道德心理结构的培育中,理性的善恶是非观念当然重要,但这些观念需要有力量即人性能力才能实现为具体行动,道德不能仅是心理,它必须表现为行动、行为,所以,意志在这里又比观念更突出更重要。所以培养人的意志力量是十分重要的。孟子讲"劳其筋骨,饿其体肤,空乏其身",然后你才能成为大丈夫,然后你才能够做到"富贵不能淫,贫贱不能移,威武不能屈"。有自由意志才能实践自己信奉的善恶观念,我就是决心应该这么做,不管艰难险阻生死祸福,所以意志锻炼是非常重要的。斯巴达那样的小城邦坚持从小的军事训练,包括体育锻炼,不仅锻炼身体,而且锻炼人的意志,这就是文化,这就是教育,是人生很关键的一个问题。人类之所以生存到现在,是因为从原始时代开始就有了意志的培训。所以我讲伦理是在认识之前。我是康德派,但康德的错误就是,没有重视这是内在的人性心理。"人性"这个词遍布古今中外,但是至今我好像没有看到一个对人性的清楚说明。什么叫人性?人性不同于动物性,但人又是动物,不能脱离开动物,人不是机器。我在七十年代末就讲,人性是区别于动物性,同时区别于机器性,既不是动物也不是机器,那是什么东西?人性有好几种,我分了三种,一种是认识方面的，动物为什么没有逻辑学，动物为什么不能认识世界，人为什么可以？动物也可以认识啊，它有感官啊。为什么人能审美？牛对着红布，有本能反应，但国旗和红布对它是没有区别的。人不一样，而且在伦理方面，人有自由意志，自己决定自己，我就是应该这么做。文天祥曾有一段话："天地有正气，杂然赋流形。下则为河岳，上则为日星。于人曰浩然，沛乎塞苍冥。皇路当清夷，含和吐明庭。时穷节乃见，一一垂丹青。在齐太史简，在晋董狐笔。在秦张良椎，在汉苏武节。为严将军头，为嵇侍中血。"这些句子大家都很熟悉，而且这都是一个一个的历史人物，都是牺牲自己来完成"天地有正气"，他自己也是"孔曰成仁，孟曰取义"[1]，也就是孔夫子讲的"无求生以害仁，有杀生以求仁"：为了求生，来伤害仁是不对的；杀生，牺牲自己的生命以成仁。这是真正的道德。这种道德靠什么？靠情感吗？动物能做到吗？动物自杀的事件是群体性的，一群鲸鱼会死掉，那不算是道德的。所以为什么人有道德？就是人有自由意志。意志力是否是自由意志？又不然。意志或意志力只是心理描述，与作为哲学原则的自由，并不相等，但自由意志的具体实现，却又离不开意志或意志这个经验描述的心理。这一点在座的有不同意见吗？

  同学10：李老师，我有个疑惑，我们讨论的是情和意志哪个是道德本源的问题，这个问题涉及对人性的考量，对人性的考量涉及人和动物的区别。我们提出人与动物的区别是人有理性，动物只有本能。下面的问题就是什么是理性？克服本能就是理性。什么是本能？前面讲的生存欲望就是本能，生存欲望有两个，一个是个体生存，一个是种族生存。问题是，我们看到在这个世界上很多动物有这种行为，比如有些狗为了主人牺牲自己。对于这种行为，我们能说动物是没有理性的吗？这就形成一个悖论。我们说动物肯定是没有理性的，那么是不是就进入到庄子

---

[1] 出自文天祥死后在其衣带中发现的遗诗："孔曰成仁，孟曰取义，惟其义尽，所以仁至。读圣贤书，所学何事，而今而后，庶几无愧。"

的濠梁之辩，"子非鱼，安知鱼之乐？"我们怎么判断动物没有理性？这是一个悖论。

李泽厚：大家有什么回应？那就是你认为动物是有道德的？刚才很多人认为动物没有道德。

同学10：我是这样想的，我不觉得动物有道德，我觉得动物的行为来自情感，这是一个悖论。按照我们刚才那个推论，动物好像是有理性的，但动物肯定是没有理性的。我认为人和动物的行为都是来源于情感的，这是动物的本能,欲望产生情感。人和动物的区别不是在于有无理性，而是在于人是一种符号化的动物，他有比动物更加复杂化的符号。因为人的大脑有更多的神经系统,符号的本身产生理性的结果,理性不是原因。

李泽厚：我要打断一下，这个符号是怎么来的？符号是神经系统发生的，为什么动物没有？这个问题我提出来你以后回答。现在杨先生要讲话。（笑声）

杨国荣：我还是回到李先生对道德的理解这个话题。李先生刚才特别提到道德行为的一个特征就是牺牲自我。对道德行为也许我们还是可以作出进一步的区分，就如同我们对美可以作一个区分一样。"美"我们常常可以区分为优美、壮美等不同的形态。与此类似，道德行为也可以作如下区分：一种是面临剧烈道德冲突的道德行为，这个时候需要一种自我牺牲的精神；另一种道德行为则并非面临剧烈冲突，比如说慈善行为、关爱行为，便并不是发生于非此即彼的剧烈冲突之中。在面临剧烈冲突的背景之下，确实牺牲自我这种道德特点呈现得特别明显。但在不同于剧烈冲突的背景之下，在那种慈善行为、关爱行为中，牺牲自我的特点就不那么突出了。回到我一开始提到的道德行为所以可能的根据，我们可以有分析的说法，同时我们也需要一种现实的观照。分析的说法和现实的观照不应该彼此排斥。从分析的说法来看，我们可以区分出不同的道德行为当中的多重要素。从现实形态来看，在具体的道德主体、具体的道德行为中，这样的因素既不是以一种非此即彼的单一形态存在，也并非总是同等起作用。从历史上看，康德、休谟这两家各执一端，直到后起的哲学依然还在争论，一个推崇理性，一个推崇情感，其实他们各自都确实抓住了、看到了道德行为过程中的一些必要的因素。刚才我们在讨论过程中，不同的同学也分成两派，一为理性派，一为情感派，这也从现实的层面上表明：这样一些因素确实是在考察道德行为时无法完全回避的。理性的因素、情感的因素都是如此。这样的因素在现实的道德主体和道德行为中不能分得那么干净。但同时这些因素也不是以一加一等于二这样累加的形式存在。事实上它往往以一种相互渗入的方式存在，这也是李先生一再提到的。以理性而言，作为人性的理性，实际上已经渗入了情意。同样地，人的情感也不同于动物的情感，因为前者已渗入了理性。刚才李先生提到的问题，小孩子不吃糖果，这是一种理性的力量，但事实上这里面同样渗入了某种情感，因为在事实上，它包含了一种遵从家长之命，这在某种意义上体现了意志的选择，以及取悦于家长或因家长之悦而悦，这则体现了情感的作用。刚才提到的在非常时候牺牲自我，这个时候事实上如果你苟且偷安，你会于心不安，亦即缺乏一种愉悦感，缺乏一种情感的认同。所以这里并不是赤裸裸的就是一种单一的理性或单一的情感作用。当我们回到一个现实情境中、回到现实的道德行为和道德主体的时候，这样一些因素就很难以非此即彼的形式对待。如果这样对待的话，那么从休谟、康德以来的争论就还会延续下去：在这种争论中，往往是或者抓住某一个方面，认为道德主要是这个方面，或者抓住另外一个方面，强调这是道德行为问题中的应有之义。

李泽厚：还有哪一位要发言？

同学6：李先生……

李泽厚：你发过言了，我想让没发过言的朋友说说。你没发过言？

同学19：对，我回应一下刚才关于动物和人性的问题。我看"动物世界"这个电视节目看得比较多，替动物说几句话。（笑声）很多动物我们实际上把它叫作社会性动物，它有很多社会合作的行为，这些行为原来我们以为只有在人类中存在,实际上很多动物都有。比如说有一种鲸鱼,隔代抚养,它是除了人类之外第二种有绝经现象的高级哺乳动物,它为什么绝经呢?它就是为了更好地抚养下一代,不再生产,不让它的儿子和孙子一辈进行竞争,这是我们要看到的。动物有没有理性呢?有句话说,兔子不吃窝边草,兔子是不是一个有理性的动物?情感就更不用讲了,实际很多动物都有利他行为,有些它也是要传授的,狮子教授幼狮捕食的时候,它一定有个规则在那里,就是你们不要相互咬。再说捕猎,它也可能有一个传授的过程,我们谈人类的道德,肯定是人类中心主义,没有办法去理解它们的一个世界。还有"学习",这个也是在动物中能够观察到的。所以我自己觉得我们对动物可能还有很多未知的部分,还不好去下一个判断。我看《裸猿》,包括《第三种黑猩猩》,就会感触比较多。实际上,人与动物之间可能没有非常绝对的区别。

李泽厚:好,我知道你的意思了。问题很清楚,动物有没有道德?刚才说了,社会生物学派就是认为有道德,人跟动物没有区别,很有名的动物学家威尔森,他列举了很多材料。大家再进一步思考一下,刚才很多人都认为动物没有道德,当然我是赞成没有道德的。大家再准备一下,到底如何回答这个问题?刚才两位举出很有力的例子,因为大家都不知道动物的一些行为,其实有很多书,大家可以回去看,认为人和动物没有区别,这一点大家考虑一下。

(休息)

杨国荣:我们讨论的下半场现在开始,我们继续回应李先生的问题。

同学20:我的问题就是关于动物有没有道德,我从康德哲学的角度来回答。道德不道德是关于善恶的问题,而善恶问题关系到自由意志的问题,而自由意志的问题从积极的层面讲,它是主动开启一种因果关系的能力;从消极的意义讲,自由意志是忽视自然法则的一种能力。动物有没有道德,从根本上来讲就是动物有没有自由意志。如果你承认动物有自由意志的话,那动物就有道德。

李泽厚：你是说自由意志和道德是同语反复？

同学20：对，我认为自由意志、理性和实践法则都是一致的。比如说地震，我们可以说福祸，但不能说善恶，因为它没有自由意志。所以说，动物有没有道德关系到它有没有自由意志的问题。

李泽厚：问题是为什么动物的这些行为就不算道德？

同学20：我不知道动物有没有自由意志。（笑声）

李泽厚：那行为本身如你所说是道德的便有自由意志，这个问题怎么回答？

同学21：我觉得动物是有道德的，这位同学认为自由意志是界定道德的范畴，刚才老师讲的情感、意志、观念，还有对本能的反叛，动物是都有的。有两种动物都很明显地有利他行为。一是白蚁为了蚁后产卵繁衍后代牺牲很多。还有一种鸟会互相给对方挠痒，就为了对方在季节里及时地脱毛。我觉得从这点来讲，利他和追求理性，动物都是有的，所以从这个层面讲，动物也是有道德的，只是它不会说而已。

同学22：我想谈谈道德的情感性问题。我也比较认同康德把道德看成是一种绝对律令，是一种理性的东西，但是康德同时也把宗教视为一种道德，宗教是有情感的，既真实又强烈，那这个问题怎么解释呢？

李泽厚：我刚才讲我不答问。（笑声）宗教是另一个大问题，以后也许会讨论到，但是先把"动物到底有没有道德"这个问题弄清楚。希望充分听取不同意见。我希望没有发言的同学优先发言。

同学8：我问一下。我现在不能回答动物到底有没有道德，（**李泽厚**：没有要你回答。）（笑声）但是我想问的是，动物会不会出现类似人类道德的行为？这种行为究竟和人类的道德行为有什么异同？我不知道，想请问李先生或是在座的各位。（笑声）

同学21：刚才那位同学讲到，动物的很多利他行为是出于本能，那人类的很多道德不也是出于本能吗？虽然道德意味着对本能的反叛，但很多道德行为不都是受人性的驱使！

同学5：我认为我们还是以人类的本位在观察。

李泽厚：你现在可以发言了，因为没有人（举手）发言。（笑声）

同学6：简单讲一下。大陆送给台湾两只熊猫，其中，母熊猫生了一个小熊猫，（笑声）面对一堆竹子，母亲只顾自己吃，不给小熊猫，小的只能捡起掉在地上的两根竹子吃饱，然后两只熊猫玩起来了。从这个例子我感觉动物是没有道德的，灵长类可能有道德，我觉得这个问题纠缠不清。人之所以为人，神话论也好，进化论也好，人性不同于动物性，这是本能，不同于机械性。这是认知，这是知识。其实我觉得还有一个超越性或是神性，李先生的著作里面好像不怎么谈神性或上帝，这个维度比较匮乏，陀思妥耶夫斯基提到的神性和人性，他的人性就是兽性和神性的二重性，我觉得这个可能涉及道德的很重要的一个维度。

李泽厚：那一位，你今天没有发言。

同学23：因为各位都比较踊跃。我一直坚持哲学以人为本的原则，道德也以人为本，道德是我们人类创造的一个概念，也是为人类服务的。是为动物服务的吗？动物有没有创造"道德"这个概念？我再讲一个前面的例子，因为我抢不到发言的机会。在我们中国传统儒家思想主导的社会法官判案的原则是什么？"亲亲得相首匿"，意思就是不举报，如果子举报父母，首先子大堂打一百棍，这是历朝历代"亲亲相隐"的一个原则。这个不是我发明的，这个原则大家都应该听说过。那么李先生提到的情本体、情理结构，我们的文化心理结构，就是"亲亲得相首匿"。

同学4：针对动物没有道德，我想作出两点说明。第一点，主张动物有道德的同学，我就想提一点，所谓动物有道德的判断标准，其实是类似于以人的道德行为为判断标准，它最终的判定标准还是人的道德行为的判定标准。所以从这一点讲，我认为动物是没有道德的。第二点，所谓动物的利他行为，在我看来这还是出于本能，为什么这么说呢？因为动物的利他行为，不管是第一代动物还是第二代动物，以后N代动物也好，它们的这种道德行为都是以一种固定不变的方式进行，而人的道德行为最主要的是能以多样化的方式体现这种利他行为或其他道德行为，这是动物不可能而且永远无法具有的，所以我认为动物是没有道德的，而且所谓动物有道德只是出于本能而已。

同学 24：我对刚才的同学所讲的作一下补充。第一点，如果说动物有道德的话，在认识的发展过程中这种道德有没有继续发展或升华？或者说积淀得像人一样变得更加丰富。比如说动物的一些基本技能，狮子带小狮子玩，鹰带小鹰练习捕捉技能，我认为这永远只能停留在一个捕食、生存的基本层面，不会进展得更高，不会像人一样造出更复杂的东西。第二点就是刚才那位同学举的鲸会保存种族的能力，说明它有道德。我认为这个例子不具有代表性，因为有些动物具有一种非常典型的比较强烈的生存能力。如果说它们有道德的话，还有一些动物就居于典型的相反的一面，比如猫，有时候就比较自私，甚至吃小猫。许多动物具有相反的本能。如果说道德具有普遍性的话，那么它对其他动物是不适用的，而道德对人来说具有普遍性。

同学 21：我想回应一下这位同学刚才提到的反驳我的两点。第一点，为什么说动物的道德没有发展？为什么在我们看来它是一成不变的？我觉得可能是与动物本身的结构有关，因为我们是高级动物，而它们发展的历程是比较低级的。第二点，人类的道德也没有发生基本的变化，包括很多善恶、对错这些概念，从有了人类到现在有发生什么基本的变化吗？

同学 24：有很大的变化。在不同的时代，善恶观念都不一样。

同学 21：可是关于"杀人偿命"这种基本性的道德，其实人类自古至今也是没有变化的。

同学 24：这需要随着具体情境来看待。比如说，船上杀人事件，他就没有偿命。（笑声）

李泽厚：应该说反驳还是很有力量的。

同学 19：我还是举例子说一下动物学的问题。比如独狼，它实际上是没法生存的,因为狼捕食是需要合作的。也有一些狼想搭便车,实际上那些狼是根本没办法生存的。它需要学会合作,它一定要合作,不合作是没有饭吃的。问题是绝大多数动物都是不乱伦的,它长大以后必然离开母体,到另外一个地方去。什么是道德?什么是伦理?实际上我们是在用人类的语言、人类的思维给它命名,所以我基本上认为不能说动物有道德,也不能说动物没有道德。

李泽厚:那你观点改变了?刚才说动物有道德。(笑声)

同学19:我不知道,可能存而不论吧。

李泽厚:你(同学10)的态度?

同学10:我认为刚才很多例子没有举到位。动物的本能一个是为个体生存,还有一个是为种族生存。但是还有一个例子大家没有提到,就是小狗为了主人出于情感把自己饿死,这个是哪一种?

同学16:我觉得这个还是情感问题。

李泽厚:对不起,你(同学13)讲。

同学13:我觉得要讲清动物到底有没有道德这个问题,还是要针对动物类似人的那些道德行为到底是不是道德的。关于这点我的看法是,(要看)它是否有一个自由的问题。动物做出这样的行为在我们看来跟人的道德行为差不多,比如说关于孝亲的问题,可能有些动物有这种行为,可是它是没得选的,在这点上它只有自身的尺度,它必然这样做。可是我们人类不同,人类正是因为可能在这种问题上有所犹豫,可能作出道德判断,作出孝敬还是不孝敬的行为决定,最后才有道德。

李泽厚:对不起,因为只有10分钟,你发言在3分钟之内好不好?

同学3:我还要挑战一下,我觉得我们今天要讨论人的道德的问题,所以说任何讨论都要界定在一个明确的概念之上,我们完全可以抛开对动物的讨论。首先,对动物的讨论可能根本是不可能的,因为我们不是动物,我们无法完全了解它们,甚至我们连人类自身都不能了解。

结　语

李泽厚：好，你的意见我清楚了，这个问题可以继续争论。我现在讲的大约是我准备讲的一半左右，"善恶观念与自由意志是什么关系？"大家没有回答，只好下一次了。还有一个问题就是康德说的，我应该做的，我就能做。但是奥古斯丁认为我该做的，但我不能做，我做不了，我本来应该去牺牲的，结果我（做不了）。他说我需要帮助，需要上帝的帮助。这本来是今天我（准备）讨论的一个重点问题，但时间来不及了。这里面就有情感问题。我讲情感是很重要的一种助力。道德是一种意志行为，即理性主宰感性的行为，认为理性是道德心理的动力和特征，我该做的我就能做，不管什么困难我都能做，面对敌人，无论你怎么折磨我，我就是能做到不招供，这当然是最了不起的。我刚才讲了，杨教授也讲了，道德有三个水平，不闯红灯也可以说是道德的，但是从道德最根本的特征的意义上讲，就是牺牲自己这种充分表现道德的行为，我们最敬仰的人不就是最后牺牲自己的烈士嘛！不闯红灯的人你会觉得他不错，但你会敬仰他吗？不会。因为你也能做到。但能牺牲自己去救人吗？你却未必能做到，为什么做不到呢？因为缺乏足够的意志力量去克服那强大的求生本能。明知应做（观念和情感），却做不到（缺乏意志力量）。所以你敬仰烈士、英雄。所以我刚才一直提，道德主要特征是什么，不能因有综合，便在理论上将道德泛化，淹没了其主要或决定性的因素。中国倒恰恰讲究意志、观念与情感的结合、融合，所以有情理结构。中国讲羞恶之心人皆有之，是非之心人皆有之，恻隐之心人皆有之，从小就要培养这种羞恶之心、恻隐之心、是非之心，亦即认识情感和意志力量的融汇合一。善恶观念便是很复杂的，善恶观念是在变化的。一百年前，男女没有自由恋爱，因为那是不道德的。一百年前，丈夫死了女的就要守节，有很多贞节牌坊，包括1949年以前知识分子家里，夫死不嫁才道德，但到现在算道德？善恶观念变化了。这牵涉到刚才举手同学讲的道德的、伦理的绝对主义还是相对主义问题，这是下次要讨论的。今天我们所主要讨论的是心理结构问题。在心理结构的三种因素中，情感培养的重要性不容忽视，包括罗尔斯有一章讲公正感，他讲 love，讲爱，爱就是情。在西方哥哥弟弟是同一个爱；但在中国，哥哥对弟弟的爱和弟弟对哥哥的爱是不一样的，兄友弟恭，这里面有很多不同的讲究，这个情感方面中国传统资源是很值得挖掘的。我讲情理结构，讲情本体，但今天恰恰讲的是"理"的方面，"意志"方面，讲理性主宰情欲的方面，由于时间关系，我没法展开讲了。我要留几分钟让杨老师发表意见，就讲到这里。

杨国荣：我没有什么意见。今天的主题刚才李先生作了一点总结，主要是关于心理结构，围绕这个主题有分有合。我们也领略了李先生上课的风采，首先让大家自由地畅所欲言，充分发表意见，然后他再提纲挈领式地进行一些理论上的提升和概括，引出一个重要的理论性结论。这样通过多方面的充分讨论，包括个案事例的讨论和理论的升华、概括的相互结合，使得我们更容易对一些问题有一个深入的理解。总的感觉是我们现在这个讨论班渐入佳境，相信以后几次会更好。谢谢大家的参与。当然，首先谢谢李先生。（掌声）

第三课　宗教性道德与现代社会性道德

伦理学作为学科是否存在？

陈嘉映（主持）：大家好！我是陈嘉映。（掌声）我需要先介绍一下我自己，但是我并不需要介绍李泽厚先生，因为大家对李先生已是熟知。（笑声）今天这次课由我来主持，但我事先也问了一下前两次课的情况，李先生说用不着谁主持，因为他要亲自主持。（笑声）这是李先生比较同情我们，让我们能够多休息一会。现在我就把这个讲坛交给李先生，由李先生来介绍今天讨论的题目以及组织讨论的方式。

李泽厚：上次课，我曾向杨国荣教授提过：作为伦理学专家，请他指导讨论。今天，我想向陈嘉映教授提一个问题。

你（陈嘉映）是海德格尔和维特根斯坦专家：《存在与时间》，你是主译者之一，维特根斯坦你近年也谈得很多。海德格尔和维特根斯坦是二十世纪一流哲学大家。但是他们恰恰不谈伦理学，甚至是轻视——我不是专家，我讲错你们马上纠正——或不太赞成谈伦理学，因为他们觉得绝对价值无法谈。如果是这样的话，我们的讨论就没有意义了——伦理学根本就不能成立嘛。所以，首先请你（陈嘉映）发表意见。你是否赞成海德格尔和维特根斯坦对伦理学的看法？赞成的话是怎么样？不赞成的话是怎么样？伦理学到底存不存在？我们需不需要讨论伦理学？

陈嘉映：我赞成还是不赞成，我想先问问您是赞成还是不赞成？

李泽厚：我当然不赞成。

陈嘉映：那当然，我也不赞成。（笑声）

李泽厚：我讲过两个不迷信：一是不迷信权威，一是不迷信潮流。所以，他们尽管是哲学大师，我不赞成就是不赞成。你来说说你不赞成的理由吧。

陈嘉映：您的理由是什么？（笑声）

李泽厚：我的理由很简单，就是我的理论根本不承认他们对伦理学的看法，连他们的哲学本身我也持批评态度。

陈嘉映：我事实上也不赞成所谓"没有伦理学"一说，但对这个问题，我比李泽厚先生更纠结一点。因为海德格尔不光是一般地认为不存在伦理学这一个学科，他可能是认为哲学之内不分学科，所以在这个意义上，也不能说他断然否认伦理学的存在。

杨国荣：嘉映，我再补充一句，他甚至认为哲学本身就不是学科。

陈嘉映：对，对，国荣说得特别好。

李泽厚：哲学是不是个学科，这个问题本身很有意义，但我们今天没有时间展开讨论，因为我们今天讨论的主题还是伦理学。

陈嘉映：既然国荣兄说到这儿了，我就再作点补充。

我们都知道，海德格尔不仅对哲学这个学科，甚至对哲学这个名称，后来都越来越抱有怀疑的态度。他谈到"哲学的终结"与思的开始，或者思的任务、思想的任务。所以说，我们要把海德格尔对伦理学的否认，放到他的整个思想脉络中来看。他并不是一般地说其他学科存在，偏偏伦理学不存在。事实上，海德格尔所谓"思的任务"，基本就是我们所思考的伦理问题，而我们所思考的哲学问题，海德格尔恰恰认为不在他所规定的"思的任务"之内。

维特根斯坦的情况则比较复杂，早期维特根斯坦之所以否认伦理学，是因为他认为哲学是用来建构逻辑关系的；而伦理学讨论的问题，也就是所谓的伦理问题，是基于绝对自我才产生的，绝对自我是无法通过逻辑的方式来接近的。

若更一般地来说,我也不知道如何去界定哲学。我想哲学就是探索"通常道理"背后的道理,所以如果我们在伦理生活中会谈到各种各样的道理,自然而然就有向更深的道理探索的冲动和可能性。不过这种探索是如何进行的?它的目的是什么?我的想法也许和诸位有很大差别。例如,我会问:伦理学能教人为善吗?我们在生活中往往有这样的体会:我们所尊敬的、最有品德的人可能并没有读过很多伦理学著作,而反过来我们所认识的学习伦理学的人,可能在道德品质上都并不是最优异的。所以,"伦理学教人为善"是一个高度可疑的命题。

但如果伦理学不能教人为善,它能做什么?这确实是一个问题。在这里,我只说一下我思考的结果。实际上,我认为,伦理学像其他学问一样,产生于轴心时代之后,这个时代我们称之为理性的时代或文字的时代,但这个理性时代正在落幕。既然这是一个说理的时代,那么在方方面面我们都会说理。我们想要说理的要求和我们生活的其他方面是相匹配的,而不是一个单独的要求。李泽厚先生提醒我(控制时间)了,我就先结束。

讨论"动物是否有道德"有无必要?

李泽厚:伦理学能否教人为善和伦理学应否存在是极有意思的大问题,但可惜今天不能讨论了。我们还是首先回顾和连接一下上次课最后讨论"动物是否有道德"这个问题来展开,上次课我们看到有两种不同的意见。今天我们要讨论的首先是,我们谈伦理学谈到动物是否有道德,是不是跑题了,而且我们也花了一定的时间来讨论,到底值不值得?大家对此有什么想法。

同学1:我本人也是做伦理学研究的。有人认为讨论动物是否有道德这个问题可能没有必要,而且在这么短的时间内,讨论也不是很有效。是不是有效我不谈,但我个人认为,讨论这个问题是很必要的。这是我的观点。

李泽厚：为什么？

同学1：首先，通过发掘人类与动物的根本区别，我们能够进一步理解人类道德的独特性到底在哪里。其次，当前的社会生物学对"是否只有人才有道德""动物是否有道德"等问题提出了有力的挑战，我们必须正视而不是回避这一挑战。李先生在他的著作中回应过这些问题，实际上，但凡是伦理学研究者都应该对这个问题有一个看法。这是我的两个观点，我认为讨论动物有没有道德是很有必要的。

李泽厚：有没有反对意见？

同学2：我还是坚持我上次的观点，就是我认为动物可能会有道德，但是动物有没有道德的这个结论不影响我们对人类的道德的思考。

李泽厚：请允许我打断一下，我们的问题是，讨论这个问题有必要还是没必要，也就是应不应该讨论这个问题。有人觉得这是跑题了，根本没必要浪费时间讨论这个问题。而刚才这位同学的观点很明确，她认为应该讨论这个问题。为什么？她的理由也很有道理。那么这里有没有人反对，就是认为我们不应该讨论这个问题的，有没有？

时间不多，好像是没有。没有的话，我概括一下，我认为应该讨论。原因至少有二。第一，这与我们讲过的人性问题有关。我们说，人性不是机器性，也不是动物性。Sociobiology，就是社会生物学这一派，认为人和动物没有什么区别。但是，人类可以有逻辑、数学，能够造得了房子、扩音器，为什么动物一点都没有？人性与动物性的区别是否只在认识、审美，那道德方面呢？这个问题是开放的，有反对意见很好，因为学术就是多元的。正因为有不同意见而且不是简单的不同意见，这个问题才更值得讨论。第二，这个问题也牵扯到我们上次课讨论的主题，就是道德最根本的动力或者基础，到底是情感还是理性？简单概括起来说就是休谟还是康德？是本能性的东西，还是人类所特有的理性要求和规范？当然对这个也可以有不同意见。以上两点至少说明，我们上次课讨论"动物是否有道德"的问题是值得的。

上次课我们讨论，在道德心理结构中，情感占主要，还是理性、意志力占主要？我们讨论了本能与情感，然后提到，意志力很重要，自由意志是主要决定因素。

当然这个问题又是开放的，大家完全可以反对这个意见，所以我在第一次课就讲到，我们不求统一意见，不必要也不可能。哲学课的目的不是为了给人答案，而是提出问题，提出一些根本性的问题。

恐怖分子与救火队员到底有什么不同？

李泽厚：我上次课曾举过恐怖分子的例子。"9·11事件"中驾驶飞机撞向世贸大楼的恐怖分子，他们的行为不是简单的情感冲动，而是经过周密谋划和刻苦训练的，这需要一种意志力。我们不能否认他们有自由意志，对不对？他们自觉选择、决定并就这么做了。但与此同时，救火队员冲进世贸大楼里去救人，也需要意志。既然两者都有意志，为什么我们称一方为恐怖分子必须反对，另一方为救火英雄值得尊敬呢？为什么会有这种区别？如果说构成道德心理结构的是意志、情感和观念，这里牵涉到的就是观念的问题、善恶的认识问题。现在我想来听听大家的想法：同样都是有意志力，为什么会有恐怖分子和救火英雄的不同？两者到底有什么不同？请哪位同学回答。

同学3：根据康德的观点，救火队员与恐怖分子的差别在于救火队员的行为是出于善良意志。康德说善良意志本身有无上的价值，正是因为有善良意志的引导，人才能做有道德的事。

李泽厚：什么是善良意志？恐怖分子认为他们为圣战而牺牲，不是善良意志吗？伦理学是讲"应该"的，当恐怖分子认为"我就应该这么做"时，他的根据是什么？

同学4：如果要我接着讲的话，我的理解是恐怖分子认为他们没有足够的力量去和对方进行正面冲突，所以采取这种极端的方式。

李泽厚：假设塔利班恐怖分子有足够的力量，例如获得国家力量，当他认为"就应该这么做"时，依据是什么？我想了解的是，这种与救火队员的意志截然相反的意志——都是意志，这个大家同意吧——背后是什么东西？

同学5：我觉得还是情感。

李泽厚：为什么会有这种情感？这情感显然不是动物本能，而且背后有某种信念。

同学6：我倒觉得在这背后，先是学习或遵守外在秩序或规范，然后是将外在秩序或规范内化为内心所遵守的力量。就像儿童在原始初期先是接受规范，然后再内化为道德认知的过程。

李泽厚：在由外在到内在这一点上，恐怖分子和救火队员并没有什么不同。与恐怖分子一样，救火队员也是通过外在的严格训练，形成了某种献身的信念。而我还是要问，两者为什么不同？

同学6：是因为他们所遵循的社会伦理规范不同。

李泽厚：你讲到了要害，就是他们所遵循的外在伦理规范，即善恶观念是不一样的。那么又是怎么不一样呢？

陈嘉映：一个人接受这种规范就会这么做，接受那种规范就会那么做，如果扣个帽子的话——我并非是在否定的、完全相对主义的意义上，这就像碰运气。大概是这个意思吧？

李泽厚：（我们不要过渡得太快。）我想还是先让没有发过言的同学先发言，恐怖分子和救火队员有什么不同，还有没有其他意见？

同学7：我个人认为可以根据这两个行为的结果来对其进行道德判断。这两个行为背后的意志力可能是一样的，但差别在于救火队员的行为所产生的结果是救了人，而恐怖分子的行为的结果是杀了很多人，是不同的结果让我们对这两个行为作出了不同的道德判断。

李泽厚：大家同不同意他的观点？就是以救人和杀人、多杀人和少杀人为标准？多杀人就是不道德，少杀人就是道德，是不是这样？为什么？

同学 8：我想讲讲多杀人和少杀人的问题。墨子很早就反问过，看见少许黑色就说是黑的，看见很多黑色却说是白的[1]，这个问题在这里就是陈老师刚刚所说的一种特殊主义或相对主义。塔利班有塔利班的正义，美国人有美国人的正义。到底什么是最终的正义？是强权即正义，约定即正义，还是天命即正义？大家都持不同的观点。

李泽厚：那你就认为双方都是正义的？

同学 8：塔利班也会认为自己是正义的。

李泽厚：那我们站在第三方的立场该怎么看？

同学 9：塔利班和恐怖分子毫无疑问是应该受到谴责的，因为他们违背了社会性道德。这就是为什么善恶和对错必须要彻底分家、宗教性道德和社会性道德必须要彻底分家的原因，否则就会有人以宗教的名义号召群众集体自杀，塔利班的行为就是这种行为。

李泽厚：大家同不同意这种观点？

同学 10：我认为恐怖分子和救火队员在情感和意志力上没什么差别，差别就在于他们所持有的善恶观念不同。而善恶观念又是社会历史地形成的，似乎很难从这个层面对恐怖分子作出判断。这就需要引入李先生讲的另一个层面：社会性道德。社会性道德讲要有对错，我们可以在对错的层面上对恐怖分子进行谴责。

李泽厚：大家同不同意？

同学 11：在恐怖分子和救火队员这个问题上，我个人并不认同道德相对主义的立场。我想试着从李先生的"情本体"概念来想这个问题。判断恐怖主义和救火队员行为的依据，最终可能还是来自于内在化的情感。没有哪个物种会认为同类之间相互残杀是好的事情，而同类之间相互救助是坏的事情。从发生学的角度来讲，这种来自于底层的、原始的、隐藏的情感，通过历史的积淀渐渐地内化为我们现在的"情"的道德。

---

[1] 见《墨子·非攻上》。

所以在这个角度上，我不是一个道德相对主义者，我站在救火队员一边。

同学12：我也认为，恐怖分子至少是抹杀了应团结一致而不应互相残杀的底线伦理。但无论如何，避免互相残杀应是我们保有的底线。

李泽厚：大家认为回答了问题没有？如果没有，大家可以再来回答。

同学13：我刚刚一直在思考。我也觉得这个问题涉及道德相对性和普遍性的问题。无论是恐怖分子还是救火队员，他们都是依据自己框架内的价值体系在行事。超越这个层次再来看，可能有更高一层次的东西在起作用，这个东西我认为就是道德的普遍性。根据我目前粗浅的理解，普遍性在于我们是否有权力将自己的意志强加于他人，而若想跨越不同的宗教和不同的文化，这种普遍性可能就是止于"至善"，我认为普遍性是存在的，这个"至善"是存在的。

李泽厚："至善"的问题我们下次课再谈，还是回到恐怖分子和救火队员的问题。恐怖分子和救火队员都有意志力，而他们的不同在于所持有的善恶观念不同。那么，他们的善恶观念到底是怎么不同？能不能有个高下，像刚才那位同学说的，善恶和对错要不要分开？我讲宗教性道德和现代社会性道德，那么这两种道德是否成立？假设成立，这两种道德又有怎样的关系？这是核心问题。

同学14：我认为这里有两种不同的"善"。救火队员通过拯救别人的生命来实现自己的善，而恐怖分子则是通过杀害无辜百姓来成就自己的善，一个是通过挽救生命来成就善，一个是通过泯灭生命来成就善。

李泽厚：请大家继续发表意见，两者到底有什么不同？

同学8：如果使用李先生关于社会性道德和宗教性道德的区分，救火队员遵循的是职业道德，是社会性公德，而恐怖分子的行为则是基于宗教信仰、宗教性道德。在现代社会，大家更认同社会性公德优先，所以救火队员不管信仰什么宗教，轮到谁值班谁就会救人，这是职业道德的要求，是一种社会性公德。

李泽厚：大家同不同意？有没有反对意见？那好，他讲的就是我要讲的，所以我也没有很多要补充。

作为救火队员，我就要履行我的职责，不论我信仰什么宗教。我不是旁观者，旁观者没有责任救人，而作为救火队员，我必须救人。这就像士兵打仗一样，既然当了兵，就是要向前冲，这是社会性公德。那这算不算道德？以排队问题为例。不排队不违法，不算法律问题，但它算不算道德问题？遵守秩序排队、不闯红灯，这些行为虽然很普通，但恰恰是道德问题。闯红灯可以快点到目的地，插队可以早点买到票，但是当你不闯红灯、遵守排队的秩序，就是在用你的意志克制你的欲望，就是在受理性的规定。为什么我们说意志力很重要，是因为道德行为需要意志力，就像孔夫子说的"克己复礼为仁"[1]。要克制自己的欲望到什么程度呢？可以到不惜牺牲自己的生命，"无求生以害仁，有杀身以成仁"[2]。从不闯红灯到牺牲生命，这些都是道德的行为，但等级、层次大不相同，今天的道德是社会性公德。为什么要叫社会性公德？是要在它与宗教性道德之间作出区分。塔利班也好，恐怖分子也好，他们为了某些宗教信仰不惜杀人，认为那不是恶而是善，这与现代社会性道德的善恶大相矛盾，恐怖分子奉行的善实际是恶。

但许多时候，这两种不同道德的矛盾并不这么尖锐。许多宗教性道德今天仍是善，可以与公德重叠或接近，有的与今天生活有距离有矛盾，但并不是恶。在欧洲有些国家，因为《圣经》规定星期天休息，所以商店不开门，连水果、蔬菜都买不到，更别说饭馆，开门的只有中国商店——有的地方政府规定星期天必须休息，中国商店也不准开门。他们遵守的是《圣经》中星期天休息的宗教性道德。伊斯兰妇女必戴头巾，这也是遵守宗教性道德的习俗。所以两种道德有重合，有出入有矛盾，有的必须排除，有的无须干涉，这就需要仔细分辨，慎重处理。

---

[1] 见《论语·颜渊》。
[2] 见《论语·卫灵公》。

我们经常讲中国的道德，那么这其中哪些是社会性道德，哪些是宗教性道德？梁启超讲公德和私德。在现代社会之前，这两者是一体的，直到现代社会，人们才对它们作出区分，因为它们之间出现了矛盾。就像桑德尔提出的市场和道德之间的矛盾一样。

关于这个问题，大家还有什么看法、有什么想说的？或者在今天讨论主题的范围内，大家觉得还有什么要说的、想说的，或者认为可以争论的？

同学1：我觉得对作为社会性道德的职业道德的讨论，可能存在着一种潜在的危险。若从汉娜·阿伦特的"平庸的恶"的概念来看，仅仅讲职业道德可能是不够的。按照职业道德的要求，对于救火队员而言，今天排到你的班，所以你应该去救人；但如果这是在二战时期的德国，对于纳粹集中营的士兵而言，今天排班轮到你去集中营杀人，那么是否你也"应该"去杀人呢？尽管士兵同样是在尽忠职守，但这时我们还是应当有一个不能杀人的理由。

李泽厚：提得非常好。又例如前面两讲谈到的食人判罪和告发母亲，都是基于"公正"观念的社会性道德而体现的理性对情感的主宰，但"公正"就一定是伦理或法律的最高观念吗？所以我提出宗教性道德对现代社会性道德的范导和适当构建。战后以色列在耶路撒冷审判党卫军头目艾希曼时，他就说我是在服从命令——是希特勒要我杀人，我不过是在服从命令，我没罪。

我在书里曾讲到，纳粹集中营杀了那么多人，肯定不对，但对日本投原子弹是否就是对的？我很惊讶桑德尔为什么没有提到这个争议极大的问题。两者同样都是杀害无辜百姓，为什么人们的态度却不一样？大家想一想。

同学15：我认为这也就是康德普遍法则的局限性，也就是为后世哲学家所批评的形式主义。若只是根据道德的普遍法则行事，可能就会忽视历史的情境和具体的问题，而普遍法则就成为了一个抽象的框架。

行为的道德判断：对错还是善恶？

李泽厚：为什么恐怖分子和纳粹集中营军官执行的命令就是错的，是恶？救火队员执行的命令就是对的，是善？假如完全按照职业道德来做行不行？职业道德应该服从什么标准？

杨国荣：我想从艾希曼的例子稍微做一点引申。这里实际上涉及对（错）和善（恶）。虽然同样是将对（正确）错（错误）和善恶区分开来，我的用法跟李先生稍微有些不同。（在我看来，）对错、善恶，都是价值判断，但是具体的判断（标准）在形式上有所不同。所谓对错，主要是相对一定的规范而言，当某种行为合乎一定规范的时候，我们常常说它是"对"的，如果它背离了这个规范，我们会说它是"错"的。

但是，"善"的情况更复杂一点。"善"在一个方面可以说和前面的"对"有重合。我们至少可以从两个角度去理解"善"：一个是形式层面上的"善"，就是"普遍的善"的原则；另外还有一个实质层面上的"善"，从最终极的意义上来看，就是对"人之为人"的内在价值的肯定——包括康德所说的"人是目的"。其实，儒家所说的"仁"，讲到底都是对"人之为人"的内在价值的肯定，所以讲到"善"的话，在实质层面上可以从这个角度理解。从更引申的意义上，我们也可以说，"可欲之为善"[1]，合乎人的合理需要的，就是"善"。所以，"善"本身有不同的形态，可以从最一般意义上的"可欲之为善"的角度去衡量，也可以从终极意义上的肯定"人之为人"的内在价值的角度去衡量。

如果从这样的区分来看，我们对党卫军头目艾希曼执行命令这样一个行为就可以有一个比较确切的判断。从合乎规范来说，他做得没错，因为他的行为是合乎某个规范的。但是，从善恶这个标准来看，从肯定"人

---

[1] 见《孟子·尽心下》。

之为人"的内在价值这个角度来看,他的行为毫无疑问是"恶"的:我们必须如此判断。

事实上,在中国历史上也有这样的例子。比如说宋代以来妇女守节,理学家们一直提到"饿死事极小,失节事极大"[1]。一个妇女如果在她丈夫去世之后守节不再嫁,以致饿死,从理学的规范来看,她做的当然是对的,合乎理学提出的标准。但是从"善"这个角度来看,即从刚才我提到的肯定"人之为人"的内在价值(包括生命价值)这一视域考察,那么这个行为当然是不善的。所以,如果我们将对错、善恶作一个区分,明确对错、善恶相应的判断标准,那么,也许可以对上述这些悖论性的现象有一个稍微具体点的解释。

同学 13:杨老师,您能否把您所说的"人之为人"的价值再描述一下:什么是"人之为人"的价值?对您提的这点,我非常感兴趣。

杨国荣:"人之为人"的价值,和我们刚才讨论的"人和动物的根本区别"有关系。讲到底,还是康德那句话:人是目的。世界上只有人本身是目的,而不是手段。其他东西你都可以说它有价值,但是这个价值从终极意义上我们都可以说是为人所用。

这里我顺便再说一句。我们现在的环境保护主义者,包括动物保护主义者,认为动物本身有内在价值,或者环境本身是有自身价值的。其实,这种观念本身值得再考虑。我们之所以这么关注环境,归根到底还是为了给人类的生存发展提供一个更好的空间。洪荒之时,人类没有出现之前,没有什么价值不价值的,当时有各种各样在现在看来属于灾难的自然现象,但那不叫生态危机,因为那时还没有人的存在。只有在人类出现以后,哪怕是自然灾害,也具有了价值意义。这就是根本之别。

同学 16:关于"以人为目的",我想再问杨老师一个问题。我们在讲"以人为本"的时候,就在说"以人的什么为本"和"以什么人为本"。我觉

---

[1] 见《二程遗书》。

得"以人为目的"也包含两个问题，就是"以人的什么为目的"和"以什么人为目的"，您能再说一下吗？

杨国荣：讲到人的话，我们总是可以从一个普遍的层面和一个历史的相对层面上去理解。从普遍层面来说，需要强调人区别于动物的根本之点，或者是人区别于其他存在的根本之点。这一点我们古代哲学家很早就有过说明，比如说我们都很熟悉的荀子，就指出水火、草木、禽兽和人的区别，认为可以从这样的比较当中凸显出"人之为人"的根本之点。当然，对人的具体理解，在不同的历史时期会有不同的特点，所以我们可以从历史的相对角度去看待。

李泽厚：还有人发言吗？

郁振华：李先生，我想在这个问题上再提出一个角度。

李泽厚：对不起，首先我们想先把杨国荣教授提到的问题讲透，你要说的和这个问题有没有关系？

郁振华：有关系，我同意和支持杨老师的说法，但是我想从另外一个角度来讲。关于职业道德的讨论，我想引入康德的另一种区分，就是理性的公开运用和私下运用。职业道德的情形下所涉及的理性运用，基本上都是理性的私下运用，涉及的只是某一部分人的情形，所以在刚才李先生讲到的例子中，救火队员当然会救人而艾希曼就会杀人。这个时候他们都非常理性，他们对理性的运用属于理性的私下运用。但理性的公开运用关涉到整个人类的利益，因此对个体生命的漠视和抹杀在理性的公开运用下是不可接受的。从这个角度，我们这个话题可以更加深入地讨论。

李泽厚：那么是不是投原子弹也不可以接受？（笑声）

郁振华：我觉得在二战那种情况下，原子弹扔下去是人类理性公开运用的结果，是对的，应该扔。

李泽厚：在集中营杀人，向日本投原子弹，你认为前者不应该而后者应该，那你的判断标准是什么？若因为后者是为了全人类，在某种程度上，纳粹也是以全人类为理想目标。事实上，到现在为止，许多包括大科学家，包括爱因斯坦，都觉得投原子弹是不对的。但是我觉得应该投。只是由于时间有限，我们没有办法展开谈。还有哪位要发言？

同学17：关于善恶的问题，我不太赞同杨国荣教授的观点。您追求的是"普遍的善"的观念，诉诸于人的内在价值。但是对价值思维的强调是非常晚近的事情，在中国古典时代，在古希腊，价值思维不是主导，它是一个现代性的观念。

李泽厚：你刚才说到，价值思维在古代是没有的，是不是这个意思？

同学17：价值思维在古代比较弱。

李泽厚：那古代有没有价值思维？你认为有，只是价值思维在古代弱，在现代强，是不是这个意思？

同学17：对的，我的确认为价值思维在现代和古代有强弱之分。

（休息）

陈嘉映：好，大家安静一下，刚才的讨论非常激烈，所以我们叫停了一会儿，大家冷静冷静，多用思想，多用理性。时间宝贵，我们马上要重新开始，我还是把这个话筒交还给李先生。

李泽厚：不是交还，我是在等你这位"君王"就位。大家对杨国荣教授的观点还有什么看法？请简短一点，因为时间只剩半小时。

同学1：关于刚才杨老师讲的对错、善恶，我想明确一个问题。您刚才说判断对错的标准是其是否符合规范，那么这个规范是职业规范，还是规范伦理学之规范？

李泽厚：我来替他回答，看我讲得对不对。判断一个行为是对是错，就是看它符合不符合职业规范，是不是这个意思？

杨国荣：包括职业规范，但是不限于此。

李泽厚：能不能具体讲一下这个"不限于"？而且你讲的第二点就是善恶要符合普遍性原则，我不知道是不是这个意思？

杨国荣：倒不是这个意思。关于善恶，我区分了两个层面，其中一个是跟对错有重合、有交叉的层面，和李先生刚才提到的普遍的原则、价值的原则有关联。只是对错所符合的规范相对来说具体一点，而价值的原则更普遍，善恶也和这一点相联系。但是，这个普遍的原则还是形式层面的，在我看来，谈到善恶的问题，还应该有一个实质的维度，就是我刚才提到的对"人之为人"的内在价值的肯定。当然，在哲学的层面，我们不能讲得更具体。但是，我们能够确定的是，对"人之为人"的内在价值的肯定如何体现，在不同历史时期可以有不同的表现形态。

再回到规范的问题。我认为它不仅仅属于职业规范。虽然刚才讨论的救火队员等事例中，可能更多地和职业规范相联系，但是当我们谈规范的时候，包括我们在道德领域当中，根据规范作出对错判断的时候，这里的规范显然不仅仅限于职业层面。我刚才举的例子，比如说宋明时期，关于妇女守节，也是一种规范，但是这个规范就不是一个职业道德问题。

李泽厚：那程颐所说的"饿死事极小，失节事极大"到底属于对错，还是属于善恶？

杨国荣：所以我们就需要作一个区分。从对错这个角度来看，一个妇女如果在她丈夫去世之后因不愿失节而饿死，那么，你可以说她的行为是对的，因为它合乎理学的规范。但是从善恶这个角度来看，你就不能够说她的行为是善，因为这里至少包含对人类生命价值的漠视。

李泽厚：如果不是善，是不是就是恶呢？

杨国荣：如果从极端来看，可以说不是善就是恶：对人类生命的蔑视和否定就是恶。但是如果要更具体地说，也许我们可以有一定的度，一个界限和范围。

李泽厚：清楚了。关于杨教授刚才提的问题，善恶和对错，两种道德到底有什么关系，还有没有其他同学要发言的？

同学18：我同意杨老师的看法，我要说一下我同意的理由。救火队员的行为之所以被认为是善的，是因为他的行为集合了杨老师所说的对和善两个维度，一方面符合于他的职业道德规范，另一方面也拯救了人的生命价值，所以我们认为他是善的。

李泽厚：我要问一个问题。我在书里也提到，在有些地方，老人是会被遗弃甚至杀掉的。遗弃或杀掉老人虽然违背了人的生命价值，但却是为了群体利益，因为这个群体养活不了这么多人，所以必须有些人要死掉。那么这种行为是否是善的？我插入这个问题，你继续说。

同学 18：我觉得您讲到的这一点特别重要，牺牲了老年人的生命是为了使群体生命得以延续，是为了维护群体的价值，从这个角度看这个行为是善的。

李泽厚：那你可能和杨老师冲突了。

同学 18：杨老师的观点我觉得应该放在具体的例子中讨论，是针对救火队员的职业道德和纳粹士兵的职业道德来说的。

李泽厚：这位同学。

同学 19：我认为，如果我们站在古代儒家的角度上看这个问题，其实很好判断。古代儒家讲仁、智、勇三大德，这三者都符合才是完善的。如果从这个角度来看，党卫军头目艾希曼属于"有仁而少智"：他有"仁"——这个"仁"可能是良心。"仁"是相对的，每个人都有自己不同的良心、不同的判断标准；而他的行为之所以不对，是因为缺乏"智"。"智"要怎么判断呢？就是要从历史的全局的角度进行理性思考。这个从历史的全局的角度进行理性思考是一种很高的智慧，一般人很难达到，这是党卫军的例子。那么，相反，在儒家看来，还有另外……

李泽厚：我打断一下。就"智"而言，希特勒也是有理论的，他有一整套理论，甚至派人专门去研究人的头骨。而且，当年有一大批知识分子——包括大物理学家海森堡在内的许多科学家，以及我们讲的海德格尔——支持希特勒，虽然有些是被迫的，但是也有很多不是被迫的。"智"在你这里到底是什么意思？"智"是知识还是什么？这一点要弄清楚，我只是提一下，不需要你回答。

同学 19：我们需要把"智"区分两层，一层是全局的历史的属于智慧的判断，另一层是知识型的判断。党卫军做人类学的研究可能属于后一个层面，不然的话，我们也不会从今天的视角来说他是不对的。

另外在儒家看来，还存在另外一种人，是"有智而少仁"。以商鞅为例。在儒家看来，商鞅有"智"，他可以从历史的全局的角度上进行考虑，但是他缺乏"仁"。

这两种人，他们都不少"勇"，但在"仁"和"智"的方面是有差别的。在儒家看来，这样的问题非常清楚。

我自己感觉这可能和李先生的思考也有重合之处吧。

李泽厚：冲突都没关系，何况重合呢？

同学19：也有冲突吧？

李泽厚：冲突也很好。还有谁没发过言的？请发言。

同学20：我想回应一下郁老师和李先生关于原子弹问题的观点。在这个问题上我很不同意两位老师的观点，因为我认为伦理学主要解决的是善恶的问题而不是对错的问题，因而伦理学必须要有一个绝对的普遍标准，否则伦理学就不能成为一个学科。在这个意义上，我很赞同康德的绝对命令，就是说必须要有一个绝对标准。至于现实中该不该投原子弹，这不是伦理学所能管到的事情，而是现实政治力量所管到的事情。但就伦理学来说，我反对投原子弹，因为如果赞同，就违背了伦理学的基本原则。

李泽厚：很明确。你好像没有发过言，你来。但是请尽量简短，因为我还要留点时间给我们的"君王"发言。

同学21：杨老师在休息之前讲到的对错、善恶，我当时觉得还是蛮清楚的，但是休息之后杨老师又补充了一句善恶有两个层面，而在讲到终极善恶时，又讲到在不同的历史时期有不同的表现，我就开始糊涂了。如果说对错在不同时期有不同的表现没有问题，但是连终极善恶都有不同时期的不同表现的话，事情就会变得很纠结。与其说终极善恶在不同的时期有不同的表现，还不如回到李先生在第一次课所说，终极的善恶在不同的情境下会有不同的判断。

李泽厚：还有谁想说两句话的都可以说。

同学1：我觉得大家在原子弹问题上表达了两种观点：一种是后果主义的观点，因为它结束了战争，所以是对的；另一种是道义论的观点，因为它违反了人不应当杀人的道德命令，所以是错的。在这里我就想问一下，后果主义和道义论的观点是一种规范吗？如果它们关注的是人的对错的话，是不是应该有更高的善恶标准对其作出一定的指示呢？

李泽厚：还有一个举手的同学没发过言，请你讲两句话。

同学22：我想针对杨老师对规范和善恶的区分提个问题。我明白杨老师的意思是说，我们如果作出区分，就可以解释得很清楚。但是您能再谈谈善恶和规范本身是什么关系吗？您仅仅区分了这是善恶，这是规范，那么善和规范是什么关系？

李泽厚：杨教授你要不要回答？回答也只能用几句话了。我还要把结束语留给主持人（陈嘉映）。

陈嘉映：可以把我省了。（笑声）

李泽厚：不不不，我还是要尊重这个主持人制度的，你要维护你的权力。

陈嘉映：杨老师说要尊重人的价值。

李泽厚：没那么严重。杨教授来讲吧，不可以讲太多。

杨国荣：那当然，我简单回答一下刚才这位同学。规范制定的基本原则包括两个方面，一个是现实的方面，包括现实所提供的各种可能，另一个是人的目的，人的需要。所以讲到规范的时候，不管我们从哪个层面去看，包括职业规范等等，都是基于这样两个前提来确定的。大概这样吧。

结　语

李泽厚：因为时间有限，今天很多问题都没能展开。我们提到的"饿死事极小,失节事极大",它背后是有一个庞大的礼制规范系统的。例如,按照中国古代礼制的规定,男女七岁不同席,更不要说自由恋爱。《红楼梦》中薛宝钗劝诫林黛玉不要读《西厢记》,因为不符合礼制规范。再如,按照古代礼制,父母死了要守孝三年,不管官职多高,不管你有多重要的事情,父母死了都要丁忧三年不能做官,这是礼制。那么这种礼制传统,其中包括许多规范和习俗,到底是善还是恶?当年认为是"善",现在呢?在这里,我只提出问题:我们今天又该怎样来看这些东西?我为什么要提出两种道德?为什么要提出善恶和对错的划分呢?我认为,善恶观念恰恰不是普遍必然永恒不变的,即使同一时代同一社会,不同宗教信仰的善恶观念也有不同甚至很多差异和冲突,而现代社会性道德(注意"现代"两字)却具有当前人类的普遍必然性。个人有信奉任何宗教性道德及其善恶观念的自由,却必须服从和履行现代社会性道德的善恶观念。两者冲突时,当以后者为评判标准,因为如前所说,对错乃今天的最基本的善恶。只是为了与宗教性道德相区分,不用"善恶"改用"对错"罢了。

主持人,我只能留给你五分钟了,对不起。接下来让"君王"说话吧。

陈嘉映: 五分钟足够了。我就说两点。第一,我想回应刚才那位同学。我猜想郁振华的那个(赞同投原子弹的)立场不一定是基于功利主义的,至少不只是基于功利主义的。我也不讲我的看法了,我的看法也写在我的书里了。(笑声)

我再说一点。有时候,很多谈话都是这么进行的:从一个角度来看是这样的,从另一个角度来看是那样的。我觉得我会建议换一种角度或者换一种方式来谈问题。别管是这种角度还是那种角度,先别做哲学家,先做你自己。就像刚刚郁振华那样——"这事儿要是我,我就扔"。(笑声)对于一个行动者来说,你认为什么对,你去干什么就行。但是我们这样的一个讨论班,则要求我们这样想问题:碰到一件事,你首先可能想"我会怎么做";但是并不能到此为止,你要去思考为什么有些人会不同意我;

然后你再去为自己的立场辩护，而不是一上来就站到"I, Yes！"的立场。如果我们这样开始去想问题，可能就会更实质一点。That's all I want to say.（掌声）

李泽厚：现在你有权力宣布散会。

陈嘉映：我被赋予权力宣布散会。今天上午就到此为止,谢谢李先生！谢谢大家！（掌声）

第四课　道德与伦理的区分和联系

开　场

朱志荣（主持）：各位老师、同学，大家早上好！

我本人本来是研究美学的，大学时代就受到李先生著作的深刻影响。1984年夏天我还专门到李先生家里去拜访，聆听教诲，随后毅然决然地选择了研究美学的道路，我对实践美学的辩护和研究正是出于对李先生思想的崇敬，我对中国古代的审美意识和审美趣味的研究也是沿着李先生的《美的历程》的方向向前走。李先生曾有一次在电话里对我开玩笑说："让你误入歧途了。"我不认为这是"歧途"，恰恰相反，我认为这是一条光明大道，当然它并不是平坦的，而是崎岖曲折的，需要付出艰辛的努力。走上这条路，并不像李先生开玩笑地说"让你误入歧途了"，相反，它让我感到终生的荣幸，用屈原的话就是"虽九死其犹未悔"。

美学和伦理学的关系是非常密切的，在学术上是近邻，具有共同的心理基础，在最高的层面上"真善美"是高度统一的。中国古代的思想，比如孔子、荀子的思想，宋明理学等等，其中的美学思想和伦理思想都是交融在一起的。西方康德的美学思想和伦理思想都是密切关联的，所以要把美学研究好，不学习伦理学是不可能的。从这个角度看，我要深入地学习伦理学，这次讨论课是一次非常宝贵的学习机会，在今天的课上还有不少问题需要讨论，希望各位同学的发言能简洁明快，不拖泥带水，以便使讨论的内容更加丰富和有效率，让我们跟前面三场（的讨论）形成竞赛，争取取得更好的效果。下面请李先生讲话。

李泽厚：我刚才到下面的分会场去跟那里的同学交流了大概二十多分钟，但是我听说闵行校区还有一个分会场，假使今天那里还有人，即便只是几个人，我也要表示一下我的问候，因为我没法来跟你们面对面地谈话了。我刚在下面说，我来看你不是因为我爱你之类的原因，（笑声）而是我觉得这是我应该做的事，我的确要表示一种谢意，因为你们虽不见面，还一直愿意听我的（课）。

我为什么要道德？（Why should I be moral？）

李泽厚：今天是最后一场，我想先来回顾一下前面（几场）。第一讲，我主要从桑德尔开始讲起。有人说我是拿桑德尔作"药引子"，可以这么说，我主要是说我的伦理学，桑德尔的书在中国和世界都很热销。我就讲我和桑德尔的"异和同"，但主要恐怕是讲"异"。为什么"justice"我主张翻译成"公正"而不是"正义"，而且我也利用他的例子提出了"情感"这个问题。其中有一句话，大家可能没注意，我说和他有一种方法论上的差异，实际上是本体论上的差异，就是说这个差异不是简单的方法论，而且涉及根本的哲学问题，这个不同可能与中国哲学和西方哲学的不同（有关系）。

第二讲，我们讨论作为人性的道德心理结构，就是我们讲的休谟这一派跟康德这一派的对立，是情感还是理性在起决定作用，西方这两派分离得很厉害，但对中国人来说，我们主张两者融合。但即使融合，却也不是混沌的一团，仍有主次之分，仍有这个问题：到底是意志力为主还是同情心为主？为什么这个问题西方可以在理论上那样地分离，中国却如此地融合？而最后我讲可以把意志、观念的培养和情感的培养结合起来。我讲到善恶之心、是非之心、好恶之心应该融合起来。这一点也可以看出中西方在本体论上的某种差异。

第三讲，我们以恐怖分子和救火队员作为例子讲到两种道德。刚才在下面的分会场，最后一个发言的是搞体育的，他从美国回来，讲到一个体育明星说自己是为了上帝而打球，我们讲到杰克·伦敦的故事时[1]，西方当年许多资本家信仰新教伦理，即人赚钱不是为自己享受，而是为了上帝。所以，那些资本家赚钱，但对自己非常节俭，他认为这是在为上帝做事，这里就牵涉到宗教性道德和社会性道德。上次提到的救火队员，从个体角度来说，他可以救也可以不救，但作为一个救火队员，不管他信什么宗教，他必须救。所以，到底善恶、对错能不能分？如果可以，怎么分？两者的关系到底是什么？这些问题因为时间不多来不及深入讨论，这些问题看起来很简单，但实际上很重要，这就是哲学要提出的问题。哲学家提出一些问题看着非常简单，却是一些根本性的问题。上节课陈嘉映教授说海德格尔讲之所以不需要伦理学，是因为哲学本身就是伦理学。伦理学是多种多样的，有不同层次，有各种规范伦理学，各种职业道德学，有医学伦理，商业伦理，生态伦理等等，但是我们讲的是作为哲学的伦理学，因此就牵涉到我今天讲的到底什么是哲学，到底中国有没有哲学的问题，我们今天能不能建立一个具有中国特色，但又有世界普遍意义的伦理学？这个世界普遍意义不仅仅是限定在现在而且主要是指向未来，这是不是我们应该做的或者可以做的一件事？

既然我刚才讲哲学伦理学，就要问一些根本性的问题。什么叫根本问题呢？我在美国上课时经常问学生：我为什么要道德？ Why should I be moral？美国学生的回答有几种，我先把这个问题提出来，希望我们的同学也能回答。为什么我要道德，不讲"我们"就说"我"——"I"，Why should I be moral？请回答。这个问题很简单，大家想一想，我不着急。（等了一会，没有回应）美国学生能作出回答，你们就不能作出

---

[1] 参见第一讲中对杰克·伦敦小说故事的讨论。

回答吗？（笑声）

同学1：李老师，您好。我觉得现在的情况是，有时候我会感觉我有点酷，有点与众不同，因为我敢于道德，挑战我的意志，我 enjoy 这种选择，这能不能是一种解释，至少有时候我会这么想。

李泽厚：我想更具体地听到一些例子。举个例子，我为什么不闯红灯，这是最基本的道德行为，或者我为什么要排队不去插队，为什么别人插队我就反感，认为他不道德。这是非常小的例子，我不想抽象地说你的意志、能力、你的挑战，我只是讲我为什么要做这样的道德行为？道德行为是有心理基础的，是自觉的，所以我讲意志、观念都是自觉的。今天要讲，为什么大家的行为要道德？或者我为什么要守规矩，不守规矩就是不道德？我希望你们讲出具体的道理来。

同学2：李先生，您好！我就您刚才说的那两个例子发表一下自己的看法。第一个，我不闯红灯的原因可能有两个：第一，如果我特别着急闯了过后万一被车撞了，就是我自己的责任。第二，如果每一个人都像我这样闯的话，那整个秩序就乱了，最后会导致我和车子都过不去。具体来说，假如我闯了之后别人把我撞了，那么，在这个交通的十字路口就会形成一片混乱，大家都无法通行。所以我们都遵循规则，你让我一下，我让你一下。另一个您刚讲到的排队问题，我会有这样几个心理：第一，大家都按照这样一个秩序在做，你为什么不按照这个秩序做，大家都是平等的人，为什么我排队，你就可以不排队呢？这是第一个感觉。第二，我会觉得自己的利益受到了损害。具体来说，我花了时间排队但你没有，你就损害了我的利益，所以我会说："前面插队的那位站到后面去，你不能这样做！"当然这两件事情的理由有两点是相通的，一个是站在自己利益的角度来思考，另一个是从整个秩序维护的角度，来考虑要这样做。

李泽厚：回答得非常好。还有什么要补充的没有？

同学3：李先生，我认为这两个例子都说明了，道德是对弱者的一个保护，比如闯红灯这个例子，如果我遵守这个秩序的话，作为一个行人，我就有机会通过这个马路，否则我就通不过。

李泽厚：我刚才问得很明确，我为什么要道德，why should I，不是从一般的来说，就是"我"。

同学3：比方说排队这个例子，如果我按照秩序来排队的话，作为弱者就会有机会，这样比我强势的人就不可能从当中插队，他也受到这个道德的约束，受到这个秩序的管束。

李泽厚：你讲的是外在规范的秩序问题，还是没有讲为什么是"我"，假设我是强势的人为什么也要遵守秩序呢？我可以不遵守秩序啊。

同学4：李先生好！因为我工作的原因，所以我会经常接触一些新疆、西藏和凉山自治州少数民族的孩子，经常跟他们在一起，看见他们的生活条件，生活环境，学习环境。我觉得我的道德就是我要让这些孩子学好习，念好书，以后能从大山里面走出来。我从来没有想过，过马路为什么要守秩序，这是从小父母教的，说你要与人方便，赠人玫瑰，手留余香，而不是从自己的角度说。

李泽厚：刚才这些回答和美国学生回答基本上差不多，但是缺一点，这恰恰符合科尔伯格三个水平的划分。我为什么不闯红灯？为什么要排队？第一，因为对我有利，或者我怕被撞、怕被罚款、怕被人耻笑。第二，我要尊重客观的秩序，我应该维护它。但是，没有第三种回答，即上帝要我这么做。我必须这么做，这是绝对命令。在座各位没有提到这个问题，因为这里的人不信上帝。那怎么办呢？因此这里就有一个问题：上面说的道德心理符合科尔伯格说的第一个水平和第二个水平，但是没有第三个水平，所以在这里我的行为就牵涉到伦理和道德的关系问题。于是就有一个问题：我们这种道德行为的心理到底是由外面的秩序决定内在的心理，因而有道德自觉，还是我本来就有一个先验的道德要求，好像第三个水平中的上帝，来决定外在的东西？到底是由内而外还是由外而内？请你们回答。

道德是由外而内还是由内而外？

同学5：李先生，您好！我觉得道德从根本上来说是由我的意志决定的，但是外在的秩序能影响我。这是说，从根本上是由我自己决定的，但外面的秩序包括观念会影响我的判断。

李泽厚：对，但是你的意志又怎么确定的呢？我上次讲，意志作为道德行为是一个价值，你为什么会有这种意志呢？再具体一点，你为什么会有"不闯红灯"这种意志呢？

同学5：我受康德的伦理学影响比较大，具体是受《道德的形而上学基础》的影响。他认为这种意志是先验的，但是像您说的，它只是一种形式，缺乏对人的道德心理结构的分析，而这种具体的内容如您所说，主要是通过历史沉积下来的，其中教育是一个很重要的维度。

李泽厚：好。关于"意志"，上次杨教授讲到的贞节问题，即"烈女不侍二夫""贞女、好女就不二嫁""夫死守节"等等，现在安徽很多地方还有贞节牌坊，这不仅是一件事情，也不是程颐那一句话[1]，它是整个礼教体系，这个体系对妇女来说叫"三从四德"。现在我不知道大家知不知道什么叫"三从"，谁来回答？

同学6：未嫁从父，既嫁从夫，夫死从子。

李泽厚：对，完全正确。"夫死从子"即是说不能二嫁，只能和儿子过日子，所以那些贞节牌坊都是这些妇女含辛茹苦地把儿子抚养长大，儿子中了状元或做了大官，然后写一个奏本给皇上，皇上批示建一个牌坊表彰。男女都有性欲，有时候十几岁二十岁，古人说年方二八——十六岁就出嫁了，两年之后老公死了，十八岁正值盛年。她要克制住自己的这种欲望，这不是意志吗？她的意志的具体条例是什么？就是"三

---

[1] 即"饿死事极小，失节事极大"。

从"。你不能自己做主，也没有自己做主的。我必须承认和服从。所以讲"君为臣纲，父为子纲，夫为妻纲"，臣子必须服从君王，儿子必须服从父亲，而妻子必须服从丈夫。丈夫死了之后就要跟着儿子。我再问"四德"，这恐怕难了，包括一些教授们都不记得。"三从四德"中说妇女要有四种德性，是哪四德？

同学7：妇德，妇言，妇容，妇功。

李泽厚：好极了，因为很多人答不出来。你能大体解释一下这个"四德"是什么内容吗？

同学7："妇容"是指要有端庄的姿态。"妇言"是指讲的话需合乎伦理和礼仪规范。"妇德"是指妇女要贤良淑德。"妇功"涉及女红问题，指妇女要会女红。

李泽厚：对，太好了。"女红"就是指刺绣、缝衣服之类。很好，出乎我的意料，因为很多人能讲"三从"，但讲不出"四德"。这些规定是很严格的，"妇容"要求妇女笑不露齿，这是一种道德规范，而且那些大家闺秀是非常讲究的，这就叫礼教，是一套系统。妇女要讲意志，如果想笑也不能大笑只能抿嘴笑，它也是一种伦理规范，现在已经没有了，对不对？还是那个问题：我们这个伦理道德是从外到内还是从内到外的？我是有一个先验的规定，规定我笑不露齿吗？这个绝对命令规定了我必须"夫死从子"吗？或者"既嫁从夫"吗？我想不会。因为刚才说过我认为绝对命令是一种形式，但是形式有具体的内容，这个内容就是善恶观念。哪些是善的，哪些是恶的？或者哪些以前认为是善的，现在已经不认为是善的了？因此就涉及另一个问题：即伦理道德到底是相对的还是绝对的？在什么意义上是伦理绝对主义，在什么意义上是伦理相对主义？你们赞成绝对主义还是相对主义？这个问题在西方和中国都是很重要的问题，只是西方更突出。请发表意见！

相对主义伦理和绝对主义伦理

同学8：老师您好。我一直在思考刚才您提的一系列问题，包括由内而外还是由外而内。我的基本观点是先由外而内，再由内而外。关于相对和绝对的问题，我觉得在一定的条件和范围内达到绝对，但是在不同的情境和历史的范畴内又是相对的，这是我暂时的一个理解。谢谢！

李泽厚：你能不能讲得更具体一些，我讲得都比较具体。当然你有权利可以只讲这么多。还有别的同学请准备。

同学8：闯红灯的例子就可以解释我有关内外的看法，因为在我很小的时候，我会问父母，为什么我们不要闯红灯？这个时候父母会告诉我们各种理由，如同同学们刚才讲的，我对自己和秩序有义务等等。但是经过一定时间的积淀，我现在不会闯红灯，也不会再思考为什么不闯红灯，我只是站在那里不闯，别人走的时候我依旧不走。这个时候我认为它已经内化为我的一种道德要求，即如果闯了我内心会不安，仅此而已。我不再对这个问题本身进行思考。所以我觉得这其实是经历了一个由外而内到最后转化为由内而外的过程。再回答刚开始老师提的那个问题，为什么我要有道德。我当时的感觉有两个层面，其中一个很重要的层面就是，当有一些东西内化为我内在的东西之后，它会让我有一种不安，这种不安决定了我的行为，它可以解释为中国古代的"致良知"。这就是我的标准。另外，关于相对还是绝对的问题，我也一直在思考，前几堂课我也问过李老师。我的感觉是在西方的语境下，康德那个绝对的、先验的东西是可以被理解的，因为西方人从小受的教育使得他们比较容易相信上帝，而相信上帝就意味着比较容易接受先验理性，但是在中国的语境下，我们不太容易接受它，但是否因此就不存在这种普世的、超验的东西又是可商榷的，我觉得可能还是存在的，只是存在的方式不一样。所以我最后想说一个结论是，这个先验的、绝对的东西是存在的，但是它一定落脚于相对的、具体的东西。这就是我的进一步的解释，谢谢！

李泽厚：我觉得讲得相当清楚。这里有没有同意或者反对的意见？

同学9：我觉得刚刚这位同学举的例子恰恰证明了这个是相对的。一个规范或者一个事情在实践过程中体现为一个具体的行动，这种动态性就说明了它的相对性。

李泽厚：我们一个问题一个问题地讨论。先讨论内外问题，然后再讨论绝对相对。刚才她认为首先是从外到内，然后再由内到外。当然，你先讲完。

同学9：我觉得还是从外而内的。因为刚才李先生已经讲的三个层面落实到最后都是利己的。第一层的利己是很直接的或者说是赤裸裸的，因为我怕被撞。第二层的利己表现在如果大家都不遵守这个秩序，最终我的利益也会受损。

李泽厚：看来你的意思和她的完全一样。有没有相反的意见？

同学10：我反对。我认为从发生学的角度来说应该是由内而外，然后再由外而内。因为我认为道德一开始形成于一定的原初先民的社会交往，然后形成一个自然而然的心理秩序和心理结构，通过它们继而发展出很多非常丰富的道德和文化，这个道德和文化会形成一定的制度规范反过来对人的道德行为产生非常强的规范作用。从社会建构论的角度来说，一切都是被建构的，人其实是没有自由意志的，所以说像福柯说的那样——道德铭刻在身体之上。所以，道德本身是一个非常强的规范。

李泽厚：你认为道德是先验的，对不对？

同学10：它一开始是由内而外，后来由外而内。

李泽厚：那个由内而外的"内"是什么东西？

同学10："内"是那个自然而然的（东西）。

李泽厚：那个自然而然的是什么东西？

同学10：那可能就是先验的。

李泽厚：那就是了。（笑声）你可能认为那是先验的，但也可以认为那是动物本能。

同学10：我认为它是一个自然的秩序。

李泽厚：这个自然的秩序是什么东西？是生物的本能还是先验的命令？这是两个东西。

同学11：我比较赞成本能的说法。

同学12：我主要对刚刚那个同学的观点存有异议。她把道德内化为个体的一些东西，当面对红灯的时候，她说自己站在那里不动，是因为心里的一种不安在起作用，对此我不同意。因为我觉得这是把道德完全看作是一种动物式的刺激—反应的结果。比如一只狗，如果对其进行长期的刺激—反应的训练，当主人来时就会到门口热烈欢迎。按此推理，对人也进行这样一种训练，当他面对红灯的时候，也会作这种本能的反应。对此，我绝对不能同意。我觉得道德还是一种自主的行为，比如说红灯我是可以或者想闯的，但是我有一种作为人的意志，我从人的层面来要求我自己不应该闯，于是我才不闯。我觉得道德始终是人的一种自主的、有能力的行为。

李泽厚：对，那我就问刚才的问题，假如你生在两百年前，你是个女的，你（遵从"三从四德"）的意志是怎么来的？

同学12：我可能受到外面的，比如宗庙对我的规范和影响。但即便如此，我仍然有不做的自由和权利。

李泽厚：我是问你刚才承认的这一点，即那个受外面的影响这个具体的东西是从哪里来的？我今天可以自由恋爱，这是道德的。上世纪五十年代的时候，自由恋爱尽管好像是可以的，但我记得有个名作家写过，那个时候恋爱会被人耻笑的，因为你没有一心扑在工作上。（笑声）在那个年代，一心扑在工作上是最道德的，你自由恋爱说明你太顾自己了，是一种个人主义。当然，现在不会这样了。不管是自由意志也好或者是情感（也好），到底这个东西是由内到外还是由外到内的？孟子讲看到一个小孩快掉到井里我去帮助他，这不需要什么外在的东西，对不对？那么，这个让他这样去做的东西是什么呢？你讲是本能。如果是本能，我就举狼孩的例子。"狼孩"就是由别的动物抚养的。因为有些婴儿被动物获得，这些动物不仅没有吃他还抚养他长大，长到了十几岁时又被人救回来了。但是他只会爬，要想让他站起来走是非常困难的，更不用说他自觉地去救小孩了。

因此，这到底是由内到外还是由外到内，由内到外也有两种：内是本能的还是先验的？因为中国人不相信上帝，所以便有先验是从哪里来的这个大的问题，宋明理学对此就有很多讨论。总体来看，宋明理学家们认为那个东西是先验的，这个牵扯中国哲学史，这里就不多讲了。刚才那个同学只是强调个体行为内在的道德心理，这就回到了第二讲的问题。我今天讲的不是道德心理，恰恰是讲内在的个体道德行为和外在的伦理制度。我为什么把伦理和道德作这样的区分？伦理是指外在的风俗、习惯、秩序、制度，而道德是个体的行为和心理。道德心理也要表现在行为中。道德和法律不同，法律就是服从。我外在服从而如此行为，但心里并不服。道德不同，它是我自觉地这么做的，这个"自觉"也就使外在他律变成了内在自律。伦理变成了道德，所以非常重要。而由外到内还是由内到外，就是讲是个体内在的道德心理构建出外在伦理制度呢，还是相反？

同学13：李老师您好。我觉得是外在的。一个老人摔倒了我去扶他，这是一种本能。但是看到很多报道，不少老人被扶后反而认定是你撞了他，然后要求付医药费，于是，我再看到有老人摔倒时，我的本能反应就可能是不去扶了。

同学14：谢谢李先生。我认为由内而外和由外而内这个区分恐怕是一个有问题的说法。我听李先生刚才举"孺子将入于井"的例子，在那个例子里孟子并没有说见孺子将入于井触动恻隐之心而施于行为，他说的并不是行为，而是在具体情境下的道德心理活动，没有与行为关联起来，因此拿那个例子来说明由某种心理到某些行为是由内而外并不完全适当。这里我想表达的意思是，如果由内而外的话，那就要么是先验的，即某种上帝的绝对命令，要么是生物学的本能。如果由外而内的话，则是经验的、环境教育的产物，我觉得两种解释恰好都是对人的道德性和道德生存的某种背离。在道德中我们说"内在""外在"，但事实上一切秩序和自觉总是与具体的行为或事情联系在一块儿的。讲道德总是展现在某种具体的知行活动过程中，因此在这个内外的区分之中，我们可能背离了人的存在的真正的开始或者最本质的开始。我们要对道德哲学意义上人的生存的那个原初的绽放点是什么有一点新的意识，不要局限在这种由内而外或者由外而内的区分上。谢谢！

李泽厚：大家对他的意见有什么反对或者赞成的意见吗？或者大家认为他的意见有什么不清楚的地方吗？

同学15：谢谢李老师。我很纠结，我觉得在刚才大家发言的过程中，李老师挑起了这个话题，人为地把它分割成两个板块，但事实上这两个板块是紧密连在一起的，就像"阴"和"阳"。我特别喜欢中国的矛盾概念，但中国的矛盾概念没有"阴阳"好，矛盾还可以分成两边，一边是矛，一边是盾，但是阴和阳就无法分开了，对着太阳就是阳，紧接着这一面就是阴。其实，人的道德的观念的产生是内外结合的结果，它不是抽象的，而是从一个具体的时代、具体的社会发展而来的，所以内和外永远是粘在一起的。

李泽厚：你完全同意他的意见，对不对？他的意见就是不能分开。有没有不同意的意见？刚才不是有人同意由外到内吗？同意也好不同意也好，都可以说。

同学16：我表达一下不同的意见，我其实挺支持李老师的这种区分的。就从外到内的来说，我们内心有很多情感，但哪一种情感会被当作道德在不同时代是不一样的。所以从这个意义上来讲，你选择哪种情感，然后把这种情感称之为道德，是与社会环境相关的，正如李老师的马克思主义式的总结那样。

李泽厚：关于我是不是一个马克思主义者也可以讨论。（笑声）好，讲得很好，请继续。

同学16：这是从外到内，但是选择以后要有一个内在情感的基础，或者说社会需要这种道德。

李泽厚：你是赞成可以分内外，而且认为是由外到内的，对不对？

同学16：对。

李泽厚：好。所以你赞同我的观点反对他的观点，对不对？我喜欢意见鲜明。（笑声）

同学16：对。现在解释"从内到外"。有那么多内在情感，你需要挑哪一种呢？孟子之所以要讲恻隐之心，是因为面对当时一个陌生人的社会出现以后，他要跟齐宣王、梁惠王解释为什么他要去管这些不认识的人的事情。当然恻隐之心和行为不一样，但是一个人要有这个心理基础以后才可能有一个行为，如果连这个基础都没有的话，行为就谈不上了，所以我接受内外区分的说法。

李泽厚：恻隐之心也是要培养的，因为人的情感中有动物情感的部分，既有同情，也有残酷，人有很多负面的情感。负面情感需要排除，正面情感需要培育。"排除""培育"正是外在的习俗和教育。你不能想象小孩完全不加培养会怎样，所以搞教育的人（认为）小孩应该注意不要让他从小就虐杀动物，这一点很重要。为什么要讲一些童话故事给他听，让他去爱护小动物，就是为了发展他的爱、情的一方面，把那些残忍的方面去掉，残忍的一面也是人的本能，要把它克制住。很多杀人狂，好些人从小就喜欢虐杀动物。所以，从外到内，包括你内在的情感、意志、观念都是需要外在伦理制度的培养的。人性就是在培养人的正面的情感（当然什么是正面、负面还可以讨论），而要把那些负面的情感克制住。因为情感和欲望往往联系在一起，有些欲望是不顾别人的。所以我认为不仅要培养意志，而且要培养情感。刚才举例说，小孩不要抢别人的糖果，但是他会说我要吃，这就是一种情感的克制和意志的培养。但同时也要培育爱护、照顾别人的情感。关于这个问题大家还有什么不同意见吗？

我希望是鲜明的看法。可以反对我,没关系的,我这几堂课都是这个态度。

同学17:我对这个问题有一个疑问。因为我看李老师的书,中间说到伦理是一个外在的东西,道德是我们内心的东西,这是一个外内的分别。那么你这里提出道德是由内到外还是由外到内,其中这个"外"到底是指经验还是指社会秩序?另一个问题是由内到外是什么概念?如果是之前说到的内外的话,那道德就是本能或者先验或是外在秩序在我们心灵上的表现,由此出发,这个"内外"是不是一个时间概念,就是时间上的由内到外?

李泽厚:当然有时间问题,教育是需要一定时间和历史(过程)的。也就是上一讲的动物有没有道德的问题。有些人主张动物有道德,不需要什么制度、秩序,因为我本来就可以有道德,与时间无关。

同学17:我就觉得由内而外和由外而内是两个不同层次的问题。

李泽厚:我简单重复一下。我讲的"外"就是指伦理,伦理就是风俗、习惯、制度、秩序、规范这一套东西。道德是人的道德行为,它建立在人自觉的道德心理之上。道德心理是指意志、情感还有观念,这是我讲的"内"。问题是后面这些东西是从前面来的,还是后面的东西产生了前面的制度?因为时间关系,这个问题我就留给大家去想。接着下一个问题,道德是绝对的还是相对的?请大家发表意见。

同学18:李老师您好。针对这两个问题我个人的想法是,道德本身在形式上是绝对的。无论我认为它是有一个先验的道德心理或者是道德情感,但从内容上说它又是相对的,根据不同的历史情境,会有不同的内容和规定。所以,形式上是先验的、绝对的,但内容上又是具体的、变化的。为什么是先验的?以孩子的教育为例,我首先相信孩子有内在的道德情感,可以被感化教育,然后我再进行教育。

李泽厚:这里又牵涉到什么是先验的问题。

同学18:我认为先验就是一种天然的情感。

李泽厚:先验不是这个意思。康德恰恰是说先验是超乎经验之上的东西，上帝的命令是先验的。

同学18：我可能不是从西方的绝对命令或者上帝的那个角度来理解的，我认为它是一种天然的、自然的东西。

李泽厚：那它和本能有什么区别，先验等于本能，对不对？

同学18：本能……

李泽厚：是生物本能。

同学18：有一点吧。（笑声）

李泽厚：那才叫作经验的，而不是先验的。（笑声）这一点可能和我书上说的比较一致，我认为道德心理结构，即自由意志是绝对的，而外在的伦理制度是变易的，从而是相对的。这一点大家还有什么不同看法吗？这里又牵涉一个问题：道德有没有进步或者今天的道德比过去好还是坏？又或者道德根本谈不上进步的问题？比如艺术，现代艺术就一定比古希腊好吗？不能这样说。哲学也很难说有进步，朱熹的哲学就一定比孔夫子好？但道德能不能谈进步，能谈或者不能谈的原因何在？大家发表意见，这和道德是相对的还是绝对的是联系在一起的。

同学19：李先生，如果道德是心理的一种相对或者绝对的感受的话，那么就道德本身而言是无所谓进步和不进步的。但是就伦理来说的话，又是有进步和不进步的，最明显的例子就是二十世纪种族屠杀和被屠杀的产生，我认为这是最好的一个例子。

至善问题

李泽厚：关于外在的（道德行为）是有进步的而内在的心理结构是绝对的，"绝对"是指理性主宰感性这一特征。道德心理中的观念、情感是变化的，相对的。大家有什么不同意见或者相同意见吗？（等了一会儿）没有，那我就太高兴了，因为这就是我书上说的。我刚才讲道德有进步，是因为道德心理结构中的善恶观念和好恶情感是变化的，它们随时代和外在伦理制度、秩序的进步而进步。相对主义伦理学是经过大量研究的结果。康德主义后来受到排斥，如前面所讲，是因为康德把道德等同于伦理（所以我要把两者严格区分），又没有把道德心理结构中的意志与观念区分开（所以我要作道德心理的三分）。道德从伦理角度来展现为一种道德行为，它有没有进步，和我讲的道德心理结构有没有进步是不同的，因为道德心理结构是一种理性主宰感性的形式，它是绝对的，它的具体内容还要看一个人的善恶观念放进去以后会怎样。善恶观念是相对的，比如"三从四德"以前是善的，现在则不是。总之，伦理和道德是变化的，我认为就人类总体说，无论是外在的伦理风习和制度、内在的个体道德心理都有进步，但理性作为动力、情感作为助力这一情理结构在道德领域里的实现，却是绝对的、不变的，古今相同，它是人之所以为人的特征之一（当然，人还有其他特征如认识、审美）。

中国没有上帝的观念，伦理秩序又是相对的，那么，在伦理方面到底有没有一个绝对的准则呢？是不是有一个伦理观念上的所谓的"至善"在？西方的"至善"可以是上帝，一切都是上帝制造的，我信仰和服从上帝，我把我的情感、意志、观念都归结为这个至善——上帝。维特根斯坦不讲伦理学，因为他认为在日常经验层面只有相对价值，那个绝对价值的东西是超自然、超人类的，是不可理解的，所以维特根斯坦不讲这个，维特根斯坦本人就有来历不明的负罪感。这里牵涉到一个问题，和我刚才讲"我为什么要道德？"相联系，即"我为什么要活着？"或者说"我活着为了什么？"。有些人经常批判和嘲笑我的哲学是"吃饭哲学"，但是这里面有一个哲学前提——吃饭是为了活，不吃饭活不下去，但人活着不只是为了吃饭。当然有人会说我就是为了吃饭，因为他首先要保持他的生存，但是你吃饱了之后，活着又是为了什么呢？所以，加缪的存在主义就讲"哲学的首要问题是自杀问题"，为什么呢？因为这问题是为什么活的问题。我活在这个世界上，应不应该活下去，我到底为什么而活，我活在这个世界上有什么意义？难道就是为了吃饭，就是为了生存吗？如果这样，那就跟动物一样了。值不值得活是一个大问题，有些基督教徒认为这个世界是不值得活的，值得活的是另外那个世界。著名的存在主义者克尔凯郭尔认为这个世界是不值得活的，他认为那个世界[1]才值得活。很多人包括为"圣战"做人肉炸弹的人都认为这个世界的生命是不重要的，重要的是那个世界，我的灵魂是最重要的，因为灵魂超过我的肉体。这是一个大问题，作为哲学的伦理学就牵涉到这些根本性的哲学问题。许多人认为那个"至善"的东西不在这个世界而在那个世界。柏拉图的理念世界的理论就认为善的本质在理式世界不在这个现实世界。基督教讲天国，最后要接受末日审判，这涉及根本性的伦理学问题。

我读海德格尔《存在与时间》的时候，总有一种向前冲的感觉。因为他认为重要的是要将非本真的世界撇开，抓住那个本真的世界。本真世界是我自己对生命的体认和决断，以此来迎接明天，现在、过去都不重要，重要的是明天，但明天是由我自己决定的，这很厉害。所以我1994年的时候写了一篇文章，提到海德格尔的哲学是"士兵哲学"，就是往前冲。[2]有人奇怪我为什么讲海德格尔"士兵哲学"，出乎我意料的是后来我看了一本书，说在二战打扫战场时，发现有好些士兵带的书就是《存在与时间》，死者当然是知识分子，那时是征兵制，不管你是大学教授或者是知识分子都要上战场。那么"往前冲"是要冲到哪里去呢？我为什么要冲到那里去呢？这个海德格尔并没有回答，因为那些都是属于非本真的世界，本真的世界就是我自己对自己生命的这种体验，我就是要冲，但是冲到哪里去是不清楚的。所以海德格尔与纳粹的联系不是表面上的，重要的不是纳粹让他当校长或者发表一些迎合纳粹的讲话。他写这个书（1926年）是在纳粹政权上台（1933年）以前，但恰恰可以为纳粹所利用。现在很多学者认为他跟纳粹没关系，我是不赞成的，

---

[1] 即上帝所在的世界。
[2] 见《哲学探寻录》，原载《明报月刊》1994年第7—10期。

我认为是有关系的。纳粹其实也不看重他,最后让他去挖战壕,没把他当回事,不像对海森堡、普朗克的那些大科学家们,因为他讲的这些太抽象了。但是跟维特根斯坦一样,海德格尔最后留的一句话是:只有一个上帝能够拯救我们。最后还是归结到上帝那里去,不管你讲的是相对伦理还是绝对伦理,他都有一个绝对的标准在那里,因此尽管西方很多人不进教堂,但他还是相信有一个上帝作为绝对的存在,这是很重要的一种心理,是作为道德的一个心理基石,但是中国好像没有。那我们这个至善应该是什么呢?这大概可以归结为今天我要讲的伦理学的最后一个大问题了。有谁发言?

同学15:谢谢李先生。我们在课下的时候谈到一个问题,人类社会走过的历程就是一个扩大自由的过程,我们没有上帝,但是我们有至善,它就是不可以以自己的利益损害别人的生命。每个中国人的道德理想应是寿终正寝、享尽天年,每个人在追求自己生命意义和价值的道路上,可以追求自己的最大价值和最大利益,但是你不可以侵犯别人的生命,哪怕这个人生病了快要死了,你也不可以随意地终止他的生命,因为那是他自己的生命。

李泽厚:那你的至善就是个人的生命,是不是?

同学15:这个生命从单个意义和抽象角度来讲,是通过个人体现的,从整体上来讲,则体现为一个群体、一个家族、一个社会、一个民族。所以它既是个体的也是整体的。整体是不可能单独存在的,它要由个体组成。当我们在讲尊重生命的时候,如果不体现在对每一个个体生命的尊重和保护上,那你的尊重集体就是一个空话,所以我宁愿把集体和个体有机地联系在一起,我觉得尊重生命是人类社会发展最高的至善原则之一。谢谢!

李泽厚:好,你发言。

同学20:李先生,其实我是想提一个问题,刚才您说中国是没有上帝的,但是我们在中国上古的文本里面谈到很多"天"的概念。《大学》

里面讲"止于至善",又讲"修齐治平",而"修齐治平"事实上是"止于至善"的过程,"治"和"平"都涉及政治实践,这是在一个宏观层面上说的。那么,是不是可以理解为我们中国人的古代思维里讲的这个"至善"实际上是和政治实践连在一起的呢?如果是,问题就在于什么样的政治实践是好的呢?我们在《易经》《尚书》等一些文本和经典里看到很多关于"天人感应"的东西,就是说君子要能够理解天道,顺应天道,然后以天道的造化来安排人间世俗的秩序,这是儒家讲的古代圣王的最大功德,这是要让我们从天道来开人道。在古代中国的这个思维里面,是不是天道真的是代表一个能够类比于西方上帝的那个东西呢?

李泽厚:那我请问你,不讲人类,也不讲中国古代,你个人的"至善"是什么东西?

同学20:我是相信上帝的,但是我不是基督徒,我的至善是一个客观的先验的东西,或者说是绝对的先验的那个东西。

李泽厚:是什么?可以是关帝,可以是妈祖,也可以是基督,是什么东西?

同学20:这个名称我不在乎。

李泽厚:那它具体给了你什么内容呢?

同学20:道德律令吧。

李泽厚:道德律令是什么东西?

同学20:能够约束自己的东西。

李泽厚:它用什么道理来约束你?哪些是应该约束,哪些是不应该约束,能不能说得具体些?

同学20:我觉得是能够把人性本恶的那个东西约束住。

李泽厚:什么是本恶?

同学20:就是不好的欲望。

李泽厚:什么是不好的欲望?(笑声)

同学20:就是为了实现自己的一己之私利而做的事情。

李泽厚：那我问你什么叫作私利？你认为是私利，可能别人认为不是私利，公私怎么区别？界限怎么划？这个划（分）要有普遍性。我不能干预太多，我只是提出这个问题，有不同意见的或者相同意见的，请发表。

同学 21：就我个人来看，中国人最大的至善就是不朽，也就是青史留名。如果不能留名的话，你活在这个世界上还有什么意义。所以说中国人讲究三不朽，立德、立功、立言都有要青史留名这么一个心理特征，就是说我们用这个传承的延续的不朽代替了超验的先验的上帝，而这个东西在中国各个文本中都有很多反映。我认为中国的至善是追求能够传承后世的这种不朽，并不是一个超验的上帝。

李泽厚：好，你是不是追求不朽？

同学 21：我追求青史留名，追求千载之下流芳百世。

李泽厚：你是想在哪方面留名，想好了没有？

同学 21：立言。

李泽厚：这有没有普遍性？是不是每个人都要为立德立功立言而活着？

同学 21：至少从历史的史实上来说，这具有很大的普遍性。

李泽厚：我是讲是不是对在座的每一个人都必须这样。

同学 21：如果他们有一个传统的包袱的话，他们会这样做，而且这个在传统的史实中是有很大的普遍性的，有大量的史实可以印证。

李泽厚：我不讲印证，我讲在座的。因为一个东西假使是至善的，它应该具有一定的普遍性。当然我讲过我所有讨论的问题都是开放的，都可以有不同意见，好像我刚才问的问题，是不是适用于在座的各位。我刚才问的问题有同学摇头了，我并不想留名，我只想做一个普通人，那这个至善还成立不成立？好，还有哪位没发言的？

同学 22：我觉得不管是中国人也好，外国人也好，这个至善都是人在面对自己存在的有限性时不得不进行超越的东西。我觉得是对此在的一种超越，是如何在有限的时间内让我们的存在更有价值，或者说如何让我在此在的有限性中有价值地活着，我觉得这是中国人或者说是人共同要面对的一个问题。

李泽厚：好，每个人超越的是不是一样？当然是不会一样。好了，我不评论了。你发表意见，时间只有半小时了。

同学23：李先生您好，我觉得我的至善应该是爱。

同学24：李先生您好。我觉得如果有所谓的至善的话，应该还是以人为目的。人的意义和价值就存在于人与人的交互过程中，我认为如果没有和别人的交往，你自身也就没有所谓的价值。所以我觉得这个所谓的"至善"就在于你不仅是对每一个生命个体的价值的尊重和肯定，也是对人类整体的价值的肯定，我觉得这是所谓的至善。

同学25：我觉得至善就是康德的一个公式，或者说李先生这个概念也是从康德那里横移过来的吧。因为人是有理性的动物，他总是要去追求一个无条件的条件作为现实事物的根据，所以我觉得李先生提出的至善跟他（康德）的上帝存在、灵魂不死、意志自由这个三层公式有一定的相似之处，或者它们的功能是一样的。所以它作为人类追求进步和自由的内在的根据而存在。因此，我认为从普遍意义上来说，作为不同于动物这样一种族类的人类，至善作为一个最终极目标应该是引领人向善、向往自由的一个根据。但是具体来说，我觉得可能每个人至善的目标或要求又不一样，比如有些人觉得活一辈子就够了，我没有必要去立德立功立言，但是从人类作为一个族类的整体的延续来说，至善还是作为一个终极的目标而存在的，它像一个星辰引领着人类前进。

同学26：我认为至善没有普遍必然性。虽然没有最高的善，但是伦理的相对主义应该是历史积淀而成的内在道德的绝对价值。这是我个人的理解。

同学27：我比较赞同刚才那个同学的观点，我觉得至善是存在的，但是仔细想想至善好像是一个空的理念，或者它是一直在变化的，对于不同的人，不同的时代，好像这个至善始终不是一个确定的东西，我们可能向往更好的东西，而不是最好的东西。

李泽厚：好，还有没有，你要发言？

同学28：李老师，我认为有至善，我的观点是为了过更好的生活这是每一个人都需要的。每一个人都要过好的生活是一种至善。

同学29：我再具体说一下至善，它是一种信仰，而不是认识的对象。我们并不是说有一个绝对的标准和具体的东西，至善是什么样的，或者说达到一个什么样的地步才算至善。它只是一个抽象的东西，是一种信仰，就像上帝一样。

李泽厚：那你信仰什么呢？（笑声）

同学29：从我个人来说，我觉得我活下去就已经很不错了，或者说其实这也就是人类的最终目的，即人怎么样更好地活下去。

李泽厚：你刚才讲对你来说是什么？

同学29：对我来说就是怎样活下去，如何活得更好，这也许就是至善。

李泽厚：关键是什么叫活得更好呢？

同学29：第一个层面就是生存本能，作为动物我活下去。第二个层面是我区别于动物的，作为一个人我如何活得更好，它属于精神层面。

李泽厚：问题就是作为人，什么样叫精神层面上活得更好呢？

同学29：人的本能是自由。

李泽厚：问题是自由是什么？

同学29：这个就比较抽象了。（笑声）

李泽厚：非常不抽象。

同学30：我比较倾向于牟宗三翻译成的"原善"，简单地说就是德福一致，通俗地讲就是……

李泽厚：德福一致是康德的。

同学30：通俗地讲就是道德高尚的人能生活得更好，可以避免那种末日审判。

李泽厚：德福一致就是至善，那还是康德的说法。还有谁要发言。

同学 31：其实，李老师的书里面关于"至善"讲得很清楚，人类总体的生存延续这才是至善，而且在我看来这是李老师的重大的哲学创造，包括认识从哪里来，人类从哪里来，美学为什么是第一哲学，这些李老师书里都讲得非常精彩。所以至善就是人类总体的生存延续，而且这是有人类的普遍性的，不只是中国的传统。

李泽厚：大家也不一定同意的，所以我让大家先发言。我还要留点时间给杨国荣教授，大家还有什么要讲的？

结　语

李泽厚：我书上提出来的"人类总体"包括过去、现在、未来，它的生存延续就是我们的上帝。所以我讲我的哲学是离不开人类的哲学，本体论，认识论，伦理学都是如此。在五十年代我和蔡仪先生争论的时候，就说过离开人类没有什么美丑可言，因为蔡仪的观点是离开人类还有美丑，我讲那不对，离开人类就没有善恶美丑。[1] 如果你相信上帝，那么离开人类可以有善恶美丑。所以，我讲我的哲学是人类学历史本体论，是人类的事，因此人类的生存延续就是我的"至善"。但是这个生存延续它又是很具体的，它随着时代的不同，要还原到（具体时代去）。今天我特别强调要重视个人存在，着重在未来个人的各种潜在能力的开发，就是人是目的，因为到现在为止，人是目的或者说个人是目的还远远没有达到。康德提出来有很大的现代意义，但是我在书上讲,实际上人是工具，还是一种普遍存在。你给老板打工是为了挣钱，老板其实是把你当作工具，这还有很多例子。但是我想鲜明地提出"人是目的"是当下社会个体存

---

[1] 指 1956—1962 年在中国大陆出现的第一次美学大讨论。这场大讨论最终产生了以朱光潜、蔡仪、李泽厚等人为代表的三大美学派别。

在和获得幸福的重要思想，是人类整体生存延续在现代的模式。因此就不能以任何集体、种族、国家的名义，把个人压下去，但这又是不一定的，要根据情境而定。有时候就必须要牺牲个体，这就要看具体情况了，比如战争的时候，士兵就是工具，必须要士兵去打仗、送死，刘少奇说要做党的驯服工具，他错了吗？没错。职业革命家就是要去献身做工具，我一生就是为这个组织服务的。所以"人是目的"要放在人类生存延续的各种具体情境中来理解和运用。

前些年提出"中国到底有没有哲学"的问题。孔夫子的《论语》到底算不算哲学？这是一个问题，而且是一个很严重的问题。黑格尔说那只是道德训诫，根本算不上哲学。德里达到中国来，说中国没有哲学。其实，德里达是恭维中国，因为他觉得西方那个理性思辨道路已经走到头了，但是中国哲学家很气愤，认为中国怎么会没哲学呢？因此什么是哲学？哲学是什么？是不是一定要那种思辨的，一人一个思辨体系就算是哲学？你讲经世致用的，讲经验性的东西就不算哲学？我也提出过这个问题，当然，我认为中国是有哲学的。但我认为只讲精神世界，不讲物质世界才算哲学，我是不赞成的。"天地之大德曰生，生生之谓易"（《周易》），牟宗三认为这个"生"是精神生命，他讲的生命哲学，我就不赞成，我认为这个"生"首先是人的物质存在，所以我说我是一元论者、唯物论者，我不承认也不相信有脱离身体的灵魂，我不相信有灵魂脱离肉体到天国去。我认为孔夫子的学说不仅是道德训诫，它里面提出了很深刻的问题，人生意义的问题，也有刚才讲的天道和立命的问题，这些都是伦理学问题，这恰恰是中国式的哲学。中国哲学在某种意义上主要就是伦理学。

我再讲几分钟，整个课程要结束了。我和童世骏教授说，我到这里有两个冒险：一个是身体不太好，我平常没有高血压，因为环境的变化，时差，各种见面谈话很多，导致我血压一直有点高。还有一个是我到这里来上课也是冒险，因为虽然我在美国教过书，但也不到十年，我在"文革"前后，从来没有在大学上过课，可能我有冒险的个性。到这里来，一是出于理性承诺，孔子讲："人而无信，不知其可也。"一个人没有信用怎么可以。中国古人讲"君子一诺千金"。"一诺"要一千金，我讲我就欠杨国荣教授四千金了。（笑声）我是来还债的，这是一个原因。另外一个原因，在这里我希望最后向大家提出一个问题：在今天是否可以有一个中国的伦理学？它有中国特色但又具有世界普遍意义。有没有这个可能？我觉得不必老跟着西方跑，所以在《回应桑德尔及其他》这本书的最后，我引了1995年讲的话，又引了1997年的话。我来念一下吧。附录前面最后一页是1995年我与中山大学教授的对谈里面说的："中国不必一定完全重复西方现代化的过程，而可以争取走出一条自己的路。这就是我的总观点。"还有一个是1997年写的，这一段稍微长一点："在我的思想和文章中，尽管不一定都直接说出，但实际占据核心地位的，大概是所谓'转换性创造'的问题。这也就是有关中国如何能走出一条自己的现代化道路的问题，在经济上，政治上，也在文化上。以中国如此庞大的国家和如此庞大的人口，如果真能走出一条既非过去的社会主义也非今日的资本主义的发展新路，其价值和意义将无可估量，将是对人类的最大贡献。而且，在当今世界，大概只有中国还有这种现实的可能性，这种可能性也大概只在这三十年左右。因此，我觉得，中国人文领域内的某些知识分子应该有责任想想这个问题。"

这次伦理学讨论班以前没有先例，以后也下不为例，我觉得这只是在尽我的人生义务。同学们还提出了很多很好的问题和意见，可惜来不及进一步展开讨论了。谢谢各位！（持续的掌声）

杨国荣：在李先生说了这样的总结性的话之后，我接下来的话可能就是多余的话了，（笑声）不过多余的话还是要说几句。第一我再一次对李先生这一次的一诺千金表示衷心的感谢。他这次伦理学讨论班，刚才提到是空前而绝后的。确实是空前，以前没有过；绝后，他以后也可能不会以这个模式上课了，在座各位都见证了这样一个事件，这是很有意义的。

从上世纪八十年代开始，李先生就提出走自己的路，八十年代他有一部书就叫《走自己的路》，他也确实是这样走的，是这样实践的。几十年来一直如此，而且他今天还提出了更高的要求，就是要求我们这一代中国人都要走自己的路，不光是个人，而且是一个民族都要走自己的路。用冯友兰的话说，这是更高境界的看法。

今天的讨论比较热烈，所以我不忍心打断，李先生刚才说让我说几句，我就围绕今天这次讨论的内容简单说一下两个方面的问题，一个是头，一个是尾。头就是刚才一开始提到的，关于道德形式的内和外的问题，我们都知道，李先生的基本概念之一是区分伦理和道德。道德比较侧重于道德形式这一面，这里我暂时不去讨论。我想集中简单说几句关于一开始我们讨论的内和外的问题。"内"和"外"这个问题，事实上，一方面我们可以借用李先生的话，另一方面我们也可以放在一个内和个体的角度来讨论这个问题。我们都知道李先生有著名的三句箴言："经验变先验，历史建理性，心理成本体。"这里我着重从前面的（第一句）来说。"经验变先验"这句话，在我看来，实际上它的重要意义就在于对康德问题作了一个中国哲学式的或者李先生独特的回应。康德一开始从伦理学到认识论都提出先天形式，但是这个先天哪里来的他没有回答。李先生的经验变先验，实际上就回答了这个问题。这个问题是从"类"的角度来谈的，结合我们今天讨论的问题，我想再补充一句，也许是狗尾续貂，就是在谈"经验变先验"的同时，可能我们还需要一个"先验返经验"，这就是从个体角度来说。从类的角度来说，我们是从经验的层面提升为普遍的先验的层面，那么，从个体层面来看，可能还会有一个"先验返经验"，就是说道德毕竟最后要落实到我们每一个具体的个体，而个体行为和他内在的意识、心理等等与李先生说到的"情本体"论这些东西是无法分开的。从这个角度来看，由类的角度提升而成的先验本体最后还要落实到融合于个体的经验，包括心理的层面，这样才可能化为个体的具体行为，这就是中国人所说的良知。

这里我们可以从明代开始一直讨论的本体和功夫这个角度来讨论这

两者之间的关系。王阳明晚年的时候有一句话叫作"从功夫说本体"和"从本体说功夫"。"经验变先验",我们可以说是"从功夫说本体"。这个"功夫"是"类"的知行过程,这是一个本体逐渐形成的过程。"从本体说功夫"是着眼于个体行为:个体任何行为都需要在一个本体的引导之下来具体展开,而这样的引导不是外在的强加,而是融合于他的内在个体意识。所以本体与功夫的互动是在这样一个过程中逐渐展开的。从哲学史上看,这里涉及心理和逻辑等等关系,讲到意识,讲到心,总会是一些心理层面的东西,当然这个心理并不单单是纯粹的心理,一旦提升到一个形式的先验的层面上,它同时就带有了逻辑的意义。从哲学史上看,黑格尔是不太注重心理的,而在我们中国哲学的传统中,禅宗是不大注重逻辑的,李先生对这两者我想都同时给予了相当的关注。事实上,这是和李先生提到的"情本体"联系在一起的,我刚刚提到的"先验返经验",实际上也和李先生说的"情本体"是有关联的:"情本体"也涉及个体的心理和情理之间的联系。再进一步说,从"先验返经验"的层面来看,也关乎具体的道德机制问题,道德最后是要通过一个个具体的个体展开的,李先生非常注重个体,从个体行为的角度来看,可能离不开具体的道德机制。我注意到,李先生今天没有谈到,但是书里面提到的,他区分了道德动力和道德助力。他说理性和意志主要是动力,而情感主要是助力。在我看来,从具体道德机制来看,也许我们可以把动力和助力整合在一起,在实际行为的展开过程中,这两者也不是分得那么清楚的,"先验返经验"事实上就涉及动力和助力之间的融合问题,也就是我第二次讨论课的时候提到过的思、欲、悦之间的相关性。

最后我们讨论的是"至善"的问题,"至善"是一个大问题,但是我们必须要特别注意一下,李先生一再提到的是从中国哲学的角度来看的至善问题,他不是泛泛而谈至善问题。从中国的角度来看,谈至善问题我们也许可以关注以往经典中的两个提法,一个是《大学》中的提法,一个是《易传》中的提法。《大学》开宗明义就说:"大学之道,在明明德,在亲民,在止于至善。"所以这个"至善"不是西方的专利,我们早就讲"至善"了,对《大学》而言,有一个从明德、亲民到至善的过程。另外一句是《易传》中的话,叫"一阴一阳之谓道,继之者善也,成之者性也"。其实,中国人这种对至善的讨论,如果我们用中国人本身的概念来表示的话,就是天道和人道之间的统一,这也是李先生一再比较注重的"一个世界"的观念。"一阴一阳之谓道",这是从天道角度来看,马上就"继之者善也",这跟人道相联系,"成之者性也"则和人的存在联系在一起,所以至善和这样一个过程是不能相分的,这是我们传统的理解。对于这种关于至善的理解,这种关于天道和人道的比较形而上的提法,我很赞同后来李先生具体补充的内容,即可以把它理解为人类总体的生成、演化和发展,或者说人类生存延续,这是一个比天道和人道更具体的内容。不过,人类总体的生存延续,整体来讲是一个事实层面的概念,它还缺乏一种具体的价值内涵。这个具体的价值内涵,我们可以具体联系我一开始提到的《大学》中的那句话,"在明明德,在亲民",尤其要注重"亲民",它是跟对"民"的一种价值层面的关切始终联系在一起的。这个意义上的人类总体的生存和延续,又可以结合马克思提到的话来理解。马克思在这方面有几种不同表述,总的意思是,在未来理想的社会中,"每一个人的自由发展是一切人自由发展的条件",或者说,"未来的理想社会是自由人的联合体"。这里"个体"跟"类"都包含在里面了。当然我也特别注意到李先生最近的一些说法,我们要把理想社会和社会理想区分开来,这里更多的是从社会理想的角度,而不是要固定和凝化在某一种特定的形态之中,"至善"在这个意义上是一种社会理想,也是一种具有价值内涵的人类的理想。所以,它既和我们中国人天道和人道的统一这个总体路径相联系,又包含着人类生存、发展的具体内涵,从而具有价值的意义。我觉得,至少我们可以从这个角度去具体理解,不知道李先生赞成不赞成。好,我们再一次感谢李先生!(掌声)

朱志荣:因为时间关系,讨论会到此结束。

整理后记

　　作为当代中国知识界最具原创性的思想家之一，李泽厚先生的哲学、美学和中国思想史研究曾影响了一代代学人。早在 1985 年，李先生第一次来华东师范大学讲演，就在青年学子中受到了热烈追捧。三十年斗转星移，李先生的学术影响力依然无与伦比。2014 年 5 月，李先生应思勉高等研究院的邀请再次访问华东师大，在丽娃河畔开设"伦理学讨论班"。消息不胫而走，立刻在春季的上海滩掀起了一场思想的旋风。因参与人数众多，除了可容纳一百多人的主会场，学校还在两个校区分别设立了更大的电视直播分会场。除了上海本地的青年教师和学生，还有专程从北京、湖南、杭州、广州等地赶来的教师、律师、媒体人等各界人士，其中不乏两鬓斑白的老者。李先生的这次沪上之行成了 2014 年度中国思想界的一桩"文化盛事"。

　　2014 年 5 月 9 日至 27 日，李泽厚先生共开设了四次伦理学讨论课。公开课全部采用对话式，通过具体案例引导学生讨论现实的伦理困境。既非授课，也无演讲，而是一场场师生间平等、自由的讨论。所有听课者身份、地域不限，但必须按要求事先细读指定书目。讨论课场场爆满，气氛热烈，形成了深刻的思想交锋，为青年学子、哲学爱好者与学术大师平等对话搭建了极好的平台。

　　为了使未能如愿亲临现场的读者，能够原汁原味地分享到这一思想的盛宴，我们按照课堂和对谈的原始录音，整理了本《实录》。华东师大哲学系和思勉高等研究院的研究生参与了整理工作。四次讨论课的整理者分别是黄家光、孟静、李爽、伍龙同学，由付长珍、王韬洋老师做了润色完善。在整理过程中，我们一方面力图呈现课堂的现场感，同时为便于读者理解，整理时添加了若干小标题，并做了必要的注释。

李泽厚先生对学问的严谨态度，给我们留下了深刻的印象。在最初接到出版邀约时，李先生认为上课时间太短、讨论未及深入，曾多次提出不必整理出版。可当我们将整理初稿呈送李先生审订时，他逐字阅读，仔细审校，两次从美国寄来亲手批改过的纸稿。

本书的整理工作由华东师大哲学系伦理学教研室付长珍教授具体负责，王韬洋老师、华东师大出版社项目编辑朱华华老师和研究生伍龙、张荣荣、孟静同学全程参与。从暑期开始商讨方案，历时半年，数易其稿，尤其是伍龙同学做了大量联络工作，在此一并致以深深的谢意！

李泽厚伦理学讨论班实录整理小组

2015 年 3 月

附录一　伦理学补注（2016）*

（一）　科学＋诗

常言道，老人爱说车轱辘的重复话，看来我的文章也如此了。批评我"总是那一套"，不大有人在吗？我的辩解是：第一，有些话重复说说有好处，巩固印象；第二，仔细看看，可能也并不完全是重复。近年我发表了一些关于伦理学的观点，领域很大，问题很多，虽有新说，意远未尽。特别是在 2014 年华东师大讨论班上，更感到如此。但今天坐下来写时，的确又感到不过是老调重谈，只能先写下去再说。

记得上世纪八十年代初，我说过哲学是科学＋诗，意思是说，哲学既有对当今现实和现代科学的思辨的抽象与概括，也有对未来的模糊憧憬和情感追求。历来各种哲学似乎是以各种不同姿态和程度倾斜、糅合、摆动于两者之间，这也可能就是王国维说的可信与可爱的问题吧。既不可信又不可爱的哲学多有矣，既可信又可爱的似几无。上世纪 Heidegger 和 Wittgenstein 将两端发展至极致（"哲学乃诗之思"；"哲学乃纠正语言"）之后，哲学走向何方不很清楚了。认识论由分析哲学而心灵哲学，伦理学由元伦理学、各派自由主义而社群主义，美学则由博物馆美学（"艺术世界""惯例论"）而生活美学、环境美学。哲学一方面

---

* 补注者，《什么是道德？——李泽厚伦理学讨论班实录》（华东师范大学出版社，2015 年版）一书之补充注释也。附录二"举孟旗行荀学"者，"补注"文中所提问题之再次说明也。——作者

似乎成为实证性的表面论述；另一方面又成为专业性很强的艰深语言。Heidegger、Wittgenstein 对这种专业化话语已相当厌恶，却又自身难免。哲学关门也许热闹，而外行却不敢问津。当今心灵哲学、现象学、后现代主义的好些哲学文章，能有多少人看懂和愿意看？

拙著《历史本体论》(2002)序中说，我的哲学不想如此，无论内容和形式，我都想走常识哲学、大众哲学之路。近年来一直如此，这与我愈来愈厌恶 Heidegger 哲学可能有关。我所提出的"积淀""度的本体性""历史主义""情理结构"等等，都是相当宽泛、普通的日常话语。例如提出"情理结构"，但情与理究竟如何"结"，如何"构"，情、理、欲三者的关系、层次、顺序、比重又如何，都不能也没有具体展开。如硬要借用 Aristotle 的"四因说"，也可说理性是形式因、情欲是质料因、实践是动力因，而人的生存延续是目的因。但这也并不能说明什么。又如同样属于情理结构，道德作为理性凝聚、认知作为理性内构、审美作为理性融化等等，其间的区别、关系和联系，并没有说明。它们的发生、发展和变易又如何，其普遍性与个别性的关系又如何，都没怎么说。不确定的"度"的不断成功，便要对自己动作、行为的这个"度"力求确定和巩固，于是外在群体的行为指令便逐渐成为个体心理必须服从的绝对命令，此即由伦理而道德，亦即实践理性。再经由积淀而成为人类思维—认识普遍必然不可违背的形式逻辑、数学根源和因果观念。其中的情理关系和形式结构（forms、structures、frameworks）如何，凡此种种，均巨大课题，涉及心理学、教育学等大量艰深的问题。我以为它们的具体研究，属于科学特别是脑科学的范围。尽管我非常关注现在科技哲学的探讨，也关注人类和中国当今的走向和命运，但我所能提供的哲学，仍然只是制造一些日常语言通俗性的基本概念，提供一种视角，如此而已。这是首先要补注说明的第一条。

（二） 词语与方法

第二条补注是，在华东师大讨论班上，我发现存在"道德"一词的"泛化"问题，即各种层次、意义、内容大不相同的道德行为和心理，都被一视同仁地称为道德。"杀身成仁，舍生取义"是道德，不闯红灯、按序排队是道德，宁死不屈是道德，富人捐款是道德，不乱扔垃圾、不随地吐痰也是道德，等等。虽然这些行为和心理都或多或少有某种道德属性（即为他人或公众有某种自我约束、克制或付出），但毕竟差异太大。道德作为可达到牺牲自我生命的主要标志，在这"泛化"用语中被完全掩盖掉了，这使"什么是道德"的讨论变得更加混乱。所以我觉得要特别注意使用日常语言的这一现象。这方面分析哲学可以给我们很多帮助，要注意"道德"这个词语在具体应用上有很不相同的内容和涵义。不能在同一个"道德"的词汇下，把许许多多完全不同的道德行为和心理不加区别地混为一谈。

这里就涉及我所主张的历史主义方法论的问题。在讨论班上，我特别强调"具体问题具体分析"。这是上世纪五十年代我们所熟知的所谓马克思主义方法论。我至今以为正确，因为这也是我所主张的实用理性。例如，功利主义的"最大多数的最大幸福"原则和自由主义"人是目的"原则，两者都并无错误，但如何适用在特定时空环境条件中，却各有不同，而不能说谁对谁错，直接搬套。如讨论班上所说的，著名的电车案例（杀一救五）、海上吃人案（有罪或无罪）、救灾涨价案例（市场原则或道德原则），都不能直接套用功利主义原则或自由主义原则，而必须按不同的具体时空、环境、条件来作出具体的判断和处理。救灾、分洪和战争，有时必须牺牲个体和部分，这采取的是功利主义原则，而非自由主义原则。而在电车案例中，尽管杀一能救五，但并不能由旁观者推人堵车，这采取的是自由主义原则，而非功利主义原则。这就是我强调的历史主义方法论，重视的是事件的历史具体性（即一定时、空条件下的具体情境，如时代性、社会性、阶级性等等），这也就是没有先验理性制限的"实事求是"的中国传统。

历史主义还有积累性和偶然性，我称之为"历史三性"，都属于实用理性的范畴。积累性也可称进步性，因为我认为人类物质文明、日常生活以及精神生活（包括伦理规范与道德心理）都是有进步的。这与反启蒙、后现代主义相反，是历史主义的方法论，也是本体论，我说过实用理性亦可称为历史理性。

（三）"伦理"与"道德"两词语的区分

第三条补注是，重复讲一下"伦理"（ethikos）与"道德"（moralis）两词区分的重要。因为这两个词语在中外古今一般都是同义使用，不作或极少作区分。本来伦理作为群体规范与道德作为个体行为，的确紧密联系，很难分割。群体规范表现在个体道德行为和心理上，个体道德行为和心理一般却又不必然是群体规范的呈现。两者始终紧密相连，我却强调两者区分的必要。为什么？第一，我以为这个区分有利于澄清好些说不明白的伦理学问题。第二，明晰表达我的伦理学的一个基本看法，即由外而内、由伦理而道德的路线，这条路线也可称为历史—教育路线。这是我的历史主义人性积淀说的重要部分。

我所用的"伦理"一词包含很广，指的是人类群体社会，从狭小的原始人群到今天的全人类的公共规范，先后包括了原始的图腾、禁忌、巫术礼仪、迷信律令、宗教教义一直到后代的法规法律、政治宗教，也包括了各种风俗习惯、常规惯例。它们都属于我所使用的"伦理规范"这个词的范围。总之，伦理规范是群体对个体行为的要求、命令、约束、控制和管辖，多种多样，繁多复杂，不一而足。

我所用的"道德"一词，则指群体规范要求，经由历史和教育（广义），培育内化为个体的自觉行为和心理，从自觉意识一直到无意识的直觉。所以道德不是本能的欲望和冲动，而是包含着理性和情感的某种情理结构，并且以理性主宰情感、欲望、本能为特征。理性在这里又分为作为内容的观念和作为形式的意志。它不同于也是情理结构的认识（理性内构，并不主宰行为）、审美（理性融化于情感，也不主宰行为）。

外在群体的伦理规范，通过个体自觉意识及道德心理中的观念，而主宰个体的道德行为。所以道德不能只是观念，道德不能只是"善念"，而必须还是"善行"，即实践、履行、落实这种善念（观念）。这只能依靠对理性意志的长久培养和训练。

我说过，基督教伦理学第一个字大概是"信"（faith），信上帝。中国儒家伦理学的第一个字应该是"学"（learn），学做人。无论是"信"还是"学"，在这里都是一种理性观念，而非动物本能和生理欲望。因此它的重要表征就是个体有自觉的选择性。人的道德行为即使表面看来类似于动物的行为，例如动物也有为群体利益而做的个体牺牲。在讨论班上，我们作了"动物有否道德"的专题辩论，虽未展开，但主题很清楚，就是反对当今非常流行的社会生物学。社会生物学的理论认为动物也有道德，认为道德源于生物族类生存竞争所产生的自然本能，并以某些动物存在着个体牺牲以维护群体而使该族类在生存竞争中取胜来作为论证。但我以为如果道德是动物族类自然演化而成的本能和欲望，那就应对该动物族类所有个体具有普遍必然的绝对性，而无个体的选择自由。人类的道德却恰恰是在个体有选择自由的情境下，自觉地选择牺牲自我。保存生命是任何生物族类个体均具有的本能和欲望，人类并不例外。人之所以如此敬重、尊仰、崇拜那些杀身成仁、舍生取义的仁人志士、英杰男女，正是由于他（她）们自觉做到了大多数人做不到的道德行为。为什么大多数人做不到？因为个体有求生的动物性的强大本能。为什么少数人又做到了？因为他（她）们用更强大的理性观念和意志压倒了这种强大的本能。可见，道德在这里表现为自由意志，自己选择、决定、不顾个体生存和其他利益而认为"就应该这样做"而行事。也正由于这少数人物逆生物本能、自然欲望而行，并以此为榜样引领着群体开辟未来，这使得人类的生存延续区别于其他动物。我以为这是中国传统宣扬的伦理学，也是 Kant 宣扬的伦理学。这种伦理学才真正抓住了人类道德行为和心理的要害，因此应该和上面提到的那种泛化的道德区别开来。

当然，有人会说，你怎么能肯定动物就没有这种自觉选择的能力，没有自由意志？我非专家，我只是就自然演化的生物本能应该适用于该族类的全部成员来提出质疑。我也不懂为什么社会生物学理论有大量论据，却极少甚至没有谈及这个问题。

（四）由外而内

不久前，我读到一本有趣的书，《道德的起源：美德、利他、羞耻的演化》(*Moral Origins: the Evolution of Virtue, Altruism, and Shame*, 2012) 的中译本。作者 Christopher Boehm 是资深教授，数十年观察、研究灵长类动物和人类原始群体的活动。该书采取自然演化的社会生物学视角。但极有意思的是，他的论证研究可以概括为：道德起源于外在群体（包括灵长类动物和原始人类）在生存延续和族类竞争中要求个体的"自我克制"从而产生了道德，道德是个体自我克制的生物机制。作者一再说，"自我克制的良心是道德起源的第一个里程碑"[1]，"早在共同祖先（按指人类与某些灵长类）时代就已经出现了一些群体强加给个体的'规则'了，而在作为共同祖先的后代的人属祖先那里，这种趋势就更加明显"[2]。尽管书中好些假说，如反等级制的平等情感是自然演化而来、平等地分享大猎物有助于种族的生存延续而产生道德、

---

[1] Christopher Boehm:《道德的起源：美德、利他、羞耻的演化》，杭州：浙江大学出版社，2015年版，第204页。
[2] 同上书，第124页。

脸红表示内在羞愧等基本论点，我以为论据不足并不赞成，当然更不同意作者将"更加明显"的人类道德与灵长类其他动物的所谓"道德"完全混为一谈、毫不区别。但我以为重要的是，作者以大量材料论证了作为道德特征的"自我克制"的内在心理机制是来自外在群体规则，亦即个体道德心理和行为来自外在群体的强迫规范。其中叙述了个体如不遵守群体规则即被杀戮、惩罚、驱逐（等于死亡）等事例，多次谈论了动物界的"死刑"。同时也强调产生道德是一个漫长的历史过程，"道德的起源本身就是一个缓慢的渐变的过程"[1]。该书着重讨论了"良心"问题，认为动物也有"基于恐惧的自我控制"，但"真正强大的良心开始于距今二十五万年前"[2]，即原始人类群体开始合作捕杀有蹄类大型动物如斑马、羚羊的时期。作者说，"我将聚焦于良心问题，探讨良心这种独特的自我意识如何作为惩罚性社会环境导致的结果而出现的"[3]，作者认为惩罚性的社会选择过程中创造了羞耻的良心，而此"良心内化了那些有利于合作规则……"[4]。所有这些，不正是我强调的由伦理而道德，由群体外在规范和要求产生出个体内在的道德心理，即人的"内在自然的人化"吗？但中国儒学最强调的是人兽之分、人禽之别，我以为非常正确，这与将人兽道德等同的社会生物学恰恰背道而驰，因之这些材料的意义，对我来说，仅在于即使在动物界，个体"道德"行为也是受群体"规则"产生"自我克制"这一重要论点。我以为，动物还有非群体规范内化的"自我克制"，如潜伏忍耐以伺机捕取猎物，这是许多动物的族类本能，这是上述群体规范落实到个体的可能性更原始的生物性基础。

在1979年的《批判哲学的批判——康德述评》里，我曾强调指出，日后也多次提到，人的个体道德是从幼儿时的"不"（不许抢别人的

---

[1] Christopher Boehm:《道德的起源：美德、利他、羞耻的演化》，杭州：浙江大学出版社，2015年版，第362页。
[2] 同上书，第358页。
[3] 同上书，第20页。
[4] 同上书，第235页。

食品，不许打骂别人……）开始的。《礼记·曲礼》中记载了那么多的"不……""毋……"，将从儿童到成人的行为、活动、言语、举止、容貌等日常生活规范规定得如此之细密严格，也显示出"礼"作为伦理规范，正是对个体行为和心理的道德塑造，而使之成为人（"立于礼"）。我以为这位作者所指出的其他灵长类动物的类似行为，只是说明了这一由外而内的人类道德行为有其动物祖先的潜在的生物可能性，但正是人类才将其转化性地创造为具有现实性的"礼"（伦理）和"德"（道德）。所谓二十五万年前猎取大型动物的时期，不正是原始人群大规模地制造、使用工具而需要紧密地分工合作产生社会和理性的时期吗？作者也讲到制造使用工具，但没有看到这一关键环节对产生人类的转折性的巨大意义。如我在认识论中所说明，人类正是在制造、使用工具及其不断地改善更新过程中，产生了分工合作、协同作战的社会实践中的理性，然后转化性地创造为人类主体的实践理性，并通过语言中的语义，传递和保存下来，代代相传。群体要求和实践经验成了社会的外在规范，个体内在的道德和认识也由此而萌芽、建立、巩固和发展。何谓理性？理性便是在上述实践中所产生的有利有益于人类群体生存延续的规范、秩序、规则和规律，通称之为"合规律性"，"度"在其中起了根本性的作用。首先有实践理性以构成社会，同时加之于对象，成为认知理性即思辨理性，理性在实践中的不断发展和扩展，使人类的生存延续产生了根本性的转变，而逐渐脱离动物界。这位作者完全未能涉及这些，但其由外而内的道德起源论，包括强调论证良心（conscience）、自觉意识（self-conciousness）、羞耻（shame）等等，都源自群体规范，却与我是一致的。而这就以生物科学的例证，进一步堵塞住道德作为良心、良知、良能，来自天授、来自先验理性的自古至今占据统治地位的中外各种理论，从基督教的神定论、Kant 的纯粹实践理性到中国的宋明理学和当代各派儒学理论。

这里特别值得注意的一点是，这个由外到内、由伦理到道德，都有一个严厉强迫的过程和性质。就自然生物说，这个个体的"自我克制"

得来并不容易,如那位作者所说,它是经过群体的严厉惩罚和杀戮并在极其漫长的时期才逐渐形成。就中国传统说,同样被学人忽视的一点是,远古的巫术礼仪到三代特别是周代的礼仪规范,也是与严厉的惩罚直接相连接的。"不孝""不友"都将以严刑厉法处置,所谓德治、礼治,在开始时期是建立在习惯法的严厉惩罚之上的。后世特别是今人误以为"礼"就是温情脉脉的揖让进退,其实恰好相反。"周人以栗,曰:使民战栗。"(《论语·八佾》,参阅王国维《殷周制度论》及今人林岗《口述与案头》等著作)这一直要到礼坏乐崩的春秋时代,孔子释礼归仁之后,礼出自内心仁爱的理论和面貌才被塑造出来。孔子回答"使民战栗"问题时说,"成事不说,遂事不谏,既往不咎",过去的事就不要再提了,这正是孔子释礼归仁的伟大贡献所在。可见,内在道德的良知良能,归根到底是来自外在群体的严格和严厉的伦理命令,至今对儿童的道德教育,从家庭到学校,仍然免不了一定的强迫因素。我以为这是必要和重要的。

从而,我所作的"伦理""道德"两词语的区分的意义,也就非常明显了。以前也有人作过区分,例如认为共同而非自觉的风俗习惯属于道德,伦理则是自觉的制度性的理性约束,等等。实际上仍然是将二者混为一谈。由于这两个词语在西方来源不同,一来自希腊,一来自罗马,两词均包含内外,因之在长久同义使用中,要将来自古希腊文的 ethic 专指外,来自拉丁文的 moral 专指内,可能很不方便和习惯。中国语言无此问题,将伦理专指外在社会规范,道德专指个体行为和心理,顺理成章。我以中国语言为桥梁作此内外的理论区分,突出了群体社会要求与个体道德行为、外在规范与内在心理(亦即内与外、己与群)的关系,便能更好地解答不作区分所带来的好些疑难和问题。

有人会问,你既然引用了上述自然演化论的看法,是否就完全同意 Darwin 的理论呢?明确回答:否。Darwin 没有注意或重视人类不只是自然进化的动物,而同时更是制造、使用工具,从而产生理性和社会的动物。因之,Darwin 的许多论断,如上述作者所引用的 Darwin 的话:

"动物不管是什么,都与人类一样,都有一种与生俱来的显著的社会本能,包括父慈子爱的情感在内,因此,只要它的智力能够得到良好的发展,或接近良好的发展,就不可避免地产生道德的言行。"(《人类的由来》)数百万年的历史证明并非如此,不仅所谓"智力""良好的发展"等词语,非常含混模糊,而且许多灵长类动物自然进化也已数百万年,但至今不能造出飞机和手机,也没有什么父慈子孝、兄友弟恭,自由平等、个体人权,等等。

这里还要说明一点:有人可能会说,如果是由外而内,那道德行为就不是道德自律,而是道德他律了,就没有什么自由意志了。不然,由外而内、由伦理而道德,是讲道德形式(意志)和内容(观念)的根本源起,而不是讲道德的具体实现状态。这实现状态仍然是自律,即自己做主的选择和决定,而非他人或外在规范的强迫。这也正是道德自觉不同于法律服从之所在,服从法律也需要意志克制情欲履行观念,但无自主的选择性。道德与法律(和习俗)的复杂关系是政治哲学的重要课题,我所反对的是,将道德自律(或自由意志)的来由解说为某种先验(或天赋)的观念(或力量)的自然(或突然)的展现,这属于道德心理学范围,但又不是一般的经验心理学,而只是从哲学角度来谈道德心理。

(五) 直觉、性善与孟、荀

本来是由外而内、由伦理而道德,但长久占住统治地位的,特别在中国,却是由内而外的理论。西方虽有直觉主义,但并不突出,中国则是著名的性善论一直为主流,道德启蒙读物的《三字经》一开头便是"人之初,性本善"。为什么?这里需要再作一条补注。我以为有两个重要原因。一个原因是这种理论似乎与人的日常道德行为比较吻合。在讨论班上,有人便说道德既是由经验到先验,又是从先验到经验,也是如此。

其实,"由经验到先验"是讲,由外在伦理规范(经验)进入个体心理,成为似乎是先验的情感、意志（先验），这里讲的是道德起源的根本问题；"由先验到经验"是讲，个体道德行为和心理（经验），似乎是从"不虑而知""不学而能"的良知良能（先验）生发出来的日常经验描述；这两者是完全不同层次的问题。后者如见孺子入井的"恻隐之心"似乎人人都有，是著名的经典，所以孟子说，"仁义礼智，非由外铄我也，我固有之也"。从开头所说的"道德"一词泛化的许多事例看来，这似乎是一种普遍现象。但从人类学和教育学来说，它们仍然是长期培育的结果，是由强迫和学习得来的，先变为自觉，再变为潜意识和无意识，从而似乎是不虑不学的结果。正如游泳、骑自行车等技艺，由训练培育进入无意识状态一样。其实，狼孩和未经受教育的小孩与成人，并不会如此。因之孟子所说的仁义礼智"我固有之"的道德心理学，未必然也。孟子认为君王有"不忍人之心"便可行"不忍人之政"，便可以保四海、一天下，由道德（内在心理）而伦理（外在政策制度）的政治哲学，亦未必然也。后世宋明理学（"格君心，定国是"）和现代新儒学（良知坎陷开启科学与民主）亦未必然也。我感兴趣的是，西方颇有地位的直觉主义与此也有类似处。G.E.Moore认为善（good）有如"黄"的颜色一样，是不可定义、不容解说的直觉自明公理。因之重要的是去分析道德诸多语词、概念、判断的含义、作用、功能，从而开启元伦理学（meta ethics）数十年至今的学院派统治。道德心理是否就是直觉判断呢？在上世纪五十年代的美学讨论中，我在"美感两重性"中便提出过美感直觉性问题，美感直觉比道德直觉更为明显和突出。但讨论的结果，似乎多数学人赞成实践美学所提出的：美与美感均来自人类实践，美感并非不可定义的感觉，也非动物性的生理直觉，更非自明公理，它仍然是在先天生理基础上的后天培育成果。道德直觉当更如此。

  Michael J.Sandel说："我首先得说，通常情况下，我们的直觉是错误的、误导人的，这种直觉可能建立在无知、迷信或者缺乏反思的基础上。但我不觉得人们应该否定直觉，直觉可以成为批判性反思的起点，特别是在伦理和灵性的领域。因为有时候普通人的直觉能够表现出一些值得思考的东西,其中一部分是关于伦理、公正和共同利益的思考。因为共同意见往往是历史、习俗、传统的积累的结果。这些共同意见往往包含着很多偏见和误解,但是也包含一些长期积累下来的见解,特别是在讨论伦理与文化传统时,这些共同意见组成了文化。我说的文化是指特定的社会,或者社会秩序下长期累积的共同的自我意识。这当然不是说共同意见(common opinion)就一定是对的,但这是一种参与到历史、习俗和传统中的一种方式。"[1]

这说得很平实,我非常赞同。总之,不管是对或错,直觉是历史、习俗、传统的积累所形成的。这就是说,是外在的所谓"共同意见"的伦理规范进入内在心理,时间一长,成了直觉。而从内在心理本身说,John Doris 及其研究小组 2010 年出版,2012、2013 年多次重印的《道德心理学手册》(*Moral Psychology Handbook*),从当今道德心理的实证科学研究,着重论证了道德中"情感—直觉系统"(affect-intuition system)与"意识—认知系统"(conscious-cognitive system)的交互作用,其结论是没有道德判断的单一心理过程,相反,道德判断依赖不同心理系统之间的交互作用。该书一再提出,所谓直觉是否真的是直觉?直觉真可靠吗?以及不能将道德判断等同于情感的直接反应,等等。意识认知系统和情感直觉系统如何交互作用,这本书没有说,因为今天的实证科学还不知道。

可见,从远古人类的"自我克制"到今天的道德行为和心理,都是一个情理结构的历史—教育的培育过程,而并非天生即有的直觉活动。因此也才可能从根本上解释,为何当今人们外在的伦理规范要求和内在的个体道德心理可以有如此大的、高速度的变迁更易,而为其他动物族类所无有。因为它从来就不是自然进化或先验本性。

---

[1] 杨潇:《桑德尔:我们的公共话语是如何耗尽和空洞化的》,共识网,2015 年 9 月 7 日。

那么，人性是否有善恶呢？孟荀之争如何理解和解释呢？拙著《伦理学纲要》（2010）明确认为，人的天性本无善恶，善恶是一套观念系统，产生于人类历史形成中。动物本身有爱恋、协调、温顺、合作等所谓"善"的方面，也有抢夺、争斗、凶狠、杀戮等所谓"恶"的方面（这里所谓善恶也是人类加上的观念标志）。荀子强调的是去恶，即压抑、消灭后一方面，孟子强调的是扩善，即培育、成长前一方面。其不同是把重点放在扩善或控恶，但共同点更为重要，就是重视教育。如上面所引的现代科学理论，荀子显然在逻辑论证和理论思辨上更缜密、有力，但孟子以其饱含情感的类比联想论说，却更容易使人倾倒和信服。从后代历史来说，集理学大成的朱熹强调"存天理灭人欲"，其实是举孟旗、行荀学（指理论的客观建构和实践功能，非朱的自觉意愿），以纲常伦理压抑人的情欲，无怪乎好些学者都以朱学为荀学。包括崇孟的牟宗三不也严厉批评朱子是"他律道德"吗？如仅从由外而内的角度看，这批评也不无道理。谭嗣同说"二千年之儒学，荀学也"，毛泽东说"百代皆行秦政制"，说得都没错。以"灭人欲"的教育来管控百姓，巩固这个大一统的专制帝国，在当时有其历史的必要。所以孔—荀—董—朱，成了中国伦理学传统的实际主线。而到王阳明心学，以心为理，以良知为本体，几传之后，除一部分走入意志主义和禁欲主义，其主流便逻辑地和历史地走向或指向"天理即在人欲之中"的近代个人主义的自然人性论了。[1]

朱熹既是孟表荀里，那么就回到一开头提到的为何"人性善"成为中国传统的第二个也许是最重要的原因。这也是"孟表""举孟旗"能起重要功能和作用的原因。千百年来，孟子作为亚圣，其地位、影响远大于荀子，至今如此。为什么会这样？

我以为，这主要与中国传统的有情宇宙观有关。如拙著《说巫史传统》

---

[1] 参见李泽厚：《中国古代思想史论》，北京：生活·读书·新知三联书店，2008年版；《中国近代思想史论》，北京：生活·读书·新知三联书店，2008年版。

（1999）所认为，中国的"天"从古至今皆有双重性格，一方面是非人格神而有神性的上天（heaven），另一方面是自然的天空（sky）。这种两重性的意义在于，它从物质和精神两个方面肯定着人的生活，从而人就该以肯定性的积极乐观的情感态度来论证、认识此生此世、此性此情。无论在伦理规范的政治哲学上，还是在个体修养的道德心理学上，都如此。《左传》有"天视自我民视，天听自我民听"，《易传》有"天地之大德曰生""生生之谓易"，到董仲舒就提供了一套天人相应、天道即人道，"仁，天心也"的有情宇宙观。如同基督徒对上帝的感恩一样，中国人对天地一直都有感恩怀德的情感，只是这天地并不是脱离自然的人格神，而就是宇宙自然本身。在这里，人不是如《圣经》说的要管控自然，而是要与自然协同共在，这个"协同共在"远不只是物质性的，而且更是道德和超道德的感情和信仰，人是在物质和精神两方面去"参天地，赞化育"，亦即参与天地的工作和培育自己。《中庸》更将本无善恶可言的自然人性解释为上天所赐的善良品德，孟子对此大加发挥，于是"天行健"与"人性善"在精神上更加紧相联系起来，使人获得强烈的肯定生存和生活的情感信仰。因此尽管在学理方面，荀居优，但在情感方面，孟居上。孟子以那种尽管不符合逻辑却极为煽情的论辩语言，比务实可靠的荀子论证，作为情感信仰便更易为人们所亲近和接受，而成为中国传统的宗教性道德和乐感文化的特征。"性善"与"原罪"，"好死不如赖活着"与"这个世界不值得活"，可以作为中国人与基督徒不同的通俗极端写照。今天，从人类学历史本体论来看，一方面强调人性的自然产物本无所谓善恶，善恶是后天社会的观念界定，并来自后天的培养教育；另一方面，"至善"既是人类总体的生存延续，从而人性善可说是由于个体参与这个人类生存延续的实践而"性善"，即由总体"至善"而个体"性善"。（参见《伦理学纲要·新一轮儒法互用》）前一方面是现代社会性道德的基础，后一方面是对中国传统的宗教性道德的承续。这就是我说的，兼祧孟荀，归宗孔子。

附带说一下，与性善、直觉相关的另一重要问题，是道德中的超道德。在西方，超道德便进入宗教，中国则是"孔颜乐处"和天地境界，也包括现代中国学人如牟宗三爱讲的"智的直觉"以及所谓"转识成智"等等，其中的某种共同底线，就是拙著《关于"美育代宗教"答问》（2016）中所说的神秘经验。这是日常未有或少有，而由个体苦修得到的，如 William James《宗教经验种种》所描述的，以及佛教禅宗和宋明理学所讲的"父母未生我时面目""喜怒哀乐之未发"等等。人类学历史本体论承认这种种神秘经验的存在，并称之为"感性的神秘"。但认为在脑科学发达之后，它们完全可以在实验室内制造出来，尽管距此还相当遥远，但今天的某些材料，尽管零星破碎，也并不见得可靠，却已展示了这种可能。抄录一份报道如下："……大脑的这种反应巩固且加强了嗑了 LSD 之后的嗨感，你会处于一种变异的清醒之中，并且感觉到自我在慢慢解体，一片一片地逐渐融入到整个大自然中去。就像那首歌唱的，灵魂片片凋落，然后慢慢拼凑出一个完全不属于真正的我。当然不属于你了，因为你已天人合一了。这种体验有时被纳入宗教或精神的框架中；当药效渐渐消失，你可能会成为一个更好的自己。"[1]

那么，那种道德又超道德的神秘直觉和经验，还有什么神秘呢？于是只有我说的"理性的神秘"了。[2]

（六） Kant、伦理相对主义和美德伦理

西方哲学伦理学绕不过 Kant，但众说纷纭，两百年也一直讲不大清楚。我以为重要原因之一，便是没有作伦理与道德的区分。如果将 Kant 的绝对律令第二条"人（个体）是目的"作为外在伦理规范，其他两条（"普

---

[1] 刘楚楚：《英国科学家首次完成 LSD 作用于大脑成像研究被称作五十年以来最大突破》，观察者网：http://www.guancha.cn/europe/2016_04_13_356889.shtml。

[2] 参见李泽厚：《人类学历史本体论》，天津：天津社会科学院出版社，2008 年版。

遍立法""自由意志")作为个体的内在道德心理,使二者区别开来,就似乎容易理解些了。前者为人文追求,后者为人性塑造。人性塑造,是人类自上古至今天所必须有的绝对心理形式;而"人是目的"则只是特定社会、时代的要求,受着历史具体性的制约,它并非绝对律令。

实践理性之所以高于思辨理性,如前所说,就在于前者使实践中的理性变为实践理性,它以符合人类生存延续的合规律性为表征,首先正是指这种伦理命令在实践活动中呈现理性的特殊重要性,以后才呈现为认识论的合规律性。认识论的合规律性在根本上也脱离不了有益于人类的生存延续。如果要把 Kant 列入伦理绝对主义,就主要是指这一点。因为 Kant 指出了每个人做出道德行为时所应抱定的信念:我这样做,应当适用于所有人的规则律令,所有人均应效法于我,我的行为是可以普遍立法的行为。从人类学的历史源起看,这大概就是制造使用工具的实践活动中所最先出现和存留的经验、语义和理性。它以绝对律令的形式塑建人的内心,由强迫服从到自觉选择,逐渐成为由理性主宰自己,置苦乐、幸福、生命、经验、感性存在于不顾的自由意志。这也就是 Kant 所说的"善良意志"(Good Will)。可见"善良意志"主要指的,便是这样一种能"普遍立法"的个体的道德心理。它也就是 Kant 所谓实践理性,高于优于先于认识的思辨理性。它大概是人类语言中首要的语义,"鼓天下之动者存乎辞",它由远古巫师借"天命"咒语,将保存着一系列制造使用工具的实践中的要求、规则、规律作为不可抗拒的神圣命令发布出来以指挥、组织和控管群体和个体的行为活动。巫术礼仪使人类彻底脱离动物族类,产生了社会,其中,语言和理性(秩序和规则)是核心,基础仍然是制造使用工具以猎取食物(获得对外界事物的把握和认知)、分享食物(群体个体间的生存关系和秩序)的种种经验。这使语言不止于沟通,而是以声音(以及之后的文字)的轻质外壳,负载着厚重的历史经验,来维护人类的生存延续。"语言是存在之家",只有从这个角度去解说,才有深刻的意义,这意义是建筑在人类制造使用工具不断进步不断创新的数百万年历史经验之上的。所以，不是语言而是历史进入形上，因为它才必要而充分地具有人类生存延续的本体意义。这就是以中国传统和 Marx 来解说 Kant 实践理性的要点所在。

同样，从这个历史角度看，"人是目的"如前所说，却只是现代社会所要求的个体的行为规范。文化人类学的大量材料证实，"人是目的"并非普遍存在，无论中外，古代并无此"绝对律令"，它是现代社会的产物。作为现代性道德的根基，它在某些地区和国家已经在制度和法律上有所落实，以平等的个人为本位和价值根源，也已成为自由主义政治哲学的总纲领。但对全球来说，远未如此。文化人类学说明，不同时代、不同社会、不同文化、不同传统，存在着很不相同的伦理规范，很不相同的宗教教义、生活习惯、制度和礼仪，其中充满着差异、冲突，同一文化中伦理规范的矛盾冲突也很常见，特别是在近现代。从不允许离婚，到允许同性婚恋，从禁欲主义到性放纵，以及在这两端之间的各种理论和实践，"此亦一是非，彼亦一是非"。它们或并行不悖，或激烈冲突，至今如此。"人是目的"远未成为全球的伦理道德。由自由主义引申出来的文化多元主义、伦理相对主义，倒是今日主流。再重复一次："人是目的"并非普遍必然的绝对律令，而是具有某种普遍性并兼理想性的现代社会性道德。但普遍立法和自由意志则是自古至今的人性塑建中普遍必然的道德心理形式结构，也许用"框架"（framework）一词更明朗。我以为所谓"绝对律令"（categorical imperative）就是指建立人的内心的这种框架，从而使人成为人，任何道德不管是何种宗教性道德或社会性道德都必须有此框架才能成为道德。这框架也就是以意志为特征的观念、情感三合一。框架和意志是不变的，但观念、情感却随时代、社会、文化而差异而不同而变迁。所以，人类学历史本体论在一定限度内认同伦理相对主义，因为如前所说，它们都是历史具体性的合理产物，各种时期个体遵循的社会群体规范（《伦理学总览表》的由礼到理的实线）以及对此规范的背离和反叛（由理到礼的虚线）是历史行程中的常规。不能拿今日之我去衡量昨日之我,这几乎是不必再作讨论的问题。问题在于,在这主流中有一种所谓"无限制的伦理相对主义"(unrestricted moral relativism),即认为各种伦理规范完全等价同质,不可通约,因此也就不能去作优劣长短高下和进步落后之分,否则就是政治不正确,从而也就否定了历史的积累性。历史积累性也就是肯定历史有进步性,包括伦理道德。这在妇女问题上非常突出。妇女有否受教育的权利,妇女能否外出工作,妇女能否自由婚恋,妇女能否自己决定堕胎,就是例子。所以,"人是目的"作为现代社会性道德,对整个人类来说还远未完成,正如《共产党宣言》中所说"每个人的自由发展是一切人的自由发展的条件"一样。

特别值得注意的是,在个人为一切价值源泉的自由主义的统治下,出现了反历史、反进步、反启蒙的各种思潮。也许这里就应该提一下与这思潮有或多或少关联的社群主义(Communitarianism)和美德伦理(virtue ethics)了。现在中国也有许多学者跟着呼唤美德伦理,其共同点是反对自由主义的个人本位,坚持各种传统的群体本位。但西方社群主义的美德伦理,是以古希腊为指归,有着古代希腊自由民个体为本位,从而以平等的友谊为特色。尽管强调群体优于、源于、高于个体,但与自由主义的个人本位在根本上差异并不太大。中国的美德伦理却不然,它是以传统的父慈子孝为核心的伦常道德,也就是梁漱溟早就透彻论述过的"伦理本位",其个体是在各种不同的伦常关系中尽其不同的义务和职责。这种美德是一种关系美德。

但如今,中国正面临前所未有的社会变迁,农村人口大规模地进入城市,自由买卖劳动力和契约原则使个体从家庭、家族、乡里在物质和精神上都"解放"出来,日常生活全面现代化,传统家庭瓦解,家族、宗族荡然无存,所谓"三纲六纪"的传统制度和精神指归已不可能再造和复现。个体的平等、自由、独立、权利,取代了传统的关系主义和角色伦理。那么,中国的美德伦理究竟到哪里去寻找它的根基呢?

这已成为一个重大问题。看来,只有提出情本体,重视人性情感,将关系、角色的社会伦理建构原则,转换性地创造为情感、心理的塑造。三纲已不在了,上下级的关系也是建立在个体人格独立的基础之上,在抽象理论上可以是"君臣朋友也""父子朋友也""夫妇朋友也""兄弟朋友也"(谭嗣同),上级炒鱿鱼,下级也可拂袖而去、辞职不干。"天下无不是的父母""君不君臣不可不臣"的时代不能再回来,契约原则、个人本位已成为现代社会性道德的表征。但是,上下级(君臣)、父子、夫妇、兄弟之间的社会人际角色关系特别是情感关系却仍然并不能与朋友完全相等同,从而"君仁臣忠""父慈子孝""兄友弟恭""夫义妇顺"就仍然可以在情感的关系和角色中起作用。例如,在情感思想上严格区分工厂的按劳分配、经济刺激与儿童教育中物质奖励的根本不同。在公民课优于先于《三字经》的前提之下,仍然注重"孝亲敬师、长幼有序、勤奋好学、尊老扶幼、阅读历史、重视经验",它们可以起着超越物质利害、调节纯粹平等的作用,协调绝对自由的个人之间的关系、矛盾、纠纷和冲突,使市场经济不变为一切向钱看的市场社会。市场经济、商品生产、劳动力自由买卖,都以等价交换和理性计算为基础。人是理性的动物,但并不是理性+动物,而是将理性渗入动物性的情感欲望甚至本能之中,使动物成为具有情理结构的人。

　　梁漱溟说,"伦理关系即是情谊关系","伦理因情而有义","其情愈厚,其义愈重","道德为理性之事,成为人的自觉自律","孔子深爱理性、深信理性"。梁漱溟所用的"理性"一词,如他自己所强调,就是"情理",而非"物理"(理智),即不只是知性。这其实是强调自觉自律的理智与情感的完全融合,成为情理。由这种情理生发出来的义(义务责任),就可以无往不适,并使人具有"更强的生命力量"[1]。可见,中国人的合情合理、通情达理、心安理得,便远不是情+理而已,而是本由理智(观念)所决定的理性意志。由于情感的渗入和交融,已合为一体,从而

---

[1] 梁漱溟:《中国文化要义》,上海:上海人民出版社,2005年版。

使得这个理智的道德义务似乎是由情感而生发。这正是中国传统将是非（理）、好恶（情）合为一体培养的重要特点。它不同于 Kant，也不同于 Hume。下面似不妨看看作为中国美德伦理的传统儒学，如何积淀和实践在人们的日常生活中的。

（七）儒学深层结构

我有抄旧作的习惯，虽有愧疚之感，尚未见人深责。我的理由以前也说过，那就是与其编新词谈旧货，不如直接摆旧货再求售，亦所谓"家有敝帚，享之千金"者也。我 1996 年发表的《初拟儒学深层结构说》，似仍可参考。所谓深层，也就是讲自觉和不自觉的个体情理结构。大抄数千字如下：

> 我的兴趣……主要是想探索一下两千多年来已融化在中国人的思想、意识、风俗、习惯、行为中的孔子。看看他给中国人留下了什么样的痕迹，给我们民族的文化心理结构带来了些什么长处和弱点。这个孔子倒是活生生的，就在你、我、他以及中国人的观念中间。……因之，即使广大农民并不读孔子的书，甚至不知孔子其人，但沉浸和积淀在他们的行为规范、观念模式、思维方法、情感态度等意识和无意识底层的，主要仍是孔子和儒家的东西，而不是道家、法家或佛教。当然这些东西也有，但大半已被吸收、包含、融解在儒家中了。……
>
> 这也就是我今天要谈的儒学深层结构说。因之,所谓儒学的"表层"结构，指的便是孔门学说和自秦、汉以来的儒家政教体系、典章制度、伦理纲常、生活秩序、意识形态等等。它表现为社会文化现象,基本是一种理性形态的价值结构或知识/权力系统。所谓"深层"结构，则是"百姓日用而不知"的生活态度、思想定式、情感取向；

它们并不能纯是理性的，而毋宁是一种包含着情绪、欲望，却与理性相交绕纠缠的复合物，基本上是以情—理为主干的感性形态的个体心理结构。这个所谓"情理结构"的复合物，是欲望、情感与理性（理知）处在某种结构的复杂关系中。它不只是由理性、理知去控制、主宰、引导、支配情欲，如希腊哲学所主张；而更重要的是所谓"理"中有"情"，"情"中有"理"，即理性、理知与情感的交融、渗透、贯通、统一。我认为，这就是由儒学所建造的中国文化心理结构的重要特征之一。它不只是一种理论学说，而已成为某种实践的现实存在。

这个所谓"深层结构"，也并非我的新发现。其实它是老生常谈，即人们常讲的"国民性""民族精神""文化传统"等等，只是没有标出"文化心理结构"的词语，没有重视表、深层的复杂关系及结构罢了。当然，所谓"深层""表层"的区分并不容易。第一，"深层"是由"表层"经历长久的时间过程积淀而来，其中包括自觉的文化教育（如古代的"教化"政策）和不自觉的风俗习惯。中介既复杂多样，自觉不自觉也交错纠缠，从而很难一刀两断，截然划开。第二，"深层"既然包含无意识和情感，也就很难用概念语言作准确表达。它与"表层"的区分只能大体点明一下。

那么，什么是这个"深层结构"的基本特征呢？我以前论述过的"乐感文化"和"实用理性"仍然是很重要的两点。它们既是呈现于表层的文化特征，也是构成深层的心理特点。将这两点归结起来，就是我近来常讲的"一个世界（人生）"的观念。这就是儒学以及中国文化（包括道、法、阴阳等家）所积淀而成的情理深层结构的主要特征，即不管意识到或没意识到、自觉或非自觉，这种"一个世界"观始终是作为基础的心理结构性的存在。儒学（以及中国文化）以此而与其他文化心理如犹太教、基督教、伊斯兰教、印度教等相区分。自孔夫子"未知生，焉知死""未能事人，焉能事鬼""子不语怪力乱神"开始,以儒学为主干(道家也如此,暂略)的中国文化并未否定神(上帝鬼神)的存在,只是认为不能论证它而把它存放在渗透理性的情感状态中:"祭如在,祭神如神在","吾不与祭,如不祭"。儒学之所以既不是纯思辨的哲学推断,也不是纯情感的信仰态度;它之所以具有宗教性的道德功能,又有尊重经验的理性态度,都在于这种情理互渗交融的文化心理的建构。儒学不断发展着这种"一个世界"的基本观念,以此际人生为目标,不力求来世的幸福,不希冀纯灵的拯救。而所谓"此际人生"又不指一己个人,而是指群体——自家庭、国家以至"天下"(人类)。对相信菩萨、鬼神的平民百姓,那个神灵世界、上帝、鬼神也仍然是这个世界——人生的一个部分。它是为了这个世界、人生而存在的。人们为了自己的生活安宁、消灾祛病、求子祈福而烧香拜佛,请神卜卦。

由于儒家的"一个世界"观,人们便重视人际关系、人世情感,感伤于生死无常,人生若寄,把生的意义寄托和归宿在人间,"于有限中寓无限","即入世而求超脱"。由于"一个世界",人们更注意自强不息,韧性奋斗,"知其不可为而为之","岁寒,然后知松柏之后凋也"。由于"一个世界",儒学赋予自然、宇宙以巨大的情感性的肯定色彩:"天地之大德曰生","生生之谓易","天行健","厚德载物"……用这种充满积极情感的"哲学"来支持人的生存,从而人才能与"天地参",以共同构成"本体"。此即我所谓的"乐感文化"。由于"一个世界",思维方式更重实际效用,轻遐思、玄思,重兼容并包(有用、有理便接受),轻情感狂热(不执着于某一情绪、信仰或理念),此即我所谓的"实用理性"。至于这个"一个世界(人生)"的来由,当然并非始自孔子,而是源远流长,可能与远古黄河流域自然环境优越(较诸巴比伦以及埃及、希腊),人对"天地"产生亲近、感恩、敬重而非恐惧、害怕从而疏离的基本情绪有关。这一点,好些人(如牟宗三)也都指出过。不过我以为更重要的是中国远古巫术传统的缘故。巫术是人去主动地强制神灵，而非被动地祈祷神灵。中国巫术的过早理性化，结合了兵家和道家，而后形成了独特的巫史文化，这是一个极为重要的古史和思想史课题，另文再论。

由于是"一个世界"，便缺乏犹太—基督教所宣讲的"怕"，缺乏无限追求的浮士德精神。也由于"一个世界"，中国产生了牢固的"伦理、政治、宗教三合一"的政教体制和文化传统，"天人合一"成了公私合一，很难出现真正的个性和个体。于是，一方面是打着"天理"招牌的权力／知识系统的绝对统治，另方面则是一盘散沙式的苟安偷生和自私自利。总之，由于"一个世界"的情理结构使情感与理知没有清楚划分，工具理性与价值理性混为一体，也就开不出现代的科学与民主。

今天的工作似乎在于：要明确意识到这个问题。要明确意识它，需要进一步了解儒学在表层是如何来构造这种情理结构的。儒学向以人性为根本，讲伦理、政治、宗教或统摄或归结为人性问题。不管是"礼"是"仁"，是孟是荀，人性问题始终乃关键所在。人性与个体的感性心理直接关联，由此才可能产生情理结构的建造。

孔子说："性相近也，习相远也。""于女安乎？……女安，则为之。"孟、荀都大讲人禽之辩，端在人性。因此不管是"性善"（人有先验的善端）、"性恶"（自然动物性），都强调教育，以使人性复归（孟）或获得人性（荀）。而所谓教育，也就是要求将理性渗入情感，使人的动物性情欲转换为"人性"情感。例如，在动物界，母爱是一种生物本能。儒学虽以这种生物本能的感性为前提，却强调它的"人化"性质，即强调不但母亲而且父亲也应该爱子女（父慈）。更重要的，它强调必须是双向的爱，即子女更应该爱父母（子孝）。儒学强调这种爱不能只是外在的礼仪秩序或制度规范，而更应该是内在情感态度的培育。孔子说："至于犬马，皆能有养。不敬，何以别乎？"儒学以人性的情感心理作为出发点，以这种双向的亲子之爱以及兄弟（家庭成员）之爱作为轴心和基础，来建构社会的一切，由伦理而政治（"迩之事父，远之事君"等）和宗教（三年之丧、祖先崇拜等）。从而，所谓"孝悌也者，其为仁之本与"就完全不是某种纯粹理性的哲学的思辨，也不是某种实践理性的道德规范，而是在营造某种感性心理的情理结构。各种宗教都着力建立自己的情感结构。它们常常以一个超越的神本体作为信仰的对象和情感的依托；或以理性独立自足，绝对无误，通过理知便足以论证神的存在（如本体论、宇宙论、目的论等证明）；或恰好相反，强调"正因为荒谬，所以我相信"，排斥理性，直接诉诸情感。这里这些情理关系和结构便颇不同于儒学。儒学把依托和归宿不建筑在神或理性（真理）之上，而建筑在情理交融的人性本身之中。因之，不强调理性与感性、灵与肉、彼岸与此岸的对立和冲突，而是要求由感性肉体负载着的心理本身，成为形上追求的对象，即追求感性血肉本身积淀的完成和圆满。所谓"兴于诗，立于礼，成于乐"，即此之谓也。

这也就是情本体的儒学传统，因之无论是对外在人文（包括外在伦理规范）的追求，或者是对内在人性（包括个体道德心理及行为）的塑建，都并不离此"一个世界"。"一个世界"使日常生活中的人间情感关系，成为不可或缺的人生存在的真实本体。前面所讲父子夫妇兄弟朋友在这"一个世界"中的人间情爱，与"爱上帝和上帝的圣爱"（两个世界）为背景的人间情感，是否仍有些不同，很值得研究。前者的人间情感本身可以是本体，后者则不然，本体必须是上帝，即使上帝就在人间。这也就是当年我讲《红楼梦》与《卡拉马佐夫兄弟》的不同，基督徒拯救灵魂与儒家士大夫救民水火的不同。

港台新儒家和大陆新儒教宣讲者都没有着重注意到，这个千百年来百姓日用而不知的"一个世界"中的情理结构，它作为本体的现实存在和强大力量的重要性。这个重关系、重人情的情理结构系统，便可以作为今日的传统宗教性道德和美德伦理,在人欲横流的市场价值中起解毒和纠偏作用。孤独、吸毒、流浪、性放纵、沉溺于虚幻世界的年轻人,在偶一为之的个体浪漫之后,可以猛回头来在人世现实中去求得真正的心灵快乐。中国社会至今仍然是人情味相对浓厚,人际交往相当频繁,人际关系比较稠密,访亲探友、礼尚往来的风俗习惯仍在延续。虽然这与中国人口多、聚居密有关,但"一个世界""情本体"传统仍然是其心灵底色。在政治哲学上,1999年《说儒法互用》文也曾提出重情感的"屈法伸情""原心论罪""重视行权""必也无讼",其实还可以加上"戴罪立功""将功赎罪",而不只是就事论事,按律议处。

与此有关联的一点,像许多学人一样,我也曾将中国传统的"安身立命",与基督教的"终极关怀"相提并论,混为一谈,其实错误。当然,基督教有许多不同的教派和理论,Paul Tillich 的"终极关怀"(ultimate concern)未必为 Karl Barth"全然异者"(the wholly other)所接受,尽管基督教某些教义和教派强调上帝就在这个世界里,与人同受苦难,以消除灵肉、身心、天人两个世界的割裂。但对创造和主宰这个世界的超验的、非物质性的力量和最终实在的信仰和崇拜情感,却仍然是各教派理论的主流。基督教的上帝仍然不同于中国的"天",从而,"终极关怀"与中国的"安身立命"也仍然不同。从情感说,后者是以横向关系的人间情爱为最后的皈依,前者仍然是以纵向的人与上帝的爱为最终本体。基督教以拯救灵魂为使命,中国士大夫以怀万民忧乐、开万世太平为担当。得志与民同乐,不得志或退隐山林,或传授门徒,或寄情文艺,超脱执着,安身立命。而经常还是"身在江湖,心怀魏阙":"关心莫过朝中事,袖手难为壁上观。"(李锐诗)

此外,按照基督教原罪说,各种苦难和受难并非因为个体的不道德行为和心理所导致,生存的有限性本身就是罪的表现,与道德与否可以全无关系,所以无辜者受苦难,具有一种本体论的意义。无辜受难而追求救赎,却并不可能得到,于是基督教以圣爱来超越遵循道德也无辜受难的福德两违，泯灭善有善报、恶有恶报的世俗期望，以超越道德和伦理而归属于神。这的确令人震撼，而感受到其崇高伟大，但这却并不符合中国传统。有如历史本体论所引 Einstein 的话说，"我不相信个体的不朽，我认为伦理学只是对人的关怀，并无超人类的权威立于其后"。中国传统执着于"一个世界"中的"善有善报、恶有恶报"的历史论评，将福德统一、将"历史与伦理二律背反"统一于人类未来世代中而非神的怀抱。人类学历史本体论也强调，只有爱能使虚无消失，但这个爱并不脱离世俗生活和自然世界、山水草木，历史进入形上便将个体生存的缺失性、暂时性、有限性，安息在历史世代前行的道德又超道德的崇高的审美心境中。真所谓：无可奈何人活着，似曾相识爱归来；四大皆空还得活，知其不可而为之。如斯而已，岂有他哉。甚至不是去追求三不朽，因为它们一万年也如尘土，于是只有爱此人生爱此世界，感伤、了悟、珍惜、眷恋，超脱而又执着地度此一生。此说或将被猛烈抨击，更无所谓也。

（八）自我

既然一切包括伦理道德最终归结于个体，那么这个个体自我便成了补注的最后一条。关于自我，从经济、政治、社会以及各精神领域，从启蒙主义到存在主义，从自由个体到原子个人，西方哲学的讨论已汗牛充栋，包括后现代主义的"人也死了"，自我成了当下碎片，如此等等。中国学者起而效尤，也大讲无我，媚权附势，更显混乱。于是，得简陋说几句。

第一，有没有自我？自我重不重要？答曰：有，重要。但人类学历史本体论从一开头（《批判哲学的批判》）便以"大我小我"论证自我个体是大我即人类在近现代的历史产物，这是个体小我在经济、政治、思想意识和情感上非常重要的自我觉醒。个体生命的有限性，和对这有限性的重要把握，使以个人作为价值源头的自由主义在近现代成了思想主流。Kant 说人是目的，也正是对自我最显赫的呼唤。全社会个体劳动力的自由买卖，则是它的现实基础。这一历史洪流即使常被压抑，迟早终将涌现，想以各种传统文化和时尚理论来阻挡、对抗，必将是极大的错误和历史的倒退。

第二，中国传统有此自我否？答曰：否。严复说："夫自由一言，真中国历古圣贤之所深畏，而未尝立以为教者也。"（《论世变之亟》）中国儒家有"匹夫不可夺志"的个体自由意志，但非现实物质生活中的个体自由。相反，儒家强调个体的生存意义和人生价值在于"尽伦"，即履行三纲六纪的义务和责任。中国道家有"逍遥游"想象翱翔的精神自由，也不是现实物质生活方面的。自由、平等、独立、人权的个体自我，都是现代产物。

第三，自由主义说个人是价值的源头，那么到底有没有"原子个人"即与群体完全脱离的自我？答曰：无。无论物质和精神、肉体和心灵，自我都有来源，都处在关系中，与他人和环境共在。抽空一切关系的"原子个人""无负荷的自我"只是一种假设，并不存在。因此，将个人作为价值的源头，正如许多自由主义理论，如天授人权、人生而平等的纲领口号一样，也并不成立，但这些理论、纲领和口号在坚决反对前现代的专制统治和后现代以民族、国家等作招牌维护绝对权力的斗争中，具有极大的价值和意义。

第四，既然如此，中国传统的"伦理本位"在当代还有无意义？答曰：有。伦理学本就有"为人"（What sort of person should I be？）和"做事"（What should I do？）两个方面，"为人"和"做事"虽然难分，但毕竟并不相同。特别是在当今各种不同宗教、族群、文化、主义、教派严重对峙和冲突，很难对所谓"共同善"（common good）、"好生活"（good life）取得一致的世界情境下，更是如此。人类学历史本体论之所以提出两种道德论，也正是对此情境而发。现代社会性道德主要（并非全部）是讲求"做事"的对错，而传统宗教性道德是讲求"做人"

的完满。前者确立了各种职业伦理学中的角色道德和对错规范，明确权利和义务，职责与荣辱。传统宗教性道德是以情感和信仰来追求"为人"的品德和安身立命。这两种道德虽可有一致处，但并不相同，如何沟通、兼容、连接，以至交融，避免严重的冲突，是当今一大问题。如前所述，中国传统追求一个世界中的情理交融的心理结构的建立，在今天对此具有世界性的重要价值。

第五，未来的自我将如何？答曰：不可知。1992年《世纪新梦》说："……不再是乌托邦社会工程之梦，而是探求人性、教育、心理本体之梦，从而也是询问和研讨'自然的人化'和'人的自然化'之梦……承继和阐释传统可不可以为这个梦做出某种贡献呢？"1999年《己卯五说》"说天人新义"提出内在自然人化的"硬件"问题："这里所谓人化的硬件，就是指如何改造作为人类自身的自然，即人的身体器官、遗传基因等等。21世纪的克隆、基因科技，将在此揭开新页，使内在自然的人化硬件方面发展达到高峰。它将史无前例地促进人的健康，治疗各种疾病，延长人的寿命，增强人的体力和智力，成为人类发展的最强音。"2015年《答高更三问》认为，未来会有比上世纪哲学的语言学转折更为重要的心理学转折。例如，将芯片植入人脑，与神经元联结，或者对个体基因做出某种改变，这将把人类和每个自我引向何方？它将使人的智力体力极大增加，寿命高度延长，疾病完全消失呢，或者人类与其自我将变为同质机器而消失或逐渐毁灭？这是一场欣快欢畅的美梦呢，还是惊恐异常的噩梦？不可知也已。乐感文化对此持乐观和肯定的态度，"人性、情感、偶然，是我所期望的哲学的命运性，它将诗意地展开于二十一世纪"（《第四提纲》1989）。个体是非常偶然地被抛在这个世界的"三重悲剧"中（《历史本体论》2002），"其目标、前途、遭遇并无一定之规，从而不可预测。命运偶然性、个体特异性、人的有限性、过失性和对它们的超越，在这里充分绽出，这就是生命，就是道路，就是真理，就是'情况'，也就是自己，就是我的、他（她）的'我活着'和'我意识我活着'"（《历史本体论》2002)。并无原子个人,也无先验心理,更无天堂地狱。个体自我只有在这偶然性的历史生存中,去体验那并不专属于自己的存在。伦理学也将在这未来的偶然性中,异常热闹,争吵不已,我则身不及见,不可妄说了。

(原载《探索与争鸣》2016年第9期)

附录二　举孟旗行荀学（2017）

本附录主要想再次说明，"道德非知识"和"举孟旗行荀学"两个问题。

（一）目衰年迈，孤陋寡闻，近因华东师范大学郁振华教授介绍，略知围绕 Gilbert Ryle 数十年前所提出的 knowing that 与 knowing how，有理智主义与反理智主义、Hume 主义与反 Hume 主义的分歧，以及国内有关王阳明"致良知"的争辩。（见《学术月刊》2016 年 12 月郁振华文）由于涉及伦理学重要问题，遂借此明确拙著的几个要点。

拙著《伦理学纲要》明确认为，道德不是"知"而是"行"，道德中含有知识（即观念），但并非知识，道德属于行为本身。从而道德既不是 knowing that 也不是 knowing how，道德主要不是知不知应该去做或不做，也不是知不知如何去做或不做，更不是愿不愿意去做或不做的问题，它不是知不知、会不会、愿不愿的问题，而是"做不做"的问题。我所提出的道德三要素——观念（即认知）、情感、意志（我仍愿采用古典的"知、情、意"三分法）三者之中，强调以"意"为主。道德乃是具有非常重要的自觉选择性的自由意志，即：做还是不做。

只有这种自由意志才导致道德行为。知而不能行，会而不能行，愿而不能行，即知道"应该"去做，并知道"如何"去做，也"愿意"去做，却仍然不做者，有善念而无善行，盖多有矣。也如 Ryle 所说，善念与善行只是逻辑关系，并无因果关系。知识无论是 knowing that 或 knowing how 是可以传授的，情感不能传授却能感染，意志不能传授也不能感染，它表现为"立意"(即自觉意识的"决心",而非动物本能和欲望,并且常与这种欲望或本能相冲突)去做并真正做了,它常常需要锻炼或斗争才能获有。因之,知和情在道德领域中只是助力,只有意志才能使得人们去"做"或"不做"应该做或不做的行为,意志才是道德的动力,由于它具有做或不做的自意识(即自觉)的选择性,所以名曰自由意志。"应该爱父母"是观念,爱父母是情感,只有将爱父母实现在行动中,即各种具体的关怀、护卫、尊敬等行为、态度、言语、面容等等中,才成为道德。实现主要靠意志,非观念(即认知)也非情感。当然,意志并不全在道德领域,在日常生活和一般行为中,也需要意志和锻炼意志,如吃苦耐劳、发奋读书、体育训练、军事操习等等,但只要直接涉及他人或群体(这点很重要,即非仅为自己),它便含有不同层次不同程度的道德因素。意志在道德领域中则特别突出,尤其是在艰难困苦特别是生死关头,人仍能坚韧不拔、一往无前,以至杀身成仁、舍生取义,从而成为道德典范。可见,把道德纳入认识论范围,脱离情感特别是脱离意志(自觉的行动力量),乃是一种谬误,使之失去了本体品格,而强调自由意志作为个体行动力量正是主体性(subjectality)实践哲学即人类学历史本体论题中应有之义。当然,知与行,知、会、愿、做之间有许多关联和一致,也会有不少矛盾和冲突,这需要道德心理学进一步研究。

(二)因之,我明确反对孟子的"不虑而知,不学而能"的良知良能说,也不赞成王阳明"行即知,知即行"的知行合一说。这种主张,不仅抹煞了认识的"知"与道德的"行"之间的差异、距离和问题,而且将道德视作人人具有"见父母就知(行)孝,见兄长就知(行)悌"的自然的天赋能力,将孝亲、忠君等等道德行为等同于"好好色,恶恶臭"的自然生理的官能反应。这在今天如果不归之于神秘的或基督教的神恩、天赐、启示,便完全可以与当今西方流行的社会生物学合流。这与孔子讲的"克己复礼为仁""性相近也,习相远也""下学而上达""我非生而知之者"也大相径庭了。

其实，只有"克己"才能"复礼"，只有学、习（人为）才能有善，所以荀子说"其善者伪也"，"伪"即人为。这种学习或"克己"、人为，除了认识（即我所说的"观念要素"之外），主要依靠自觉意志的培育。王阳明强调"力行"，认为在"力行"之中才有真知和良知，其实强调的也正是"知行合一"中的坚韧不拔的意志力量；但毕竟由于其哲学理论上的天赋说，使王阳明很难清楚交代良知如何"致"和如何由"致良知"而开出社会伦理的整套规范，从而必然从逻辑上和事实上产生"满街都是圣人""端茶童子即是圣人"等并无客观规范的思想学说，后学也终于走向"天理即在人欲中""人欲即天理"的自然人性论。这一点，拙著已一再说过了。另方面，便演绎为否定"性"只认"情"、却又严厉地将"情"与"欲"绝对分开来的禁欲主义（如刘宗周）。于是王学虽然在特定时期可以产生反抗传统、解除束缚的思想解放的巨大功能、意义和价值，但也就如此了。

这样，比较起来，就反而不如朱熹。朱强调："圣人千言万语，只教人存天理灭人欲"，要求人们进行"今日格一物，明日格一物"的"格物致知"，以外在的、先验的天理（实际乃"君臣、父子、夫妇、兄弟、朋友"的"礼"，即外在社会规范）来主宰、控管、约束、规范人的一切自然情欲，以此日积月累地不断磨打、锻炼从而培育人的意志以及观念和情感，有如蔡元培所简明指出的"其为说也，矫恶过于乐善，方外过于直内"（《中国伦理学史》），由外而内，由伦理规范而道德行为，而这，不正是荀学吗？在朱熹那里，仁是理，理即性，仁之端是心，恻隐是情，心统性情。总之，以外在的、先验的理，主宰并融解为内在道德心性，而完成道德行为。并以"理一分殊"，即承认从而要求每个人"变化气质"，以所谓"义理之性"或"天地之性"来统管控约压抑人各有差异（所谓不同"清浊"）的以自然生理为基础的"气质之性"，把"事事物物"实际是人的各种行为都纳入这个规范中，订出各种等差顺次秩序规则的系统，成为可实践施行而非常庞大细密的道德观念和伦理准则，来有效地统治人们的身心。

如拙前文所引谭嗣同所说"二千年之学，荀学也"，荀—董（董仲舒"性仁情贪""性三品"说）—朱便成为统治中国两千年的伦理学。但朱熹却又是高举"四端""性善"的孟子大旗来构建此荀学的。

与此相关，韩国数百年前关于"四端""七情"的各派激烈争辩，细致深入，已超中国。其中一说认为"四端"（仁义礼智）乃理性抽象，"七情"（喜怒哀乐爱恶欲）是自然情欲，主张以"四端"控"七情"来解孟子。其实这正是朱学。程朱将"四端"说成有关形上、太极的天理，把"孝为仁之本"（《论语》）变作"仁为孝之本"（见拙文《论实用理性与乐感文化》），从而尽管高谈"性善""四端"，实际有如上说，已转入荀学。宋明理学强调人需要"变化气质"，强调"义理之性"主控"气质之性"等等，便呈现着某种荀学特征。本来，"四端"除"恻隐"之外，其他如"羞恶""辞让""是非"，从常识说也很难说是生来具备"人皆有之"的天赋的"良知良能"。这涉及中国哲学史的许多问题。本文不能详论了。

（三）关键在于，既然我站在荀子、朱熹这条线上，为什么又说"兼祧孟荀"？既然认为朱熹是荀学，为什么又认为"孟旗"很重要？"孟旗"的价值、意义、功能又何在？拙文虽提出，但未详说，此问题重要，应补充两句。其实，这与我从一开始便强调应以 Hume 来补足 Kant、非常重视道德三因素中的情感要素，乃同一问题。

因为我认为，中国是巫史传统，没有宗教，它是"一个世界"观的"乐感文化"。这个世界观赋予整体宇宙、人生以乐观的、积极的、深厚的情感色彩，我称之为"有情宇宙观"（拙著《中国古代思想史论》1985）。《易传》说"天行健，君子以自强不息"，这个"自强不息"不是去追求灵魂升天回乐园，而是就在这个物质世界中奋勇力行，从而以一个与"天行健"相匹配的"人性善"作为支持人们行善的情感力量，就颇为重要。既然我已设定"至善"乃人类生存延续及其实践（见拙作《伦理学纲要》），从而作为个体，设定生来便有参与这生存延续和实践的"性善"作为情感、信念，也未为不可。由于有动物本能积极面（如动物也有的爱抚、协同、同情、互助等）的经验支持，使这一情感的哲学设定在后天理性培育扩展下由潜在而可以成为现实。"人性善"也只能是这样一种情感设定和表述。中国哲学的"有情宇宙观"认为处理一切事物，包括人自身的生长发展，需要理性（实用理性），仍然是"立于礼"，但是作为支持、鼓励、帮助这个生长发展得以完成、得以圆满的，却是乐观主义的这个世界的世俗或非世俗的感情："成于乐"（乐感文化）。正如中国传统的音乐理论一样：既强调快乐，同时又注重节乐，也就是快乐本身也是有节奏有韵律的，其中含有理性的节制，而不同于酒神精神的纵欲狂欢和毫无节制的生理享受；当然更不是禁欲苦行或超验理性的全面统治。这就是中国儒学的宗教性道德，以"人性善"的情感力量来构建人的可完善性的坚强信念，并使实用理性本身也渗入了某些情感因素。但是，它又仍然是情感信念，而非理性的逻辑推论。在那张"情—礼—理—情"的"总览表"（见《回应桑德尔及其他》）中，第一个"情"主要是指外在现实情况、情境、情势等，由于中国宗法血缘的社会结构基础，这情况情境等等与所谓"人情"就常有关联。夫妇、父子、君臣、兄弟、朋友便不只是社会角色的身份确认，而且其间有各种由近及远的情感关系和关怀。不同于以自由民独立平等的个体身份进入政治，从而以"理"（rationality）的"公正"（justice）为标的，中国传统及政治讲"情"的"和谐"（harmony）、"礼乐"并称，重视"关系"，是有这个极为久远的现实物质生活根基的。

正因为此，情感作为助力就具有重要性。所以拙伦理学反复强调中国传统以塑建"情理结构"为人性根本，强调"好恶"（情感）与"是非"（观念）同时培育、相互渗透，合为一体，或有如阳明所说，是非也无非是个好恶之心，特别是锻炼出刚毅木讷的意志力量以实践之。这就是中国伦理学的品格，它也可说是一种儒学内部的"儒法互用"，即以情润理，范导行为，并将个体修身与治国理政亦即将宗教性道德与社会性道德混同构建，合为一体。这也就是为什么朱（熹）式的性善说在中国传统中一直占据上风，而那些强调"原罪""超验"或追求"空无"的外来宗教教义和思想学说很难动摇这个传统的重要原因。这个儒学传统在未来可能具有更普遍的人类性、世界性，它既不是理智主义，也不是反理智主义，既不是 Hume 主义，也不是反 Hume 主义。从而如拙著所认为，今天需要对此传统分析、解构而重建之，即以情本体的宇宙观和审美形上学来范导和适当构建公共理性的现代社会性道德。也可说是：后者乃现代荀学，前者为现代孟旗，都有待人们去创造，以劳动力自由买卖和以个体为基点的现代社会（西体）如何与以家族农业生产和以群体为基点的古代荀学（我主张回归原典儒学，并反对以心性为体的宋儒，所以不能是朱学）特别如何与孟旗，既有严格区分又相交接融会（中用），等等，便是问题所在。这也就是包含在我提出的"两种道德说"和"新内圣外王之道"中的重要课题。

那么，到底人性善还是性恶呢？以前已回答过：从科学说，非善非恶（见《伦理学纲要》）。要注意这些概念应用在不同领域的语义问题。作为动物，人的自然性即动物本能中有群体间的相助、合作、亲昵、爱抚的方面，也有彼此争夺、伤害、仇恨、杀戮的方面。所谓人性善恶，实际是指如何去培育、发展前者和压抑、泯灭后者以成为人（个体）和维护整体的生存延续（人类）。性善、性恶或原罪等等都是某种宗教性传统的情感信仰，今天你我既可以接受也可以完全不接受这种信仰，完全可以不去相信孟子的"四端""良知良能"，而只相信这个不可知而可思的宇宙总体有其"可知"（即发明）并可循的规则，从而以乐观的情感信念（"宇宙与人协同共在"）认定人类命运可自身掌握和创造，从而极端重视自己的自由意志的各种选择和决定。这在拙著如《哲学纲要》中已屡论及，此处不赘。

（四）上面多次讲到，善行不能止于善念。一般说来，有善念也才有善行，但好心办坏事，恶念成善事，也常有之。我也反复申说过"历史与伦理的二律背反""历史在悲剧中前行"，这便超出道德（个体行为及心理）的讨论，而属于外在伦理规范和政治哲学的范围。这也就是我为什么要区分道德与伦理、区分道德心理学与政治哲学的重要原因。个体行为、特别是不同社会角色的个体行为的社会效应和历史作用，便是政治哲学和历史哲学所应详加讨论的重点之一，其中，历史的偶然性乃关键之所在。所以，尽管经济是社会生活的基础，但政治人物始终是历史的主要角色。

此外，西方近现代以来，功利主义、自由主义、社群主义、美德伦理所提出的核心议题，便是"自我"。拙著对此已有表态和交代，认为"自我"无论从外在的行为规范还是内在的心理追求说，都是非常重要的个体觉醒的成果，不能否定或否认，而应该力加保护和发展，而且挖掘和发扬个人的不同潜能，将是人类远景的重要方面。但实际上，又从来没有所谓"无负担的""原子个人"。拙伦理学的自我理论，是由大我而小我的历史主义，从而既反对自由主义的个人，也反对贬低、否认个人的社群主义。

这里想提出的一点是，反现代、反理性、反启蒙、反进步，其中包含着反个体反自我，已是当今世界的学术时髦，中国学人起而效尤。其实很简单，如无现代化的科技和启蒙所带来的自我和进步，包括医药、健康、寿命上的进步，那些反现代的时髦人物，恐怕根本活不到今天寿命的平均年龄来反现代化。当然，重要的是，当未来基因研究和人工智能的新科技进一步发展，有可能威胁到作为"至善"的人类的生存延续的时候，如何对待这些异化产品，将成为哲学特别是伦理学的核心。前景茫茫，课题林立，乐感文化的传统相信人类仍能解决。但解决之道则远非当今这些貌似高深、实乃浅薄的反现代化的叫喊喧嚣。

（五）与此相关的几个问题也可在此一说。

1）欲望。拙伦理学诸文将情感与欲望作了区分，拙著讲的"欲望"主要是指以自然生理苦乐感受为基础的物质方面所要求或追求的需要、快乐和幸福，它也就是人类生存的衣食住行、性健寿娱。我认为它们与道德并无直接关联。欲望能驱使人们行动，但并不一定是道德行为，它不是也不能成为道德行为的来由。这种"欲望"从来不是道德的动力或助力。

那么，如何解释孟子的"可欲之为善"、王阳明的"为善最乐"？我以为，这里的"欲""乐"并非上述自然情感、生理需求和物质享用与追求，而是人类培育出来的一种高级精神、情感和心理状态。这也就是我在《回应桑德尔及其他》中所说的 John Mill 的"高级"的幸福、快乐和欲望，如读书的欲望、祈祷的欲望、欣赏艺术品的欲望；道德领域内的行善的欲望、为群体或国家作贡献的欲望、参与义举的欲望，等等等等。这种"可欲"和"最乐"是某种精神上心灵上的追求和满足，其最高境界，例如某些基督圣徒背负十字架的"欢欣"、许多英豪烈士忍受苦刑或走上刑场的"快乐"等等，便与上述自然情欲完全不同甚至相反（如绝粒求死与饥饿求饭），经常恰恰是忍受、压制甚至泯灭自然情欲和生理肉体的苦痛，它实际上根本不是也不可能是一般的所谓快乐、幸福和欲望。我认为将这种与生理需求、快乐相反或并不相干、仅为精神追求的高级的"欲望""快乐""幸福"，与一般含义混同而泛论之，就会把问题弄得更不清楚，所以我在讨论中把它们暂时剔除在外。从正面说，王阳明也说，真能做到行善或善行如同"好好色、恶恶臭"的自然反应，就只有圣人了，道德或德行能做到有如生理官能反应一样的自然，是极为不易，即使"贤人"也只能"勉强而致之"。它当然只是包括但远不止于上述最高道德境界，但由此可见，道德并非一般"人皆有之"的欲望或情感。

2）情感。首先，什么是情感？我曾以情感（由内而外）与感情（由外而内）来区分 emotion 与 feeling，但自己也未能贯彻，现在只好不管西文，以"情感"与"情绪"来区分人与动物（包括婴儿），以及区分人性情感和动物性情绪。道德情感当然是前者。但什么是道德情感？这个词语也并不很清楚。是指道德行为之前的情感，如孟子的"恻隐之心"、Hume 的同情心呢？还是指由道德行为所生发出来（即道德行为之中或之后）的情感，如自己的快乐感、自豪感和他人或后人的崇敬感、景仰感？

还是指日常生活中对人对事融是非于好恶的爱憎情感？Kant 讲，道德感情应是敬重，这倒可以包括道德行为中或行为后的自身和他人的主要情感。而鲜明的爱憎情感，则有如孔老夫子所说，"唯仁者能好人，能恶人"，以及"行己有耻""知耻近乎勇"（《中庸》），它接近走入意志—行动，亦即"羞恶之心"（义）。这些都正是我所强调的"以美储善"，也都是道德心理学的重要问题，此处只能提及，不能展开了。至于作为所谓道德起源的情感，如恻隐、同情，我已反复说明，它们作为自然情绪，只是重要的助力，既非动力也非来源。也反复说过，我坚持中国儒学传统的人禽之别、人兽之分，反对动物也有道德感情。这就不必再说了。道德情感（moral emotions）中西文都用得极多，但都缺乏明确的界说或定义，其中种类繁多，等序有差，层次各异，关键仍在必须含有自觉或不自觉（如由习俗得来）的是非判断（即观念），才能区别于动物本能。拙作《论语今读》对"唯仁者能好人能恶人"有如下诠释，或可参考："谁不能喜恶？这里依然是说，虽喜恶也并非一任情感的自然，其中仍应有理知判断在内。……其中有理又有情……不只是理知判断，或服从某种先验的律令态度，这与……Kant 讲的实践理性……不同。中国的'是非'……总或多或少含有价值判断和情感态度在内。"（中华书局版，第 69—70 页）即融是非好恶于一体的道德情感。总之，要探究情感如何帮助、扩建意志，如何与观念相冲突、协同、磨合、融会等等，是坚持而不是舍弃"人是理性的动物"来构建自身，这才是要点所在。"理"是前导（阳），"情"是地基（阴），阴阳互补，才有情理结构。

3）观念。拙著伦理学强调意志作为理性的形式力量，其内容或材料乃观念，即认知（包括 knowing that 和 knowing how，即知道应该去做或不做什么，也知道如何去做或不做什么）、知识、规范、准则。观念有对有错，有善有恶，也正因为观念有善恶对错，人的自由意志便既可行善，也可作恶。善恶观念是随时代、文化、宗教有所不同，而且变异，具有历史具体性和文化相对性。但是，人类各文化、各宗教、各社会在这些相对性、具体性的善恶观念之中，经由长久历史，又逐渐积累出具有人类普遍性、绝对性的伦理观念，如原始部落从杀戮或放逐老人到不杀不逐、各种战争中杀戮俘虏妇孺到不杀、今天不再溺女婴割女阴缠小脚等等。可见，不但内在意志有绝对性，而且外在伦理也积累出绝对性，它们成为国家、民族以及人类群体生存延续的必要支柱。这一观点和态度，在十多年前施琅问题的争论中，我已表明，即伦理道德具有绝对价值。

也可见，道德行为的善恶并不完全取决于"做不做"的自由意志，而取决于自由意志与善恶观念（善恶本就是人的观念，属于伦理规范，即认为对自己但主要是对群体生存延续有益有利的行为乃善，反之乃恶）的渗透合一。前面强调了道德行为的主要因素是自由意志的形式（亦即行动）力量，即"绝对律令"，即认为自己此行此举可"普遍立法"，他人均应仿效，正是在这意义上，我说过"9·11"恐怖分子可以说也有道德，他们为"圣战"（此观念被认为是"善"）献身，所以当年某些伊斯兰地区曾因此而欢呼他们以及拉登是英雄；但也如上述，善恶观念随文化、宗教特别是时代而不同而变异，在今天，这种自由意志的选择献身，便普遍不被认为是"善"（对）而被认为是"恶"（错），从而"9·11"恐怖分子便不是英雄，而是恶汉，尽管有"汉子气"（即选择献身的自由意志），却是杀害无辜大众的巨恶，因为他们的善恶观念完全错了。这里显示出自由意志的形式力量被制限于伦理观念的具体内容的道德特征，也正是 Hegel 批评和取代 Kant 的要害所在。

但恶行并不止这一种，不止于自认为选择的是善念而做恶行，还有自己明知是恶却仍选择去做的另一种，它占了恶行的多数，特别在政治舞台上，某些恶行却可以取得成功，而成功却使得万千民众甚至整个国家民族和社会受惠，这里展开了历史进程的复杂面貌。孟子也讲过"徒善不足以为政"，只靠善念搞政治是不行的。在理论上出现了"理性的狡计""恶是历史发展的杠杆"，在事实上则有如拙前文举例的唐太宗、唐肃宗等等。从而如何分析、衡量、判定它们的是非善恶，就只有依靠"度的艺术"了，这属于政治哲学范围，这不详说了。但也因此，好些神学家便完全甩开各种具体历史情境，把自觉选择的自由意志作为恶的总根源，Kant 也说"根本恶"（radical evil）并非自然禀性，而在人的自由："道德上的恶必须出自自由。"（《单在理性限度内的宗教》）而我之所以提出"歌其功而不颂其德"和"历史与伦理二律背反""历史在悲剧中进行"等概念，就正是针对此，强调一方面伦理道德虽产生在人类历史行程中，需要具体地分析和解说，另方面它又具有不依附一时一地历史的独立性和绝对性，朱熹将之说成"天理"，王阳明将之说成"良知"，其实乃历史在人心中沉淀下来的积累性，而且仍须学而知之。所以，具体人物、事件的善恶判定、点评既显示出人生、生活各种复杂多变的面貌和状况，显示出历史的偶然性，也更清晰地展示：是理性（包括作为理性内容的观念和作为理性形式的意志）而非本能、欲望或情感，才是道德行为的动力；同时也更展现出在"历史与伦理二律背反"的悲剧行旅中，对实用理性的"度的艺术"把握的重要，这些都不是先验理性所制定的自由主义各项抽象原理所能限定了。

因之，在这里要说明的是，上面所说的"举孟旗"，便不再是举朱熹"天理人欲"的"四端"心性旗，而是举孟子充满情感的自由意志仁义旗（参见拙作《伦理学纲要》"孟子的伟大贡献"节）[1]。情感虽属道德的助力，但"其情愈厚，其义愈重"（梁漱溟），人的自由意志和生命力量可随情

---

[1] 拙著《中国古代思想史论·孔子再评价》(1985) 曾指出，孟子认为"作为伦理实践必要条件的意志力量之所以不同于一般的感性，便正由于其中已凝聚有理性，这就是所谓'集义'。它是自己有意识有目的地培育发扬出来的，这就是'养气'。"不过，"这种由'集义'所生的'气'与'四端'，如'不忍人之心'（'恻隐之心'）等等又有何关系，是何种关系，孟子并没交待清楚。但很明显的是，孟子强调的正是这种凝聚了理性的感性力量"（三联书店版，第 48 页）。该文再三指出，孟子所谓"先验"的"四端"并"没有离开人的感性心理"（第 45 页）。因之"先验"只是"天赋"的意思，并无超越经验而又赋予经验之义。后儒以脱离人的感性心理讲"四端"并以之为道德源头，却忽视或掩盖了孟子强调具有巨大感性力量的自由意志乃其主要贡献，是伦理学核心。正因为个体道德以此具有感性力量的自由意志为轴心，便使"仁"的四因素（见该文）能运作展开，从而构成中国传统伦理道德具有"人情"特色，而不同于 Kant 纯理性的"绝对律令"（categorical imperative）。

感而极大地增强和加大，并以之接养"上下与天地同流"的"浩然之气"，这是由宋明理学回归原典儒学，这才是中国人的"位我上者，灿烂星空；道德律令，在我心中"；亦即崇奉"天地国亲师（历史经验和至圣先师）"的情感信仰，似宗教却非宗教，它是审美形上学的有情宇宙观，也是道德领域的"情本体"建构。

（六）最后再讲几句"情理结构"。我认为，塑建"情理结构"即是树立人性，仍愿按古典说法，它主要是"知、情、意"，三者又各有其知、情、意的方面，且三者相互渗透。认识以知为主，审美以情为主，道德以意为主，它们是脑神经元各区域间的不同通路、网络和信息形成的不同关联、结构、形态、模式，各关联、结构、形态、模式又有各种不同方式、不同层次、不同种类、不同类型。其变异之多，区分之大，形态之繁细、之复杂、之精妙，只有后世科学才能窥堂奥、得结果，但这很可能是未来对付可怕的所谓"完美的基因人"的重要前提。总之，今日哲学仅能提供某种视角，发明几个概念，澄清一些问题，以作引言而已。

2017年2月波斋

（原载《探索与争鸣》2017年第4期，略有增补）

A New Theory
of
Ethics